브랜드만족
1위
박문각

2025

박문각
공무원

기 본 서

7급·경찰·승진
헌법 만점 기본서

정확한 개념과 효율적인 이해와 암기

중요 이론과 판례의 조화

개정법령 완벽 반영

정인영 편저

애앤앤 강의 www.pmg.co.kr

정인영
쎄르파 헌법

박문각

이 책의 **머리말**

안녕하세요, 정인영 헌법강사입니다.

본서는 기본적으로 공무원시험에 맞추어 제작된 교재로써 헌법 일반적인 범위를 대상으로 하는 대학교 교수님의 교재와는 차이가 있습니다. 15년간의 수험에서의 강의경력을 바탕으로 실제 시험장에서 도움이 될 수 있도록 효율적 이해와 암기라는 두 측면에서 헌법 전체의 주요 내용을 정리하였습니다. 편저자 또한 상당한 기간 수험생활을 하였으며, 이를 통하여 얻은 이해 없는 암기는 무모함이고 암기 없는 이해는 공허하다는 수험생활의 신념과 경험 위에 가장 적합한 수험교재를 마련하려고 노력을 하였습니다. 실제 시험 당일 수험장에서는 많은 내용을 알고 있음에도 불구하고 한정된 시간 내에 정확하고 빠른 해결을 하지 못한다면 무용의 것이 되는 것은 명약관화할 것입니다. 따라서 본서를 통한 헌법 학습이 수험의 많은 시간과 노력을 줄여주고 정확하고 빠른 해결책에 일조하리라 봅니다. 수험생 여러분의 수험생활이 보다 단축되기를 바라며, 본서의 특징을 간략하게 적었습니다.

본서의 가장 큰 특징은 아래와 같습니다.

첫째, 최신 헌법재판소 결정례와 최신 개정법의 반영입니다.

수험 학습에 있어 좋은 교재는 동일한 내용이라도 최근의 판례사안과 관련된 내용을 좀 더 풍부하게 서술해주는 교재일 것입니다. 따라서 이에 맞추어 2024년 6월까지의 최신 결정례들로 교체 내지 추가하였으며, 아울러 최근 제정·개정된 부속법령의 내용을 반영하였습니다.

둘째, 중요 이론과 판례의 조화로운 서술·보충입니다.

독자들의 요청에 따라 요약서로써 본서의 장점을 살리면서도 헌법재판소 결정례뿐만 아니라 중요 대법원 판례를 학계의 이론과 조화롭게 설명하여 명확한 구분과 이해를 도와줄 수 있도록 하였습니다. 출제가 예상되는 중요 이론에 대해서는 요약식 서술에서 탈피하여 되도록 박스로 정리하여 일목요연하게 하였으며, 또한 가능한 한 판례 원문을 살리는 방향으로 개정작업을 하였습니다. 특히 최근 출제 경향은 판례의 결론만으로는 부족하고 주요 논거의 암기가 필수적인 바 판례의 주요 논거에 대한 이해와 암기를 돕기 위해서 ①②③ 등 번호를 이용하여 시각적 효과를 주었습니다.

셋째, 출제예상 부분에 대한 목차의 재정리입니다.

효율적 암기와 빠른 시일 내의 복습을 통한 기억의 재생이라는 집중교재의 근간을 유지하면서도 출제가 예상되는 중요 테마에 대해서는 시각적 효율화를 위해서 문제점, 학설, 판례, 검토 순으로 목차를 배열하였습니다. 이 또한 독자들의 요청을 최대한 반영한 것입니다.

넷째, 마지막으로 종래 약간 미진했던 부분이나 약간의 오류가 있었던 부분에 대한 내용의 보완과 수정입니다.

종래 약간 미진했던 부분들에 대해서는 내용을 충실하게 보충하는 작업이 이루어졌습니다. 예컨대, 형벌규정 이외 규정의 위헌결정의 소급효, 법치주의에 있어서 신뢰보호, 명확성원칙, 직업의 자유에 있어서 단계적 제한이론의 수정 등입니다. 그리고 종래 약간의 오타가 있었던 부분에 대해서는 수정을 가하여 바로잡았습니다.

이와 같이 본 '쎄르파 헌법'의 특징을 간단히 살펴보았습니다.

많은 설명과 자세한 내용을 최대한 더 소개하고 싶으나 수험이라는 가장 큰 특징을 살려 간략히 소개함에 그치고, 마지막으로 본서가 공무원은 물론 자격증을 준비하는 모든 수험생에게 합격의 지름길로 이끌어 주는 이정표가 되기를 간절히 바랍니다. 무엇보다도 철저한 시험경향의 분석을 바탕으로 심도 있는 계획과 자신만의 수험전략을 세워 준비해야 함은 말할 필요도 없고, 본서가 수험생 여러분이 세운 계획과 합격에 이르는 데 동반자가 되리라 자신합니다.

이 책이 나오기까지 많은 도움을 주신 모든 분에게 감사의 표시를 전합니다. 그리고 우리 가족에게 항상 고맙고 미안한 마음을 이 자리를 빌어 전하고 싶습니다.

2024년 8월

정인영

이 책의 **구성**

1

정확한 개념과 효율적인 이론 학습을 할
수 있습니다.

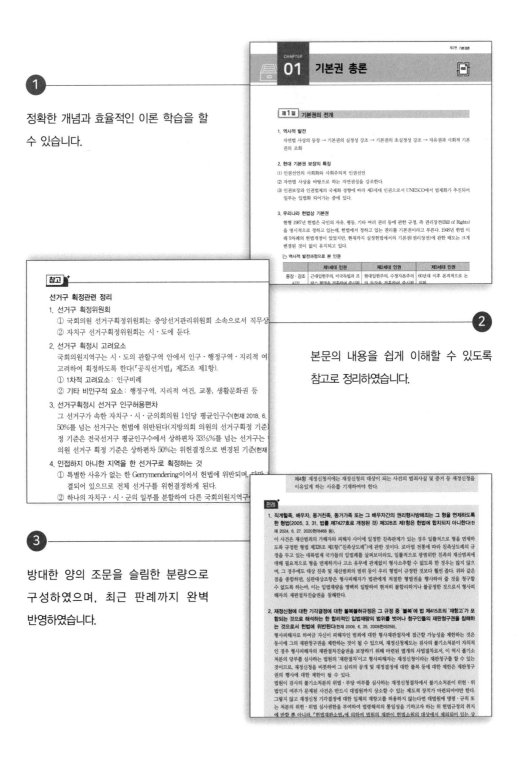

2

본문의 내용을 쉽게 이해할 수 있도록
참고로 정리하였습니다.

3

방대한 양의 조문을 슬림한 분량으로
구성하였으며, 최근 판례까지 완벽
반영하였습니다.

CONTENTS

이 책의 차례

정인영 쎄르파 헌법

합격까지 박문각

헌법총론

CHAPTER
01 헌법과 헌법학

제1절 헌법의 개념

1. 국가와 국가법

(I) 국가

① 개요 : 헌법을 이야기하기에 앞서 그 전제가 되는 국가의 개념에 대하여 서두에서 먼저 살펴봄이 타당한 듯 합니다. 개념상 정치학(정치적 철학)이나 헌법학은 국가학이라는 학문에서 시작한다 해도 과언이 아니기 때문입니다. 다만 국가에 대한 실체론적 정의가 활발히 논의는 되고 있으나 하나의 개념으로 정리가 되지 못한 관계로 가장 일반적인 형태론적 논의만을 서술하도록 하겠습니다.

참고

태초의 인간은 자연인 상태에서 존재하였으나 이러한 자연인들이 모여 자율적인 사회 공동체를 구성하고, 그 일원으로 각자의 삶을 영위하였다. 그러나 사회는 외부와 내부 위험이 늘 상존하고, 이로 인한 사적 권력으로 부당하게 자율성이 지배되기도 하였다. 이러한 위험으로부터 자유를 보장하기 위하여 사회적 계약을 통한 국가의 필요성이 논의되었고 국가는 이러한 위험으로부터 공동체를 보호하는 역할을 담당하게 되었다. 다만 이러한 국가의 작용은 권력자의 자의에 의한 권력(일방적)작용으로 행사되었으나 시민혁명(근대국가) 이후에는 권력자의 자의가 아닌 국민이 만든 규범(법규)에 따를 것이 요구되었다. 이런 전차로 헌법을 최고의 정점으로 한 법치주의를 기본원칙으로 하는 입헌주의가 탄생하게 되었다. 이로써 국가는 자율성을 전제한 사회보다 좁은 개념으로서 위험을 전제한 필요 최소한의 존재로서 기능을 담당한다. 그러므로 국가의 기능은 사회에 대하여 보충적인 작용으로서 강제력을 행사하는 영역에서만 그 기능을 담당한다. 현재 우리나라는 대륙법계에 속한 법체계를 가진 국가로서 국가·사회의 이원론에 따라 국가는 공적 강제력의 기계적 작용(메커니즘)이기에 타율적인 반면, 자율을 본질로 하는 유기적 작용의 사회와 구별된다.

② 개념 : 국가란 국제법상(G. Jellinek) 옐리네크의 3요소론에 근거하여 국민, 고유영역과 국가권력으로서 주권적 지배력을 가진 공동체(법인)를 의미한다. 이에 의하면 국가라는 것은 일정한 영역과 국민을 다스리는 배타적인 국가조직과 국가권력(통치력)을 가지고 있는 공동체이다. 따라서 국가의 요소로서 일정한 영역·국민과 국가 간의 관계는 국가에 관한 법 중에서 헌법의 적용영역 문제에 해당한다.

국가권력으로서 주권적 지배력은 해당 국가의 국적을 보유한 국민과 일정한 영역에 대한 본원적이고 무제한적인 주권적 지배력을 말한다. 이러한 주권이라는 개념의 실익은 국제법상 국가주권으로서 사용될 경우 의미가 있다. 국제법상 대외적 주권은 국제사회나 국제관계에 따라 국가 간의 주권적 평등과 주권적 자유를 핵심 내용으로 하고, 반면에 대내적 주권은 국가권력으로서 해당 국가의 국적을 보유한 국민에 대한 배타적인 대인고권과 영역에 대한 배타적 지배권인 영토고권을 핵심내용으로 한다.

③ 본질

    ㉠ 국가의 본질에 관하여 실체론적인 학문적 적립은 많은 논의가 있으나 일반적인 논의는 아직 이르지 못하였다. 다만 형태론적인 국가의 개념은 국제적 합의로 이루어졌기에(1930년 몬테비데오 협정 이후), 이에 근거하여 논의를 하고자 한다. 따라서 국가의 개념을 성립·존재론적 공동체로 정의할 경우 국가 3요소론에 의한 국제법상 국가를 의미하는 반면, 정치·사회학적인 측면(국가와 사회의 범위가 동일한 영역)으로서는 이러한 형태론적 요소들이 작용하는 공동체를 의미한다.

    ㉡ 국가개념 요소들의 작용 영역에서 공동체의 존속·유지와 그 구성원의 자유·권리를 실현하는 공적 강제력의 메커니즘(자치와 대립되며, 협치로 해석이 되는 거버넌스와 구별되는 통치)으로 파악하는 정부(Government)로서 국가의 본질은 좁은 의미의 국가를 의미하기도 한다.

권력이란 국가를 정부의 의미로 파악할 경우의 국가의 본질을 말하며, 타자가 무엇을 하고자 할 경우 그의 의지를 좌절시키는 강제력으로서 공적 강제력을 말한다. 헌법이 정하는 통치메커니즘으로서 국가는 이러한 공적 강제력으로서의 통치권력의 메커니즘을 의미한다(정종섭).

④ 국가는 통치권을 행사하는 국가기관으로 수단이지 그 자체 목적일 수 없다 : 정부(State)라는 의미의 국가는 특정한 영토 내의 항구적인 주민에 대한 통제권을 행사하는 권력기구로서, 타율이 지배하는 영역에서 공동체의 존속과 안전을 유지하며, 각종 공공서비스를 제공하고 개인의 권리와 자유를 보장함으로써 공동체 구성원이 각자의 행복과 개성을 실현하도록 하는 수단으로 존재하는 강제력 수단의 메커니즘을 말한다. 따라서 공동체를 위한 수단이면서 자율적인 사회공동체(Society)에서 발생하는 사적 권력이 공동체의 안전과 구성원의 행복추구를 침해할 수 없도록 하기 위한 수단으로서만 정당화되므로, 자기 스스로 목적이 되는 자기목적적인 존재일 수 없다.

⑤ 형태 : 국가의 형태란 국가의 성질, 구조, 체계에 의해 정해지는 통일된 정치적 일원체의 형태를 말한다. 이는 헌법이 정하는 정태적 형태와 이외 현실에서 국가 작용에 의해 나타나는 국가 형태로서 동태적인 형태로 나뉜다.

⑥ 분류

㉠ 군주국가와 공화국가(G. Jellinek)

	군주국가	공화국가
주권의 주체	세습적 군주	국민
형태	과거 전제군주국가에서 입헌군주국가로 발전함	소극적 의미를 가지는 국가

㉡ 연방국가와 국가연합

	연방국가	국가연합
국가성	연방국가가 국가이고 지방국은 대외적으로 주권국가가 아님	국가연합은 국가가 아니고 구성 국가가 국가임
성립	연방헌법	조약
주권	대외적 주권은 연방국가, 대내적 주권은 지방국	구성 국가
병력보유	연방정부	구성 국가
통치권	연방과 지방국이 분할해서 가짐	구성 국가만이 가짐
통합형식	헌법에 의한 영구적 결합	조약에 의한 잠정적 결합
국제법상 주체	연방정부	구성 국가

㉢ 단일국가와 연방국가

	단일국가	연방국가
통치권	중앙에 통치권을 집중시키는 집권주의	지방에 통치권을 분산시키는 분권주의
권력통제	지방자치단체와 중앙정부는 수직적 권력관계이므로 수직적 권력통제	수직적 권력통제 + 수평적 권력통제
사법권	지방자치단체는 사법권을 가지지 못함	지방국은 사법권을 가짐

(2) 국가법

국가법은 국가의 형태, 성질, 조직, 체계, 작용 등에 관한 법으로서 국가에 관한 전체적인 법질서 중에 가장 핵심영역을 차지하는 법규범을 말한다. 그 내용으로서 국가권력의 법적 근거와 행사에 대하여 규율하는 동시에 국가작용에 관한 나머지 하위규범의 생성과 효력의 전제를 이룬다. 국가법은 추상적·일반적 국가에 대한 법이 아니라 특정한 공동체의 국가에 관한 법으로서 국가들 간의 관계를 규율하는 국제법과는 구별된다. 이러한 국가법으로서 대표적인 최고의 법원으로 헌법을 말하고 이를 전제로 논의한다.

2. 헌법의 정의

(1) 개요

헌법(憲法)은 국민적 합의에 의한 국가(타율영역)와 사회영역(자율영역)에서 공동체 및 공동체 구성원들의 정치적 존재형태(국가조직, 권력작용의 시원적 근거와 행정입법의 근거)와 그 기본적 질서를 형성하는 최상위 법규범적인 논리체계로 정립한 기본법을 말한다. 그러나 헌법의 개념은 관점에 따라 다양하게 규정될 수 있는 다의적 개념이다. 이러한 헌법은 국가 없이는 생각할 수 없음은 이미 전설하였다. 국가는 헌법의 대상이고 전제조건이다. 헌법은 국가 내에서 효력을 발휘하고 실현된다. 따라서 헌법으로부터 분리된 국가는 구체적 실제가 없는 추상적 존재이며 이론적 산물일 뿐이다.

(2) 존재론적 헌법의 정의

① 고유한(본래적) 의미의 헌법
   ㉠ 모든 국가는 시대와 장소, 존재형태를 불문하고 권력구조, 국가와 국민 간의 관계에 관한 규범으로서의 헌법이 존재한다. 다만, 실질적 의미의 헌법과 사실상 동일한 개념으로 평가하는 견해와 분류상의 차이가 있으므로 다른 개념으로 이해하는 견해가 있다.
   ㉡ 국가가 존재하는 한 헌법이 존재한다는 개념으로서의 헌법을 말한다.
   ㉢ 조선 시대 경국대전, 북한 헌법 등도 고유한 의미의 헌법이다.

② 형식적 의미의 헌법
   ㉠ 헌법전의 형식으로만 존재(헌법전과 법령으로 존재×, 법령으로 존재×)한다.
   ㉡ 형식적 의미의 헌법이 당연히 실질적 의미의 헌법에 해당하지 않는다. 실례로서 1919년 미국의 수정헌법 제18조 주류의 제조 및 판매를 금지하는 금주조항을 들 수 있다.

③ 실질적 의미의 헌법
   ㉠ 국가기관의 조직과 작용의 근거로서 권력분립과 법치주의, 국가와 국민의 관계에 관한 기본권이 존재하는 헌법을 의미한다. 따라서 헌법전과 법령으로 모두 존재(헌법전으로만 존재×, 법령으로만 존재×)한다.
   ㉡ 「정부조직법」, 「국회법」, 「법원조직법」, 「헌법재판소법」 등 통치구조에 대한 법률이나, 「신문법」, 「언론중재법」, 「집회 및 시위에 관한 법」, 「통신비밀보호법」, 「개인정보보호법」, 「공공기관의 정보공개에 관한법」 등 기본권에 대한 법률은 모두 형식적 의미의 헌법은 아니지만, 실질적 의미의 헌법에 해당한다.
   ㉢ 실질적 의미의 헌법이 당연히 형식적 의미의 헌법에 해당하지는 않는다.
   ㉣ 영국 등 불문헌법국가에도 실질적 의미의 헌법은 당연히 존재하지만, 형식적 의미의 헌법은 없다.

(3) 시대적 흐름에 따른 헌법의 정의

① 시민혁명 이전 절대주의 시대의 국가법으로서 헌법

　　㉠ 국가의 외적 안전, 내적 안전, 특히 시민의 법익보호를 위한 국가의 책무 및 국가의 목적 달성을 위한 공동체의 상태의 형성 및 유지를 위한 법규범을 말한다.

　　㉡ 절대국가에서 많은 규제는 오히려 시민의 개인적 자유와 발전을 저해하고, 시민이 경제적 자유를 행사하는 것을 억제함으로써 계몽주의 사상에 근거한 자유주의적 국가관이 대두되었다.

> **Gusy Polr**
> '국가는 곧 경찰국가(Polizeistaat)이다'.

② 시민혁명 이후 근대입헌주의 헌법 : 계몽주의 사상에 기초한 시민혁명 이후 국민이 제정주체가 되어 개인의 자유와 기본적 권리를 보장하기 위한 권력분립을 전제한 헌법(미국의 버지니아 독립헌법과 그에 영향을 받은 대륙의 새로운 질서를 위한 헌법)이다.

> **인간과 시민의 권리에 관한 선언(프랑스 시민혁명 : 1789년 ~ 1791년)**
> "자유와 권리, 권력분립이 보장되어 있지 않은 사회는 헌법을 가졌다고 할 수 없다."

③ 독일의 외견적 입헌주의 헌법(과도기적 입헌주의 헌법) : 근대입헌주의 헌법 이후 시민혁명의 영향을 받은 독일에서는 법실증주의의 실패로 인한 군주가 여전히 권력을 유지한 채 결국 헌법이 국가에 대한 지배 규범으로서 역할을 잃고 권력분립이 형식화된 외견적 입헌주의 헌법이 자리잡았다. 우리나라 과거 4공화국(7차 개정) 헌법이 이와 유사한 외견적 입헌주의 헌법에 해당한다는 견해가 지배적이다.

④ 현대 사회복지국가 헌법(현대입헌주의 헌법)

　　㉠ 1·2차 대전의 아픈 경험을 뒤로하고 근대입헌주의 헌법에 기초한 현대복지국가 헌법으로서 자리매김을 하게 되었다.

　　㉡ 현대복지국가 헌법은 사회적 약자를 배려하기 위한 사회적 기본권을 보장한 헌법으로서 국가에게 법률에 근거하여 사회적 안정·정의에 적합한 새로운 사회질서를 형성해야 할 권한과 의무를 부여하고 있다.

🗀 **근대입헌주의 헌법과 현대입헌주의 헌법**

	근대입헌주의 헌법	현대입헌주의 헌법
국가관	자유방임·불간섭주의, 사적자치·시장의 자율적 조정을 통한 개인의 자유 보장을 중시하는 소극적 국가관	개입·간섭주의, 규제·조정을 통한 사회정의·경제민주화의 실현과 약자배려·인간다운 생활보장을 중시하는 적극적 국가관
기본권	자유권 중심의 형식적 자유보장	사회적 기본권을 가미한 실질적 자유보장
평등권	형식적·절대적 평등	실질적·상대적 평등
재산권	재산권의 신성불가침·천부성, 사유재산권 보장	재산권행사의 공공복리적합의무, 재산권의 사회적 제약성 강조
권력분립	엄격한 기관 중심적 수평적 권력분립	기능 중심적 수평적 권력분립에 수직적 권력분립 조화

법치주의	형식적 법치주의(합법성을 중시)	실질적 법치주의(정당성도 함께 중시)
정부	시민적 의회주의에 바탕을 둔 입법국가·야경국가의 경향, 작은 정부	정당제 민주주의에 바탕을 둔 정당국가·행정국가·사회국가의 경향, 큰 정부
경제원리	자유시장경제주의(사적 자치·자유방임에 의한 시장의 자율적 조정 중시)	사회적 시장경제주의(경제민주화를 위한 국가의 규제·조정의 강화)

3. 헌법의 분류

(1) 헌법전의 존재형식에 따른 분류

① 성문헌법

    ㉠ 성문헌법은 일반적으로 경성헌법을 특징으로 한다. 대한민국은 헌법전이라는 규범이 마련되어 있으므로 성문헌법 국가에 해당한다.

    ㉡ 성문헌법은 모든 헌법사항을 빠짐없이 완전히 규율하는 것이 불가능하기 때문에 관습헌법도 인정될 수 있다. 헌법재판소도 관습헌법을 인정하고 있다(헌재 2004.10.21. 2004헌마554 등).

② 불문헌법

    ㉠ 영국은 형식적 헌법전은 없으나 헌법에 관한 사항이 법률에 규정되어 있다. 다만 관습헌법에 관하여 헌법의 분류를 논의할 경우에는 불문헌법에 포함하여 논의하는 학설도 있다.

    ㉡ 불문헌법 국가(영국)에서도 관습헌법은 인정하지만 효력에 있어서 보충적으로 인정된다고 본다.

(2) 헌법개정의 난이도에 따른 분류

① 경성헌법: 일반 법률의 개정절차와 방법보다 가중된 절차(국회의결 재적 2/3 이상)를 둠으로써 잦은 헌법개정으로부터 헌법을 보호하려는 최고규범성을 근거로 한다. 또한 우리 헌법 개정에는 국민투표절차가 포함되어 있으나 이는 경성헌법을 결정하는 기준으로 보지는 않는다.

② 연성헌법: 헌법의 개정 방법이 일반 법률의 개정절차와 동일한 경우를 말한다.

참고

불문헌법국가는 개념 필수적으로 연성헌법국가이다. 다만, 성문헌법국가는 개념 필수적으로 경성헌법국가라 단정 지을 수 없다(헌법이론과 헌법, 허영).

(3) 헌법의 제정주체에 따른 분류

① 흠정헌법(군주)

② 민정헌법(국민)

③ 협약헌법(군주와 국민 간 합의)

④ 국약헌법(국가 간의 합의로 단일한 국가형성)

(4) 헌법규범과 헌법현실의 일치 여부에 따른 분류

규범적 헌법(규범과 현실의 일치)	가장 바람직한 헌법
명목적 헌법(추구하는 가치)	개발도상국 내지는 신생독립국가 헌법
장식적 헌법(대외용)	북한 헌법

(5) 관습헌법

① **개념** : 관습헌법(慣習憲法, Constitutional Convention)이란 사회공동체에서 발생한 헌법적 관행 또는 관습이 계속·반복성, 항상성, 명료성, 국민적 합의를 통하여 국가 내의 최고법으로서의 규범성을 획득한다. 이러한 관습헌법 인정여부에 대하여 견해대립이 있으나 헌법재판소는 관습헌법을 인정한다. 다만 관습헌법은 성문헌법이 부재한 경우에 등장하며, 효력으로는 헌법과 동일한 효력을 가진다고 본다.

② **구별 개념**

ㄱ 관습헌법은 헌법적 수준의 법규범이므로 법률 이하의 수준에 있는 관습법이나 법규범으로서의 효력을 가지지 못하는 실제에서의 관행(慣行) 또는 관례(慣例, Usage)나 사실상의 관습(Custom)과 구별된다.

ㄴ 기본적 질서에 반하는 경우가 현실에서 반복하여 행해지더라도 형식적 의미의 헌법에 위반되는 것, 즉 헌법규범에 위반되는 관습(Consuetudo Contra Constitutionem)은 규범성을 획득할 수 없다.

③ **성립요건** : 관습헌법의 요건들은 '성립'의 요건일 뿐만 아니라 '효력유지'의 요건이기도 하므로, 관습헌법의 성립요건의 하나인 '국민적 합의성'이 소멸되면 관습헌법으로서의 법적 효력도 상실된다. 이러한 관습헌법의 요건은 아래와 같다.

성립요건		내용
적극적 요건	헌법적 사항일 것	헌법에 의하여 규율되어 법률에 대하여 효력상 우위를 가져야 할 만큼 헌법적으로 중요한 사항이어야 한다.
	관행의 존재	헌법사항에 관하여 관행이 존재하고 그 관행이 상당한 기간 동안 반복 내지 계속되어야 하며(계속·반복성), 그 중간에 반대되는 관행이 이루어져서는 아니 되고(항상성), 명확한 내용을 가진 것이어야 한다(명확성).
	국민적 합의	헌법관습으로서 국민들의 폭넓은 합의(Consensus)를 얻음으로서 강제력을 가진다고 믿고 있어야 한다.
소극적 요건		헌법의 명문에 반하지 아니할 것을 말한다.

④ **유형**

ㄱ 본래의 의미를 발전·변경시킨 관습헌법(Consuetudointra Constitutionem)이다.

ㄴ 성문헌법의 명문규정이 존재하지 않고 하위 법규범에서도 이를 메우는 규정이 없어 공백이 생긴 경우에 이를 메우는 관습헌법이다.

ⓒ 결국 ㉠의 경우는 대부분 헌법해석의 문제로 해결되기 때문에 실제상 관습헌법이 문제가 되는 것은 ㉡의 경우이다. 따라서 관습헌법이 헌법에 위반되는 행위의 반복이 아니라 헌법에서 명시되어 있지 않지만 성질상 헌법에 규정될 수 있는 내용이 흠결된 경우에 인정되는 것이라고 하더라도 이를 인정하는 것은 매우 엄격하여야 한다.

⑤ 효력

㉠ 관습헌법의 존재를 인정하는 경우에 성문헌법과 대등한 효력을 인정하는 견해와, 성문헌법을 가지고 있는 국가에서 관습헌법은 형식적 의미의 헌법을 개폐할 수 없고 성문헌법의 의미를 해석함에 있어서 단지 보충적인 역할을 하는 효력만 가진다고 보는 견해도 있다.

㉡ 헌법재판소 다수견해에 따르면 관습헌법은 헌법 개정절차 방법으로 성문헌법화 되기 전에는 단순한 해석기준을 넘어 성문헌법과 동등한 효력을 인정한다. 다만, 헌법 개정절차를 통한 성문화 과정을 거치면 관습헌법은 소멸된다고 본다. 다만 이 견해를 대등한 효력을 인정한 경우로 해석하는 학자들이 있으나, 헌법재판소의 견해로 따로 암기하는 것이 수험에서는 바람직하다 볼 수 있다.

⑥ 소멸

㉠ 관습헌법에는 성문헌법과 달리 관습헌법 자체는 헌법 개정의 문제가 발생하지 않는다. 관습헌법의 성립과 소멸이 존재할 뿐이다. 관습헌법 사항에 대한 성문헌법이 새로 제정 또는 개정되거나 성문헌법상 국민투표 절차를 통하여 국민적 합의를 상실하게 됨으로써 관습헌법의 법적 효력은 상실된다.

㉡ 우리 헌법재판소는 서울이 수도라는 관습헌법을 헌법 개정절차 없이 법률개정 방법으로 변경하는 것은 헌법 제130조(헌법 제72조 ✕)의 국민투표권 침해라고 한다(신행정수도건설을 위한 특별조치법 사건 : 헌재 2004.10.21. 2004헌마554). 다만, 수도이전 문제가 아닌 신행정중심복합도시 이전에 관한 법률은 헌법개정 대상이 아니므로 부적법 각하되었으며 당해 법률은 헌법에 반하지 않는다(신행정수도 후속대책을 위한 연기·공주지역 행정중심복합도시 건설을 위한 특별법 : 헌재 2005.11.24. 2005헌마579·763). 따라서 관습헌법은 기존 성문헌법을 개정하면서 헌법으로 명문으로 규정화 하면 기존 관습헌법은 소멸된다. 그러므로 법률개정으로 관습헌법을 개정은 불가하다.

판례

1. 행정수도 이전(헌재 2004.10. 21. 2004헌마554등) : **위헌**

서울이 우리나라의 수도인 점은 불문의 관습헌법이므로 헌법개정절차에 의하여 새로운 수도 설정의 헌법조항을 신설함으로써 실효되지 아니하는 한 헌법으로서의 효력을 가진다. … 한편 헌법 제130조에 의하면 헌법의 개정은 반드시 국민투표를 거쳐야만 하므로 국민은 헌법개정에 관하여 찬반투표를 통하여 그 의견을 표명할 권리를 가진다. 그런데 이 사건 법률은 헌법개정 사항인 수도의 이전을 헌법개정의 절차를 밟지 아니하고 단지 단순법률의 형태로 실현시킨 것으로서 결국 헌법 제130조에 따라 헌법개정에 있어서 국민이 가지는 참정권적 기본권인 국민투표권의 행사를 배제한 것이므로 동 권리를 침해하여 헌법에 위반된다.

2. 행정중심복합도시 건설(헌재 2005. 11. 24. 2005헌마579·763) : **각하, 기각**

> [1] 우리 헌법에 의하면 국회와 대통령 소재지가 어디인가 하는 것은 수도를 결정하는 데 있어서 특히 결정적인 요소가 된다. … 이 사건 법률에 의하면 행정중심복합도시가 건설된다고 하더라도 국회와 대통령은 여전히 서울에 소재하게 된다. … 국무총리의 소재지는 헌법적으로 중요한 기본적 사항이라 보기 어렵고 … 따라서 이 사건 법률에 의하여 관습헌법개정의 문제는 발생하지 아니하며 그 결과 국민들에게는 헌법개정에 관여할 국민투표권 자체가 발생할 여지가 없으므로 헌법 제130조 제2항이 규정한 청구인들의 국민투표권의 침해가능성은 인정되지 않는다.
> [2] 헌법 제72조의 국민투표권은 대통령이 어떠한 정책을 국민투표에 부의한 경우에 비로소 행사가 가능한 기본권이라 할 수 있다. 따라서 … 대통령의 중요정책 국민투표 부의가 행해지지 않은 이상 청구인들의 국민투표권이 행사될 수 있을 정도로 구체화되었다고 할 수 없으므로 그 침해의 가능성은 인정되지 않는다.

4. 헌법의 특성

(1) 사실적 특성

① **정치성** : 대립하는 정치세력의 공존을 위한 최소한의 정치·사회적 질서에 관한 합의를 의미한다. 다만, 이러한 합의는 최소한의 결과물이기에 헌법은 유동성, 추상성, 개방성, 미완성성의 특징을 갖는다.

② **이념성** : 국가마다 고유한 정치적 이념(시민적 자유주의 등)과 기본적 가치질서(사회적 법치주의 등)를 형성·발전시키고 있다.

③ **역사성** : 헌법은 시간과 공간에 대한 제한을 받아 오면서 고유한 역사와 전통을 반영하고 있다. 따라서 헌법은 일정한 역사적 상황 속에서 성립된 역사적 산물이기 때문에 헌법의 내용이 선험적이거나 영원불멸의 것이거나 보편적인 것이 아니다.

(2) 규범적 특성

① **최고규범성**

ⓐ 우리나라 헌법은 헌정사상 명시적인 최고법 조항을 가지고 있지 않다. 다만, 헌법부칙 제5조에 '이 헌법시행 당시의 법령과 조약은 이 헌법에 위배되지 않는 한 그 효력을 지속한다.'라는 규정을 둠으로써 간접적으로 최고규범성을 인정하고 있다고 봄이 일반적 견해에 해당한다.

ⓑ 경성헌법(제10장), 위헌법률심판(제107조 제1항, 제111조 제1항), 헌법소원심판, 명령·규칙 위헌심사, 대통령의 헌법 수호의무 부과(제69조), 종국적인 국민의 헌법에의 의지 등을 통하여 헌법의 최고규범성을 확보할 수 있다.

② **기타 규범적 특징** : 기본권보장규범성, 국가 조직 근거규범성, 수권규범성, 제한규범성, 자기보장성(상반구조식 입법), 생활규범성 등이 있다.

5. 헌법의 기능

앞서 살펴본 헌법의 특징이 곧 헌법의 기능과 긴밀한 연관성을 갖는다. 근본적인 목적으로서 국민의 자유·권익의 보호를 위한 국가 공동체를 유지하는 헌법의 기능으로서 국가 창설적 기능, 정치생활주도 기능, 기본권보장 기능, 국가 조직 분할의 근거로서 기능과 각 국가기관의 권한에 대한 수권 기능 및 권력 제한적 기능을 갖는다.

제2절 헌법의 해석과 헌법관

1. 헌법의 해석

(1) 개념

헌법해석의 방법은 헌법규범과 현실이 일치하지 않는 구체적인 헌법문제를 해결하기 위해(헌법의 현실을 실현하기 위해) 헌법규범의 진정한 의미와 내용을 밝히는 것을 목적으로 하는 헌법인식작용을 말한다. 이러한 헌법해석의 목적은 헌법의 규범력이 잘 발휘될 수 있도록 해석함으로써 헌법의 최고규범력을 유지하는 것이다.

(2) 특성

추상성·개방성때문에 법률해석보다 법보충과 법형성의 여지가 크고 정치적 해석도 요구된다.

(3) 헌법해석의 원칙

① 헌법해석의 원칙은 해석방법에 대한 통제적 기능을 수행하여 해석의 객관성을 확보하는 것을 목적으로 한다. 입법 작용, 공권력의 행사 등 헌법문제해결을 위한 헌법소송과 관련없는 영역에서도 인정된다.

② 햇세(Hesse)가 주장하는 헌법해석의 원칙

　㉠ 헌법의 개별요소들은 상호 관련되고 의존하고 있기 때문에 개별 헌법규범만을 고찰해서는 안되고 그 규범이 놓여 있는 전체적 관련을 함께 고찰해야 한다는 헌법의 통일성의 원리

　㉡ 법익 간에 충돌이 생기는 경우에 두 기본권이 동시에 최대한 보장될 수 있는 조화점을 찾는 실제적 조화의 원리

　㉢ 기능적 적정성의 원리

　㉣ 통합작용의 원리 등

> **판례**
>
> **헌법의 해석은 헌법의 창조적 기능 수행하여 국민주권의 실현을 보장하는 기능을 한다**(헌재 1989.09.08. 88헌가6).
>
> 헌법의 해석은 헌법이 담고 추구하는 인상과 이념에 따른 역사적·사회적 요구를 올바르게 수용하여 헌법적 방향을 제시하는 헌법의 창조적 기능을 수행하여 국민적 욕구와 의식에 알맞는 실질적 국민주권의 실현을 보장하는 것이어야 한다. 그러므로 헌법의 해석과 헌법의 적용이 우리 헌법이 지향하고 추구하는 방향에 부합하는 것이 아닐 때에는, 헌법적용의 방향제시와 헌법적 지도로써 정치적 불안과 사회적 혼란을 막는 가치관을 설정하여야 한다.

(4) 헌법해석방법

① 객관적 해석방법

　㉠ 고전적 해석방법 : 헌법과 법률의 구조적 차이를 인정하지 않고 사비니(Savigny)의 문리·논리·역사·체계적 해석방법을 헌법해석방법으로 한다.

　㉡ 현대적 해석방법 : 헌법의 의의 또는 헌법현실을 헌법해석의 기준으로 삼는 현실기준적 해석방법론, 문제변증론 해석방법론, 정신과학적 해석방법론 등이 있다.

ⓒ 검토 : 어느 하나의 해석방법만으로는 완전하거나, 종국적인 방법이 될 수 없으므로 종합적 해석방법을 통하여 헌법을 해석하는 것이 일반적인 방법이다.

② 주관적 해석방법(독일의 헌법관)

	법실증주의	결단주의	통합주의
역사적·이론적 배경	• 형이상학·가치론(사실) 배제 • 사실과 규범의 엄격한 구분 • 규범적 요소만 강조	• 불안정한 바이마르 체제 : 결단을 통한 강력한 국가 형성 • 홉스의 영향 • 사실적 요소만 강조	• 불안정한 바이마르 체제 : 공감대적 가치를 중심으로 한 사회구성원의 통합
국가관	• 국가주권설·국가법인설 (국가는 곧 법이다, 정태적 헌법관) • 국가와 사회를 엄격히 구별	• 국가 선재성 전제 • 국가와 사회를 구분하고 국가중심의 교차관계(동태적 헌법관)	• 국가 선재성 부정 • 국가는 동화·통합되어가는 과정(동태적 헌법관) • 국가와 사회 일원론
헌법관	• 법단계설 : 방법일원론에 기초 • 헌법은 근본규범이라는 의제규정에서 도출된 국내법상 최고의 실정법	• 주의(의지·결단)주의적 헌법관 • 동태적·미시적 헌법관	• 가치론적·개방적 헌법관 : 헌법은 사회구성원이 합의한 가치질서로 시대에 따라 계속 변화하는 것 • 동태적·거시적 헌법관
기본권관	• 켈젠(H. Kelsen) : 기본권의 반사적 이익, 관계이론 • 옐리네크(G. Jellinek) : 약한 의미의 기본권에 관한 주관적 공권성 인정, 지위이론	• 칼 슈미트(C. Schmitt) 자유주의적 기본권관, 전국가적 자연법적 자유권과 상대적·법적 권리로서 참정권·사회적 기본권 • 배분의 원리	• 시멘트(R. Smend) 기본권은 동화·통합과정에서 합의된 가치체계 • 기본권의 국가창설적 성격과 정치적 성격 강조
통치구조론	• 국가 = 법질서	• 동일성 민주주의 • 국민의 직접참여 강조	• 통치구조는 기본권실현을 위한 정돈된 수단

판례

헌법 제29조 제2항 이중배상금지사건에서 우리 헌법상 규범상호 간의 효력상의 차등은 인정될 수 없다
(헌재 1996.06.13. 94헌바20) : 합헌
헌법은 전문과 각 개별조항이 서로 밀접한 관련을 맺으면서 하나의 통일된 가치체계를 이루고 있는 것으로서, 헌법의 제규정 가운데는 헌법의 근본가치를 보다 추상적으로 선언한 것도 있고, 이를 보다 구체적으로 표현한 것도 있으므로 이념적·논리적으로는 헌법규범상호 간의 우열을 인정할 수 있는 것이 사실이다. 그러나 이때 인정되는 헌법규범상호 간의 우열은 추상적 가치규범의 구체화에 따른 것으로서 헌법의 통일적 해석에 있어서는 유용할 것이지만, 그것이 헌법의 어느 특정규정이 다른 규정의 효력을 전면적으로 부인할 수 있을 정도의 개별적 헌법규정 상호간에 효력상의 차등을 의미하는 것이라고는 볼 수 없다.

2. 합헌적 법률해석(헌법합치적 법률해석)의 지침

(1) 의의

합헌적 법률해석이란 어떤 법률의 개념이 다의적이고 그 어의의 테두리 안에서 여러 가지의 해석(위헌적 해석과 합헌적 해석)이 가능할 때 통일적인 법질서의 형성을 위하여 헌법에 합치되는 해석을 택하는 법률(헌법 ×) 해석지침을 말한다(헌재 1990.04.02. 89헌가113). 다만 헌법규범의 의미·내용을 찾아내는 헌법해석과는 구별된다. 또한 법률해석에는 헌법해석을 수반한다.

(2) 연혁

미연방대법원의 1827년 Ogden v. saunders 사건에서 법률의 합헌성 추정의 원칙에 따라 확립되었고, 그 후 독일에 영향을 주었다.

(3) 근거 및 목적

헌법합치적 법률해석의 원칙은 법률해석방법에 대한 통제적 기능을 수행하여 해석의 객관성을 확보하는 것이 목적이다. 또한 햇세(Hesse)가 주장하는 이러한 헌법합치적 법률해석의 원칙은 법질서 통일성 유지, 권력분립의 정신, 입법 작용에 대한 권한 존중(사법소극주의), 법률의 합헌성 추정의 원칙, 법적안정성, 예측가능성 유지, 국가 간의 신뢰보호 등을 근거로 볼 수 있으므로 이를 인정함이 일반적인 학설과 헌법재판소의 견해이다. 다만 대법원은 헌법 제101조의 사법권을 근거로 부정하는 입장으로 헌법재판소의 한정위헌과 한정합헌 결정에 대하여 그 효력을 인정하지 않는다.

(4) 규범통제와 관계

	합헌적 법률해석	규범통제
기능	해석기준	통제심사기준(저촉기준)
목적	법률의 효력을 지속시키려는 제도적 표현	헌법의 효력을 지키려는 제도적 표현
헌법적 근거	별도의 명시적 규정이 없어도 헌법의 최고규범성만으로 가능하다.	헌법의 최고규범성 + 별도의 명시적 규정 필요(헌법 제111조 제1항 제1호)

(5) 유형

① 헌법재판소가 내리는 변형결정은 헌법불합치, 한정합헌, 한정위헌의 정도이다.

② 합헌적 법률해석에 바탕을 둔 것은 한정위헌, 한정합헌이 이에 해당한다.

③ 헌법불합치결정도 변형결정의 하나이지만 위헌성이 인정되는 법률이라 하더라도 입법형성권의 존중이나 법적 공백으로 인한 혼란방지 등 특별한 사유가 있을 때 예외적으로 위헌결정을 피하고 심판대상 규범의 위헌성만을 확인하는 결정유형으로서 사법자제의 결과에 의한 것일 뿐, 합헌적 법률해석에 바탕을 둔 결정형식은 아니다.

④ 조건부위헌결정은 변형결정의 한 유형이나 합헌적 법률해석의 한계를 일탈하여 입법형성권을 침해하는 것이므로 가급적 지양되어야 한다.

⑹ **법률해석의 한계(문, 목, 수)**

① 입법형성권을 지나치게 제한하거나 박탈하지 않는 범위 내에서 헌법합치적 해석을 해야 한다.

② **문**의적 한계: 해당 법조문의 문언의 의미가 변질되지 않는 한계로써 법문의 의미가 다의적 해석 가능성을 넘어서 아예 추상적이고 광범위하여 애매모호한 것일 때에도 역시 합헌적 법률해석은 허용되지 않는다.

③ **법목**적적 한계: 해당 법률의 제정에 의해서 추구하고 있는 명백한 입법자의 입법 목적을 정면으로 무시한 합헌적 법률해석은 허용할 수 없다는 한계를 말한다.

④ **헌법수용**적 한계: 헌법규범의 내용을 지나치게 확대해석함으로써 헌법규범이 정상적으로 허용 또는 수용할 수 있는 한계를 넘어서는 것이어서는 아니 된다는 것을 말한다. 따라서 헌법규범의 내용을 지나치게 확대해석하여 헌법의 합법률적 해석이 되어서는 안 된다.

판례

1. 「보건범죄단속에 관한 특별조치법」 제6조 중 "개인의 대리인 · 사용인 기타 종업원이 그 개인의 업무에 관하여 제5조의 위반행위를 한 때에는 행위자를 처벌하는 외에 개인에 대하여도 본조의 예에 따라 처벌한다"고 규정한 부분은 헌법에 위반된다(헌재 2007.11.29. 2005헌가10) : **위헌**

   합헌적 법률해석은 어디까지나 법률조항의 문언과 목적에 비추어 가능한 범위 안에서의 해석을 전제로 하는 것이고, 법률조항의 문구 및 그로부터 추단되는 입법자의 명백한 의사에도 불구하고 문언상 가능한 해석의 범위를 넘어 다른 의미로 해석할 수는 없다. 따라서 이 사건 법률조항을 그 문언상 명백한 의미와 달리 "종업원의 범죄행위에 대해 영업주의 선임감독상의 과실(기타 영업주의 귀책사유)이 인정되는 경우"라는 요건을 추가하여 해석하는 것은 문언상 가능한 범위를 넘어서는 해석으로서 허용되지 않는다.

2. 위헌소원 중 심판대상조항이 다른 사건에서 이미 위헌결정 된 경우의 결정형식(헌재 2012.07.26. 2009헌바35 · 82) : **위헌 확인**

   법률이 전부 개정된 경우에는 기존 법률을 폐지하고 새로운 법률을 제정하는 것과 마찬가지여서 종전의 본칙은 물론 부칙 규정도 모두 소멸하는 것이므로 특별한 사정이 없는 한 종전 법률의 부칙 중 경과규정도 실효된다. 다만, 「헌법재판소법」 제68조 제2항에 의한 헌법소원사건 심판 계속 중 심판대상이 된 법률조항이 다른 사건에서 이미 위헌으로 결정된 경우 같은 법률조항에 대하여 위헌확인결정을 한다.

3. 전부개정법의 시행에도 불구하고 이 사건 부칙조항이 실효되지 않은 것으로 해석하는 것은 헌법상의 권력분립원칙과 조세법률주의의 원칙에 위배되어 헌법에 위반된다(헌재 2012.05.31. 2009헌바123 · 126) : **한정위헌**

   형벌조항이나 조세법의 해석에 있어서는 헌법상의 죄형법정주의, 조세법률주의의 원칙상 엄격하게 법문을 해석하여야 하고 합리적인 이유 없이 확장해석하거나 유추해석할 수는 없는바, '유효한' 법률조항의 불명확한 의미를 논리적 · 체계적 해석을 통해 합리적으로 보충하는 데에서 더 나아가, 해석을 통하여 전혀 새로운 법률상의 근거를 만들어 내거나, 기존에는 존재하였으나 실효되어 더 이상 존재한다고 볼 수 없는 법률조항을 여전히 '유효한' 것으로 해석한다면, 이는 법률해석의 한계를 벗어나 '법률의 부존재'로 말미암아 형벌의 부과나 과세의 근거가 될 수 없는 것을 법률해석을 통하여 창설해 내는 일종의 '입법행위'로서 헌법상의 권력분립원칙, 죄형법정주의, 조세법률주의의 원칙에 반한다.

4. 「형법」 제129조 제1항 중 "공무원"에 구 「제주특별자치도 설치 및 국제자유도시 조성을 위한 특별법」 제299조 제2항의 제주특별자치도 통합영향평가심의위원회 심의위원 중 위촉위원(다음부터 '제주자치도 위촉위원'이라 한다)이 포함되는 것으로 해석하는 것이 죄형법정주의원칙에 위배된다(헌재 2012.12.27. 2011헌바117) : **한정위헌**

형벌법규에 있어 독자적인 공무원 개념을 사용하기 위해서는 법률에 명시하는 것이 일반적 입법례인데, 우리의 경우에는 구 「형법」의 공무원 개념규정을 「형법」 제정 당시 두지 않았고, 「국가공무원법」・「지방공무원법」에 의한 공무원이 아니라고 하더라도 국가나 지방자치단체의 사무에 관여하거나 공공성이 높은 직무를 담당하여 청렴성과 직무의 불가매수성이 요구되는 경우에, 개별 법률에 '공무원 의제' 조항을 두어 공무원과 마찬가지로 뇌물죄로 처벌하거나, 특별규정을 두어 처벌하고 있다. 그런데 「국가공무원법」・「지방공무원법」에 따른 공무원이 아님에도 법령에 기하여 공무에 종사한다는 이유로 공무원 의제규정이 없는 사인(私人)을 이 사건 법률조항의 '공무원'에 포함된다고 해석하는 것은 처벌의 필요성만을 지나치게 강조하여 범죄와 형벌에 대한 규정이 없음에도 구성요건을 확대한 것으로서 죄형법정주의와 조화될 수 없다. 따라서 이 사건 법률조항의 '공무원'에 「국가공무원법」・「지방공무원법」에 따른 공무원이 아니고 공무원으로 간주되는 사람도 아닌 제주자치도 위촉위원이 포함된다고 해석하는 것은 법률해석의 한계를 넘은 것으로서 죄형법정주의에 위배된다.

5. 재판 취소 사건(헌재 2022.06.30. 2014헌마760)

[1] 이 사건 한정위헌결정은 형벌 조항의 일부가 헌법에 위반되어 무효라는 내용의 일부위헌결정으로, 법원과 그 밖의 국가기관 및 지방자치단체에 대하여 기속력이 있다. 이 사건 한정위헌결정의 기속력을 부인하여 청구인들의 재심청구를 기각한 법원의 재판은 '법률에 대한 위헌결정의 기속력에 반하는 재판'으로 이에 대한 헌법소원은 허용되고 청구인들의 헌법상 보장된 재판청구권을 침해하였으므로 법 제75조 제3항에 따라 취소되어야 한다.

[2] 형벌 조항은 위헌결정으로 소급하여 그 효력을 상실하지만, 위헌결정이 있기 이전의 단계에서 그 법률을 판사가 적용하는 것은 제도적으로 정당성이 보장되므로 아직 헌법재판소에 의하여 위헌으로 선언된 바가 없는 법률이 적용된 재판을 그 뒤에 위헌결정이 선고되었다는 이유로 위법한 공권력의 행사라고 하여 헌법소원심판의 대상으로 삼을 수는 없다. 따라서 이 사건 한정위헌결정 이전에 확정된 청구인들에 대한 유죄판결은 법률에 대한 위헌결정의 기속력에 반하는 재판이라고 볼 수 없으므로 이에 대한 심판청구는 부적법하다.

6. 지방자치단체의장의 지방공무원에 대한 전입・전출에 대한 동의 사건(헌재 2002.11.28. 98헌바101) : **합헌**

이 사건 법률조항은 해당 지방공무원의 동의가 있을 것을 당연한 전제로 하여 그 공무원이 소속된 지방자치단체의 장의 동의를 얻어서만 그 공무원을 전입할 수 있음을 규정하고 있는 것으로 보는 것이 올바른 해석이다. 이 사건 법률조항을 이와 같이 해석하는 것은 이 사건 법률조항의 내용을 왜곡하거나 변경하는 것이 아니라, 법률의 본래 의미를 헌법정신에 비추어 분명히 하는 것이므로 법률해석의 한계를 벗어나는 것이라 할 수 없다.

7. 「집회 및 시위에 관한 법률」 제10조 등 위헌제청 사건(헌재 2014.03.27. 2010헌가2) : **한정위헌**

해가 뜨기 전이나 해가 진 후에는 시위를 하여서는 아니 된다고 규정한 조문과 이에 위반하여 시위에 참가한 자를 처벌하는 부분은 각 '해가 진 후부터 같은 날 24시까지의 시위'에 적용하는 한 헌법에 위반된다(헌재 2014.03.27. 2010헌가2). : **한정위헌**

(7) 변형결정의 기속력(한정위헌·합헌)

	대법원	헌법재판소
변형결정의 기속력	부정	인정
결정의 효과로서 법률문언변화유무와 기속력의 상관관계	인정	부정
헌재법 제47조 제1항 기속력이 인정되는 결정	제한적 열거	예시

판례

1. 우리 헌법은 사법권은 대법원을 최고법원으로 한 법원에 속한다고 명백하게 선언하고 있고, 헌법재 판소는 사법권을 행사하는 법원의 일부가 아님이 분명한 이상, 법률의 합헌적 해석기준을 들어 재 판에 관여하는 것은 헌법 및 그에 기초한 법률체계와 맞지 않는 것이고 그런 의견이 제시되었더라 도 이는 법원을 구속할 수 없다(대판 2013.03.28. 2012).

   「헌법재판소법」 제47조 제1항에서 규정한 '법률의 위헌결정'은 국회가 제정한 '법률'이 헌법에 위반된 다는 이유로 그 효력을 상실시키는 결정만을 가리키고, 단순히 특정한 '법률해석'이 헌법에 위반된다 는 의견을 표명한 결정은 '법률'의 위헌 여부에 관한 결정이 아닐 뿐만 아니라 그 결정에 의하여 법률 의 효력을 상실시키지도 못하므로 이에 해당하지 아니함이 명백하다. 따라서 헌법재판소가 '법률'이 헌법에 위반된다고 선언하여 그 효력을 상실시키지 아니한 채 단지 특정한 '법률해석'이 헌법에 위반 된다고 표명한 의견은 그 권한 범위를 뚜렷이 넘어선 것으로서 그 방식이나 형태가 무엇이든지 간에 법원과 그 밖의 국가기관 등을 기속할 수 없다. 또한 그 의견이 확정판결에서 제시된 법률해석에 대한 것이라 하더라도 법률이 위헌으로 결정된 경우에 해당하지 아니하여 법률의 효력을 상실시키지 못하 는 이상 「헌법재판소법」 제47조 제3항에서 규정한 재심사유가 존재한다고 할 수 없다. 헌법재판소가 법률의 해석기준을 제시함으로써 구체적 사건의 재판에 관여하는 것은 독일 등 일부 외국의 입법례처 럼 헌법재판소가 헌법상 규정된 사법권의 일부로서 그 권한을 행사함으로써 사실상 사법부의 일원이 되어 있는 헌법구조에서는 가능할 수 있다.

2. 한정위헌청구의 적법성에 관한 종래의 선례를 변경하여 원칙적으로 한정위헌청구가 적법하다(헌재 2012.12.27. 2011헌바117).

   법률의 의미는 결국 개별·구체화된 법률해석에 의해 확인될 것이므로 이는 동전의 양면과 같아 법률 과 법률의 해석을 구분할 수는 없고 결국 재판의 전제가 된 법률에 대한 규범통제는 결국 해석에 의해 구체화된 법률의 의미와 내용에 대한 헌법적 통제로서 헌법재판소의 고유권한이다. 헌법합치적 법률 해석의 원칙상 한정적으로 위헌성이 있는 부분에 대한 한정위헌결정은 입법권에 대한 자제와 존중으 로서 당연하면서도 불가피한 결론이고, 이러한 한정위헌결정을 구하는 한정위헌청구 또한 인정되는 것이 합당하다. 다만, 재판소원을 금지하는 「헌법재판소법」 제68조 제1항의 취지에 비추어 개별, 구체 적 사건에서의 단순히 법률조항의 포섭이나 적용의 문제를 다투거나, 의미있는 헌법문제에 대한 주장 없이 단지 재판결과를 다투는 경우 등에는 여전히 허용될 수 없다.

제3절 | 헌법의 제정, 변천 및 개정

1. 헌법의 제정

(1) 의의

헌법제정권자가 제정권력(주권)을 행사하여 정치적 공동체의 형태와 기본적 가치질서에 관한 국민적 합의에 따른 법규범체계로 정립하는 법창조행위를 말한다.

(2) 헌법제정권력

① 의의: 헌법을 시원적으로 창조하는 권력적 측면만이 아니라 헌법에 정당성을 부여하는 권위적인 힘을 말한다.

② 성질

시원성 · 창조성	프랑스, 쉬예스(A. Siéyès)
혁명성	독일, 칼 슈미트(C. Schmitt)
항구성	한번 행사되었다고 소멸되는 것이 아니라 이후 잠재적으로 존재한다.
불가양성 · 불가분성	헌법제정권력 그 자체는 위임할 수 없다. 다만, 도출된 권력으로써 통치 권력은 분리가 가능하다.
사실성과 규범성	정치공동제의 의사를 통일된 국가의사인 규범으로 형성 · 표출한다.

③ 주장자

쉬예스 (프, A. Siéyès)	제헌의회에 헌법제정권력을 인정하고, 제정권력의 무한계를 중시한다.
칼 슈미트 (독, C. Schmitt)	헌법과 헌법률을 구별하여 제정권자의 근본적 결단(헌법 개정절차조항 등)인 헌법은 개정할 수 없지만, 헌법률은 개정할 수 있다. 제정권력의 무한계를 중시한다.
법실증주의자	헌법제정과정을 무시하고, 헌법제정권력과 개정권력(법등가이론)의 구분을 부인한다.

(3) 한계

① 인정여부

한계부정설	헌법제정권력을 시원성에서 찾는 A. Siéyès와 C. Schmitt 입장에서는 이를 제한할 어떠한 한계도 없다.
한계긍정설 (다수설)	헌법제정권력은 무제한적 성격을 갖는 것이 아니고 불변의 근본규범이나 자연법상의 원리 또는 초실정법적 법원칙에 의하여 제약을 받는다고 보는 입장이다.

② 헌법 제정의 한계

절차상 한계	제정헌법의 개념 특성상 헌법 규범상 절차는 없으나 국민의 기본적 합의 반영 절차는 요구된다.
자연법적 한계	인간의 존엄 · 가치와 같은 초국가적 자연법에 구속된다.

정치이념적 한계	제정 당시의 시대적 사상을 반영한다.
법원리적 한계	국가마다 고유한 법원리로서 민주주의, 평화주의, 법적안정성, 정의 등 법원칙에 구속된다.
국제법적 한계	일본의 평화헌법 제정 등과 같이 패전국의 제정권은 승전국의 영향을 받는다.

(4) 절차

루소식	직접민주주의 논리에 따라 국민투표로 제정한다.
쉬예스식	제헌의회에 의해 제정한다.
혼합적 방법	루소식과 쉬예스식을 결합한 방법이다.
우리 건국헌법	국민투표를 거치지 않는 쉬예스식으로 제헌의회에서 확정되었다(주권의 이양이 아니라 대행한 것으로 봄이 일반적이다).

2. 헌법의 변천

(1) 의의

헌법규범의 내용은 사회변화에 탄력적으로 대응하며 현실을 규율해 나가는 과정에서 그 의미의 변화가 불가피하게 요구되는 경우가 발생한다. 이러한 경우에 헌법개정은 정해진 헌법상의 절차를 통하여 의식적으로 행하는 헌법의 변경이지만, 이러한 헌법개정의 절차를 통한 헌법변경에 의하지 않고 내용이 더 보충되거나 의미가 변경된 경우와 같이 헌법규범의 내용에 변경을 가져오는 경우가 있는데, 이를 통상 헌법변천이라고 한다.

(2) 구별

헌법변천은 실정헌법의 특정 조항의 조문을 그대로 존속하는 상태에서 그 의미 또는 내용이 종전과 다르게 실질적으로 변화하는 것을 일컫는다. 이런 점에서 명시적으로 실정헌법의 조문을 변경하는 헌법개정과 구별된다. 헌법변천은 의식적 또는 무의식적으로 발생한다. 다만, 명문상의 내용에 반하는 행위를 헌법변천이라는 이름으로 정당화할 수는 없다.

(3) 인정여부

① 부정설 : 법실증주의자들의 다수(주류인 방법일원주의에 입각한 순수법학파)와 통합론자인 P. Häberle는 헌법변천을 부정한다.

② 긍정설(多)

ㄱ 법실증주의자들 중 G. Jellinek와 P. Laband 등 비주류인 방법이원주의자들, 결단주의자들, 통합주의자들은 헌법변천을 긍정한다.

ㄴ 다만, 규범과 사실의 불일치를 해소하여 헌법의 규범력을 제고하는 방법으로서 헌법변천을 인정하더라도 이는 헌법개정의 전 단계에서 최소한의 범위 내에서만 인정하고, 헌법개정을 통하여 완결적으로 해결하는 것이 바람직하다.

참고

헌법변천이 생기는 경우(Jellinek)

1. 입법부, 행정부, 재판기관이 헌법의 특정 내용을 종래와 다르게 해석·적용함으로 인하여 발생하는 경우
2. 정치상의 필요에 따라 입법부나 행정부의 관례(慣例)나 관행(慣行)에 따라 헌법규범의 실질이 변화함으로 인하여 발생하는 경우
3. 헌법상의 관행에 의하여 헌법규범의 의미가 변화함으로 인하여 발생하는 경우
4. 장기간의 국가권력의 불행사로 인하여 해당 헌법 내용이 규범력을 상실하여 발생하는 경우
5. 헌법규범에 흠결이 있는 경우에 이를 보충함으로써 헌법의 의미가 변하여 발생하는 경우

⑷ 요건

① 헌법조항의 의미·내용에 변화가 있어야 한다.
② 그러한 변화가 상당한 기간에 걸쳐 반복되는 일정한 헌법적 관례가 형성되어야 한다.
③ 이 관례에 대한 국민적 승인이 있어야 한다.
④ 헌법변천의 동기가 헌법의 이념 내지 기본원리를 존중하기 위한 것이고 그 내용이 헌법규범의 역사적 발전법칙에 순응하기 위한 것이어야 한다.

⑸ 변천의 예

미국의 위헌법률심판, 우리나라 제1·2차 개정헌법의 양원제 채택에도 불구하고 단원제 운영, 일본의 평화헌법에 대한 자위대 보유

⑹ 헌법변천과 규범통제제도

① 헌법변천을 인정하는 견해에서도 변천은 신중한 검토를 요한다고 본다.
② 헌법의 해석 내지 변천은 헌법의 최고 규범성 유지를 위한 제도이지만 헌법에 반하는 부작용을 내포하고 있으므로 효과적인 규범통제 제도를 마련해야 한다.
③ 위헌법령심사제도 등 규범통제제도가 발달할수록 헌법변천이 발생할 가능성은 줄어든다. 따라서 제도적 마련을 통한 규범에 대한 규범력 제고가 바람직하다.

⑺ 헌법의 해석과 변천

① 헌법의 변천을 부정하는 입장 : 종래 헌법변천의 개념을 인정할 필요가 있다고 한 영역에서는 헌법해석을 통하여 필요한 문제를 해결할 수 있으므로 헌법해석을 인정하는 한 헌법변천이라는 개념은 인정할 필요가 없다. 그런데 이러한 헌법해석을 통한 헌법규범의 의미변화를 인정하더라도, 해석의 한계를 넘어 헌법규범의 의미를 변질시킬 수는 없다. 따라서 헌법해석을 통한 헌법의 의미변화는 헌법개정의 단계까지 나아갈 필요가 없는 범위 내에서만 허용된다. 이러한 한계를 설정해 주는 것은 현재 존재하는 헌법의 규범성과 헌법으로서의 기능이다.
② 헌법의 변천을 긍정하는 입장 : 헌법해석의 한계작용을 변천이 담당하고 있으며 헌법변천의 한계는 헌법의 개정이라 본다. 결국 잦은 개정은 규범력 약화를 초래하는 위험을 안고 있으므로 헌법의 최고법규성 유지를 위해 내재적 해석과 변천을 인정함으로써 최고규범력을 제고하고자 한다.

3. 헌법의 개정

(1) 의의

① 헌법의 규범력을 높이기 위해 헌법개정절차에 따라 기본적 동일성을 유지하면서 의식적으로 헌법조항을 수정, 삭제, 추가하는 것(기본적 동일성을 상실하는 개정은 위헌성이 있는 헌법개정에 해당한다)이다.

② 헌법개정은 조문의 의식적 변경이 있으나, 헌법변천은 조문의 외형상 변경이 없다. 헌법변천의 한계는 헌법개정이다(헌법개정은 헌법변천의 한계이다).

(2) 형식

① 수정식(Revision) : 수정 또는 삭제하여 새롭게 재정립하는 형식이다(**예** 우리나라).

② 추가식(Additional Amendment) : 기존의 조항을 그대로 둔 채 개정조항만을 추가하는 형식이다 (**예** 미국).

(3) 방법

의회의 의결만으로 개정, 의회 의결 후 국민투표에 의한 개정(우리나라), 헌법의회를 소집하여 개정, 연방을 구성하는 주의 의결에 의한 개정, 의회의결과 특별기관의 동의에 의한 개정하는 방법이 있다.

(4) 한계

① 개정의 한계 인정여부

학설	내용
긍정설 (다수설, 결단주의, 통합주의)	• 결단주의 입장에서는 ⊙ 자연법원리에 반하는 개정은 허용될 수 없다는 자연법적 한계, ⓒ 근본규범 내지 헌법제정규범은 개정할 수 없다는 근본규범적 한계, ⓒ 국제법원리에 반하는 개정은 허용될 수 없다는 국제법적 한계, ② 근본결단에 의한 헌법은 개정할 수 없고 부수적 결단에 의한 헌법률만 개정할 수 있다. • 통합주의 입장에서는 사회통합이나 헌법발전을 저해하는 개정은 허용될 수 없다.
부정설 (법실증주의)	자연법의 부정, 헌법제정·개정권력을 구별할 수 없다는 헌법규범등가론, 헌법규범의 현실적응성 요청, 무효선언기관이 없다는 점, 장래세대의 가치관념을 구속하는 것은 타당하지 않다는 점, 상대주의적 가치관념 등

② 헌법 내재적 한계

⊙ 내용상 한계 : 민주적 기본질서와 인간의 존엄과 가치에 반하는 개정은 불가하다.

ⓒ 시간상 한계 : 국가 비상사태와 외국군대 점령 하에서는 헌법개정을 금지한다.

ⓒ 방법상 한계 : 전면적인 헌법개정을 금지한다(독일헌법).

② 실정법상 한계 : 헌법조문으로 개정할 수 없도록 규정하고 있다(미국헌법의 연방제, 우리나라 제2차에서 제4차 개정헌법까지 민주공화국, 국민주권, 영토변경 등 국가안위에 있어서 중요 사안에 관한 국민투표 규정).

③ 개정금지조항의 개정가능 여부

⊙ 일반적 견해로써 개정금지조항의 개정을 인정하지 않지만 무한계설입장에서는 헌법개정금지조항도 절차조항에 따라 개정이 가능하다고 본다.

ⓒ 칼 슈미트(C. Schmitt)는 헌법개정조항은 헌법의 핵으로 개정대상이 아니라고 보았다.

④ 개정의 절차·한계를 무시한 헌법개정의 효력 : 헌법이 마련한 절차를 위반한 헌법개정은 법적으로는 무효이나 헌법조문을 판단할 수 있는 기관이 존재하지 않으므로 이에 대한 구제방법이 문제된다.

수단	내용
권한쟁의	국회의 의결권을 침해하는 것이므로 국회는 대통령의 국민투표부의행위에 대해서 헌법재판소에 권한쟁의심판을 청구할 수 있다.
탄핵심판	헌법 제65조에 따라 국회는 탄핵소추를 의결할 수 있고 헌법재판소는 탄핵심판을 할 수 있다.
국민투표소송	일반국민은 투표인 10만인 이상의 찬성을 얻어 중앙선거관리위원장을 상대로 하여 대법원에 20일 내 국민투표무효 확인소송을 제기할 수 있다(「국민투표법」 제92조).
저항권	제도적인 수단이 모두 소진된 경우 국민은 저항권을 행사할 수 있다.

판례

헌법 조항 그 자체 를 대상으로 위헌법률심판이나 헌법소원심판이 가능한지에 대해서는 우리 헌법재판소는 부정하는 견해이다(헌재 1996.06.13. 94헌바20) : **각하**

[1] 헌법 제111조 제1항 제1호, 제5호 및 「헌법재판소법」 제41조 제1항, 제68조 제2항은 위헌심사의 대상이 되는 규범을 '법률'로 명시하고 있으며, 여기서 '법률'이라 함은 국회의 의결을 거쳐 제정된 이른바 형식적 의미의 법률을 의미한다. 따라서 위와 같은 형식적 의미의 법률과 동일한 효력을 갖는 조약 등이 위헌심사의 대상에 포함되는 것은 별론으로 하고 헌법의 개별규정 자체가 위헌심사의 대상이 될 수 없음은 위 각 규정의 문언에 의하여 명백하다.

[2] 헌법은 전문과 단순한 개별조항의 상호관련성이 없는 집합에 지나지 않는 것이 아니고 하나의 통일된 가치체계를 이루고 있으며 헌법의 제 규정 가운데는 헌법의 근본가치를 보다 추상적으로 선언한 것도 있고 이를 보다 구체적으로 표현한 것도 있으므로, 이념적·논리적으로는 헌법규범 상호간의 가치의 우열을 인정할 수 있을 것이다. 그러나 이 때 인정되는 헌법규범 상호간의 우열은 추상적 가치규범의 구체화에 따른 것으로써 헌법의 통일적 해석을 위하여 유용한 정도를 넘어 헌법의 어느 특정 규정이 다른 규정의 효력을 전면부인할 수 있는 정도의 효력상의 차등을 의미하는 것이라고는 볼 수 없다. 더욱이 헌법개정의 한계에 관한 규정을 두지 아니하고 헌법의 개정을 법률의 개정과는 달리 국민투표에 의하여 이를 확정하도록 규정하고 있는 현행의 우리 헌법상으로는 과연 어떤 규정이 헌법핵 내지는 헌 법제정규범으로서 상위규범이고 어떤 규정이 단순한 헌법개정규범으로서 하위규범인지를 구별하는 것이 가능하지 아니하며, 달리 헌법의 각 개별규정 사이에 그 효력상의 차이를 인정하여야 할 아무런 근거도 찾을 수 없다.

[3] 나아가 헌법은 그 전체로서 주권자인 국민의 결단 내지 국민적 합의의 결과라고 보아야 할 것으로, 헌법의 개별규정을 「헌법재판소법」 제68조 제1항 소정의 공권력행사의 결과라고 볼 수도 없다.

(5) 우리 헌법의 개정절차(2, 6, 3)

제128조 ① 헌법개정은 국회재적의원 과반수 또는 대통령의 발의로 제안된다.
  ② 대통령의 임기연장 또는 중임변경을 위한 헌법개정은 그 헌법개정 제안 당시의 대통령에 대하여는 효력이 없다.
제129조 제안된 헌법개정안은 대통령이 20일 이상의 기간 이를 공고하여야 한다.

제130조 ① 국회는 헌법개정안이 공고된 날로부터 60일 이내에 의결하여야 하며, 국회의 의결은 재적의원 3분의2 이상의 찬성을 얻어야 한다.
② 헌법개정안은 국회가 의결한 후 30일 이내에 국민투표에 붙여 국회의원선거권자 과반수의 투표와 투표자 과반수의 찬성을 얻어야 한다.
③ 헌법개정안이 제2항의 찬성을 얻은 때에는 헌법개정은 확정되며, 대통령은 즉시 이를 공포하여야 한다.

🗁 헌법개정절차

제안	공고(대통령)	의결(국회)	확정(국민투표)	공포(대통령)
국회 재적의원 과반수 또는 대통령	20일 이상	60일 이내 재적의원 2/3 이상 (기명투표)	30일 이내 국회의원선거권자 과반수 투표, 투표자 과반수 찬성	즉시 공포

🗁 헌정사로 본 헌법개정절차

		제안자			공고	국회 의결	국민 투표
		대통령	국회	국민			
제헌헌법	1948년 7월 12일	대통령	재적 1/3	×	30일	재적 2/3	×
제1공화국 헌법	1차(1952년)	대통령	민의원 (참의원) 재적 1/3	×	30일	양원 각 재적 2/3	×
	2차(1954년)	대통령	민의원 (참의원) 재적 1/3	민의원 선거권자 50만 명	30일	양원 각 재적 2/3	×
제2공화국 헌법	3차(1960년 6월)	대통령	민의원 (참의원) 재적 1/3	민의원 선거권자 50만 명	30일	양원 각 재적 2/3	×
	4차(1960년 11월)						
제3공화국 헌법	5차(1962년)	×	재적 1/3	국회의원 선거권자 50만 명	30일	재적 2/3	○
	6차(1969년)						
제4공화국 헌법	7차(1972년)	대통령 제안시 국민투표 (헌법 개정의 이원화)	재적 과반수	×	20일	국회의원이 제안시 통일주체 국민회의에서 결정	○
제5공화국 헌법	8차(1980년)	대통령	재적 과반수	×	20일	재적 2/3	○
현행헌법	9차(1987년)	대통령	재적 과반수	×	20일	재적 2/3 (기명)	과투 투과

⑹ 우리 헌법의 개정 한계

① 명문의 규정 : 과거 2차 헌법부터 4차 헌법에서는 민주공화국, 국민주권, 국토변경에 관한 절차상 국민투표는 개정금지규정이 존재하였으나, 현행헌법상 명문의 규정은 없다. 다만 인간의 존엄과 가치, 자유민주적 기본질서 등의 내재적 한계를 인정함이 일반적이다.

② 헌법 제128조 제2항의 의미 : 헌법 제70조를 개정할 수 없다는 개정 금지 조항이 아니라 제안 당시 대통령에 한해 개정된 조문이 적용될 수 없다는 의미이므로 개정의 효력한계조항 내지 헌법개정 효력의 인적 적용제한조항으로 봄이 다수견해이다. 따라서 헌법 제70조가 중임허용조항으로 개정되더라도 제안 당시의 대통령은 다음 대통령 선거에 입후보할 수 없다(인적효력제한규정).

⑺ 헌법제정권력과 헌법개정권력, 주권과의 관계

① 헌법제정권력과 헌법개정권력의 관계 : 헌법재판소는 헌법에 개정한계조항이 없고, 헌법개정이 국민투표에 의해 확정된다는 것을 이유로 헌법제정규정과 헌법개정규정의 구별을 부인한다(헌재 1995.12.28. 95헌바3).

구분	헌법제정권력	헌법개정권력
성질	시원적으로 창조하는 권력	헌법제정권력에 의하여 조직되고 제도화된 권력
주체	국민	국민
절차상 한계	무한계	헌법 개정절차상 한계

② 헌법제정권력과 주권 : 현행헌법 제1조 제2항 전단은 헌법제정권력의 주체가 국민이라는 것을 선언한 것이다. 다수설은 헌법제정권력과 주권은 그 역사적 발전과정에서 강조점을 달리 할 뿐 동일한 것으로 이해한다.

판례

헌법제정권력으로써 대한민국 국민은 주권자에 해당한다(헌재 2013.03.21. 2010헌바132 등).

국민은 대한민국의 주권자이며 최고의 헌법제정권력이기 때문에 성문헌법의 제·개정에 참여한다. 즉 헌법을 제·개정할 것인지 여부, 헌법을 개정한다면 어떠한 내용으로 할 것인지 여부의 제반 결정권은 제헌헌법 이래 현행헌법에 이르기까지 국민에게 있으며, 헌법을 개정하거나 폐지하고 다른 내용의 헌법을 모색하는 것은 주권자이자 헌법제·개정권력자인 국민이 보유하는 가장 기본적인 권리로서, 가장 강력하게 보호되어야 할 권리 중의 권리에 해당한다.

제4절 헌법의 수호(보호)

1. 헌법의 수호

(1) 의의

헌법에 대한 적대적 행위와 헌법 위협적 상황으로부터 일정한 헌법적 가치질서를 지키는 것을 말한다. 헌법수호란 헌법의 가치질서를 지키는 것, 우리 헌법의 경우 '자유민주적 기본질서의 수호'를 의미한다. 이러한 헌법의 수호는 '국가의 수호'보다 그 보호대상이 축소된 협소한 의미의 개념이다. 국가의 수호(Staatsschutz)란, 국가의 존속을 외부 및 내부의 공격으로부터 보호하고자 하는 국가의 제도 및 조치를 말한다.

(2) 대상

형식적 의미의 헌법과 실질적 의미의 헌법(불문헌법, 관습헌법)을 포함하며, 모든 헌법 조항이 수호의 대상이 되는 것은 아니다.

> **판례**
>
> **통합진보당 결정**(헌재 2014.12.19. 2013헌다1)
> 헌법 제8조 제4항이 의미하는 '민주적 기본질서'는, 개인의 자율적 이성을 신뢰하고 모든 정치적 견해들이 각각 상대적 진리성과 합리성을 지닌다고 전제하는 다원적 세계관에 입각한 것으로서, 모든 폭력적·자의적 지배를 배제하고, 다수를 존중하면서도 소수를 배려하는 민주적 의사결정과 자유·평등을 기본원리로 하여 구성되고 운영되는 정치적 질서를 말하며, 구체적으로는 국민주권의 원리, 기본적 인권의 존중, 권력분립제도, 복수정당제도 등이 현행헌법상 주요한 요소라고 볼 수 있다. 또한 이러한 민주적 기본질서는 최대한 엄격하게 협소한 의미로 이해해야 한다.

(3) 헌법의 수호자

① 1차적으로 국가, 최종적으로 국민이 수호자이다.
② 켈젠(헌법재판소, 사후교정적 방법 중시), 슈미트(대통령), 헷세(국민의 수호의지)

(4) 헌법수호의 유형

① 평상시 헌법수호제도

사전예방적 방법	사후교정적 방법	
	상향적 침해(국민)에 대한 수호	하향적 침해(통치권)에 대한 수호
• 합리적인 정당정치의 구현 • 선거민에 의한 국정 통제 • 국민의 호헌의식 고양 • 국가권력 분립 • 헌법개정의 곤란성 • 공무원의 정치적 중립성 • 방어적 민주주의 채택	• 방어적 민주주의의 구체적 수단 　- 헌법상 위헌정당해산제도 　- 헌법상 기본권 실효제도(독일, 우리나라는 채택하지 않음, 다만 법률상「형법」또는「국가보안법」으로 해결하고 있음)	• 위헌법률심사제 • 탄핵제도 • 공무원책임제 • 국회의 긴급명령 등에 대한 국회 승인권 • 각료해임건의 및 의결제도

② 비상시 헌법수호제도(후설) : 국가긴급권, 국민의 최후적 수호방법으로써의 저항권이다.

2. 국가긴급권(하향적 침해 구제)

> 헌법 제76조【긴급처분·명령권】① 대통령은 내우·외환·천재·지변 또는 중대한 재정·경제상의 위기에 있어서 국가의 안전보장 또는 공공의 안녕질서를 유지하기 위하여 긴급한 조치가 필요하고 국회의 집회를 기다릴 여유가 없을 때에 한하여 최소한으로 필요한 재정·경제상의 처분을 하거나 이에 관하여 법률의 효력을 가지는 명령을 발할 수 있다.
> ② 대통령은 국가의 안위에 관계되는 중대한 교전상태에 있어서 국가를 보위하기 위하여 긴급한 조치가 필요하고 국회의 집회가 불가능할 때에 한하여 법률의 효력을 가지는 명령을 발할 수 있다.
> ③ 대통령은 제1항과 제2항의 처분 또는 명령을 한 때에는 지체없이 국회에 보고하여 그 승인을 얻어야 한다.
> ④ 제3항의 승인을 얻지 못한 때에는 그 처분 또는 명령은 그때부터 효력을 상실한다. 이 경우 명령에 의하여 개정 또는 폐지되었던 법률은 그 명령이 승인을 얻지 못한 때부터 당연히 효력을 회복한다.
> ⑤ 대통령은 제3항과 제4항의 사유를 지체없이 공포하여야 한다.
> 헌법 제77조【계엄선포 등】① 대통령은 전시·사변 또는 이에 준하는 국가비상사태에 있어서 병력으로써 군사상의 필요에 응하거나 공공의 안녕질서를 유지할 필요가 있을 때에는 법률이 정하는 바에 의하여 계엄을 선포할 수 있다.
> ② 계엄은 비상계엄과 경비계엄으로 한다.
> ③ 비상계엄이 선포된 때에는 법률이 정하는 바에 의하여 영장제도, 언론·출판·집회·결사의 자유, 정부나 법원의 권한에 관하여 특별한 조치를 할 수 있다.
> ④ 계엄을 선포한 때에는 대통령은 지체없이 국회에 통고하여야 한다.
> ⑤ 국회가 재적의원 과반수의 찬성으로 계엄의 해제를 요구한 때에는 대통령은 이를 해제하여야 한다.

(1) 의의
① 정상적인 헌법보호수단으로 헌법질서를 유지하기 어려운 국가위기상황에서 헌법 또는 법률상 근거(남용방지)를 둔 채 헌법을 수호하기 위한 대통령의 비상적 권한을 말한다.
② 우리 헌정사상 계엄선포권은 상존하였다.
③ 현행헌법은 대통령에게 제76조 긴급명령, 긴급재정·경제명령, 제77조 계엄을 규정하고 있다.

(2) 전제 요건
① 국가긴급권은 법치국가의 수호를 위한 필수적 수단이면서, 동시에 법치국가에 대한 위협적 요소라는 양면성을 가지고 있다.
② 국가적 비상사태의 발생이 현존하며 명백한 상황이 존재(사전적 ×, 예방적 ×)하여야 한다. 다만, 판례는 과거 4공화국 헌법 하에서 이러한 요건이 성립하지 않은 경우에 긴급조치권을 행사한 경우를 위헌·위법한 권력행사라고 판시한 바 있다.
③ 국가 존립과 기존질서 회복과 유지를 목적으로 한다(소극적 유지목적, 단 적극적 ×, 공공복리 ×).

(3) 한계의 종류

종류	내용
상황(전제요건)상 한계	기본적인 국가긴급권 발동요건을 충족하는 상황(비상사태의 발생이 현존하며 명백한 상황이 존재, 소극적 유지목적)이어야 한다.
시간상 한계	일시적·잠정적이어야 한다.
수단상 한계	다른 국가 내재적 수호 수단을 사용하고 난 최후수단이어야 한다.
일반원칙상 한계	기본권 제한은 그 제한의 일반원칙 등을 지켜 최소한에 그쳐야 한다.

(4) 통제의 종류

종류	내용
내부적 통제	국무회의 심의·부서
입법적 통제	목적, 내용, 절차의 헌법 또는 법률에의 명시
의회에 의한 통제	긴급명령 등 사후승인, 계엄 해제 요구
사법적 통제	헌법재판소는 긴급재정·경제명령에 대한 헌법소원을 인정
사회적 통제	국민의 호헌의지에 대한 통제

(5) 효력

① 현행헌법상 인정되는 국가긴급권은 불문의 초헌법적 국가 긴급권 요구에 대한 최소한의 규범적 제한 규정을 마련함으로써 남용을 방지하고자 하는 입헌자의 의지적 표현이다.

② 헌법에 명문화함으로써 이러한 요건을 갖추는 경우에 한하여 긴급명령은 법률과 동일한 효력을 갖고 기본권 제한이 가능하도록 하였다.

③ 불문의 국가긴급권은 명확한 권한을 부여하지 아니하고 권한의 한계도 명확하지 않기 때문에, 국가비상사태가 종료된 후 국가생활이 어떠한 방법으로 다시 정상적인 성문헌법의 궤도에 진입할 수 있는지의 문제를 남긴다. 그러나 헌법이 스스로 국가비상사태를 사전에 명시적으로 규율하는 경우에는 정상적 상황에서 비상적 상황으로의 전환 및 비상적 상황에서 정상적 상황으로의 회귀를 보다 명확하고 효과적으로 보장할 수 있다.

④ 비상상황에서 취해진 예외적 조치의 합헌성을 판단함에 있어서 결정적인 기준으로 작용한다.

⑤ 현행헌법에서는 법률적 효력을 인정한 반면, 과거 4공화국의 대통령령에 의한 긴급조치(구 제53조)는 효력에 관한 명문의 규정을 두지 않았다. 이에 헌법재판소는 법률로 해석한 반면, 대법원은 명령으로 해석하여 현행헌법을 기준으로 위헌결정을 한 바 있다.

판례

1. 소위 유신헌법 제53조에 근거한 '대통령 긴급조치 제1호'가 명령으로서 헌법에 위배되어 무효이다 (대판 2010.12.16. 2010도5986(전합)).

구 대한민국 헌법(이하 '유신헌법'이라 한다) 제53조에 근거하여 발령된 대통령 긴급조치(이하 '긴급조치'라 한다) 제1호는 그 발동 요건을 갖추지 못한 채 목적상 한계를 벗어나 국민의 자유와 권리를 지나치게 제한함으로써 헌법상 보장된 국민의 기본권을 침해한 것이므로, 긴급조치 제1호가 해제 내지 실효되기 이전부터 유신헌법에 위배되어 위헌이고, 나아가 긴급조치 제1호에 의하여 침해된 각 기본권의 보장 규정을 두고 있는 현행헌법에 비추어 보더라도 위헌이다.

2. 긴급조치 제1호, 제2호가 법률적 효력이 있는 법규범으로서 입법목적의 정당성이나 방법의 적절성을 갖추지 못하고, 참정권, 표현의 자유, 영장주의 및 신체의 자유, 법관에 의한 재판을 받을 권리 등을 침해한다(헌재 2013.03.21. 2010헌바132 등) **: 위헌**

긴급조치 제1호, 제2호는 국가긴급권의 발동이 필요한 상황과는 전혀 무관하게 헌법과 관련하여 자신의 견해를 단순하게 표명하는 모든 행위까지 처벌하고, 처벌의 대상이 되는 행위를 전혀 구체적으로 특정할 수 없으므로, 표현의 자유 제한의 한계를 일탈하여 국가형벌권을 자의적으로 행사하였고, 죄형법정주의의 명확성원칙에 위배되며, 국민의 헌법개정권력의 행사와 관련한 참정권, 국민투표권, 영장주의 및 신체의 자유, 법관에 의한 재판을 받을 권리 등을 침해한다.

3.「국가보위에 관한 특별조치법」제9조 등 위헌제청(헌재 2015.03.26. 2014헌가5) **: 위헌**

국가긴급권은 평상시의 헌법질서에 따른 권력 행사방법만으로는 대처할 수 없는 중대한 위기상황에 대비하기 위한 비상수단이므로 헌법이 정한 요건 및 한계는 엄격히 준수되어야 할 것인데, 국가비상사태의 선포를 규정한 구 국가보위에 관한 특별조치법 제2조는 헌법에 한정적으로 열거된 국가긴급권의 실체적 발동요건 중 어느 하나에도 해당되지 않은 것으로서 '초헌법적 국가긴급권'의 창설에 해당되나, 그 제정 당시의 국내외 상황이 이를 정당화할 수 있을 정도의 '극단적 위기상황'이라 볼 수 없고, 국가비상사태의 해제를 규정한 특별조치법 제3조는 국회에 의한 민주적 사후통제절차를 규정하고 있지 아니하며, 이에 따라 본질적으로 임시적·잠정적 성격을 지녀야 할 국가비상사태의 선포가 장기간 유지되었음을 고려할 때, 특별조치법 제2조 및 제3조는 헌법이 인정하지 아니하는 초헌법적 국가긴급권을 대통령에게 부여하는 법률로서 헌법이 요구하는 국가긴급권의 실체적 발동요건, 사후통제 절차, 시간적 한계에 위반되어 위헌이고, 이를 전제로 한 특별조치법상 그 밖의 규정들도 모두 위헌이라 할 것이므로, 결국 심판대상조항도 헌법에 위반된다.

3. 저항권

(1) 의의

헌법기본질서를 위협하거나 침해하는 공권력에 대해 주권자로서의 국민이 행사하는 최후의 비상수단적 헌법수호수단이자 기본권 보장을 위한 국민의 자연권이자 기본권으로서 헌법상의 저항권은 이중적 성격을 가지고 있는 주권자인 국민의 헌법수호제도이다.

(2) 비교 개념

국가긴급권	대통령이나 국가기관이 주체가 되어 국가의 안보와 존립을 유지할 목적으로 행사하는 권리이다.
혁명권	현행 헌법질서를 부정하고 새로운 헌법질서를 형성하는 것을 말한다. 따라서 국민이 주체가 되어 기존질서에 반하는 수단을 사용할 수 있다.
쿠데타	지배계급 내의 일부세력이 무력 등의 비합법적인 수단으로 정권을 탈취하는 기습적인 정치활동이다.
시민불복종	양심상 부정의하다고 확신하는 법이나 정책을 개선할 목적으로 법을 위반하여 비폭력적인 방법으로 행하는 공적·집단적 정치 행위로서 표현의 자유나 집회의 자유, 단체행동권 등의 과격한 또는 불법적 행사를 의미한다. 또한 보충성은 불요하다. 다만, 불법 혹은 폭력적 수단의 사용 시에는 위법성이 조각되지 않는다.

판례✦

부적격후보자에 대한 시민단체의 낙선운동을 시민불복종운동의 일환으로서 「형법」상 정당행위에 해당한다고 볼 수 없다(대판 2004.04.27. 2002도315).

피고인들이 확성장치 사용 연설회 개최, 불법행렬, 서명날인운동, 선거운동 기간 전 집회개최 등의 방법으로 특정 후보자에 대한 낙선운동을 함으로써 「공직선거 및 선거부정방지법」에 의한 선거운동제한규정을 위반한 피고인들의 같은 법 위반의 각 행위는 위법한 행위로서 허용될 수 없는 것이고, 피고인들의 위 각 행위가 시민불복종운동으로서 헌법상의 기본권행사 범위 내에 속하는 정당행위이거나 「형법」상 사회상규에 위반되지 아니하는 정당행위 또는 긴급피난의 요건을 갖춘 행위로 볼 수는 없다.

(3) 법적 성격과 근거

① 실정권설과 자연권설(다수설)의 대립이 있으나 국민주권의 원리에 의한 자연권설이 타당하다.

② 1776년의 미국 독립선언, 1789년의 프랑스 인권선언에서 저항권을 명문화하였고, 현재 일부 국가의 헌법에서도 저항권을 실정법적으로 명문화하고 있다. 가령, 독일 기본법은 제20조 제4항에서 저항권을 헌법상의 권리로 규정하고 있다.

③ 우리 헌법에서 저항권을 명시적으로 규정하고 있지는 않으나, 헌법전문에서 '3·1 운동'과 '불의에 항거한 4·19 민주이념'이라고 언급하고 있는 부분은 간접적으로 저항권을 인정하는 실정법적 근거로 볼 여지가 있다.

(4) 학설

① 긍정설: 로크는 사회계약을 위임계약으로 보고 계약의 목적에 반하는 권력행사에 대하여 사회계약을 취소하는 저항권을 인정하였다. 또한 자유는 국가를 통해서는 물론 국가에 대해서도 보호되어야 한다고 한다.

② 부정설

㉠ 홉스(영)는 성악설에 근거 사회계약을 복종계약으로 보며, 국가를 통해서만 자유가 보호된다고 본다.

㉡ 루터와 칼뱅은 국가에 대한 저항은 신에 대한 저항으로 본다.

㉢ 보댕(프)은 절대군주론에 근거, 헤겔은 국가를 자기목적적으로 본다.

(5) 판례

① 대법원

판례

1. 전국민주청년학생총연맹 사건(용공조작사건)(대판 1975.04.08. 74도3323)

소위 저항권에 의한 행위이므로 위법성이 조각된다는 주장은 저항권 자체의 개념이 막연할 뿐 아니라… 실존하는 헌법적 질서를 무시하고 초법규적인 권리개념으로써 현행실정법에 위배된 행위의 정당화를 주장하는 것은 이를 받아들일 수 없는 것이다.

2. 김재규 사건(대통령 시해사건)(대판 1980.05.20. 80도306)

현대 입헌 자유민주주의 국가의 헌법이론상 자연법에서 우러나온 자연권으로서의 소위 저항권이 헌법 기타 실정법에 규정되어 있든 없든 간에 엄존하는 권리로 인정되어야 한다는 논지가 시인된다 하더라도 그 저항권이 실정법에 근거를 두지 못하고 오직 자연법에만 근거하고 있는 한 법관은 이를 재판규범으로 원용할 수 없다.

② 헌법재판소

판례

1. 「노동조합 및 노동관계조정법」 날치기 사건(헌재 1997.09.25. 97헌가4) : **각하**

입법과정의 하자는 저항권 행사의 대상이 되지 아니한다. 저항권은 국가권력에 의하여 헌법의 기본원리에 대한 중대한 침해가 행하여지고 그 침해가 헌법의 존재자체를 부인하는 것으로 다른 합법적인 구제수단으로서는 목적을 달성할 수 없을 때에 국민이 자기의 권리와 자유를 지키기 위하여 실력으로 저항하는 권리이기 때문이다.

2. 통합진보당 해산 사건에서 저항권의 의의(헌재 2014.12.19. 2013헌다1) : **인용(해산)**

저항권은 공권력의 행사자가 민주적 기본질서를 침해하거나 파괴하려는 경우 이를 회복하기 위하여 국민이 공권력에 대하여 폭력·비폭력, 적극적·소극적으로 저항할 수 있다는 국민의 권리이자 헌법수호제도를 의미한다. 하지만 저항권은 공권력의 행사에 대한 '실력적' 저항이어서 그 본질상 질서교란의 위험이 수반되므로, 저항권의 행사에는 개별 헌법조항에 대한 단순한 위반이 아닌 민주적 기본질서라는 전체적 질서에 대한 중대한 침해가 있거나 이를 파괴하려는 시도가 있어야 하고, 이미 유효한 구제수단이 남아 있지 않아야 한다는 보충성의 요건이 적용된다. 또한 그 행사는 민주적 기본질서의 유지, 회복이라는 소극적인 목적에 그쳐야 하고 정치적, 사회적, 경제적 체제를 개혁하기 위한 수단으로 이용될 수 없다.

(6) 전제 요건

① **주체**: 국민, 정당, 예외적으로 외국인도 가능하다. 단, 국가기관과 지방자치단체는 불가하다.
② **객체**: 위헌적 공권력 행사를 통해 헌법의 기본질서를 위협하는 모든 공권력 담당자여야 한다.
③ **목적**: 인간의 존엄성 유지와 민주주의적 헌법질서 유지를 목적으로 한다.
④ **상황**: 민주적 기본질서를 전면 부인하는 불법이 명백히 현존해야 한다.

(7) 행사 요건

보충성, 최후수단성, 비례원칙 준수, 예외적인 경우에만 최소 침해적인 폭력적 방법을 허용한다. 다만, 성공가능성 요건은 학설 대립은 있으나 저항권 행사의 요건으로 보지 않는 것이 일반적이다.

(8) 효과

실패한 경우 범죄는 성립하지만, 위법성 조각되어 처벌은 하지 않는다. 다만, 저항권 행사가 성공하여 헌법질서가 회복되면 저항권행사는 소급하여 유효하게 된다.

4. 방어적 민주주의(상향적 침해에 대한 구제) 수단

(1) 개념

① 의의 : 민주주의 이름으로 민주적·법치국가적 헌법질서를 침해하는 적으로부터 민주주의를 방어하기 위한 자기방어적, 자기수호적 민주주의를 말한다. 이러한 가치상대주의적 민주주의를 극복하기 위한 가치구속적 민주주의를 전제로 한다.

② 배경 : 생쥐스트의 '민주주의 적에게는 관용(자유)을 베풀 수 없다'는 명제에 기초한 민주주의의 상대주의적 가치중립성에 대한 한계이론으로 등장하였다. 바이마르 헌법 하에서 다수의 의사결정원리에 의해 나찌의 지배를 경험한 독일기본법이 민주주의의 적으로부터 헌법을 수호하기 위한 제도이다.

③ 입법례 : 독일기본법은 방어적 민주주의의 수단으로 기본권 상실제도와 위헌정당강제해산제도를 도입하였다. 우리 헌법은 제8조 제4항에서 위헌정당해산제도를 두고 있다.

④ 독일연방재판소 판례

　㉠ 사회주의 국가당(사회당) 판결 : 1952년 사회주의 국가당의 위헌판결에서 사회주의 국가당의 목적이 복수정당제를 부인하고, 또한 당내조직과 운영이 민주주의의 원칙에 위배되고 당원의 활동이 인간의 존엄과 가치 등의 기본권을 경시한다는 이유로 강제해산을 선고하였다.

　㉡ 공산당 판결 : 1956년 독일 공산당 위헌판결에서 동 정당을 가치 지향적 민주주의에 반하는 위헌정당으로 판단하여 해산결정하며 대체조직결성금지와 재산몰수를 선고하였다.

　㉢ 기타 : 군인판결, 도청판결, 급진주의자판결 등

(2) 본질

① 성격 : 방어적 민주주의는 가치지향적(구속적) 민주주의로서, 상대적 민주주의 이념과 가치를 전제로 다수결에 의한 방어적 민주주의가 보호하고자 하는 민주주의 기본적 가치질서를 배제하는 것은 불가하다.

② 기능

　㉠ 다수결 원리에서의 소수자를 보호한다.

　㉡ 헌법의 사전·사후적 수호 기능을 한다.

(3) 방어적 민주주의의 구체적 수단

① 위헌정당해산제도

> **헌법 제8조 제4항** 정당의 목적이나 활동이 민주적 기본질서에 위배될 때에는 정부는 헌법재판소에 그 해산을 제소할 수 있고, 정당은 헌법재판소의 심판에 의하여 해산된다.

- ㉠ 독일과 우리나라 헌법상 인정하고 있다. 우리 헌법은 가능하면 자의를 방지하고 정치적 판단을 배제하기 위하여 이러한 어려운 과제를 정치적 영역으로부터 독립된 사법기관인 헌법재판소에 맡기고 있다.
- ㉡ 국민은 위헌정당의 위헌적·반민주적 요소와 논쟁하고 대결할 수 있는 기회, 이를 통하여 위헌정당의 위험성을 스스로 인식함으로써 위헌정당을 배척할 수 있는 기회를 부여받아야 한다. 그러나 국가권력에 의한 정당의 강제해산은 이러한 기회를 박탈하는 효과가 있다. 위헌정당의 강제해산은 국민으로 하여금 민주적 사고를 기르도록 하는 학습기회를 빼앗을 수 있다는 반대 견해도 있다.

판례

통합 진보당 해산 사건(헌재 2014.12.19. 2013헌다1) : **인용(해산)**

정당해산심판제도의 본질은 그 목적이나 활동이 민주적 기본질서에 위배되는 정당을 국민의 정치적 의사 형성과정에서 미리 배제함으로써 국민을 보호하고 헌법을 수호하기 위한 것이다. 어떠한 정당을 엄격한 요건 아래 위헌정당으로 판단하여 해산을 명하는 것은 헌법을 수호한다는 방어적 민주주의 관점에서 비롯되는 것이고, 이러한 비상상황에서는 국회의원의 국민대표성은 부득이 희생될 수밖에 없다.

② 기본권 실효 제도(독일)

- ㉠ 자유민주적 기본질서를 파괴할 목적으로 기본권을 악용하는 경우, 헌법재판에 의하여 특정인의 헌법 상 보장된 일정한 기본권, 무엇보다도 정치적 기본권(언론·출판의 자유, 집회·결사의 자유 등)을 일정 기간 실효시킴으로써 민주주의의 적으로부터 헌법의 기본질서를 수호하기 위한 방어적 민주주의의 한 수단이다.
- ㉡ 우리나라는 채택하지 않고 있다. 다만 우리나라는 헌법이 아닌 법률적 수단(「국가보안법」, 「형법」)을 사용하여 기본권을 제한하는 일반적 법률유보에 의한 기본권 제한을 채택하고 있다.

(4) 방어적 민주주의 수단의 행사상 한계

① 민주주의의 본질에 대한 침해를 금지해야 한다.
② 헌법의 기본원리에 대한 침해를 금지해야 한다.
③ 정치적 기본권의 본질적 내용에 대한 침해를 금지해야 한다.
④ 소극적·방어적 행사로써, 적극적 또는 확대적용을 금지해야 한다.
⑤ 과잉금지원칙 준수(헌법 제37조 제2항)해야 한다.

CHAPTER 02 대한민국 헌법 총설

제1절 대한민국 헌정사

개정헌법	내 용
건국헌법 (1948년 7월 12일 제정)	**국민투표 없이 제헌의회 의결로 확정됨(쉬예스식 방법)** • 전문 : 10장(9장 경제의 장, 10장 재정의 장), 제103조로 구성됨 • 단원제 국회, 의원내각제 요소를 가미한 대통령제(국무총리와 부통령이 같이 헌법에 규정됨), 영토조항 두고, 통일조항 없음 • 통제경제, 자연자원의 원칙적 국유화와 공공성을 띤 기업의 원칙적 국·공영제, 공공필요에 의한 사기업의 국·공유화, 통제경제가 강화된 헌법 • 근로자의 이익분배균점권, 생활무능력자 보호, 혼인과 가족의 국가보호 • 헌법위원회의 위헌법률심사권, 탄핵재판소의 탄핵심사권
제1차 헌법개정 (발췌개헌) (1952년 제1공화국)	**발췌개헌** • 대통령과 부통령의 직선제 • 양원제 국회(실시는 ×), 국회의 국무원불신임제 • 국무총리의 국무위원임명제청권 **위헌적 요소** • 일사부재의 원칙 위배, 국회공고와 독회절차 생략, 의결의 강제
제2차 헌법개정 (4사5입) (1954)	• 초대대통령의 중임제한 철폐, 국무총리제 폐지, 국무원연대책임제 폐지 • 주권제약 또는 영토변경시 국민투표제 도입 • 자유시장경제체제 도입 • 헌법개정의 국민발안제(2차 ~ 6차)와 헌법개정한계 명시(국민주권, 민주공화국, 국민주권, 주권제한 및 영토변경의 국민투표 : 2차 ~ 4차) • 특별법원(군법회의)에 대한 헌법상 근거 명시 **위헌적 요소** • 초대 대통령에 한하여 무제한 입후보 허용은 평등원칙 위배, 가부동수인 경우 부결로 간주해야 함에도 가결로 번복한 것은 소수자 보호정신에 위배
제3차 헌법개정 (1960년 제2공화국)	**4·19 혁명 후 국회에서 개정** • 기본권의 확대·강화, 언론·출판·집회·결사의 자유에 대한 허가·검열금지, 기본권의 본질적 내용의 침해금지조항 신설 • 의원내각제, 정당조항신설, 공무원의 신분과 정치적 중립 보장 • 가예산제 폐지, 준예산제, 헌법재판소 최초 규정 • 중앙선거관리위원회의 헌법기관화, 대법원장·대법관의 선거제

정인영 쎄르파 헌법 🐾

제4차 헌법개정 (1960년)	• 3·15 부정선거의 주모자들과 4·19 혁명 당시 살상행위자 처벌의 헌법적 근거를 부 칙에 둠
제5차 헌법개정 (1962년 제3공화국)	**「국가재건비상조치법」에 근거하여 국민투표로 확정** • 극단적 정당국가로 인한 합당·제명이외 당적 변경 및 해산시 의원직 상실, 무소속의 국회의원·대통령 출마 금지 • 인간의 존엄과 가치, 인간다운 생활을 할 권리, 직업의 자유, 거주이전의 자유, 종교의 자유에 관한 규정이 신설됨 • 단원제 국회, 대통령제, 법관추천위원회 설치 • 헌법재판소 폐지, 법원의 위헌법률심사권, 탄핵심판위원회의 탄핵심판권
제6차 헌법개정 (1969년 3선 개헌)	**국회의결과 국민투표를 통해 개정** • 대통령의 연임을 3기로 한정, 대통령에 대한 탄핵소추 발의와 의결정족수 가중, 국회 의원 정수 증원
제7차 헌법개정 (1972년 유신헌법, 제4공화국)	**10·17 비상조치로 국회 해산·정치활동 금지, 국민투표로 확정** • 대통령권한 강화, 중임·연임제한규정 폐지, 국회 해산권과 국회의원 정수 1/3추천권, 법관임명권, 국회의 동의나 승인을 필요로 하지 않는 긴급조치권 • 국회권한축소, 국정감사권 폐지, 연회기를 150일 이내로 단축 • 법원권한축소, 징계처분을 법관파면사유로 규정 • 기본권 약화, 본질적 내용침해금지조항 삭제, 기본권 제한사유로 국가안전보장 추가, 구속적부심사제도 폐지, 군인·군무원의 등의 이중배상청구금지 신설 • 헌법개정 이원화, 대통령이 제안한 경우 국민투표로 확정, 국회가 제안한 경우 통일주 체국민회의에서 확정 • 주권행사방법규정, 대한민국주권은 국민에게 있고 국민은 그 대표자나 국민투표에 의 하여 주권을 행사
제8차 헌법개정 (1980년. 제5공화국)	**1979. 10. 26. 사태, 12.12 사태, 1980. 5. 17. 전국계엄확대** • 국가보위비상대책위원회 설치, 국회활동 정지, 국회의결 없이 국민투표로 확정 • 기본권 신설 : 행복추구권, 연좌제금지, 사생활 비밀과 자유의 불가침, 환경권, 적정임 금조항, 무죄추정의 원칙 • 대통령 임기조항의 개정변경금지, 국정조사권 신설·정당보조금 지급, 대법원장의 일 반 법관임명권 • 독과점의 규제와 조정, 소비자보호, 종소기업육성보호 • 전통문화의 창달
제9차 헌법개정 (1987년. 제6공화국)	**국회개헌특별위원회 개정안, 국회의결과 국민투표로 확정** • 기본권 신설, 범죄피해자구조청구권, 최저임금제, 적법절차원칙, 6대 환경정책 기본법 신설, 재판절차진술권, 구속이유 등 고제제도, 모성보호, 대학의 자율성 • 대한민국 임시 정부의 법통계승 • 국군의 정치적 중립성, 정당의 목적도 민주적일 것 • 대통령, 직선제, 국회해산권·비상조치권 삭제, 대통령후보자의 거주조항 삭제 • 국무위원에 대한 해임의결권을 해임건의권으로 변경 • 국회권한 강화를 위하여 국정감사권 부활, 정기회기 연장, 연회기 일수 제한 삭제

제2장 대한민국 헌법 총설 **39**

제 2 절 │ 대한민국의 국가형태와 구성요소

1. 헌법적 근거

(1) 국가형태

> 제1조 제1항 대한민국은 민주공화국이다.

① 우리나라의 국가형태에 관한 규정에 해당한다.
② 민주공화국은 세습적 국가권력의 담당자인 군주가 통치하는 군주제(독재) 배제를 의미한다.
③ 국가형태에 관한 국민의 기본적인 결단으로 헌법개정의 한계에 해당한다.

(2) 구성요소

> 제1조 제2항 대한민국의 주권은 국민에게 있고, 모든 권력은 국민으로부터 나온다.
> 제2조 제1항 대한민국의 국민이 되는 요건은 법률로 정한다.
>   제2항 국가는 법률이 정하는 바에 의하여 재외국민을 보호할 의무를 진다.
> 제3조 대한민국의 영토는 한반도와 그 부속도서로 한다.

① 국가의 개념은 일차적으로 경계설정의 기능을 가지기 때문에 형식적이어야 한다. 그러므로 국제법상 국가인정 여부는 옐리네크의 국가 3요소설(국가권력, 국민, 영토)에 따라 정하는 것이 일반적이다.
② 우리 헌법도 제1조에서 국가형태와 시원적 권력을, 제2조에서 국민을, 제3조에서 영토를 규정함으로써 옐리네크의 국가 3요소설에 기초하여 대한민국의 존립기반에 관하여 밝히고 있다.
③ 국가권력은 특정 영역과 그곳에 거주하는 주민에 대하여 행사된다. 따라서 하나의 정치적 공동체가 새로운 국가로 인정되는지 여부는 국민과 영역 및 '영역의 대부분과 국민의 대다수에 대하여 공권력을 행사하고 장기적으로 관철할 수 있는 주권'을 가지고 있는지에 달려있다.

2. 국가의 구성요소

(1) 주권(시원적 국가권력)

① 의의
  ㉠ 주권은 위에서 서술한 역사적이고 경험적인 개념에 기초하여, 국내에서는 최고의 권력이고 외국에 대해서는 독립된 권력을 의미하는 것이다.
  ㉡ 통치권과 구별 : 통치권은 국가기관이 보유·행사하고 입법·집행·사법권 등으로 가분할 수 있으며 국민으로부터 국가기관에게 양도될 수 있다. 또한 통치권은 헌법에 의해 창조된 권력으로 상대적 권력이다.

ⓒ 헌법재판소는 정당해산 사건(헌재 2014.12.19. 2013헌다1)에서 "지금까지 우리나라의 헌법체제하에서의 국민주권론은 실질적인 국민주권론이 되지 못하고 형식적인 국민주권론을 합리화하는데 공헌하였으며, 국민대표론은 민의를 실제로 반영하는 현대적 대표론이 되지 못하고 민의와 동떨어진 권력의 자의적, 독단적 행사만을 합리화하는 전근대적 대표론에 머무르고 있는 점이 적지 않았다."고 보고, "유권자에게 사회발전에 부응해 갈 수 있도록 주권의 행사를 실질적으로 할 수 있게 제도와 권리를 보장하여 새로운 정치질서를 형성해 갈 수 있게 하는 것이 우리 헌법상의 국민주권을 실질화하는 것이며, 우리 헌법전문과 본문의 원칙에 부합되는 것"(헌재 1989.09.08. 88헌가6)이라고 하여 국민주권의 실질화를 강조한 바 있다.

② 한계

㉠ 일반적인 보편적 가치와 국제법의 일반원칙 등에 구속을 받는다.

㉡ 실정법상 현행헌법 제60조에 의하면 주권을 제약하는 조약을 긍정하므로 주권도 예외적 상황 하에서는 제한이 가능하다.

③ 주권이론의 발전

㉠ **군주주권론(보댕·홉스)** : 유럽에서 절대군주국가의 성립과 더불어 형성된 역사적·정치적 개념이다.

㉡ 시민혁명 후 의회주권론(영국 명예혁명, 의회제정법 우위사상)과 국가주권론(독일)의 과도기적 개념이 논의되었다.

㉢ 현대국가에 있어서 국민주권론(루소)을 기반으로 발전한 현대 서구민주국가의 국민대표제로서 실질적 국민주권이다.

판례

실질적 국민주권을 실현하기 위한 선거제도와 민주적 참정권은 모든 국민이 평등하게 국민대표를 직접 선출하여 국정을 위임하는 보통선거제도이고, 그 반은 언론의 자유를 통한 여론정치로 민의를 국정에 반영하는 자유선거제도이다. 따라서 현대적 대표제에 있어서는 구시대의 권력독점적 순수대표제와는 달리 민의반영을 최우선 과제로 반(半)정도만 국민의 대표가 일을 하고 반(半)정도는 국민의 민의가 정치에 반영된다는 이른바 반(半)대표제 또는 반정도는 국민이 직접 정치에 참여한다는 의미의 반(半)직접제로 확립되고 있다(헌재 1989.09.08. 88헌가6).

참고

영국의 초기 민주제도에서 주시한 "장쟈크 루소"는 이와 같은 형식적 추상적 국민주권론을 허구적인 것으로 지적하고 실질적 능동적 국민주권론을 제창하여, 이른바 프랑스 대혁명을 성공시키는 가장 큰 계기가 되었지만 대혁명 후의 의회를 지배한 시민대표들이 그들 역시 실질적 국민주권론이 자기들의 기득권에 위협을 줄 것을 두려워하여 이를 외면하고 형식적 국민주권론을 내세워 전체국민이 주권자인 것으로 미화하면서 실제로 국가권력의 구체적 행사는 재산의 소유정도에 따른 극히 제한적이고 불평등한 선거절차에 의해 선출된 시민의 대표가 전권을 가지고 독점하는 이른바 순수대표제의 구조를 확립하여, 국민을 무능력한 주권자로서의 지위로 전락하게 하였다.

④ Nation 주권론과 Peuple 주권론

	Nation 주권	Peuple 주권
국민	이념적·추상적 국민	유권자의 총체
주권실현방법	대의제	직접민주제
위임의 성격	무기속·자유위임: 면책특권, 임기보장	명령위임·기속위임(꼭두각시): 국민소환
주권의 주체와 행사자	분리	일치(동일성 민주주의)
권력분립	권력분립은 필수적으로 전제함, 제한정치	권력분립을 전제하지 않음
주권의 분리	분리 불가능	분리 가능
선거	의무 / 제한선거	권리 / 보통선거

판례 ✦

1. 형식적 국민주권과 실질적 국민주권(헌재 1989.09.08. 88헌가6)

형식적 국민주권이론의 가장 중요하고 본질적인 특징은 국민을 개인으로서가 아니라 전체국민이라고 형식적이고 추상적으로 보는 점이다. …형식적 국민주권론은 선거라는 절차를 거쳐 선임된 국민대표의 어떤 의사결정이 바로 전체 국민의 의사결정인 양 법적으로 의제되는 것으로 보기 때문에 대표자의 의사결정이 국민의 뜻에 반하더라도 아무런 법적 항변을 할 수 있는 실질적인 수단이 없다. …실질적·능동적 국민주권론은 국민이 실제에 있어서 현실적으로 국가의 최고의사를 결정함으로써 실질적으로 주인역할을 해야 된다는 실질적 생활용 국민주권이론이다.

2. 지방자치제도의 본질(헌재 2014.06.26. 2013헌바122)

[1] 국민주권주의는 국가의 주권이 국민에게 있고 국민 스스로 통치권을 행사하는 것을 의미하는바, 국민은 국가의 국민인 동시에 국가 내에 있는 일정한 지역의 주민이므로, 지역의 사무를 지역 주민이 스스로 결정하고 처리하는 지방자치는 국민주권과 동일한 원리이자 국민주권의 지역적 실현을 의미한다. 뿐만 아니라 지방자치는 공간적 한정성으로 인해 주민의 직접적인 참여가 용이하고 처리하는 사무가 미치는 영향력 또한 현실 생활과 밀접하여 국민이 주권자로서 국가를 통치한다는 관념에 비해 훨씬 현실적이고 구체적인 모습을 갖는다.

[2] 헌법 제117조와 제118조에 의하여 제도적으로 보장되는 지방자치는 국민주권의 기본원리에서 출발하여 주권의 지역적 주체로서의 주민에 의한 자기통치의 실현으로 요약할 수 있고, 이러한 지방자치의 본질적 내용인 핵심영역은 어떠한 경우라도 입법 기타 중앙정부의 침해로부터 보호되어야 한다는 것을 의미한다. 다시 말하면 중앙정부의 권력과 지방자치단체 간의 권력의 수직적 분배는 서로 조화가 요청되고 그 조화과정에서 지방자치의 핵심영역은 침해되어서는 안 되는 것이며, 이와 같은 권력분립적·지방분권적인 기능을 통하여 지역주민의 기본권 보장에도 이바지하는 것이다(헌재 1998.04.30. 96헌바62참조). 다만, 지방자치도 국가적 법질서의 테두리 안에서만 인정되는 것이고, 지방행정도 중앙행정과 마찬가지로 국가행정의 일부이므로, 지방자치단체가 어느 정도 국가적 감독, 통제를 받는 것은 불가피하다(헌재 2001.11.29. 2000헌바78 참조). 만일 그 제한이 불합리하여 자치권의 본질을 훼손하는 정도에 이른다면 헌법에 위반된다고 보아야 할 것이지만(헌재 2002.10. 31. 2002헌라2 참조), 지방자치단체의 존재 자체를 부인하거나 각종 권한을 말살하는 것과 같이 그 본질적 내용을 침해하지 않는 한 법률에 의한 통제는 가능하다(헌재 2001.11.29. 2000헌바78 참조).

3. 선거권의 헌법적 의의와 제한의 한계(헌재 2007.06.28. 2005헌마772)

[1] 헌법 제1조는 "대한민국은 민주공화국이다.", "대한민국의 주권은 국민에게 있고 모든 권력은 국민으로부터 나온다."라고 하여 '국민주권의 원리'를 선언하고 있다. 이러한 국민주권을 실현하기 위한 수단으로 헌법은 제24조에서 국민에게 선거권을 보장하고, 제41조 제1항 및 제67조 제1항에서 보통·평등·직접·비밀선거를 아울러 보장하고 있다. 선거권은 국민주권을 현실적으로 행사할 수 있는 수단이자 국민의 의사를 국정에 반영할 수 있는 필수적인 장치일 뿐만 아니라, 국가권력을 구성하고 통제하는 방편이 되고, 국민주권의 원리를 실현하기 위한 헌법상 가장 기본적이고 필수적인 권리로서 다른 기본권에 비하여 상대적으로 우월한 지위를 갖는다(헌재 1989.09.08. 88헌가6, 판례집 1, 199, 207 참조).

[2] 헌법 제24조는 "모든 국민은 법률이 정하는 바에 의하여 선거권을 가진다."고 규정하고 있는데, 이는 선거권의 내용을 포괄적인 입법형성에 맡긴다는 것이 아니라, 그 권리의 행사 절차나 내용이 법률에 의하여 구체화된다는 의미에 있어서의 법률유보를 뜻하는 것이고, 이러한 형성적인 법률유보는 기본적으로 선거권을 실현하고 보장하기 위한 수단이 될 뿐, 결코 이를 제한하기 위한 것이 아니다. 선거권 역시 헌법 제37조 제2항의 규정에 따라 국가안전보장·질서유지 또는 공공복리를 위하여 필요한 경우에 한하여 제한할 수 있지만, 선거권이 지닌 헌법적 중요성을 고려할 때, 적어도 일반인에 대한 이러한 제한은 불가피한 예외적 사유가 존재할 경우에만 정당화될 수 있는 것이다.

4. 우리 헌법 제1조 제2항은 "대한민국의 주권은 국민에게 있고, 모든 권력은 국민으로부터 나온다."고 하여 국민주권주의를 천명하고 있는데, 이는 국가권력의 근원과 주체는 국민이고, 국민만이 국가권력에 정당성을 부여할 수 있다는 것으로, 공권력의 구성·행사·통제를 지배하는 우리 통치질서의 기본원리(헌재 2000.03.30. 99헌바113)이며, 민주적 기본질서를 이루고 있는 핵심적 요소 가운데 하나이다(헌재 2014.12.19. 2013헌다1).

5. 헌법재판소는 보통·평등·직접·비밀 선거 및 자유선거를 보장함으로써 헌법상 모든 선거원칙이 구현되는 것이고 이 사건 법률조항이 최소투표율제를 채택하지 않았다고 하더라도 선거의 대표성이나 국민주권원리를 침해하지 아니한다고 결정한 바 있다(헌재 2003.11.27. 2003헌마259).

6. 국민주권주의는 모든 국가권력이 국민의 의사에 기초해야 한다는 의미로(헌재 2016.10.27. 2012헌마121 참조), 사법권의 민주적 정당성을 위한 국민참여재판을 도입한 근거가 되고 있으나, 그렇다고 하여 국민주권주의 이념이 곧 사법권을 포함한 모든 권력을 국민이 직접 행사하여야 하고 이에 따라 모든 사건을 국민참여재판으로 할 것을 요구한다고 볼 수 없다. 따라서 국민참여재판의 대상을 제한하는 심판대상조항이 국민주권주의에 위배될 여지가 없다(헌재 2016.12.29. 2015헌바63).

7. 국민주권의 원리는 공권력의 구성·행사·통제를 지배하는 우리 통치질서의 기본원리이므로, 공권력의 일종인 지방자치권과 국가교육권(교육입법권·교육행정권·교육감독권 등)도 이 원리에 따른 국민적 정당성 기반을 갖추어야만 한다. 그런데 국민주권·민주주의원리는 그 작용영역 즉, 공권력의 종류와 내용에 따라 구현방법이 상이할 수 있다. 지방교육자치도 지방자치권 행사의 일환으로서 보장되는 것이므로, 중앙권력에 대한 지방적 자치로서의 속성을 지니고 있지만, 동시에 그것은 헌법 제31조 제4항이 보장하고 있는 교육의 자주성·전문성·정치적 중립성을 구현하기 위한 것이므로, 정치권력에 대한 문화적 자치로서의 속성도 아울러 지니고 있다. 이러한 '이중의 자치'의 요청으로 말미암아 지방교육자치의 민주적 정당성 요청은 어느 정도 제한이 불가피하게 된다(헌재 2000.03.30. 99헌바113).

(2) **국민**

① **의의**

　㉠ 국적을 가진 자연인으로서 내국민과 재외국민을 말한다.

　㉡ 헌법상 지위 : 주권자로서의 국민, 기본권주체로서의 국민, 피치자로서의 국민

② **우리나라의 국적주의**

　㉠ 「국적법」에 의한 국적단행법주의를 따른다.

　㉡ 1인 1국적주의(단일국적원칙)이지만, 예외적으로 이중국적 보유가 가능하다(서약서 제출).

　㉢ 속인주의를 원칙으로 속지주의 가미하였다.

　㉣ 수반취득에서 부부간 평등, 부모·자녀의 국적동일주의를 폐지하였다.

　㉤ 부모양계혈통주의이다(헌재 1997.12월 개정 「국적법」 이전에는 부계혈통주의였으나 개정을 통하여 부모양계혈통주의로 변경되어, 따라서 위헌으로 변경된 것이 아니다.)

판례 ✦

1. 구 「국적법」 제2조, 부칙 제7조 제1항(헌재 2000.08.31. 97헌가12) : **헌법불합치**

　[1] 국적은 국가와 그의 구성원 간의 법적유대이고 보호와 복종관계를 뜻하므로 이를 분리하여 생각할 수 없다. 즉 국적은 국가의 생성과 더불어 발생하고 국가의 소멸은 바로 국적의 상실 사유인 것이다. 국적은 성문의 법령을 통해서가 아니라 국가의 생성과 더불어 존재하는 것이므로, 헌법의 위임에 따라 「국적법」이 제정되나 그 내용은 국가의 구성요소인 국민의 범위를 구체화, 현실화하는 헌법사항을 규율하고 있는 것이다.

　[2] 구 「국적법」 제2조 제1항의 부계혈통주의 조항은 성별에 대한 차별이고 헌법 제11조는 성별에 의한 차별을 금지하고 있으므로 비례의 원칙을 적용하여 심사한다.

　[3] 부칙조항은 신법이 구법상의 부계혈통주의를 부모양계혈통주의로 개정하면서 구법상 부가 외국인이기 때문에 대한민국 국적을 취득할 수 없었던 한국인 모의 자녀 중에서 신법 시행 전 10년 동안에 태어난 자에게 신고 등 일정한 절차를 거쳐 대한민국 국적을 취득하도록 하는 경과규정으로서, 구법조항의 위헌적인 차별로 인하여 불이익을 받은 자를 구제하는 데 신법 시행 당시의 연령이 10세가 되는지 여부는 헌법상 적정한 기준이 아닌 또 다른 차별취급이므로, 부칙조항은 헌법 제11조 제1항의 평등원칙에 위배된다.

2. 구 「국적법」상 모계출생자의 국적취득신고기간(헌재 2015.11.26. 2014헌바211) : **합헌**

　1978.6.14.부터 1998. 6. 13. 사이에 태어난 모계출생자에 대하여 대한민국 국적을 취득할 수 있는 특례를 규정하면서 국적을 취득하기 위해서 2004년 12월 31일까지 법무부장관에게 국적취득신고를 하도록 한 것은, 특례의 적용을 받는 모계출생자와 개정 「국적법」 시행 이후에 태어난 모계출생자를 합리적 이유 없이 차별하고 있다고 볼 수 없으므로 평등원칙에 위반되지 않는다.

③ 외국인의 대한민국 국적취득

  ㉠ 선천적 취득(「국적법」 제2조) : 출생 또는 대한민국에서 발견된 기아는 대한민국에서 출생한 것(국적자×)으로 추정(간주×)한다.

  ㉡ 후천적 취득(외국인이 우리나라 국적 취득)

    ⓐ 법무부 장관의 귀화 허가는 일신전속적 신분행위로서 특허, 재량에 해당한다.

    ⓑ 종류

구분	내용
인지 (「국적법」 제3조)	• 대한민국 「민법」상 미성년이고 출생 당시 그 부 또는 모가 대한민국 국민인 경우이다. • 법무부장관에 신고하여야 한다.

귀화
(「국적법」 제4조)
	• 대한민국의 국적을 취득한 사실이 없는 외국인은 법무부장관의 귀화 허가를 받아 대한민국의 국적을 취득할 수 있다.
	• 일반귀화(「국적법」 제5조) : 5, 영, 성, 생, 품, 소, 해
	  – 5년 이상 계속하여 대한민국에 주소가 있을 것
	  – 대한민국에서 **영**주할 수 있는 체류자격을 가지고 있을 것
	  – 대한민국 「민법」에 의하여 **성**년일 것
	  – **품**행이 단정할 것
	  – 자신 또는 생계를 같이 하는 가족에 의존하여 **생**계를 유지할 능력이 있을 것
	  – 국어능력과 대한민국의 풍습에 대한 이해 등 대한민국 국민으로서의 기본 **소**양이 있을 것
	  – 귀화를 허가하는 것이 국가안전보장·질서유지 또는 공공복리를 **해**치지 아니한다고 법무부장관이 인정할 것
	• 간이귀화(「국적법」 제6조, 가족 관련성) : 3, 성, 생, 품, 소, 해(영주권은 불요)
	  – 부 또는 모가 대한민국 국민이었던 자
	  – 성년 입양
	  – 외국인 배우자(3년 결혼생활＋1년 국내거주, 2년 결혼생활＋2년 국내거주, 과실 없이 혼자된 경우, 혼자 충족, 부양할 자녀가 있는 경우 혼자 충족)
	• 특별귀화(「국적법」 제7조) : 대한민국에 주소가 있는 사람
	  – 부 또는 모가 대한민국의 국민인 입양된 미성년
	  – 대한민국에 특별한 공로가 있는 사람
	  – 특정 분야에서 우수한 능력이 있는 사람으로서 국익에 기여할 것으로 인정되는 사람

수반취득 (「국적법」 제8조)	• 부 또는 모의 국적취득 시 미성년 자녀의 경우는 별도의 신청이 있어야 수반취득이 가능하다.

대한민국 국적 취득의 효과: 외국 국적 포기 의무 (「국적법」 제10조)	• 대한민국 국적을 취득한 외국인으로서 외국 국적을 가지고 있는 자는 대한민국 국적을 취득한 날부터 1년 내에 그 외국 국적을 포기하여야 한다. 이 경우 서약서 제출 시 일정한 경우에 한하여(3 + 1, 2 + 2, 능력, 공로 등) 이중국적의 선택이 가능하다. 1년 내에 이행하지 않을 경우에는 대한민국 국적을 상실한다.
국적의 재취득 (「국적법」 제11조)	• 대한민국 국적을 상실한 자(대한민국 국적을 취득한 적인 있는 외국인)가 그 후 1년 내에 그 외국 국적을 포기하면 법무부장관에게 신고함으로써 그 신고를 한 때에 대한민국 국적을 재취득할 수 있다.
국적회복에 의한 국적취득 (「국적법」 제9조)	• 대한민국 국민이었던 외국인의 경우 국적을 회복할 수 있다. 다만, 병역을 기피할 목적으로 대한민국의 국적을 상실하였거나 이탈하였던 자, 국가나 사회에 위해(危害)를 끼친 사실이 있는 자, 품행이 단정하지 못한 자는 국적회복을 허가하지 아니한다.

판례✦

1. 법무부장관으로 하여금 거짓이나 그 밖의 부정한 방법으로 귀화허가를 받은 자에 대하여 그 허가를 취소할 수 있도록 규정하면서도 그 취소권의 행사기간을 따로 정하고 있지 않은 「국적법」 조항은 거주·이전의 자유 및 행복추구권을 침해하지 아니한다(헌재 2015.09.24, 2015헌바26).
2. 외국인이 귀화 허가를 받기 위하여서는 '품행이 단정할 것'이라는 요건을 갖추도록 규정한 「국적법」 제5조 제3호는 명확성원칙에 위배되지 않는다(헌재 2016.07.28, 2014헌바421).
3. 직계존속(直系尊屬)이 외국에서 영주(永住)할 목적 없이 체류한 상태에서 출생한 자는 병역의무를 해소한 경우에만 국적이탈을 신고할 수 있도록 하는 구 「국적법」 제12조 제3항이 헌법에 위반되지 않는다(헌재 2023.02.23, 2019헌바462).

④ 재외국민(헌법 제2조 제2항)

판례✦

1. **이민시 재외국민으로서의 기본권**(헌재 1993.12.23, 89헌마189): **기각**
   이민이라 함은 우리나라 국민이 생업에 종사하기 위하여 외국에 이주하거나 외국인과의 혼인 및 연고관계로 인하여 이주하는 자를 의미하는데, 실제는 국외에서 직장을 구하여 외화를 벌어들이기 위하여 편의상 이민의 절차를 밟는 경우가 적지 아니하며 이러한 경우에는 「국적법」 제12조 소정의 사유에 의하여 국적을 상실하지 않는 한 대한민국의 재외국민으로서의 기본권을 의연 향유한다.

2. **재외국민 영유아 보육료·양육수당 지원 배제 사건**(헌재 2018.01.25, 2015헌마1047): **위헌**
   대한민국 국적을 가지고 있는 영유아 중에서도 재외국민인 영유아를 보육료·양육수당 지원대상에서 제외하는 보건복지부지침이 국내에 거주하면서 재외국민인 영유아를 양육하는 부모인 청구인들의 평등권을 침해하므로 헌법에 위반된다는 결정을 선고하였다.

3. **「국적법」 제10조 제1항 등 위헌확인**(헌재 2014.06.26, 2011헌마502): **기각**
   대한민국 국민이 자진하여 외국 국적을 취득한 경우 대한민국 국적을 상실하도록 한 「국적법」 제15조 제1항은 거주·이전의 자유 및 행복추구권을 침해하지 않는다.

4. 중국동포의 국적회복에 관한 헌법상 의무는 없으며 외국인의 특정한 국가의 국적을 선택할 권리도 없다(헌재 2006.03.30. 2003헌마806) **: 각하**

청구인들과 같은 중국동포들의 현재의 법적 지위는 일반적으로 중국국적을 가진 외국인으로 보고 있고, 헌법 전문의 '대한민국 임시 정부 법통의 계승' 또는 제2조 제2항의 '재외국민 보호의무' 규정이 중국동포와 같이 특수한 국적상황에 처해 있는 자들의 이중국적 해소 또는 국적선택을 위한 특별법 제정의무를 명시적으로 위임한 것이라고 볼 수 없고, 뿐만 아니라 동 규정 및 그 밖의 헌법규정으로부터 그와 같은 해석을 도출해 낼 수도 없다.

5. 독립유공자의 유족으로서 보상받을 권리가 유족등록을 신청한 날이 속하는 달부터 발생하도록 정한 「독립유공자예우에 관한 법률」 제8조 위헌소원(헌재 2015.09.24. 2015헌바48) **: 합헌**

「독립유공자예우에 관한 법률」 제8조가 독립유공자의 유족으로서 보상받을 권리가 유족등록을 신청한 날이 속하는 달부터 발생하도록 정한 것은 독립유공자 등의 파악의 용이성, 국가의 재정 형편, 독립유공자의 유족 등의 상당수는 이미 다른 법률에 의해 보호받고 있던 점 등을 이유로 한 것으로서 자의적인 기준에 의한 것이 아니므로 헌법에 위반되지 않는다. 한편 「5·18 민주화 운동 관련자 보상 등에 법률」과 「독립유공자예우에 관한 법률」은 입법목적이나 적용대상이 다르고 보상금의 성격도 다르므로, 두 법률의 적용을 받는 자들을 동일한 비교대상으로 볼 수는 없다.

6. 복수국적자가 병역준비역에 편입된 때부터 3개월(18세가 되는 해 3월 31일)이 지난 경우 병역의무 해소 전에는 대한민국 국적에서 이탈할 수 없도록 제한하는 「국적법」 제12조 제2항 본문 및 제14조 제1항 단서 중 제12조 제2항 본문에 관한 부분이 헌법에 합치되지 아니한다(헌재 2020.09.24 2016헌마889).

「국적법」은 대한민국 국적의 부 또는 모로부터 출생한 사람은 당연히 대한민국 국적을 취득하도록 규정하고 있으므로, 국적 부여와 관련하여 속지주의의 태도를 취하는 국가의 국적 또는 다른 한쪽 부모의 국적과 함께 복수국적을 소지하는 경우가 발생할 수 있다. 복수국적자 중에는 주된 생활근거를 국내에 두고 상당한 기간 대한민국 국적자로서의 혜택을 누리다가 병역의무를 이행하여야 할 시기에 근접하여 국적을 이탈하려는 사람이 있을 수 있는데, 이는 '병역의무 이행의 공평성 확보'를 저해하므로 허용되기 어렵다. 이와 달리 외국에서만 주로 체류·거주하면서 대한민국과는 별다른 접점이 없는 사람도 있을 수 있는데, 심판대상 법률조항은 전혀 예외를 인정하지 않고 위 시기가 경과하면 병역의무에서 벗어나는 경우에만 국적이탈이 가능하도록 규정하고 있는바, 이 결정에서 헌법재판소는 그러한 일률적인 제한에 위헌성이 있다.

비교판례 복수국적자가 외국에 주소가 있는 경우에만 18세의 경우 3개월 이내 국적이탈을 신고할 수 있도록 하는 「국적법」 제14조 제1항 본문이 헌법에 위반되지 않는다(헌재 2023.02.23. 2020헌바603).

7. 국내에 주민등록이 되어 있지 아니한 국내거주 재외국민에 대해서 그 체류기간을 불문하고 전면적, 획일적으로 선거권·피선거권을 박탈하는 것은 위헌이다(헌재 2007.06.28. 2004헌마644 등)

[1] 대통령·국회의원선거에 대한 선거권의 경우 － 「공직선거법」 제37조 제1항은 단지 주민등록이 되어 있는지 여부에 따라 선거인명부에 오를 자격을 결정하여 그에 따라 선거권 행사 여부가 결정되도록 함으로써, 엄연히 대한민국의 국민임에도 불구하고 「주민등록법」상 주민등록을 할 수 없는 재외국민의 선거권 행사를 전면적으로 부정하고 있는 바, … 재외국민의 선거권과 평등권을 침해하고 헌법 제41조 제1항 및 제67조 제1항이 규정한 보통선거원칙에도 위반된다.

[2] 지방선거에 대한 선거권·피선거권의 경우 – 국외에 거주하는 재외국민의 경우 '주민' 요건이 충족되지 못하므로 선거권이 인정될 수 없음은 물론이나, 국내에 주소를 두고 있는 재외국민은 형식적으로 「주민등록법」에 의한 주민등록을 할 수 없을 뿐이지, '국민인 주민'이라는 점에서는 '주민등록이 되어있는 국민인 주민'과 실질적으로 동일하다. 결국 지방선거 선거권을 국내거주 재외국민에 대해서는 그 체류기간을 불문하고 전면적, 획일적으로 박탈하는 것은 국내거주 재외국민의 평등권과 지방의회 의원선거권을 침해한다. … 지방선거 피선거권의 부여에 있어 주민등록만을 기준으로 함으로써 주민등록이 불가능한 재외국민인 주민의 지방선거 피선거권을 부인하는 법 제16조 제3항은 헌법 제37조 제2항에 위반하여 국내거주 재외국민의 공무담임권을 침해한다.

8. **재일 한국인 피징용부상자들의 보상청구를 인정하지 않는 일본국을 상대로 한국정부가 중재위원회에 회부하여 사태를 해결해야 함에도 이를 행하지 아니하는 부작위가 재외국민의 보호의무 규정에 위반되지 아니한다**(헌재 2000.03.30. 98헌마206).

재일 한국인 피징용 부상자들 및 그 유족들로 하여금 합당한 보상을 받을 수 있도록 가능한 모든 노력을 다함으로써 그들을 보호하여야 할 것이나, 중재회부라는 특정한 방법에 따라 우리나라와 일본국 간의 분쟁을 해결하여야 할 헌법에서 유래하는 구체적 작위의무가 없으므로, 우리나라 정부가 중재를 요청하지 아니하였다고 하더라도 헌법소원의 대상이 될 수 없다.

⑤ 대한민국 국민의 외국국적 취득(국적상실)

외국국적 취득에 따른 국적 상실	• 외국국적을 자진 취득한 경우 외국국적을 취득한 때 자동 상실한다. • 외국인과 혼인, 입양, 인지, 우리나라 국적 상실된 자의 배우자나 자녀로서 외국국적을 취득하게 된 자는 그 외국국적을 취득한 때부터 6개월 내에 법무부장관에게 대한민국 국적을 보유할 의사가 있다는 뜻을 신고하지 아니하면 그 외국국적을 취득한 때로 소급하여 대한민국 국적을 상실한 것으로 본다.
대한민국 국적의 선택	• 원칙(외국인과 혼인, 입양, 인지 등 이외의 경우로 이중국적이 된 경우) – 만 20세 이전 이중국적을 보유한 경우는 만 22세 전까지 선택하여야 한다. – 만 20세 이후 이중국적을 보유한 경우는 외국국적을 취득시부터 2년 내에 선택하여야 한다. • 예외 – 국내 체류하는 병역준비역(구 제1국민역)에 편입된 자는 편입된 때부터 3개월 이내에 하나의 국적을 선택해야 한다. – 대체복무를 포함하여 복무를 마치거나 마친 것으로 보게 되는 경우, 전시근로역(구 제2국민역)에 편입된 경우, 병역면제처분을 받은 경우 2년 이내에 하나의 국적을 선택하여야 한다. – 법무부장관에게 대한민국에서 외국국적을 행사하지 아니하겠다는 뜻을 서약한 복수국적자는 예외적으로 이중국적을 보유할 수 있다. – 출생 당시에 모가 자녀에게 외국국적을 취득하게 할 목적으로 외국에서 체류 중이었던 사실이 인정되는 자는 외국국적을 포기한 경우에만 대한민국 국적을 선택한다는 뜻을 신고할 수 있다.

국적 상실자의 권리 변동	• 출생이나 그 밖에 이 법에 따라 대한민국 국적과 외국국적을 함께 가지게 된 자 (복수국적자)는 대한민국의 법령 적용에서 대한민국 국민으로만 처우한다(『국 적법』 제13조 제1항). • 법무부장관은 복수국적자로서 제12조 제1항 또는 제2항에서 정한 기간 내에 국 적을 선택하지 아니한 자에게 1년 내에 하나의 국적을 선택할 것을 명하여야 한 다. 만일 국적선택의 명령을 받고도 이를 따르지 아니한 자는 그 기간이 지난 때에 대한민국 국적을 상실한다(『국적법』 제14조의2). • 대한민국에서 외국국적을 행사하지 아니하겠다는 뜻을 서약한 자가 그 뜻에 현 저히 반하는 행위를 한 경우에는 6개월 이내에 하나의 국적을 선택할 것을 명할 수 있다. • 대한민국 국민만이 향유할 수 있는 권리는 국적상실한 때부터 향유할 수 없다. 따라서 양도가능한 권리는 별도의 규정이 없는 한 3년 내에 양도하여야 한다 (『국적법』 제18조 제2항).

⑥ 재외동포의 출입국과 법적 지위에 관한 법률

> 제2조(정의) 이 법에서 "재외동포"란 다음 각 호의 어느 하나에 해당하는 자를 말한다.
> 1. 대한민국의 국민으로서 외국의 영주권을 취득한 자 또는 영주할 목적으로 외국에 거주하고
> 있는 자(이하 "재외국민"이라 한다)
> 2. 대한민국의 국적을 보유하였던 자(대한민국 정부 수립 전에 국외로 이주한 동포를 포함한다)
> 또는 그 직계비속으로서 외국국적을 취득한 자 중 대통령령으로 정하는 자(이하 "외국국적
> 동포"라 한다)
> 제3조(적용 범위) 이 법은 재외국민과 『출입국관리법』 제10조에 따른 체류자격 중 재외동포 체류
> 자격(이하 "재외동포체류자격"이라 한다)을 가진 외국국적 동포의 대한민국에의 출입국과 대한
> 민국 안에서의 법적 지위에 관하여 적용한다.

판례 ✦

1. **정부수립 이전에 국외로 이주한 구소련거주동포와 중국거주동포를 재외동포의 출입국과 법적 지위**
   에 관한 법률의 수혜대상에서 배제한 것이 인간의 존엄과 가치 및 행복추구권을 침해하고 평등원칙
   에 위배된다(헌재 2001.11.29. 99헌마494) **: 헌법불합치**
   [1] 청구인들이 침해되었다고 주장하는 인간의 존엄과 가치, 행복추구권은 대체로 '인간의 권리'로서
   외국인도 주체가 될 수 있다고 보아야 하고 평등권도 인간의 권리로서 참정권 등에 대한 성질상의
   제한 및 상호주의에 따른 제한이 있을 수 있을 뿐이다. 이 사건에서 청구인들이 주장하는 바는
   대한민국 국민과의 관계가 아닌, 외국국적의 동포들 사이에 『재외동포법』의 수혜대상에서 차별하
   는 것이 평등권침해 라는 것으로서 성질상 위와 같은 제한을 받는 것이 아니고 상호주의가 문제되
   는 것도 아니므로, 청구인들에게 기본권주체성을 인정함에 아무런 문제가 없다.
   [2] 정부수립 이후 이주동포와 정부수립 이전 이주동포는 이미 대한민국을 떠나 그들이 거주하고 있
   는 외국의 국적을 취득한 우리의 동포라는 점에서 같고, 국외로 이주한 시기가 대한민국 정부수립
   이전인가 이후인가는 결정적인 기준이 될 수 없는데도 … 이 사건 심판대상규정이 청구인과 같은
   정부수립 이전 이주동포를 『재외동포법』의 적용대상에서 제외한 것은 합리적 이유 없이 정부수립
   이전 이주동포를 차별하는 자의적인 입법이어서 헌법 제11조의 평등원칙에 위배된다.

2. 대한민국의 국적을 갖고 있지 아니한 국외강제동원 희생자의 유족을 위로금 지급대상에서 제외한다고 규정한 같은 법률 제7조 저14호 중 관련 부분 이 평등원칙이나 재외국민 보호의무에 위반되지 아니한다(헌재 2015.12.23. 2010헌바11) : 합헌

[1] 「국외강제동원자지원법」에 규정된 위로금은 태평양전쟁이라는 특수한 상황에서 일제에 의한 강제동원으로 인해 피해를 입은 자와 그 유족이 입은 고통을 치유하기 위한 시혜적 주지인바, 이러한 성격의 지원의 범위와 내용 그리고 방법 등을 정함에 있어서는 입법자에게 입법의 목적, 대상자 현황, 국가예산 내지 재정능력 등 제반 상황을 고려하여 구제적 내용을 형성할 수 있는 재량이 인정된다.

[2] 현실적으로 사할린 지역 국외강제동원 희생자와 그 유족들 모두에게 위로금 등을 지급하기 어려운 예산상의 제약이 따른다면, 대한민국 국민이 부담하는 세금으로 조성되는 위로금 등을 대한민국 국적을 갖고 있는 국외강제동원 희생자와 그 유족에게 우선적으로 지급하는 것은 나름의 불가피한 선택이다. 대한민국의 국적을 갖고 있지 아니한 국외강제동원 희생자의 유족을 위로금 지급대상에서 제외하였다고 하여 이를 현저히 자의적이거나 불합리한 것이라고 볼 수 없다. 따라서 제외조항 역시 평등원칙이나 헌법 전문의 정신 또는 헌법상 재외국민 보호의무에 위반된다고 할 수 없다.

3. 일제에 의하여 군무원으로 강제동원되어 그 노무 제공의 대가를 지급받지 못한 미수금피해자에게 당시의 일본국 통화 1엔에 대하여 대한민국 통화 2천원으로 환산한 미수금 지원금을 지급하도록 한 구 「태평양전쟁 전후 국외 강제동원 희생자 등 지원에 관한 법률」 제5조 제1항이 헌법에 위반되지 않는다(헌재 2015.12.23. 2010헌가74) : 합헌

「국외강제동원자지원법」은 이 사건 미수금 지원금이 강제동원희생자와 그 유족 등에게 인도적 차원에서 지급하는 위로금임을 명시적으로 밝히고 있으며, …인도적 차원의 시혜적 급부를 받을 권리는 헌법 제23조에 의하여 보장된 재산권이라고 할 수 없으나, 이 지원금 산정방식은 입법자가 자의적으로 결정해서는 안 되고 미수금의 가치를 합리적으로 반영하는 것이어야 한다는 입법적 한계를 가진다. … 이 사건 법률조항의 산법은 그 나름의 합리적 기준으로 화폐가치를 반영하고 있다. 따라서 위 미수금 지원금의 산정방식은 헌법에 위반된다고 볼 수 없다.

(3) 영역

① 의의 : 국가의 법이 적용되는 공간적 범위를 의미한다.

② 범위

  ㉠ 영토 : 국가영역의 기초가 되는 일정한 범위의 육지를 말한다.

  ㉡ 영해 : 영토에 접속한 일정한 범위의 해역, 기선으로부터 12해리(약 24km)이나 대한해협의 영해는 3해리(무해통항 인정)까지를 말한다.

  ㉢ 영공 : 지배가능한 상공을 말한다.

③ 영토조항(헌법 제3조)

  ㉠ 대한민국 영토에는 북한을 포함한다(헌법 제3조 조문상 분단현실 부인).

  ㉡ 북한의 반국가단체성의 근거가 된다.

  ㉢ 「국가보안법」의 헌법적 근거가 된다.

  ㉣ 북한지역에도 대한민국의 헌법과 법률의 당위적 규범력 인정하나, 사실적 규범력은 없다.

  ㉤ 북한주민은 대한민국 국민이다. 따라서 입국·출국의 자유를 향유한다.

판례

대한민국과 일본국 간의 어업에 관한 협정(헌재 2001.03.21. 99헌마139) **: 각하**

[1] 가. 대한민국과 일본국 간의 어업에 관한 협정이 '공권력의 행사'에 해당한다.
　　나. "헌법전문에 기재된 3·1 정신"이 헌법소원의 대상인 "헌법상 보장된 기본권"에 해당하지 않는다.
　　다. 영토권이 헌법소원의 대상인 기본권에 해당하지 않는다. 영토조항만을 근거로 하여 헌법소원을 청구할 수 없으나 국민의 기본권 침해에 대한 권리구제를 위하여 그 전제조건으로서 영토권을 하나의 기본권으로 간주할 수 있다.
　　라. 어업 또는 어업관련 업무에 종사하지 않는 자가 청구인적격이 없다.
　　마. 이 사건 협정으로 인하여 어업 또는 어업관련 업무에 종사하는 자의 기본권이 직접 침해되었다고 볼 수 있다.
[2] 국회 본회의에서의 동의 의결절차가 헌법 제49조에 위반되어 국회의 의결권과 국민 개개인의 정치적 평등권을 침해하지 않는다.
[3] 합의의사록을 국회에 상정하지 아니한 것이 국회의 의결권과 국민의 정치적 평등권을 침해하지 않는다.
[4] 독도 등을 중간수역으로 정한 것이 영해 및 배타적 경제수역에 대한 국민의 주권 및 영토권을 침해하지 않는다.
[5] 65년 협정에 비하여 조업수역이 극히 제한됨으로써 어획량감소로 인해 우리 어민들에게 엄청난 불이익을 초래하여 행복추구권, 직업선택의 자유, 재산권, 평등권, 보건권 등을 침해하지 않는다.

제3절 현행헌법의 기본원리

1. 헌법의 기본원리

헌법의 기본원리는 헌법의 규율대상인 국가의 본질과 구조를 규정하는 원리로서 '국가'라는 건축물이 건설된 토대를 의미한다. 헌법의 기본원리는 헌법과 국가의 정체성 및 성격을 구성하는 원리이므로, 기본원리 중 하나라도 제거되는 경우에는 헌법은 더 이상 동일한 헌법이 아니다. 그러므로 헌법의 기본원리는 헌법개정권력에 의해서도 개정될 수 없는 헌법의 핵심적 부분에 해당한다. 즉 헌법의 기본 원리는 ① 헌법조항을 비롯한 모든 법령의 해석기준이 되고, ② 입법이나 정책결정의 방향을 제시하며, ③ 국가기관과 국민이 존중하고 준수해야 할 최고의 가치규범이 된다.

2. 헌법 전문

> 유구한 역사와 전통에 빛나는 우리 대한국민은 3 · 1 운동으로 건립된 대한민국 임시 정부의 법통과 불의에 항거한 4 · 19 민주이념을 계승하고, 조국의 민주개혁과 평화적 통일의 사명에 입각하여 정의 · 인도와 동포애로써 민족의 단결을 공고히 하고, 모든 사회적 폐습과 불의를 타파하며, 자율과 조화를 바탕으로 자유민주적 기본질서를 더욱 확고히 하여 정치 · 경제 · 사회 · 문화의 모든 영역에 있어서 각인의 기회를 균등히 하고, 능력을 최고도로 발휘하게 하며, 자유와 권리에 따를 책임과 의무를 완수하게 하여, 안으로는 국민생활의 균등한 향상을 기하고 밖으로는 항구적인 세계평화와 인류공영에 이바지함으로써 우리들과 우리들의 자손의 안전과 자유와 행복을 영원히 확보할 것을 다짐하면서 1948년 7월에 12일에 제정되고 8차에 걸쳐 개정된 헌법을 이제 국회의 의결을 거쳐 국민투표에 의하여 개정한다.

(1) 의의

① 헌법 본문 앞에 위치한 문장으로서 헌법전의 일부를 구성하는 헌법 서문을 말한다.

② 헌법의 필수적 요소는 아니다.

(2) 내용

① 헌법제정 · 개정의 유래 및 국민주권원리 · 헌법제정권력을 명시하였다.

② 건국이념과 대한민국의 정통성을 보여준다.

③ 국가의 기본 질서로서 자유민주주의를 의미한다.

④ 국가의 기본목표(국가과제)로서 사회국가 원리, 국제평화주의, 문화국가 원리, 통일이념을 포함하고 있다. 다만, 권력분립, 법치주의 등은 전문에 명시적으로 규정되어 있지 않다.

⑤ 우리 헌법상 '능력을 최고도로 발휘하게 하며, 자유와 권리에 따르는 책임과 의무를 완수하게 하여' 부분에서 헌법의 인간상을 표현하고 있다. 즉, 자기결정권과 자유로운 인격발현의 가능성을 가진 자주적인 인간이자 동시에 사회공동체와의 관계에서 구속을 받는 공동체 구성원이라는 양면성(개인이자 사회공동체 구성원)을 지닌 인간이 헌법의 인간상이다.

(3) 규범적 효력

① 미국 헌법 전문은 규범력이 없는 서문에 불과한 반면 우리나라 헌법 전문은 최고규범성, 법령해석의 기준과 입법의 지침, 재판규범성을 갖는다. 따라서 헌법 전문은 해석의 기준이나 공권력의 위헌성을 심사하는 재판규범이지만 다만 보충적 · 부수적 역할을 한다.

② 헌법 전문으로서 헌법개정의 한계에 해당하는 경우 자구수정은 가능(5차, 7차, 8차, 9차 개정시 전문도 개정), 핵심적인 내용은 개정금지 대상이다.

③ 헌법 전문에서는 국민의 개별적 권리가 곧바로 도출이 불가하다. 단, 국가는 지켜야 할 헌법적 의무로서 작용한다.

판례

1. 헌법전문의 3·1운동으로 건립된 대한민국 임시 정부의 법통을 계승하고로부터 헌법적 효력을 인정하지만, 구체적이고 개별적인 기본권이 도출되지 않는다(헌재 2001.03.21. 99헌마139·142·156·160) **: 각하**

헌법은 전문(前文)에서 "3·1운동으로 건립된 대한민국 임시 정부의 법통을 계승"한다고 선언하고 있다. 이는 대한민국이 일제에 항거한 독립운동가의 공헌과 희생을 바탕으로 이룩된 것임을 선언한 것이고, 그렇다면 국가는 일제로부터 조국의 자주독립을 위하여 공헌한 독립유공자와 그 유족에 대하여는 응분의 예우를 하여야 할 헌법적 의무를 지닌다고 보아야 할 것이다. 다만 그러한 의무는 국가가 독립유공자의 인정절차를 합리적으로 마련하고 독립유공자에 대한 기본적 예우를 해주어야 한다는 것을 뜻할 뿐이며, 당사자가 주장하는 특정인을 반드시 독립유공자로 인정하여야 하는 것을 뜻할 수는 없다.

2. 헌법전문은 헌법 본문을 비롯한 모든 법령의 해석기준이 될 뿐 아니라 구체적인 입법을 함에 있어 입법의 지침이 되기도 한다(헌재 1989.01.25. 88헌가7).

3. 국가보훈처장이 서훈추천 신청자에 대한 서훈추천을 하여 주어야 할 헌법적 작위의무가 있다고 할 수 없다(헌재 2005.06.30. 2004헌마859) **: 각하**

[1] 헌법은 국가유공자 인정에 관하여 명문 규정을 두고 있지 않으나 전문(前文)에서 "3·1운동으로 건립된 대한민국 임시 정부의 법통을 계승"한다고 선언하고 있다. 이는 대한민국이 일제에 항거한 독립운동가의 공헌과 희생을 바탕으로 이룩된 것임을 선언한 것이고, 그렇다면 국가는 일제로부터 조국의 자주독립을 위하여 공헌한 독립유공자와 그 유족에 대하여는 응분의 예우를 하여야 할 헌법적 의무를 지닌다.

[2] 국가보훈처장이 서훈추천 신청자에 대한 서훈추천을 하여 주어야 할 헌법적 작위의무가 있다고 할 수는 없으므로, 서훈추천을 거부한 것에 대하여 행정권력의 부작위에 대한 헌법소원으로서 다툴 수 없다.

4. 「국가유공자 등 예우 및 지원에 관한 법률」 제31조 등 위헌확인(헌재 2015.02.26. 2012헌마400) **: 기각**

채용시험 가점 대상자의 범위에서 보국수훈자의 자녀를 배제한 「국가유공자 등 예우 및 지원에 관한 법률」을 시행하면서 시행 전 보국수훈자의 자녀로 등록된 사람에 대하여만 계속하여 종전의 규정에 따라 채용시험의 가점을 받을 수 있도록 경과조치를 규정한 「국가유공자 등 예우 및 지원에 관한 법률」 부칙 조항은 신뢰보호원칙에 위배되지 않고, 평등권을 침해하지 않는다.

3. 국민주권의 원리

> 제1조 제2항 대한민국의 주권은 국민에게 있고, 모든 권력은 국민으로부터 나온다.

(1) 의의

우리 헌법 제1조 제2항은 "대한민국의 주권은 국민에게 있고 모든 권력은 국민으로부터 나온다."고 규정하여 국민주권주의를 천명하고 있다. 이러한 국민주권의 원리는 일반적으로 어떤 실천적인 의미보다는 국가권력의 정당성이 국민에게 있고 모든 통치권력의 행사를 최후적으로 국민의 의사에 귀착시킬 수 있어야 한다는 등 국가권력 내지 통치권을 정당화하는 원리로 이해되고, 선거운동의 자유의 근거인 선거제도나 죄형법정주의 등 헌법상의 제도나 원칙의 근거로 작용하고 있다(헌재 2009.03.26. 2007헌마843).

(2) 국민주권원리의 실현방법

① 기본권 보장: 국민이 여론의 형성을 통하여 국가기관의 결정에 영향력을 행사하고 국민의 의사를 고려하는 대의정치를 가능하게 하기 위해서는 '정치적 과정의 투명성'과 '정치적 과정에 대한 국민의 참여 가능성이 확보되어야 한다. 국민에 의한 여론형성과 민주적 통제가 가능할 수 있도록 모든 국가권력 행사에 기본권 기속이 되어야 한다.

② 국민주권 행사로서 원칙적으로 간접민주제, 예외적으로 직접민주제를 가미함
　　㉠ 의회주의, 대의제, 선거제
　　㉡ 헌법개정 절차에서의 국민투표(헌법 제130조)와 국가안위에 관한 중요정책 국민투표(헌법 제72조)
　　㉢ 국민발안은 2차 헌법부터 6차 헌법때까지 존재하였으나 현행헌법에서는 채택하지 않고 있으며, 국민소환은 우리 헌정사상 한번도 채택한 바 없다.

> **판례** ✦
>
> 국민주권주의를 구현하기 위하여 헌법은 국가의 의사결정 방식으로 대의제를 채택하고, 이를 가능하게 하는 선거 제도를 규정함과 아울러 선거권, 피선거권을 기본권으로 보장하며, 대의제를 보완하기 위한 방법으로 직접민주제 방식의 하나인 국민투표제도를 두고 있다(제72조, 제130조 제2항). 이러한 국민주권주의는 국가권력의 민주적 정당성을 의미하는 것이기는 하나, 그렇다고 하여 국민전체가 직접 국가기관으로서 통치권을 행사하여야 한다는 것은 아니므로 주권의 소재와 통치권의 담당자가 언제나 같을 것을 요구하는 것이 아니고, 예외적으로 국민이 주권을 직접 행사하는 경우 이외에는 국민의 의사에 따라 통치권의 담당자가 정해짐으로써 국가권력의 행사도 궁극적으로 국민의 의사에 의하여 정당화될 것을 요구하는 것이다(헌재 2009.03.26. 2007헌마843).

③ 제도보장에서의 국민주권 실현
　　㉠ 복수정당제: 정당을 통해 언제나 입법과 국정수립과정에 참여한다.
　　㉡ 지방자치제도: 지방행정을 주민 스스로가 결정하고 처리한다.
　　㉢ 직업공무원제도: 주권자인 국민 전체를 위한 봉사자이다.
　　㉣ 선거제도: 국민의 민주적 정당성 부여를 위해 간접적으로 국정에 참여한다.

④ **국민주권 구현을 위한 민주적 정당성과 권력분립** : 권력분립 하에서 상호간의 견제와 균형을 통한 국민의 기본적인 인권과 권익을 보호하기 위하여 권력의 시원적 정당성에 대한 근거를 국민에게서 부여받는 것을 원칙으로 한다. 이러한 민주적 정당성을 위한 국민주권의 실현방법으로서 선거제도와 국민투표 등을 통하여 핵심권력의 선출에 직접 관여함으로써 국민주권의 실효성을 갖게 된다.

> **판례**
>
> 지역구국회의원선거에 있어서 선거구선거관리위원회가 당해 국회의원지역구에서 유효투표의 다수를 얻은 자를 당선인으로 결정하도록 한 「공직선거법」 조항이 소선거구 다수대표제를 규정하여 다수의 사표가 발생한다 하더라고 그 이유만으로 헌법상 요구된 선거의 대표성의 본질이나 국민주권원리를 침해하고 있다고 할 수 없고, 평등권과 선거권을 침해한다고 할 수 없다(헌재 2016.05.26, 2012헌마374).

4. 자유민주주의 원리

(1) 의의

① 민주주의는 규범적인 의미뿐만 아니라 정치적 이념으로도 사용되지만, 헌법학의 영역에서는 헌법적 원리로서 규범적인 '민주주의 개념'이 문제된다.

② 정치적 공동체 내에서 타인과의 생활이 불가피하며 정치적 지배를 피할 수 없다는 것을 전제로 하여, 개인의 자유와 자기결정의 사고를 국가공동체 내에서 실현하고자 하는 원리이다.

③ 상대적 민주주의 하에서는 민주주의라는 형식적 경기률에 해당하는 이념만 실현되면 어떠한 수단과 방법이 동원되더라도 허용될 위험이 존재한다. 따라서 이러한 위험으로부터 보호하기 위한 방어적 민주주의는 국민에 의한 통치·지배에 국민 스스로 구속받는 정치 원리로서 국가권력창설과 국가공권력의 행사의 정당성이 국민의 정치적 합의가 자유, 평등, 정의의 원리에 귀착될 수 있는 정치 원리를 말한다(방어적 민주주의).

④ 국가공동체 내에서 자유권적 기본권인 개인의 자기결정은 타인의 자기결정과 결합함으로써 평등의 기반 위에서 이루어지는 '집단적 의사형성의 자유', 즉 민주적 참여의 자유로 전환된다. 따라서 민주적 참여의 자유란 개인은 그가 속한 공동체질서의 형성에 참여할 자유와 권리를 가진다는 것을 그 내용으로 한다. 이러한 민주적 참여권은 소위 대국가적인 관계에서 정치적 기본권(선거권, 공무담임권)에 의하여 구체화된다.

⑤ 다만, 주의할 점은 이러한 민주적 참여권에 해당하는 민주주의원리를 사회의 영역까지 확대한다면, 모든 개인이 개인의 고유영역에 관한 중요 결정에 광범위하게 참여하게 될 것이고, 이는 곧 자유민주적 기본질서의 근간을 이루는 국가와 사회의 이중적 구조를 폐기하는 것을 의미한다. 따라서 국가와 사회의 헌법적 구분은 자유민주적 헌법질서의 근본적인 전제조건에 해당한다.

(2) 자유민주주의의 기본가치

① 구속적 가치로서 국민주권, 자유, 평등, 정의, 복지 등 민주주의 기본가치를 지향한다.

② 민주주의 적에게서 민주주의를 스스로 방어하기 위한 방어적 민주주의를 의미한다.

(3) 역사적 발전

① 동일성 민주주의

㉠ J.J. Rousseau(루소), C. Schmitt(슈미트)의 동일성 민주주의 이론에 의하면, 국민이 치자와 피치자가 되는 국민의 자기 지배로 민주주의를 이해하여 직접민주주의를 지향한다. 이는 소수지배의 현실을 은폐하거나 외면함으로써 전체주의적 지배로 전락할 위험을 내포하고 있다.

㉡ 국민 전체가 하나의 통일된 정치의사를 갖는다는 데에서 출발함으로 정치적인 견해차이나 갈등을 부정한다.

㉢ 치자와 피치자를 동일시할 뿐만 아니라, 국민의 이해관계와 국가의 이해관계를 동일시하는 결과, 국가와 사회가 본질적으로 동일한 것으로 간주되어 국가 · 사회 일원론의 결론에 이르게 된다.

② 상대적 민주주의

㉠ 켈젠(H. Kelsen)이 주창한 민주주의로서 시대와 장소를 초월하여 절대적이고 구속력을 가지는 최종적 가치를 입증할 수 없다는 것을 강조하고, 내용과 이념을 전제로 하지 않고 절대적인 진리나 가치는 규명될 수 없고 모든 것이 상대적이며, 기본가치를 통하여 국가권력을 구속하는 것도 불가능하고, 기본가치의 선택은 결국 각 개인에게 맡겨져 있으므로 국가권력은 모든 것에 관하여 다수결로써 결정하고 처분할 수 있으며, 이러한 국가이론적 산물이 바로 가치중립적인 '상대적 민주주의'이다.

㉡ 민주주의를 정치과정에서 지켜야 되는 정치적인 경기수단내지는 규칙으로 보고 다수결의 원칙이라는 수단에 의해 형성된 의사에 정당성을 부여함으로써 소수자 보호에 약한 단점을 가지고 있다.

③ 가치구속적 · 방어적 민주주의

㉠ 방어적 민주주의는 가치상대주의와 다원주의를 기초로 하고 있지만, 나치정권의 폭력적 지배가 가능하였다는 역사적 반성에서 비롯된 것으로서 민주주의에 적대적 또는 민주주의를 적극적 · 의도적으로 파괴하려는 사람 또는 단체에 대해서까지 자유롭게 정치과정에 참여할 수 있도록 허용해서는 안 된다는 사상을 전제로 하여, 민주주의의 적으로부터 민주주의를 보호하기 위하여 주장된 이론이다.

㉡ 방어적 민주주의에서 헌법의 수호는 자유의 보호를 위하여 자유를 제한하는 것을 정당화한다. 그러므로 자유민주적 기본질서의 수호는 모든 자유권에 내재된 불가결한 헌법적 한계이다.

㉢ 방어적 민주주의는 가치구속적 · 가치지향적 민주주의 사관의 산물로서 민주주의와 기본권을 사전적 · 사후적으로 수호하는 기능(투쟁적 민주주의 기능)을 한다.

(4) 다수결 원칙(민주주의 보충적 수단)

① 민주주의와의 관계

　㉠ 헌법은 첫째, 국민의 다양한 요구에 대한 국가에 의한 권력작용인 정치적 지배가 어떠한 근
　　거로 정당화될 수 있는지(민주적 정당성), 둘째, 주권자인 국민이 국가권력의 정당성을 어떠
　　한 방법으로 부여하는지(직접 또는 간접 민주주의)의 관점에서 2단계로 민주주의를 구체화
　　하고 있다.

　㉡ 당사자의 모든 이익을 고려하는 해결책이 보장될 수 있도록, 그리고 결정이 모든 당사자에
　　의하여 보다 잘 수용될 수 있도록, 협상과 타협을 통하여 의견의 일치를 보는 구성원 서로간
　　의 총체적 합의가 성립되지 않는 경우의 보충적(예비적)인 민주주의 실현의 수단으로서 다수
　　결원칙이 채택되고 있다. 다만, 이는 민주주의의 필연적 의사결정방식은 아니다.

② 다수결 원칙의 정당성

　㉠ 자유와 평등의 핵심부분인 자결권이 확대되었다.

　㉡ 인간의 존엄성을 보장할 수 있는 의사결정방식이다.

③ 다수결 원칙의 종류 : 상대다수, 절대다수(본래적 의미의 다수결임)

④ 다수결 원칙의 전제조건

　㉠ 결정참여자들의 평등한 지위를 가진다.

　㉡ 다수결 원칙을 의사결정수단으로 사용함에 대한 전원의 합의가 필요하다.

　㉢ 조정될 수 없는 근본적인 대립관계는 없다.

　㉣ 자유롭고 개방된 의사형성이 보장된다.

　㉤ 다수관계의 교체가능성이 보장된다.

⑤ 다수결 원칙의 한계

　㉠ 국민주권, 자유 등 민주주의 본질적인 기본적 내용은 다수결 방식으로 배제가 불가하다.

　㉡ 소수의 존립 그 자체와 객관적 진리는 다수결의 대상이 되지 않는다.

　㉢ 다수결은 불변의 진리가 아니므로 소수의 견해를 반영할 수 있는 제도마련이 필요하다.

📁 소수자보호제도

소수자보호제도인 것	소수자보호제도가 아닌 것
• **가중정족수** : 헌법개정 국회 의결정족수(재적 2/3 이상) • 비례대표제, 주기적인 각종 선거제도 • 모든 국가권력의 기본권(집회·결사의 자유, 종교·양심의 자유, 청원권 등) 구속 • 임시회 소집 요구(재적 1/4 이상) • 국회의원 제명(재적 2/3 이상), 임기제와 선거제 • 지방자치제 • 위헌법률심판제	• 헌법개정안 국회발의 정족수를 재적 1/3에서 재적과반수로 가중한 것 • 다수대표제, 소선구제 • 봉쇄조항 • 일사부재의 원칙

5. 자유민주적 기본가치질서

(1) 의의

자유 민주주의국가의 헌법상 기본질서를 말한다. 우리 헌법 하에서 자유민주적 기본질서의 내용은 과거 서독 연방헌법법원이 독일 기본법 제18조와 제21조 제2항의 내용에 관하여 판시한 것과 같은 내용으로 볼 수 있을 것이다. 이러한 민주적 기본질서의 이념과 가치는 민주주의의 이념과 가치에 직결된다.

> **판례**
>
> **1. 「국가보안법」 제7조 위반 사건**(헌재 1990.04.02. 89헌가113) **: 한정합헌**
> 자유민주적 기본질서에 위해를 준다 함은 모든 폭력적 지배와 자의적 지배 즉, 반국가단체의 일인독재 내지 일당독재를 배제하고 다수의 의사에 의한 국민의 자치, 자유·평등의 기본 원칙에 의한 법치주의적 통치질서의 유지를 어렵게 만드는 것이고, 이를 보다 구체적으로 말하면 기본적 인권의 존중, 권력분립, 의회제도, 복수정당제도, 선거제도, 사유재산과 시장경제를 골간으로 한 경제질서 및 사법권의 독립 등 우리의 내부 체제를 파괴·변혁시키려는 것으로 풀이할 수 있다.
>
> **2. 통합진보당 강제해산 사건**(헌재 2014.12.19. 2013헌다1) **: 인용(해산)**
> 헌법 제8조 제4항이 의미하는 '민주적 기본질서'는 개인의 자율적 이성을 신뢰하고 모든 정치적 견해들이 각각 상대적 진리성과 합리성을 지닌다고 전제하는 다원적 세계관에 입각한 것으로서, 모든 폭력적·자의적 지배를 배제하고, 다수를 존중하면서도 소수를 배려하는 민주적 의사결정과 자유·평등을 기본원리로 하여 구성되고 운영되는 정치적 질서를 말하며, 구체적으로는 국민주권의 원리, 기본적 인권의 존중, 권력분립제도, 복수정당제도 등이 현행헌법상 주요한 요소라고 볼 수 있다.

(2) 근거

① 이론적 근거: 가치지향적·가치구속적 방어적 민주주의이다.
② 헌법적 근거
　　㉠ 헌법전문과 헌법 제4조
　　㉡ 헌법 제8조 제4항의 민주적 기본질서

(3) 내용

헌법재판소는 자유민주적 기본질서에 관하여 구체적으로 열거하였으며, 이는 기본적 인권의 존중, 권력분립, 의회제도, 복수정당제, 선거제도, 사유재산과 시장경제를 골간으로 하는 경제질서, 사법권의 독립 등 우리의 내부 체제를 파괴·변혁시키려는 것을 들고 있다. 또한 최근 통합진보당 강제해산 사건에서는 국민주권을 민주적 기본질서(인권이라는 의복을 입으면 선사시대로 돌아가도 경사났네, 국민주권)로 보고 있다.

(4) **보장**

① **국민의 정치적 의사형성에 대한 적극적 참여를 통한 보장**

ㄱ 국민 누구나 국가의 간섭과 방해를 받지 아니하고 정치적 의사형성과정에 참여하는 것이 가능해야 하며, 이로써 자신의 견해와 이익을 정치적 의사형성과정에 진입시키는 것이 가능해야 한다. 표현의 자유, 집회의 자유, 결사의 자유는 국가의 침해로부터 개인의 의사소통의 자유를 보호하고자 하는 자유권적 기본권일 뿐만 아니라 아래에서 위로(개인·사회에서 국가권력으로) 이루어지는 정치적 의사형성을 가능하게 하는 민주적 참여권이다.

ㄴ 국민은 정치적 의사형성을 위한 판단근거를 가져야 한다. 국가기관이나 정당이 제시하는 정책의 동기·목적·결과가 공개되는 정도에 비례하여, 국민에 의한 여론형성과 민주적 통제가 가능할 수 있다. 따라서 정치적 과정의 투명성을 최대한으로 확보하는 것이 중요하다. 이로부터 제기되는 요청이 대의기관 행위의 공개성이다.

② **침해행위에 대한 소극적 해결방법을 통한 보장**

ㄱ 위헌정당해산제도, 국회에 의한 탄핵소추·해임건의, 명령규칙심사(구체적 규범통제), 위헌법률심판(구체적 규범통제)과 헌법소원

ㄴ 「형법」과 「국가보안법」에 의해 처벌한다.

(5) **규범적 효력**

법해석의 기준, 국가권력 발동의 타당성 근거, 기본권 제한사유, 헌법개정금지 사유에 해당한다.

(6) **침해와 구제**

① **침해유형**: 폭력지배, 자의적 지배, 인간의 존엄성을 침해하는 행위, 법치주의 배제 등을 들 수 있다.

② **구제**: 위헌정당해산, 기본권 제한(「국가보안법」 위반사건 등)

판례

통합진보당 해산 사건(헌재 2014.12.19. 2013헌다1) : **인용(해산)**

[1] 북한식 사회주의를 실현하고자 하는 피청구인의 목적과 활동에 내포된 중대한 위헌성, 대한민국 체제를 파괴하려는 북한과 대치하고 있는 특수한 상황, 피청구인 구성원에 대한 개별적인 형사처벌로는 정당 자체의 위험성이 제거되지 않는 등 해산 결정 외에는 피청구인의 고유한 위험성을 제거할 수 있는 다른 대안이 없는 점, 그리고 민주적 기본질서의 수호와 민주주의의 다원성 보장이라는 사회적 이익이 정당해산결정으로 인한 피청구인의 정당활동의 자유에 대한 근본적 제약이나 다원적 민주주의에 대한 일부 제한이라는 불이익에 비하여 월등히 크고 중요하다는 점을 고려하면, 피청구인에 대한 해산결정은 민주적 기본질서에 가해지는 위험성을 실효적으로 제거하기 위한 부득이한 해법으로서 비례원칙에 위배되지 아니한다.

[2] 헌법재판소의 해산결정으로 정당이 해산되는 경우에 그 정당 소속 국회의원이 의원직을 상실하는지에 대하여 명문의 규정은 없으나, 정당해산심판제도의 본질은 민주적 기본질서에 위배되는 정당을 정치적 의사형성과정에서 배제함으로써 국민을 보호하는 데에 있는데 해산정당 소속 국회의원의 의원직을 상실시키지 않는 경우 정당해산결정의 실효성을 확보할 수 없게 되므로, 이러한 정당해산제도의 취지 등에 비추어 볼 때 헌법재판소의 정당해산결정이 있는 경우 그 정당 소속 국회의원의 의원직은 당선 방식을 불문하고 모두 상실되어야 한다.

6. 법치주의 원리

(1) 의의

우리 헌법의 민주주의는 단순히 '다수의 지배'가 아니다. 우리 헌법의 민주주의는 법치국가에 의하여 구속을 받는 민주주의 즉, 다수의 정치적 지배를 법치국가적으로 제한하는 '자유민주주의'이다. 헌법은 전문과 제4조에서 '자유민주적 기본질서'를 명시적으로 언급함으로써 우리 헌법의 민주주의란 곧 '자유민주주의'임을 선언하고 있다. 자유민주주의에는 민주주의적(국가적) 요소 외에도 자유주의적(사회적) 요소, 즉 법치국가적 요소가 포함되어 있다.

> **참고** ✦
>
> **법치주의 용어정리**
>
> 1. 법치(法治)란 법에 의한 통치를 말한다.
> 2. 법치국가란, 사람이나 자의가 지배하는 국가가 아니라 법이 지배하는 국가이며, 이로써 모든 국가권력의 행사가 법적으로 구속을 받는 국가를 말한다. 따라서 사인 간의 관계뿐만 아니라 국가와 개인의 관계 및 국가내부의 영역이 법으로써 규율되는 국가라 할 수 있다.
> 3. 법치국가 원리란, 다수에 의한 정치적 지배(국가권력)를 제한하고 통제함으로써 개인의 자유와 권리를 보장하고자 하는 원리이다. 따라서 국가기관이 국민으로부터 부여받은 국가권력을 어떻게 행사해야 하는지에 관한 것으로 공권력행사의 방법과 한계에 관한 원리이다. 결국, 법률의 지배는 인간에 의한 자의적 지배를 방지하고 동시에 공권력의 행위에 대한 국민의 예측가능성을 강화함으로써 법적 안정성과 정의에 기여하는 것이다.

(2) 형성 배경

① 유럽에서 18세기에 이르러, 국가권력을 제한해야 할 필요성을 역설하고 개인의 고유한 가치와 권리를 국가권력의 자의적인 행사로부터 보호해야 한다는 견해(자유주의적 사조)가 점차 비중을 얻게 되었다. 법치주의 원리는 이러한 기본권의 보장, 즉 권리장전이 헌법에 수용되면서 성격에 변화를 가져오게 되었다.

② 개인의 자유와 권리를 보장하기 위하여 국가권력을 제한하고 통제하는 두 가지 중요한 법치국가적 제도가 있다. 하나는 국가권력이 임의로 처분할 수 없는 개인의 불가침적인 영역이 존재한다는 사고에서 출발하여, 국가와 개인의 관계에서 국가권력을 통제하는 장치로서 기본권 보장과 과잉금지원칙이고, 다른 하나는 국가권력을 조직상으로 분할하여 국가기관을 상호관계에서 견제하게 함으로써 국가 내부적으로 국가권력을 제한하고 결과적으로 개인의 자유영역을 확보할 수 있는 권력분립원리이다. 다만, 기본권 보장과 과잉금지원칙은 기본권편에서, 권력분립원리는 통치구조론에서 논하기로 하고 여기서는 법률에 의한 행정 및 법적 안정성의 원칙, 권리구제절차의 보장 등을 다루기로 한다.

🗁 **기본권 보장과 형식적 법치주의**

기본권 보장	가치지향적 · 구속적 체계
형식적 법치주의	가치중립적 체계(공동체의 존속 · 유지와 기본권 보장이라는 목적을 달성하기 위한 수단으로서 기계적 작동을 전제하는 체계이므로 가치중립적)

🗀 형식적 법치주의와 실질적 법치주의

형식적 법치주의(존재의 면)	실질적 법치주의(가치관계의 면)
• 통치권 행사의 합법성 강조 • 행정의 합법률성 강조 • 법적용평등설(절대적 평등) • 가치중립적 성격	• 통치권 행사의 정당성 강조 • 법률의 합헌성 심사 • 법내용평등설(상대적 평등) • 가치관련적 성격

참고 ✦

법치주의의 역사적 흐름

1. 영국의 로크(Locke, 1632-1704)는 자유권의 보장과 국가권력의 분할을 통한 국가권력의 제한 필요성을 역설하였고, 프랑스의 몽테스키외(Montesqieu, 1689-1755)는 특히 권력분립의 필요성을 강조하였다.

2. 칸트(Kant)는 '법의 과제'를 '개인의 자유와 다른 사람의 자유가 함께 공존하고 양립할 수 있도록 양자의 경계를 확정하는 것'으로 규정하였다. 칸트가 제시한 '국가 내에서 자유의 법치국가적 배분에 관한 사고'는 현대 법학방법론에 의하여 소위 '실제적 조화의 원칙'이란 형태로 부활하게 된다.

3. 자의에 의한 지배를 방지하고 권력의 남용과 오용을 배제하고자 하는 것이므로 국가권력의 분립은 그의 당연한 귀결로 도출된다. 국가권력의 집중은 권력을 장악한 자에 의한 자의적 지배와 독재를 가능하게 하고, 이로 인하여 국민의 자유와 권리가 침해되기 때문에 국가권력이 원래의 기능에 맞게 작동할 수 있도록 하기 위해서는 권력을 분할하여 각 그 기능에 맞게 작용하게 할 필요가 있다. 오토마이어(O. Mayer)는 법치주의 구성요소로서 법률의 법규창조력, 18세기에 형성된 원칙인 '개인의 자연적 자유는 단지 법적 규정에 근거해서만 제한될 수 있다'는 법원칙으로써 법률유보와 법률우위의 원칙을 정립하고 있다.

4. 19세기 시민적 법치국가는 군주의 자의적인 권력행사를 제한함으로써 시민계급의 재산과 자유를 국가권력으로부터 보호하려는 형식의 문제에 해당하는 것이어서 국가작용의 합법성 확보만(권력구조적 기능)으로 충분하였으나(형식적 법치주의), 집행부에 의한 기본권침해의 가능성만이 문제되었기에 입법자에 의한 기본권침해의 가능성을 인식하지 못하였다. 19세기 후반에 이르러 헌법에 기본권이라는 가치체계가 수용되면서 구체적인 가치와 내용도 포섭하게 되어 국가작용의 합법성 확보 이외에 입법자도 헌법의 구속을 받는 정당성의 확보도 요청하게 되었다. 법치주의의 이러한 발달을 두고 형식적 법치주의에서 실질적 법치주의로 발달하였다고 한다.

(3) **내용**

① **법률의 법규창조력**: 실질적 법치국가에서는 법률 이외에 행정입법의 역할이 중요시 되면서 그 실익은 감소하고 있다. 다만, 법률유보에 있어서 법률의 형식성이 다양화되고 있으나 아직 관습법만은 근거로 인정하기 어렵다.

② **법률우위**: 법률에 의한 행정, 법률에 의한 재판을 의미한다. 그러므로 법률우위의 법률에는 일반원칙 내지 보충적으로 관습법 등도 근거로 사용될 수 있다.

③ 법률유보
　　㉠ 법률에 근거한 권력작용으로써 실질적 법치국가원리에서 그 중요성이 증대되고 있으며, 법률의 근거에 관한 범위에 관한 여러 견해가 존재하고 통설과 판례는 국가의 본질적인 결정에 관해서는 의회가 법률로써 정해야 한다는 중요사항유보설(본질성설)에 따라 판단하고 있다.
　　㉡ 본질성이론은 규율의 범위(대상) 뿐만 아니라 규율의 밀도를 결정하는 기준으로, 첫째 어떠한 사안이 의회에 의한 결정을 필요로 하는지(입법자에 의한 규율의 범위), 둘째 입법자가 어느 정도로 상세하고 명확하게 규율해야 하는지에 관한 것이다. 또한 무엇을 행정입법 또는 자치입법에 위임할 수 있는지 하는 입법범위의 경계설정(규율의 밀도)에 관한 것(의회유보 + 위임입법, 단 행정유보는 부정함)이다.
　　㉢ 규율의 밀도에 관하여 국민의 기본권 실현에 관련된 영역(본질적이고 기본적인 사항)에 대해서는 국회 스스로 직접 규정을 해야 하고 행정입법에 위임해서는 안 된다. 한편 전문적·기술적 사항에 대하여는 법률에 근거를 마련하고 개별·구체적 범위를 정하여 하위법령에 위임이 가능하다.
　　㉣ 최근 헌법재판소 결정례는 사업시행인가신청 동의정족수의 규율형식에 있어서 그 동의요건을 정하는 것은 토지 등 소유자의 재산권에 중대한 영향을 미치고, 이해관계인 사이의 충돌을 조정하는 중요한 역할을 담당한다. 따라서 의회유보의 범위를 판단하는 기준으로서 '기본권적 중요성' 외에도 '의회에서의 공개토론을 통한 이익조정의 필요성'을 제시하고 있다.

판례

1. 1차 TV수신료 사건 – 국민의 기본권실현과 관련된 영역에 있어서는 입법자가 그 본질적 사항에 대해서 정해야 한다(헌재 1999.05.27. 98헌바70) **: 헌법불합치**
오늘날 법률유보원칙은 단순히 행정작용이 법률에 근거를 두기만 하면 충분한 것이 아니라, 국가공동체와 그 구성원에게 기본적이고도 중요한 의미를 갖는 영역, 특히 국민의 기본권실현과 관련된 영역에 있어서는 국민의 대표자인 입법자가 그 본질적 사항에 대해서 스스로 결정하여야 한다는 요구까지 내포하고 있다(의회유보원칙). 그런데 텔레비전 방송수신료는 대다수 국민의 재산권 보장의 측면이나 한국방송공사에게 보장된 방송자유의 측면에서 국민의 기본권실현에 관련된 영역에 속하고, 수신료 금액의 결정은 납부의무자의 범위 등과 함께 수신료에 관한 본질적인 중요한 사항이므로 국회가 스스로 행하여야 하는 사항에 속하는 것임에도 불구하고 「한국방송공사법」 제36조 제1항에서 국회의 결정이나 관여를 배제한 채 한국방송공사로 하여금 수신료금액을 결정해서 문화관광부장관의 승인을 얻도록 한 것은 법률유보원칙에 위반된다.

2. 2차 TV수신료 사건 – 수신료의 금액은 한국방송공사의 이사회에서 심의·의결한 후 방송위원회를 거쳐 국회의 승인을 얻도록 한 규정은 법률유보원칙에 반하지 않는다(헌재 2008.02.28. 2006헌바70) **: 합헌**
헌법불합치 결정의 취지에 따라 수신료의 금액은 한국방송공사의 이사회에서 심의·의결한 후 방송위원회를 거쳐 국회의 승인을 얻도록 규정하고 있으며(제65조), 둘째, 수신료 납부의무자의 범위를 '텔레비전방송을 수신하기 위하여 수상기를 소지한 자'로 규정하고(제64조 제1항), 셋째, 징수절차와 관련하여 가산금 상한 및 추징금의 금액, 수신료의 체납 시 국세체납처분의 예에 의하여 징수할 수 있음을 규정하고 있다(제66조). 따라서 수신료의 부과·징수에 관한 본질적인 요소들은 「방송법」에 모두 규정되어 있다고 할 것이다. …중략… 따라서 이 사건 법률조항들은 법률유보의 원칙에 위반되지 아니한다.

3. 토지 등 소유자가 도시환경정비사업을 시행하는 경우 사업시행인가 신청시 필요한 토지 등 소유자의 동의는 중요한 사항에 해당한다(헌재 2012.04.24. 2010헌바1) : **위헌**

토지 등 소유자가 도시환경정비사업을 시행하는 경우, 사업시행인가 신청시 필요한 토지 등 소유자의 동의는 개발사업의 주체 및 정비구역 내 토지 등 소유자를 상대로 수용권을 행사하고 각종 행정처분을 발할 수 있는 행정주체로서의 지위를 가지는 사업시행자를 지정하는 문제로서, 그 동의요건을 정하는 것은 국민의 권리와 의무의 형성에 관한 기본적이고 본질적인 사항이므로 국회가 스스로 행하여야 하는 사항에 속하는 것임에도 불구하고, 사업시행인가 신청에 필요한 동의정족수를 토지 등 소유자가 자치적으로 정하여 운영하는 규약에 정하도록 한 것은 법률유보원칙에 위반된다.

4. 조합의 사업시행인가 신청시의 토지 등 소유자의 동의요건은 본질적인 사항에 해당하지 않는다(대판 2007.10.12. 2006두14476).

「도시 및 주거환경정비법」이 사업시행인가 신청시의 동의요건을 조합의 정관에 포괄적으로 위임하고 있다고 하더라도 헌법 제75조가 정하는 포괄위임입법금지의 원칙이 적용되지 아니하므로 이에 위배된다고 할 수 없다. 그리고 조합의 사업시행인가 신청시의 토지 등 소유자의 동의요건이 비록 토지 등 소유자의 재산상 권리·의무에 영향을 미치는 사업시행계획에 관한 것이라고 하더라도, 그 동의요건은 사업시행인가 신청에 대한 토지 등 소유자의 사전 통제를 위한 절차적 요건에 불과하고 토지 등 소유자의 재산상 권리·의무에 관한 기본적이고 본질적인 사항이라고 볼 수 없으므로 법률유보 내지 의회유보의 원칙이 반드시 지켜져야 하는 영역이라고 할 수 없고, 따라서 개정된 「도시 및 주거환경정비법」 제28조 제4항 본문이 법률유보 내지 의회유보의 원칙에 위배된다고 할 수 없다.

5. 수출입 물품 원산지표시제도에서 파생된 이 사건 통지의무는 본질적인 부분이라고 보기는 어렵다 (헌재 2013.02.28. 2012헌마427) : **기각**

수출입 물품 원산지표시제도에서 파생된 이 사건 통지의무로 인하여 청구인의 영업의 자유 내지 일반적 행동자유권 등 기본권이 제한을 받게 되지만, 원산지표시제도와 관련하여 국회가 직접 결정할 내용은 제도의 전체적인 기준 및 개요로서 충분하다. 또 이 사건 통지의무는 그 제도의 전문적, 기술적인 사항에 불과하여 이를 입법자가 법률로써 규정하여야 할 본질적인 부분이라고 보기는 어렵다. 따라서 이 사건 통지의무를 법률에서 직접 규정하지 아니하였다고 해서 기본권 제한의 본질적 사항에 관한 의회유보원칙에 위배된다고 볼 수 없다.

6. 교육감 등이 졸업생의 성명, 생년월일 및 졸업일자 정보를 교육정보시스템(NEIS)에 보유하는 행위의 법률유보원칙 위배 여부(헌재 2005.07.21. 2003헌마282) : **기각**

개인정보의 종류와 성격, 정보처리의 방식과 내용 등에 따라 수권법률의 명확성 요구의 정도는 달라진다 할 것인바, 개인의 인격에 밀접히 연관된 민감한 정보라고 보기 어려운 졸업생의 성명, 생년월일 및 졸업일자만을 교육정보시스템(NEIS)에 보유하는 행위에 대하여는 그 보유정보의 성격과 양, 정보보유 목적의 비침해성 등을 종합할 때 수권 법률의 명확성이 특별히 강하게 요구된다고는 할 수 없으며, 따라서 "공공기관은 소관업무를 수행하기 위하여 필요한 범위 안에서 개인정보화일을 보유할 수 있다."고 규정하고 있는 공공기관의 개인정보보호에 관한 법률 제5조와 같은 일반적 수권조항에 근거하여 피청구인들의 보유행위가 이루어졌다하더라도 법률유보원칙에 위배된다고 단정하기 어렵다.

7. 공무원복무규정이 법률유보원칙에 위배되는지 여부(헌재 2012.05.31. 2009헌마70) **: 기각**

법률유보원칙상 이 사건 국가공무원 복무규정 제3조 제2항 등이 모법의 수권 없이 제정된 것이라면 그 자체로 헌법에 위반된다고 할 수 있으며, 가사 근거규정이 있다 하더라도 그 위임의 범위를 넘은 것이라면 헌법에 위반된다. …행정입법은 수권법률 혹은 모법에 근거하여야 하고, 나아가 그 위임의 범위 안에서 제정되어야하며 모법에 위반되는 사항을 규정할 수는 없다는 원칙이 나온다. … 「국가공무원법」 제65조 제4항은 '정치적 행위의 금지에 관한 한계'를 하위법령에 위임하고 있는바 이 사건 국가공무원 복무규정은 … 위 '정치적 행위'를 보다 구체화한 것이라 할 수 있으므로,… 법률유보원칙에 위배되지 아니한다.

8. 교사임용후보자 가산점(헌재 2004.03.25. 2001헌마882) **: 위헌**

위 가산점들에 관하여는 법률에서 적어도 그 적용대상이나 배점 등 기본적인 사항을 직접 명시적으로 규정하고 있어야 했다. 그런데 피청구인(대전광역시 교육감)이 위 가산점 항목을 공고하게 된 법률적 근거라고 주장하는 「교육공무원법」 제11조 제2항에서는 단지 "…공개전형의 실시에 관하여 필요한 사항은 대통령령으로 정한다."라고만 할 뿐, 이 사건 가산점 항목에 관하여는 아무런 명시적 언급도 하고 있지 않다. 그러므로 위 가산점 항목은 결국 아무런 법률적 근거가 없다고 보아야 하고, 따라서 헌법 제37조 제2항에 반하여 청구인의 공무담임권을 침해한다고 할 것이다.

9. 한국방송공사로부터 수신료 징수업무를 위탁받은 자가 수신료를 징수할 때 전기요금 징수업무 고지행위와 결합하여 이를 행사하여서는 안 된다고 규정한 「방송법」 시행령 제43조 제2항은 청구인의 방송의 자유를 침해하지 아니한다(헌재 2024.05.30. 2023헌마820 등).

[1] 심판대상조항은 수신료의 구체적인 고지방법에 관한 규정인바, 이는 수신료의 부과·징수에 관한 본질적인 요소로서 법률에 직접 규정할 사항이 아니므로 이를 법률에서 직접 정하지 않았다고 하여 의회유보원칙에 위반된다고 볼 수 없다.

[2] 개정 전 법령이 전기요금과 수신료를 통합하여 징수하는 방식만을 전제로 하였다거나 그러한 수신료 징수방식에 대한 신뢰를 유도하였다고 볼 수 없으며, 청구인과 한국전력공사 간 TV 방송수신료 징수업무 위·수탁 계약서도 관련 법률의 개정 등 사유를 예정하고 있는 점, 심판대상조항으로 인하여 청구인이 징수할 수 있는 수신료의 금액이나 범위의 변경은 없고 수신료 납부통지 방법만이 변경되는 점 등을 고려할 때 심판대상조항이 신뢰보호원칙에 위배된다고 볼 수 없다.

10. 의료사고 피해구제 및 의료분쟁 조정 등에 관한 법률 제47조 제2항 후단 중 '그 금액' 부분이 헌법에 합치되지 아니한다(헌재 2022.10.27. 2018헌바504).

이 사건 위임조항은 부담금의 액수를 어떻게 산정하고 이를 어떤 요건 하에 추가로 징수하는지에 관하여 그 대강조차도 정하지 않고 있고, 관련조항 등을 살펴보더라도 이를 예측할 만한 단서를 찾을 수 없다. 따라서 이 사건 위임조항 중 '그 금액' 부분을 단순위헌으로 선언하는 경우 대불비용 부담금의 부과·징수의 근거가 없어지게 됨에 따라 혼란이 초래될 우려가 있다. 또한 이 사건 위임조항 중 '그 금액' 부분의 위임 내용을 어떻게 구체화하여 대통령령에 위임할 지에 관하여는 입법자가 충분한 논의를 거쳐 결정해야 할 사항에 속한다. 따라서 이 사건 위임조항 중 '그 금액' 부분에 대하여 헌법불합치결정을 선고하되, 입법자의 개선입법이 있을 때까지 잠정적용을 명하기로 한다.

⑷ **기능**

① 국가 구조적 기반으로서의 기능

② 국가권력의 발동근거(수권)기능

③ 국가권력의 제한 및 통제 기능

④ 국민의 자유와 권익보호기능

⑤ 사회 통합기능

⑸ **현행헌법과 법치주의**

① 헌법우위에 따른 성문헌법주의(입헌주의)

② 기본권과 적법절차의 보장

③ 권력분립의 확립이 전제

④ 위헌법률심사제도의 채택(실질적 법치주의)

⑤ 행정(국가작용)의 법률 적합성과 사법적 통제를 통한 구제

　　㉠ 명령·규칙, 처분에 대한 위헌·위법심사제(법원의 구체적 규범통제), 행정심판에 사법절차 준용

　　㉡ 조세법률주의, 적법절차조항

　　㉢ 포괄적 위임입법금지(단, 자치입법으로서 조례와 정관은 포괄위임이 가능함)

⑥ 공권력행사의 예측가능성, 안정성 보장을 위한 법률의 명확성원칙과 신뢰보호의 원칙

　　㉠ 헌법재판소는 법치주의로부터 신뢰보호원칙, 법적안정성, 예측가능성 등을 도출하고 있다. 이 중 법률유보원칙이 기능하기 위한 필수적 전제조건 예측가능성에서 도출되는 명확성원칙은 법률뿐만 아니라 법률에 대하여 하위에 있는 법규범에 대해서도 적용되는 법치국가적 원칙이다.

판례

행정처분에 대한 쟁송절차진행이 처분의 집행절차를 정지시키지 못한다고 하여 법치주의원칙에 위반된다고 할 것은 아니다(헌재 2014.05.29. 2013헌바171).

노동위원회의 구제명령이 확정되기 전에도 이를 강제할 수 있는 것은 구제명령이 행정처분으로서 공정력이 인정되기 때문인바, 행정소송에 관한 판결이 확정되기 전에 행정청의 처분에 대하여 공정력과 집행력을 인정하는 것은 우리 행정법체계에서 일반적으로 채택되고 있는 것이므로(헌재 2003.07.24. 2001헌가25 참조), 이를 법치주의원칙에 위반된다고 할 것은 아니다.

　　㉡ 공권력행사의 예측가능성 보장을 위한 법률 내용의 명확성원칙(객관적 측면)

　　　ⓐ 법률의 명확성원칙은 법률유보원칙의 필수적인 보완이자 구체화를 의미한다. 즉, 법률유보원칙이란 곧 '명확한 법률에 의한 유보원칙'인 것이다. 기본권의 제한은 반드시 법률로써 하도록 규정하는 헌법 제37조 제2항의 법률유보조항도 '기본권을 제한하는 법률은 명확해야 한다'는 명확성의 요청을 당연한 전제로 내포하고 있다. 또한 헌법 제13조 제1항의 죄형법정주의도 형벌법규의 명확성을 당연한 전제로 하고 있다.

　　　ⓑ 법률의 명확성을 요청하는 헌법적 이유는 법적 안전성, 권력분립의 원칙, 자유보장적 기능을 들 수 있다(헌재 2010.10.28. 2008헌마638 ; 헌재 2009.05.28. 2006헌바109 등 참조).

ⓒ 법률이 불확정 개념을 사용하는 경우라도, 법률해석을 통하여 행정청과 법원의 자의적인 적용을 배제하는 객관적인 기준을 얻는 것이 가능하다면, 법률의 명확성원칙에 부합하는 것이다.

ⓓ 법률의 명확성의 정도는 법률에 의한 기본권 제한의 효과가 중대하면 할수록, 법률의 명확성에 대하여 보다 엄격한 요구를 해야 한다(헌재 1991.02.11. 90헌가27). 따라서 기본권을 제한하는 침해적 법률은 수혜적 법률에 비하여 명확성의 요구가 강화되고, 기본권을 제한하는 법률의 경우에도, 제한되는 자유영역의 성격에 따라 명확성에 대한 요구가 다를 수 있다. 따라서 법률의 명확성의 정도에 대한 요구는 획일적으로 확정될 수 있는 성질의 것이 아니다(헌재 1999.09.19. 97헌바73).

ⓔ 법률의 명확성원칙은 법률에 의한 '규율밀도'의 위헌성에 관한 것이고, 과잉금지원칙은 법률에 의한 '규율내용'의 위헌성에 관한 것이다. 불명확한 법률은 행정청에게 자유롭게 결정할 수 있는 공간을 부여함으로써 행정의 자의적인 집행을 가능하게 하고, 개인의 자유행사를 위축함으로써 개인의 자유를 과잉으로 제한할 가능성이 있으나, 모든 법률에 명확성을 엄격하게 요구할 수 없으므로 자의적인 집행의 가능성으로 말미암아 불명확한 법률이 자동적으로 과잉금지원칙에 위반된다는 것을 의미하지는 않는다.

ⓒ 법적안정성에 기한 신뢰보호원칙(주관적 측면)

ⓐ 법치국가원리의 중요한 구성부분인 법적 안정성은 법질서의 신뢰성, 항구성, 지속성을 의미한다. 따라서 법치국가 원리로부터 법적 상태의 항구성과 지속성을 요구하는 객관적인 법적 안정성의 요청 및 그에 대응하는 주관적인 측면인 신뢰보호의 요청이 나온다.

ⓑ 법규범의 존속에 대한 개인의 신뢰가 보호가치가 없을 때에는 신뢰보호는 고려되지 않는다. 보호가치 있는 신뢰를 인정한다 하더라도 중대한 공익상의 이유가 개인의 신뢰보호이익보다 우위를 차지하는 경우에는 신뢰보호의 요청은 관철될 수 없다.

ⓒ 신뢰보호원칙에 의한 심사는 기본권 제한의 '내용적·실체적 한계'에 대한 심사가 아니라, 법률적용범위의 '시간적 한계'에 대한 심사를 의미한다.

판례 ✦

1. 특별한 사정이 없는 한 원칙적으로 현재의 세법이 변함없이 유지되리라고 기대하거나 신뢰할 수는 없다(헌재 2003.04.24. 2002헌바9) : 합헌

조세에 관한 법규·제도는 신축적으로 변할 수밖에 없다는 점에서 납세의무자로서는 구법질서에 의거한 신뢰를 바탕으로 적극적으로 새로운 법률관계를 형성하였다든지 하는 특별한 사정이 없는 한 원칙적으로 현재의 세법이 변함없이 유지되리라고 기대하거나 신뢰할 수는 없다.

2. 법적 안정성의 주관적 측면은 한번 제정된 법규범은 원칙적으로 존속력을 갖고 자신의 행위기준으로 작용하리라는 개인의 신뢰보호원칙이다(헌재 1996.02.16. 96헌가2) : 합헌

법적 안정성은 객관적 요소로서 법질서의 신뢰성·항구성·법적 투명성과 법적 평화를 의미하고, 이와 내적인 상호연관관계에 있는 법적 안정성의 주관적 측면은 한번 제정된 법규범은 원칙적으로 존속력을 갖고 자신의 행위기준으로 작용하리라는 개인의 신뢰보호원칙이다.

3. **공무원이 임용당시의「공무원법」상의 정년규정까지 근무할 수 있다는 기대 내지 신뢰는 절대적인 권리로써 보호되는 것은 아니다**(헌재 1994.04.28. 91헌바15) **: 합헌**

임용 당시에 없었던 계급정년제도를 도입한 「국가안전기획부직원법」 제22조는 업무수행의 능률성, 신속성, 기동성이라는 공익이 구법질서에 대한 공무원들의 기대 내지 신뢰보호보다 중하므로 신뢰보호위반이 아니다.

4. **폐기물 재생처리 신고를 한 자는 이 법 시행일로부터 1년 이내의 허가를 받도록 한「폐기물관리법」부칙은 신뢰이익을 침해하는 것은 아니다**(헌재 2000.07.20. 99헌마452) **: 기각**

폐기물 재생처리업을 허가제로 개정하면서 종전 규정에 의하여 폐기물 재생처리 신고를 한 자는 이 법 시행일로부터 1년 이내의 허가를 받도록 한 「폐기물관리법」 부칙 제5조는 기존 폐기물업자의 신뢰보호를 위한 경과조치를 규정하고 있고 그 유예기간이 지나치게 짧은 것이라 할 수 없으므로 폐기물 재생처리업자의 신뢰이익을 침해하는 것은 아니다.

5. **개정법 이후 오염토양의 정화책임**(헌재 2016.11.24. 2013헌가19) **: 합헌**

2002. 1. 1. 이후 「민사집행법」에 의한 경매절차에 따라 토양오염관리대상시설을 인수한 자가 오염원인자로 간주되어 오염토양의 정화에 대한 책임을 지고 위반시 징역이나 벌금형에 처하되 토양오염사실에 대한 선의·무과실을 입증하면 면책될 수 있도록 한 것은, 신뢰보호원칙에 반하지 않으며, 재산권을 침해하지 않는다.

ⓡ 개정법률의 위헌심사는 주관적, 객관적 측면을 모두 심사하여야 한다.

ⓐ 개정법률이 합헌적이기 위해서는 '장래에 있어서 적용되는 법률이 그 내용에 있어서 헌법에 합치해야 할 뿐 아니라, 또한 구법에 의하여 형성된 '종래의 지위에 대한 침해를 정당화해야 한다. 따라서 개정법률의 위헌심사는 '개정법률에 의한 기본권 제한이 합헌인지의 심사'와 '이러한 기본권 제한을 과거에 발생한 사실관계에 확대하는 것이 합헌인지의 심사'의 이중적 심사로 이루어진다.

ⓑ 법률이 제공한 기회를 단지 활용하는 개인의 행위는 원칙적으로 사적 위험부담의 범위에 속하는 것으로 특별한 신뢰보호구성요건을 형성하지 못하는 반면, 국민이 법률에 의하여 유발된 신뢰를 행사한 경우(특히 시험규정에 따른 시험준비행위, 시한을 정하여 유인된 투자 등)에는 법률개정이익에 우선하는, 개인의 특별히 보호가치 있는 신뢰이익이 인정된다. 이러한 경우 경과규정을 마련하여 법률개정이 추구하는 공익과 개인의 신뢰이익이라는 상충하는 법익을 이상적으로 조화시키고 균형점을 찾는 가능성으로 기능하므로 둘 사이의 조화로운 해결 방법이 될 수 있다.

판례

1. 「특정범죄 가중처벌 등에 관한 법률」 제4조 제1항의 "정부관리기업체"라는 용어(헌재 1995.09.28. 93헌바50) : **위헌**

수뢰죄와 같은 이른바 신분범(身分犯)에 있어서 그 주체에 관한 구성요건의 규정을 지나치게 광범위하고 불명확하게 규정하여 전체로서의 구성요건의 명확성을 결여한 것으로 죄형법정주의(罪刑法定主義)에 위배되고, 나아가 그 법률 자체가 불명확함으로 인하여 그 법률에서 대통령령에 규정될 내용의 대강을 예측할 수 없는 경우라 할 것이므로 위임입법(委任立法)의 한계를 일탈한 것으로서 위헌이다.

2. 의료기관 시설 등에서의 약국개설금지(헌재 2003.10.30. 2001헌마700 등) : **기각, 합헌**

'이 사건 법률조항들에 대한 법률상 쟁점은 개정법 시행일 이후의 행위규제와 개정법 시행일 당시의 기존 개설약국에 대한 규제로 나누어 볼 수 있다'고 하여, '이 사건 법률조항들에 의하여 의료기관 시설을 분할한 장소에서 약국개설을 금지한 것이 직업의 자유를 침해하는지 여부'와 '이 사건 법률조항들에 의한 기존 약국 폐쇄가 직업의 자유를 침해하는지 여부'로 나누어 판단하였다.

3. 택지소유상한제(헌재 1999.04.29. 94헌바37) : **위헌**

재산권이 헌법 제23조에 의하여 보장된다고 하더라도, 입법자에 의하여 일단 형성된 구체적 권리가 그 형태로 영원히 지속될 것이 보장된다고까지 의미하는 것은 아니다. 재산권의 내용과 한계를 정할 입법자의 권한은, 장래에 발생할 사실관계에 적용될 새로운 권리를 형성하고 그 내용을 규정할 권한뿐만 아니라, 과거의 법에 의하여 취득한 구체적인 법적 지위에 대하여 까지도 그 내용을 새로이 형성할 수 있는 권한을 포함하고 있는 것이다. 이 경우 입법자는 재산권을 새로이 형성하는 것이 구법에 의하여 부여된 구체적인 법적 지위에 대한 침해를 의미한다는 것을 고려하여야 한다. 따라서 재산권의 내용을 새로이 형성하는 규정은 비례의 원칙을 기준으로 판단하였을 때 공익에 의하여 정당화되는 경우에만 합헌적이다. 즉, 장래에 적용될 법률이 헌법에 합치하여야 할 뿐만 아니라, 또한 과거의 법적 상태에 의하여 부여된 구체적 권리에 대한 침해를 정당화하는 이유가 존재하여야 하는 것이다.

4. 징집면제연령의 상향조정(헌재 2002.11.28. 2002헌바45) : **합헌**

개인의 신뢰이익에 대한 보호가치는 ① 법령에 따른 개인의 행위가 국가에 의하여 일정방향으로 유인된 신뢰의 행사인지, 아니면 ② 단지 법률이 부여한 기회를 활용한 것으로서 원칙적으로 사적 위험부담의 범위에 속하는 것인지 여부에 따라 달라진다. 만일 법률에 따른 개인의 행위가 단지 법률이 반사적으로 부여하는 기회의 활용을 넘어서 국가에 의하여 일정 방향으로 유인된 것이라면 특별히 보호가치가 있는 신뢰이익이 인정될 수 있고, 원칙적으로 개인의 신뢰보호가 국가의 법률개정이익에 우선된다고 볼 여지가 있다. 그런데, 이 사건 법률조항의 경우 국가가 입법을 통하여 개인의 행위를 일정방향으로 유도하였다고 볼 수는 없고, 따라서 청구인의 징집면제연령에 관한 기대 또는 신뢰는 단지 법률이 부여한 기회를 활용한 것으로서 원칙적으로 사적 위험부담의 범위에 속하는 것이다.

⑦ 소급입법에 의한 기본권 제한에 관한 헌법재판소의 견해

　㉠ 진정소급입법 : 기존의 법에 의하여 형성되어 이미 굳어진(종료된, 완성된) 개인의 법적 지위를 사후입법을 통하여 박탈하는 것을 말한다. 헌법재판소(헌재 1999.07.22. 97헌바76 등)는 원칙적으로 소급입법을 금지하지만 예외적인 경우(예, 불, 경, 심) 허용하는 경우를 인정한다.

판례

1. 진정소급입법과 부진정소급입법(헌재 1999.07.22. 97헌바76 등)

소급입법은 새로운 입법으로 이미 종료된 사실관계 또는 법률관계에 작용케 하는 진정소급입법과 현재 진행중인 사실관계 또는 법률관계에 작용케 하는 부진정소급입법으로 나눌 수 있는바, 부진정소급입법은 원칙적으로 허용되지만 소급효를 요구하는 공익상의 사유와 신뢰보호의 요청 사이의 교량과정에서 신뢰보호의 관점이 입법자의 형성권에 제한을 가하게 되는데 반하여, 기존의 법에 의하여 형성되어 이미 굳어진 개인의 법적 지위를 사후입법을 통하여 박탈하는 것 등을 내용으로 하는 진정소급입법은 개인의 신뢰보호와 법적 안정성을 내용으로 하는 법치국가원리에 의하여 특단의 사정이 없는 한 헌법적으로 허용되지 아니하는 것이 원칙이고, 다만 일반적으로 국민이 소급입법을 예상할 수 있었거나 법적 상태가 불확실하고 혼란스러워 보호할 만한 신뢰이익이 적은 경우와 소급입법에 의한 당사자의 손실이 없거나 아주 경미한 경우 그리고 신뢰보호의 요청에 우선하는 심히 중대한 공익상의 사유가 소급입법을 정당화하는 경우 등에는 예외적으로 진정소급입법이 허용된다.

2. 종래 인정되던 관행어업권에 대하여 2년 이내에 등록하여야 입어할 수 있도록 한 수산업법은 예외적으로 진정소급입법이 허용된다(헌재 1997.07.22. 97헌바76) : 합헌

진정소급입법은 개인의 신뢰보호와 법적 안정성을 내용으로 하는 법치주의 원리에 의하여 특단의 사정이 없는 한 헌법적으로 허용되지 아니하는 것이 원칙이고, 다만 일반적으로 국민이 소급입법을 예상할 수 있었거나 법적 상태가 불확실하고 혼란스러워 보호할 만한 신뢰이익이 적은 경우와 소급입법에 의한 당사자의 손실이 없거나 아주 경미한 경우 그리고 신뢰보호의 요청에 우선하는 심히 중대한 공익상의 사유가 소급입법을 정당화하는 등에는 예외적으로 진정소급입법이 허용된다.

ⓒ 부진정소급입법 : 과거에 시작되었지만 아직 완성되지 아니한 현재 진행 중인 사실관계 또는 법률관계에 작용케 하는 입법형식을 말한다. 원칙적으로 소급적용 문제는 발생하지 않는다. 다만, 공익과 신뢰보호와의 관계를 비교·형량하여 사익이 우월할 경우 당해 사안에 한하여 적용을 금지할 수 있다.

판례

1. 기존 국세관련 경력공무원 중 일부에게만 세무사자격부여는 헌법에 합치하지 않는다(헌재 2001.09.27. 2000헌마152) : 헌법불합치

청구인들의 세무사자격 부여에 대한 신뢰는 여러 사정에 비추어 볼 때 단순한 기대의 수준을 넘어서 강도 높게 보호할 필요성이 있는 합리적이고도 정당한 신뢰라 할 것이다. 그런데 그 이후 이 사건 법률조항 등의 개정으로 말미암아 청구인들은 세무사자격시험을 거치지 않는 한 그 자격이 부여되지 않게 되어, 청구인들이 입게 된 신뢰이익의 침해정도는 중대하다고 아니할 수 없고, 그것이 헌법적으로 무시할 수 있을 정도로 가볍다고 볼 수는 없다.

2. 부진정소급입법의 경우 특단의 사정이 없는 한 새 입법을 하면서 구법관계 내지 구법상의 기대이익을 존중하여야 할 의무가 발생하지 않는다(헌재 1995.10.28. 94헌바12) : 한정위헌

부진정소급입법의 경우 구법질서에 대하여 기대했던 당사자의 신뢰보호보다는 광범위한 입법권자의 입법형성권을 경시해서는 안 될 일이므로 특단의 사정이 없는 한 새 입법을 하면서 구법관계 내지 구법상의 기대이익을 존중하여야 할 의무가 발생하지 않는다. 그러나 새로운 입법을 통해 달성하고자 하는 공익적 목적이 신뢰보호의 가치보다 크지 않다면 정당화될 수 없다.

🗂 법치주의 원리 정리

법치주의 원리와 관련이 없는 것	법치주의 원리에 위배되는 것	법치주의 원리에 위배되지 않는 것
복수정당제, 다수결의 원리, 민주적 정당성	포괄적 위임입법, 행정소송의 열기주의, 소급입법에 의한 처벌, 행정소송의 행정기관 관할	법률유보의 원칙, 간이재판, 행정심판전치주의, 행정소송의 개괄주의, 주관적 공권의 확대

7. 사회(복지)국가 원리

(1) 의의 및 목적

① 법치국가가 '소극적인 현상유지'의 국가라면, 사회국가는 '적극적인 사회형성'의 국가이다. 사회국가는 소득의 재분배나 빈민에 대한 사회급부, 고용정책, 주택개발정책 등을 통하여 모든 국민이 재산권보장이나 직업의 자유와 같은 법적 자유를 실제로 행사할 수 있는 '실질적 조건'을 마련해 주는 것을 국가의 중요한 과제로 삼고 있다.

② 모든 국민에게 그 생활의 기본적 수요를 충족시킴으로써 건강하고 문화적인 생활을 영위할 수 있도록 하는 것이 국가의 책임이자 그에 대한 요구가 권리로서 인정되는 국가의 원리를 말한다.

③ 사회국가 원리는 개인의 자유에 대한 제한을 정당화하는 헌법적 근거로서 또는 개인 간의 차별대우를 정당화하는 헌법적 근거로서 기능한다.

④ 우리 헌법은 사회국가 원리를 명시적으로 언급하고 있지 않지만, 일련의 사회적 기본권 및 정의로운 경제 질서의 형성을 위하여 국가에게 적극적인 개입을 요청하는 일련의 경제조항을 통하여 사회국가 원리를 수용하고 있다. 사회국가 원리와 관련해서는 그의 구체적 요청 및 헌법상의 경제 질서에 관하여 살펴보기로 한다.

(2) 이념적 기초

① **사회적 정의**: 사회영역에서 국가는 보충적으로 법적인 기회균등을 보장함으로써 시민들이 기본적으로 보장된 자유를 현실적으로 향유하도록 배려하는 것이다.

② **사회적 안전**: 국가가 개인의 능력만으로는 해결할 수 없는 생존을 위한 필수적 전제들을 창출 또는 확보해 주는 것이다.

③ **사회의 통합**: 사회·경제적 약자를 보호하고 지나친 사회적 불평등을 재분배를 통한 균형을 이루어 사회적 통합을 달성하는 것이다.

(3) 법적 성격

① 헌법상 사회국가 원리는 모든 국가권력을 구속하는 국가목표규범에 해당한다. 따라서 국가는 헌법상 사회국가 원리를 실현할 법적의무를 진다.

② 사회국가를 구체화시키는 일차적 책임은 입법자에게 있고 입법자는 입법을 통해 사회국가 원리를 실현할 헌법상 의무로서 입법 형성의무를 진다. 사회국가 원리를 실현하는 방법에 대하여는 입법자에게 광범위한 입법형성의 자유가 있다. 또한 행정청과 법원은 법규범을 해석·적용하고 재량권을 행사함에 있어서 사회국가 원리를 해석의 기준이자 행위의 지침으로서 존중하고 고려해야 한다.

(4) 규범적 의미

① 입법자가 개인의 자유권을 제한하는 경우 공익상의 사유로 정당화되어야 하는데, 특히 사회국가 원리는 이러한 자유의 제한을 정당화하는 헌법적 근거로서 고려된다. 또한 사회적 기본권, 경제에 관한 조항 등을 통하여 사회국가 원리를 수용하고 있고, 동시에 사회국가 원리는 위 헌법규정들에 의하여 구체화되고 있다.

② 사회정의이념에 입각한 공평분배의 원리로서 평등원칙의 위반여부를 심사하는 과정에서 사회국가 원리는 차별대우를 정당화하는 헌법적 근거로 고려될 수 있다.

③ 사회국가 원리는 그 자체로서 급부의 직접적인 근거규범이 아니기 때문에, 사회국가 원리로부터는 국가에 대하여 일정 급부를 청구할 수 있는 개인의 주관적 권리를 도출할 수 없다. 단, 인간다운 생활을 할 권리로부터는 인간의 존엄에 상응하는 생활에 필요한 '최소한의 물질적인 생활'의 유지에 필요한 급부를 요구할 수 있는 구체적인 권리가 상황에 따라서는 직접 도출될 수 있다고 할 수는 있어도, 동 기본권이 직접 그 이상의 급부를 내용으로 하는 구체적인 권리를 발생케 한다고는 볼 수 없다고 할 것이다(헌재 1995.07.21, 93헌가14).

④ 모든 국가행위는 사회국가 원리를 실현함에 있어서 법치국가원리를 준수해야 한다. 따라서 사회국가적 활동은 법치국가적 원칙과 형식에 따라 이루어져야 한다.

⑤ 국가의 질서형성기능 및 사회영역에 개입하는 적극적 국가의 원리로서 사회국가는 자유행사에 있어서 실질적인 기회균등을 제공함으로써 자유를 실현하고자 하는 것이다.

⑥ 사회적 인간을 전제로 한 개인의 사회에 대한 책임을 강조한 원리이다.

판례

1. 연금보험료를 낸 기간이 그 연금보험료를 낸 기간과 연금보험료를 내지 아니한 기간을 합산한 기간의 3분의 2보다 짧은 경우 유족연금 지급을 제한한 구 「국민연금법」 제85조 제2호 중 '유족연금'에 관한 부분이 헌법에 위반되지 않는다는 결정을 선고하였다(헌재 2020.05.27, 2018헌바129): **합헌**
국민연금제도는 자기 기여를 전제로 하지 않고 국가로부터 소득을 보장받는 순수한 사회부조형 사회보장제도가 아니라, 가입자의 보험료를 재원으로 하여 가입기간, 기여도 및 소득수준 등을 고려하여 소득을 보장받는 사회보험제도이므로, 입법자가 가입기간의 상당 부분을 성실하게 납부한 사람의 유족만을 유족연금 지급대상에 포함시키기 위하여 '연금보험료를 낸 기간이 그 연금보험료를 낸 기간과 연금보험료를 내지 아니한 기간을 합산한 기간의 3분의 2 이상'(이하 '연금보험료 납입비율'이라 한다)으로 다소 높게 설정하였다고 하여 이를 입법재량의 한계를 일탈하였을 정도로 불합리하다고 보기 어렵다. 따라서 심판대상조항이 청구인의 인간다운 생활을 할 권리 및 재산권을 침해한다고 볼 수 없다.

2. 의료보험통합 사건(헌재 2000.06.29. 99헌마289)

조세나 보험료와 같은 공과금의 부과에 있어서 사회국가 원리는 입법자의 결정이 자의적인가를 판단하는 하나의 중요한 기준을 제공하며, 일반적으로 입법자의 결정을 정당화하는 헌법적 근거로서 작용한다. 특히 경제적 약자나 중소기업에 대한 조세감면혜택 등과 같이 사회 정책적 고려에 기초한 차별대우가 자의적인가를 판단하는 경우에 사회국가 원리는 입법자의 형성권을 정당화하는 하나의 헌법적 가치결정을 의미한다. 사회국가 원리는 소득의 재분배의 관점에서 경제적 약자에 대한 보험료의 지원을 허용할 뿐만 아니라, 한걸음 더 나아가 정의로운 사회질서의 실현을 위하여 이를 요청하는 것이다. 따라서 국가가 저소득층 지역가입자를 대상으로 소득수준에 따라 보험료를 차등 지원하는 것은 사회국가 원리에 의하여 정당화되는 것이다. 결국, 국고지원에 있어서의 지역가입자와 직장가입자의 차별취급은 사회 국가원리의 관점에서 합리적인 차별에 해당하는 것으로서 평등원칙에 위반되지 아니한다."

(5) 한계

① **개념본질상 한계**: 사회주의 국가와 달리 순차적인 사회개량적 범위에 따른 제한을 하여야 한다.

② **법치국가 원리에 의한 한계**: 국가는 헌법 제37조 제2항의 합헌(과잉금지원칙, 본질적 내용침해금지원칙 준수)인 법률에 근거하여 사회적 강자의 기본권 제한이 가능하다.

③ **재정·경제상 한계**: 사회국가 실현을 위한 재정상 한계는 가장 근본적인 한계에 해당한다. 다만 재정확보를 위한 방안이 경제발전에 저해가 되는 것은 허용되지 않으므로 조화로운 방법의 모색이 필요하다.

④ **보충성원리에 의한 한계**: 사회적 문제의 해결은 인격의 자유로운 발전과 사회의 자율을 우선하고 개인과 사회의 노력으로 해결이 불가능한 경우에 국가의 개입이 허용된다.

(6) 현행헌법의 사회국가 원리

① **사회국가조항**

㉠ 독일의 1919년 바이마르 헌법의 사회적 기본권 개별 조항을 우리 제헌헌법(1948년)에 수용하였다.

㉡ 독일의 1949년 본기본법 상의 사회국가 원리 조항은 우리 헌법에서 명시적 규정을 두지 않았으나, 우리 헌법상 당연한 국가의 원리로 본다.

판례 ✦

국민 모두가 호혜공영하는 실질적인 사회정의가 보장되는 국가, 즉 자본주의적 생산양식이라든가 시장 메커니즘의 자동조절기능이라는 골격은 유지하되 저소득층의 인간다운 생활을 보장하기 위한 소득의 재분배, 투자의 유도와 조정, 실업자구제 내지 완전고용, 광범위한 사회보장 등을 책임있게 추구하는 국가, 즉 민주복지국가의 이상을 추구하고 있음을 의미하는 것이다(헌재 1989.12.22. 88헌가13).

② **사회국가 원리 구현**

㉠ 사회보장제도, 교육제도, 사회적 기본권의 보장(제31조 ~ 제36조 기본권편에서 후설함)

㉡ 재산권의 사회적 구속성의 강조(제23조)

㉢ 사회적 시장경제질서, 경제질서에 대한 규제와 조정(제119조 ~ 제127조)

8. 경제적 기본질서

(1) 헌정사로 본 경제적 기본질서

① 건국헌법 : 통제(계획)경제질서
② 제2차 개정헌법 : 자본주의적 자유시장경제체제 도입
③ 제5차 개정헌법 : 개인의 창의조항 최초규정
④ 제7차 개정헌법 : 관주도형 경제체제
⑤ 제8차 개정헌법 : 독과점규제, 중소기업육성, 소비자보호 등 규정
⑥ 제9차 개정헌법 : 독과점규제 폐지

(2) 현행헌법의 규정

제119조 ① 대한민국의 경제질서는 개인과 기업의 경제상의 자유와 창의를 존중함을 기본으로 한다.
② 국가는 균형 있는 국민경제의 성장 및 안정과 적정한 소득의 분배를 유지하고, 시장의 지배와 경제력의 남용을 방지하며, 경제주체간의 조화를 통한 경제의 민주화를 위하여 경제에 관한 규제와 조정을 할 수 있다.

제120조 ① 광물 기타 중요한 지하자원·수산자원·수력과 경제상 이용할 수 있는 자연력은 법률이 정하는 바에 의하여 일정한 기간 그 채취·개발 또는 이용을 특허할 수 있다.
② 국토와 자원은 국가의 보호를 받으며, 국가는 그 균형 있는 개발과 이용을 위하여 필요한 계획을 수립한다.

제121조 ① 국가는 농지에 관하여 경자유전의 원칙이 달성될 수 있도록 노력하여야 하며, 농지의 소작제도는 금지된다.
② 농업생산성의 제고와 농지의 합리적인 이용을 위하거나 불가피한 사정으로 발생하는 농지의 임대차와 위탁경영은 법률이 정하는 바에 의하여 인정된다.

제122조 국가는 국민 모두의 생산 및 생활의 기반이 되는 국토의 효율적이고 균형 있는 이용·개발과 보전을 위하여 법률이 정하는 바에 의하여 그에 관한 필요한 제한과 의무를 과할 수 있다.

제123조 ① 국가는 농업 및 어업을 보호·육성하기 위하여 농·어촌종합개발과 그 지원 등 필요한 계획을 수립·시행하여야 한다.
② 국가는 지역간의 균형있는 발전을 위하여 지역경제를 육성할 의무를 진다.
③ 국가는 중소기업을 보호·육성하여야 한다.
④ 국가는 농수산물의 수급균형과 유통구조의 개선에 노력하여 가격안정을 도모함으로써 농·어민의 이익을 보호한다.
⑤ 국가는 농·어민과 중소기업의 자조조직을 육성하여야 하며, 그 자율적 활동과 발전을 보장한다.

제124조 국가는 건전한 소비행위를 계도하고 생산품의 품질향상을 촉구하기 위한 소비자보호운동을 법률이 정하는 바에 의하여 보장한다.

제125조 국가는 대외무역을 육성하며, 이를 규제·조정할 수 있다.

제126조 국방상 또는 국민경제상 긴절한 필요로 인하여 법률이 정하는 경우를 제외하고는, 사영기업을 국유 또는 공유로 이전하거나 그 경영을 통제 또는 관리할 수 없다.

제127조 ① 국가는 과학기술의 혁신과 정보 및 인력의 개발을 통하여 국민경제의 발전에 노력하여야 한다.
② 국가는 국가표준제도를 확립한다.
③ 대통령은 제1항의 목적을 달성하기 위하여 필요한 자문기구를 둘 수 있다.

(3) 경제질서의 성격

① **자유시장경제질서**: 헌법재판소는 헌법 제119조 제1항의 개인과 기업의 자유와 창의존중정신을 자유시장경제질서로 이해하고, 이로부터 사적자치원칙과 과실책임원칙이 도출된다고 본다.

② **사회적 시장경제질서**: 자유시장경제질서를 기본으로 하면서 헌법상 경제적 정의를 실현하기 위해 국가가 보충적으로 경제에 관한 규제와 조정을 하는 경제질서를 의미한다. 따라서 과실책임원칙의 보완으로써 환경·교통사고와 같은 영역에서 무과실책임에 가까운 위험책임 원칙이 수용되고 있다.

판례

1. 헌법 제119조 제2항에 규정된 '경제주체간의 조화를 통한 경제민주화'의 이념도 경제영역에서 정의로운 사회질서를 형성하기 위하여 추구할 수 있는 국가목표로서 개인의 기본권을 제한하는 국가행위를 정당화하는 헌법규범이다(헌재 2003.11.27. 2001헌바35) : **합헌**

우리 헌법은 헌법 제119조 이하의 경제에 관한 장에서 "균형있는 국민경제의 성장과 안정, 적정한 소득의 분배, 시장의 지배와 경제력남용의 방지, 경제주체간의 조화를 통한 경제의 민주화, 균형있는 지역경제의 육성, 중소기업의 보호육성, 소비자보호 등"의 경제영역에서의 국가목표를 명시적으로 언급함으로써 국가가 경제정책을 통하여 달성하여야 할 '공익'을 구체화하고, 동시에 헌법 제37조 제2항의 기본권제한을 위한 법률유보에서의 '공공복리'를 구체화하고 있다. 따라서 헌법 제119조 제2항에 규정된 '경제주체간의 조화를 통한 경제민주화'의 이념도 경제영역에서 정의로운 사회질서를 형성하기 위하여 추구할 수 있는 국가목표로서 개인의 기본권을 제한하는 국가행위를 정당화하는 헌법규범이다.

2. 4층 이상 건물화재보험가입강제 사건(헌재 1991.06.03. 89헌마204) : **한정위헌**

화재로 인한 재해보상과 보험가입에 관한 법률 제5조의 "특수건물"부분에 동법 제2조 제3항 가목 소정의 "4층 이상의 건물"를 포함시켜 보험가입을 강제하는 것은 개인의 경제상의 자유 창의의 존중을 기본으로 하는 경제질서와 과잉금지의 원칙에 합치되지 아니하여 헌법에 위반된다.

3. 국가는 축협이 제대로 기능을 못하는 경우 자조조직을 육성할 의무를 진다(헌재 2000.06.01. 99헌마553) : **기각**

헌법 제123조 제5항은 국가에게 "농·어민의 자조조직을 육성할 의무"(전자)와 "자조조직의 자율적 활동과 발전을 보장할 의무"(후자)를 아울러 규정하고 있는데, 이러한 국가의 의무는 자조조직이 제대로 활동하고 기능하는 시기에는 그 조직의 자율성을 침해하지 않도록 하는 후자의 소극적 의무를 다하면 된다고 할 수 있지만, 그 조직이 제대로 기능하지 못하고 향후의 전망도 불확실한 경우라면 단순히 그 조직의 자율성을 보장하는 것에 그쳐서는 아니 되고, 적극적으로 이를 육성하여야 할 전자의 의무까지도 수행하여야 한다.

4. 토지거래허가제 자체는 합헌이다(헌재 1989.12.22. 88헌가13) : **합헌**

토지거래허가제는 사유재산제도의 부정이라고 보기는 어렵고 다만, 그 제한의 한 형태라고 보아야 할 것이다. 생산이 자유롭지 아니한 토지에 대하여 처분의 자유를 인정하지 아니하고 이를 제한할 수밖에 없음은 실로 부득이한 것이며, 토지거래허가제는 헌법이 명문으로 인정하고 있는 재산권제한의 한 형태로서 재산권의 본질적인 침해라고 할 수 없는 것이다.

5. **사기업인 은행의 자율에 맡기지 않고 공권력이 가부장적 · 적극적으로 개입함은 기업 스스로의 문제해결능력 즉 자생력만 마비시키는 것이며, 헌법 제119조 제1항의 규정과는 합치할 수 없는 것이다**(헌재 1993.07.29. 89헌마31) : **인용(위헌확인)**

국가의 공권력이 부실기업의 처분정리를 위하여 그 경영권에 개입코자 한다면 적어도 긴절한 필요 때문에 정한 법률상의 규정이 없이는 불가능한 일이고, 다만, 근거법률은 없지만 부실기업의 정리에 개입하는 예외적인 길은 부실기업 때문에 국가가 중대한 재정·경제상의 위기에 처하게 된 경우 공공의 안녕질서의 유지상 부득이 하다하여 요건에 맞추어 긴급명령을 발하여 이를 근거로 할 것이고, 그렇게 하는 것만이 합헌적인 조치가 될 수 있는 것이다. 대저 사기업인 은행의 자율에 맡기지 않고 공권력이 가부장적 · 적극적으로 개입함은 기업 스스로의 문제해결능력 즉 자생력만 마비시키는 것이며, 시장경제원리에의 적응력을 위축시킬 뿐인 것이므로 기업의 경제상의 자유와 창의의 존중을 기본으로 하는 헌법 제119조 제1항의 규정과는 합치할 수 없는 것이다.

6. **소비자들이 집단적으로 벌이는 소비자불매운동 형사처벌은 헌법에 반하지 않는다**(헌재 2011.12.29. 2010헌바54) : **합헌**

헌법이 보장하는 소비자보호운동에도 위에서 본 바와 같은 헌법적 허용한계가 분명히 존재하는 이상, 헌법이 보장하는 근로3권의 내재적 한계를 넘어선 쟁의행위가 형사책임 및 민사책임을 면할 수 없는 것과 마찬가지로, 헌법과 법률이 보장하고 있는 한계를 넘어선 소비자불매운동 역시 정당성을 결여한 것으로서 정당행위 기타 다른 이유로 위법성이 조각되지 않는 한 업무방해죄로 형사처벌할 수 있다고 할 것이다. 따라서 집단적으로 이루어진 소비자불매운동 중 정당한 헌법적 허용한계를 벗어나 타인의 업무를 방해하는 결과를 가져오기에 충분한 집단적 행위를 처벌하는 「형법」 제314조 제1항 중 '제313조의 방법 중 기타 위계 또는 위력으로써 사람의 업무를 방해한 자' 부분, 「형법」 제30조 자체는 소비자보호운동을 보장하는 헌법의 취지에 반하지 않는다.

7. **자도소주구입 강제제도는 헌법에 반한다**(헌재 1996.12.26. 96헌가18) : **위헌**

헌법 제123조가 규정하는 지역경제육성의 목적은 일차적으로 지역간의 경제적 불균형의 축소에 있다. 입법자가 개인의 기본권침해를 정당화하는 입법목적으로서의 지역경제를 주장하기 위하여는 문제되는 지역의 현존하는 경제적 낙후성이라든지 아니면 특정 입법조치를 취하지 않을 경우 발생할 지역간의 심한 경제적 불균형과 같은 납득할 수 있는 구체적이고 합리적인 이유가 있어야 한다. 그러나 전국 각도에 균등하게 하나씩의 소주제조기업을 존속케 하려는 「주세법」에서는 수정되어야 할 구체적인 지역간의 차이를 확인할 수 없고, 따라서 1도1소주제조업체의 존속유지와 지역경제의 육성간에 상관관계를 찾아볼 수 없으므로 "지역경제의 육성"은 기본권의 침해를 정당화할 수 있는 공익으로 고려하기 어렵다.

8. **탁주의 공급구역제한제도는 헌법에 반하지 않는다**(헌재 1999.07.22. 98헌가5) : **합헌**

국민보건에 직접적인 영향을 미치는 주류의 특성상 주류제조 · 판매와 관련되는 직업의 자유 내지 영업의 자유에 대하여는 폭넓은 국가적 규제가 가능하고, 또 입법자의 입법형성권의 범위도 광범위하게 인정되는 분야라고 할 수 있다. 탁주의 공급구역제한제도는 국민보건위생을 보호하고, 탁주제조업체간의 과당경쟁을 방지함으로써 중소기업보호·지역경제육성이라는 헌법상의 경제목표를 실현한다는 정당한 입법목적을 가진 것으로서 그 입법목적을 달성하기에 이상적인 제도라고까지는 할 수 없을지라도 전혀 부적합한 것이라고 단정할 수 없고, 탁주의 공급구역제한제도가 비록 탁주제조업자나 판매업자의 직업의 자유 내지 영업의 자유를 다소 제한한다고 하더라도 그 정도가 지나치게 과도하여 입법형성권의 범위를 현저히 일탈한 것이라고 볼 수는 없다.

9. 문화국가 원리

(1) 의의

① 18세기에 이르러서야 비로소 유럽에서 정치적·종교적 구속으로부터 문화적 생활영역이 분리되는 현상이 발생하였다. 이러한 분리과정은 예술·학문·종교·교육의 모든 영역을 포괄하였고, 문화적 자율성의 사고에 기초하여 국가와 문화의 관계를 새롭게 확정해야 할 필요성이 제기되었다.

② 국가와 사회 이원론에 근거한 원칙으로서 국가로부터 문화활동의 자유가 보장되고 예외적으로 국가에 의하여 모든 문화적 풍토가 조성되어야 하는 헌법상 기본원리를 말한다. 여기서의 '문화의 개념'은 국가에 대하여 특별한 관계에 있는 특정한 정신적·창조적 활동영역(가령, 교육, 학문, 예술, 종교 등)의 집합개념을 의미하는 '협의의 문화 개념'이다.

③ 우리나라는 국가와 문화와의 관계를 국가가 문화 전반에 대하여 책임을 진다는 문화국가적 입장을 취하고 있다.

국가종속적 문화		문화의 자율성		문화 조성적 국가
• 국가의 포괄적 문화 지배	⇨	• 문화에 대한 국가의 간섭배제·문화자유 시장법칙	⇨	• 문화의 경제종속성. 문화적 불평등. 외래문화의 범람 • 건전한 문화육성과 문화적 불평등이 국가적 과제

(2) 헌법적 근거

제9조 국가는 전통문화의 계승·발전과 민족문화의 창달에 노력하여야 한다.

(3) 문화국가 원리의 구현

① 문화의 자율성 보장: 국가의 문화에 대한 중립과 관용(불편부당의 원칙)

② 문화의 보호육성

㉠ 문화의 가치와 방향을 국가가 우선적으로 정해서는 안 된다(보충적 개입). 문화가 생성될 수 있는 조건을 보장하고 형성해야 하는 의무와 과제를 진 문화국가이다. 이로써 문화국가 원리는 국가목표이자 헌법위임을 의미한다.

㉡ 문화국가의 과제는 개인적·집단적 정체성의 기반을 이루는 문화의 보존(보존적 요소), 창조적인 문화적 과정의 촉진과 육성(혁신적 요소), 문화의 보급(분배적 요소)을 포괄한다.

㉢ 전통문화의 계승·발전에 노력해야 할 국가의 문화국가적 과제는 '헌법에 부합하는 전통문화의 보호'에 국한되는 것이다.

> **판례**
>
> **학교정화구역 내 극장시설 금지**(헌재 2004.05.27. 2003헌가1)
>
> 우리나라는 건국헌법 이래 문화국가의 원리를 헌법의 기본원리로 채택하고 있다. 우리 현행헌법은 전문에서 "문화의 … 영역에 있어서 각인의 기회를 균등히" 할 것을 선언하고 있을 뿐 아니라, 국가에게 전통문화의 계승 발전과 민족문화의 창달을 위하여 노력할 의무를 지우고 있다(제9조). 또한 헌법은 문화국가를 실현하기 위하여 보장되어야 할 정신적 기본권으로 양심과 사상의 자유, 종교의 자유, 언론·출판

의 자유, 학문과 예술의 자유 등을 규정하고 있는 바, 개별성·고유성·다양성으로 표현되는 문화는 사회의 자율영역을 바탕으로 한다고 할 것이고, 이들 기본권은 견해와 사상의 다양성을 그 본질로 하는 문화국가 원리의 불가결의 조건이라고 할 것이다.

③ 문화국가 원리와 관련 기본권
    ㉠ 인간으로서의 존엄성 존중과 인간다운 생활의 보장(제34조)
    ㉡ 전통문화의 계승발전과 민족문화의 창달(제9조)
    ㉢ 정신적 자유권과 교육제도의 보장(제19조, 제31조)
    ㉣ 개인책임을 중요시하는 문화국가 원리의 표현으로서 연좌제 금지(제13조)
    ㉤ 문화적 평등권 보장(전문, 제11조)

판례

1. 학교영역 밖에서의 과외를 원칙적으로 금지하는 것은 문화국가 원리에 위반된다(헌재 2000.04.27. 98헌가16, 98헌마429) **: 위헌**

2. 중학교 의무교육의 단계적 실시(헌재 1992.02.11. 90헌가27) **: 합헌**

교육을 받을 권리는 우리 헌법이 지향하는 문화국가·민주복지국가의 이념을 실현하는 방법의 기초이다.

3. 문화예술진흥기금 사건(헌재 2003.12.18. 2002헌가2) **: 위헌**

공연관람자 등이 예술감상에 의한 정신적 풍요를 느낀다면 그것은 헌법상의 문화국가 원리에 따라 국가가 적극 장려할 일이지, 그것이 일정한 집단에 의한 수익으로 인정하여 그들에게 경제적 부담을 지우는 것은 헌법의 문화국가이념(제9조)에 역행하는 것이다.

4. 영화관 관람객에게 입장권 가액의 100분의 3을 부과금으로 부담하도록 한 영화 및 비디오물 진흥법(헌재 2008.11.27. 2007헌마860) **: 합헌**

영화예술의 진흥과 한국영화산업의 발전이라는 공적 과제는 반드시 조세에 의하여만 재원이 조달되어야만 하는 국가의 일반적 과제라기보다 관련된 특정 집단으로부터 그 재원이 조달될 수 있는 특수한 공적 과제의 성격을 가진다. 그리고 영화상영관 관람객은 영화라는 단일 장르의 예술의 향유자로서 집단적 동질성이 있고, 영화 예술의 진흥 발전에 객관적 근접성이 있으며, 영화발전기금의 지출용도는 영화의 장기적 발전에 기여하는 내용으로 그 기금의 집행을 통한 궁극적인 이익은 영화산업의 소비자인 관람객에게 돌아간다는 점에서 집단적 책임성 및 집단적 효용성도 인정되므로 위와 같은 공적 과제에 대하여 특별히 밀접한 관련성이 있는 집단이다. 따라서 이들을 부과금의 납부의무자로 정한 입법자의 선택이 현저히 불합리하다고 볼 수는 없으며, 이 사건 부과금은 「부담금관리기본법」에 따라 그 징수의 타당성 및 적정성에 대하여 국회의 지속적 통제를 받으므로 재정에 대한 민주적 통제 체계로부터 일탈하는 수단으로 남용될 위험성도 크지 않다. 한편 영화상영관 경영자에게 관람객과 가까이 있다는 이유로 부과금 징수 및 납부의무를 부담시킨 것은 부과금의 납부의무자가 불특정 다수의 관람객이라는 점에서 그 징수 업무의 효율성을 달성하기에 합리적인 수단이다.

5. **국가의 표현영역에 대한 개입 어떤 표현이 가치없거나 유해하다는 주장만으로 국가에 의한 표현규제가 정당화되지 않는다**(헌재 1998.04.30. 95헌가1) : **합헌**

국가의 표현영역에 대한 개입 어떤 표현이 가치없거나 유해하다는 주장만으로 국가에 의한 표현규제가 정당화되지 않는다. 그 표현의 해악을 시정하는 1차적 기능은 시민사회내부에 존재하는 사상의 경쟁메커니즘에 맡겨져 있기 때문이다. 그러나 대립되는 다양한 의견과 사상의 경쟁메커니즘에 의하더라도 그 표현의 해악이 처음부터 해소될 수 없는 성질의 것이거나 또는 다른 사상이나 표현을 기다려 해소되기에는 너무나 심대한 해악을 지닌 표현은 언론·출판의 자유에 의한 보장을 받을 수 없고 국가에 의한 내용규제가 광범위하게 허용된다.

10. 국제평화주의

(1) 의의

① 연혁
  ㉠ 1791년 프랑스헌법에서 최초로 국제평화주의를 채택하였다.
  ㉡ 2차 대전 이후 각국 헌법에서 국제평화주의를 다양한 형태로 채택하였다.

② 헌법적 보장과 그 유형
  ㉠ 군비의 포기와 제한 : 독일기본법, 일본헌법 제9조(일체의 전쟁포기와 군비자체의 금지)
  ㉡ 영세중립선언 : 오스트리아, 스위스
  ㉢ 통치권의 제한 또는 국제기구에의 이양 : 독일, 이탈리아
  ㉣ 평화교란행위처벌 : 독일기본법 제26조 제1항
  ㉤ 양심적 반전권의 인정 : 독일기본법

③ 현행헌법과 국제평화주의
  ㉠ 헌법전문 '항구적인 세계평화와 인류공영에 이바지함으로써'
  ㉡ 헌법 제5조 : 침략적 전쟁부인, 국군의 사명과 정치적 중립성 선언

(2) 국제법 존중

① 헌법적 근거

> 제5조 제1항 대한민국은 국제평화의 유지에 노력하고 침략적 전쟁을 부인한다.
> 제6조 제1항 헌법에 의하여 체결·공포된 조약과 일반적으로 승인된 국제법규는 국내법과 같은 효력을 가진다.

② 국제법과 국내법의 관계
  ㉠ 이원론 : 양자를 별개의 법체계로 이해하므로 국내법으로 변형시키는 절차가 요구된다. 따라서 헌법이 조약보다 상위라고 할 수 없으므로 조약에 대한 규범통제가 인정될 수 없다.
  ㉡ 일원론 : 국내법과 조약은 동일한 법질서에 속한다는 입장이다. 따라서 국제법이 우위인가 국내법이 우위인가에 대한 학설이 대립한다.
  ㉢ 다수설과 판례 : 우리 헌법 제6조 제1항은 조약이 바로 국내법과 같은 효력을 가진다고 규정하여 일원론을 취하고 있다.

판례

「부정수표단속법」상 국제법존중주의(헌재 2001.04.26. 99헌가13) : **합헌**

헌법 제6조 제1항의 국제법존중주의는 우리나라가 가입한 조약과 일반적으로 승인된 국제법규가 국내법과 같은 효력을 가진다는 것으로서 조약이나 국제법규가 국내법에 우선한다는 것은 아니다.

(3) 국제법규의 존중

제60조 제1항 국회는 상호원조 또는 안전보장에 관한 조약, 중요한 국제조직에 관한 조약, 우호통상항해조약, 주권의 제약에 관한 조약, 강화조약, 국가나 국민에게 중대한 재정적 부담을 지우는 조약 또는 입법사항에 관한 조약의 체결·비준에 대한 동의권을 가진다.

제73조 대통령은 조약을 체결·비준하고, 외교사절을 신임·접수 또는 파견하며, 선전포고와 강화를 한다.

① 일반적으로 승인된 국제법규의 의의
  ㉠ 국제관습법과 일반적으로 국제사회에서 인정된 조약이다.
  ㉡ 구체적으로 국내문제불간섭의 원칙, 민족자결의 원칙, 조약준수의 원칙, 유엔헌장, 집단학살금지협정, 부전조약 등이 있다.
② 일반적으로 승인된 국제법규의 효력 : 특별한 수용절차 없이 헌법 제6조 제1항에 의해 국내법과 동일한 효력이 발생한다.
③ 사법적 심사
  ㉠ 일반적으로 승인된 국제법규인지는 구체적 사건에서 각급법원이 판단하고 최종적으로 대법원이 판단한다.
  ㉡ 법률적 효력이 있는 국제법규가 재판의 전제가 되는 경우 법원의 제청에 의해 헌법재판소가 위헌여부를 심판한다.

(4) 조약의 체결 및 효력

📁 조약의 성립 절차

권한자	국회 동의	대통령 비준	대통령 공포	효력 발생
헌법 제73조상 대통령이 권한자 이며, 그 분야의 전권대사를 임명하여 절차진행을 한다.	헌법 제60조 제1항상의 조약으로서 법률과 동일한 효력에 근거가 된다.	전권대사가 서명한 조약을 조약체결권자인 국가원수가 최종적으로 확인한다.	법규범으로서 효력을 갖는 경우 공포는 필수적 절차에 해당한다.	특별한 규정이 없는 한 공포한 후 20일이 지나면 효력을 가진다.

미국산 쇠고기 수입위생조건고시는 조약이 아니라 행정규칙이므로 국회의 동의를 받아야 하는 것은 아니다(헌재 2008.12.26. 2008헌마419).

고시가 헌법 제60조 제1항에서 말하는 조약에 해당하지 아니함이 분명하므로 국회의 동의를 받아야 하는 것은 아니고, 한편 이 사건 고시에서 "미국 연방 육류검사법에 기술된 대로" 미국산 쇠고기를 정의한다거나[제1조(1)], 미국정부가 제1조(9)(나)의 적용과 관련하여 "미국 규정[9CFR310.22(a)]에 정의된"것을 제거한다(부칙 제5항)고 규정함으로써 미국의 법률 또는 규정을 원용하고 있으나, 이는 미국과의 이 사건 쇠고기 협상 내용을 반영할 수밖에 없는 이 사건 고시의 국제통상적인 성격과 전문적이고 기술적인 규율 내용 등을 고려한 표기방식에 불과한 만큼 이러한 표기에 의하여 미국의 법령이 국내법과 같은 효력을 가질 수는 없는 것이므로, 이와 다른 전제에 선 청구인들의 이 부분 주장은 위 헌법규정 위반이 기본권 보호의무 위반으로 귀결되는 것인지 여부에 대하여 더 나아가 살펴볼 이유가 없다.

① **조약**: 헌법 제6조 제1항의 조약은 우리나라와 외국 간의 문서에 의한 합의(명칭 여하 불문)에 의한 경우가 대부분이지만 예외적으로 구두합의도 조약의 성격을 가질 수 있다.

조약의 개념에 관하여 우리 헌법상 명문의 규정은 없다. 다만 헌법 제60조 제1항에서 국회는 상호원조 또는 안전보장에 관한 조약, 중요한 국제조직에 관한 조약, 우호통상항해조약, 주권의 제약에 관한 조약, 강화조약, 국가나 국민에게 중대한 재정적 부담을 지우는 조약 또는 입법사항에 관한 조약의 체결·비준에 대한 동의권을 가진다고 규정하고 있으며, 헌법 제73조는 대통령에게 조약체결권을 부여하고 있고, 헌법 제89조 제3호에서 조약안은 국무회의의 심의를 거치도록 규정하고 있다. 국제법적으로, 조약은 국제법 주체들이 일정한 법률효과를 발생시키기 위하여 체결한 국제법의 규율을 받는 국제적 합의를 말하며 서면에 의한 경우가 대부분이지만 예외적으로 구두합의도 조약의 성격을 가질 수 있다(헌재 2019.12.27. 2016헌마253).

② **조약의 체결·비준**
  ㉠ 체결권자: 대통령(헌법 제73조)
  ㉡ 비준: 조약체결권자는 전권대표가 서명한 조약에 국제법상 유효함을 확인하는 행위이다.
③ **국회의 동의**(상, 안, 조, 우, 주, 화, 재, 입)
  ㉠ 조약에 대한 국민적 합의의 유도, 대통령의 전단방지
  ㉡ 헌법 제60조 제1항 국회는 **상**호원조 또는 **안**전보장에 관한 조약, 중요한 국제**조**직에 관한 조약, **우**호통상항해조항, **주**권의 제약에 관한 조약, 강**화**조약, 국가나 국민에게 중대한 **재**정적 부담을 지우는 조약 또는 **입**법상 조치가 필요한 조약의 체결·비준에 대한 동의권을 가진다.
③ 조약의 효력발생요건으로서 국회동의 흠결시 국내법적 효력을 상실한다. 단, 국제법적 효력은 유지한다.
④ **조약의 효력**
  ㉠ 국내법(법률, 명령)과 같은 효력(헌법 우위설, 헌법 제6조 제1항)을 가진다.
  ㉡ 국회동의를 요하는 조약: 법률과 동일한 효력을 가진다.
  ㉢ 국회동의를 요하지 않는 조약: 명령·규칙과 동일한 효력을 가진다.

⑤ 사법심사

　㉠ 사법심사 가부 : 헌법 우위설에 따라 위헌여부 심사가 가능하다.

　㉡ 국회동의를 요하는 조약

　　ⓐ 위헌법률심판, 「헌법재판소법」 제68조 제1항과 제2항에 의한 헌법소원심판

　　ⓑ 위헌결정시 일반적 효력을 상실한다. 단, 국제법적 효력은 유지한다.

　㉢ 국회동의를 요하지 않는 조약

　　ⓐ 각급법원의 명령·규칙심사 : 위헌·위법일 경우 당해사건에 한하여 적용을 거부한다.

　　ⓑ 법규명령적 성격을 가지는 경우 : 「헌법재판소법」 제68조 제1항의 헌법소원심판 ⇨ 위헌결정시 일반적 효력을 상실한다.

판례

1. **마라케쉬협정에 의하여 「관세법」 위반자의 처벌이 가중된다 하더라도 법률에 의하지 아니한 형사처벌이라고 할 수 없다**(헌재 1998.11.26. 97헌바65) **: 합헌**

   마라케쉬 협정은 국회의 동의를 받아 법률적 효력을 가지는 조약이므로 「관세법」이나 「특정범죄가중처벌법」의 개정없이 마라케쉬협정에 의하여 「관세법」 위반자의 처벌이 가중된다 하더라도 이를 들어 법률에 의하지 아니한 형사처벌이라거나 행위시의 법률에 의하지 아니한 형사처벌이라고 할 수 없다.

2. **단결권의 보장에 관한 협약인 제87호 협약, 제98호 협약과 제151호 협약을 비준하지 않았기 때문에 해당 조항은 헌법에 의해서 체결·공포된 조약이 아니다**(헌재 1998.07.16. 97헌바23) **: 합헌**

   이 재판 후에 우리나라는 ILO에 가입하였다. 그러나 우리나라는 가입당시 단결권의 보장에 관한 협약인 제87호 협약, 제98호 협약과 제151호 협약을 비준하지 않았기 때문에 해당 조항은 헌법에 의해서 체결·공포된 조약이 아니며, 헌법 제6조 제1항에서 말하는 일반적으로 승인된 국제법규로서 헌법적 효력을 갖는 것이라고 볼 만한 근거도 없으므로, 공무원의 노동조합결성을 제한하는 규정의 위헌성 심사의 척도가 될 수 없다는 것이 헌재의 입장이다.

3. **국제통화기금은 법률의 효력을 가지는 조약으로서 위헌법률심판의 대상이 된다**(헌재 2001.09.27. 2000헌바20).

⑸ **외국인의 법적 지위보장**

① 헌법 제6조 제2항 외국인은 국제법과 조약이 정하는 바에 의하여 그 지위가 보장된다.

② 국가배상청구권과 범죄피해자구조청구권은 상호주의 원칙을 적용한다.

11. 평화통일의 원칙

> 제3조 대한민국의 영토는 한반도와 그 부속도서로 한다.
> 제4조 대한민국은 통일을 지향하며, 자유민주적 기본질서에 입각한 평화적 통일정책을 수립하고 이를 추진한다.

(1) 의의

분단 현실을 인정하는 바탕 위에 남북한이 법적으로 대등한 주체로서 평화적인 방법으로 한민족의 통일을 향해 나가도록 촉구하여야 한다는 원칙을 말한다.

(2) 영토조항과의 관계

영토조항은 분단현실을 인정하지 않으므로 이를 전제한 통일조항과 충돌여부가 과거에는 문제되었으나 현재는 양 조항의 적용 대상과 그 효과가 상이하므로 조화롭다고 봄이 일반적이다.

(3) 북한의 법적 지위

① 국제적으로 다른 국가는 북한의 UN 가입으로 국제법상 국가로 인정한다.
② 대한민국은 북한의 UN 가입을 이유로 북한을 직접 국가승인한 바 없다(국가승인은 승인한 국가와의 관계에서만 유효함).
③ 국내법상 반국가단체로의 성격과 대화와 협력의 동반자로서의 성격을 동시에 가지는 이중적 지위를 갖는 단체로 본다.

판례 ✦

1. 「남북교류협력에 관한 법률」 제3조(헌재 1993.07.29. 92헌바48) **: 각하**

[1] 북한은 조국의 평화적 통일을 위한 대화와 협력의 동반자임과 동시에 대남적화노선을 고수하면서 우리자유민주체제의 전복을 획책하고 있는 반국가단체라는 성격도 함께 갖고 있음이 엄연한 현실인 점에 비추어, 헌법 제4조가 천명하는 자유민주적 기본질서에 입각한 평화적 통일정책을 수립하고 이를 추진하는 한편 국가의 안전을 위태롭게 하는 반국가활동을 규제하기 위한 법적 장치로서, 전자를 위하여는 「남북교류협력에 관한 법률」 등의 시행으로써 이에 대처하고 후자를 위하여는 「국가보안법」의 시행으로써 이에 대처하고 있는 것이다.

[2] 남북교류에 관한 법률과 「국가보안법」은 적용영역이 다르므로 양자는 특별법과 일반법의 관계가 성립하지 않는다. 또한 전자의 시행으로 「국가보안법」의 효력이 상실되는 것은 아니다.

2. 북한주민의 법적 지위(대판 1996.11.12. 96누1221)

중국주재 북한대사관으로부터 해외공민증을 발급받은 자라 하더라도 북한지역 역시 대한민국의 영토에 속하는 한반도의 일부를 이루는 것이어서 대한민국의 주권이 미칠 뿐이고 대한민국의 주권과 부딪치는 어떠한 국가단체의 주권을 법리상 인정할 수 없는 점에 비추어 그러한 사정은 그가 대한민국국적을 취득하고 이를 유지함에 있어 아무런 영향을 미칠 수 없다.

3. 북한의 주민이나 단체가 법 제15조 제3항에서 말하는 "거주자"나 "비거주자"에 해당하는지에 관한 판단이 헌법 제3조의 영토조항과 관련이 있는 헌법적 문제에 해당하지 않는다(헌재 2005.06.30. 2003 헌바114) : 합헌

당해사건과 같이 남한과 북한 주민 사이의 외국환 거래에 대하여는 법 제15조 제3항에 규정되어 있는 "거주자 또는 비거주자" 부분 즉, 대한민국 안에 주소를 둔 개인 또는 법인인지 여부가 문제되는 것이 아니라, 「남북교류협력에 관한 법률」 제26조 제3항의 "남한과 북한" 즉 군사분계선 이남지역과 그 이 북지역의 주민인지 여부가 문제되는 것이다. 즉, 외국환거래의 일방 당사자가 북한의 주민일 경우 그 는 이 사건 법률조항의 '거주자' 또는 '비거주자'가 아니라 「남북교류법」의 '북한의 주민'에 해당하는 것이다. 그러므로, 당해사건에서 아태위원회가 법 제15조 제3항에서 말하는 '거주자'나 '비거주자'에 해당하는지 또는 「남북교류법」상 '북한의 주민'에 해당하는지 여부는 법률해석의 문제에 불과한 것이 고, 헌법 제3조의 영토조항과는 관련이 없다.

4. 개별 법률의 적용 내지 준용에 있어서는 남북한의 특수관계적 성격을 고려하여 북한지역을 외국에 준하는 지역으로, 북한주민 등을 외국인에 준하는 지위에 있는 자로 규정할 수 있다(대판 2004.11.12. 2004도4044)

우리 헌법이 "대한민국의 영토는 한반도와 그 부속도서로 한다"는 영토조항(제3조)을 두고 있는 이상 대한민국의 헌법은 북한지역을 포함한 한반도 전체에 그 효력이 미치고 따라서 북한지역은 당연히 대한민국의 영토가 되므로, 북한을 법 소정의 "외국"으로, 북한의 주민 또는 법인 등을 "비거주자"로 바로 인정하기는 어렵지만, 개별 법률의 적용 내지 준용에 있어서는 남북한의 특수관계적 성격을 고 려하여 북한지역을 외국에 준하는 지역으로, 북한주민 등을 외국인에 준하는 지위에 있는 자로 규정 할 수 있다고 할 것이다.

⑷ 남북합의서

① 남북합의서는 국가간의 합의문서가 아닌 법적 구속력이 없는 신사협정·공동성명에 준한다.
② 남북합의서에 의해 북한의 반국가단체성이 소멸되지 않았으므로 「국가보안법」을 위헌으로 볼 수 없다.

> **판례**
>
> **「국가보안법」 제6조 사건**(헌재 1997.01.16. 92헌바6·26) : **한정합헌**
> 남북한이 남·북한의 유엔동시가입, 소위 남북합의서의 채택·발효 및 「남북교류협력에 관한 법률」 등의 시행 후에도 적화통일의 목표를 버리지 않고 각종 도발을 자행하고 있으며 남·북한의 정치, 군사적 대결이나 긴장관계가 조금도 해소되고 있지 않음이 현실인 이상, 국가의 존립·안전과 국민의 생존 및 자유를 수호하기 위하여 신·구 「국가보안법」의 해석·적용상 북한을 반국가단체로 보고 이에 동조하는 반국가활동을 규제하는 것 자체가 헌법이 규정하는 국제평화주의나 평화통일의 원칙에 위반된다고 할 수 없다.

제4절 현행헌법의 기본제도

1. 제도적 보장

(1) 의의

① 제도적 보장은 국가존립의 기반이 되는 일정한 법적·정치적·경제적·사회적·문화적 제도를 헌법적 수준에서 보장함으로써 당해 제도의 본질을 유지하려는 것이다.

② 일반적인 제도는 헌법개정의 대상이 되지만, 복수정당제도와 선거제도는 민주적 기본가치질서로 봄이 헌재의 견해이므로 헌법개정대상이 아니다.

③ 제도는 위헌법률심판·헌법소원의 재판규범으로서 작용한다.

④ 헌법상 제도 그 자체는 주관적 권리에 해당하지 않기 때문에 헌법소원청구는 불가하다.

(2) 내용

① 역사적·전통적으로 형성된 객관적 질서를 보장한다.

② 본질적 내용은 헌법에 의해 결정되나 세부적인 내용은 입법을 통해 결정이 가능하다.

③ 칼 슈미트(결단주의)는 기본권과 제도의 엄격한 구별을 전제한 개념으로서 최소한의 보장을 하는 제도적 보장이론과, 기본권과 제도를 동일시한 헤벌레(통합주의)의 제도적 기본권 이론의 조화로운 선택으로써 기본권 보충·강화기능을 인정함이 현재 통설·판례의 견해이다.

	자유권(기본권)	제도적 보장
성질	전국가적	국가 내재적
보장의 정도	최대의 보장	최소의 보장
헌법소원	○	×

판례

제도적 보장은 기본권 보장의 경우와는 달리 그 본질적 내용을 침해하지 아니하는 범위 안에서 입법자에게 제도의 구체적인 내용과 형태의 형성권을 폭넓게 인정한다는 의미에서 '최소한 보장의 원칙'이 적용될 뿐인 것이다(헌재 1997.04.24. 95헌바48) : **합헌**

제도적 보장은 객관적 제도를 헌법에 규정하여 당해 제도의 본질을 유지하려는 것으로서, 헌법제정권자가 특히 중요하고도 가치가 있어서, 헌법적으로 보장할 필요가 있다고 생각하는 국가제도를 헌법에 규정함으로써 장래의 법발전, 법형성의 방침과 범주를 미리 규율하려는데 있다. 제도적 보장은 주관적 권리가 아닌 객관적 법규범이라는 점에서 기본권과 구별되기는 하지만, 헌법에 의하여 일정한 제도가 보장되면 입법자는 그 제도를 설정하고 유지할 입법의무를 지게 될 뿐만 아니라 헌법에 규정되어 있기 때문에 법률로써 이를 폐지할 수 없고, 비록 내용을 제한한다고 하더라도 그 본질적 내용을 침해할 수는 없다. 그러나 기본권의 보장은 '최대한 보장의 원칙'이 적용되는 것임에 반하여, 제도적 보장은 기본권 보장의 경우와는 달리 그 본질적 내용을 침해하지 아니하는 범위 안에서 입법자에게 제도의 구체적인 내용과 형태의 형성권을 폭넓게 인정한다는 의미에서 '최소한 보장의 원칙'이 적용될 뿐인 것이다. 직업공무원제도는 헌법이 보장하는 제도적 보장중의 하나임이 분명하므로 입법자는 직업공무원제도에 관하여 '최소한 보장'의 원칙의 한계 안에서 폭넓은 입법형성의 자유를 가진다.

2. 정당제도

(1) 개념

> **Leibholz의 정당국가론**
> • 정당 = 국가·헌법기관
> • 정당국가적 민주주의 = 국민투표적 민주주의
> • 정당기속: 대의제와 정당국가는 조화될 수 없다.

「정당법」 제2조상 국민의 이익을 위하여 책임 있는 정치적 주장이나 정책을 추진하고 공직선거의 후보자를 추천 또는 지지함으로써 국민의 정치적 의사형성에 참여함을 목적으로 하는 국민의 자발적 의사전달 조직체를 정당이라 한다.

판례

정당은 국민의 정치적 의사형성의 담당자이며 매개자이자 민주주의에 있어서 필수불가결한 요소이다
(헌재 2014.01.28. 2012헌마431 등)

정당은 국민과 국가의 중개자로서 정치적 도관의 기능을 수행하여 주체적·능동적으로 국민의 다원적 정치의사를 유도·통합함으로써 국가정책의 결정에 직접 영향을 미칠 수 있는 정치적 의사를 형성하고 있다. 오늘날 대의민주주의에서 정당은 국민의 정치적 의사형성의 담당자이며 매개자이자 민주주의에 있어서 필수불가결한 요소로서 그 중요성이 더욱 강조되고 있다.

(2) 법적성격과 지위

① **법적형태**: 법인격 없는 사단으로서 기본권 주체에 해당한다.

판례

정당의 법적 지위는 법인격 없는 사단으로서 기본권 주체에 해당한다(헌재 1993.07.29. 92헌마262) **: 기각**

정당이나 그 지구당은 적어도 그 소유재산의 귀속관계에 있어서는 법인격 없는 사단으로 보아야 하므로, 청구인이 지구당의 당원일 뿐만 아니라 부위원장으로서 위원장의 명에 따라 지구당 소유의 플래카드를 설치·관리하는 책임자라면 청구인은 그 물건의 총유자 중 1인일 뿐만 아니라 그 물건을 적법하게 설치·관리하던 사람으로서, 그 물건에 대한 재물손괴죄가 성립하는 경우에는 그 피해자에 해당한다고 볼 수 있어 이 사건 심판청구 중 재물손괴죄 부분에 관하여 청구인적격을 갖추었다.

② **헌법상 지위**: 국민의 법인격 없는 단체로서 정당은 국가기관에 해당하지 않지만, 국민의 의사를 국가에 전달하는 헌법적 기능을 하는 중개적 기관(중개적 기관설)에 해당한다.

판례

1. 정당은 국민과 국가의 중개자로서의 기능을 수행한다(헌재 2014.12.19. 2013헌다1) **: 인용(해산)**

정당은 국민의 다양한 정치적 의사들을 대표하고 형성하며, 통상 국민들은 정당에 대한 지지 혹은 선거에서의 투표를 통해서 국가정책의 결정에 참여하거나 그에 대한 영향을 끼칠 수 있게 된다. 이와 같이 국민의 정치의사형성을 매개하는 정당은 오늘날 민주주의에 있어서 필수불가결한 요소이기 때문에, 정당의 자유로운 설립과 활동은 민주주의 실현의 전제조건이라고 할 수 있다(헌재 2004.03.25. 2001헌마710 참조). 여타의 단체들과 달리 우리 헌법이 정당에 대해서는 별도의 규정(제8조)을 두고, 「공직선거법」에서 정당에 의한 후보자추천제도를 인정하는 등 각별히 규율하고 있는 것도 이 때문이다.

2. 정당의 자유로운 지위와 공공의 지위(헌재 1991.03.11. 91헌마21) **: 헌법불합치**

헌법 제8조에 의하여 보장되는 정당제도에 있어서 정당이라 함은 국민의 이익을 위하여 책임있는 정치적 주장이나 정책을 추진하고 공직선거의 후보자를 추천 또는 지지함으로써 국민의 정치적 의사형성에 참여함을 목적으로 하는 국민의 자발적 조직을 의미하는 것이다. 정당은 자발적 조직이기는 하지만 다른 집단과는 달리 그 자유로운 지도력을 통하여 무정형적(無定型的)이고 무질서적인 개개인의 정치적 의사를 집약하여 정리하고 구체적인 진로와 방향을 제시하며 국정을 책임지는 공권력으로까지 매개하는 중요한 공적 기능을 수행하기 때문에 헌법도 정당의 기능에 상응하는 지위와 권한을 보장함과 동시에 그 헌법 질서를 존중해 줄 것을 요구하고 있는 것이다.

③ 등록이 취소된 정당의 지위 : 정당에 관한 헌법 제8조는 일반결사에 관한 제21조의 특별규정으로서 등록된 정당의 설립·활동·존속에 관한 제8조가 제21조에 우선 적용된다. 따라서 등록이 취소된 정당의 경우는 헌법 제8조가 아닌 제21조상의 일반결사로서 보호 될 수 있다.

판례

1. 등록이 취소된 후에도 '등록정당'에 준하는 '권리능력 없는 사단'으로서의 실질을 유지하고 있는 정당은 기본권 주체성 인정을 인정할 수 있다(헌재 2006.03.30. 2004헌마246) **: 기각**

청구인(사회당)은 등록이 취소된 이후에도, 취소 전 사회당의 명칭을 사용하면서 대외적인 정치활동을 계속하고 있고, 대내외 조직 구성과 선거에 참여할 것을 전제로 하는 당헌과 대내적 최고의사결정기구로서 당대회와 대표단 및 중앙위원회, 지역조직으로 시·도위원회를 두는 등 계속적인 조직을 구비하고 있는 사실 등에 비추어 보면, 청구인은 등록이 취소된 이후에도 '등록정당'에 준하는 '권리능력 없는 사단'으로서의 실질을 유지하고 있다고 볼 수 있으므로 이 사건 헌법소원의 청구인능력을 인정할 수 있다.

2. 녹색사민당은 등록이 취소된 이후에 그 실체가 존재하지 아니 하므로 기본권을 향유할 수 있는 주체가 될 수 없다(헌재 2006.02.23. 2004헌마208) **: 각하**

청구인 녹색사민당은 「정당법」상 등록된 정당이었으나 2004년 4월 실시된 총선거에 참여, 유효투표 총수의 100분의 2 이상을 득표하지 못하여 2004. 4. 20. 「정당법」 제44조 제1항 제3호에 의하여 정당등록이 취소되었다. 그렇다면 청구인 녹색사민당은 더 이상 등록된 정당이 아니어서 기본권을 향유할 수 있는 주체가 될 수 없다고 할 것이고, 따라서 청구인 녹색사민당의 심판청구는 부적법하다.

3. 종중이 단체로서의 실체를 갖춘 법인격 없는 사단이라고 볼만한 자료가 없는 이상 위 종중은 청구인능력이 인정되지 아니한다(헌재 2010.06.24. 2007헌마1256)

청구인은 종중의 대표자라고 주장하므로 이 사건 헌법소원심판의 청구인을 대표자 개인으로 볼 것인지, 종중으로 볼 것인지가 문제되나, 위 종중이 단체로서의 실체를 갖춘 법인격 없는 사단이라고 볼만한 자료가 없는 이상 위 종중은 청구인능력이 인정되지 아니하고, 가사, 단체로서의 실체를 갖춘 법인격 없는 사단으로 보더라도 이 사건 기록에 의하면 위 종중은 본건 사기 등 범죄의 수단이나 행위의 상대방이 되는 것도 아니어서 범죄의 피해자라고 할 수 없으므로, 이 사건 청구인은 위 종중이 아니라, 종중의 대표자라고 주장하는 자연인으로 봄이 상당하다.

(3) 현행헌법의 정당제도(헌법 제8조의 규범적 의미)

> 제8조 제1항 정당의 설립은 자유이며, 복수정당제는 보장된다.
> 　제2항 정당은 그 목적·조직과 활동이 민주적이어야 하며, 국민의 정치적 의사형성에 참여하는데 필요한 조직을 가져야 한다.
> 　제3항 정당은 법률이 정하는 바에 의하여 국가의 보호를 받으며, 국가는 법률이 정하는 바에 의하여 정당운영에 필요한 자금을 보조할 수 있다.
> 　제4항 정당의 목적이나 활동이 민주적 기본질서에 위배될 때에는 정부는 헌법재판소에 그 해산을 제소할 수 있고, 정당은 헌법재판소의 심판에 의하여 해산된다.

① 제8조 제1항의 의미(자유)

　㉠ 정당가입·설립의 자유에 관한 근거로서 정당 자유를 보장하는 조항에 해당한다.

　㉡ 정당에 관한 헌법 제8조는 일반결사에 관한 제21조의 특별규정에 해당하므로 정당에 대하여도 허가제는 금지된다. 따라서 법률로 정당설립의 내용적 요건에 관한 규정은 허용되지 아니한다.

　㉢ 민주적 기본 가치질서로서 복수정당제를 보장하고 있다.

판례

1. 헌법 제8조 제1항의 의미(헌재 2004.12.16. 2004헌마456) : **기각**

헌법 제8조 제1항은 … 국가의 간섭을 받지 아니하고 정당을 설립할 권리를 국민의 기본권으로 보장하면서 아울러 그 당연한 법적 산물인 복수정당제를 제도적으로 보장하고 있다. … 정당설립의 자유는 … 정당조직 선택의 자유 및 그와 같이 선택된 조직을 결성할 자유를 포함한다. …헌법 제8조 제1항은 정당활동의 자유도 보장한다. 헌법 제8조 제1항은 정당설립의 자유, 정당조직의 자유, 정당활동의 자유 등을 포괄하는 정당의 자유를 보장하고 있다.

2. 헌법 제8조 제1항은 사적단체의 정치자금 제공금지의 근거는 아니다(헌재 1999.11.25. 95헌마154) : **위헌**

헌법은 정당이 그 설립과 활동에 있어서 국가로부터 자유로울 것을 보장하고는 있으나 개인·기업·단체의 영향력으로부터 자유로울 것을 보장하고 있지는 않으므로 사인이 정당에 정치자금을 기탁하는 것을 원칙적으로 금지하지는 않는다.

1948년 제헌 헌법	• 법률상 정당제도 도입(입법화 단계)
1960년 제2공화국 헌법	• 헌법상 정당조항신설(헌법수용 단계) • 위헌정당해산제도 도입
1962년 제3공화국 헌법	• 무소속입후보금지, 정당강화 현상 • 합당·제명이외 탈당과 정당 해산 시 의원직 상실
1972년 제4공화국 헌법	• 무소속 국회의원 출마 가능 • 국회의원 1/3을 대통령이 추천, 통일주체국민회의에서 선출
1980년 제5공화국 헌법	• 국고 보조금 조항 신설

② 제8조 제2항의 의미(자유의 한계)

　㉠ 정당은 국민의 정치적 의사형성에 필요한 조직을 가져야 한다.

　㉡ 법률로 정당설립에 필요한 절차적·형식적 요건을 규정하는 것이 가능하다.

　㉢ 「정당법」의 조직규정의 근거에 해당한다.

판례 ✦

헌법 제8조 제2항의 의미(헌재 1999.12.23. 99헌마135) **: 위헌**

헌법 제8조 제2항은 정당의 내부질서가 민주적이 아니거나 국민의 정치적 의사형성과정에 참여하기 위하여 갖추어야 할 필수적인 조직을 갖추지 못한 정당은 자유롭게 설립되어서는 아니된다는 요청을 하고 있다. 따라서 헌법 제8조 제1항의 정당설립의 자유와 제2항의 헌법적 요청을 함께 고려하여 볼 때, 입법자가 정당으로 하여금 헌법상 부여된 기능을 이행하도록 하기 위하여 그에 필요한 절차적·형식적 요건을 규정함으로써 정당의 자유를 구체적으로 형성하고 동시에 제한하는 경우를 제외한다면, 정당설립에 대한 국가의 간섭이나 침해는 원칙적으로 허용되지 아니한다. 이는 곧 입법자가 정당설립과 관련하여 형식적 요건을 설정할 수는 있으나, 일정한 내용적 요건을 구비해야만 정당을 설립할 수 있다는 소위 '허가절차'는 헌법적으로 허용되지 아니한다는 것을 뜻한다.

③ 제8조 제3항의 의미(등록된 정당의 혜택)

　　㉠ 국고보조금의 근거

　　㉡ 국고보조금제도는 헌법상 필수적 제도가 아니며, 헌법상 국가의 의무에도 해당하지 아니한다.

④ 제8조 제4항의 의미(등록된 정당의 보호)

　　㉠ 방어적 민주주의의 수단으로서 위헌정당해산의 근거에 해당한다.

　　㉡ 정당 존립의 특권

　　㉢ 정당 활동의 자유에 대한 한계

판례 ✦

헌법 제8조 제4항의 의미(헌재 1999.12.23. 99헌마135) **: 위헌**

헌법 제8조 제4항은 …'방어적 민주주의'의 한 요소이고 다른 한편으로는 헌법 스스로가 정당의 정치적 성격을 이유로 하는 정당금지의 요건을 엄격하게 정함으로써 되도록 민주적 정치과정의 개방성을 최대한으로 보장하려는 것이다. …오로지 제8조 제4항의 엄격한 요건하에서만 정당설립의 자유에 대한 예외를 허용하고 있다. 이에 따라 자유민주적 기본질서를 부정하고 이를 적극적으로 제거하려는 조직도 국민의 정치적 의사형성에 참여하는 한, '정당의 자유'의 보호를 받는 정당에 해당하며, 오로지 헌법재판소가 그의 위헌성을 확인한 경우에만 정당은 정치생활의 영역으로부터 축출될 수 있다.

⑷ **정당의 설립**

① 발기인

　　㉠ 중앙당 : 200인 이상

　　㉡ 시·도당 : 100인 이상

② 형식적 요건

　　㉠ 법정 시·도당 수는 5개 이상의 시·도당을 두어야 한다(「정당법」 제25조).

　　㉡ 시·도당의 법정 당원수는 1천인 이상을 두되 시·도당의 관할 구역안에 주소를 둔 당원이어야 한다(「정당법」 제27조).

판례

정당의 시·도당은 1천인 이상의 당원을 가져야 한다고 규정한 「정당법」 제18조 제1항(이하 '법정당원
수 조항')은 정당의 자유를 침해하지 않는다(헌재 2022.11.24. 2019헌마445). : **각하**

정당의 중앙당은 수도에 소재하도록 규정한 「정당법」 제3조 중 '수도에 소재하는 중앙당'에 관한 부분(이
하 '중앙당 소재지 조항') 및 「정당법」상 정당의 당원이 될 수 없는 공무원과 사립학교의 교원은 후원회
의 회원이 될 수 없다고 규정한 구 「정치자금법」 제8조 제1항 단서 중 「「정당법」 제22조 제1항의 규정에
의하여 정당의 당원이 될 수 없는 자'에 관한 부분(이하 「정치자금법」 조항)에 대한 청구를 각하한다.

③ 등록

　　㉠ 중앙당은 중앙선거관리위원회에 등록한다.

　　㉡ 중앙선거관리위원회는 형식적 심사만을 대상으로 한다. 따라서 형식적 요건을 구비하는 한
등록거부 불가하다.

참고

정당법 제22조 발기인 및 당원의 자격 정리

발기인 및 당원의 자격(「정당법」 제22조)

1. 16세 이상의 국민은 공무원 그 밖에 그 신분을 이유로 정당가입이나 정치활동을 금지하는 다른 법령의
규정에 불구하고 누구든지 정당의 발기인 및 당원이 될 수 있다.

2. 헌법에 명시적으로 정당가입이 금지된 자 : 헌법재판소 재판관(헌법 제112조), 중앙선거관리위원회 위
원(헌법 제114조)

3. 「정당법」상 정당가입이 금지된 자

　(1) 「공무원법」상의 공무원(동조 제1호)

　　　다만, 예외적으로 정당가입이 허용되는 공무원(동조 제1호 단서)

　　　① 대통령, 국무총리, 국무위원, 국회의원, 지방의회의원, 선거에 의하여 취임하는 지방자치단체의 장

　　　② 국회의원의 보좌관·비서관·비서, 국회 교섭단체의 정책연구위원

　　　③ 총장·학장·교수·부교수·전임강사인 교원

　(2) 총장·학장·교수·부교수·전임강사를 제외한 사립학교 교원

　(3) 법령에 의하여 공무원 신분을 가진 자

　(4) 외국인

　(5) 미성년자 삭제(현행법상 16세 이상인 자 부모의 동의서 제출시 정당가입가능)

　(6) 선장

4. 입당 : 입당신청인이 당원명부에 등재된 때 효력 발생, 18세 미만인 사람이 입당신청을 하는 때에는 법
정대리인의 동의서를 함께 제출하여야 한다.

5. 탈당 : 탈당신고서가 시·도당 또는 중앙당에 접수된 때 효력발생, 소속 시·도당에 탈당신고를 할 수
없을 때에는 그 중앙당에 탈당신고를 할 수 있다.

판례

1. "누구든지 2 이상의 정당의 당원이 되지 못한다."라고 규정하고 있는「정당법」제42조 제2항(이하 '심판대상조항'이라 한다)이 정당의 당원인 청구인들의 정당 가입·활동의 자유를 침해하지 않는다 (헌재 2022.03.31. 2020헌마1729).

2. **우리 헌법 및「정당법」상 정당의 개념적 징표**(헌재 2006.03.30. 2004헌마246)

   ① 국가와 자유민주주의 또는 헌법질서를 긍정할 것, ② 공익의 실현에 노력할 것, ③ 선거에 참여할 것, ④ 정강이나 정책을 가질 것, ⑤ 국민의 정치적 의사형성에 참여할 것, ⑥ 계속적이고 공고한 조직을 구비할 것, ⑦ 구성원들이 당원이 될 수 있는 자격을 구비할 것 등을 들 수 있다. 즉, 정당은「정당법」제2조에 의한 정당의 개념표지 외에 예컨대 독일의「정당법」(제2조)이 규정하고 있는 바와 같이 "상당한 기간 또는 계속해서" "상당한 지역에서" 국민의 정치적 의사형성에 참여해야 한다는 개념표지가 요청된다고 할 것이다.

3. **퇴직검찰총장의 공직제한**(헌재 1997.07.16. 97헌마26) : **위헌**

   위 조항들은 검찰총장에 대하여 퇴직후 2년간 정당의 발기인 및 당원이 될 수 없도록 규정하여 검찰총장에서 퇴직한 자로 하여금 퇴직후 2년간 정치적 결사인 정당을 통한 정치적 의사형성과정에 참여할 수 없게 배제함으로써 다른 기본권보다 우월적 지위를 갖는 정신적 자유권 중의 하나인 결사의 자유를 제한하고 있다. …위 조항들은 검찰총장에서 퇴직한지 2년이 지나지 아니한 자의 정치적 결사의 자유와 참정권 등 우월적 지위를 갖는 기본권을 제한한 것이고 그 제한은 합헌이 되기 위한 심사기준을 벗어난 과잉금지원칙에 위반된다고 아니할 수 없다.

4. **경찰청장 퇴직 후 2년 이내 정당활동금지**(헌재 1999.12.23. 99헌마135) : **위헌**

   헌법재판소는 정당설립의 자유에 대한 제한의 합헌성의 판단과 관련하여 수단의 적합성 및 최소침해성을 심사함에 있어서 입법자의 판단이 명백하게 잘못되었다는 소극적인 심사에 그치는 것이 아니라, 입법자로 하여금 법률이 공익의 달성이나 위험의 방지에 적합하고 최소한의 침해를 가져오는 수단이라는 것을 어느 정도 납득시킬 것을 요청한다. … 따라서 이 사건 법률조항은 입법목적과 입법 수단간의 인과관계가 막연하고, 입법목적을 달성할 수 있는가 하는 법률의 효과 또는 불확실하므로 정당의 자유를 제한함에 있어서 갖추어야 할 적합성의 엄격한 요건을 충족시키지 못한 것으로 판단된다.

5. **국가인권위원회 위원은 퇴직 후 2년간 교육공무원이 아닌 공무원으로 임명되거나 선거에 입후보할 수 없도록 한「국가인권위원회법」은 공무담임권을 침해한다**(헌재 2004.01.29. 2002헌마788) : **위헌**

   이 사건 법률은 인권위원회 위원의 직무수행의 독립성, 공정성을 확보함을 목적으로 한다. 이 사건 법률조항은 퇴직인권위원이 취임하고자 하는 공직이 인권보장 업무와 무관한 직종까지도 공직에 취임할 수 없도록 하였으므로 최소성 원칙에 위반되어 공무담임권을 침해한다.

6. **정당의 당원협의회 사무소 설치를 금지하고 위반시 처벌하는 내용의「정당법」조항**(헌재 2016.03.31. 2013헌가22) : **합헌**

   정당의 조직 중 시·도당의 하부조직에 속하는 국회의원지역구나 자치구·시·군, 읍·면·동별로 당원협의회를 설치할 수는 있으나 그 활동을 위한 공간적 거점인 사무소 등을 일체 둘 수 없도록 함으로써 정당활동의 자유를 제한하고 있기는 하나, 과잉금지원칙에 반하여 정당활동의 자유를 침해하지는 않는다.

(5) 정당의 권리와 의무

① 정당의 권리

㉠ 등록 정당의 설립과 활동에서 국가의 간섭을 받지 않고 헌법재판소의 정당해산결정 외에는 강제해산당하지 않는다.

㉡ 국고보조금을 받을 수 있다.

㉢ 정당은 대의기관이나 수임기관의 합동회의 결의로서 합당할 수 있다. 합당으로 신설, 존속하는 정당은 합당 전 정당의 권리·의무를 승계한다.

> **판례**
>
> **합당으로 인한 권리·의무의 승계조항은 강행규정으로서 합당 전 정당들의 해당 기관의 결의나 합동회의 결의로서 달리 정하였더라도 그 결의는 효력이 없다**(대판 2002.02.08. 2001다68969).
>
> 「정당법」 제4조의2 제1항, 제2항에 의하면, 정당이 새로운 당명으로 합당(신설합당)하거나 다른 정당에 합당(흡수합당)될 때에는 합당을 하는 정당들의 대의기관이나 그 수임기관의 합동회의의 결의로써 합당할 수 있고, 정당의 합당은 소정의 절차에 따라 중앙선거관리위원회에 등록 또는 신고함으로써 성립하는 것으로 규정되어 있는 한편, 같은 조 제5항에 의하면, 합당으로 신설 또는 존속하는 정당은 합당 전 정당의 권리의무를 승계하는 것으로 규정되어 있는바, 위 「정당법」 조항에 의한 합당의 경우에 합당으로 인한 권리의무의 승계조항은 강행규정으로서 합당 전 정당들의 해당 기관의 결의나 합동회의의 결의로써 달리 정하였더라도 그 결의는 효력이 없다.

② 정당의 의무 : 자유민주적 기본질서 존중의무, 민주적 조직·활동의무, 재원의 공개의무

(6) 정당의 결의

① 대의기관의 결의와 소속국회의원의 제명에 관한 소속국회의원의 결의는 서면이나 대리인에 의하여 의결할 수 없다(「정당법」 제32조).

② 정당이 그 소속국회의원을 제명함에는 당헌이 정하는 절차 외에 그 소속국회의원 전원의 2분의 1 이상의 찬성이 있어야 한다. 정당에서 제명된 의원은 의원직은 유지하고 당원의 자격만 상실된다(「정당법」 제33조). 이에 반하여 국회에서 제명된 경우는 「국회법」상 재적의원 3분의 2 이상의 찬성이 있어야 하며 의원직은 상실된다.

(7) 정당의 해산

① 등록취소 사유(「정당법」 제44조)

㉠ 정당설립의 형식적 요건을 구비하지 못하게 된 때

㉡ 최근 4년간 국회의원 총선거 또는 임기만료에 의한 지방자치단체의 장 선거나 시·도의회의 원선거에 참여하지 아니한 때

㉢ 국회의원 총선거에 참여하여 의석을 얻지 못하고 유효투표총수의 2/100이상을 득표하지 못한 때는 헌법재판소 위헌 결정으로 삭제되었다.

판례 **위헌**

등록취소(헌재 2014.01.28, 2012헌마431 등) **: 위헌**
국회의원선거에 참여하여 의석을 얻지 못하고 유효투표총수의 100분의 2 이상을 득표하지 못한 정당에 대해 그 등록을 취소하도록 한 「정당법」 제44조 제1항 제3호(이하 '정당등록취소조항'이라 한다)가 정당 설립의 자유를 침해한다.

② **자진해산**: 대의기관의 결의로써 해산이 가능하다(동법 제45조).
③ **위헌정당 강제해산**
  ㉠ **절차적 요건**
    ⓐ **정당해산의 제소**: 반드시 국무회의 심의를 거쳐 정부만이 헌법재판소에 정당해산심판을 청구할 수 있다. 제소여부는 정부의 재량에 해당한다.
    ⓑ **청구의 통지**: 정당해산심판청구가 있으면 헌법재판소는 국회와 중앙선거관리위원회에 통지한다.
    ⓒ **헌법재판소의 해산심리 및 해산결정**: 「헌법재판소법」에 특별한 규정이 있는 경우를 제외하고 「민사소송법」이 준용된다. 위헌정당으로 제소된 정당의 활동을 정지시키는 가처분이 가능하며 재판관 7인 이상 출석 6인 이상의 찬성이 있어야 정당해산결정이 가능하다.
    ⓓ **해산결정의 통지**: 피청구인인 정당, 국회, 정부, 중앙선거관리위원회에 결정서를 송달한다.
  ㉡ **정당의 목적이나 활동이 민주적 기본질서에 위배(실질적 요건)**
    ⓐ **정당**
      − 등록을 마친 기성정당, 정당조직의 청년부, 당보출판사, 시·도당을 포함한다.
      − 창당과정에 있는 정치결사에 대하여는 견해가 대립하나 정당의 등록은 확인적 성질을 가지므로 「정당법」상 형식적 요건을 갖춘 정치결사는 헌법 제8조 제4항의 정치결사로 보아야 한다.
    ⓑ **목적이나 활동**
      − **정당의 목적 인식자료**: 강령, 기본정책, 당헌, 당 대표와 최고위원 연설, 당 기관지 출판물
      − **활동**: 당 대표와 최고위원 활동포함, 평당원의 활동이라도 당명에 의한 것일 경우 정당의 활동으로 간주한다.
  ㉢ **민주적 기본질서 위배**
    ⓐ 헌법 제8조 제4항의 민주적 기본질서의 의미에 대하여는 견해가 대립하나 헌법재판소는 이를 자유민주적 기본질서로 이해한다(헌재 1999.12.23, 99헌마135).
    ⓑ 민주적 기본질서외 정당의 강제해산사유를 추가할 수 없다.
    ⓒ 헌법 제37조 제2항의 기본권 제한사유는 정당의 강제해산사유에 해당하지 않는다.
    ⓓ 민주적 기본질서 위배는 엄격하게 해석해야 한다.
  ㉣ **강제해산 된 정당의 대체정당 해산**: 제8조 제4항의 정당이 아닌 일반결사이므로 행정처분으로 해산이 가능하다.

판례

1. 통합진보당 해산(헌재 2014.12.19. 2013헌다1) : 인용(해산)

[1] 내란관련 사건 등 앞서 본 피청구인의 여러 활동들은 그 경위, 양상, 피청구인 주도세력의 성향, 구성원의 활동에 대한 피청구인의 태도 등에 비추어 보면, 피청구인의 진정한 목적에 기초하여 일으킨 것으로서, 향후 유사상황에서 반복될 가능성이 크다. 더욱이 피청구인이 폭력에 의한 집권 가능성을 인정하고 있는 점에 비추어 피청구인의 여러 활동들은 민주적 기본질서에 대해 실질적인 해악을 끼칠 구체적 위험성이 발현된 것으로 보인다. 특히 내란관련 사건에서 피청구인 주도세력이 북한에 동조하여 대한민국의 존립에 위해를 가할 수 있는 방안을 구체적으로 논의한 것은 피청구인의 진정한 목적을 단적으로 드러낸 것으로서, 표현의 자유의 한계를 넘어 민주적 기본질서에 대한 구체적 위험성을 배가한 것이다. 결국 피청구인의 위와 같은 진정한 목적이나 그에 기초한 활동은 우리 사회의 민주적 기본질서에 대해 실질적 해악을 끼칠 수 있는 구체적 위험성을 초래하였다고 판단되므로, 민주적 기본질서에 위배된다.

[2] 헌법재판소의 해산결정으로 정당이 해산되는 경우에 그 정당 소속 국회의원이 의원직을 상실하는지에 대하여 명문의 규정은 없으나, 정당해산심판제도의 본질은 민주적 기본질서에 위배되는 정당을 정치적 의사형성과정에서 배제함으로써 국민을 보호하는 데에 있는데 해산정당 소속 국회의원의 의원직을 상실시키지 않는 경우 정당해산결정의 실효성을 확보할 수 없게 되므로, 이러한 정당해산제도의 취지 등에 비추어 볼 때 헌법재판소의 정당해산결정이 있는 경우 그 정당 소속 국회의원의 의원직은 당선 방식을 불문하고 모두 상실되어야 한다.

2. 정당해산결정에 따라 해산된 경우 비례대표지방의회의원의 지위는 상실되지 않는다(대판 2021.04.29. 2016두39825).

강제해산된 정당소속 지방의원의 자격이 당연히 상실되는가에 대하여는 헌법재판소가 통합진보당 해산 청구 사건에서 명시적인 입장을 밝히지 않았다. 이후 선거관리위원회는 위헌정당으로 해산된 통합진보당 소속 비례대표지방의원의 자격을 상실하는 결정을 내렸으나, 대법원은 비례대표지방의회의원 지위 확인소송에서 헌법재판소의 위헌정당 해산 결정이 내려졌더라도 해당 정당 소속 국회의원과 달리 비례대표 지방의회의원은 해산결정 시 의원의 지위를 상실하는 것은 아니라고 보았다.(관련판례) 헌법재판소의 위헌정당 해산결정에 따라 해산된 정당 소속 비례대표 지방의회의원 갑이 「공직선거법」 제192조 제4항에 따라 지방의회의원직을 상실하는지가 문제 된 사안에서, 「공직선거법」 제192조 제4항은 소속 정당이 헌법재판소의 정당해산결정에 따라 해산된 경우 비례대표 지방의회의원의 퇴직을 규정하는 조항이라고 할 수 없어 갑이 비례대표 지방의회의원의 지위를 상실하지 않았다.

(8) 해산의 효과

	자진해산	등록취소	강제해산
헌법적 근거	헌법 제8조 제1항	헌법 제8조 제2항	헌법 제8조 제4항
기존정당의 명칭사용	가능	최초 국회의원선거시까지는 불가능하고, 그 외는 가능함	동일 명칭 사용 불가함
기존정당의 목적과 유사한 정당설립	가능	가능	불가
잔여재산귀속	1차 당헌에 따라, 처분되지 아니한 재산은 국고귀속됨		곧바로 국고 귀속됨
소속의원	무소속으로 자격은 유지됨		자격 상실(다수설)
법원제소	제소 가능		재심 가능(헌재)
집회	집회 가능		「집시법」 제5조상 집회 불가함

(9) 정당과 정치자금

① 「정치자금법」이 규정하지 아니한 정치자금 기부를 금지한다.

② 타인의 명의나 가명으로 정치자금 기부를 금지한다(일정한 경우 익명조치를 조건으로 기부는 가능함).

③ 정치자금의 종류 : 당비, 후원회의 후원금, 기탁금, 국고보조금

④ 당비

    ㉠ 당비납부제도의 설정·운영은 정당의 의무

    ㉡ 당원은 타인의 당비를 부담할 수 없다. 위반시 1년간 당원자격이 정지된다(「정치자금법」 제 31조).

⑤ 후원금 후원회의 구성과 종류

    ㉠ 후원회의 구성(「정치자금법」 제8조)

        ⓐ 개인으로 구성, 하나 또는 둘 이상의 후원회 회원이 될 수 있다(법인·단체 ×).

        ⓑ 기탁금을 기부할 수 없는 자와 정당의 당원이 될 수 없는 자연인은 후원회 회원이 될 수 없다.

판례 ✦

1. 단순 국회의원 입후보 예정자가 후원회를 둘 수 없도록 한 「정치자금법」은 헌법상 평등원칙에 위배되지 아니한다(헌재 2006.03.30, 2004헌마246) : **기각**

정당이나 국회의원 및 국회의원 입후보 등록자는 이미 정치활동을 위한 경비의 지출이 객관적으로 예상되는 명확한 위치에 있는 자들인 반면, 단순한 국회의원 입후보 예정자는 어느 시점을 기준으로 그러한 위치를 인정할 것인지가 객관적으로 명확하지 아니한 데 따른 것으로 합리적인 이유가 있는 차별이므로 헌법상 평등원칙에 위배되지 아니한다.

2. 대통령선거 경선 후보자가 당내 경선 과정에서 탈퇴함으로써 후원회를 둘 수 있는 자격을 상실한 때에는 후원회로부터 후원받은 후원금 전액을 국고에 귀속하도록 하고 있는 구 「정치자금법」은 합리적인 이유가 있는 차별이라고 하기 어렵다(헌재 2009.12.29. 2007헌마412) : 위헌

대통령선거 경선 후보자가 후보자가 될 의사를 갖고 당내 경선 후보자로 등록을 하고 선거운동을 한 경우라고 한다면, 비록 경선에 참여하지 아니하고 포기하였다고 하여도 대의민주주의 실현에 중요한 의미를 가지는 정치과정이라는 점을 부인할 수 없다. 따라서 경선을 포기한 대통령선거 경선 후보자에 대하여도 정치자금의 적정한 제공이라는 입법목적을 실현할 필요가 있는 것이며, 이들에 대하여 후원회로부터 지원받은 후원금 총액을 회수함으로써 경선에 참여한 대통령선거경선후보자와 차별하는 이 사건 법률조항의 차별은 합리적인 이유가 있는 차별이라고 하기 어렵다.

3. 회계책임자에 의하지 아니한 선거비용 수입·지출행위를 처벌함에 있어 「공직선거법」상 선거범죄와 달리 단기 공소시효의 특칙을 규정하지 아니한 「정치자금법」 제49조는 평등권이나 공무담임권을 침해하지 않는다(헌재 2015.02.26. 2013헌바176).

  ⓛ 후원회의 종류

    ⓐ 국회의원 본인, 지방의회의원 본인은 후원회를 둘 수 있다.

    ⓑ 대통령선거 후보자, 예비후보자, 당내 경선후보자는 후원회를 둘 수 있다.

    ⓒ 지역선거구 국회의원선거 후보자 및 예비후보자 후원회(다만 후원회를 둔 국회의원의 경우에는 그러하지 아니하다)

    ⓓ 지방자치단체의 장 선거후보자 후원회, 광역자치단체장선거의 예비후보자 후원회는 둘 수 있으나 자치구의 지역구의회의원(이하 '자치구의회의원'이라 한다) 선거의 예비후보자를 후원회지정권자에서 제외된다.

    ⓔ 중앙당 대표자 및 중앙당 최고 집행기관(그 조직형태와 관계없이 당헌으로 정하는 중앙당 최고 집행기관을 말한다)의 구성원을 선출하기 위한 당내 경선후보자(이하 "당대표경선후보자 등"이라 한다)

    ⓕ 정당에 대해 최근 헌법재판소는 정당제 민주주의 하에서 정당 후원회를 금지하는 것은 정당활동의 자유와 국민의 정치적 표현의 자유를 침해한다(헌재 2015.12.23. 2013헌바168)라고 헌법불합치 판시함으로써 정당도 후원회를 열 수 있게 되었다.

판례

1. **당내 경선에 관한 선거운동을 위하여 후보자에게 제공된 금품은 정치활동을 위한 정치자금에 해당한다**(대판 2006.12.22. 2006도1623).

수수한 금품이 '정치자금'에 해당하는지 여부는 그 금품이 '정치활동'을 위해서 제공되었는지 여부에 달려 있는 것인데, 정치활동은 권력의 획득과 유지를 둘러싼 투쟁 및 권력을 행사하는 활동이라는 점 등에 비추어 볼 때, 대통령선거에 출마할 정당의 후보자를 선출하거나 정당 대표를 선출하는 당내 경선은 그 성격상 정치활동에 해당한다고 봄이 상당하므로, 정당의 당내 경선에 관한 선거운동을 위하여 후보자에게 제공된 금품은 정치자금이라고 보아야 하고, 위 후보자가 정당의 대표로 선출된 이후에 사용한 대외활동비도 정치활동을 위한 정치자금에 해당한다고 할 것이다.

2. 정당제 민주주의 하에서 정당 후원회를 금지하는 것은 정당활동의 자유와 국민의 정치적 표현의 자유를 침해한다(헌재 2015.12.23, 2013헌바168) **: 헌법불합치**

정치자금 중 당비는 반드시 당원으로 가입해야만 납부할 수 있어 일반 국민으로서 자신이 지지하는 정당에 재정적 후원을 하기 위해 반드시 당원이 되어야 하므로, 「정당법」상 정당 가입이 금지되는 공무원 등의 경우에는 자신이 지지하는 정당에 재정적 후원을 할 수 있는 방법이 없다. 그리고 현행 기탁금 제도는 중앙선거관리위원회가 국고보조금의 배분비율에 따라 각 정당에 배분·지급하는 일반 기탁금제도로서, 기부자가 자신이 지지하는 특정 정당에 재정적 후원을 하는 것과는 전혀 다른 제도이므로 이로써 정당 후원회를 대체할 수 있다고 보기도 어렵다. 나아가 정당제 민주주의 하에서 정당에 대한 재정적 후원이 전면적으로 금지됨으로써 정당이 스스로 재정을 충당하고자 하는 정당활동의 자유와 국민의 정치적 표현의 자유에 대한 제한이 매우 크다고 할 것이므로, 이 사건 법률조항은 정당의 정당활동의 자유와 국민의 정치적 표현의 자유를 침해한다.

3. 기초자치단체장선거의 예비후보자를 후원회지정권자에서 제외하여 후원회를 통한 정치자금의 모금을 할 수 없도록 하고, 이를 위반하면 형사처벌하는 「정치자금법」 조항이, 기초자치단체장선거의 예비후보자를 대통령선거 및 지역구국회의원선거의 예비후보자와 달리 취급하는 것에는 합리적인 이유가 있으므로, 평등권을 침해하지 아니한다(헌재 2016.09.29, 2015헌바228).

4. 특별시장·광역시장·특별자치시장·도지사·특별자치도지사(이하 '광역자치단체장'이라 한다) 선거의 예비후보자를 후원회지정권자에서 제외하고(이하 '광역자치단체장선거의 예비후보자에 관한 부분'이라 한다), 자치구의 지역구의회의원(이하 '자치구의회의원'이라 한다) 선거의 예비후보자를 후원회지정권자에서 제외하고 있는(이하 '자치구의회의원선거의 예비후보자에 관한 부분'이라 한다) 「정치자금법」 조항에 관한 광역자치단체장선거의 예비후보자에 관한 부분은 청구인들 평등권을 침해하여 헌법에 위반되지만, 2021. 12. 31.을 시한으로 입법자가 개정할 때까지 이를 계속 적용한다(헌재 2019.12.27, 2018헌마301). ⇨ **헌법불합치**

다만, 자치구의회의원선거의 예비후보자에 관한 부분에 대하여는 재판관들의 의견이 인용의견 5인, 기각의견 4인으로 나뉘어 헌법과 「헌법재판소법」에서 정한 인용의견을 위한 정족수 6인에 이르지 못하여 기각하였다.

⑥ 기탁금
　㉠ 선거관리위원회에 기탁
　　ⓐ 정당에 직접 기탁할 수 없다.
　　ⓑ 외국인, 국내·외 법인 또는 단체는 정치자금을 기부할 수 없다.
　　ⓒ 누구든지 국내·외의 법인 또는 단체와 관련된 자금으로 정치자금을 기부할 수 없다.
　　ⓓ 사용자단체의 정치헌금을 허용하면서 노동단체의 정치헌금을 금지한 것에 대한 헌법재판소의 위헌결정에 따라 사업장별로 조직된 단위 노동조합외의 노동조합은 정치자금을 기부할 수 있도록 개정되었다가 최근 법인이 정치자금을 기부하는 것을 전면 금지하는 것으로 개정되어 노동조합의 정치자금 제공도 금지되었다.
　㉡ 기탁금 분배 : 국고보조금배분율에 따라 분배한다.

판례

1. 종전 - 노동단체의 정치자금 제공을 금지(헌재 1999.11.25. 95헌마154) **: 위헌**

사용자단체의 정치헌금을 허용하면서 노동단체의 정치헌금을 금지한 것은 사용자단체에 한해 정당에 대한 영향력행사를 허용하고 노동단체의 정당에 대한 영향력행사를 배제함으로써 정치적 의사형성과정에서 노동조합을 차별한 것으로 합리적 이유가 없는 차별이다.

2. 최근 - 국내외 법인단체의 정치자금기부를 금지한 「정치자금법」은 정치활동의 자유 등을 침해하는 것이라 볼 수 없다(헌재 2010.12.28. 2008헌바89) **: 합헌**

금권정치와 정경유착의 차단, 단체와의 관계에서 개인의 정치적 기본권 보호 등 이 사건 기부금지 조항에 의하여 달성되는 공익은 대의민주제를 채택하고 있는 민주국가에서 매우 크고 중요하다는 점에서 법익균형성원칙도 충족된다. 따라서 이 사건 기부금지 조항이 과잉금지원칙에 위반하여 정치활동의 자유 등을 침해하는 것이라 볼 수 없다.

⑦ 국고보조금

㉠ 종류와 금액 : 중앙선거관리위원회는 경상보조금은 매년 분기별로 균등분할하여 정당에 지급하고, 선거보조금은 당해 선거의 후보자등록마감일 후 2일 이내에 정당에 지급한다.

경상보조금		최근 실시한 임기만료에 의한 국회의원선거의 선거권자 총수에 800원을 곱한 금액이다.
선거보조금		각 선거마다 선거권자 총수에 800원을 곱한 금액, 당해 선거에 참여하지 아니한 정당에는 배분·지급을 하지 않는다.
여성추천 보조금	비례, 50% 홀수 추천 해야한다.	최근 실시한 임기만료에 의한 국회의원선거의 선거권자 총수에 100원을 곱한 금액이다.
	지역, 30% 노력 해야한다.	
장애인추천보조금		장애인을 후보자로 추천한 정당에 주는 보조금이다.

㉡ 배분방법(「정치자금법」 제27조) : 선거시 지급되는 보조금은 당해 선거에 참여하지 아니한 정당에게는 배분, 지급하지 않는다. 또한 「정치자금법」에 따라 정당이 보조금을 지급받을 권리는 양도 또는 압류하거나 담보로 제공할 수 없다.

1차	전체의 50/100		교섭단체 구성 정당에 균등하게 배분한다.
	전체의 50/100	전체의 5/100	5석 이상 20석 미만의 정당에 배분한다.
		전체의 2/100	• 최근에 실시된 임기만료에 의한 국회의원선거에 참여한 정당의 경우에는 2% 득표한 정당에 배분한다. • 1석 + 정당추천이 허용되는 비례대표 시·도의원선거, 지역구 시·도의원선거, 시·도지사선거, 자치구·시·군의 장선거 0.5% 득표한 정당에 배분한다. • 국회의원 선거 미참가 + 정당추천이 허용되는 비례대표 시·도의원선거, 지역구 시·도의원선거, 시·도지사선거, 자치구·시·군의 장선거 2% 득표한 정당에 배분한다.
2차	잔여분 50/100		국회의석수 비율로 배분한다.
3차	잔여분 50/100		국회의원 선거 득표율로 배분한다.

ⓒ 용도제한(「정치자금법」 제28조 제2항) : 배분받은 경상보조금총액의 30% 이상은 정책연구소, 10% 이상은 시·도당, 10% 이상은 여성정치발전을 위해 사용해야 한다.

판례 ✦

정당에 보조금을 배분함에 있어 교섭단체의 구성 여부에 따라 차등을 두는 「정치자금에 관한 법률」은 합리성을 결여한 차별이라고 보기 어렵다(헌재 2006.07.27. 2004헌마655) : **기각**

이 사건 법률조항은 교섭단체를 구성한 정당과 이를 구성하지 못하는 정당 사이에 보조금의 배분규모에 있어 상당한 차이(50/100과 5/100 또는 2/100)를 두고 있으므로, 그러한 차등지급의 정도가 합리성이 있는가가 문제된다. 이 사건 법률조항은 교섭단체를 구성할 정도의 다수 정당에 대해서만 보조금을 배분하는 것이 아니라 그에 미치지 못하는 소수정당에게도 일정 범위의 보조금 배분을 인정하여 소수정당의 보호·육성도 도모하고 있고, 교섭단체의 구성여부만을 보조금 배분의 유일한 기준으로 삼은 것이 아니라 정당의 의석수비율이나 득표수비율도 고려하여 정당에 대한 국민의 지지도도 반영하고 있는 등의 사정을 종합해 볼 때, 교섭단체의 구성여부에 따라 보조금의 배분규모에 차이가 있더라도 그러한 차등정도는 각 정당간의 경쟁 상태를 현저하게 변경시킬 정도로 합리성을 결여한 차별이라고 보기 어렵다.

---

3. 선거제도

(1) 의의

국민의 합의에 근거한 민주주의를 구현하기 위해 간접민주주의 요소로서 국가기관을 선임하는 다수인의 합성행위인 반면 직접민주주의 요소로서 국민 개개의 의견을 전하는 투표제도와 차이가 있다.

(2) 종류

① 총선거 : 임기가 끝난 경우 전원을 선거하는 것을 말한다.

② 재선거 : 임기개시 전의 사유(사망, 사퇴 등)로 당선이 무효가 되어 다시 선거하는 것을 말한다.

③ 보궐선거

ㄱ 임기개시 후의 사유(사망, 사퇴, 대통령의 탄핵결정 등)로 결원이 발생 시 하는 선거를 말한다.

ㄴ 대통령선거 : 대통령 궐위(사망, 사퇴, 당선이 무효, 탄핵결정, 탄핵소추 ×)시 사유발생일(확인기관은 없다)로부터 60일 이내 실시, 잔임기간이 1년 미만이라도 실시하며 잔임기간이 아닌 고유임기 5년이 개시된다.

ㄷ 비례대표국회의원, 비례대표지방의원 : 정당의 비례대표국회의원, 비례대표지방의회의원의 명부에 기재된 순위에 따라 의석을 승계할 자를 결정한다. 단, 선거범죄 등으로 의원직을 상실한 경우, 비례대표 명부상 차순위자가 승계한다. 또한 임기만료 120일 이내라면 승계하지 않는다. 다만 과거 전국구의원의 경우에는 순위승계의무가 없었다.

ㄹ 지역구 국회의원선거와 지방자치단체의 장 선거

ⓐ 선거일로부터 임기만료일까지의 기간이 1년 미만의 경우 보궐선거를 실시하지 않을 수 있고, 1년 이상일 경우 실시해야 한다.

ⓑ 당선자의 임기는 대통령을 제외하고 나머지는 전임자의 잔임기간이다.

ㅁ 지역구 지방의원선거 : 지방의회의원 정수의 1/4 미만이 궐위된 경우 보궐선거를 실시하지 않을 수 있다. 다만, 재적 지방의원 1/4 이상이 궐위된 경우 보궐선거를 통하여 궐원된 의원 전원에 대하여 실시해야 한다.

④ 연기된 선거: 천재·지변 기타 부득이한 사유로 인하여 선거를 실시할 수 없거나 실시하지 못한 때에는 대통령선거와 국회의원선거에서는 대통령이, 지방의회의원 및 지방자치단체의 장의 선거에서는 관할선거구선거관리위원회 위원장이 당해 지방자치단체의 장과 협의하여 선거를 연기하여야 한다.

(3) 기본원칙

> 제41조 제1항 국회는 국민의 보통·평등·직접·비밀선거에 의하여 선출된 국회의원으로 구성한다.
> 제67조 제1항 대통령은 국민의 보통·평등·직접·비밀선거에 의하여 선출한다.

판례

국회의원선거의 모든 선거권자들에게 성별, 재산, 사회적 신분, 학력 등에 의한 제한 없이 모두 투표참여의 기회를 부여하고(보통선거), 그들의 투표가치에 경중을 두지 않고 선거권자 1인의 투표를 모두 동등한 가치를 가진 1표로 계산하며(평등선거), 선거결과가 중간 선거인이나 정당이 아닌 선거권자에 의해 직접 결정되고 있고(직접선거), 투표의 비밀이 보장되며(비밀선거), 강제투표가 아닌 자유로운 투표를 보장함으로써(자유선거) 헌법상의 선거원칙은 모두 구현되는 것이므로, 이에 더하여 국회의원선거에서 사표를 줄이기 위해 소선거구 다수대표제를 배제하고 다른 선거제도를 채택할 것까지 요구할 수는 없다. 선거의 대표성 확보는 모든 선거권자들에게 차등 없이 투표참여의 기회를 부여하고, 그 투표에 참여한 선거권자들의 표를 동등한 가치로 평가하여 유효투표 중 다수의 득표를 얻은 자를 당선인으로 결정하는 현행 방식에 의해 구현될 수 있다(헌재 2003.11.27. 2003헌마259).

① 보통선거 원칙
  ㉠ 의의: 제한선거에 대응하는 개념으로서 사회적 신분 등과 관계없이 모든 국민에게 선거권과 피선거권을 인정하는 선거원칙을 말한다. 다만, 지나친 기탁금요구, 무소속후보자에게 후보 등록을 위한 추천자를 지나치게 많이 요구하는 경우는 보통선거원칙에 위반된다.
  ㉡ 예외: 외국인·피성년후견인의 선거권은 제한한다(수형자의 선거권 제한은 후설함).

판례

1. **보통선거 원칙의 예외의 한계**(헌재 1999.05.29. 98헌마214): **위헌**
   [1] 보통선거 원칙은 선거권 및 피선거권에 대한 모든 제한을 금지하는 것은 아니지만, 보통선거 원칙에 대한 예외는 원칙적으로 부득이한 경우에 한하여 제한적으로 허용되어야 하며, 제한한다 하더라도 불가피한 최소한의 정도에 그쳐야 한다.
   [2] 이 사건 조항에 의한 지방자치단체장의 포괄적인 입후보금지는 민주주의의 실현에 미치는 불리한 효과는 매우 큰 반면에, 이 사건 조항을 통하여 달성하려는 공익적 효과는 상당히 작다고 판단되므로, 피선거권의 제한을 정당화하는 합리적인 이유를 인정할 수 없다고 하겠다. 따라서 이 사건 조항은 보통선거 원칙에 위반되어 청구인들의 피선거권을 침해하는 위헌적인 규정이다.

2. 보통선거의 원칙은 선거권자의 능력, 재산, 사회적 지위 등의 실질적인 요소를 배제하고 성년자이면 누구라도 당연히 선거권을 갖는 것을 요구한다. 따라서 선거권자의 국적이나 선거인의 의사능력 등 선거권 제한 입법을 하기 위해서는 기본권 제한입법에 관한 헌법 제37조 제2항의 규정에 따라야 한다(헌재 1999.01.28. 97헌마253·270병합).

3. 점자형 선거공보의 작성면수를 제한하고, 음성변환 방식에 의한 정보제공으로 점자형 선거공보의 작성을 대체 할 수 있도록 한 것은 시각장애인의 선거권과 평등권을 침해하지 않는다(헌재 2016.12.29, 2016헌마548).

4. 신체에 장애가 있는 선거인에 대해 투표보조인이 가족이 아닌 경우 반드시 2인을 동반하도록 한 「공직선거법」 제157조 제6항이 헌법에 위반되지 않는다고 결정하였다(헌재 2020.05.27. 2017헌마867). ▷ 합헌

② 평등선거 원칙

　ㄱ 의의 : 차등선거에 대응하는 개념으로서 선거의 전체적인 과정에 있어서의 평등, 1인1표제를 원칙으로 하여 투표가치의 평등(one man−one vote, one vote−one value)을 추구하는 원칙을 말한다.

　ㄴ 평등선거위배여부

　　ⓐ 무소속후보자(2천만 원)와 정당후보자(1천만 원)를 차등적으로 기탁금을 정한 것, 국회의원 선거구간 인구차이가 2 : 1을 초과한 선거구 획정은 국민의 선거권을 침해한다. 더 나아가 선거구 전체를 위헌으로 결정한다.

　　ⓑ 선거운동을 위한 방송시간 할당에서 원내의석수에 따라 할당시간을 달리하는 것과 봉쇄조항은 기본권을 침해하지 않는다.

참고

선거구 획정관련 정리

1. 선거구 획정위원회
   ① 국회의원 선거구획정위원회는 중앙선거관리위원회 소속으로서 직무상 독립기관이다.
   ② 자치구 선거구획정위원회는 시·도에 둔다.

2. 선거구 획정시 고려요소
   국회의원지역구는 시·도의 관할구역 안에서 인구·행정구역·지리적 여건·교통·생활문화권 등을 고려하여 획정하도록 한다(「공직선거법」 제25조 제1항).
   ① 1차적 고려요소 : 인구비례
   ② 기타 비인구적 요소 : 행정구역, 지리적 여건, 교통, 생활문화권 등

3. 선거구획정시 선거구 인구허용편차
   그 선거구가 속한 자치구·시·군의회의원 1인당 평균인구수(헌재 2018.06.28. 2014헌마189)의 상하편차 50%를 넘는 선거구는 헌법에 위반된다(지방의회 의원의 선거구획정 기준). 다만, 국회의원 선거구 획정 기준은 전국선거구 평균인구수에서 상하편차 33⅓%를 넘는 선거구는 헌법에 위반된다. 과거 국회의원 선거구 획정 기준은 상하편차 50%는 위헌결정으로 변경된 기준(헌재 2014.10.30, 2012헌마192)이다.

4. 인접하지 아니한 지역을 한 선거구로 획정하는 것
   ① 특별한 사유가 없는 한 Gerrymendering이어서 헌법에 위반되며, 다만 전체선거구가 유기적으로 연결되어 있으므로 전체 선거구를 위헌결정하게 된다.
   ② 하나의 자치구·시·군의 일부를 분할하여 다른 국회의원지역구에 속하게 할 수 없도록 하되, 인구범위에 미달하는 자치구·시·군으로서 인접한 하나 이상의 자치구·시·군의 관할구역 전부를 합하는 방법으로는 그 인구범위를 충족하는 하나의 국회의원지역구를 구성할 수 없는 경우에는 그 인접한 자치구·시·군의 일부를 분할하여 구성할 수 있도록 함(「공직선거법」 제25조 제1항 제2호).

③ 충북보은·영동선거구는 특별한 사유가 없으므로 위헌, 인천서구 검단동·강화군 乙선거구는 특별한 사유가 있으므로 합헌이다.

④ 선거구 구역표의 불가분성 선거구 구역표는 전체가 유기적 성격을 가지므로 한 선거구가 위헌이면 그 선거구에 한해 위헌인 것이 아니라 전체 선거구에 위헌의 하자가 있는 것으로 보는 것이 헌법재판소 판례이다. 따라서 한 선거구가 위헌이라도 헌법재판소는 주문에서 전체 선거구 구역표가 위헌이라는 결정을 하고 있다.

5. 주민분리

구·시·군의 일부를 분할하는 선거구획정은 구·시·군의 일부를 분할하여 다른 국회의원 지역구에 속하게 하지 못하게 규정하고 있는 「공직선거법」 제23조 제1항과 충돌하더라도 법률해석의 문제이지 헌법위반의 문제는 아니다.

판례 ✦

1. 국회가 선거구획정위원회의 선거구획정안의 내용대로 국회의원지역선거구를 획정할 의무가 곧바로 도출되는 것은 아니다(헌재 2014.10.30, 2012헌마138) : **각하**

「공직선거법」 제24조 제10항은 국회가 선거구획정위원회의 획정안을 "존중"하여야 한다고만 규정하고 있으나, 이는 국회가 선거구획정위원회의 선거구획정안을 참고하여야 한다는 의미일 뿐이어서 위 조항으로부터 국회가 획정안의 내용대로 국회의원지역선거구를 획정할 의무가 곧바로 도출되는 것은 아니며, 헌법상 명문으로나 해석으로나 그러한 의무를 인정하기 어려우므로, 이 사건 입법부작위의 위헌확인을 구하는 청구 부분은 부적법하다.

2. 「공직선거법」상 국회의원지역선거구구역표에 근거한 인구편차 상하 33⅓%를 넘어서는 선거구는 선거권 및 평등권을 침해한다(헌재 2014.10.30, 2012헌마192) : **헌법불합치**

[1] 인구편차 상하 50%의 기준을 적용하게 되면 1인의 투표가치가 다른 1인의 투표가치에 비하여 세 배의 가치를 가지는 경우도 발생하는데, 이는 지나친 투표가치의 불평등이다. 더구나, 단원제 하에서는 인구편차 상하 50%의 기준을 따를 경우 인구가 적은 지역구에서 당선된 국회의원이 획득한 투표수보다 인구가 많은 지역구에서 낙선된 후보자가 획득한 투표수가 많은 경우가 발생할 가능성도 있는 바, 이는 대의민주주의의 관점에서도 결코 바람직하지 아니하다.

[2] 인구편차 상하 50%를 기준으로 국회의원지역선거구를 정하고 있는 「공직선거법」상 국회의원지역선거구구역표에 근거한 인구편차 상하 33⅓%를 넘어서는 "경기도 용인시 갑선거구", "경기도 용인시 을선거구", "충청남도 천안시 갑선거구", "충청남도 천안시 을선거구", "서울특별시 강남구 갑선거구" 및 "인천광역시 남동구 갑선거구" 부분은 해당 선거구가 속한 지역에 거주하는 청구인들의 선거권 및 평등권을 침해한다.

[3] 선거구구역표는 전체가 불가분의 일체를 이루는 것으로서 어느 한 부분에 위헌적인 요소가 있다면, 선거구구역표 전체가 위헌의 하자를 갖는 것이다. 따라서 원칙적으로 이 사건 선거구구역표 전체에 대하여 위헌결정을 하여야 할 것이나, 단순 위헌 결정을 할 경우 법적 공백이 발생할 우려가 큰 점 등을 고려하여, 입법자가 2015. 12. 31.을 시한으로 이 사건 선거구구역표 전체를 개정할 때까지 이 사건 선거구구역표 전체의 잠정적 적용을 명하는 헌법불합치결정을 하기로 한다.

3. 헌법재판소는 2018. 6. 28. 2014헌마189 결정에서, 시·도의원 지역구 획정에서 요구되는 인구편차의 헌법상 허용한계를 인구편차 상하 50%로 변경하였으나, 위 결정의 심판대상인 선거구들이 인구편차 상하 50%를 벗어나지 않아 청구인들의 심판청구를 기각하였다(헌재 2018.06.28. 2014헌마189)

헌법재판소는 구 「공직선거법」 제26조 제1항 [별표 2] 시·도의회의원지역선거구구역표 중 "서울특별시 송파구 제3선거구", "서울특별시 송파구 제4선거구" 부분이 인구편차의 허용한계를 벗어나 선거권 및 평등권을 침해하는지 여부가 문제된 사건에서, 시·도의원지역구 획정에서 요구되는 인구편차의 헌법상 허용한계를 인구편차 상하 50%(인구비례 3 : 1)로 변경하였다.

[통지판례] 헌법재판소는 2019년 2월 28일 재판관 전원일치 의견으로, 「공직선거법」 제26조 제1항 [별표 2] 시·도의회의원지역선거구구역표 중 "인천광역시 서구 제3선거구", "경상북도 경주시 제1선거구" 부분은 인구편차 상하 <50%를 벗어나> 청구인들의 선거권과 평등권을 침해하므로, 위 [별표 2] 시·도의회의원지역선거구구역표 중 인천광역시의회의원지역선거구들 부분과 경상북도의회의원지역선거구들 부분에 대하여 위헌선언을 하되, 2021. 12. 31.을 시한으로 개정될 때까지 계속 적용한다는 결정을 선고하였다(헌재 2019.02.28. 2018헌마415). ⇨ 헌법불합치

③ 직접선거 원칙

㉠ 간접선거에 대응하는 개념으로서 선거인 스스로가 직접 대의기관을 선출하는 것을 말한다.

㉡ 비례대표제를 채택하는 경우

ⓐ 의원의 선출권 뿐만 아니라 정당의 비례적인 의석확보도 선거권자의 투표에서 직접 결정될 것을 포함하는 원칙

ⓑ 비례대표순서전환: 이미 투표가 행해진 후 정당내에서의 비례대표 명부작성상의 하자를 들어 비례대표후보의 순위나 후보자를 바꾸는 것은 직접선거 원칙에 반한다.

ⓒ 명부제: 직접선거 원칙에 잘 부합하는 명부제는 개방명부제이고, 고정명부제는 투표인의 의사에 따라 정당명부상 후보자 순위를 변경할 수 없으므로 직접선거원칙에 부합하는 원칙으로 보기 힘드나, 헌법재판소는 고정명부제가 직접선거원칙에 반하는 것은 아니라고 한 바 있다.

판례

비례대표국회의원 의석배분방식 및 1인 1표제 하에서 지역구 국회의원 총선거에서 얻은 득표비율에 따라 비례대표국회의원 의석을 배분하는 「공직선거법」은 직접선거원칙과 평등선거 원칙에 반한다(헌재 2001.07.19. 2000헌마91) **: 한정위헌**

[1] 국회의원 선거에 있어 다수대표제만을 택하고 비례대표제를 택하지 않을 경우 지역구의 개별후보자에 대한 국민의 지지만을 정확하게 반영하여도 민주주의 원리에 반하는 것은 아니다.

[2] 고정명부식을 채택하는 것은 전국선거인단의 거대한 숫자로 불가피하다. 따라서 고정명부식을 채택한 것 자체는 직접선거원칙에 위반되는 것은 아니다.

[3] 지역구 후보자에 대한 투표를 정당에 대한 지지로 환산하여 비례대표의석을 배분하는 것은 유권자의 투표행위가 아니라 정당의 명부작성행위로 비례대표의원의 당선여부가 결정되므로 직접선거 원칙에 위반된다.

[4] 정당의 지역구 후보자가 얻은 득표율을 기준으로 한 비례대표 의석배분에 있어서 저지기준에 따라 의석배분에서 제외하는 것은 정당화 될 수 없다. 지역구후보자에 대한 지지는 정당에 대한 지지로 의제할 수 없는데도 이를 의제하는 것이기 때문이다. 지역구선거의 유효투표총수의 100분의 5 이상을 득표한 정당이 그 만큼의 국민의 지지를 받는 정당이라는 등식은 도저히 성립하지 않는다. 그리하여 실제로는 5% 이상의 지지를 받는 정당이 비례대표의석을 배분받지 못하는 수도 있고, 그 역의 현상도 얼마든지 가능한 것이다. 이와 같이 국민의 정당지지의 정도를 계산함에 있어 불합리한 잣대를 사용하는 한 현행의 저지조항은 그 저지선을 어느 선에서 설정하건 간에 평등원칙에 위반될 수밖에 없다.

④ 비밀선거 원칙

  ㉠ 공개투표내지 공개선거에 대응하는 개념으로서 선거인의 의사결정이 타인에게 알려지지 않도록 하는 선거원칙을 말한다.

  ㉡ 무기명투표, 선거업무담당기관을 일반행정기관과 별도로 구성하고, 선거인이 자신이 기표한 투표지를 공개한 경우 투표지를 무효로 한다(「공직선거법」 제167조 제3항).

  ㉢ 비밀선거 원칙의 위반여부 : 무소속후보자의 추천자 서명요구는 비밀선거 원칙에 위배되지 않으나, 투표불참자의 명단공개는 비밀선거 원칙에 위배된다. 한편 투표의 비밀을 침해하지 않는 범위에서 행하는 출구조사는 비밀선거의 원칙에 위배되지 않는다. 다만, 판례는 선상에 장기 기거하는 자들이 팩시밀리 등을 통해서 부재자 투표를 인정하지 않는 「공직선거법」 규정이 선거권을 침해한다고 판시한 바 있다.

> **판례**
>
> **선상에 장기 기거하는 자들이 팩시밀리 등을 통해서 부재자 투표를 할 수 있도록 허용하지 않는 것은 보통선거의 원칙, 비밀선거 원칙에 반하여 선거권을 침해한다**(헌재 2007.06.28. 2005헌마772) **: 헌법불합치**
> 이 사건 법률조항이 대한민국 국외의 구역을 항해하는 선박에서 장기 기거하는 선원들이 선거권을 행사할 수 있도록 하는 효과적이고 기술적인 방법이 존재함에도 불구하고, 선거의 공정성이나 선거기술상의 이유만을 들어 선거권 행사를 위한 아무런 법적 장치도 마련하지 않고 있는 것은, 그 입법목적이 국민들의 선거권 행사를 부인할만한 '불가피한 예외적인 사유'에 해당하는 것이라 볼 수 없고, 나아가 기술적인 대체수단이 있음에도 불구하고 선거권을 과도하게 제한하고 있어 '피해의 최소성' 원칙에 위배되며, 원양의 해상업무에 종사하는 선원들은 아무런 귀책사유도 없이 헌법상의 선거권을 행사할 수 없게 되는 반면, 이와 관련하여 추구되는 공익은 불분명한 것이어서 '법익의 균형성' 원칙에도 위배된다.

⑤ 자유선거 원칙

  ㉠ 헌법에 명문규정은 없지만 민주국가의 선거제도에 내재하는 당연한 선거원칙이다.

  ㉡ 강제선거에 대한 상반되는 개념으로서 선거과정에서 요구되는 선거권자의 의사형성의 자유와 의사실현의 자유를 보호하는 선거원칙이다. 따라서 선거를 하지 않을 자유도 보장된다.

(4) **대표제와 선거구제**

① 다수대표제

ㄱ 종류

ⓐ 본질적인 절대 다수대표제

ⓑ 우리나라 선거제에서 채택하는 상대 다수대표제

ㄴ 상대 다수대표제 장점

ⓐ 양당제 확립이 용이, 정국안정

ⓑ 선거인과 대표자간의 유대관계 형성용이

ㄷ 상대 다수대표제 단점

ⓐ 사표발생

ⓑ 신인 정치인의 발굴이 어려움

ⓒ 소수보호에 불리

ⓓ 당의 득표율과 의석수가 역전되는 현상, 즉 표에서 이기고 의석수에서 지는 Bias 현상이 발생한다.

ⓔ 게리맨더링 발생

② 비례대표제

ㄱ 의의 : 비례대표선거제란 정당이나 후보자에 대한 선거권자의 지지에 비례하여 의석을 배분하는 선거제도를 말한다. 거대정당에게 일방적으로 유리하고, 다양해진 국민의 목소리를 제대로 대표하지 못하며 사표를 양산하는 상대 다수대표제의 문제점에 대한 보완책으로 고안·시행된 것이다.

ㄴ 장점

ⓐ 투표의 성과가치평등을 실현할 수 있다.

ⓑ 소수보호에 유리하다.

ⓒ 사표발생을 방지할 수 있다.

ⓓ 정당의 선거비용을 절감할 수 있다.

ㄷ 단점

ⓐ 군소정당 난립 : 정국 불안정하다.

ⓑ 정당의 민주화가 안 된 경우 정당간부의 횡포와 독점이 발생한다.

ⓒ 정치판도가 고정화될 수 있다.

ㄹ 대의제와의 관계 : 비례대표제는 대표하는 집단의 의사와 이익을 대변하는 것으로 전체국민의 의사와 이익을 대표하는 대의제와 이념적 갈등이 있다. 다만, 대의제 국가에서도 비례대표제는 채택될 수 있다.

ㅁ 의원내각제와의 관계 : 비례대표제는 소수보호를 위해 다수의 형성과 기능을 희생시키므로 군소정당이 난립할 가능성이 높아 다수의 형성이 필요한 의원내각제와의 조화가 어렵다.

ⓗ 저지조항

　　ⓐ 개념 : 비례대표의석배분에 있어서 일정 미만의 득표나 의석을 얻은 정당을 의석배분에서 배제시키는 조항

　　ⓑ 목적 : 군소정당의 난립 방지, 정국 안정

　　ⓒ 문제점 : 소수정당에 불리하고 다수 정당에 유리하고, 국민의 의사를 왜곡시킬 우려가 있다.

　　ⓓ 봉쇄기준(저지기준)

비례대표국회의원	지역구국회의원의석수는 5석, 정당득표율은 3%(독일은 3석, 5%)
비례대표지방의원	유효투표총수의 100분의 5

③ 다수대표제는 일반적으로 소선거구제와 결합되고 소수대표제는 대선거구제와 결합된다.

대표제	다수대표제	절대 다수대표제(본질적 의미의 대표제)	과반수이상 득표자 1인 선출
		상대 다수대표제	한표라도 많은 득표자 1인 선출
	소수대표제	소수표를 얻은 경우에도 당선이 가능한 대표제이다.	
	비례대표제	상대 다수 대표제의 보안으로 정당의 득표율(5석, 3% 저지조항)에 따라 의석을 배분한다.	
	직능대표제	우리 헌정사상 채택한 바 없다.	
선거구제	소선거구제	한 선거구에서 1인의 대표선출, 대부분의 선거	
	중선거구제	한 선거구에서 2인~4인의 대표선출, 기초 지방의회의원 선거	
	대선거구제	한 선거구에서 5인의 대표선출, 현행 시행하고 있지 않다.	

판례

1. 「공직선거법」이 소선거구 다수대표제를 규정하여 다수의 사표가 발생한다 하더라도 그 이유만으로 헌법상 요구된 선거의 대표성의 본질을 침해한다거나 그로 인해 국민주권원리를 침해하고 있다고 할 수 없고, 청구인의 평등권과 선거권을 침해한다고 할 수 없다(헌재 2016.05.26. 2012헌마374).

2. 비례대표제는 정당제 민주주의에 바탕을 두고(소선거구) 다수대표제의 단점, 즉 거대정당에게 유리하고 다양해진 국민의 목소리를 제대로 대표하지 못하며 사표를 양산하는 문제점에 대한 보완책으로 고안되고 시행되었다. 비례대표제가 적절히 운용되는 경우 사회세력에 상응한 대표를 형성하고 정당정치를 활성화하며 정당간의 경쟁을 촉진하여 정치적 독점을 배제할 수 있다(헌재 2009.06.25. 2007헌마40 ; 헌재 2013.10.24. 2012헌마311).

3. 대의민주주의에서 정당의 중요성이 강조되는 가운데 비례대표제는 정당제 민주주의에 근거를 두고 국민주권주의의 출발점인 투표결과의 비례성을 강화하여 사회의 다원적인 정치적 이념을 유권자의 의사에 따라 충실하게 반영할 수 있는 장점이 있다. 이에 더하여 헌법 제41조 제3항이 국회의원과 관련된 선거제도를 법률에 위임하면서도 비례대표제를 특별히 규정하고 있는 점 등을 고려하면, 비록 소선거구 다수대표제를 포함하는 선거제도가 헌법상 선거원칙에 위반되지 않는다 하더라도 정당명부식 비례대표제는 점진적으로 확대하는 것이 바람직하며, 특별히 비례대표제로 인하여 정국의 불안정이 초래되었다는 점 등이 검증되지 않는 한 현재 시행되고 있는 비례대표제를 축소하는 것은 엄격히 제한되어야 한다(헌재 2016.05.26. 2012헌마374).

(5) 현행헌법의 선거제도

> 제24조 모든 국민은 법률이 정하는 바에 의하여 선거권을 가진다.
> 제41조 제1항 국회는 국민의 보통·평등·직접·비밀선거에 의하여 선출된 국회의원으로 구성한다.
> 　제2항 국회의원의 수는 법률로 정하되, 200인 이상으로 한다.
> 　제3항 국회의원의 선거구와 비례대표제 기타 선거에 관한 사항은 법률로 정한다.
> 제67조 제1항 대통령은 국민의 보통·평등·직접·비밀선거에 의하여 선출한다.
> 　제2항 제1항의 선거에 있어서 최고득표자가 2인 이상인 때에는 국회의 재적의원 과반수가 출석한 공개회의에서 다수표를 얻은 자를 당선자로 한다.
> 　제3항 대통령후보자가 1인일 때에는 그 득표수가 선거권자 총수의 3분의 1 이상이 아니면 대통령으로 당선될 수 없다.
> 　제4항 대통령으로 선거될 수 있는 자는 국회의원의 피선거권이 있고 선거일 현재 40세에 달하여야 한다.
> 　제5항 대통령의 선거에 관한 사항은 법률로 정한다.
> 제68조 제1항 대통령의 임기가 만료되는 때에는 임기만료 70일 내지 40일 전에 후임자를 선거한다.
> 　제2항 대통령이 궐위된 때 또는 대통령 당선자가 사망하거나 판결 기타의 사유로 그 자격을 상실한 때에는 60일 이내에 후임자를 선거한다.
> 제70조 대통령의 임기는 5년으로 하며, 중임할 수 없다.

① 선거제도의 기본내용

	대통령 선거	국회의원 선거	지자체장 선거	지방의회의원 선거
선거권	18세 이상(법률)		• 18세 이상 선거인명부작성일 기준 당해 선거구주민등록이 되어 있는 자 • 3월 이상 주민증록표에 등재된 재외국민 포함한다. • 외국인대장상 등재 된 영주자격을 가진 3년 이상 거주 외국인	
피선거권	• 40세 이상 • 현재 5년 이상 국내거주 • 국회의원 피선거권이 있는 자	18세 이상 거주요건 없음	• 18세 이상 • 선거일 현재 계속 60일 이상 당해 지방자치단체의 관할구역 안에 주민등록(국내거소신고인명부에 올라 있는 경우를 포함)이 되어 있는 국민	
선거일 (선거기간)	임기만료전 70일(40일 이내) 이후 첫 번째 수요일(23일)	임기만료전 50일 이후 첫 번째 수요일(14일)	임기만료전 30일 이후 첫 번째 수요일(14일)	
기탁금	3억 원(종전 5억 원은 헌법불합치)	1천5백만 원(단, 비례대표는 헌법불합치로 5백만 원)	• 시·도: 5천만 원 • 시·군·자치구: 1천만 원	• 시·도: 300만 원 • 시·군·자치구: 200만 원

무소속후보자 추천인 수	3,500~6,000인(5이 상 시·도에 각 500 인 이상)	300~500인	• 시·도 : 1천~ 　2천인 • 시·군·자치구 : 　300~500인	• 시·도 : 100~ 　200인 • 시·군·자치구 : 　50~100인
최고득표자가 2인 이상일 경우	국회에서 간선 : 재 적 과반수 출석에 다수득표자 당선	연장자		
출마자가 1인인 경우	선거권자총수의 1/3	무투표당선		
보궐선거	실시사유가 확정된 때로부터 60일, 대 통령, 대통령대행자 가 선거일 전 50일 전까지 공고	보궐선거일 법정화		

② 선거권

　㉠ 선거권자(「공직선거법」 제15조) : 선거명부작성일 현재 18세 이상의 국민으로서 「공직선거법」
　　제18조의 선거권이 없는 자에 해당하지 않는 자

판례

**선거권자의 연령을 선거일 현재를 기준으로 산정하도록 규정한 「공직선거법」 제17조에 대한 심판청구
를 기각한다**(헌재 2021.09.30. 2018헌마300).

물론 청구인의 주장대로 일정한 연령에 도달하는 해의 1월 1일을 기준으로 선거권을 부여하면, 이 사건
심판대상조항에 비해 더 많은 사람들이 선거권을 행사하는 경우가 생길 수도 있다. 그러나 이는 이 사건
심판대상조항의 주된 목적과는 직접적인 관련이 없고, 「공직선거법」 제15조 제2항이 2020. 1. 14. 법률
제16864호로 개정되어 선거권연령 자체가 18세로 하향 조정된 점까지 아울러 고려하면, 청구인이 주장
하는 사정들을 감안하더라도 이 사건 심판대상조항을 입법형성권의 한계를 벗어난 자의적 입법으로 볼
수 없다. 따라서 이 사건 심판대상조항은 청구인의 선거권이나 평등권을 침해하지 않는다.

　㉡ 선거권이 없는 자(「공직선거법」 제18조)

　　ⓐ 금치산선고를 받은 자(피성년후견인)

　　ⓑ 1년 이상의 징역 또는 금고의 형의 선고를 받고 그 집행이 종료되지 아니하거나 그 집행
　　　을 받지 아니하기로 확정되지 아니한 사람이다. 다만, 그 형의 집행유예를 선고받고 유예
　　　기간 중에 있는 사람은 제외한다.

판례

1. 종전의 금고이상의 형의 선고를 받고 그 집행이 종료되지 아니하거나 그 집행을 받지 아니하기로 확정되지 아니한 재(수형자 : 헌법불합치 단, 집행유예자 : 위헌)(헌재 2014.01.28. 2012헌마409 등)

[1] 심판대상조항은 집행유예자와 수형자에 대하여 전면적·획일적으로 선거권을 제한하고 있다. 심판대상조항의 입법목적에 비추어 보더라도, 구체적인 범죄의 종류나 내용 및 불법성의 정도 등과 관계없이 일률적으로 선거권을 제한하여야 할 필요성이 있다고 보기는 어렵다. 범죄자가 저지른 범죄의 경중을 전혀 고려하지 않고 수형자와 집행유예자 모두의 선거권을 제한하는 것은 침해의 최소성원칙에 어긋난다. 특히 집행유예자는 집행유예 선고가 실효되거나 취소되지 않는 한 교정시설에 구금되지 않고 일반인과 동일한 사회생활을 하고 있으므로, 그들의 선거권을 제한해야 할 필요성이 크지 않다. 따라서 심판대상조항은 청구인들의 선거권을 침해하고, 보통선거원칙에 위반하여 집행유예자와 수형자를 차별취급하는 것이므로 평등원칙에도 어긋난다.

[2] 심판대상조항 중 수형자에 관한 부분의 위헌성은 지나치게 전면적·획일적으로 수형자의 선거권을 제한한다는 데 있다. 그런데 그 위헌성을 제거하고 수형자에게 헌법합치적으로 선거권을 부여하는 것은 입법자의 형성재량에 속하므로 심판대상조항 중 수형자에 관한 부분에 대하여 헌법불합치결정을 선고한다.

2. 개정 된 1년 이상 징역의 형의 선고를 받고 그 집행이 종료되지 아니한 사람에 대하여 선거권을 제한하는 것은 선거권을 침해하지 않는다(헌재 2017.05.25. 2016헌마292).

선거권을 제한하는 입법을 심사함에 있어서는 선거권 제한 여부 및 적용범위의 타당성에 관하여 보통선거원칙에 입각한 선거권 보장과 그 제한의 관점에서 헌법 제37조 제2항에 따라 엄격한 비례심사를 하여야 한다.

ⓒ 선거범, 「정치자금법」 제45조(정치자금부정수수죄) 및 제49조(선거비용관련 위반행위에 관한 벌칙)에 규정된 죄를 범한 자 또는 대통령·국회의원·지방의회의원·지방자치단체의 장으로서 그 재임중의 직무와 관련하여 「형법」(「특정범죄가중처벌 등에 관한 법률」 제2조에 의하여 가중처벌되는 경우를 포함한다) 제129조(수뢰, 사전수뢰) 내지 제132조(알선수뢰)·「특정범죄가중처벌 등에 관한 법률」 제3조(알선수재)에 규정된 죄를 범한 자로서, 100만원이상의 벌금형의 선고를 받고 그 형이 확정된 후 5년 또는 형의 집행유예의 선고를 받고 그 형이 확정된 후 10년을 경과하지 아니하거나 징역형의 선고를 받고 그 집행을 받지 아니하기로 확정된 후 또는 그 형의 집행이 종료되거나 면제된 후 10년을 경과하지 아니한 자(형이 실효된 자도 포함한다)

판례

「공직선거법」 제256조 제1항 제5호 중 제108조 제11항 제2호의 선거범죄로 100만 원 이상의 벌금형의 선고를 받고 그 형이 확정된 후 5년을 경과하지 아니한 자는 선거권이 없다고 규정한 「공직선거법」 제18조 제1항 제3호 중 제256조 제1항 제5호 가운데 제108조 제11항 제2호의 선거범죄를 범한 자로서 100만 원 이상의 벌금형의 선고를 받고 그 형이 확정된 후 5년을 경과하지 아니한 자에 관한 부분이 청구인들의 선거권을 침해하지 않는다(헌재 2022.03.31. 2019헌마986).

ⓓ 법원의 판결 또는 다른 법률에 의하여 선거권이 정지 또는 상실된 자

ⓒ 선거인: 「공직선거법」 제37조 제1항에 따라 선거권자 중 선거인 명부에 올라와 있는 자

판례

선거권 연령 20세(헌재 1997.06.26. 96헌마89) : **기각**

입법권자가 「공직선거 및 선거부정 방지법」에서 「민법」상의 성년인 20세 이상으로 선거권연령을 합의한 것은 미성년자의 정신적·신체적 자율성의 불충분 외에도 교육적 측면에서 예견되는 부작용과 일상생활 여건상 독자적으로 정치적인 판단을 할 수 있는 능력에 대한 의문 등을 고려한 것이다. 선거권과 공무담임권의 연령을 어떻게 규정할 것인가는 입법자가 입법목적 달성을 위한 선택의 문제이고 입법자가 선택한 수단이 현저하게 불합리하고 불공정한 것이 아닌 한 재량에 속하는 것인바, 선거권 연령을 공무담임권의 연령인 18세와 달리 20세로 규정한 것은 입법부에 주어진 합리적인 재량의 범위를 벗어난 것으로 볼 수 없다.

③ 피선거권

㉠ 피선거권이 없는 자(「공직선거법」 제19조)

ⓐ 제18조(선거권이 없는 자)제1항 제1호·제3호 또는 제4호에 해당하는 자

ⓑ 금고 이상의 형의 선고를 받고 그 형이 실효되지 아니한 자

ⓒ 법원의 판결 또는 다른 법률에 의하여 피선거권이 정지되거나 상실된 자

ⓓ 「국회법」 제166조(국회 회의 방해죄)의 죄를 범한 자로서 다음 어느 하나에 해당하는 자(형이 실효된 자를 포함한다)

- 500만 원 이상의 벌금형의 선고를 받고 그 형이 확정된 후 5년이 경과되지 아니한 자

- 형의 집행유예의 선고를 받고 그 형이 확정된 후 10년이 경과되지 아니한 자

- 징역형의 선고를 받고 그 집행을 받지 아니하기로 확정된 후 또는 그 형의 집행이 종료되거나 면제된 후 10년이 경과되지 아니한 자

ⓔ 제230조 제6항의 죄(매수 및 이해유도죄)를 범한 자로서 벌금형의 선고를 받고 그 형이 확정된 후 10년을 경과하지 아니한 자(형이 실효된 자도 포함한다)

판례

1. 주민등록을 요건으로 재외국민의 국민투표권을 제한하는 「국민투표법」 제14조 제1항이 청구인들의 국민투표권을 침해한다(헌재 2007.06.28. 2005헌마772) : **헌법불합치**

이 사건 법률조항이 대한민국 국외의 구역을 항해하는 선박에서 장기 기거하는 선원들이 선거권을 행사할 수 있도록 하는 효과적이고 기술적인 방법이 존재함에도 불구하고, 선거의 공정성이나 선거기술상의 이유만을 들어 선거권 행사를 위한 아무런 법적 장치도 마련하지 않고 있는 것은, 그 입법목적이 국민들의 선거권 행사를 부인할만한 '불가피한 예외적인 사유'에 해당하는 것이라 볼 수 없고, 나아가 기술적인 대체수단이 있음에도 불구하고 선거권을 과도하게 제한하고 있어 '피해의 최소성' 원칙에 위배된다.

2. **「공직선거법」 제37조 제1항의 주민등록을 요건으로 재외국민의 국정선거권을 제한하는 것은 재외국민의 선거권, 평등권을 침해하고 보통선거원칙에 반한다**(헌재 2007.06.28. 2004헌마644 · 2005헌마360) : **헌법불합치**

선거권의 제한은 불가피하게 요청되는 개별적 · 구체적 사유가 존재함이 명백할 경우에만 정당화될 수 있고, 막연하고 추상적인 위험이나 국가의 노력에 의해 극복될 수 있는 기술상의 어려움이나 장애 등을 사유로 그 제한이 정당화될 수 없다. 북한주민이나 조총련계 재일동포가 선거에 영향을 미칠 가능성, 선거의 공정성, 선거기술적 이유 등은 재외국민등록제도나 재외국민 거소신고제도, 해외에서의 선거운동방법에 대한 제한이나 투표자 신분확인제도, 정보기술의 활용 등을 통해 극복할 수 있으며, 나아가 납세나 국방의무와 선거권 간의 필연적 견련관계도 인정되지 않는다는 점 등에 비추어 볼 때, 단지 주민등록이 되어 있는지 여부에 따라 선거인명부에 오를 자격을 결정하여 그에 따라 선거권 행사 여부가 결정되도록 함으로써 엄연히 대한민국의 국민임에도 불구하고 「주민등록법」상 주민등록을 할 수 없는 재외국민의 선거권 행사를 전면적으로 부정하고 있는 법 제37조 제1항은 어떠한 정당한 목적도 찾기 어려우므로 헌법 제37조 제2항에 위반하여 재외국민의 선거권과 평등권을 침해하고 보통선거원칙에도 위반된다.

3. **「공직선거법」 위반의 죄와 선거범 아닌 죄의 경합범을 선거범으로 의제한 것**(헌재 1997.12.24. 97헌마16) : **기각**

이 사건의 경우 청구인에 대하여 산림법 위반의 죄의 벌금형에 「공직선거법」 위반의 죄의 벌금형을 경합가중하여 벌금 150만원으로 형을 정한 것은 청구인의 선거권과 피선거권을 제한하려는 법원의 판단이 내재된 것으로 보지 않을 수 없다. 따라서 이 사건 법률조항은 입법목적 달성을 위하여 입법부에게 부여된 선택의 범위내로 합리적인 이유와 근거가 있다 할 것이고, 공선법위반의 죄와 선거범 아닌 죄에 대하여 따로 재판을 하는 경우와 경합범으로 재판하는 경우와를 비교하여 현저히 불합리하게 차별하는 불공정한 자의적인 입법이라고 단정할 수 없고 입법부에 주어진 합리적인 재량의 한계를 벗어난 것으로 볼 수도 없는 것이다.

4. **선거범죄와 다른 죄가 병합되어 경합범으로 재판하게 되는 경우 분리 선고 규정을 두지 않은 새마을금고임원의 결격사유사건은 헌법상 평등원칙에도 위반된다**(헌재 2014.09.25. 2013헌바208) : **헌법불합치**

이 사건 법률조항이 분리 선고 규정을 두지 않은 결과, 선거범죄가 경미하여 그것만으로 처벌되는 때에는 100만원 미만의 벌금형을 선고받을 수 있음에도 불구하고 다른 범죄와 경합범으로 함께 처벌되면 100만원 이상의 벌금형이나 징역형을 선고받을 수 있어 임원직을 상실할 수도 있게 되는 바, 이 사건 법률조항은 선거범죄와 다른 죄의 경합범으로 기소, 처벌되는 사람과 별도로 기소, 처벌되는 사람 사이에 합리적 이유 없이 차별대우를 하는 결과를 초래하므로 헌법상 평등원칙에도 위반된다.

5. **주민등록이 되어 있지 않고 국내거소신고도 하지 않은 재외국민인 재외선거인의 국민투표권을 제한하는 「국민투표법」 제14조 제1항의 관련부분은 재외선거인의 국민투표권을 침해하여 헌법에 합치되지 않는다**(헌재 2014.07.24. 2009헌마256) : **헌법불합치**

재외선거인은 대의기관을 선출할 권리가 있는 국민으로서 대의기관의 의사결정에 대해 승인할 권리가 있고, 국민투표권자에는 재외선거인이 포함된다고 보아야 한다. 또한, 국민투표는 선거와 달리 국민이 직접 국가의 정치에 참여하는 절차이므로, 국민투표권은 대한민국 국민의 자격이 있는 사람에게 반드시 인정되어야 하는 권리이다. 이처럼 국민의 본질적 지위에서 도출되는 국민투표권을 추상적 위험 내지 선거기술상의 사유로 배제하는 것은 헌법이 부여한 참정권을 사실상 박탈한 것과 다름없다. 따라서 「국민투표법」조항은 재외선거인인 나머지 청구인들의 국민투표권을 침해한다.

6. 「공직선거법」 제218조의16 제3항 중 '재외투표기간 개시일 전에 귀국한 재외선거인 등'에 관한 부분이 불완전 · 불충분하게 규정되어 있어 재외투표기간 개시일에 임박하여 또는 재외투표기간 중에 재외선거사무 중지결정이 있었고 그에 대한 재개결정이 없었던 예외적인 상황에서 재외투표기간 개시일 이후에 귀국한 재외선거인 및 국외부재자신고인(이하 '재외선거인 등'이라 한다)이 국내에서 선거일에 투표할 수 있도록 하는 절차를 마련하지 아니한 것이 청구인의 선거권을 침해한다(헌재 2022.01.27. 2020헌마895).

ⓛ 공무원의 피선거권의 제한(「공직선거법」 제53조)

ⓐ 규정이 없는 경우(지방자치단체장이 출마하는 선거구역이 다른 지역인 경우) 또는 공무원 등은 공직선거입후보시 선거일 전 90일까지 그 직을 그만두어야 한다.

ⓑ 그 직 유지: 국회의원이 국회의원선거, 대통령선거 입후보시 또는 지방의회의원이나 지방자치단체의 장이 당해 지방자치단체의 의원 또는 장 선거 입후보시

ⓒ 공무원 등이 선거일 전 30일까지: 비례대표국회의원선거나 비례대표지방의회의원선거에 입후보시, 보궐선거, 국회의원이 지방자치단체의 장 선거 입후보시, 지방의회의원이 다른 지방자치단체의 의원 또는 장 선거 입후보시

ⓓ 후보자등록신청 직전까지: 비례대표국회의원이 지역구국회의원 보궐선거 등에 입후보하는 경우 및 비례대표지방의회의원이 해당 지방자치단체의 지역구지방의회의원 보궐선거 등에 입후보하는 경우

ⓔ 선거일 전 120일까지(과거 출마 금지 위헌, 180일전 사퇴 위헌): 지방자치단체의 장이 출마하는 선거구역이 당해 지방자치단체의 관할구역과 같거나 겹치는 지역구국회의원선거 입후보시. 다만, 그 지방자치단체의 장이 임기가 만료된 후에 그 임기만료일부터 90일 후에 실시되는 지역구국회의원선거에 입후보하려는 경우에는 그러하지 아니하다.

판례

1. **선거범으로 형벌을 받은 자에 대하여 일정기간 피선거권을 정지시키는 규정은 합리적 이유 없이 자의적으로 제한하는 위헌규정이라고 할 수 없다**(헌재 1995.12.28. 95헌마196): **기각**
선거범으로 형벌을 받은 자에 대하여 일정기간 피선거권을 정지시키는 규정 자체는 선거의 공정성을 해친 선거사범에 대하여 일정기간 피선거권의 행사를 정지시킴으로써 선거의 공정성을 확보함과 동시에 본인의 반성을 촉구하기 위한 법적조치로서, 국민의 기본권인 공무담임권과 평등권을 합리적 이유 없이 자의적으로 제한하는 위헌규정이라고 할 수 없다.

2. **선거일 전 90일까지 그 직위를 그만두도록 한 공무원의 입후보제한**(헌재 1995.02.23. 95헌마53): **기각**
공무원이 공직선거에 입후보하려면 선거일 전 90일까지 그 직위를 그만두도록 한 것은 선거의 공공성, 공직의 직무 전념성 보장, 포말후보의 난립을 방지하기 위한 것으로 과잉금지원칙에 위배된다고 볼 수 없다.

3. **지방자치단체장의 선거구역이 당해 지방자치단체의 관할구역과 같거나 겹치는 지역구 국회의원선거에 입후보하고자 할 때 선거일 전 180일까지 그 직을 그만두도록 한 「공직선거법」은 평등원칙에도 위배된다**(헌재 2003.09.25. 2003헌마106) : **한정위헌**

지방자치단체장의 선거구역이 당해 지방자치단체의 관할구역과 같거나 겹치는 지역구 국회의원선거에 입후보하고자 할 때 선거일 전 180일까지 그 직을 그만두도록 한 「공직선거법」 제53조 제3항은 선거일 전 60일까지 사퇴하면 되는 다른 공무원과 비교할 때 지나치게 피선거권을 제한한 것이고 다른 공무원과 지방자치단체장간에 차별할 이유가 없는 바 평등원칙에도 위배된다.

4. **정부투자기관 직원 입후보제한 : 위헌, 겸직금지 : 합헌**(헌재 1995.05.25. 91헌마67)

구 「지방의회의원선거법」 제35조 제1항 제6호의 '정부투자기관의 임·직원'중 '직원'부분에 '정부투자기관관리기본법시행령 제13조 제1항에서 정하는 집행간부'가 아닌 직원을 포함시키는 것은 헌법에 위반된다.

5. **농지개량조합의 조합장 이외의 나머지 조합장을 농지개량조합의 조합장과 동일하게 겸직금지한 것은 합리성 없는 차별대우의 입법이라 할 것이므로 헌법에 위반된다**(헌재 1991.03.11. 90헌마28) : **위헌**

[1] 농지개량조합 조합장 이외의 나머지 조합장은 어디까지나 명예직이며, 법률상 비상근직인 바, 정기급의 봉급이 아니라 실비의 변상을 받을 뿐이며, 원래 명예직이란 그 성질상 특히 양립하기 어려운 사유가 없으면 응당 다른 직에 종사가 예정되어 있는 직위이므로, 타직의 겸직은 오히려 장려되어야 한다.

[2] 농지개량조합장 「농촌근대화촉진법」에 따르면 농지개량조합의 경우 조합장 이외의 임원은 명예직이나 조합장은 상근직이며, 토지구획정리사업을 수행하는 등 공법상의 권한을 갖고 있고, 조합비 부과에 관한 쟁송은 행정쟁송의 방법에 의하며, 조합과 임직원의 관계는 공법관계라는 것이 판례의 태도로서, 공법인성은 어느 협동조합보다도 뚜렷한 바, 그렇다면 농지개량조합의 조합장에 대한 겸직금지규정등은 다른 조합의 조합장과는 달리 그에 대해 부과될 직무전념의 성실의무 그리고 공법인성 등과 상치된다고 단정할 수 없을 것이다. 농지개량조합의 조합장 부분은 헌법에 위반되지 않는다.

④ 기탁금

㉠ 법이 정한 기탁금을 납부해야만 후보자 등록이 가능하다.

㉡ 선거의 효과적·공정한 운영 : 후보자 난립을 방지하고, 선거의 신뢰성과 정치적 안정성을 확보할 수 있다.

㉢ 지나친 기탁금은 기탁금을 마련하지 못한 자가 선거에 입후보할 수 없게 하여 피선거권 침해를 야기한다.

㉣ 반환사유

ⓐ 당선, 후보자 사망, 비례대표의 경우 소속정당의 비례대표 후보자 중 당선자가 있을 때 : 대집행비용 등을 제외한 금액

ⓑ 유효투표수의 15% 이상 득표 : 전액

ⓒ 유효투표총수의 10% 이상 15% 미만 득표 : 반액

㉤ 국고귀속사유 : 법정기준 미만의 득표, 후보자 사퇴, 후보자 등록무효(당적 변경 등의 사유로), 비례대표의 경우 소속정당의 비례대표 후보자 중 당선자가 없을 때 기탁금은 국가 또는 지방자치단체에 귀속된다.

판례

1. **기탁금의 액수와 반환 비율을 지역구국회의원선거에 있어 후보자의 득표수가 유효투표총수를 후보자수로 나눈 수 이상이거나 유효투표총수의 100분의 20 이상으로 정한 것은 국민의 피선거권을 침해하는 것이다**(헌재 2001.07.19. 2000헌마91 등) : **한정위헌**

   [1] 기탁금의 액수는 불성실한 입후보를 차단하는데 필요한 최소한으로 정하여야지, 진지한 자세로 입후보하려는 국민의 피선거권을 제한하는 정도여서는 아니될 것인바, 「공직선거법」 제56조 제1항 제2호는 국회의원 후보자등록을 신청하는 후보자로 하여금 2천만 원을 기탁금으로 납부하도록 하고 있는데, 이 금액은 평균적인 일반국민의 경제력으로는 피선거권 행사를 위하여 손쉽게 조달할 수 있는 금액이라고 할 수 없으며, 이와 같이 과도한 기탁금은 기탁금을 마련할 자력이 없으면 아무리 훌륭한 자질을 지니고 있다 할지라도 국회의원 입후보를 사실상 봉쇄당하게 하며, 그로 말미암아 서민층과 젊은 세대를 대표할 자가 국민의 대표기관인 국회에 진출하지 못하게 하는 반면, 재력이 풍부하여 그 정도의 돈을 쉽게 조달·활용할 수 있는 사람들에게는 아무런 입후보 난립방지의 효과를 갖지 못하여 결국 후보자의 난립 방지라는 목적을 공평하고 적절히 달성하지도 못하면서, 진실 된 입후보의 의사를 가진 많은 국민들로 하여금 입후보 등록을 포기하지 않을 수 없게 하고 있으므로 이들의 평등권과 피선거권, 이들을 뽑으려는 유권자들의 선택의 자유를 침해하는 것이다.

   [2] 선거는 그 과정을 통하여 국민의 다양한 정치적 의사가 표출되는 장으로서 낙선한 후보자라고 하여 결과적으로 '난립후보'라고 보아 제재를 가하여서는 아니되므로 기탁금 반환의 기준으로 득표율을 사용하고자 한다면 그 기준득표율은 유효투표총수의 미미한 수준에 머물러야 할 것인 바, 「공직선거법」 제57조 제1항, 제2항은 지역구국회의원선거에 있어 후보자의 득표수가 유효투표총수를 후보자수로 나눈 수 이상이거나 유효투표총수의 100분의 20 이상인 때에 해당하지 않으면 기탁금을 반환하지 아니하고 국고에 귀속시키도록 하고 있는데, 이러한 기준은 과도하게 높아 진지한 입후보희망자의 입후보를 가로막고 있으며, 또한 일단 입후보한 자로서 진지하게 당선을 위한 노력을 다한 입후보자에게 선거결과에 따라 부당한 제재를 가하는 것이 되고, 특히 2, 3개의 거대정당이 존재하는 경우 군소정당이나 신생정당 후보자로서는 위 기준을 충족하기가 힘들게 될 것이므로 결국 이들의 정치참여 기회를 제약하는 효과를 낳게 된다 할 것이므로 위 조항은 국민의 피선거권을 침해하는 것이다.

2. **기탁금의 액수와 반환 비율을 유효투표총수를 후보자수로 나눈 수 또는 유효투표총수의 100분의 15 이상으로 정한 것은 현저히 불합리하거나 자의적인 기준이라고 할 수 없다**(헌재 2003.08.21. 2001헌마687 등) : **기각**

   [1] 기탁금의 변동에 따른 역대 국회의원선거입후보자수의 변동추이를 살펴보면, 1,000만 원에서 2,000만 원 정도의 비교적 높은 기탁금수준에서 후보자의 수가 4명 내지 5명 정도로 고정되는 경향을 보이고 있어 1,500만 원의 기탁금은 기탁금제도의 목적과 취지를 실현하는 데 적절하고도 실효적인 범위 내의 금액으로 보이고, 우리나라의 산업별 상용종업원의 월평균임금에 비추어 볼 때도 1,500만 원의 기탁금은 다른 재산이 전혀 없는 통상적인 평균임금을 수령하는 도시근로자가 그 임금을 6개월 정도, 금융·보험업에 종사하는 근로자의 경우에는 3개월 정도 저축하면 마련할 수 있는 정도의 금액에 해당하는 것으로 나타나고 있어 과다한 금액의 설정이라고 단정하기도 어렵다.

[2] 기탁금제도가 실효성을 유지하기 위해서는 일정한 반환기준에 미달하는 경우 기탁금을 국고에 귀속시키는 것이 반드시 필요하지만, 진지하게 입후보를 고려하는 자가 입후보를 포기할 정도로 반환기준이 높아서는 안될 헌법적 한계가 있다. 그러므로 보건대, 기탁금제도의 대안으로서 유권자추천제도를 실시할 경우에 후보자난립을 방지할 정도에 이르는 유권자의 추천수, 역대 선거에서의 기탁금반환비율의 추이, 기탁금반환제도와 국고귀속제도의 입법취지 등을 감안하면, 유효투표총수를 후보자수로 나눈 수 또는 유효투표총수의 100분의 15 이상으로 정한 기탁금반환기준은 입법자의 기술적이고 정책적 판단에 근거한 것으로서 현저히 불합리하거나 자의적인 기준이라고 할 수 없다.

3. 예비후보자로 등록하려면 후보자기탁금의 100분의 20을 기탁금으로 납부하도록 하는 것은 공무담임권, 재산권을 침해하지 아니한다(헌재 2010.12.28. 2010헌마79) : **기각**

예비후보자의 기탁금제도는 공식적인 선거운동기간 이전이라도 일정범위 내에서 선거운동을 할 수 있는 예비후보자의 무분별한 난립에 따른 폐해를 예방하고 그 책임성을 강화하기 위한 것으로서 입법목적이 정당하고, 예비후보자에게 일정액의 기탁금을 납부하게 하고 후보자등록을 하지 않으면 예비후보자가 납부한 기탁금을 반환받지 못하도록 하는 것은 예비후보자의 난립 예방이라는 입법목적을 달성하기 위한 적절한 수단이라 할 것이며 예비후보자가 납부하는 기탁금의 액수와 국고귀속 요건도 입법재량의 범위를 넘은 과도한 것이라고 볼 수 없으므로, 「공직선거법」 제57조 제1항 제1호 다목 및 제60조의2 제2항은 청구인의 공무담임권, 재산권을 침해하지 아니한다.

4. 비례대표국회의원선거에서의 기탁금 조항(1500만 원)및 기탁금반환 조항은 공무담임권을 침해한다(헌재 2016.12.29. 2015헌마1160).

[1] 비례대표국회의원선거 기탁금조항은 그 입법목적이 정당하고, 기탁금 요건을 마련하는 것은 그 입법목적을 달성하기 위한 적합한 수단에 해당된다. 그러나 정당에 대한 선거로서의 성격을 가지는 비례대표국회의원선거는 인물에 대한 선거로서의 성격을 가지는 지역구국회의원선거와 근본적으로 그 성격이 다르고, 비례대표 기탁금조항은 「공직선거법」상 허용된 선거운동을 통하여 선거의 혼탁이나 과열을 초래할 여지가 지역구국회의원선거보다 훨씬 적다고 볼 수 있음에도 지역구국회의원선거에서의 기탁금과 동일한 고액의 기탁금을 설정하고 있어 최소성 원칙과 법익균형성 원칙에도 위반되어 공무담임권을 침해한다.

[2] 비례대표국회의원후보자가 공개장소에서 연설·대담하는 것을 허용하지 않는 것은 선거운동의 자유 등을 침해하지 않는다.

5. 총장후보자 지원자에게 기탁금 1,000만 원을 납부하도록 한 전북대학교 간선제 총장임용후보자 선정에 관한 규정 조항은 교원 등 학내 인사뿐만 아니라 일반 국민들 입장에서도 적은 금액이 아니다. 여기에, 추천위원회의 최초 투표만을 기준으로 기탁금 반환 여부가 결정되는 점, 일정한 경우 기탁자 의사와 관계없이 기탁금을 발전기금으로 귀속시키는 점 등을 종합하면, 이 사건 기탁금조항은 직선제 총장선거에 있어서 와는 달리 1,000만 원이라는 액수는 자력이 부족한 교원 등 학내 인사와 일반 국민으로 하여금 총장후보자 지원 의사를 단념토록 하는 정도에 해당한다. 따라서 침해의 최소성과 법익균형성에 반하여 공무담임권을 침해한다(헌재 2018.04.26. 2014헌마274).

6. 지역구국회의원 예비후보자의 기탁금 반환 사유를 예비후보자의 사망, 당내 경선 탈락으로 한정하고 있는 「공직선거법」 제57조 제1항 제1호 다목 중 지역구국회의원선거와 관련된 부분은 헌법에 합치되지 아니하고, 위 법률조항은 2019. 6. 30.을 시한으로 개정될 때까지 계속 적용한다는 결정을 선고하였다(헌재 2018.01.25. 2016헌마541).

7. 예비후보자가 본선거의 정당후보자로 등록하려 하였으나 자신의 의사와 관계없이 정당 공천관리위원회의 심사에서 탈락하여 본선거의 후보자로 등록하지 아니한 것은 후보자등록을 하지 못할 정도에 이르는 객관적이고 예외적인 사유에 해당한다. 따라서 정당의 추천을 받고자 공천신청을 하였음에도 정당의 후보자로 추천받지 못한 예비후보자가 납부한 기탁금은 반환되어야 하므로, 예비후보자에게 기탁금을 반환하지 아니하는 것은 입법형성권의 범위를 벗어난 과도한 제한이라고 할 수 있으므로 침해최소성에 어긋난다. 심판대상조항은 과잉금지원칙에 반하여 청구인의 재산권을 침해한다(헌재 2020.09.24. 2018헌가15).

8. 대구교육대학교 총장임용후보자선거 후보자가 제1차 투표에서 최종 환산득표율의 100분의 15 이상을 득표한 경우에만 기탁금의 반액을 반환하도록 하고 반환하지 않는 기탁금은 대학 발전기금에 귀속되도록 규정한 '대구교육대학교 총장임용후보자 선정규정' 제24조 제2항(이하 '이 사건 기탁금귀속조항'이라 한다)이 과잉금지원칙에 위배되어 청구인의 재산권을 침해한다(헌재 2021.12.23. 2019헌마825).

⑤ 공정한 선거를 위한 제도
  ㉠ 선거구획정위원회(「공직선거법」 제24조) : 국회의원, 지방의회의원, 정당의 당원은 선거구획정위원회의 위원이 될 수 없다. 국회의원선거구의 공정한 획정을 위하여 중앙선거관리위원회에 국회의원선거구획정위원회를 두고, 시·도에 자치구 시·군의원선거구획정위원회를 둔다.
  ㉡ 선거경비국가부담원칙(헌법 제116조 제2항) : 후보자의 선거비용 보전을 위한 원칙이다.

> **판례**

1. **선거범죄로 당선이 무효로 된 자에게 이미 반환받은 기탁금과 보전받은 선거비용을 다시 반환하도록 하는 것은 헌법에 반하지 않는다**(헌재 2011.04.28. 2010헌바232) : **합헌**
참정권은 국민이 국가의 의사형성에 직접 참여하는 직접적인 참정권인 국민투표권(헌법 제72조, 제130조)과 국민이 국가기관의 형성에 간접적으로 참여하거나 국가기관의 구성원으로 선임될 수 있는 간접적인 참정권인 공무원선거권(헌법 제24조), 공무담임권(헌법 제25조)을 포괄하는 개념인바, 청구인이 주장하는 참정권의 침해 내용은 자력이 충분하지 못한 국민을 선뜻 공직선거에 출마하기 어렵게 한다는 것으로서 국민투표권이나 공무원선거권과는 무관한 내용이므로 공무담임권과 별도로 참정권 침해 여부를 판단할 필요는 없다. 이 사건 법률조항의 제재는 공직취임을 배제하거나 공무원 신분을 박탈하는 내용이 아니므로 공무담임권의 보호영역에 속하는 사항을 규정한 것이라고 할 수 없고, 선거범죄를 저지르지 않고 선거를 치르는 대부분의 후보자는 제재대상에 포함되지 아니하여 자력이 충분하지 못한 국민의 입후보를 곤란하게 하는 효과를 갖는다고 할 수 없으므로 이 사건 법률조항은 공무담임권을 제한한다고 할 수 없다.

2. **「선거법」에 위반되는 선거운동 비용을 보전하지 않는 것은 헌법에 반하지 않는다**(헌재 2012.02.23. 2010헌바485) : **합헌**
이 사건 법률조항은 선거비용을 보전함에 있어 「공직선거법」 규정을 위반한 사람들에게 일부의 제한을 가하겠다는 것인바, 후보자로서는 선거법규를 준수함으로써 이러한 부담을 얼마든지 피할 수 있으므로 그 내용 자체가 선거공영제의 취지에 반한다고 할 수 없고, 형사 처벌의 대상으로 삼을 정도의 중대한 위법은 아니라고 하더라도 선거법규를 철저히 준수하도록 하기 위하여 이를 준수하지 않은 사람에게 일정한 정도의 불이익을 가하는 것이 필요하다는 입법자의 판단이 정당하지 않다고 할 수 없으며, 당해 위법사유가 있는 선거운동에 지출된 비용만을 보전하지 않음으로써 입법목적을 달성하기 위한 필요최소한 정도의 기준을 설정하였다고 볼 수 있으므로 이를 선거공영제에 관한 입법형성권을 벗어난 자의적인 것이라고 할 수 없다.

ⓒ 여론조사결과발표금지(「공직선거법」제108조): 선거일 전 6일부터 선거일 투표마감시간까지 여론조사 공표가 금지된다.

판례

선거기간 개시일로부터 선거일 투표마감시간까지 여론조사의 경위와 공표를 금지한 「공직선거법」 제108조(헌재 1999.01.28. 98헌바64) : **합헌**

여론조사는 부정적인 측면도 가지고 있다. 우선 선거에 관한 여론조사는 그 결과가 공표되면, 투표자로 하여금 승산이 있는 쪽으로 가담하도록 만드는 이른바 밴드왜건효과와 이와 반대로 불리한 편에 동정하여 열세에 놓여있는 쪽으로 기울게 하는 이른바 열세자효과를 나타낼수 있다는 것이다. 가사 여론조사가 공정하고 정확하게 실시된다고 하더라도 여론조사의 결과를 공표하는 것은 유권자의 의사에 영향을 주어 국민의 진의와 다른 선거결과가 나올 수 있으므로, 선거의 본래의 취지를 살릴 수 없게 될 가능성도 없지 아니할 것이다. 또한 여론조사는 불공정·부정확하게 행하여지기가 쉽고 조작이 가능하며, 그러한 여론조사결과의 공표는 많은 폐해를 낳을 수 있다. 조사기간, 조사대상의 범위, 표본추출방법, 자료수집방법, 질문의 방식 등에 따라 그 결과가 각기 달리 나타나거나 정확도에서 많은 차이가 날 수도 있는 것이다. 따라서 이 사건 법률규정이 헌법 제37조 제2항의 과잉금지에 위배되어 언론·출판의 자유와 알권리 및 선거권을 침해하였다고 할 수 없다.

ⓔ 공무원의 선거의 중립성: 공무원의 중립의무(「공직선거법」제9조), 공무원의 선거에 영향을 미치는 행위 금지(「공직선거법」제86조)

판례

1. 대통령에 대한 선거에서 중립성의무위반에 대한 「공직선거법」 조항은 정치적 표현의 자유를 침해하는 것으로 볼 수 없다(헌재 2008.01.17. 2007헌마700) : **기각**

[1] 중앙선거관리위원회결정 중앙선거관리위원회의 대통령에 대한 선거에서 중립성의무위반이라는 결정은 헌법소원심판의 대상이 된다.

[2] 민주주의 국가에서 공무원 특히 대통령의 선거중립으로 인하여 얻게 될 '선거의 공정성'은 매우 크고 중요한 반면, 대통령이 감수하여야 할 '표현의 자유 제한'은 상당히 한정적이므로, 위 법률조항은 법익의 균형성도 갖추었다 할 것이고, 결국 이 사건 법률조항이 과잉금지원칙에 위배되어 청구인의 정치적 표현의 자유를 침해하는 것으로 볼 수 없다.

2. 지방자치단체 장은 선거에서의 정치적 중립성이 엄격히 요구됨에 따라 선거운동이 금지된다(헌재 2005.06.30. 2004헌바33) : **합헌**

국회의원과 지방의회의원은 선거에서의 정치적 중립의무가 요구되지 않으므로 선거운동이 금지되는 주체에서도 제외되나, 지방자치단체 장은 선거에서의 정치적 중립성이 엄격히 요구됨에 따라 선거운동이 금지된다. 이 사건 법률조항에서 국회의원과 지방의회의원을 선거에 영향을 미치는 행위가 금지되는 주체에서 제외하면서 지방자치단체 장을 제외하지 않은 것은 선거에서 정치적 중립의무가 요구되는 정도에 따른 것이므로 합리적인 근거 없는 차별로서 평등원칙에 위배된다고 볼 수 없다.

3. 종전 판례는 공무원에 대해 선거운동기획에 참여할 수 없도록 한 「공직선거법」 제86조는 명확성원칙, 선거운동의 자유를 침해하지 않는다(헌재 2005.06.30. 2004헌바33) : **합헌**

[1] 이 사건 법률조항은 공무원이 선거운동의 효율적 수행을 위한 일체의 계획 수립에 참여하는 행위 또는 그 계획을 직접 실시하거나 실시에 관하여 지시·지도하는 행위를 함으로써 선거에 영향을 미치는 것을 금지하며, 건전한 상식과 통상적인 법감정을 가진 사람이면 그 적용대상자가 누구이며 구체적으로 어떠한 행위가 금지되고 있는지를 충분히 알 수 있으므로 죄형법정주의의 명확성의 원칙에 위배된다고 할 수 없다.

[2] 이 사건 법률조항은 소위 관권선거나 공적 지위에 있는 자의 선거 개입의 여지를 철저히 불식시킴으로써 선거의 공정성을 확보하기 위하여 공무원에 대하여 선거에 영향을 미치는 행위까지 금지하고 있는바 그 입법목적의 정당성과 수단의 적정성이 인정되며, 선거의 공정성과 형평성을 확보하고 업무전념성을 보장하기 위하여 선거운동이 금지되는 공무원에 대하여 선거운동의 기획에 참여하는 행위 등을 금지하는 것은 당연한 귀결이라고 볼 수 있다. 선거운동 참여시 특히 폐해가 심할 것으로 명백히 예상되는 공무원에 대하여 선거운동의 기획에 참여하는 행위 등을 금지함으로써 정치적 표현의 자유 중 일부인 선거운동의 자유를 제한하였다고 하여 그로 인해 보호되는 공익과 제한되는 기본권 사이에 현저한 불균형이 있다고는 볼 수 없다.

4. 공무원에 대해 선거운동기획에 참여할 수 없도록 한 「공직선거법」 제86조는 명확성 원칙에는 반하지 않지만 공무원의 지위를 이용하지 아니한 행위에까지 적용하는 한 헌법에 위반된다(헌재 2008.05.29. 2006헌마1096) : **한정위헌**

공무원의 편향된 영향력 행사를 배제하여 선거의 공정성을 확보한다는 공익은, 그 지위를 이용한 선거운동 내지 영향력 행사만을 금지하면 대부분 확보될 수 있으므로 공무원이 그 지위를 이용하였는지 여부에 관계없이 선거운동의 기획행위를 일체 금지하는 것은 정치적 의사표현의 자유라는 개인의 기본권을 중대하게 제한하는 반면, 그러한 금지가 선거의 공정성이라는 공익의 확보에 기여하는 바는 매우 미미하다는 점에서, 이 사건 법률조항은 공무원의 정치적 표현의 자유를 침해하나, 다만 위와 같은 위헌성은 공무원이 '그 지위를 이용하여' 하는 선거운동의 기획행위 외에 사적인 지위에서 하는 선거운동의 기획행위까지 포괄적으로 금지하는 것에서 비롯된 것이므로, 이 사건 법률조항은 공무원의 지위를 이용하지 아니한 행위에까지 적용하는 한 헌법에 위반된다.

5. 공무원이 그 지위를 이용하여 선거에 영향을 미치는 행위를 한 경우 "1년 이상 10년 이하의 징역 또는 1천만 원 이상 5천만 원 이하의 벌금"에 처하도록 한 것은 형벌체계상의 균형을 현저히 상실하여 헌법에 위반된다(헌재 2016.07.28. 2015헌바6) : **위헌**

공무원이 지위를 이용하여 선거에 영향을 미치는 행위를 금지하는 「공직선거법」 제85조 제1항 중 "공무원이 지위를 이용하여 선거에 영향을 미치는 행위" 부분은 죄형법정주의의 명확성 원칙에 위배되지 않아 헌법에 위반되지 않으나, 그에 관한 처벌규정인 공무원이 그 지위를 이용하여 선거에 영향을 미치는 행위를 한 경우 "1년 이상 10년 이하의 징역 또는 1천만 원 이상 5천만 원 이하의 벌금"에 처하도록 한 것은 「공직선거법」상 다른 조항과의 상호 관련성 및 형벌체계상의 균형에 대한 진지한 고민 없이 중한 법정형을 규정하여 형의 불균형 문제를 야기하고 있으므로, 형벌체계상의 균형을 현저히 상실하여 헌법에 위반된다.

6. 농협 임·직원이 조합장 선거에서 선거운동의 기획에 참여하거나 그 기획의 실시에 관여하는 행위 (선거기획행위)를 금지하고 처벌하는 「농업협동조합법」은 형사상 불리하게 차별받는다고 할 수 없다(헌재 2011.04.28. 2010헌바339) : 합헌

   공무원 등이 선거기획행위를 한 경우에는 「공직선거법」에 의하여, 농협 임·직원이 농협 조합장 선거에서 선거기획행위를 한 경우는 이 사건 법률조항에 의하여 처벌받게 되므로, 이 사건 법률조항의 적용을 받는 농협 임·직원이 「공직선거법」의 적용을 받는 선거기획행위자에 비하여 형사상 불리하게 차별받는다고 할 수 없다.

7. 공무원의 투표권유운동 및 기부금모집을 금지하고 있는 「국가공무원법」 제65조는 선거운동의 자유 및 정치적 의사표현의 자유를 침해한다고 볼 수 없다(헌재 2012.07.26. 2009헌바298) : 합헌

   이 사건 「국가공무원법」 조항들은 공무원의 정치적 중립성에 정면으로 반하는 행위를 금지함으로써 선거의 공정성과 형평성을 확보하고 공무원의 정치적 중립성을 보장하기 위한 것인바, 그 입법목적이 정당할 뿐 아니라 방법이 적절하고, 공무원이 국가사무를 담당하며 국민의 이익을 위하여 존재하는 이상 그 직급이나 직렬 등에 상관없이 공무원의 정치운동을 금지하는 것이 부득이하고 불가피하며, 법익 균형성도 갖추었다고 할 것이므로, 과잉금지 원칙을 위배하여 선거운동의 자유 및 정치적 의사표현의 자유를 침해한다고 볼 수 없다.

8. 초·중등학교의 교육공무원이 정치단체의 결성에 관여하거나 이에 가입하는 행위를 금지한 「국가공무원법」 제65조 제1항 중 '「국가공무원법」 제2조 제2항 제2호의 교육공무원 가운데 「초·중등교육법」 제19조 제1항의 교원은 그 밖의 정치단체의 결성에 관여하거나 이에 가입할 수 없다.' 부분은 공무원의 정치적 중립성 및 교육의 정치적 중립성에 대한 국민의 신뢰는 직무와 관련하여 또는 그 지위를 이용하여 정치적 중립성을 훼손하는 행위를 방지하기 위한 감시와 통제 장치를 마련함으로써 충분히 담보될 수 있음에도 전면적으로 금지한다면 헌법에 위반된다(헌재 2020.04.23. 2018헌마551). ⇨ 위헌

9. 공무원으로서 선거에서 특정정당·특정인을 지지하기 위하여 타인에게 정당에 가입하도록 권유 운동을 한 경우 형사처벌하도록 규정한 「국가공무원법」 조항(정당가입권유금지조항)이 헌법에 위반되지 않는다. 또한 공무원으로서 당내 경선에서 경선운동을 한 경우 형사처벌하도록 규정하고, 당내 경선에서 법이 허용하지 아니한 방법으로 경선운동을 한 경우 형사처벌하도록 규정하며, 국회의원 후보자가 되고자 하는 자로 하여금 일정 범위의 기부행위를 금지하고 이를 위반한 경우 형사처벌하도록 규정하고, 선거범죄 등과 다른 죄의 경합범에 대하여 분리 선고하도록 규정한 「공직선거법」 조항들(경선운동금지조항, 경선운동방법조항, 기부행위금지조항, 분리선고조항)이 헌법에 위반되지 않는다(헌재 2021.08.31. 2018헌바149).

10. 공무원이 지위를 이용하여 선거운동의 기획행위를 하는 것을 금지하고 이를 위반한 경우 형사처벌하는 한편, 공무원이 지위를 이용하여 범한 「공직선거법」 위반죄의 경우 일반인이 범한 「공직선거법」 위반죄와 달리 공소시효를 10년으로 정한 구 「공직선거법」 제86조 제1항 제2호 중 '공무원이 지위를 이용하여'에 관한 부분, 제255조 제1항 제10호 가운데 제86조 제1항 제2호 중 '공무원이 지위를 이용하여'에 관한 부분, 「공직선거법」 제268조 제3항 중 '공무원이 지위를 이용하여 범한 「공직선거법」 위반죄에 대해 공소시효를 10년으로 한 것'에 관한 부분은 모두 헌법에 위반되지 않는다(헌재 2022.08.31. 2018헌바440).

11. 서울지방교통공사의 상근직원이 당원이 아닌 자에게도 투표권을 부여하는 당내 경선에서 경선운동을 할 수 없도록 금지·처벌하는 「공직선거법」 제57조의6 제1항 본문의 '제60조 제1항 제5호 중 제53조 제1항 제6호 가운데 「지방공기업법」 제2조에 규정된 지방공사인 서울교통공사의 상근직원'에 관한 부분 및 같은 법 제255조 제1항 제1호 중 제57조의6 제1항 본문의 '제60조 제1항 제5호 중 제53조 제1항 제6호 가운데 「지방공기업법」 제2조에 규정된 지방공사인 서울교통공사의 상근직원'에 관한 부분이 정치적 표현의 자유를 침해한다(헌재 2022.06.30. 2021헌가24).

12. 안성시시설관리공단의 상근직원이 당원이 아닌 자에게도 투표권을 부여하는 당내 경선에서 경선운동을 할 수 없도록 하고 이를 위반할 경우 처벌하는 「공직선거법」 제57조의6 제1항 본문의 '제60조 제1항 제5호 중 제53조 제1항 제6호 가운데 「지방공기업법」 제2조에 규정된 지방공단인 안성시시설관리공단의 상근직원'에 관한 부분 및 같은 법 제255조 제1항 제1호 중 위 해당부분은 헌법에 위반된다(헌재 2022.12.22. 2021헌가36).

13. 지방공사 상근직원에 대하여 '그 지위를 이용하여' 또는 '그 직무 범위 내에서' 하는 선거운동을 금지하는 방법으로도 선거의 공정성이 충분히 담보될 수 있다. 그럼에도 불구하고 지방공사 상근직원의 선거운동을 금지하고, 이를 위반한 자를 처벌하는 구 「공직선거법」 조항들은 모두 헌법에 위반된다(헌재 2024.01.25. 2021헌가14).

14. 종교단체 내에서의 직무상 행위를 이용한 선거운동을 금지하는 「공직선거법」 제85조 제3항 중 '누구든지 종교적인 기관·단체 등의 조직내에서의 직무상 행위를 이용하여 그 구성원에 대하여 선거운동을 하거나 하게 할 수 없다' 부분, 이를 위반한 경우 처벌하는 같은 법 제255조 제1항 제9호 중 위 금지조항에 관한 부분이 헌법에 위반되지 아니한다(헌재 2024.01.25. 2021헌바233).

15. **언론인에 대해 선거운동을 전면금지하고 위반시 형사처벌하는 「공직선거법」 조항은 언론인의 선거운동의 자유를 침해한다**(헌재 2016.06.30. 2013헌가1) : **위헌**
   정치적 중립성이 요구되지 아니하고 정당 가입이 전면 허용되는 언론인에게 언론매체를 이용하지 아니하고 업무 외적으로 개인적인 판단에 따라 선거운동을 하는 것까지 전면적으로 금지할 필요는 없고, 언론매체를 통한 활동의 측면에서는 이미 다른 조항들에서 충분히 규율하고 있으므로, 포괄위임금지원칙에 반하며 언론인의 선거운동의 자유를 침해한다.

⑥ 선거운동

> 「공직선거법」 제58조 제1항 이 법에서 "선거운동"이라 함은 당선되거나 되게 하거나 되지 못하게
> 하기 위한 행위를 말한다. 다만, 다음 각 호의 1에 해당하는 행위는 선거운동으로 보지 아니한다.
>   1. 선거에 관한 단순한 의견개진 및 의사표시
>   2. 입후보와 선거운동을 위한 준비행위
>   3. 정당의 후보자 추천에 관한 단순한 지지·반대의 의견개진 및 의사표시
>   4. 통상적인 정당활동
>   5. 삭제
>   6. 설날·추석 등 명절 및 석가탄신일·기독탄신일 등에 하는 의례적인 인사말을 문자메시지로
>   전송하는 행위
>   제2항 누구든지 자유롭게 선거운동을 할 수 있다. 그러나 이 법 또는 다른 법률의 규정에 의하
>   여 금지 또는 제한되는 경우에는 그러하지 아니하다.

ㄱ 당선되게 하거나 되지 못하게 하기 위한 행위
ㄴ 포괄적 제한방식에서 개별적 제한방식으로 전환(「공직선거법」 제58조 제2항)
ㄷ 선거에 관한 단순한 의견개진 및 의사표시, 입후보와 선거운동을 위한 준비행위, 정당의 후보
  자추천에 관한 단순한 지지·반대의 의견개진 및 의사표시, 통상적인 정당활동은 선거운동
  에 포함되지 않는다.

판례 ◆

1. 낙선운동을 선거운동에 포함시켜 규제하는 「공직선거법」은 표현의 자유침해 아니다(헌재 2001.08.30.
  2000헌마121) : **기각**

시민단체가 「공직선거법」 제53조 제1항 단서 제3호에 의하여 정당의 후보자추천에 관한 단순한지지,
반대의 의견개진 및 의사표시를 할 수 있으므로 공직선거 후보자에 대한 객관적 자료를 제공하여 국
민의 알권리를 충족시키고 유권자의 대표자 선택을 도울 수 있는 길을 열어두고 있으므로 정치적 의
사표현의 자유를 최소화하고 있다. 또한 표현의 자유에 대한 제한과 선거의 공정이라는 공익 사이의
균형이 유지되고 있으므로 낙선운동을 선거운동에 포함시키고 있는 「공직선거법」 제58조 제1항은 의
사표현의 자유를 침해한 것이라 할 수 없다.

2. 구 「공직선거법」상 선거운동의 의미와 금지되는 선거운동의 범위를 판단하는 기준(대판 2016.08.26.
  2015도11812(전합))

'선거운동'은 특정 선거에서 특정 후보자의 당선 또는 낙선을 도모한다는 목적의사가 객관적으로 인
정될 수 있는 행위를 말하는데, 이에 해당하는지는 행위를 하는 주체 내부의 의사가 아니라 외부에
표시된 행위를 대상으로 객관적으로 판단하여야 한다. 따라서 행위가 당시의 상황에서 객관적으로
보아 그와 같은 목적의사를 실현하려는 행위로 인정되지 않음에도 행위자가 주관적으로 선거를 염두
에 두고 있었다거나, 결과적으로 행위가 단순히 선거에 영향을 미친다거나 또는 당선이나 낙선을 도
모하는 데 필요하거나 유리하다고 하여 선거운동에 해당한다고 할 수 없다. 또 선거 관련 국가기관이
나 법률전문가의 관점에서 사후적·회고적인 방법이 아니라 일반인, 특히 선거인의 관점에서 행위
당시의 구체적인 상황에 기초하여 판단하여야 하므로, 개별적 행위들의 유기적 관계를 치밀하게 분석
하거나 법률적 의미와 효과에 치중하기보다는 문제가 된 행위를 경험한 선거인이 행위 당시의 상황에
서 그러한 목적의사가 있음을 알 수 있는지를 살펴보아야 한다.

ⓐ 선거운동의 제한

「공직선거법」 제59조(선거운동기간) 선거운동은 선거기간 개시일부터 선거일 전일까지에 한하여 할 수 있다. 다만, 다음 각 호의 어느 하나에 해당하는 경우에는 그러하지 아니하다.

1. 제60조의3(예비후보자 등의 선거운동)제1항(선거사무소를 설치하거나 그 선거사무소에 간판·현판 또는 현수막을 설치·게시하는 행위) 및 제2항(명함을 직접 주거나 지지를 호소하는 행위)의 규정에 따라 예비후보자 등이 선거운동을 하는 경우

2. 선거일이 아닌 때에 문자(문자 외의 음성·화상·동영상 등은 제외한다)메시지를 전송하는 방법으로 선거운동을 하는 경우. 이 경우 컴퓨터 및 컴퓨터 이용기술을 활용한 자동 동보통신의 방법으로 전송할 수 있는 자는 후보자와 예비후보자에 한하되, 그 횟수는 5회(후보자의 경우 예비후보자로서 전송한 횟수를 포함한다)를 넘을 수 없으며, 매회 전송하는 때마다 중앙선거관리위원회규칙에 따라 신고한 1개의 전화번호만을 사용하여야 한다.

3. 선거일이 아닌 때에 인터넷 홈페이지 또는 그 게시판·대화방 등에 글이나 동영상 등을 게시하거나 전자우편(컴퓨터 이용자끼리 네트워크를 통하여 문자·음성·화상 또는 동영상 등의 정보를 주고받는 통신시스템을 말한다. 이하 같다)을 전송하는 방법으로 선거운동을 하는 경우. 이 경우 전자우편 전송대행업체에 위탁하여 전자우편을 전송할 수 있는 사람은 후보자와 예비후보자에 한한다.

제60조의3 제2항 다음 각 호의 어느 하나에 해당하는 사람은 예비후보자의 선거운동을 위하여 제1항제2호에 따른 예비후보자의 명함을 직접 주거나 예비후보자에 대한 지지를 호소할 수 있다.

1. 예비후보자의 배우자와 직계존비속

2. 예비후보자와 함께 다니는 선거사무장·선거사무원 및 제62조제4항에 따른 활동보조인

3. 예비후보자 또는 그의 배우자가 그와 함께 다니는 사람 중에서 지정한 각 1명(위헌결정)

제87조(단체의 선거운동금지) 제1항 다음 각 호의 어느 하나에 해당하는 기관·단체(그 대표자와 임직원 또는 구성원을 포함한다)는 그 기관·단체의 명의 또는 그 대표의 명의로 선거운동을 할 수 없다.

1. 국가·지방자치단체

2. 제53조(공무원 등의 입후보) 제1항 제4호 내지 제6호에 규정된 기관·단체

3. 향우회·종친회·동창회, 산악회 등 동호인회, 계모임 등 개인간의 사적모임

4. 특별법에 의하여 설립된 국민운동단체로서 국가 또는 지방자치단체의 출연 또는 보조를 받는 단체(바르게살기운동협의회·새마을운동협의회·한국자유총연맹을 말한다)

5. 법령에 의하여 정치활동이나 공직선거에의 관여가 금지된 단체

6. 후보자 또는 후보자의 가족(이하 이 항에서 "후보자 등"이라 한다)이 임원으로 있거나, 후보자 등의 재산을 출연하여 설립하거나, 후보자 등이 운영경비를 부담하거나 관계법규나 규약에 의하여 의사결정에 실질적으로 영향력을 행사하는 기관·단체

7. 삭제

8. 구성원의 과반수가 선거운동을 할 수 없는 자로 이루어진 기관·단체

제2항 누구든지 선거에 있어서 후보자(후보자가 되고자 하는 자를 포함한다)의 선거운동을 위하여 연구소·동우회·향우회·산악회·조기축구회, 정당의 외곽단체 등 그 명칭이나 표방하는 목적 여하를 불문하고 사조직 기타 단체를 설립하거나 설치할 수 없다.

제90조(시설물설치 등의 금지) 제1항 누구든지 선거일 전 180일(보궐선거 등에서는 그 선거의 실시사유가 확정된 때)부터 선거일까지 선거에 영향을 미치게 하기 위하여 이 법의 규정에 의한 것을 제외하고는 다음 각 호의 어느 하나에 해당하는 행위를 할 수 없다. 이 경우 정당(창당준비위원회를 포함한다)의 명칭이나 후보자(후보자가 되려는 사람을 포함한다. 이하 이 조에서 같다)의 성명·사진 또는 그 명칭·성명을 유추할 수 있는 내용을 명시한 것은 선거에 영향을 미치게 하기 위한 것으로 본다.

1. 화환·풍선·간판·현수막·애드벌룬·기구류 또는 선전탑, 그 밖의 광고물이나 광고시설을 설치·진열·게시·배부하는 행위
2. 표찰이나 그 밖의 표시물을 착용 또는 배부하는 행위
3. 후보자를 상징하는 인형·마스코트 등 상징물을 제작·판매하는 행위

제2항 제1항에도 불구하고 다음 각 호의 어느 하나에 해당하는 행위는 선거에 영향을 미치게 하기 위한 행위로 보지 아니한다.

1. 선거기간이 아닌 때에 행하는 「정당법」 제37조제2항에 따른 통상적인 정당활동
2. 의례적이거나 직무상·업무상의 행위 또는 통상적인 정당활동으로서 중앙선거관리위원회규칙으로 정하는 행위

제93조 제1항 누구든지 선거일전 180일(보궐선거 등에 있어서는 그 선거의 실시사유가 확정된 때)부터 선거일까지 선거에 영향을 미치게 하기 위하여 이 법의 규정에 의하지 아니하고는 정당(창당준비위원회와 정당의 정강·정책을 포함한다. 이하 이 조에서 같다) 또는 후보자(후보자가 되고자 하는 자를 포함한다. 이하 이 조에서 같다)를 지지·추천하거나 반대하는 내용이 포함되어 있거나 정당의 명칭 또는 후보자의 성명을 나타내는 광고, 인사장, 벽보, 사진, 문서·도화, 인쇄물이나 녹음·녹화테이프 그 밖에 이와 유사한 것을 배부·첩부·살포·상영 또는 게시할 수 없다. 다만, 다음 각 호의 어느 하나에 해당하는 행위는 그러하지 아니하다.

1. 선거운동기간 중 후보자, 제60조의3 제2항 각 호의 어느 하나에 해당하는 사람(같은 항 제2호의 경우 선거연락소장을 포함하며, 이 경우 "예비후보자"는 "후보자"로 본다)이 제60조의3 제1항 제2호에 따른 후보자의 명함을 직접 주는 행위
2. 선거기간이 아닌 때에 행하는 「정당법」 제37조 제2항에 따른 통상적인 정당활동

ⓐ **시간상 제한**: 후보자의 등록마감일의 다음날부터 선거일 전일까지(「공직선거법」 제59조)
ⓑ **인적 제한**: 선거운동을 할 수 없는 자(「공직선거법」 제59조), 단체의 선거운동금지(「공직선거법」 제87조) 따라서 노동조합은 정치자금 기부를 할 수 없으며 공명선거추진활동을 하는 노동조합은 선거운동을 할 수 없다.

판례

1. **선거기간 중 선거에 영향을 미치게 하기 위한 집회나 모임(향우회 · 종친회 · 동창회 · 단합대회 · 야유회가 아닌 것에 한정) 개최, 현수막 그 밖의 광고물 게시, 광고, 문서 · 도화 첩부 · 게시, 확성장치 사용을 금지하는 「공직선거법」 조항 사건**(헌재 2022.07.21. 2018헌바357)

   [1] 선거기간 중 선거에 영향을 미치게 하기 위한 그 밖의 집회나 모임의 개최를 금지하는 「공직선거법」 제103조 제3항 중 '누구든지 선거기간 중 선거에 영향을 미치게 하기 위하여 그 밖의 집회나 모임을 개최할 수 없다' 부분 및 이에 위반 한 경우 처벌하는 「공직선거법」 제256조 제3항 제1호 카목 가운데 제103조 제3항 중 '누구든지 선거기간 중 선거에 영향을 미치게 하기 위하여 그 밖의 집회나 모임을 개최할 수 없다' 부분(이하 '집회개최 금지조항'이라 한다)이 집회의 자유, 정치적 표현의 자유를 침해한다.

   [2] 일정기간 선거에 영향을 미치게 하기 위한 현수막, 그 밖의 광고물의 게시를 금지하는 「공직선거법」 제90조 제1항 제1호 중 '현수막, 그 밖의 광고물 게시'에 관한 부분 및 이에 위반한 경우 처벌하는 「공직선거법」 제256조 제3항 제1호 아목 중 '제90조 제1항 제1호의 현수막, 그 밖의 광고물 게시'에 관한 부분(이하 '시설물설치 등 금지조항'이라 한다)이 정치적 표현의 자유를 침해한다.

   [3] 일정기간 선거에 영향을 미치게 하기 위한 광고, 문서 · 도화의 첩부 · 게시를 금지하는 「공직선거법」 제93조 제1항 본문 중 '광고, 문서 · 도화 첩부 · 게시'에 관한 부분 및 이에 위반한 경우 처벌하는 「공직선거법」 제255조 제2항 제5호 중 '제93조 제1항 본문의 광고, 문서 · 도화 첩부 · 게시'에 관한 부분(이하 '문서 · 도화게시 등 금지조항'이라 한다)이 정치적 표현의 자유를 침해한다.

   [4] 공개장소에서의 연설 · 대담장소 또는 대담 · 토론회장에서 연설 · 대담 · 토론용으로 사용하는 경우를 제외하고는 선거운동을 위하여 확성장치를 사용할 수 없도록 한 「공직선거법」 제91조 제1항 및 구 「공직선거법」 제255조 제2항 제4호 중 '제91조 제1항의 규정에 위반하여 확성장치를 사용하여 선거운동을 한 자' 부분(이하 '확성장치사용 금지조항'이라 한다)이 정치적 표현의 자유를 침해한다.

2. **누구든지 선거운동기간 전부터 일정한 기간 동안 선거에 영향을 미치게 하기 위하여 그 밖의 광고물게시를 할 수 없도록 하고, 이에 위반한 경우 처벌하도록 한 「공직선거법」 제90조 제1항 제1호 중 '그 밖의 광고물 게시'에 관한 부분, 「공직선거법」 제256조 제3항 제1호 아목 중 '제90조 제1항 제1호의 그 밖의 광고물 게시'에 관한 부분은 모두 헌법에 합치되지 아니한다**(헌재 2022.11.24. 2021헌바301).

   [1] 선거운동을 정의한 「공직선거법」 제58조 제1항 본문 및 단서 제1호는 헌법에 위반되지 아니한다는 결정을 선고하였다. ⇨ 합헌

   [2] 선거운동기간 전에 「공직선거법」에 의하지 않은 선전시설물 · 용구를 이용한 선거운동을 금지하고, 이에 위반한 경우 처벌하도록 한 「공직선거법」 제254조 제2항 중 '선전시설물 · 용구'에 관한 부분이 헌법에 위반되지 아니한다. ⇨ 합헌

3. **정당, 후보자, 선거사무장, 선거연락소장, 선거운동원 또는 연설원이 아닌 자의 선거운동을 금지한 구 「대통령선거법」 제36조**(헌재 1994.07.29. 93헌가4,6(병합)) **: 위헌**

   전국민에 대하여 원칙적으로 선거운동을 금지하고 법이 정한 자에 한하여 선거운동을 할 수 있도록 한 이 사건 법률조항은 기본권 제한은 최소한도에 그쳐야 한다는 기본권 제한의 한계원칙에 위배된 것이라고 아니할 수 없다.

4. 선거사무장 등 선거사무관계자에게 선거운동과 관련하여 법률 소정의 실비와 수당을 제외한 일체의 금품제공행위를 처벌하는 것은 죄형법정주의의 포괄위임입법금지원칙에 위배되지 않는다(헌재 2015.04.30. 2013헌바55).

5. 사회복무요원이 선거운동을 할 경우 경고처분 및 연장복무를 하게 하는 「병역법」 조항은 사회복무요원이 병역의무를 이행하고 공무를 수행하는 사람으로서 공무원에 준하는 공적 지위를 가진다는 점을 고려하여 사회복무요원의 선거운동의 자유를 침해하지 않는다(헌재 2016.10.27. 2016헌마252).

6. 한국철도공사 상근직원에 대하여 선거운동을 금지하고 이를 처벌하는 것은 선거운동의 자유를 지나치게 제한하여 헌법에 위반된다(헌재 2018.02.22. 2015헌바124). ⇨ 위헌

7. 광주광역시 □□공단의 상근직원이 당원이 아닌 자에게도 투표권을 부여하는 당내 경선에서 경선운동을 할 수 없도록 일률적으로 금지·처벌하는 「공직선거법」 제57조의6 제1항 본문의 '제60조 제1항 제5호 중 제53조 제1항 제6호 가운데 「지방공기업법」 제2조에 규정된 지방공단인 광주광역시 □□공단의 상근직원'에 관한 부분 및 같은 법 제255조 제1항 제1호 중 위 해당부분은 헌법에 위반된다(헌재 2021.04.29. 2019헌가11).

8. **대통령의 선거운동금지**(헌재 2004.05.14. 2004헌나1) : **기각**
「공직선거법」 제9조의 '공무원'의 의미를 「공직선거법」상의 다른 규정 또는 다른 법률과의 연관관계에서 체계적으로 살펴보더라도, 「공직선거법」에서의 공무원개념은 국회의원 및 지방의회의원을 제외한 모든 정무직 공무원을 포함하는 것으로 해석된다. 예컨대 공무원의 선거에 미치는 행위를 금지하는 「공직선거법」 제86조제1항 등의 규정들에서 모두 정무직 공무원을 포함하는 포괄적인 개념으로 사용하고 있다.

9. **선거운동기간을 제한하고 이를 위반한 사전선거운동을 형사처벌하도록 규정한 구 「공직선거법」 제59조 중 선거운동기간 전에 개별적으로 대면하여 말로 하는 선거운동에 관한 부분, 「공직선거법」 제254조 제2항 중 '그 밖의 방법'에 관한 부분 가운데 개별적으로 대면하여 말로 하는 선거운동을 한 자에 관한 부분이 헌법에 위반된다**(헌재 2022.02.24. 2018헌바146). : **위헌**
이 사건 선거운동기간조항은 그 입법목적을 달성하는데 지장이 없는 선거운동방법, 즉 돈이 들지 않는 방법으로서 후보자 간 경제력 차이에 따른 불균형 문제나 사회·경제적 손실을 초래할 위험성이 낮은 개별적으로 대면하여 말로 지지를 호소하는 선거운동까지 포괄적으로 금지함으로써 선거운동 등 정치적 표현의 자유를 과도하게 제한하고 있고, 기본권 제한과 공익목적 달성 사이에 법익의 균형성도 갖추지 못하였다. 결국 이 사건 선거운동기간조항 중 각 선거운동기간 전에 개별적으로 대면하여 말로 하는 선거운동에 관한 부분은 과잉금지원칙에 반하여 선거운동 등 정치적 표현의 자유를 침해한다.

10. **선거사무장, 선거사무원 등의 경우 예비후보자와 함께 다니는 경우에만 명함교부 등에 의한 선거운동을 할 수 있도록 하는 「공직선거법」 제60조의3 제2항 제2호는 평등권 침해가 아니다**(헌재 2012.03.29. 2010헌마673) : **합헌**

선거사무장, 선거사무원 등의 경우 예비후보자와 함께 다니는 경우에만 명함교부 등에 의한 선거운동을 할 수 있도록 하는 「공직선거법」 제60조의3 제2항 제2호는 선거사무장이나 선거사무원을 둔 예비후보자와 선거사무장과 선거사무원을 둔 예비후보자 사이에 선거운동에 있어서 불균형을 발생시키는 것은 사실이지만, 그 불균형이 합리적 근거 없는 차별에 해당한다고 볼 수 없으므로 청구인의 평등권을 침해한다고 볼 수 없다.

11. **「공직선거법」 제60조의3 제2항 제3호 중 "예비후보자의 배우자가 그와 함께 다니는 사람 중에서 지정한 1명" 부분은 헌법에 위반된다**(헌재 2013.11.28. 2011헌마267) : **위헌**

「공직선거법」 제60조의3 제2항 중 제1호에 의하여 배우자 없는 예비후보자가 불리한 상황에서 선거운동을 하는데, 이 사건 3호 법률조항은 배우자가 그와 함께 다니는 사람 중에서 지정한 1명까지 보태어 명함을 교부하고 지지를 호소할 수 있도록 함으로써 배우자 유무에 따른 차별효과를 지나치게 커지게 한다. 또한 이 사건 3호 법률조항에서 배우자가 그와 함께 다니는 1명을 지정함에 있어 아무런 범위의 제한을 두지 아니하는 것은, 명함 본래의 기능에 부합하지 아니할 뿐만 아니라, 명함교부의 주체를 배우자나 직계존·비속 본인에게만 한정하고 있는 이 사건 1호 법률조항의 입법취지에도 맞지 않는다. 따라서 위 법률조항은 예비후보자의 선거운동의 강화에만 치우친 나머지, 배우자의 유무라는 우연적인 사정에 근거하여 합리적 이유 없이 배우자 없는 예비후보자와 배우자 있는 예비후보자를 지나치게 차별취급하여 청구인의 평등권을 침해한다.

12. **자치구·시의 장의 선거에서 예비후보자의 선거운동기간(90일)보다 군의 장의 선거에서 예비후보자의 선거운동기간(60일)을 단기간으로 규정한 「공직선거법」(2010. 1. 25. 법률 제9974호로 개정된 것) 제60조의2 제1항 제4호 중 '군의 장의 선거' 부분은 헌법의 선거운동의 자유와 평등의 자유에 위반되지 않는다**(헌재 2020.11.26. 2018헌마260).

예비후보자로서 선거운동을 할 수 있는 기간을 제한하는 것 자체가 선거운동의 자유를 과도하게 제한하는 것이 아니라고 한다면, 제한되는 기간을 어느 정도로 할 것인지 여부는 입법정책에 맡겨져 있다고 볼 수 있고, 그 구체적인 기간이 선거운동의 자유를 형해화할 정도에 이르지 않았다면 이 역시 기본권을 침해하였다고 볼 수 없다. 군의 평균 선거인수는 광역지방자치단체뿐만 아니라 다른 기초지방자치단체인 시·자치구에 비해서도 적다는 점, 오늘날 신문·방송·인터넷 등의 대중정보매체가 광범위하게 보급되어 있고 선거운동에 있어서도 그와 같은 대중정보매체의 활용이 중요성을 더해 가고 있는 점, 교통수단이 과거에 비해 상당히 발달하였다는 점 등에 비추어, 군의 장 선거에서 예비후보자로서 선거운동을 할 수 있는 기간이 최대 60일이라고 하더라도 그 기간이 유권자들에게 자신을 알리기에 지나치게 짧다고 보기 어렵다. 또한 이러한 점을 감안하면, 선거운동은 입후보하고자 하는 지역의 선거인을 대상으로 하므로 자치구·시의 장의 선거와 비교하여 군의 장의 선거에서 필요한 예비후보자로서의 선거운동기간은 상대적으로 적다고 할 것이다. 심판대상조항은 위와 같은 점을 고려하여 자치구·시의 장의 선거에서 예비후보자의 선거운동기간보다 군의 장의 선거에서 예비후보자의 선거운동기간을 단기간으로 정한 것인바, 이러한 차별취급에는 합리적인 이유가 있다.

13. **집회나 모임(향우회·종친회·동창회·단합대회·야유회가 아닌 것에 한정) 개최, 현수막 그 밖의 광고물 게시, 광고, 문서·도화 첩부·게시, 확성장치사용을 금지하는 「공직선거법」 조항 사건** (헌재 2022.07.21. 2018헌바357) : **위헌**

[1] 선거기간 중 선거에 영향을 미치게 하기 위한 그 밖의 집회나 모임의 개최를 금지하는 「공직선거법」 제103조 제3항 중 '누구든지 선거기간 중 선거에 영향을 미치게 하기 위하여 그 밖의 집회나 모임을 개최할 수 없다' 부분 및 이에 위반한 경우 처벌하는 「공직선거법」 제256조 제3항 제1호 카목 가운데 제103조 제3항 중 '누구든지 선거기간 중 선거에 영향을 미치게 하기 위하여 그 밖의 집회나 모임을 개최할 수 없다' 부분(이하 '집회개최 금지조항'이라 한다)이 집회의 자유, 정치적 표현의 자유를 침해한다.

[2] 일정기간 선거에 영향을 미치게 하기 위한 현수막, 그 밖의 광고물의 게시를 금지하는 「공직선거법」 제90조 제1항 제1호 중 '현수막, 그 밖의 광고물 게시'에 관한 부분 및 이에 위반한 경우 처벌하는 「공직선거법」 제256조 제3항 제1호 아목 중 '제90조 제1항 제1호의 현수막, 그 밖의 광고물 게시'에 관한 부분(이하 '시설물설치 등 금지조항'이라 한다)이 정치적 표현의 자유를 침해한다.

[3] 일정기간 선거에 영향을 미치게 하기 위한 광고, 문서·도화의 첩부·게시를 금지하는 「공직선거법」 제93조 제1항 본문 중 '광고, 문서·도화 첩부·게시'에 관한 부분 및 이에 위반한 경우 처벌하는 「공직선거법」 제255조 제2항 제5호 중 '제93조 제1항 본문의 광고, 문서·도화 첩부·게시'에 관한 부분(이하 '문서·도화게시 등 금지조항'이라 한다)이 정치적 표현의 자유를 침해한다.

[4] 공개장소에서의 연설·대담장소 또는 대담·토론회장에서 연설·대담·토론용으로 사용하는 경우를 제외하고는 선거운동을 위하여 확성장치를 사용할 수 없도록 한 「공직선거법」 제91조 제1항 및 구 「공직선거법」 제255조 제2항 제4호 중 '제91조 제1항의 규정에 위반하여 확성장치를 사용하여 선거운동을 한 자' 부분(이하 '확성장치사용 금지조항'이라 한다)이 정치적 표현의 자유를 침해한다.

14. **현수막, 그 밖의 광고물 설치·게시, 그 밖의 표시물 착용, 벽보 게시, 인쇄물 배부·게시, 확성장치사용을 금지하는 「공직선거법」 제255조 제2항 제4호 등 위헌소원 사건**(헌재 2022.07.21. 2017헌바100) : **위헌**

[1] 일정기간 동안 선거에 영향을 미치게 하기 위한 현수막, 광고물의 설치·게시나 표시물의 착용을 금지하는 「공직선거법」 제90조 제1항 제1호 중 '현수막, 그 밖의 광고물 설치·게시'에 관한 부분, 같은 항 제2호 중 '그 밖의 표시물 착용'에 관한 부분 및 이에 위반한 경우 처벌하는 「공직선거법」 제256조 제3항 제1호 아목 중 '제90조 제1항 제1호의 현수막, 그 밖의 광고물 설치·게시, 같은 항 제2호의 그 밖의 표시물 착용'에 관한 부분(이하 '시설물설치 등 금지조항'이라 한다)이 정치적 표현의 자유를 침해한다.

[2] 일정기간 동안 선거에 영향을 미치게 하기 위한 벽보 게시, 인쇄물 배부·게시를 금지하는 「공직선거법」 제93조 제1항 본문 중 '벽보 게시, 인쇄물 배부·게시'에 관한 부분 및 이에 위반한 경우 처벌하는 「공직선거법」 제255조 제2항 제5호 중 '제93조 제1항 본문의 벽보 게시, 인쇄물 배부·게시'에 관한 부분(이하 '인쇄물배부 등 금지조항'이라 한다)이 정치적 표현의 자유를 침해한다.

ⓒ 방법상 제한 : 호별방문금지(제106조), 집회개최금지(제103조), 기부행위금지(제111조), 여론조사 · 출구조사 결과공표금지(제108조)

판례

1. **탈법방법에 의한 광고의 배부를 금지하고 이를 위반한 경우 처벌하는 「공직선거법」 조항은 헌법에 위반되지 않는다**(헌재 2016.03.31, 2013헌바26).

2. **시 · 군 · 구를 보급지역으로 하는 신문사업자 및 일일 평균 이용자 수 10만 명 미만인 인터넷 언론사가 선거일 전 180일부터 선거일의 투표마감시각까지 선거여론조사를 실시하려면 여론조사의 주요 사항을 사전에 관할 선거관리위원회에 신고하도록 한 「공직선거법」 조항은 언론 · 출판의 자유 및 평등권을 침해하지 않는다**(헌재 2015.04.30, 2014헌마360).

3. **누구든지 선거일 전 180일부터 선거일까지 선거에 영향을 미치게 하기 위하여 「공직선거법」의 규정에 의하지 아니하고는 후보자의 성명을 나타내는 문서 · 도화, 인쇄물을 배부할 수 없다고 규정한 인쇄물배부금지조항은 선거운동 등 정치적 표현의 자유를 침해하지 않는다**(헌재 2016.06.30, 2014헌바253).

4. **심판대상조항은 선거일 전 180일부터 선거일까지라는 장기간 동안 선거와 관련한 정치적 표현의 자유를 광범위하게 제한하고 있는 「공직선거법」 제90조 제1항 제1호 중 '화환 설치'에 관한 부분 및 「공직선거법」 제256조 제3항 제1호 아목 중 '제90조 제1항 제1호의 화환 설치'에 관한 부분은 모두 헌법에 합치되지 아니한다**(헌재 2023.06.29, 2023헌가12).

5. **현수막, 그 밖의 광고물 설치 · 게시, 그 밖의 표시물 착용, 벽보 게시, 인쇄물 배부 · 게시, 확성장치 사용을 금지하는 「공직선거법」 제255조 제2항 제4호 등 위헌소원 사건**(헌재 2022.07.21, 2017헌바100) : **위헌**
   [1] 일정기간 동안 선거에 영향을 미치게 하기 위한 현수막, 광고물의 설치 · 게시나 표시물의 착용을 금지하는 「공직선거법」 제90조 제1항 제1호 중 '현수막, 그 밖의 광고물 설치 · 게시'에 관한 부분, 같은 항 제2호 중 '그 밖의 표시물 착용'에 관한 부분 및 이에 위반한 경우 처벌하는 「공직선거법」 제256조 제3항 제1호 아목 중 '제90조 제1항 제1호의 현수막, 그 밖의 광고물 설치 · 게시, 같은 항 제2호의 그 밖의 표시물 착용'에 관한 부분(이하 '시설물설치 등 금지조항'이라 한다)이 정치적 표현의 자유를 침해한다.
   [2] 일정기간 동안 선거에 영향을 미치게 하기 위한 벽보 게시, 인쇄물 배부 · 게시를 금지하는 「공직선거법」 제93조 제1항 본문 중 '벽보 게시, 인쇄물 배부 · 게시'에 관한 부분 및 이에 위반한 경우 처벌하는 「공직선거법」 제255조 제2항 제5호 중 '제93조 제1항 본문의 벽보 게시, 인쇄물 배부 · 게시'에 관한 부분(이하 '인쇄물배부 등 금지조항'이라 한다)이 정치적 표현의 자유를 침해한다.

6. 선거에 영향을 미치게 하기 위한 시설물 설치 등 금지 하는 「공직선거법」 제256조 제3항 제1호 아목 등 위헌제청 사건(헌재 2022.07.21. 2017헌가1) : 위헌

심판대상조항은 선거에서의 균등한 기회를 보장하고 선거의 공정성을 확보하기 위한 것으로서 정당한 목적 달성을 위한 적합한 수단에 해당한다. 그러나 선거비용 제한·보전 제도 및 일반 유권자가 과도한 비용을 들여 물건을 설치·진열·게시하거나 착용하는 행위를 제한하는 수단을 통해서 선거에서의 기회 균등이라는 심판대상조항의 입법목적의 달성이 가능하며, 「공직선거법」상 후보자 비방금지 규정 등을 통해 무분별한 흑색선전 등의 방지도 가능한 점을 종합하면, 심판대상조항은 목적 달성에 필요한 범위를 넘어 장기간 동안 선거에 영향을 미치게 하기 위한 광고물의 설치·진열·게시나 표시물의 착용을 금지·처벌하는 것으로서 침해의 최소성에 반한다. 또한 심판대상조항으로 인하여 일반 유권자나 후보자가 받는 정치적 표현의 자유에 대한 제약이 달성되는 공익보다 중대하므로 심판대상조항은 법익의 균형성에도 위배된다. 따라서 심판대상조항은 과잉금지원칙에 반하여 정치적 표현의 자유를 침해한다.

7. 「공직선거법」 제79조 제3항 제2호 중 '시·도지사 선거' 부분, 같은 항 제3호 및 「공직선거법」(제216조 제1항(이하 통틀어 '심판대상조항'이라 한다)이 청구인의 건강하고 쾌적한 환경에서 생활할 권리를 침해한다(헌재 2019.12.27. 2018헌마730) : 헌법불합치

「공직선거법」에는 주거지역과 같이 정온한 생활환경을 유지할 필요성이 높은 지역에 대한 규제기준이 마련되어 있지 아니하다. 예컨대 「소음·진동관리법」, 「집회 및 시위에 관한 법률」 등에서 대상지역 및 시간대별로 구체적인 소음기준을 정한 것과 같이, 「공직선거법」에서도 이에 준하는 규정을 둘 수 있다. 따라서 심판대상조항이 선거운동의 자유를 감안하여 선거운동을 위한 확성장치를 허용할 공익적 필요성이 인정된다고 하더라도 정온한 생활환경이 보장되어야 할 주거지역에서 출근 또는 등교 이전 및 퇴근 또는 하교 이후 시간대에 확성장치의 최고출력 내지 소음을 제한하는 등 사용시간과 사용지역에 따른 수인한도 내에서 확성장치의 최고출력 내지 소음 규제기준에 관한 규정을 두지 아니한 것은, 국민이 건강하고 쾌적하게 생활할 수 있는 양호한 주거환경을 위하여 노력하여야 할 국가의 의무를 부과한 헌법 제35조 제3항에 비추어 보면, 적절하고 효율적인 최소한의 보호조치를 취하지 아니하여 국가의 기본권 보호의무를 과소하게 이행한 것으로서, 청구인의 건강하고 쾌적한 환경에서 생활할 권리를 침해하므로 헌법에 위반된다.

8. 선거운동기간 중 인터넷언론사의 실명확인 사건(헌재 2021.01.28. 2018헌마456). : 위헌

인터넷 언론사는 선거운동기간 중 당해 홈페이지 게시판 등에 정당·후보자에 대한 지지·반대 등의 정보를 게시하는 경우 실명을 확인받는 기술적 조치를 해야 하고, 행정안전부장관 및 신용정보업자는 실명인증자료를 관리하고 중앙선거관리위원회가 요구하는 경우 지체 없이 그 자료를 제출해야 하며, 실명확인을 위한 기술적 조치를 하지 아니하거나 실명인증의 표시가 없는 정보를 삭제하지 않는 경우 과태료를 부과하도록 정한 「공직선거법」 조항은 모두 헌법에 위반된다.

ⓓ 비용상 제한 : 선거비용제한액의 산정(「공직선거법」제121조)

판례

1. 제공받은 금액의 정액 50배에 상당하는 과태료를 부과하도록 한 「공직선거법」 제261조 제5항 제1호는 과잉형벌에 해당한다(헌재 2009.03.26. 2007헌가22) : **헌법불합치**

이 사건 심판대상 조항은 의무위반자에 대하여 부과할 과태료의 액수를 감액의 여지없이 일률적으로 '제공받은 금액 또는 음식물·물품 가액의 50배에 상당하는 금액'으로 정하고 있는데, 이 조항이 적용되는 '기부행위금지규정에 위반하여 물품·음식물·서적·관광 기타 교통편의를 제공받은 행위'의 경우에는 그 위반의 동기 및 태양, 기부행위가 이루어진 경위와 방식, 기부행위자와 위반자와의 관계, 사후의 정황 등에 따라 위법성 정도에 큰 차이가 있을 수밖에 없음에도 이와 같은 구체적, 개별적 사정을 고려하지 않고 오로지 기부받은 물품 등의 가액만을 기준으로 하여 일률적으로 정해진 액수의 과태료를 부과한다는 것은 구체적 위반행위의 책임 정도에 상응한 제재가 되기 어렵다.

통지판례 기부행위 금지규정에 위반하여 지역농협의 임원 선거 후보자 등으로부터 금전·물품, 그 밖의 재산상의 이익을 제공받은 자에게 일률적으로 제공받은 금액 또는 가액의 50배에 상당하는 금액을 과태료로 부과하는 구 「농업협동조합법」 제174조 제4항은 과잉금지원칙에 위반된다(헌재 2011.06. 30. 2010헌가86).

2. 기부행위 제한의 적용을 받는 자에 '후보자가 되고자 하는 자'까지 포함하면서 기부행위의 제한기간을 폐지하여 상시 제한하도록 한 「공직선거법」 제113조 제1항은 과잉금지원칙 위반이 아니다(헌재 2010.09.30. 2009헌바201) : **합헌**

기부행위의 제한은 부정한 경제적 이익을 제공함으로써 유권자의 자유의사를 왜곡시키는 선거운동을 범죄로 처벌하여 선거의 공정성을 보장하기 위한 규정으로 입법목적의 정당성 및 기본권 제한 수단의 적절성이 인정된다.

3. 「공직선거법」이 일정한 예비후보자의 선거운동을 허용하는 이상 그에 소요되는 비용을 보전해주지 않는 것이 선거운동의 자유를 제한하는 것이 될 수 있다고 보면서도, 선거운동의 자유를 침해하는 것으로 인정하기 위해서는 헌법상 선거공영제의 취지에 반하는 정도에 이르러야 한다. 또한 이 사건 결정은 정치자금과 관련된 부정이 계속되고 있는 현실을 고려하여, 반환·보전비용 처리조항이 낙선한 후보자에 대해서 당선된 후보자와 달리 취급하는 것이 불합리하거나 자의적이지 않다(헌재 2018.07.26. 2016헌마524).

⑦ 선거에 관한 소송

> 「공직선거법」 제222조(선거소송) 제1항 대통령선거 및 국회의원선거에 있어서 선거의 효력에 관
> 하여 이의가 있는 선거인·정당(후보자를 추천한 정당에 한한다) 또는 후보자는 선거일부터 30
> 일 이내에 당해 선거구선거관리위원회위원장을 피고로 하여 대법원에 소를 제기할 수 있다.
> 제2항 지방의회의원 및 지방자치단체의 장의 선거에 있어서 선거의 효력에 관한 제220조의 결
> 정에 불복이 있는 소청인(당선인을 포함한다)은 해당 소청에 대하여 기각 또는 각하 결정이 있
> 는 경우(제220조 제1항의 기간 내에 결정하지 아니한 때를 포함한다)에는 해당 선거구선거관리
> 위원회 위원장을, 인용결정이 있는 경우에는 그 인용결정을 한 선거관리위원회 위원장을 피고
> 로 하여 그 결정서를 받은 날(제220조 제1항의 기간 내에 결정하지 아니한 때에는 그 기간이
> 종료된 날)부터 10일 이내에 비례대표시·도의원선거 및 시·도지사선거에 있어서는 대법원에,
> 지역구시·도의원선거, 자치구·시·군의원선거 및 자치구·시·군의 장 선거에 있어서는 그
> 선거구를 관할하는 고등법원에 소를 제기할 수 있다.
> 제3항 제1항 또는 제2항에 따라 피고로 될 위원장이 궐위된 때에는 해당 선거관리위원회 위원
> 전원을 피고로 한다.
> 제223조(당선소송) 제1항 대통령선거 및 국회의원선거에 있어서 당선의 효력에 이의가 있는 정당
> (후보자를 추천한 정당에 한한다) 또는 후보자는 당선인결정일부터 30일이내에 제52조 제1항·
> 제3항 또는 제192조 제1항부터 제3항까지의 사유에 해당함을 이유로 하는 때에는 당선인을, 제
> 187조(대통령선거인의 결정·공고·통지)제1항·제2항, 제188조(지역구국회의원선거인의 결
> 정·공고·통지)제1항 내지 제4항, 제189조(비례대표국회의원의석의 배분과 정당인의 결정·
> 공고·통지) 또는 제194조(당선인의 재결정과 비례대표국회의원의석 및 비례대표지방의회의원
> 의석의 재배분)제4항의 규정에 의한 결정의 위법을 이유로 하는 때에는 대통령선거에 있어서는
> 그 당선인을 결정한 중앙선거관리위원회위원장 또는 국회의장을, 국회의원선거에 있어서는 당
> 해 선거구선거관리위원회위원장을 각각 피고로 하여 대법원에 소를 제기할 수 있다.
> 제2항 지방의회의원 및 지방자치단체의 장의 선거에 있어서 당선의 효력에 관한 제220조의 결
> 정에 불복이 있는 소청인 또는 당선인인 피소청인(제219조 제2항 후단에 따라 선거구선거관리
> 위원회 위원장이 피소청인인 경우에는 당선인을 포함한다)은 해당 소청에 대하여 기각 또는 각
> 하 결정이 있는 경우(제220조 제1항의 기간 내에 결정하지 아니한 때를 포함한다)에는 당선인
> (제219조 제2항 후단을 이유로 하는 때에는 관할선거구선거관리위원회 위원장을 말한다)을, 인
> 용결정이 있는 경우에는 그 인용결정을 한 선거관리위원회 위원장을 피고로 하여 그 결정서를
> 받은 날(제220조 제1항의 기간 내에 결정하지 아니한 때에는 그 기간이 종료된 날)부터 10일
> 이내에 비례대표시·도의원선거 및 시·도지사선거에 있어서는 대법원에, 지역구시·도의원선
> 거, 자치구·시·군의원선거 및 자치구·시·군의 장 선거에 있어서는 그 선거구를 관할하는
> 고등법원에 소를 제기할 수 있다.
> 제3항 제1항 또는 제2항에 따라 피고로 될 위원장이 궐위된 때에는 해당 선거관리위원회 위원
> 전원을, 국회의장이 궐위된 때에는 부의장중 1인을 피고로 한다.
> 제4항 제1항 및 제2항의 규정에 의하여 피고로 될 당선인이 사퇴·사망하거나 제192조 제2항
> 의 규정에 의하여 당선의 효력이 상실되거나 같은 조 제3항의 규정에 의하여 당선이 무효로
> 된 때에는 대통령선거에 있어서는 법무부장관을, 국회의원선거·지방의회의원 및 지방자치단
> 체의 장의 선거에 있어서는 관할고등검찰청검사장을 피고로 한다.

제224조(선거무효의 판결 등) 소청이나 소장을 접수한 선거관리위원회 또는 대법원이나 고등법원은 선거쟁송에 있어 선거에 관한 규정에 위반된 사실이 있는 때라도 선거의 결과에 영향을 미쳤다고 인정하는 때에 한하여 선거의 전부나 일부의 무효 또는 당선의 무효를 결정하거나 판결한다.

제225조(소송 등의 처리) 선거에 관한 소청이나 소송은 다른 쟁송에 우선하여 신속히 결정 또는 재판하여야 하며, 소송에 있어서는 수소법원은 소가 제기된 날 부터 180일 이내에 처리하여야 한다.

제228조(증거조사) 제1항 정당(후보자를 추천한 정당에 한한다) 또는 후보자는 개표완료 후에 선거쟁송을 제기하는 때의 증거를 보전하기 위하여 그 구역을 관할하는 지방법원 또는 그 지원에 투표함·투표지 및 투표록 등의 보전신청을 할 수 있다.

제2항 법관은 제1항의 신청이 있는 때에는 현장에 출장하여 조서를 작성하고 적절한 보관방법을 취하여야 한다. 다만, 소청심사에 필요한 경우 중앙선거관리위원회 또는 시·도선거관리위원회는 증거보전신청자의 신청에 의하여 관여법관의 입회하에 증거보전물품에 대한 검증을 할 수 있다.

- ㉠ 재정신청(「공직선거법」 제273조)
    - ⓐ 대상범죄 : 매수·이해유도죄 등 「공직선거법」상의 범죄, 모든 「공직선거법」상의 범죄를 대상으로 하지 않는다.
    - ⓑ 재정신청 방법 : 검사로부터 공소를 하지 아니한다는 통지를 받은 날로부터 10일 이내에 고소, 고발한 후보자(중앙당), 당해 선거관리위원회는 그 검사 소속의 지방검찰청 소재지를 관할하는 고등법원에 재정신청을 할 수 있다.
    - ⓒ 공소시효 정지 : 재정신청서가 지방검찰청검사장 또는 지청장에게 접수된 때에는 그때부터 「형사소송법」 제262조 제2항의 결정이 있을 때까지 공소시효의 진행이 정지된다.
    - ⓓ 심리 : 재정신청사건의 심리는 특별한 사정이 없는 한 공개하지 아니한다.
    - ⓔ 결정 : 기각결정에 대하여는 「형사소송법」 제415조에 따른 즉시항고를 할 수 있고, 공소제기결정에 대하여는 불복할 수 없다. 기각결정이 확정된 사건에 대하여는 다른 중요한 증거를 발견한 경우를 제외하고는 소추할 수 없다(「형사소송법」 제262조 제4항).
    - ⓕ 공소제기결정에 따른 재정결정서를 송부 받은 관할 지방검찰청 검사장 또는 지청장은 지체 없이 담당 검사를 지정하고 지정받은 검사는 공소를 제기하여야 한다.

판례✦

「공직선거법」 제273조 위헌소원(헌재 2015.02.26, 2014헌바181) : **합헌**

[1] 후보자가 아닌 고발인에 대하여 재정신청권을 인정하지 아니하고 「공직선거법」 제243조(투표함 등에 관한 죄)를 재정신청 대상범죄에 포함시키지 않은 것은 헌법에 위반되지 않는다.

[2] 선거범죄에 대한 재정신청 절차에서 검찰항고를 거치도록 한 것은 신속한 재판을 받을 권리를 침해한다고 보기 어렵다.

ⓛ 선거소송과 당선소송

	선거소송(「공직선거법」 제222조)	당선소송(「공직선거법」 제223조)
사유	선거의 효력에 관하여 이의가 있을 때	당선의 효력에 관하여 이의가 있을 때
원고	선거인, 정당, 후보자	정당, 후보자
피고	관할 선관위 위원장 대통령선거: 중선위 위원장	• 대통령선거: 당선인, 중선위 위원장, 국회의장 • 국회의원선거: 당선인, 관할 선관위 위원장 • 지방의회의원, 지방자치단체장 선거: 당선인, 관할 선관위 위원장 • 당선인이 사퇴·사망한 경우: 대통령선거의 경우 법무부장관 그 외에는 관할 고등검찰청 검사장
법원	• 대법원: 대통령, 국회의원, 시·도지사선거, 비례대표 시·도의원선거 • 관할 고등법원: 지역구 시·도의원선거, 자치구·시·군의 장 선거	
기간	• 대통령선거·국회의원선거: 선거일로부터 30일 이내 • 지방의회의원·지방자치단체장 선거: 선거일로부터 14일 이내 소청 ⇨ 소청결정서를 받은 날로부터 10일 이내 소송제기	• 대통령·국회의원선거: 당선인 결정일로부터 30일 이내 • 지방의회의원·지방자치단체장 선거: 선거일로부터 14일 이내 소청 ⇨ 소청결정서를 받은 날로부터 10일 이내 소송제기

판례

1. 선전벽보에 비정규학력 게재금지는 헌법에 위반되지 않는다(헌재 1999.09.16. 99헌바5): **합헌**

선거운동의 선전벽보에 비정규학력의 게재를 금지하는 「공직선거 및 선거부정방지법」 제64조 제1항은 선전벽보에 비정규학력을 게재할 경우 유권자들이 후보자의 학력을 과대 평가하여 공정한 판단을 흐릴 수 있으므로 이를 방지함으로써 선거의 공정성을 확보함을 입법목적으로 하고 있는 바, 그 입법목적의 정당성이 인정되고, 선거과정의 공정성을 확보하기 위한 공익과 제한되는 사익 사이에 법익의 균형성도 인정되므로 위 법률조항은 과잉금지 원칙에 위반되지 아니한다.

2. 투표율에 관계없이 유효투표의 다수표를 얻은 입후보자를 당선인으로 결정하게 한 「공직선거법」 제188조 제1항(헌재 2003.11.27. 2003헌마259): **합헌**

선거의 대표성은 투표에 참여한 선거권자들의 표를 동등한 가치로 평가하여 유효투표 중 다수의 투표를 얻은 자를 당선인으로 결정하는 방식에 의하여 충분히 구현될 수 있고, 투표에 참가하지 않는 선거권자들의 의사도 존중되어야 하므로 헌법상 선거원칙에 위반되지 않는다.

3. 부재자투표소 투표 방식에 의한 부재자투표의 투표기간 "선거일 전 6일부터 2일간"(헌재 2010.04.29. 2008헌마438): **합헌**

현행 우편제도 하에서 전국의 모든 부재자투표소의 투표지가 전국의 각 구·시·군 선거관리위원회로 송달되는 데 걸리는 시간을 고려하여 부재자투표소 투표를 선거일 5일 전까지 마치도록 한 것이 입법자의 합리적인 입법형성의 범위를 벗어난 것으로 보기 어렵다.

4. 부재자투표시간을 오전 10시부터 오후 4시까지로 정하고 있는 「공직선거법」 제155조 제2항은 투표종료시간을 오후 4시까지로 정한 것은 선거권 침해가 아니나, 투표개시시간을 오전 10시로 정한 것은 선거권 침해이다(헌재 2012.02.23. 2010헌마601) **: 헌법불합치**

이 사건 투표시간조항이 투표종료시간을 오후 4시까지로 정한 것은 투표당일 부재자투표의 인계·발송 절차를 밟을 수 있도록 함으로써 부재자투표의 인계·발송절차가 지연되는 것을 막고 투표관리의 효율성을 제고하고 투표함의 관리위험을 경감하기 위한 것이고, 이 사건 투표시간조항이 투표종료시간을 오후 4시까지로 정한다고 하더라도 투표개시시간을 일과시간 이전으로 변경한다면, 부재자투표의 인계·발송절차가 지연될 위험 등이 발생하지 않으면서도 일과시간에 학업·직장업무를 하여야 하는 부재자투표자가 현실적으로 선거권을 행사하는 데 큰 어려움이 발생하지 않을 것이다. 따라서 이 사건 투표시간조항 중 투표종료시간 부분은 수단의 적정성, 법익균형성을 갖추고 있으므로 청구인의 선거권이나 평등권을 침해하지 않는다. 이 사건 투표시간조항이 투표개시시간을 일과시간 이내인 오전 10시부터로 정한 것은 투표시간을 줄인 만큼 투표관리의 효율성을 도모하고 행정부담을 줄이는 데 있고, 그 밖에 부재자투표의 인계·발송절차의 지연위험 등과는 관련이 없다. 이에 반해 일과시간에 학업이나 직장업무를 하여야 하는 부재자투표자는 이 사건 투표시간조항 중 투표개시시간 부분으로 인하여 일과시간 이전에 투표소에 가서 투표할 수 없게 되어 사실상 선거권을 행사할 수 없게 되는 중대한 제한을 받는다. 따라서 이 사건 투표시간조항 중 투표개시시간 부분은 수단의 적정성, 법익균형성을 갖추지 못하므로 과잉금지원칙에 위배하여 청구인의 선거권과 평등권을 침해하는 것이다.

5. 세종특별자치시의회를 신설하면서 지방의회의원선거를 실시하지 아니하고 연기군의회의원 등에게 세종특별자치시의회의원의 자격을 취득하도록 규정하고 있는 세종특별자치시 설치 등에 관한 특별법 부칙 제4조 제1항은 충남 연기군 주민의 선거권 침해가 아니다(헌재 2013.02.28. 2012헌마131) **: 기각**

이 사건 부칙조항은 연기군의회의원 등의 임기를 최대한 보장하고 지방의회의원선거 실시로 인한 비용과 노력의 소모를 막아 세종특별자치시의회를 안정적으로 구성하기 위한 것으로서 입법목적이 정당하고, 세종특별자치시의회의원선거를 별도로 실시하지 않고 연기군의회의원 등에게 그 자격을 부여하는 것은 그러한 입법목적 달성을 위한 적절한 수단이다. 신설 지방의회를 구성함에 있어 세종특별자치시의회의원선거도 실시하도록 한다면 주민의 선거권 및 공무담임권에 대한 보호는 더 두터워지겠지만, 폐지되는 지방자치단체 지방의회의원의 임기를 종료시키고 새로운 선거를 실시할 경우 이들의 공무담임권 제한문제가 발생하게 되므로 입법자가 이와 같이 충돌·대립하는 헌법적 이익을 고려하여 세종특별자치시의회의원선거를 실시하지 않도록 정한 것이라면 그것이 입법목적의 달성에 필요한 정도를 벗어난 과도한 제한이라고 보기는 어렵다. 또한 이 사건 부칙조항으로 인한 충남 연기군 주민의 기본권 제한의 내용은 세종특별자치시의회의원을 선출할 수 없다거나 세종특별자치시의회의원으로 선출될 수 없게 된 것이 아니라 그러한 기본권을 행사할 수 있는 시기가 늦춰진 것에 불과한 반면, 세종특별자치시의회를 안정적으로 구성하고 세종특별자치시를 차질 없이 출범시키고자 하는 공익은 위와 같은 불이익에 비하여 매우 중요하여 이 사건 부칙조항은 법익균형성의 원칙에도 위배되지 아니하므로 선거권 등을 침해하지 아니한다.

6. 「공직선거법」 제222조와 제224조에서 규정하고 있는 선거소송이 「행정소송법」 제3조 제3호에서 규정한 민중소송에 해당한다(대판 2016.11.24. 2016수64).

「공직선거법」 제222조와 제224조에서 규정하고 있는 선거소송은 집합적 행위로서의 선거에 관한 쟁송으로서 선거라는 일련의 과정에서 선거에 관한 규정을 위반한 사실이 있고, 그로써 선거의 결과에 영향을 미쳤다고 인정하는 때에 선거의 전부나 일부를 무효로 하는 소송이다. 이는 선거를 적법하게 시행하고 그 결과를 적정하게 결정하도록 함을 목적으로 하므로, 「행정소송법」 제3조 제3호에서 규정한 민중소송 즉 국가 또는 공공단체의 기관이 법률을 위반한 행위를 한 때에 직접 자기의 법률상 이익과 관계없이 그 시정을 구하기 위하여 제기하는 소송에 해당한다.

4. 직업공무원제도

제7조 제1항 공무원은 국민전체에 대한 봉사자이며, 국민에 대하여 책임을 진다.
제2항 공무원의 신분과 정치적 중립성은 법률이 정하는 바에 의하여 보장된다.

(1) 의의

① 국가 또는 지방단체와 공법상의 근무관계를 맺고 있는 직업공무원으로 하여금 국가의 정책집행을 담당하게 하여 안정적이고 능력적인 정책집행을 보장하려는 공직구조에 관한 제도이다.

② 제7조 제1항의 국민 전체는 주권자로서의 국민, 공무원은 최광의 공무원으로서 경력직, 특수경력직 공무원, 위탁받아 공무에 종사하는 모든 자를 포함한다.

③ 제7조 제2항의 공무원은 일반직·특정직 공무원과 같은 경력직 공무원만을 지칭한다.

(2) 내용

① 정치적 중립

㉠ 국민 전체에 대한 봉사자로서 공무원의 독립성과 전문성을 보장한다.

㉡ 정당가입금지, 선거에서 특정정당이나 특정인 지지와 반대행위 금지, 공직선거에 입후보 또는 선거직 취임 금지

「공직선거법」 제266조(선거범죄로 인한 공무담임 등의 제한) 제1항 다른 법률의 규정에도 불구하고 제230조부터 제234조까지, 제237조부터 제255조까지, 제256조제1항부터 제3항까지, 제257조부터 제259조까지의 죄(당내 경선과 관련한 죄는 제외한다) 또는 「정치자금법」 제49조의 죄를 범함으로 인하여 징역형의 선고를 받은 자는 그 집행을 받지 아니하기로 확정된 후 또는 그 형의 집행이 종료되거나 면제된 후 10년간, 형의 집행유예의 선고를 받은 자는 그 형이 확정된 후 10년간, 100만 원 이상의 벌금형의 선고를 받은 자는 그 형이 확정된 후 5년간 다음 각 호의 어느 하나에 해당하는 직에 취임하거나 임용될 수 없으며, 이미 취임 또는 임용된 자의 경우에는 그 직에서 퇴직된다.
1. 제53조제1항 각 호의 어느 하나에 해당하는 직(제53조제1항제1호의 경우 「고등교육법」 제14조제1항·제2항에 따른 교원을, 같은 항 제5호의 경우 각 조합의 조합장 및 상근직원을 포함한다)
2. 제60조(選擧運動을 할 수 없는 者)제1항제6호 내지 제8호에 해당하는 직
3. 「공직자윤리법」 제3조제1항제12호 또는 제13호에 해당하는 기관·단체의 임·직원

4. 「사립학교법」 제53조(學校의 長의 任免) 또는 같은 법 제53조의2(學校의 長이 아닌 敎員의 任免)의 규정에 의한 교원

5. 방송통신심의위원회의 위원

제2항 다음 각 호의 어느 하나에 해당하는 사람은 당선인의 당선무효로 실시사유가 확정된 재선거(당선인이 그 기소 후 확정판결 전에 사직함으로 인하여 실시사유가 확정된 보궐선거를 포함한다)의 후보자가 될 수 없다.

1. 제263조 또는 제265조에 따라 당선이 무효로 된 사람(그 기소 후 확정판결 전에 사직한 사람을 포함한다)

2. 당선되지 아니한 사람(후보자가 되려던 사람을 포함한다)으로서 제263조 또는 제265조에 규정된 선거사무장 등의 죄로 당선무효에 해당하는 형이 확정된 사람

제3항 다른 공직선거(교육의원선거 및 교육감선거를 포함한다)에 입후보하기 위하여 임기 중 그 직을 그만 둔 국회의원·지방의회의원 및 지방자치단체의 장은 그 사직으로 인하여 실시사유가 확정된 보궐선거의 후보자가 될 수 없다.

② 신분보장: 국민전체의 이익보호 목적, 「국가공무원법」 제68조

③ 능력주의: 합리적 이유가 있다면 능력주의 예외도 도입 가능하다(국가유공자 본인 가산점제도 등).

판례

제대군인 가산점 사건(헌재 1999.12.23. 98헌마363) **: 위헌**
직업공무원제도는 정치적 중립성과 더불어 효율적으로 업무를 수행할 수 있는 능력이 요구되므로, 직업공무원으로의 공직취임권에 관하여 규율함에 있어서는 임용희망자의 능력·전문성·적성·품성을 기준으로 하는 능력주의를 바탕으로 하여야 한다.

⑶ **공무원의 권리와 의무**

① 권리

㉠ 신분상 권리: 신분보장권, 직위보유권, 제복착용권, 직무수행권, 직명사용권

㉡ 재산상 권리: 보수청구권, 연금청구권, 실비변상수령권

② 의무: 직무전념의 의무, 법령준수의 의무(가장 우선), 합법적인 직무·명령에 복종의무, 품위유지의무

판례

1. **국회사무처와 도서관 공무원은 후임자가 임명될 때까지 그 직을 가진다고 규정한 「국가보위입법회의법」 부칙은 직업공무원제도의 본질적인 내용을 침해한 것이다**(헌재 1989.12.18. 89헌마32) **: 위헌**
그렇기 때문에 공무원에 대한 기본법인 「국가공무원법」이나 「지방공무원법」에서도 이 원리를 받들어 공무원은 형의 선고, 징계 또는 위 「공무원법」이 정하는 사유에 의하지 아니하고는 그 의사에 반하여 휴직, 강임 또는 면직당하지 아니하도록 하고, 직권에 의한 면직사유를 제한적으로 열거하여 직제와 정원의 개폐 또는 예산의 감소 등에 의하여 폐직 또는 과원이 되었을 때를 제외하고는 공무원의 귀책사유없이 인사상 불이익을 받는 일이 없도록 규정하고 있는 것이다. 이는 조직의 운영 및 개편상 불가피한 경우외에는 임명권자의 자의적 판단에 의하여 직업공무원에게 면직등 불리한 인사조치를 함부로 할 수 없음을 의미하는 것으로서 이에 어긋나는 것일 때에는 직업공무원제도의 본질적 내용을 침해하는 것이 되기 때문이다. 이 사건 법률조항은 공무원의 규칙사유나 직제, 정원의 개폐, 예산의 감소 등과 같은 정당한 사유없이 후임자 임명이라는 사유로 공무원의 직위를 상실하도록 하였으므로 직업공무원제도의 본질적인 내용을 침해한 것이다.

2. 안기부직원의 계급정년제는 직업공무원제도에 위배되는 것으로 볼 수 없다(헌재 1994.04.28, 91헌바15)**:**
합헌

공무원이 임용시 「공무원법」상의 정년규정까지 근무할 수 있다는 신뢰 내지 기대는 절대적인 권리로 보호되는 것은 아니고 행정조직, 직제의 변경, 예산상의 감소 등 공익상의 이유로 좌우될 수 있는 상대적이고 가변적인 권리이다. 안기부 직원의 계급정년을 6급직원 17년, 5급직원 13년 등으로 규정한 「국가안전기획부직원법」 제22조는 안기부 직원의 업무수행의 능률성, 신속성, 기동성을 제고하기 위한 것으로 그 정당성이 인정되므로 직업공무원제도에 위배되는 것으로 볼 수 없다.

3. 차관급 상당이 이상의 보수를 받은 자에 법관을 포함시킨 1980년 해직공무원 보상특별법은 일반직 공무원과 비교하더라도 평등원칙에 저촉된다 할 것이다(헌재 1992.11.12, 91헌가2)**: 한정위헌**

이 사건 특별조치법은 보상적 성질과 아울러 시혜적인 고려의 바탕에 배상적인 성질이 공존하고 있는 법률이다. 법관의 신분보장은 법관의 재판상 독립을 보장하기 위한 것으로 정당한 법절차에 따르지 않은 법관의 파면이나 면직처분, 불이익처분의 금지를 의미한다. 이 사건 법률조항은 법관의 신분을 보장하고 있는 헌법 제106조의 취지에 정면으로 배치될 뿐 아니라 신분이 보장되고 있는 일반직 공무원과 비교하더라도 평등원칙에 저촉된다 할 것이다.

5. 지방자치제도

(1) 의의

① 개념 : 일정한 지역을 단위로, 그 주민이 자신의 책임하에 자신들이 선출한 기관을 통하여 그 지방사무를 직접 처리하는 제도로서 풀뿌리 민주주의 실현을 위한 소수자보호와 관련이 있다.

	주민자치	단체자치
본질	자연법상 주민의 권리	실정법에서 부여된 단체의 권리
이념	풀뿌리 민주주의	지방분권사상
권한부여방법	개별적 수권주의	포괄적 수권주의
국가의 감독	입법적·사법적 감독 중심	행정적 감독
고유사무와 위임사무의 구별	구별 없음	구별

② 본질 : 현행 「지방자치법」은 주민의 조례청구권 등을 인정함으로써 국가의 권한 범위 내 자치권을 갖는 반면, 지방자치단체가 국가로부터 독립한 인격 및 스스로 자치권을 갖는다는 점에서 양자가 결합되어 있는 모습이다. 이러한 법상 지방자치권의 본질에 관하여 지방자치단체의 고유권이라는 입장도 있으나, 통설·판례는 자치권은 국가로부터 위임받은 권리로 보는 자치위임설 내지 전래설의 입장이다.

(2) 법적성격과 기능

① 기본권 보장과 제도적 보장을 동시에 보장한다는 견해가 통설·판례로서 지방자치제도는 역사적·전통적으로 형성된 제도이고 헌법에 의해 보장된 제도이다.
② 주민의 선거권과 공무담임권 실현, 중앙정부에 대한 수직적·기능적 권력통제수단으로써 기능을 한다.

(3) 현행헌법의 지방자치제도

> 제117조 제1항 지방자치단체는 주민의 복리에 관한 사무를 처리하고 재산을 관리하며, 법령의 범위안
> 에서 자치에 관한 규정을 제정할 수 있다.
> 제2항 지방자치단체의 종류는 법률로 정한다.
> 제118조 제1항 지방자치단체에 의회를 둔다.
> 제2항 지방의회의 조직·권한·의원선거와 지방자치단체의 장의 선임방법 기타 지방자치단체의
> 조직과 운영에 관한 사항은 법률로 정한다.

판례

**1. 지방자치단체의 자치권은 헌법상 보장을 받고 있으므로 입법권자의 입법행위가 자치권의 본질을
훼손하는 정도에 이른다면 이는 헌법에 위반된다**(헌재 2009.05.28. 2007헌바80) **: 합헌**

헌법 제117조 제1항은 "지방자치단체는 주민의 복리에 관한 사무를 처리하고 재산을 관리하며, 법령의
범위 안에서 자치에 관한 규정을 제정할 수 있다"고 규정하여 지방자치제도의 보장과 지방자치단체의
자치권을 규정하고 있다. 지방자치단체의 자치권은 자치입법권·자치행정권·자치재정권으로 나눌 수
있으며, 지방재정권은 지방자치단체가 재산을 관리하며, 재산을 형성하고 유지할 권한을 의미한다. 그러
나 이러한 헌법상의 자치권의 범위는 법령에 의하여 형성되고 제한되며, 다만 지방자치단체의 자치권은
헌법상 보장을 받고 있으므로 비록 법령에 의하여 이를 제한하는 것이 가능하다고 하더라도 그 제한이
불합리하여 자치권의 본질을 훼손하는 정도에 이른다면 이는 헌법에 위반된다고 보아야 할 것이다.

2. 헌법 제117조 제1항 법령의 범위에는 법규명령으로서 기능하는 행정규칙도 포함된다(헌재 2002.10.
31. 2001헌라1) **: 기각**

헌법 제117조 제1항이 규정하고 있는 법령에는 법률 이외에 대통령령, 총리령 및 부령과 같은 법규명
령이 포함되는 것은 물론이지만, 제정형식은 행정규칙이더라도 상위법령의 위임한계를 벗어나지 않
는 한 상위법령과 결합하여 대외적 구속력을 갖는 법규명령으로서 기능하는 행정규칙도 포함된다.

(4) 지방자치단체의 구역

> 「지방자치법」 제5조(지방자치단체의 명칭과 구역) 제1항 지방자치단체의 명칭과 구역은 종전과 같이 하고,
> 명칭과 구역을 바꾸거나 지방자치단체를 폐지하거나 설치하거나 나누거나 합칠 때에는 법률로 정한다.
> 제2항 제1항에도 불구하고 지방자치단체의 구역변경 중 관할 구역 경계변경(이하 "경계변경"이라
> 한다)과 지방자치단체의 한자 명칭의 변경은 대통령령으로 정한다. 이 경우 경계변경의 절차는 제6조
> 에서 정한 절차에 따른다.
> 제3항 다음 각 호의 어느 하나에 해당할 때에는 관계 지방의회의 의견을 들어야 한다. 다만, 「주민
> 투표법」 제8조에 따라 주민투표를 한 경우에는 그러하지 아니하다.
> 1. 지방자치단체를 폐지하거나 설치하거나 나누거나 합칠 때
> 2. 지방자치단체의 구역을 변경할 때(경계변경을 할 때는 제외한다)
> 3. 지방자치단체의 명칭을 변경할 때(한자 명칭을 변경할 때를 포함한다)
> 제4항 제1항 및 제2항에도 불구하고 다음 각 호의 지역이 속할 지방자치단체는 제5항부터 제8항까
> 지의 규정에 따라 행정안전부장관이 결정한다.
> 1. 「공유수면 관리 및 매립에 관한 법률」에 따른 매립지
> 2. 「공간정보의 구축 및 관리 등에 관한 법률」 제2조제19호의 지적공부(이하 "지적공부"라 한다)에
>   등록이 누락된 토지

① 지방자치단체의 구역이란, 각 지방자치단체의 자치권이 미치는 범위 내지 권한을 행사할 수 있는 지역적 범위를 뜻한다.

② 현행 「지방자치법」 제5조에 규정된 지방자치단체의 구역은 주민·자치권과 함께 지방자치단체의 구성요소로서 자치권을 행사할 수 있는 장소적 범위를 말하며, 자치권이 미치는 관할 구역의 범위에는 육지는 물론 바다도 포함되므로, 공유수면에 대한 지방자치단체의 자치권한이 존재한다.

③ 지방자치단체 구역의 획정이 어려우므로 '종전'의 구역을 그대로 받아들이는 것으로 하였다.

④ 지금까지 우리 법체계에서는 공유수면의 행정구역 경계에 관한 명시적인 법령상의 규정이 존재한 바 없으므로, 공유수면에 대한 행정구역 경계가 불문법상으로 존재한다면 그에 따라야 한다. 그리고 만약 해상경계에 관한 불문법도 존재하지 않으면, 주민, 구역과 자치권을 구성요소로 하는 지방자치단체의 본질에 비추어 지방자치단체의 관할구역에 경계가 없는 부분이 있다는 것을 상정할 수 없으므로, 헌법재판소가 지리상의 자연적 조건, 관련 법령의 현황, 연혁적인 상황, 행정권한 행사 내용, 사무 처리의 실상, 주민의 사회·경제적 편익 등을 종합하여 형평의 원칙에 따라 합리적이고 공평하게 해상경계선을 획정할 수밖에 없다.

> **판례**
>
> **1. 지방자치단체의 관할구역 해상경계획정 사건**(헌재 2021.02.25. 2015헌라7)
>
> 공유수면에 대한 지방자치단체의 관할구역 경계획정은 명시적인 법령상의 규정이 존재한다면 그에 따르고, 명시적인 법령상의 규정이 존재하지 않는다면 불문법상 해상경계에 따라야 한다. 불문법상 해상경계마저 존재하지 않는다면, 주민·구역·자치권을 구성요소로 하는 지방자치단체의 본질에 비추어 지방자치단체의 관할구역에 경계가 없는 부분이 있다는 것은 상정할 수 없으므로, 권한쟁의심판권을 가지고 있는 헌법재판소가 형평의 원칙에 따라 합리적이고 공평하게 해상경계선을 획정하여야 한다.
>
> **2. 자치권이 미치는 관할 구역의 범위에는 육지는 물론 바다도 포함된다**(헌재 2006.08.31. 2003헌라1).
>
> [1] 「지방자치법」 제4조 제1항에 규정된 지방자치단체의 구역은 주민·자치권과 함께 지방자치단체의 구성요소로서 자치권을 행사할 수 있는 장소적 범위를 말하며, 자치권이 미치는 관할 구역의 범위에는 육지는 물론 바다도 포함되므로, 공유수면에 대한 지방자치단체의 자치권한이 존재한다.
>
> [2] 현행 「지방자치법」 제4조 제1항은 지방자치단체의 관할구역 경계를 결정함에 있어서 '종전'에 의하도록 하고 있고, 「지방자치법」 제4조 제1항의 개정 연혁에 비추어 보면 위 '종전'이라는 기준은 최초로 제정된 법률조항까지 순차 거슬러 올라가게 되므로 1948. 8. 15. 당시 존재하던 관할구역의 경계가 원천적인 기준이 된다. 그런데 이 사건 기록을 살펴볼 때, 이 사건 매립지에서 '종전'에 해당하는 관할구역 경계에 대하여는 조선총독부 임시토지조사국 훈령인 일반도측량실시규정(1914년)에 의거하여 1918년에 제작된 지형도상의 해상경계선이 그 기준이 된다. 그리고 종래 특정한 지방자치단체의 관할구역에 속하던 공유수면이 매립되는 경우에도, 법률 또는 대통령령 등에 의한 경계변경이 없는 한, 그 매립지는 당해 지방자치단체의 관할구역에 편입된다.

⑤ 폐치·분합은 지방자치단체의 신설 또는 폐지의 결과가 발생시킨다. 그 종류로는 신설합병의 합체, 흡수합병의 편입, 일부지역을 독립시키는 분립, 하나의 지방자치단체를 둘 이상으로 나누는 분할 등이 있다. 이는 구역변경에 그치는 것이 아니라 새로운 인격의 발생 또는 소멸을 가져온다.

⑥ 경계(구역)변경은 지방자치단체의 존폐와 관계없이 단지 그 경계의 변경만 발생시킨다는 점에서 폐치·분합과 구별된다.

⑦ 지방자치단체의 구역을 변경하거나 지방자치단체를 폐지하거나 설치하거나, 나누거나 합칠 때에는 새로 그 지역을 관할하게 된 지방자치단체가 그 사무와 재산을 승계한다. 다만, 채무의 승계여부는 기존의 지방자치단체가 소멸되는지에 따라 승계여부가 결정된다.

판례

지방자치단체의 폐치·분합에 관한 것은 주민의 기본권과 관련이 있어 헌법소원의 대상이다(헌재 1994. 12.29. 94헌마201).

지방자치단체의 폐치·분합에 관한 것은 지방자치단체의 자치행정권 중 지역고권의 보장문제이나, 대상지역 주민들은 그로 인하여 인간다운 생활공간에서 살 권리, 평등권, 정당한 청문권, 거주이전의 자유, 선거권, 공무담임권, 인간다운 생활을 할 권리, 사회보장·사회복지수급권 및 환경권 등을 침해받게 될 수도 있다는 점에서 기본권과도 관련이 있어 헌법소원의 대상이 될 수 있다.

(5) 지방자치단체의 주민

「지방자치법」 제16조(주민의 자격) 지방자치단체의 구역에 주소를 가진 자는 그 지방자치단체의 주민이 된다.

① 개념 : 지방자치단체의 구역 안에 주소를 가진 자로서 내국인(재외국민 포함)은 물론 외국인도 포함되며 자연인, 법인 등을 모두 포함한다. 「주민등록법」은 공법관계의 주소는 주민등록지로 하고 있으므로 관할 구역 안에 주민등록지를 가지고 있으면 주민이 되고 법인은 본점소재지를 기준으로 한다.

참고

거소지

거소라 함은 주소지 이외의 장소 중 상당기간에 걸쳐 거주하는 장소로서 주소(住所)와 같이 밀접한 일반적 생활관계가 발생하지 아니하는 장소를 말한다.

② 주민의 권리
  ㉠ 공적 재산·공공시설이용권

「지방자치법」 제17조(주민의 권리) 제1항 주민은 법령으로 정하는 바에 따라 주민생활에 영향을 미치는 지방자치단체의 정책의 결정 및 집행 과정에 참여할 권리를 가진다.
제2항 주민은 법령으로 정하는 바에 따라 소속 지방자치단체의 재산과 공공시설을 이용할 권리와 그 지방자치단체로부터 균등하게 행정의 혜택을 받을 권리를 가진다.

ⓛ 선거권·피선거권

ⓐ 선거권

> 「지방자치법」제17조(주민의 권리) 제3항 주민은 법령으로 정하는 바에 따라 그 지방자치
> 단체에서 실시하는 지방의회의원과 지방자치단체의 장의 선거(이하 "지방선거"라 한다)
> 에 참여할 권리를 가진다.
>
> 「공직선거법」제15조(선거권) 제2항 18세 이상으로서 제37조제1항에 따른 선거인명부작성
> 기준일 현재 다음 각 호의 어느 하나에 해당하는 사람은 그 구역에서 선거하는 지방자치
> 단체의 의회 의원 및 장의 선거권이 있다.
> 1. 해당 지방자치단체의 관할 구역에 주민등록이 되어 있는 사람
> 2. 국내거소신고인명부에 3개월 이상 계속하여 올라 있는 국민으로서 해당 지방자치단
>   체의 관할구역에 국내거소신고가 되어 있는 사람
> 3. 「출입국관리법」제10조에 따른 영주의 체류자격 취득일 후 3년이 경과한 외국인으로
>   서 같은 법 제34조에 따라 해당 지방자치단체의 외국인등록대장에 올라있는 사람

ⓑ 피선거권

> 「공직선거법」제16조(피선거권) 제3항 선거일 현재 계속하여 60일 이상(공무로 외국에 파
> 견되어 선거일 전 60일후에 귀국한 자는 선거인명부작성기준일부터 계속하여 선거일까
> 지) 해당 지방자치단체의 관할구역에 주민등록이 되어 있는 주민으로서 18세 이상의 국
> 민은 그 지방의회의원 및 지방자치단체의 장의 피선거권이 있다. 이 경우 60일의 기간은
> 그 지방자치단체의 설치·폐지·분할·합병 또는 구역변경(제28조 각 호의 어느 하나에
> 따른 구역변경을 포함한다)에 의하여 중단되지 아니한다.

ⓒ 주민투표권

> 「주민투표법」제1조(목적) 이 법은 지방자치단체의 주요결정사항에 관한 주민의 직접참여를
> 보장하기 위하여 「지방자치법」제18조에 따른 주민투표의 대상·발의자·발의요건·투표
> 절차 등에 관한 사항을 규정함으로써 지방자치행정의 민주성과 책임성을 제고하고 주민복
> 리를 증진함을 목적으로 한다.

ⓐ 의의 및 성질: 주민에게 과도한 부담을 주거나 중대한 영향을 미치는 지방자치단체의 주
요결정사항으로서 그 지방자치단체의 조례로 정하는 사항은 주민투표에 부칠 수 있다. 이
에 따라 주민은 주민투표권을 행사할 수 있다.

판례

주민투표권은 법률상 권리이지 헌법상 참정권에 해당하지 않는다(헌재 2001.06.28. 2000헌마735) **: 각하**
우리 헌법은 법률이 정하는 바에 따른 '선거권'과 '공무담임권' 및 국가안위에 관한 중요정책과 헌법개정에 대한 '국민투표권'만을 헌법상의 참정권으로 보장하고 있으므로, 「지방자치법」 제13조의2에서 규정한 주민투표권은 그 성질상 선거권, 공무담임권, 국민투표권과 전혀 다른 것이어서 이를 법률이 보장하는 참정권이라고 할 수 있을지언정 헌법이 보장하는 참정권이라고 할 수는 없다.

ⓑ 주민투표권자

> 「주민투표법」 제5조(주민투표권) 제1항 18세 이상의 주민 중 제6조 제1항에 따른 투표인명부 작성기준일 현재 다음 각 호의 어느 하나에 해당하는 사람에게는 주민투표권이 있다. 다만, 「공직선거법」 제18조에 따라 선거권이 없는 사람에게는 주민투표권이 없다.
> 1. 그 지방자치단체의 관할 구역에 주민등록이 되어 있는 사람 또는 「재외동포의 출입국과 법적 지위에 관한 법률」 제6조에 따라 국내거소신고가 되어 있는 재외국민
> 2. 출입국관리 관계 법령에 따라 대한민국에 계속 거주할 수 있는 자격(체류자격변경허가 또는 체류기간연장허가를 통하여 계속 거주할 수 있는 경우를 포함한다)을 갖춘 외국인으로서 지방자치단체의 조례로 정한 사람
> 제2항 주민투표권자의 연령은 투표일 현재를 기준으로 산정한다.

ⓒ 주민투표의 대상

> 「주민투표법」 제7조(주민투표의 대상) 제1항 주민에게 과도한 부담을 주거나 중대한 영향을 미치는 지방자치단체의 주요결정사항으로서 그 지방자치단체의 조례로 정하는 사항은 주민투표에 부칠 수 있다.
> 제2항 제1항의 규정에 불구하고 다음 각 호의 사항은 이를 주민투표에 부칠 수 없다.
> 1. 법령에 위반되거나 재판중인 사항
> 2. 국가 또는 다른 지방자치단체의 권한 또는 사무에 속하는 사항
> 3. 지방자치단체의 예산·회계·계약 및 재산관리에 관한 사항과 지방세·사용료·수수료·분담금 등 각종 공과금의 부과 또는 감면에 관한 사항
> 4. 행정기구의 설치·변경에 관한 사항과 공무원의 인사·정원 등 신분과 보수에 관한 사항
> 5. 다른 법률에 의하여 주민대표가 직접 의사결정주체로서 참여할 수 있는 공공시설의 설치에 관한 사항. 다만, 제9조 제5항의 규정에 의하여 지방의회가 주민투표의 실시를 청구하는 경우에는 그러하지 아니하다.
> 6. 동일한 사항(그 사항과 취지가 동일한 경우를 포함한다)에 대하여 주민투표가 실시된 후 2년이 경과되지 아니한 사항

판례

1. 지방자치단체가 중앙행정기관에게 주민투표 실시요구를 해 줄 것을 요구할 수는 없다(헌재 2005.12. 22. 2005헌라5) : **각하**

「주민투표법」 제8조는 국가정책의 수립에 참고하기 위한 주민투표에 대해 규정하고 있는데 규정의 문언으로 볼 때 중앙행정기관의 장은 실시 여부 및 구체적 실시구역에 관해 상당한 범위의 재량을 가진다고 볼 수 있다. 이를 감안할 때 중앙행정기관의 장으로부터 실시요구를 받은 지방자치단체 내지 지방자치단체장으로서는 주민투표 발의에 관한 결정권한, 의회의 의견표명을 비롯하여 투표시행에 관련되는 권한을 가지게 된다고 하더라도, 나아가 지방자치단체가 중앙행정기관장으로부터 제8조의 주민투표 실시요구를 받지 않은 상태에서 일정한 경우 중앙행정기관에게 실시요구를 해 줄 것을 요구할 수 있는 권한까지 가지고 있다고 보기는 어렵다.

2. 미군부대이전은 지방자치단체의 장의 권한이 아님이 명백하므로 주민투표의 대상이 될 수 없다(대판 2002.04.26. 2002추23).

구 「지방자치법」 제13조의2의 규정에 의하면, 지방자치단체의 장은 어떠한 사항이나 모두 주민투표에 붙일 수 있는 것은 아니고, 지방자치단체의 폐치·분합 또는 주민에게 과도한 부담을 주거나 중대한 영향을 미치는 지방자치단체의 주요 결정사항 등에 한하여 주민투표를 붙일 수 있도록 하여 그 대상을 한정하고 있음을 알 수 있는바, 위 규정의 취지는 지방자치단체의 장이 권한을 가지고 결정할 수 있는 사항에 대하여 주민투표에 붙여 주민의 의사를 물어 행정에 반영하려는 데에 있다. 따라서 미군부대이전은 지방자치단체의 장의 권한에 의하여 결정할 수 있는 사항이 아님이 명백하므로 「지방자치법」 제13조의2 소정의 주민투표의 대상이 될 수 없다.

　ⓓ 국가정책에 관한 주민투표 : 헌법재판소는 「주민투표법」에 따른 국가정책에 대한 주민투표는 주민의 의견을 묻는 의견수렴으로서의 성격을 갖는 것이라고 본다.

「주민투표법」 제8조(국가정책에 관한 주민투표) 제1항 중앙행정기관의 장은 지방자치단체의 폐치(廢置)·분합(分合) 또는 구역변경, 주요시설의 설치 등 국가정책의 수립에 관하여 주민의 의견을 듣기 위하여 필요하다고 인정하는 때에는 주민투표의 실시구역을 정하여 관계 지방자치단체의 장에게 주민투표의 실시를 요구할 수 있다. 이 경우 중앙행정기관의 장은 미리 행정안전부장관과 협의하여야 한다.
제2항 지방자치단체의 장은 제1항의 규정에 의하여 주민투표의 실시를 요구받은 때에는 지체없이 이를 공표하여야 하며, 공표일부터 30일 이내에 그 지방의회의 의견을 들어야 한다.
제3항 제2항의 규정에 의하여 지방의회의 의견을 들은 지방자치단체의 장은 그 결과를 관계 중앙행정기관의 장에게 통지하여야 한다.
제4항 제1항의 규정(국가정책에 관한)에 의한(주민투표에 관하여는) 제7조, 제16조, 제24조제1항·제5항·제6항, 제25조 및 제26조의(주민투표소송)의 규정을 적용하지 아니한다.

판례

국가정책에 관한 주민투표의 경우에 주민투표소송의 적용을 배제하고 있는 것은 합헌이다(헌재 2009. 03.26. 2006헌마99) **: 기각**

지방자치단체의 주요결정사항에 관한 주민투표와 국가정책사항에 관한 주민투표 사이의 본질적인 차이를 감안하여, 이 사건 법률조항에 의하여 지방자치단체의 주요결정사항에 관한 주민투표와는 달리 주민투표소송의 적용을 배제하고 있는 것이므로 청구인들의 주민투표소송 등 재판청구권을 침해하였다고 보기는 어렵다.

　ⓔ 주민투표의 실시요건

> 「주민투표법」제9조(주민투표의 실시요건) 제1항 지방자치단체의 장은 주민 또는 지방의회의 청구에 의하거나 직권에 의하여 주민투표를 실시할 수 있다.
> 제2항 18세 이상 주민 중(주민투표권이 없는 자는 제외한다) 주민투표청구권자 총수의 20분의 1 이상 5분의 1 이하의 범위 안에서 지방자치단체의 조례로 정하는 수 이상의 서명으로 그 지방자치단체의 장에게 주민투표의 실시를 청구할 수 있다.
> 제5항 지방의회는 재적의원 과반수의 출석과 출석의원 3분의 2 이상의 찬성으로 그 지방자치단체의 장에게 주민투표의 실시를 청구할 수 있다.
> 제6항 지방자치단체의 장은 직권에 의하여 주민투표를 실시하고자 하는 때에는 그 지방의회 재적의원 과반수의 출석과 출석의원 과반수의 동의를 얻어야 한다.

판례

주민투표의 시행 여부는 지방자치단체의 장의 재량권한이다(대판 2002.04.26. 2002추23).

「지방자치법」은 지방의회와 지방자치단체의 장에게 독자적 권한을 부여하고 상호 견제와 균형을 이루도록 하고 있으므로, 법률에 특별한 규정이 없는 한 조례로써 견제의 범위를 넘어서 고유권한을 침해하는 규정을 둘 수 없다 할 것인바, 위 「지방자치법」제13조의2 제1항에 의하면, 주민투표의 대상이 되는 사항이라 하더라도 주민투표의 시행 여부는 지방자치단체의 장의 임의적 재량에 맡겨져 있음이 분명하므로, 지방자치단체의 장의 재량으로서 투표실시 여부를 결정할 수 있도록 한 법규정에 반하여 지방의회가 조례로 정한 특정한 사항에 관하여는 일정한 기간 내에 반드시 투표를 실시하도록 규정한 조례안은 지방자치단체의 장의 고유권한을 침해하는 규정이다.

ⓕ 주민투표의 결과

> 「주민투표법」 제24조(주민투표결과의 확정) 제1항 주민투표에 부쳐진 사항은 주민투표권자 총수의 4분의 1 이상의 투표와 유효투표수 과반수의 득표로 확정된다. 다만, 다음 각 호의 1에 해당하는 경우에는 찬성과 반대 양자를 모두 수용하지 아니하거나, 양자택일의 대상이 되는 사항 모두를 선택하지 아니하기로 확정된 것으로 본다.
> 1. 전체 투표수가 주민투표권자 총수의 4분의 1에 미달되는 경우
> 2. 주민투표에 부쳐진 사항에 관한 유효득표수가 동수인 경우
> 제6항 지방자치단체의 장 및 지방의회는 주민투표결과 확정된 사항에 대하여 2년 이내에는 이를 변경하거나 새로운 결정을 할 수 없다. 다만, 제1항 단서의 규정에 의하여 찬성과 반대 양자를 모두 수용하지 아니하거나 양자택일의 대상이 되는 사항 모두를 선택하지 아니하기로 확정된 때에는 그러하지 아니하다.

ⓖ 주민투표쟁송

> 「주민투표법」 제25조(주민투표소송 등) 제1항 주민투표의 효력에 관하여 이의가 있는 주민투표권자는 주민투표권자 총수의 100분의 1 이상의 서명으로 주민투표결과가 공표된 날부터 14일 이내에 관할선거관리위원회 위원장을 피소청인으로 하여 시·군 및 자치구에 있어서는 특별시·광역시·도 선거관리위원회에, 특별시·광역시 및 도에 있어서는 중앙선거관리위원회에 소청할 수 있다.
> 제2항 제1항의 소청에 대한 결정에 관하여 불복이 있는 소청인은 관할선거관리위원회 위원장을 피고로 하여 그 결정서를 받은 날(결정서를 받지 못한 때에는 결정기간이 종료된 날을 말한다)부터 10일 이내에 특별시·광역시 및 도에 있어서는 대법원에, 시·군 및 자치구에 있어서는 관할 고등법원에 소를 제기할 수 있다.

㉣ 조례의 제정과 개정·폐지 청구

ⓐ 개념: 지방의회가 조례의 제정이나 개·폐에 관한 직무를 해태하는 것을 시정하는 주민의 권리로서 국가 및 지방자치단체는 주민이 지방의회에 주민조례청구를 할 수 있도록 필요한 조치를 하여야 한다.

ⓑ 청구의 주체 및 상대방: 해당 지방자치단체의 조례로 정하는 청구권자 수 이상이 연대 서명하여 지방의회에 청구할 수 있다.

> 「지방자치법」 제19조(조례의 제정과 개정·폐지 청구) 제1항 주민은 지방자치단체의 조례를 제정하거나 개정하거나 폐지할 것을 청구할 수 있다.
> 제2항 조례의 제정·개정 또는 폐지 청구의 청구권자·청구대상·청구요건 및 절차 등에 관한 사항은 따로 법률로 정한다.

「주민조례발안에 관한 법률」 제2조(주민조례청구권자) 18세 이상의 주민으로서 다음 각 호의 어느 하나에 해당하는 사람(「공직선거법」 제18조에 따른 선거권이 없는 사람은 제외한다. 이하 "청구권자"라 한다)은 해당 지방자치단체의 의회(이하 "지방의회"라 한다)에 조례를 제정하거나 개정 또는 폐지할 것을 청구(이하 "주민조례청구"라 한다)할 수 있다.

1. 해당 지방자치단체의 관할 구역에 주민등록이 되어 있는 사람
2. 「출입국관리법」 제10조에 따른 영주(永住)할 수 있는 체류자격 취득일 후 3년이 지난 외국인으로서 같은 법 제34조에 따라 해당 지방자치단체의 외국인등록대장에 올라 있는 사람

ⓒ 청구의 제외대상

「주민조례발안에 관한 법률」 제4조(주민조례청구 제외 대상) 다음 각 호의 사항은 주민조례 청구 대상에서 제외한다.

1. 법령을 위반하는 사항
2. 지방세·사용료·수수료·부담금을 부과·징수 또는 감면하는 사항
3. 행정기구를 설치하거나 변경하는 사항
4. 공공시설의 설치를 반대하는 사항

판례

지방자치단체장이 법령에 위반되는 것으로 판단한 주민의 조례제정개폐청구를 각하할 수 있도록 한 이 사건 조항들은 명확성원칙에도 반하지 않으며, 주민자치제도의 본질적 내용을 침해하지 않는다(헌재 2009.07.30. 2007헌바75) : **합헌**

헌법 제117조 제1항의 취지에 따라 조례는 법령의 범위 안에서 제정되어야 하며, 이것은 주민이 자치입법에 직접 관여하는 경우에도 마찬가지이고, 이 사건 법률조항들은 이러한 내용을 확인한 것에 불과하다. 한편, 상위법에 위반한 조례안이 일정한 절차를 거쳐 조례로 제정될 수 있도록 하고, 이에 대한 사후적 사법심사를 통해 무효화시키는 것은 지방행정의 낭비 및 회복하기 어려운 법질서의 혼란을 가져올 수 있으므로 이를 방지하기 위하여 이 사건 법률조항들과 같은 사전차단장치를 둔 것이 입법자의 자의적인 법형성권의 행사로서 지방자치제도의 본질적 내용을 침해한다고 볼 수 없다.

ⓓ 청구의 절차

「주민조례발안에 관한 법률」 제13조(주민청구조례안의 심사 절차) 제1항 지방의회는 제12조 제1항에 따라 주민청구조례안이 수리된 날부터 1년 이내에 주민청구조례안을 의결하여야 한다. 다만, 필요한 경우에는 본회의 의결로 1년 이내의 범위에서 한 차례만 그 기간을 연장할 수 있다.

제2항 지방의회는 심사 안건으로 부쳐진 주민청구조례안을 의결하기 전에 대표자를 회의에 참석시켜 그 청구의 취지(대표자와의 질의·답변을 포함한다)를 들을 수 있다.

제3항 「지방자치법」 제79조 단서에도 불구하고 주민청구조례안은 제12조제1항에 따라 주민청구조례안을 수리한 당시의 지방의회의원의 임기가 끝나더라도 다음 지방의회의원의 임기까지는 의결되지 못한 것 때문에 폐기되지 아니한다.

ⓜ 감사청구권

ⓐ 청구의 주체 및 상대방

> 「지방자치법」 제21조(주민의 감사청구) 제1항 지방자치단체의 18세 이상의 주민으로서 다음 각 호의 어느 하나에 해당하는 사람(「공직선거법」 제18조에 따른 선거권이 없는 사람은 제외한다. 이하 이 조에서 "18세 이상의 주민"이라 한다)은 시·도는 300명, 제198조에 따른 인구 50만 이상 대도시는 200명, 그 밖의 시·군 및 자치구는 150명 이내에서 그 지방자치단체의 조례로 정하는 수 이상의 18세 이상의 주민이 연대 서명하여 그 지방자치단체와 그 장의 권한에 속하는 사무의 처리가 법령에 위반되거나 공익을 현저히 해친다고 인정되면 시·도의 경우에는 주무부장관에게, 시·군 및 자치구의 경우에는 시·도지사에게 감사를 청구할 수 있다.
> 1. 해당 지방자치단체의 관할 구역에 주민등록이 되어 있는 사람
> 2. 「출입국관리법」 제10조에 따른 영주(永住)할 수 있는 체류자격 취득일 후 3년이 경과한 외국인으로서 같은 법 제34조에 따라 해당 지방자치단체의 외국인등록대장에 올라 있는 사람

ⓑ 청구의 대상 및 청구기한

> 제21조(주민의 감사청구) 제2항 다음 각 호의 사항은 감사 청구의 대상에서 제외한다.
> 1. 수사나 재판에 관여하게 되는 사항
> 2. 개인의 사생활을 침해할 우려가 있는 사항
> 3. 다른 기관에서 감사하였거나 감사 중인 사항. 다만, 다른 기관에서 감사한 사항이라도 새로운 사항이 발견되거나 중요 사항이 감사에서 누락된 경우와 제22조제1항에 따라 주민소송의 대상이 되는 경우에는 그러하지 아니하다.
> 4. 동일한 사항에 대하여 제22조제2항 각 호의 어느 하나에 해당하는 소송이 진행 중이거나 그 판결이 확정된 사항
> 제3항 제1항에 따른 청구는 사무처리가 있었던 날이나 끝난 날부터 3년이 지나면 제기할 수 없다.

ⓒ 감사의 절차

> 제21조(주민의 감사청구) 제4항 지방자치단체의 18세 이상의 주민이 제1항에 따라 감사를 청구하려면 청구인의 대표자를 선정하여 청구인명부에 적어야 하며, 청구인의 대표자는 감사청구서를 작성하여 주무부장관 또는 시·도지사에게 제출하여야 한다.
> 제5항 주무부장관이나 시·도지사는 제1항에 따른 청구를 받으면 청구를 받은 날부터 5일 이내에 그 내용을 공표하여야 하며, 청구를 공표한 날부터 10일간 청구인명부나 그 사본을 공개된 장소에 갖추어 두어 열람할 수 있도록 하여야 한다.
> 제6항 청구인명부의 서명에 관하여 이의가 있는 사람은 제5항에 따른 열람기간에 해당 주무부장관이나 시·도지사에게 이의를 신청할 수 있다.
> 제7항 주무부장관이나 시·도지사는 제6항에 따른 이의신청을 받으면 제5항에 따른 열람기간이 끝난 날부터 14일 이내에 심사·결정하되, 그 신청이 이유 있다고 결정한 경우에는 청구인명부를 수정하고, 그 사실을 이의신청을 한 사람과 제4항에 따른 청구인의 대표자에게 알려야 하며, 그 이의신청이 이유 없다고 결정한 경우에는 그 사실을 즉시 이의신청을 한 사람에게 알려야 한다.

제8항 주무부장관이나 시·도지사는 제6항에 따른 이의신청이 없는 경우 또는 제6항에 따라 제기된 모든 이의신청에 대하여 제7항에 따른 결정이 끝난 경우로서 제1항부터 제3항까지의 규정에 따른 요건을 갖춘 경우에는 청구를 수리하고, 그러하지 아니한 경우에는 청구를 각하하되, 수리 또는 각하 사실을 청구인의 대표자에게 알려야 한다.

제9항 주무부장관이나 시·도지사는 감사 청구를 수리한 날부터 60일 이내에 감사 청구된 사항에 대하여 감사를 끝내야 하며, 감사 결과를 청구인의 대표자와 해당 지방자치단체의 장에게 서면으로 알리고, 공표하여야 한다. 다만, 그 기간에 감사를 끝내기가 어려운 정당한 사유가 있으면 그 기간을 연장할 수 있으며, 기간을 연장할 때에는 미리 청구인의 대표자와 해당 지방자치단체의 장에게 알리고, 공표하여야 한다.

ⓓ 감사결과의 이행

제21조(주민의 감사청구) 제10항 주무부장관이나 시·도지사는 주민이 감사를 청구한 사항이 다른 기관에서 이미 감사한 사항이거나 감사 중인 사항이면 그 기관에서 한 감사 결과 또는 감사 중인 사실과 감사가 끝난 후 그 결과를 알리겠다는 사실을 청구인의 대표자와 해당 기관에 지체 없이 알려야 한다.

제11항 주무부장관이나 시·도지사는 주민 감사 청구를 처리(각하를 포함한다)할 때 청구인의 대표자에게 반드시 증거 제출 및 의견 진술의 기회를 주어야 한다.

제12항 주무부장관이나 시·도지사는 제9항에 따른 감사 결과에 따라 기간을 정하여 해당 지방자치단체의 장에게 필요한 조치를 요구할 수 있다. 이 경우 그 지방자치단체의 장은 이를 성실히 이행하여야 하고, 그 조치 결과를 지방의회와 주무부장관 또는 시·도지사에게 보고하여야 한다.

제13항 주무부장관이나 시·도지사는 제12항에 따른 조치 요구 내용과 지방자치단체의 장의 조치 결과를 청구인의 대표자에게 서면으로 알리고, 공표하여야 한다.

ⓗ 주민소송권

ⓐ 개념 : 「지방자치법」 제22조 제1항(감사청구)에 따라 감사청구한 사항 중 공금의 지출에 관한 사항, 재산의 취득·관리·처분에 관한 사항 등 일정한 사항을 감사청구한 주민은 그 감사청구한 사항과 관련이 있는 위법한 행위나 업무를 게을리한 사실에 대하여 해당 지방자치단체의 장을 상대방으로 하여 소송을 제기할 수 있다. 이러한 권리를 주민소송권이라고 한다. 주민소송제도는 지방행정의 공정성과 투명성 강화를 위한 주민의 직접참여 제도에 해당한다.

ⓑ 소의 대상 및 제소사유

「지방자치법」 제22조(주민소송) 제1항 제21조 제1항에 따라 공금의 지출에 관한 사항, 재산의 취득·관리·처분에 관한 사항, 해당 지방자치단체를 당사자로 하는 매매·임차·도급 계약이나 그 밖의 계약의 체결·이행에 관한 사항 또는 지방세·사용료·수수료·과태료 등 공금의 부과·징수를 게을리한 사항을 감사 청구한 주민은 다음 각 호의 어느 하나에 해당하는 경우에 그 감사 청구한 사항과 관련이 있는 위법한 행위나 업무를 게을리한 사실에 대하여 해당 지방자치단체의 장(해당 사항의 사무처리에 관한 권한을 소속 기관의 장에게 위임한 경우에는 그 소속 기관의 장을 말한다. 이하 이 조에서 같다)을 상대방으로 하여 소송을 제기할 수 있다.
1. 주무부장관이나 시·도지사가 감사 청구를 수리한 날부터 60일(제21조 제9항 단서에 따라 감사기간이 연장된 경우에는 연장된 기간이 끝난 날을 말한다)이 지나도 감사를 끝내지 아니한 경우
2. 제21조 제9항 및 제10항에 따른 감사 결과 또는 같은 조 제12항에 따른 조치 요구에 불복하는 경우
3. 제21조 제12항에 따른 주무부장관이나 시·도지사의 조치 요구를 지방자치단체의 장이 이행하지 아니한 경우
4. 제21조 제12항에 따른 지방자치단체의 장의 이행 조치에 불복하는 경우

판례

이행강제금의 부과·징수를 게을리한 행위가 주민소송의 대상이 되는 공금의 부과·징수를 게을리한 사항에 해당한다(대판 2015.09.10. 2013두16746).
이행강제금은 지방자치단체의 재정수입을 구성하는 재원 중 하나로서 「지방세외수입금의 징수 등에 관한 법률」에서 이행강제금의 효율적인 징수 등에 필요한 사항을 특별히 규정하는 등 그 부과·징수를 재무회계 관점에서도 규율하고 있으므로, 이행강제금의 부과·징수를 게을리한 행위는 주민소송의 대상이 되는 공금의 부과·징수를 게을리한 사항에 해당한다.

ⓒ 당사자와 이해관계자 : 주민소송의 대상이 되는 사항에 관하여 먼저 감사를 청구한 주민이라면 누구나 원고가 될 수 있고 1인에 의한 소제기도 허용된다. 다만 주민소송이 진행 중이면 다른 주민은 같은 사항에 대하여 별도의 소를 제기할 수 없다.

ⓐ 주민소환권
ⓐ 의의 : 주민소환이란 주민이 직접 선출한 지방자치단체의 기관을 그 직에서 상실시키는 것을 말한다. 지방자치에 관한 주민의 직접참여를 확대하고 지방행정의 민주성과 책임성을 제고함을 목적으로 한다.

「지방자치법」 제25조(주민소환) 제1항 지방자치단체는 사무처리의 투명성을 높이기 위하여 「공공기관의 정보공개에 관한 법률」에서 정하는 바에 따라 지방의회의 의정활동, 집행기관의 조직, 재무 등 지방자치에 관한 정보(이하 "지방자치정보"라 한다)를 주민에게 공개하여야 한다.

판례

1. 주민소환은 사법적인 것이 아니라 정치적인 성격을 갖는다(헌재 2009.03.26. 2007헌마843) **: 기각**

주민소환의 청구사유에 제한을 두지 않은 것은 주민소환제를 기본적으로 정치적인 절차로 설계함으로써 위법행위를 한 공직자뿐만 아니라 정책적으로 실패하거나 무능하고 부패한 공직자까지도 그 대상으로 삼아 공직에서의 해임이 가능하도록 하여 책임정치 혹은 책임행정의 실현을 기하려는데 그 입법목적이 있다.

2. 주민소환제도는 지방자치의 본질적 내용이 아니다. 주민소환사유를 규정하지 않은 「주민소환법」 제7조는 헌법에 위반되지 않는다(헌재 2009.03.26. 2007헌마843) **: 기각**

[1] 지방자치와 주민소환제 자체는 지방자치의 본질적인 내용이라고 할 수 없으므로 이를 보장하지 않는 것이 위헌이라거나 어떤 특정한 내용의 주민소환제를 반드시 보장해야 한다는 헌법적인 요구가 있다고 볼 수는 없으나, 다만 이러한 주민소환제가 지방자치에도 적용되는 원리인 대의제의 본질적인 내용을 침해하는지 여부는 문제가 된다 할 것이다. 주민이 대표자를 수시에 임의로 소환한다면 이는 곧 명령적 위임을 인정하는 결과가 될 것이나, 대표자에게 원칙적으로 자유위임에 기초한 독자성을 보장하되 극히 예외적이고 엄격한 요건을 갖춘 경우에 한하여 주민소환을 인정한다면 이는 대의제의 원리를 보장하는 범위 내에서 적절한 수단이 될 수 있을 것이다.

[2] 「주민소환법」 제7조 제1항 제2호 중 시장 부분 주민소환제는 역사적으로도 위법·탈법행위를 한 공직자를 규제한다기보다 지역주민의 의사에 반하여 비민주적·독선적으로 정책을 추진하고 예산을 낭비하는 것을 광범위하게 통제하여야 한다는 이유에서 그 필요성이 강조되어 왔으므로, 이를 반영하기 위하여는 주민소환의 청구사유에 제한을 둘 필요가 없고, 또 업무의 광범위성이나 입법기술적인 측면에서 보아도 지방자치단체장의 소환사유를 구체적으로 적시하는 것 또한 쉽지 않다.

ⓑ 주민소환투표권자와 청구권자, 절차 및 효력

「주민소환에 관한 법률」 제3조(주민소환투표권) 제1항 제4조 제1항의 규정에 의한 주민소환투표인명부 작성기준일 현재 다음 각 호의 어느 하나에 해당하는 자는 주민소환투표권이 있다.

1. 19세 이상의 주민으로서 당해 지방자치단체 관할구역에 주민등록이 되어 있는 자(「공직선거법」 제18조의 규정에 의하여 선거권이 없는 자를 제외한다)

2. 19세 이상의 외국인으로서 「출입국관리법」 제10조의 규정에 따른 영주의 체류자격 취득일 후 3년이 경과한 자 중 같은 법 제34조의 규정에 따라 당해 지방자치단체 관할구역의 외국인등록대장에 등재된 자

> 「주민소환에 관한 법률」 제7조(주민소환투표의 청구) 제1항 전년도 12월 31일 현재 주민등록표 및 외국인등록표에 등록된 제3조제1항제1호 및 제2호에 해당하는 자(이하 "주민소환투표청구권자"라 한다)는 해당 지방자치단체의 장 및 지방의회의원(비례대표선거구 시·도의회의원 및 비례대표선거구자치구·시·군의회의원은 제외하며, 이하 "선출직 지방공직자"라 한다)에 대하여 다음 각 호에 해당하는 주민의 서명으로 그 소환사유를 서면에 구체적으로 명시하여 관할선거관리위원회에 주민소환투표의 실시를 청구할 수 있다.
>
> 1. 특별시장·광역시장·도지사(이하 "시·도지사"라 한다): 당해 지방자치단체의 주민소환투표청구권자 총수의 100분의 10 이상
> 2. 시장·군수·자치구의 구청장: 당해 지방자치단체의 주민소환투표청구권자 총수의 100분의 15 이상
> 3. 지역선거구시·도의회의원(이하 "지역구시·도의원"이라 한다) 및 지역선거구자치구·시·군의회의원(이하 "지역구자치구·시·군의원"이라 한다): 당해 지방의회의원의 선거구 안의 주민소환투표청구권자 총수의 100분의 20 이상
>
> 「주민소환에 관한 법률」 제8조(주민소환투표의 청구제한기간) 제7조 제1항 내지 제3항의 규정에 불구하고, 다음 각 호의 어느 하나에 해당하는 때에는 주민소환투표의 실시를 청구할 수 없다.
>
> 1. 선출직 지방공직자의 임기개시일부터 1년이 경과하지 아니한 때
> 2. 선출직 지방공직자의 임기만료일부터 1년 미만일 때
> 3. 해당선출직 지방공직자에 대한 주민소환투표를 실시한 날부터 1년 이내인 때
>
> 제22조(주민소환투표결과의 확정) 제1항 주민소환은 제3조의 규정에 의한 주민소환투표권자(이하 "주민소환투표권자"라 한다) 총수의 3분의 1 이상의 투표와 유효투표 총수 과반수의 찬성으로 확정된다.
>
> 제2항 전체 주민소환투표자의 수가 주민소환투표권자 총수의 3분의 1에 미달하는 때에는 개표를 하지 아니한다.
>
> 제23조(주민소환투표의 효력) 제1항 제22조 제1항의 규정에 의하여 주민소환이 확정된 때에는 주민소환투표대상자는 그 결과가 공표된 시점부터 그 직을 상실한다.

ⓒ **주민소환투표쟁송**: 주민소환투표의 효력에 관하여 이의가 있는 해당 주민소환투표대상자 또는 주민소환투표권자는 주민소환투표결과가 공표된 날부터 14일 이내에 관할선거관리위원회 위원장을 피소청인으로 하여 지역구시·도의원, 지역구자치구·시·군의원 또는 시장·군수·자치구의 구청장을 대상으로 한 주민소환투표에 있어서는 특별시·광역시·도선거관리위원회에, 시·도지사를 대상으로 한 주민소환투표에 있어서는 중앙선거관리위원회에 소청할 수 있고, 소청에 대한 결정에 관하여 불복이 있는 소청인은 관할선거관리위원회 위원장을 피고로 하여 그 결정서를 받은 날부터 10일 이내에 지역구시·도의원, 지역구자치구·시·군의원 또는 시장·군수·자치구의 구청장을 대상으로 한 주민소환투표에 있어서는 그 선거구를 관할하는 고등법원에, 시·도지사를 대상으로 한 주민소환투표에 있어서는 대법원에 소를 제기할 수 있다(동법 제24조).

◎ 청원권

ⓐ 의의

> 「지방자치법」 제83조(청원서의 제출) 제1항 지방의회에 청원을 하려는 자는 지방의회의원의 소개를 받아 청원서를 제출하여야 한다.

판례

지방의회에 청원을 할 때에 지방의회 의원의 소개를 얻도록 한 것은 합헌이다(헌재 1999.11.25, 97헌마54) : **기각**

지방의회에 청원을 할 때에 지방의회 의원의 소개를 얻도록 한 것은 의원이 미리 청원의 내용을 확인하고 이를 소개하도록 함으로써 청원의 남발을 규제하고 심사의 효율을 기하기 위한 것이고, 지방의회 의원 모두가 소개의원이 되기를 거절하였다면 그 청원내용에 찬성하는 의원이 없는 것이므로 지방의회에서 심사하더라도 인용가능성이 전혀 없어 심사의 실익이 없으며, 청원의 소개의원도 1인으로 족한 점을 감안하면 이러한 정도의 제한은 공공복리를 위한 필요·최소한의 것이라고 할 수 있다.

ⓑ 결과통보의 성질

판례

통보 자체에 의하여 청구인의 권리·의무나 법률관계가 직접 무슨 영향을 받는 것이 아니다(헌재 2000. 10.25, 99헌마458) : **각하**

적법한 청원에 대하여 국가기관이 이를 수리, 심사하여 그 결과를 청원인에게 통보하였다면 이로써 당해 국가기관은 헌법 및 「청원법」상의 의무이행을 다한 것이고, 그 통보 자체에 의하여 청구인의 권리·의무나 법률관계가 직접 무슨 영향을 받는 것도 아니므로 비록 그 통보내용이 청원인이 기대하는 바에는 미치지 못한다고 하더라도 그러한 통보조치가 헌법소원의 대상이 되는 구체적인 공권력의 행사 내지 불행사라고 볼 수는 없다.

③ 주민의 의무

주민은 법령으로 정하는 바에 따라 지방세, 사용료 등 지방자치단체의 비용을 분담하여야 하는 의무를 진다. 그 외에도 상하수도와 같은 일정시설에 대한 이용강제의무가 부과되기도 한다. 조례위반에 대해서는 1천만 원 이하의 범위에서 과태료를 납부하여야 한다.

> 「지방자치법」 제27조(주민의 의무) 주민은 법령으로 정하는 바에 따라 소속 지방자치단체의 비용을 분담하여야 하는 의무를 진다.
> 제34조(조례위반에 대한 과태료) 제1항 지방자치단체는 조례를 위반한 행위에 대하여 조례로써 1천만 원 이하의 과태료를 정할 수 있다.
> 제2항 제1항에 따른 과태료는 해당 지방자치단체의 장이나 그 관할 구역 안의 지방자치단체의 장이 부과·징수한다.

(6) 지방의회

① 지방의회와 국회

	국회	지방의회
임시회 요구 재적수	의원 1/4 이상	의원 1/3 이상
의사정족수	재적 1/5	재적 1/3
최초집회시기	임기개시일 7일	임기개시일 25일 이내
폐회시 임시회소집시기	집회일 3일전 공고, 긴급요: 1일	시·도: 7일, 시·군·구: 5일
임시회	30일 이내	지방자치단체의 장이나 재적의원 3분의 1 이상의 의원이 요구하면 15일 이내
정기회, 정례회	연 1회의 정기회 100일 이내	연 2회의 정례회
연간회의 일수제한	×	○(해당지방자치단체 조례로 정한다)

② 지방의회의 권한

　㉠ 집행기관통제권: 지방의회는 집행기관의 통제기능을 하지만 그 중에서도 행정통제 그 자체에 중점이 있는 권한으로 행정사무의 감사와 조사, 행정사무처리상황의 보고와 질문·응답, 자료제출요구권 등이 있다.

　㉡ 행정사무 감사와 조사

> 「지방자치법」 제49조(행정사무 감사권 및 조사권) 제1항 지방의회는 매년 1회 그 지방자치단체의 사무에 대하여 시·도에서는 14일의 범위에서, 시·군 및 자치구에서는 9일의 범위에서 감사를 실시하고(행정사무감사), 지방자치단체의 사무 중 특정 사안에 관하여 본회의 의결로 본회의나 위원회에서 조사하게 할 수 있다(행정사무조사).
> 제2항 제1항의 조사를 발의할 때에는 이유를 밝힌 서면으로 하여야 하며, 재적의원 3분의 1 이상의 찬성이 있어야 한다.
> 제3항 지방자치단체 및 그 장이 위임받아 처리하는 국가사무와 시·도의 사무에 대하여 국회와 시·도의회가 직접 감사하기로 한 사무 외에는 그 감사를 각각 해당 시·도의회와 시·군 및 자치구의회가 할 수 있다. 이 경우 국회와 시·도의회는 그 감사결과에 대하여 그 지방의회에 필요한 자료를 요구할 수 있다.(단체·기관위임사무)
> 제50조(행정사무 감사 또는 조사 보고에 대한 처리) 제1항 지방의회는 본회의의 의결로 감사 또는 조사 결과를 처리한다.

　㉢ 조례제정권

　　ⓐ 조례의 의의: 조례란 지방자치단체가 법령의 범위 안에서 지방의회의 의결을 거쳐 제정하는 법형식을 말한다. 지방자치단체의 사무에 관한 조례와 규칙 중 조례가 상위규범이다.

　　ⓑ 조례의 성질: 조례는 원칙적으로 일반적·추상적 규율로서 불특정다수인에 대하여 법적 구속력이 발생하는 법규이다. 조례의 구속력은 당해 지방자치단체의 모든 주민과 지방자치단체는 물론 감독청과 법원에도 미친다.

ⓒ 조례의 근거

> 헌법 제117조 제1항 지방자치단체는 주민의 복리에 관한 사무를 처리하고 재산을 관리하며, 법령의 범위안에서 자치에 관한 규정을 제정할 수 있다.
>
> 「지방자치법」 제28조(조례) 제1항 지방자치단체는 법령의 범위에서 그 사무에 관하여 조례를 제정할 수 있다. 다만, 주민의 권리 제한 또는 의무 부과에 관한 사항이나 벌칙을 정할 때에는 법률의 위임이 있어야 한다.
>
> 제2항 법령에서 조례로 정하도록 위임한 사항은 그 법령의 하위 법령에서 그 위임의 내용과 범위를 제한하거나 직접 규정할 수 없다.

ⓓ 조례의 제정

법적근거 (법률유보)	창설적	헌법 제117조 제1항 법령의 범위 안에서 자치에 관한 규정 제정이 가능하다.
	확인적	「지방자치법」 제28조 법령의 범위 안에서 사무관련 조례 제정이 가능하다.
	법령의 의미	법률은 물론이고 법규명령과 법규성 있는 행정규칙도 포함된다.
조례와 법률과의 관계 (법률우위)	법률선점이론	조례가 법률과 동일한 목적을 가진 경우 법률의 규제기준 이상의 엄격한 기준을 두어 규제하는 것은 법률에 이를 허용한다는 규정이 없는 이상 허용될 수 없다는 견해이다.
	수정 법률선점이론	최대한 규제입법의 경우, 즉 법률이 전국적으로 일률적 기준을 두어 평등한 규제를 실시하고자 하는 경우에는 엄격한 기준을 두어 규제하는 것은 허용될 수 없으나 최소규제입법의 경우에는 지자체 그 영역의 특수한 사정을 고려할 필요가 인정될 경우 더욱 엄격하게 규제하는 것이 허용된다.
	판례	정선군 3자녀 양육비 지원의 경우에는 헌법에 위반되지 않는다.
대상사무	법령의 범위안	자치사무, 단체위임사무(기관위임 사무 ×)
	법령의 위임 (위임조례)	포괄위임의 허용(기관위임사무는 구체적위임)

🗂 법률제정과 조례제정

	법률제정 절차	**조례제정 절차**
제안	정부, 국회의원 10인	단체장, 지방의회의원 1/5 또는 10인 이상
의결	재적 과반수 출석, 출석 과반수 찬성	
이송	정부	단체장
재의요구기간	15일 이내	20일 이내
재의결	재적 과반수 출석, 출석 2/3 찬성	
발효	공포 후 20일 경과	

판례

1. 조례의 제정대상은 원칙적으로 자치사무와 단체위임사무에 한하고 기관위임사무는 대상이 아니다
(대판 2001.11.27. 2001추57).

헌법 제117조 제1항과 「지방자치법」 제15조에 의하면 지방자치단체는 법령의 범위 안에서 그 사무에 관하여 자치조례를 제정할 수 있으나 이 때 사무란 「지방자치법」 제9조 제1항에서 말하는 지방자치단체의 자치사무와 법령에 의하여 지방자치단체에 속하게 된 단체위임사무를 가리키므로 지방자치단체가 자치조례를 제정할 수 있는 것은 원칙적으로 이러한 자치사무와 단체위임사무에 한하므로, 국가사무가 지방자치단체의 장에게 위임된 기관위임사무와 같이 지방자치단체의 장이 국가기관의 지위에서 수행하는 사무일 뿐 지방자치단체 자체의 사무라고 할 수 없는 것은 원칙적으로 자치조례의 제정 범위에 속하지 않는다.

2. 지방의회가 견제의 범위 내에서 소극적·사후적으로 개입한 정도가 아니라 사전에 적극적으로 개입하는 내용을 지방자치단체의 조례로 정하는 것은 허용되지 않는다(대판 2007.02.09. 2006추45).

「정부업무평가기본법」 제18조에서 지방자치단체의 장의 권한으로 정하고 있는 자체평가업무에 관한 사항에 대하여 지방의회가 견제의 범위 내에서 소극적·사후적으로 개입한 정도가 아니라 사전에 적극적으로 개입하는 내용을 지방자치단체의 조례로 정하는 것은 허용되지 않는 바, 동 조례는 무효이다.

3. 조례의 법률우위원칙 위배여부에 관한 판단기준(대판 2007.12.13. 2006추52)

지방자치단체의 조례는 그것이 자치조례에 해당하는 것이라도 법령에 위반되지 않는 범위 안에서만 제정할 수 있어서 법령에 위반되는 조례는 그 효력이 없지만(「지방자치법」 제22조 및 위 구 「지방자치법」 제15조), 조례가 규율하는 특정사항에 관하여 그것을 규율하는 국가의 법령이 이미 존재하는 경우에도 조례가 법령과 별도의 목적에 기하여 규율함을 의도하는 것으로서 그 적용에 의하여 법령의 규정이 의도하는 목적과 효과를 전혀 저해하는 바가 없는 때 또는 양자가 동일한 목적에서 출발한 것이라고 할지라도 국가의 법령이 반드시 그 규정에 의하여 전국에 걸쳐 일률적으로 동일한 내용을 규율하려는 취지가 아니고 각 지방자치단체가 그 지방의 실정에 맞게 별도로 규율하는 것을 용인하는 취지라고 해석되는 때에는 그 조례가 국가의 법령에 위배되는 것은 아니라고 보아야 한다.

4. 정선군 세 자녀 이상 세대 양육비 지원조례(대판 2006.10.12. 2006추38)

지방자치단체는 법령에 위반되지 아니하는 범위 내에서 그 사무에 관하여 조례를 제정할 수 있는 것이고, 조례가 규율하는 특정사항에 관하여 그것을 규율하는 국가의 법령이 이미 존재하는 경우에도 조례가 법령과 별도의 목적에 기하여 규율함을 의도하는 것으로서 그 적용에 의하여 법령의 규정이 의도하는 목적과 효과를 전혀 저해하는 바가 없는 때, 또는 양자가 동일한 목적에서 출발한 것이라고 할지라도 국가의 법령이 반드시 그 규정에 의하여 전국에 걸쳐 일률적으로 동일한 내용을 규율하려는 취지가 아니고 각 지방자치단체가 그 지방의 실정에 맞게 별도로 규율하는 것을 용인하는 취지라고 해석되는 때에는 그 조례가 국가의 법령에 위반되는 것은 아니다. 군민의 출산을 적극 장려하기 위하여 세 자녀 이상의 세대 중 세 번째 이후 자녀에게 양육비 등을 지원할 수 있도록 하는 내용의 '정선군 세 자녀 이상 세대 양육비 등 지원에 관한 조례안'이 법령에 위반되지 않는다.

5. **조례규정이 법령의 규정보다 더 침익적인 경우(차고지조례)에는 무효이다**(대판 1997.04.25. 96추251).

차고지확보 대상을 자가용자동차 중 승차정원 16인 미만의 승합자동차와 적재정량 2.5t 미만의 화물자동차까지로 정하여 「자동차운수사업법령」이 정한 기준보다 확대하고, 차고지확보 입증서류의 미제출을 자동차등록 거부사유로 정하여 자동차관리법령이 정한 자동차 등록기준보다 더 높은 수준의 기준을 부가하고 있는 차고지확보제도에 관한 조례안은 비록 그 법률적 위임근거는 있지만 그 내용이 차고지 확보기준 및 자동차등록기준에 관한 상위법령의 제한범위를 초과하여 무효이다.

6. **조례규정이 법령의 규정보다 더 수익적인 경우(생활보호대상자 확대조례)에는 유효하다**(대판 1997. 04.25. 96추244).

조례안의 내용은 생활유지의 능력이 없거나 생활이 어려운 자에게 보호를 행하여 이들의 최저생활을 보장하고 자활을 조성함으로써 구민의 사회복지의 향상에 기여함을 목적으로 하는 것으로서 「생활보호법」과 그 목적 및 취지를 같이 하는 것이나, 보호대상자 선정의 기준 및 방법, 보호의 내용을 「생활보호법」의 그것과는 다르게 규정함과 동시에 「생활보호법」 소정의 자활보호대상자 중에서 사실상 생계유지가 어려운 자에게 「생활보호법」과는 별도로 생계비를 지원하는 것을 그 내용으로 하는 것이라는 점에서 「생활보호법」과는 다른 점이 있고, 당해 조례안에 의하여 「생활보호법」 소정의 자활보호대상자 중 일부에 대하여 생계비를 지원한다고 하여 「생활보호법」이 의도하는 목적과 효과를 저해할 우려는 없다고 보여지며, 비록 「생활보호법」이 자활보호대상자에게는 생계비를 지원하지 아니하도록 규정하고 있다고 할지라도 그 규정에 의한 자활보호대상자에게는 전국에 걸쳐 일률적으로 동일한 내용의 보호만을 실시하여야 한다는 취지로는 보이지 아니하고, 각 지방자치단체가 그 지방의 실정에 맞게 별도의 생활보호를 실시하는 것을 용인하는 취지라고 보아야 할 것이라는 이유로, 당해 조례안의 내용이 「생활보호법」의 규정과 모순·저촉되는 것이라고 할 수 없다.

7. **조례가 규정한 벌칙이 상이하다고 하여 그 이유만으로는 특별한 사정이 없는 한 평등의 원칙에 위배된다고 할 수 없다**(헌재 1995.04.20. 92헌마264) **: 기각**

[1] 조례에 의한 규제가 지역의 여건이나 환경 등 그 특성에 따라 다르게 나타나는 것은 헌법이 지방자치단체의 자치입법권을 인정한 이상 당연히 예상되는 불가피한 결과이므로, 이 사건 심판대상 규정으로 인하여 청구인들이 다른 지역의 주민들에 비하여 더한 규제를 받게 되었다 하더라도 이를 두고 헌법 제11조 제1항의 평등권이 침해되었다고 볼 수는 없다.

[2] 담배자동판매기 설치를 금지하고 기존의 설치된 담배자동판매기를 3월 내 철거하도록 한 부천시 조례는 청소년의 흡연에 의한 질병발생예방이라는 공익의 가치가 담배판매인의 직업수행의 가치보다 크므로 직업선택의 자유 침해가 아니다.

8. **지방의회가 과세면제, 일부과세하려는 조례를 제정할 때 행정안전부장관의 허가를 얻도록 한 「지방세법」 제9조는 헌법에 위반되지 아니한다**(헌재 1998.04.30. 96헌바62) **: 합헌**

「지방세법」 제9조 「지방세법」 제7조 및 제8조의 규정에 의하여 지방자치단체가 과세면제·불균일 과세 또는 일부과세를 하고자 할 때에는 내무부장관의 허가를 얻어 당해 지방자치단체의 조례로써 정하여야 한다. 「지방세법」 제9조는 지방자치단체의 합리성없는 과세면제의 남용을 억제하고 지방자치단체 상호간의 균형을 맞추게 함으로써 조세평등주의를 실천함과 아울러 건전한 지방세제를 확립하고 안정된 지방재정 운영에 기여하게 하는데 그 목적이 있는 것으로서 지방자치단체의 조례제정권의 본질적 내용을 침해한다고 볼 수 없으므로 헌법에 위반되지 아니한다.

9. 지방선거의 선거비용을 지방자치단체가 부담하도록 한 것은 지방자치단체의 권한침해가 아니다(헌재 2008.06.26. 2005헌라7): **기각**

지방선거사무는 지방자치단체의 자치사무에 해당하지만, 지방선거는 주민의 대의기관을 구성하는 민주적 방법인 동시에 대표기관으로 하여금 민주적 정당성을 확보케 함으로써 대의민주주의를 실현하기 위한 불가결한 수단이라 할 것인 바, 선거와 투표에 대한 관리가 공정하게 이루어지도록 하기 위해서는 선거와 투표관리 등의 집행업무 담당기관을 일반행정기관과는 별도의 독립기관으로 구성하여 지방선거를 관리하도록 할 필요가 있고, 이에 이 사건 지방선거사무도 국가기관인 구·시·군 선거관리위원회가 담당하고 있다. 한편, 구「지방자치법」이나「지방재정법」에 비추어 보면, 지방자치단체의 사무를 다른 기관이 맡아 하고 있는 경우에도 그 비용은 원칙적으로 당해 지방자치단체가 부담하여야 할 것이므로 이 사건의 경우와 같이 지방선거의 선거사무를 구·시·군 선거관리위원회가 담당하는 경우에도 그 비용은 지방자치단체가 부담하여야 하고, 이에 피청구인 대한민국국회가 지방선거의 선거비용을 지방자치단체가 부담하도록「공직선거법」을 개정한 것은 지방자치단체의 자치권한을 침해한 것이라고 볼 수 없다.

ⓔ 조례의 하자
- 위법한 조례의 효력

판례

조례가 법령에 위배되는 경우에는 무효이다(대판 2009.04.09. 2007추103).

「지방자치법」제28조 본문은 "지방자치단체는 법령의 범위 안에서 그 사무에 관하여 조례를 제정할 수 있다"고 규정한다. 여기서 '법령의 범위 안에서'란 '법령에 위반되지 아니하는 범위 내에서'를 말하고, 지방자치단체가 제정한 조례가 법령에 위배되는 경우에는 효력이 없다.

- 위법한 조례에 근거한 처분의 효력

판례

위법한 조례에 근거한 처분의 효력은 당연무효사유는 아니고 취소사유에 해당한다(대판 1995.07.11. 94누4615(전합))

조례 제정권의 범위를 벗어나 국가사무를 대상으로 한 무효인 서울특별시행정권한위임조례의 규정에 근거하여 구청장이 건설업영업정지처분을 한 경우, 그 처분은 결과적으로 적법한 위임 없이 권한 없는 자에 의하여 행하여진 것과 마찬가지가 되어 그 하자가 중대하나, 지방자치단체의 사무에 관한 조례와 규칙은 조례가 보다 상위규범이라고 할 수 있고, 또한 헌법 제107조 제2항의 "규칙"에는 지방자치단체의 조례와 규칙이 모두 포함되는 등 이른바 규칙의 개념이 경우에 따라 상이하게 해석되는 점 등에 비추어 보면 위 처분의 위임 과정의 하자가 객관적으로 명백한 것이라고 할 수 없으므로 이로 인한 하자는 결국 당연무효사유는 아니라고 봄이 상당하다.

－ 조례안의 일부무효 인정여부

판례

재의결의 일부만이 위법한 경우에도 그 재의결 전부의 효력을 부인하여야 한다(대판 1994.05.10. 93추144).

의결의 일부에 대한 효력의 배제는 결과적으로 전체적인 의결의 내용을 변경하는 것에 다름 아니어서 의결기관인 지방의회의 고유권한을 침해하는 것이 될 뿐 아니라, 그 일부만의 효력배제는 자칫 전체적인 의결내용을 지방의회의 당초의 의도와는 다른 내용으로 변질시킬 우려가 있으며, 또한 재의 요구가 있는 때에는 재의 요구에서 지적한 이의사항이 의결의 일부에 관한 것이라고 하여도 의결 전체가 실효되고 재의결만이 의결로서 효력을 발생하는 것이어서 의결의 일부에 대한 재의 요구나 수정재의 요구가 허용되지 않는 점에 비추어 보면, 재의결의 내용 전부가 아니라 그 일부만이 위법한 경우에도 그 재의결 전부의 효력을 부인하여야 한다.

ⓕ 조례(안)의 통제
  － 지방자치단체의 장의 재의요구권

> 제32조(조례와 규칙의 제정 절차 등) 제1항 조례안이 지방의회에서 의결되면 의장은 의결된 날부터 5일 이내에 그 지방자치단체의 장에게 이를 이송하여야 한다.
> 제3항 지방자치단체의 장은 이송받은 조례안에 대하여 이의가 있으면 제2항의 기간에 이유를 붙여 지방의회로 환부하고, 재의를 요구할 수 있다. 이 경우 지방자치단체의 장은 조례안의 일부에 대하여 또는 조례안을 수정하여 재의를 요구할 수 없다.
> 제4항 제3항에 따른 재의요구를 받은 지방의회가 재의에 부쳐 재적의원 과반수의 출석과 출석의원 3분의 2 이상의 찬성으로 전과 같은 의결을 하면 그 조례안은 조례로서 확정된다.
> 제120조(지방의회의 의결에 대한 재의요구와 제소) 제1항 지방자치단체의 장은 지방의회의 의결이 월권이거나 법령에 위반되거나 공익을 현저히 해친다고 인정되면 그 의결사항을 이송받은 날부터 20일 이내에 이유를 붙여 재의를 요구할 수 있다.
> 제2항 제1항의 요구에 대하여 재의한 결과 재적의원 과반수의 출석과 출석의원 3분의 2 이상의 찬성으로 전과 같은 의결을 하면 그 의결사항은 확정된다.
> 제3항 지방자치단체의 장은 제2항에 따라 재의결된 사항이 법령에 위반된다고 인정되면 대법원에 소를 제기할 수 있다. 이 경우에는 제192조제3항을 준용한다.
> 제121조(예산상 집행 불가능한 의결의 재의요구) 제1항 지방자치단체의 장은 지방의회의 의결이 예산상 집행할 수 없는 경비를 포함하고 있다고 인정되면 그 의결사항을 이송받은 날부터 20일 이내에 이유를 붙여 재의를 요구할 수 있다.

– 감독청에 의한 통제

> **제192조(지방의회 의결의 재의와 제소) 제1항** 지방의회의 의결이 법령에 위반되거나 공익을 현저히 해친다고 판단되면 시·도에 대해서는 주무부장관이, 시·군 및 자치구에 대해서는 시·도지사가 해당 지방자치단체의 장에게 재의를 요구하게 할 수 있고, 재의 요구 지시를 받은 지방자치단체의 장은 의결사항을 이송받은 날부터 20일 이내에 지방의회에 이유를 붙여 재의를 요구하여야 한다.
>
> **제2항** 시·군 및 자치구의회의 의결이 법령에 위반된다고 판단됨에도 불구하고 시·도지사가 제1항에 따라 재의를 요구하게 하지 아니한 경우 주무부장관이 직접 시장·군수 및 자치구의 구청장에게 재의를 요구하게 할 수 있고, 재의 요구 지시를 받은 시장·군수 및 자치구의 구청장은 의결사항을 이송받은 날부터 20일 이내에 지방의회에 이유를 붙여 재의를 요구하여야 한다.
>
> **제3항** 제1항 또는 제2항의 요구에 대하여 재의한 결과 재적의원 과반수의 출석과 출석의원 3분의 2 이상의 찬성으로 전과 같은 의결을 하면 그 의결사항은 확정된다.
>
> **제4항** 지방자치단체의 장은 제3항에 따라 재의결된 사항이 법령에 위반된다고 판단되면 재의결된 날부터 20일 이내에 대법원에 소를 제기할 수 있다. 이 경우 필요하다고 인정되면 그 의결의 집행을 정지하게 하는 집행정지결정을 신청할 수 있다.
>
> **제5항** 주무부장관이나 시·도지사는 재의결된 사항이 법령에 위반된다고 판단됨에도 불구하고 해당 지방자치단체의 장이 소를 제기하지 아니하면 시·도에 대해서는 주무부장관이, 시·군 및 자치구에 대해서는 시·도지사(제2항에 따라 주무부장관이 직접 재의 요구 지시를 한 경우에는 주무부장관을 말한다. 이하 이 조에서 같다)가 그 지방자치단체의 장에게 제소를 지시하거나 직접 제소 및 집행정지결정을 신청할 수 있다.
>
> **제6항** 제5항에 따른 제소의 지시는 제4항의 기간이 지난 날부터 7일 이내에 하고, 해당 지방자치단체의 장은 제소 지시를 받은 날부터 7일 이내에 제소하여야 한다.
>
> **제7항** 주무부장관이나 시·도지사는 제6항의 기간이 지난 날부터 7일 이내에 제5항에 따른 직접 제소 및 집행정지결정을 신청할 수 있다.
>
> **제8항** 제1항 또는 제2항에 따라 지방의회의 의결이 법령에 위반된다고 판단되어 주무부장관이나 시·도지사로부터 재의 요구 지시를 받은 해당 지방자치단체의 장이 재의를 요구하지 아니하는 경우(법령에 위반되는 지방의회의 의결사항이 조례안인 경우로서 재의 요구 지시를 받기 전에 그 조례안을 공포한 경우를 포함한다)에는 주무부장관이나 시·도지사는 제1항 또는 제2항에 따른 기간이 지난 날부터 7일 이내에 대법원에 직접 제소 및 집행정지 결정을 신청할 수 있다.
>
> **제9항** 제1항 또는 제2항에 따른 지방의회의 의결이나 제3항에 따라 재의결된 사항이 둘 이상의 부처와 관련되거나 주무부장관이 불분명하면 행정안전부장관이 재의 요구 또는 제소를 지시하거나 직접 제소 및 집행정지 결정을 신청할 수 있다.

판례

1. 「지방자치법」 제172조 제4항, 제6항에서 지방의회 재의결에 대하여 제소를 지시하거나 직접 제소할 수 있는 주체로 규정된 '주무부장관이나 시·도지사'가 시·도에 대하여는 주무부장관을, 시·군 및 자치구에 대하여는 시·도지사를 각 의미한다(대판 2016.09.22. 2014추521(전합)).

「지방자치법」은 제16조 제3항 내지 제7항, 제170조 제2항, 제172조 제7항 등에서 주민 감사청구에 따른 감사 절차, 직무이행명령의 대집행, 지방의회 의결에 대한 재의요구 지시의 불이행에 따른 제소지시 또는 직접 제소에 대하여 '주무부장관이나 시·도지사'의 권한과 후속조치를 규정하고 있는데, 관련 규정의 체계와 형식, 내용에 비추어 보면 위 각 조항들은 각 조의 제1항에 따라 주무부장관은 시·도에 대하여, 시·도지사는 시·군 및 자치구에 대하여 각각 일정한 권한을 가지고 있는 것이 전제되어 있음을 알 수 있다.

2. **두밀분교폐지조례는 처분적 조례에 해당하고 항고소송의 피고는 동 조례를 공포한 교육감이다**(대판 1996.09.26. 95누8003).

조례가 집행행위의 개입 없이도 그 자체로서 직접 국민의 구체적인 권리·의무나 법적 이익에 영향을 미치는 등의 법률상 효과를 발생하는 경우 그 조례는 항고소송의 대상이 되는 행정처분에 해당하고, 이러한 조례에 대한 무효확인소송을 제기함에 있어서 피고적격이 있는 처분 등을 행한 행정청은 지방자치단체의 집행기관으로서 조례로서의 효력을 발생시키는 공포권이 있는 지방자치단체의 장이고 다만, 시·도의 교육·학예에 관한 사무의 집행기관은 시·도 교육감이고 시·도 교육감에게 지방교육에 관한 조례안의 공포권이 있다고 규정되어 있으므로, 교육에 관한 조례의 무효확인소송을 제기함에 있어서는 그 집행기관인 시·도 교육감을 피고로 하여야 한다.

3. **조례제정행위도 헌법소원의 대상이 된다**(헌재 1994.12.29. 92헌마216).

「헌법재판소법」 제68조 제1항에서 말하는 "공권력"에는 입법작용이 포함되며, 지방자치단체에서 제정하는 조례도 불특정다수인에 대해 구속력을 가지는 법규이므로 조례제정행위도 입법작용의 일종으로서 헌법소원의 대상이 된다.

③ 지방의회의원 : 지방의회의원은 주민의 대표기관인 지방의회의 구성원으로서의 지위와 동시에 자치구역주민의 대표자이다. 지방의회가 비록 선거에 의하여 구성되었다고 하여도 반드시 주민의 의사에 구속되는 것은 아니다. 지방의회의원은 공공의 이익을 우선하여 양심에 따라 그 직무를 성실히 수행하여야 한다.

판례

지방의회의 의원징계의결은 행정처분이다(대판 1993.11.26. 93누7341).

「지방자치법」 규정에 의거한 지방의회의 의원징계의결은 그로 인해 의원의 권리에 직접 법률효과를 미치는 행정처분의 일종으로서 행정소송의 대상이 된다.

⑺ 지방자치단체의 장

① **지위**: 특별시에 특별시장, 광역시에 광역시장, 특별자치시에 특별자치시장, 도와 특별자치도에 도지사를 두고, 시에 시장, 군에 군수, 자치구에 구청장을 둔다. 지방자치단체의 장은 지방자치단체를 대표하고, 지방자치단체의 사무를 총괄하는 독임제 행정청이다. 다만, 국가기관위임사무를 처리하는 경우에는 국가행정기관의 지위에 놓인다.

> **판례**
>
> **경기도지사가 행하는 공유수면매립에 관한 사무는 국가사무에 해당한다**(대판 1981.11.24. 80다2303).
> 지방자치단체의 장의 직무상 위법행위에 대한 손해배상책임은 다른 사정이 없는 이상 자치단체의 집행기관으로서의 직무에 대하여는 자치단체가 책임을 지나, 국가로부터 자치단체에 시행하는 국가행정사무를 위임받아 행하는, 국가의 보통지방행정기관으로서의 직무에 대하여는 국가가 그 책임을 진다. 따라서 경기도지사가 행하는 공유수면매립에 관한 사무는 국가행정기관으로서의 사무라고 할 것이니 경기도는 그 직무상의 위법행위에 대한 책임이 없다.

② **피선거권**: 선거일 현재 계속하여 60일 이상 등록되어 있는 주민으로서 18세 이상의 국민은 그 지방의회의원 및 지방자치단체의 장의 피선거권이 있다.

> 제107조(지방자치단체의 장의 선거) 지방자치단체의 장은 주민이 보통·평등·직접·비밀선거에 따라 선출한다.
> 제108조(지방자치단체의 장의 임기) 지방자치단체의 장의 임기는 4년으로 하며, 지방자치단체의 장의 계속 재임은 3기에 한한다.

> **판례**
>
> 1. **지방자치단체의 장 선거권 역시 다른 선거권과 마찬가지로 헌법 제24조에 의해 보호되는 헌법상의 권리이다**(헌재 2016.10.27. 2014헌마797).
>   [1] 헌법에서 지방자치제를 제도적으로 보장하고 있고, 지방자치는 지방자치단체가 독자적인 자치기구를 설치해서 그 자치단체의 고유사무를 국가기관의 간섭 없이 스스로의 책임 아래 처리하는 것을 의미한다는 점에서 지방자치단체의 대표인 단체장은 지방의회의원과 마찬가지로 주민의 자발적 지지에 기초를 둔 선거를 통해 선출되어야 한다는 것은 지방자치제도의 본질에서 당연히 도출되는 원리이다(헌재 1994.08.31. 92헌마126 ; 헌재 1994.08.31. 92헌마174 참조). 이에 따라 공직선거 관련법상 지방자치단체의 장 선임방법은 '선거'로 규정되어 왔고, 지방자치단체의 장을 선거로 선출하여 온 우리 지방자치제의 역사에 비추어 볼 때 지방자치단체의 장에 대한 주민직선제 이외의 다른 선출방법을 허용할 수 없다는 관행과 이에 대한 국민적 인식이 광범위하게 존재한다고 볼 수 있다. 주민자치제를 본질로 하는 민주적 지방자치제도가 안정적으로 뿌리내린 현 시점에서 지방자치단체의 장 선거권을 지방의회의원 선거권, 더 나아가 국회의원 선거권 및 대통령 선거권과 구별하여 하나는 법률상의 권리로, 나머지는 헌법상의 권리로 이원화하는 것은 허용될 수 없다. 그러므로 지방자치단체의 장 선거권 역시 다른 선거권과 마찬가지로 헌법 제24조에 의해 보호되는 헌법상의 권리로 인정하여야 할 것이다.
>   [2] 지방자치단체의 장 선거에서 후보자등록 마감시간까지 후보자 1인만이 등록한 경우 투표를 실시하지 않고 그 후보자를 당선인으로 결정하도록 하는 「공직선거법」 조항은 지방자치단체의 장 선거권을 침해하지 않는다.

2. 지방자치단체장의 3기 제한(헌재 2006.02.23. 2005헌마403) : **기각**

지방자치단체 장의 계속 재임을 3기로 제한한 규정의 입법취지는 장기집권으로 인한 지역발전저해방지와 유능한 인사의 자치단체 장 진출확대로 대별할 수 있는 바, 그 목적의 정당성, 방법의 적절성, 피해의 최소성, 법익의 균형성이 충족되므로 헌법에 위반되지 아니한다.

3. 폐지되는 지방자치단체의 장이 통합 창원시장 선거에 출마할 경우 폐지되는 지방자치단체장으로 재임한 기간을 포함하여 계속 재임이 3기에 한하도록 하는 명시적인 규정을 두지 아니한 입법부작위(헌재 2010.06.24. 2010헌마167) : **각하**

「지방자치법」은 지방자치단체장의 계속 재임을 3기로 제한하고 있는데, 지방자치단체의 폐지·통합 시 지방자치단체장의 계속 재임을 3기로 제한함에 있어 폐지되는 지방자치단체장으로 재임한 것까지 포함시킬지 여부는 입법자의 재량에 달려 있다. 이처럼 우리 헌법 어디에도 지방자치단체의 폐지·통합시 새로 설치되는 지방자치단체의 장으로 선출된 자에 대하여 폐지되는 지방자치단체장으로 재임한 기간을 포함하여 계속 재임을 3기로 제한하도록 입법자에게 입법위임을 하는 규정을 찾아볼 수 없으며, 달리 헌법해석상 그러한 법령을 제정하여야 할 입법자의 의무가 발생하였다고 볼 여지 또한 없다. 따라서 이 사건 입법부작위에 대한 심판청구는 진정입법부작위에 대하여 헌법소원을 제기할 수 있는 경우에 해당하지 아니한다.

③ 지방자치단체의 장의 권한(행정에 관한 권한)

　　㉠ 사무총괄·관리·집행권 : 지방자치단체의 장은 당해 지방자치단체의 사무를 총괄한다. 총괄한다는 의미는 당해 지방자치단체의 전체사무의 기본방향을 정하고 동시에 전체사무의 통일성과 일체성을 유지하는 것을 말한다. 다만, 교육·학예·체육사무에 관하여는 교육감에게 권한이 있으므로 제외된다.

> **판례**

1. 지방자치단체장이 금고이상의 형의 선고를 받고 판결이 확정될 때까지 부단체장이 권한대행을 하도록 한 「지방자치법」은 공무담임권 침해이다(헌재 2010.09.02. 2010헌마418) : **5인의 위헌 1인이 헌법불합치인 경우 헌법불합치결정을 할 필요성이 있다.**

[1] 금고 이상의 형을 선고받았더라도 불구속상태에 있는 이상 자치단체장이 직무를 수행하는 데는 아무런 지장이 없으므로 직무를 정지시키고 부단체장에게 그 권한을 대행시킬 필요가 없으므로 이 사건 법률조항은 공무담임권을 침해한다(5인의 위헌).

[2] 선거에 의하여 주권자인 국민으로부터 직접 공무담임권을 위임받는 자치단체장의 경우, 그와 같이 공무담임권을 위임한 선출의 정당성이 무너지거나 공무담임권 위임의 본지를 배반하는 직무상 범죄를 저질렀다면, 이러한 경우에도 계속 공무를 담당하게 하는 것은 공무담임권 위임의 본지에 부합된다고 보기 어렵다. 그러므로 위 두 사유에 해당하는 범죄로 자치단체장이 금고 이상의 형을 선고받은 경우라면, 그 형이 확정되기 전에 해당 자치단체장의 직무를 정지시키더라도 무죄추정의 원칙에 직접적으로 위배된다고 보기 어렵고, 과잉금지의 원칙도 위반하였다고 볼 수 없으나, 위 두 가지 경우 이외에는 금고 이상의 형의 선고를 받았다는 이유로 형이 확정되기 전에 자치단체장의 직무를 정지시키는 것은 무죄추정의 원칙과 과잉금지의 원칙에 위배된다(1인이 헌법불합치).

2. 공소제기 된 후 구금상태에 있는 경우 부단체장 권한대행을 규정한 「지방자치법」은 공무담임권 침해가 아니다(헌재 2011.04.28. 2010헌마474) **: 기각**

이 사건 법률조항의 입법목적은 주민의 복리와 자치단체행정의 원활하고 효율적인 운영에 초래될 것으로 예상되는 위험을 미연에 방지하려는 것이다. 정식 형사재판절차를 앞두고 있는 '공소제기된 후'부터 시작하여 '구금상태에 있는' 동안만 직무를 정지시키고 있어 그 침해가 최소한에 그치도록 하고 있고, 이 사건 법률조항이 달성하려는 공익은 매우 중대한 반면, 일시적·잠정적으로 직무를 정지당할 뿐 신분을 박탈당하지도 않는 자치단체장의 사익에 대한 침해는 가혹하다고 볼 수 없으므로 과잉금지원칙에 위반되지 않는다.

ⓛ 하부기관에 대한 감독권

> 제131조(하부행정기관의 장) 자치구가 아닌 구에 구청장, 읍에 읍장, 면에 면장, 동에 동장을 둔다. 이 경우 면·동은 제4조의2제3항 및 제4항에 따른 행정면·행정동을 말한다.
>
> 제132조(하부행정기관의 장의 임명) 제1항 자치구가 아닌 구의 구청장은 일반직 지방공무원으로 보하되, 시장이 임명한다.
>
>   제2항 읍장·면장·동장은 일반직 지방공무원으로 보하되, 시장·군수 및 자치구의 구청장이 임명한다.
>
> 제133조(하부행정기관의 장의 직무권한) 자치구가 아닌 구의 구청장은 시장의, 읍장·면장은 시장이나 군수의, 동장은 시장(구가 없는 시의 시장을 말한다)이나 구청장(자치구의 구청장을 포함한다)의 지휘·감독을 받아 소관 국가사무와 지방자치단체의 사무를 맡아 처리하고 소속 직원을 지휘·감독한다.
>
> 제185조(국가사무나 시·도사무 처리의 지도·감독) 제1항 지방자치단체나 그 장이 위임받아 처리하는 국가사무에 관하여 시·도에서는 주무부장관의, 시·군 및 자치구에서는 1차로 시·도지사의, 2차로 주무부장관의 지도·감독을 받는다.
>
>   제2항 시·군 및 자치구나 그 장이 위임받아 처리하는 시·도의 사무에 관하여는 시·도지사의 지도·감독을 받는다.

판례

인구 50만 이상의 일반 시에는 자치구가 아닌 구를 두고 그 구청장은 시장이 임명하도록 규정한, 「지방자치법」 제3조 제3항 중 '특별시·광역시 및 특별자치시가 아닌 인구 50만 이상의 시에는 자치구가 아닌 구를 둘 수 있고' 부분, 「지방자치법」 제118조 제1항 중 '자치구가 아닌 구의 구청장은 시장이 임명한다' 부분이 행정구 주민의 평등권을 침해하지 않는다(헌재 2019.08.29. 2018헌마129). ⇨ 기각

ⓒ 소속직원에 대한 권한

> 제118조(직원에 대한 임면권 등) 지방자치단체의 장은 소속 직원(지방의회의 사무직원은 제외한다)을 지휘·감독하고 법령과 조례·규칙으로 정하는 바에 따라 그 임면·교육훈련·복무·징계 등에 관한 사항을 처리한다.

판례

옴부즈맨의 위촉(임명) · 해촉시에 지방의회의 사후동의를 얻도록 정한 것은 적법하다(대판 1997.04.11. 96추138).

집행기관의 구성원의 전부 또는 일부를 지방의회가 임면하도록 하는 것은 지방의회가 집행기관의 인사권에 사전에 적극적으로 개입하는 것이어서 원칙적으로 허용되지 않지만, 지방자치단체의 집행기관의 구성원을 집행기관의 장이 임면하되 다만 그 임면에 지방의회의 동의를 얻도록 하는 것은 지방의회가 집행기관의 인사권에 소극적으로 개입하는 것으로서 「지방자치법」이 정하고 있는 지방의회의 집행기관에 대한 견제권의 범위 안에 드는 적법한 것이므로, 지방의회가 조례로써 옴부즈맨의 위촉(임명) · 해촉시에 지방의회의 동의를 얻도록 정하였다고 해서 집행기관의 인사권을 침해한 것이라 할 수 없다.

ⓒ 재정에 관한 권한

지방자치단체의 장은 재정과 관련하여 예산편성, 지방채발행 등의 권한을 갖는다.

ⓜ 지방의회에 관한 권한

ⓐ 의회 출석 · 진술권

제51조(행정사무처리상황의 보고와 질문응답) 제1항 지방자치단체의 장이나 관계 공무원은 지방의회나 그 위원회에 출석하여 행정사무의 처리상황을 보고하거나 의견을 진술하고 질문에 응답할 수 있다.

ⓑ 재의 요구권

제32조(조례와 규칙의 제정 절차 등) 제3항 지방자치단체의 장은 이송받은 조례안에 대하여 이의가 있으면 제2항의 기간에 이유를 붙여 지방의회로 환부하고, 재의를 요구할 수 있다. 이 경우 지방자치단체의 장은 조례안의 일부에 대하여 또는 조례안을 수정하여 재의를 요구할 수 없다.

제120조(지방의회의 의결에 대한 재의요구와 제소) 제1항 지방자치단체의 장은 지방의회의 의결이 월권이거나 법령에 위반되거나 공익을 현저히 해친다고 인정되면 그 의결사항을 이송받은 날부터 20일 이내에 이유를 붙여 재의를 요구할 수 있다.

제121조(예산상 집행 불가능한 의결의 재의요구) 제1항 지방자치단체의 장은 지방의회의 의결이 예산상 집행할 수 없는 경비를 포함하고 있다고 인정되면 그 의결사항을 이송받은 날부터 20일 이내에 이유를 붙여 재의를 요구할 수 있다.

ⓒ 조례안 공포권 · 거부권

제32조(조례와 규칙의 제정 절차 등) 제1항 조례안이 지방의회에서 의결되면 지방의회의 의장은 의결된 날부터 5일 이내에 그 지방자치단체의 장에게 이송하여야 한다.
제2항 지방자치단체의 장은 제1항의 조례안을 이송받으면 20일 이내에 공포하여야 한다.
제3항 지방자치단체의 장은 이송받은 조례안에 대하여 이의가 있으면 제2항의 기간에 이유를 붙여 지방의회로 환부(還付)하고, 재의(再議)를 요구할 수 있다. 이 경우 지방자치단체의 장은 조례안의 일부에 대하여 또는 조례안을 수정하여 재의를 요구할 수 없다.

> 제4항 지방의회는 제3항에 따라 재의 요구를 받으면 조례안을 재의에 부치고 재적의원 과반수의 출석과 출석의원 3분의 2 이상의 찬성으로 전(前)과 같은 의결을 하면 그 조례안은 조례로서 확정된다.
>
> 제5항 지방자치단체의 장이 제2항의 기간에 공포하지 아니하거나 재의 요구를 하지 아니하더라도 그 조례안은 조례로서 확정된다.
>
> 제6항 지방자치단체의 장은 제4항 또는 제5항에 따라 확정된 조례를 지체 없이 공포하여야 한다. 이 경우 제5항에 따라 조례가 확정된 후 또는 제4항에 따라 확정된 조례가 지방자치단체의 장에게 이송된 후 5일 이내에 지방자치단체의 장이 공포하지 아니하면 지방의회의 의장이 공포한다.
>
> 제7항 제2항 및 제6항 전단에 따라 지방자치단체의 장이 조례를 공포하였을 때에는 즉시 해당 지방의회의 의장에게 통지하여야 하며, 제6항 후단에 따라 지방의회의 의장이 조례를 공포하였을 때에는 그 사실을 즉시 해당 지방자치단체의 장에게 통지하여야 한다.
>
> 제8항 조례와 규칙은 특별한 규정이 없으면 공포한 날부터 20일이 지나면 효력을 발생한다.

ⓓ 선결처분권 : 선결처분권은 지방자치단체의 장의 임무수행에 지방의회의 협력을 기대하기 어려운 상황에서 행사하는 일종의 긴급권이다.

> 제109조(지방자치단체의 장의 선결처분) 제1항 지방자치단체의 장은 지방의회가 성립되지 아니한 때(의원이 구속되는 등의 사유로 제64조에 따른 의결정족수에 미달하게 될 때를 말한다)와 지방의회의 의결사항 중 주민의 생명과 재산보호를 위하여 긴급하게 필요한 사항으로서 지방의회를 소집할 시간적 여유가 없거나 지방의회에서 의결이 지체되어 의결되지 아니할 때에는 선결처분을 할 수 있다.
>
> 제2항 제1항에 따른 선결처분은 지체없이 지방의회에 보고하여 승인을 받아야 한다.
>
> 제3항 지방의회에서 제2항의 승인을 받지 못하면 그 선결처분은 그때부터 효력을 상실한다.
>
> 제4항 지방자치단체의 장은 제2항이나 제3항에 관한 사항을 지체없이 공고하여야 한다.

ⓔ 기타 : 그 밖에 지방자치단체의 장은 임시회 소집요구권, 지방의회에서 의결할 의안의 발의권 등을 갖는다.

ⓗ 규칙제정권

> 제20조(규칙의 제정과 개정·폐지 의견 제출) 제1항 주민은 제29조에 따른 규칙(권리·의무와 직접 관련되는 사항으로 한정한다)의 제정, 개정 또는 폐지와 관련된 의견을 해당 지방자치단체의 장에게 제출할 수 있다.
>
> 제2항 법령이나 조례를 위반하거나 법령이나 조례에서 위임한 범위를 벗어나는 사항은 제1항에 따른 의견 제출 대상에서 제외한다.
>
> 제3항 지방자치단체의 장은 제1항에 따라 제출된 의견에 대하여 의견이 제출된 날부터 30일 이내에 검토 결과를 그 의견을 제출한 주민에게 통보하여야 한다.
>
> 제29조(규칙) 지방자치단체의 장은 법령 또는 조례의 범위에서 그 권한에 속하는 사무에 관하여 규칙을 제정할 수 있다.

ⓐ 규칙이란 지방자치단체의 장이 법령 또는 조례의 범위 내에서 그 권한에 속하는 사무에 대하여 정립하는 일반·추상적 명령을 말한다. 규칙은 조례보다 하위에 놓이는 규범이다. 이러한 지방자치단체 장의 규칙 제정에 관한 주민은 권리·의무와 직접 관련되는 규칙에 대한 제정 및 개정·폐지 의견을 지방자치단체의 장에게 제출할 수 있고, 지방자치단체의 장은 제출된 의견에 대하여 그 의견이 제출된 날부터 30일 이내에 검토 결과를 통보하도록 하였다.

판례

법령의 규정이 지방자치단체장(허가관청)에게 그 법령내용의 구체적인 사항을 정할 수 있는 권한을 부여하면서 그 권한행사의 절차나 방법을 정하지 아니하고 있는 경우, 그 법령의 내용이 될 사항을 구체적으로 규정한 지방자치단체장의 고시는, 당해 법률 및 그 시행령의 위임한계를 벗어나지 아니하는 한 그 법령의 규정과 결합하여 대외적인 구속력이 있는 법규명령으로서의 효력을 갖게 되고, 허가관청인 지방자치단체장이 그 범위 내에서 허가기준을 정하였다면 그 허가기준의 내용이 관계 법령의 목적이나 근본 취지에 명백히 배치되거나 서로 모순되는 등의 특별한 사정이 없는 한 그 허가기준이 효력이 없는 것이라고 볼 수는 없다(대판 2002.09.27. 2000두7933).

ⓑ 규칙은 법령과 조례가 위임한 범위 내에서 지방자치단체장의 권한에 속하는 모든 사무에 대해 제정이 가능하다. 따라서 자치사무, 단체위임사무, 기관위임사무 모두 규칙으로 제정할 수 있다. 다만, 교육·학예에 관한 사항은 「지방교육자치에 관한 법률」에 따라 교육감이 교육규칙으로 제정한다.

판례

「도시재개발법」에 의한 사업시행변경인가, 관리처분계획인가 및 각 고시에 관한 사무는 국가사무로서 지방자치단체의 장에게 위임된 이른바 기관위임사무에 해당하므로, 시·도지사가 지방자치단체의 조례에 의하여 이를 구청장 등에게 재위임할 수는 없고, 「정부조직법」 제5조 제1항 및 이에 기한 행정권한의 위임및위탁에관한규정 제4조에 의하여 위임기관의 장의 승인을 얻은 후 지방자치단체의 장이 제정한 규칙이 정하는 바에 따라 재위임하는 것만이 가능하다(대판 1995.11.14. 94누13572).

ⓒ **법률유보 관련(포괄위임 금지의 원칙)** : 위임규칙이거나 또는 규칙이 주민의 권리를 제한하거나 의무를 부과할 경우에는 법령의 근거가 있어야 한다. 이 경우 포괄적 위임으로도 족한다(「지방자치법」 제29조).

ⓓ **법률우위 관련** : 규칙은 법령과 조례가 정한 범위 내에서 제정할 수 있으므로 법령과 조례를 위반해서는 아니 된다(동법 제29조). 한편, 「지방자치법」 제30조에 따르면, '시·군 및 자치구의 조례나 규칙은 시·도의 조례나 규칙에 위반하여서는 아니 된다.'라고 하였으므로 상위지방자치단체의 규칙에도 위배되어서는 아니 된다.

「하수도법」제32조 제2항·제5항이「하수도법」상의 원인자부담금 부과의 방법과 절차를 조례에 위임한 것이 위헌인지 여부(헌재 2004.09.23. 2002헌바76) **: 합헌**

우리 헌법 제117조 제1항은 자치입법권의 수권규정으로 지방자치단체의 조례제정권을 보장하고 있고, 나아가 「지방자치법」은 개별법률의 위임이 있는 경우에는 조례로써도 주민의 권리를 제한하거나 주민에게 의무를 부과하는 것은 가능함을 밝히고 있다. 그런데 「하수도법」제32조 제2항, 제5항은 지방자치단체에 공공하수도의 개축이나 공사와 관련한 원인자부담금을 부과할 수 있는 권한을 부여하고 있고, 그 방법이나 절차에 관하여 당해 지방자치단체에 별도의 조례제정권을 부여하고 있다. 따라서 이 사건 원인자부담금에 관한 조례는 헌법상의 자치입법권을 근거로 하여 개별 법률에서 구체적으로 위임한 조례제정권에 의거하여 제정된 것으로서 제정형식에는 문제가 없다.

(8) 지방자치단체 사무

	고유사무	단체위임사무	기관위임사무
의의	지방자치단체의 고유사무	법령에 의해 지방자치단체에 위임된 사무	국가 또는 상급지방자치단체로부터 하급행정기관인 지방자치단체장에게 위임된 사무
법적근거	헌법 제117조 제1항	「지방자치법」제9조, 개별법령 **必要**	「지방자치법」제93조, 제95조 개별법령 **必要**
국가감독종류	사후의 합법성감독	사후의 합법성과 합목적성 감독	사전·사후감독
경비	지방자치단체가 전액부담	위임단체설 또는 국가와 지자체 분담설	위임단체
국정감사	배제	허용	허용
조례규정가능성	가능	가능	제외
장의 규칙가능성	가능	가능	가능

1. 기관위임사무에 관한 권한쟁의심판(헌재 1999.07.22. 98헌라4)

지방자치단체는 헌법 또는 법률에 의하여 부여받은 그의 권한, 즉 지방자치단체의 사무에 관한 권한이 침해되거나 침해될 우려가 있는 때에 한하여 권한쟁의심판을 청구할 수 있다고 할 것인데, 도시계획사 업실시계획인가사무는 건설교통부장관으로부터 시·도지사에게 위임되었고, 다시 시장·군수에게 재위임된 기관위임사무로서 국가사무라고 할 것이므로, … 도시계획사업실시계획인가처분에 대한 부분은 지방자치단체의 권한에 속하지 아니하는 사무에 관한 것으로서 부적법하다고 할 것이다.

2. 기관위임사무를 둘러싼 당진군과 평택시장 간의 권한쟁의 (헌재 2004.09.23. 2000헌라2)

토지대장 등록관련사무의 성격에 관하여 보건대, 지적공부에의 등록과 관련된 국가사무가 법률 그 자체에 의해서 시장·군수에게 지정되어 있으므로, 지적공부의 등록·비치·보관·보존 등 등록관련의 집행행위는 기관위임사무에 속하고, … 토지대장등록사무 등 기관위임사무를 집행하는 국가기관으로서의 피청구인 평택시장은 해당 토지의 등록사무를 담당할 뿐 지방자치단체인 청구인 및 피청구인 평택시와 같이 자치권한을 행사하거나 다른 지방자치단체의 자치권한을 침해할 지위에 있지 않다. 그렇다면 이 사건 심판청구 가운데 청구인의 피청구인 평택시장에 대한 심판청구는 청구인의 권한에 속하지 아니하는 사무에 관한 권한쟁의심판청구라고 할 것이므로 더 나아가 살펴볼 필요도 없이 부적법하다.

(9) 국가적 통제

「지방자치법」 제188조(위법·부당한 명령·처분의 시정) 제1항 지방자치단체의 사무에 관한 지방자치단체의 장(제103조제2항에 따른 사무의 경우에는 지방의회의 의장을 말한다. 이하 이 조에서 같다)의 명령이나 처분이 법령에 위반되거나 현저히 부당하여 공익을 해친다고 인정되면 시·도에 대해서는 주무부장관이, 시·군 및 자치구에 대해서는 시·도지사가 기간을 정하여 서면으로 시정할 것을 명하고, 그 기간에 이행하지 아니하면 이를 취소하거나 정지할 수 있다.

제2항 주무부장관은 지방자치단체의 사무에 관한 시장·군수 및 자치구의 구청장의 명령이나 처분이 법령에 위반되거나 현저히 부당하여 공익을 해침에도 불구하고 시·도지사가 제1항에 따른 시정명령을 하지 아니하면 시·도지사에게 기간을 정하여 시정명령을 하도록 명할 수 있다.

제3항 주무부장관은 시·도지사가 제2항에 따른 기간에 시정명령을 하지 아니하면 제2항에 따른 기간이 지난 날부터 7일 이내에 직접 시장·군수 및 자치구의 구청장에게 기간을 정하여 서면으로 시정할 것을 명하고, 그 기간에 이행하지 아니하면 주무부장관이 시장·군수 및 자치구의 구청장의 명령이나 처분을 취소하거나 정지할 수 있다.

제4항 주무부장관은 시·도지사가 시장·군수 및 자치구의 구청장에게 제1항에 따라 시정명령을 하였으나 이를 이행하지 아니한 데 따른 취소·정지를 하지 아니하는 경우에는 시·도지사에게 기간을 정하여 시장·군수 및 자치구의 구청장의 명령이나 처분을 취소하거나 정지할 것을 명하고, 그 기간에 이행하지 아니하면 주무부장관이 이를 직접 취소하거나 정지할 수 있다.

제5항 제1항부터 제4항까지의 규정에 따른 자치사무에 관한 명령이나 처분에 대한 주무부장관 또는 시·도지사의 시정명령, 취소 또는 정지는 법령을 위반한 것에 한정한다.

제6항 지방자치단체의 장은 제1항, 제3항 또는 제4항에 따른 자치사무에 관한 명령이나 처분의 취소 또는 정지에 대하여 이의가 있으면 그 취소처분 또는 정지처분을 통보받은 날부터 15일 이내에 대법원에 소를 제기할 수 있다.

제189조(지방자치단체의 장에 대한 직무이행명령) 제1항 지방자치단체의 장이 법령에 따라 그 의무에 속하는 국가위임사무나 시·도위임사무의 관리와 집행을 명백히 게을리하고 있다고 인정되면 시·도에 대해서는 주무부장관이, 시·군 및 자치구에 대해서는 시·도지사가 기간을 정하여 서면으로 이행할 사항을 명령할 수 있다.

제2항 주무부장관이나 시·도지사는 해당 지방자치단체의 장이 제1항의 기간에 이행명령을 이행하지 아니하면 그 지방자치단체의 비용부담으로 대집행 또는 행정상·재정상 필요한 조치(이하 이 조에서 "대집행 등"이라 한다)를 할 수 있다. 이 경우 행정대집행에 관하여는 「행정대집행법」을 준용한다.

제3항 주무부장관은 시장·군수 및 자치구의 구청장이 법령에 따라 그 의무에 속하는 국가위임사무의 관리와 집행을 명백히 게을리하고 있다고 인정됨에도 불구하고 시·도지사가 제1항에 따른 이행명령을 하지 아니하는 경우 시·도지사에게 기간을 정하여 이행명령을 하도록 명할 수 있다.

제4항 주무부장관은 시·도지사가 제3항에 따른 기간에 이행명령을 하지 아니하면 제3항에 따른 기간이 지난 날부터 7일 이내에 직접 시장·군수 및 자치구의 구청장에게 기간을 정하여 이행명령을 하고, 그 기간에 이행하지 아니하면 주무부장관이 직접 대집행 등을 할 수 있다.

제5항 주무부장관은 시·도지사가 시장·군수 및 자치구의 구청장에게 제1항에 따라 이행명령을 하였으나 이를 이행하지 아니한 데 따른 대집행 등을 하지 아니하는 경우에는 시·도지사에게 기간을 정하여 대집행 등을 하도록 명하고, 그 기간에 대집행 등을 하지 아니하면 주무부장관이 직접 대집행 등을 할 수 있다.

제6항 지방자치단체의 장은 제1항 또는 제4항에 따른 이행명령에 이의가 있으면 이행명령서를 접수한 날부터 15일 이내에 대법원에 소를 제기할 수 있다. 이 경우 지방자치단체의 장은 이행명령의 집행을 정지하게 하는 집행정지결정을 신청할 수 있다.

제190조(지방자치단체의 자치사무에 대한 감사) 제1항 제1항 행정안전부장관이나 시·도지사는 지방자치단체의 자치사무에 관하여 보고를 받거나 서류·장부 또는 회계를 감사할 수 있다. 이 경우 감사는 법령 위반사항에 대해서만 한다.

제2항 행정안전부장관 또는 시·도지사는 제1항에 따라 감사를 하기 전에 해당 사무의 처리가 법령에 위반되는지 등을 확인하여야 한다.

제192조(지방자치단체에 대한 감사 절차 등) 제1항 주무부장관, 행정안전부장관 또는 시·도지사는 이미 감사원 감사 등이 실시된 사안에 대해서는 새로운 사실이 발견되거나 중요한 사항이 누락된 경우 등 대통령령으로 정하는 경우를 제외하고는 감사 대상에서 제외하고 종전의 감사 결과를 활용하여야 한다.

제2항 주무부장관과 행정안전부장관은 다음 각 호의 어느 하나에 해당하는 감사를 하려고 할 때에는 지방자치단체의 수감부담을 줄이고 감사의 효율성을 높이기 위하여 같은 기간 동안 함께 감사를 할 수 있다.

1. 제185조에 따른 주무부장관의 위임사무 감사
2. 제190조에 따른 행정안전부장관의 자치사무 감사

제3항 제185조, 제190조 및 이 조 제2항에 따른 감사의 절차·방법 등에 관하여 필요한 사항은 대통령령으로 정한다.

판례

1. **전반기 또는 후반기 감사와 같은 포괄적 · 사전적 일반감사나 위법사항을 특정하지 않고 개시하는 감사 또는 법령위반사항을 적발하기 위한 감사는 모두 허용될 수 없다**(헌재 2009.05.28. 2006헌라6) **: 인용(권한침해)**

   지방자치단체에 대하여 중앙행정기관은 합목적성 감독보다는 합법성 감독을 지향하여야 하고 중앙행정기관의 무분별한 감사권의 행사는 헌법상 보장된 지방자치단체의 자율권을 저해할 가능성이 크므로, 이 사건 관련규정상의 감사에 착수하기 위해서는 자치사무에 관하여 특정한 법령위반행위가 확인되었거나 위법행위가 있었으리라는 합리적 의심이 가능한 경우이어야 하고, 또한, 그 감사대상을 특정해야 한다고 봄이 상당하다. 따라서 전반기 또는 후반기 감사와 같은 포괄적 · 사전적 일반감사나 위법사항을 특정하지 않고 개시하는 감사 또는 법령위반사항을 적발하기 위한 감사는 모두 허용될 수 없다.

2. **감사원의 지방자치단체의 자치사무 감사** (헌재 2008.05.29. 2005헌라3)

   헌법이 감사원을 독립된 외부감사기관으로 정하고 있는 취지, 국가기능의 총체적 극대화를 위하여 중앙정부와 지방자치단체는 서로 행정기능과 행정책임을 분담하면서 중앙행정의 효율성과 지방행정의 자주성을 조화시켜 국민과 주민의 복리증진이라는 공동목표를 추구하는 협력관계에 있다는 점에 비추어 보면, 감사원에 의한 지방자치단체의 자치사무에 대한 감사를 합법성 감사에 한정하고 있지 아니한 이 사건 관련 규정은 그 목적의 정당성과 합리성을 인정할 수 있다.

6. 군사제도

(1) 문민우위의 원칙과 정치적 중립성

(2) 병정통합의 원칙

정인영 쎄르파 헌법

기본권론

CHAPTER 01 기본권 총론

제1절 기본권의 전개

1. 역사적 발전

자연법 사상의 등장 → 기본권의 실정성 강조 → 기본권의 초실정성 강조 → 자유권과 사회적 기본권의 조화

2. 현대 기본권 보장의 특징

(1) 인권선언의 사회화와 사회주의적 인권선언

(2) 자연법 사상을 바탕으로 하는 자연권성을 강조한다.

(3) 인권보장과 인권법제의 국제화 경향에 따라 제3세대 인권으로서 UNESCO에서 법제화가 추진되어 일부는 입법화 되어가는 중에 있다.

3. 우리나라 헌법상 기본권

현행 1987년 헌법은 국민의 자유, 평등, 기타 여러 권리 등에 관한 규정, 즉 권리장전(Bill of Rights)을 명시적으로 정하고 있는데, 헌법에서 정하고 있는 권리를 기본권이라고 부른다. 1948년 헌법 이래 9차례의 헌법개정이 있었지만, 현재까지 실정헌법에서의 기본권(권리장전)에 관한 태도는 크게 변경된 것이 없이 유지되고 있다.

📂 역사적 발전과정으로 본 인권

	제1세대 인권	제2세대 인권	제3세대 인권
등장·강조 시기	근대입헌주의, 미국독립과 프랑스 혁명을 전후하여 중시됨	현대입헌주의, 수정자본주의의 등장을 전후하여 중시됨	60년대 이후 본격적으로 논의됨
정신적 기초와 관점	자유주의 정신에 기초한 개인적 차원의 권리	평등주의 정신에 기초한 국가적 차원의 권리	박애주의 정신에 기초한 국제적 차원의 권리
중심 권리	자유권·참정권	사회권	연대권

📁 독일 헌법관에 근거한 기본권

	법실증주의	결단주의	통합주의
인식	• Kelsen 등의 방법일원주의자들은 자연법과 자연권의 존재를 모두 배제하고 실정법과 실정권만을 중시함으로써 순수법학을 정립하여 법실증주의이론을 완성하였다. • Jellinek 등의 방법이원주의자들은 이를 인정하였다.	Schmitt 등은 자연법 사상에 입각하여 기본권을 전국가적·전헌법적인 자연권으로 이해하고 그 중심된 권리로서의 자유권을 중시하였다.	Smend 등은 기본권은 실정권도 자연권도 아닌 사회통합의 공감대적 가치지표로서 객관적 질서의 성격을 가진다.
본질	기본권은 "국가 속(법률 속)의 자유 또는 국가를 통한 자유"를 그 본질로 한다. 즉, 기본권의 자연권성이나 주관적 공권으로서의 고유성은 인정될 수 없고, 오로지 국가의 법적 강제의 자제에 의한 은혜적이고 반사적인 권리의 성질을 가질 뿐이다. 또한, 기본권은 국가의 법에 의해서 창설되고 주어지는 것이므로, 國法의 범위 내에서만 인정되는 실정권일 뿐이다.	기본권은 "국가로부터의 자유"를 그 본질로 한다. 그러므로 진정한 기본권은 인간의 권리인 자유권이며, 이는 곧 전국가적(전헌법적)인 천부권 내지 자연권이며, 실정권이 아니다. 따라서 기본권은 개인적인 주관적 공권의 성질을 가지며, 객관적인 제도가 아니다.	기본권은 "국가를 향한(국가에로의) 자유 또는 객관적 가치(내지 법질서) 속의 자유"를 그 본질로 한다. 또한 기본권은 자연권도 실정권도 아닌 사회구성원들의 공감대적 가치 속에 존재하는 가치관적 기본권의 성질을 갖는다.
통치구조와의 관계	국가의 통치구조는 단계를 달리하는 법 정립 구조로서, 법을 정립하고 집행하기 위한 것일 뿐, 국민의 기본권을 실현하기 위한 것이 아니다.	배분의 원리의 적용: 헌법질서와 그 권한을 분배함에 있어 자유권은 무제한적으로 분배하는 것을 원칙으로 하는 반면, 자유권에 대한 침해를 방지하기 위하여 통치구조는 권력분립에 따라 제한적으로 분배하여야 한다. 이를 Schmit는 배분의 원리로 설명하였다.	양자의 상호 유기적·교차관계적 기능이 중시된다. 또한 통치구조의 기본권 실현을 위한 의무자로서의 지위가 강조된다.
대표 학자	• Kelsen의 관계이론에 입각한 반사적 기본권론: 자유란 법적 강제가 없는 소극적 성질의 은혜적·반사적 효과에 불과하다. 따라서 국민은 기본권주체로서의 지위를 갖지 못하므로, 국가에 대해 주관적 공권을	Schmitt의 이원적 통치구조론에 입각한 자유주의적 국가론, 자유권의 주관적 공권성의 정립: 자유권은 천부적인 자연권으로서 무제한적으로 보장되어야 하며, 질서유지를 위하여 불가피할 경우에만 법치국가 원리에 의하여	• Smend의 개방적 가치관에 입각한 가치관적 기본권 및 기본권의 객관적 가치질서성의 정립, 기본권의 주관적 공권성보다 객관적 가치질서의 측면을 강조하여 기본권을 비개인적이고 제도적인 것으로 이해하였다.

| 주장할 수도 없다. 다만, 국가에 대하여 "수동적 · 능동적 · 소극적 관계"를 가지며, 이들 중 수동적 관계가 가장 기본적 관계이다.
• Jellinek의 지위이론에 입각한 불완전한 주관적 공권론: 국민은 국가의 법질서의 범위 내에서 "수동적 · 소극적 · 적극적 · 능동적 지위"를 가지므로 불완전한 기본권주체로서, 효력이 약한 정도의 주관적 공권을 주장할 수 있다. 물론, 이들 중 가장 기본적 지위는 수동적 지위이다. | 최소한으로 제한될 수 있다(자유권의 최대보장과 최소제한의 원칙). | • Häberle의 제도적 기본권론: 제도에 의해 실현되지 않고 선언적 차원에만 머무는 자유는 진정한 자유가 아니다. 따라서 자유는 제도일 수밖에 없다는 전제하에 제도적 기본권론을 정립하였다. |

📁 **대륙법계와 영미법계**

	영미법계	대륙법계(독일)
목적	국민의 권리보호	국가의 질서유지
제도	절차적 제도의 발달: 적법절차원칙, 고문받지 않을 권리, 묵비권, 영장주의, 변호인 조력권, 체포 · 구속적부심제도, 자백의 증거능력 및 증명력 제한, 이중위험금지	실체적 제도의 발달: 죄형법정주의(관습형법금지, 명확성원칙, 형벌불소급원칙 등), 일사부재리, 연좌제 금지원칙

제 2 절 기본권의 성격

1. 헌법상 권리와 법률상 권리

(1) 헌법상 권리

기본권이 헌법이 보장하는 권리라는 것은 실정법의 구조에서 최고의 지위에 있는 최고법이 보장한다는 것을 말하는데, 이 결과 모든 국가권력은 기본권에 기속된다는 결론에 도달한다. 한편 이는 법률상 권리와 구별됨을 뜻하는데, 동일한 명칭이라고 하더라도 헌법상 권리(기본권의 구체적 내용)와 법률상 권리는 그 효력에서 차이가 있다.

(2) 헌법상 권리(기본권)와 법률상 권리의 관계

	헌법확인적 내용	입법창설적(= 입법형성적) 내용
내용	헌법에서 정하는 내용을 확인하고 이를 보다 구체화함	헌법과 충돌되지는 않지만 법률의 수준에서 입법자가 입법형성권을 행사함
성질	기본권의 성질	법률에 의해 창설된 법률상 권리
구체적인 예	사적 자치나 계약의 자유는 헌법이 보장하는 원리인 동시에 기본권, 「형사소송법」의 절차적인 권리, 「국적법」상 국민의 요건	「지방자치법」의 주민투표권(동법 제14조), 조례의 제정 및 개폐청구권(동법 제15조), 감사청구권(동법 제16조), 사회보장수급권, 국가보상적 수급권, 국가보훈적 수급권(헌재 2007.04.26. 2004헌바60)
헌법소송 여부	가능	헌법쟁송 불가(법원의 심판 대상)

2. 주관적 공권으로서 기본권

개인이 국가를 상대로 자신의 자유와 권리를 실현하기 위해 국가에 부작위와 작위를 요구할 수 있는 권리로서 침해 시 헌법소원 등의 소제기가 가능하다.

3. 구체적 권리성 인정 여부

기본권을 헌법상의 구체적 권리로 본다면 사인은 국가에 구체적 내용을 요구할 수 있는 권리를 직접 도출할 수 있고, 이 구체적 권리 내용이 국가권력을 직접 구속할 수 있으므로 국가권력을 기본권에 구속시키는 실질적 소송절차를 통하여 기본권의 확보가 가능하다. 이에 기본권의 성격에 관하여, 여러 견해가 대립하고 있다.

> **참고**
>
> **입법방침설(프로그램 규정설, 객관설)**
>
> 입법자에게 방향을 제시해 주는 의미로서 헌법상 기본권이 입법방침으로서 정치적·도의적 의무에 불과하므로 입법자를 법적으로 구속하지 못한다. 또한 국가목표규정설, 입법자에 대한 헌법적 지시로서 입법위임규정설 등 학설이 있다.
>
> **법적 권리설(주관설)**
>
> 1. **추상적 권리설**: 법적 권리로서 성격은 인정하지만, 이러한 법적 권리는 추상적이므로 이에 따라 국가는 그러한 조치를 취할 법적 의무가 있다고 한다. 다만 기본권은 그 자체로는 구체화가 불가하고 개별 법률에 의해 구체적으로 형성되고 그와 일체가 됨으로써 구체적 권리로 전화한다고 한다. 결국 입법이 없거나 미흡한 경우에는 입법방침설과 차이가 없다.
> 2. **구체적 권리설**: 기본권에 관한 헌법규정 자체에서 구체적 내용을 가진 권리가 인정된다고 본다. 그러나 이 견해 내에서도 직접 국가에 대해 일정 급부를 청구하거나 소구할 수 있는 것은 아니라는 입장이 지배적이다.
> 3. 기타 알렉시 모델(형량설), 개별화설 등

판례

1. 변호인과 상담·조언을 구할 권리는 구체적 권리이다(헌재 2004.09.23. 2000헌마138) : **인용(위헌확인)**

피의자·피고인의 구속 여부를 불문하고 조언과 상담을 통하여 이루어지는 변호인의 조력자로서의 역할은 변호인선임권과 마찬가지로 변호인의 조력을 받을 권리의 내용 중 가장 핵심적인 것이 되고, 변호인과 상담하고 조언을 구할 권리는 변호인의 조력을 받을 권리의 내용 중 구체적인 입법형성이 필요한 다른 절차적 권리의 필수적인 전제요건으로서 변호인의 조력을 받을 권리 그 자체에서 막바로 도출되는 것이다.

2. 알권리는 구체적 권리이다(헌재 1989.09.04. 88헌마22) : **인용(위헌확인)**

'알 권리'의 법적 성질을 위와 같이 이해한다고 하더라도 헌법 규정만으로 이를 실현할 수 있는가 아니면 구체적인 법률의 제정이 있어야 하는가에 관하여 견해가 나뉠 수 있으나, 본건 서류에 대한 열람·복사 민원의 처리는 법률의 제정이 없더라도 불가능한 것이 아니라 할 것이다.

3. 최소한의 물질적 생활에 필요한 급부를 요구할 권리는 구체적 권리이다(헌재 1998.02.27. 97헌가10) : **합헌**

인간다운 생활을 할 권리로부터 인간의 존엄에 상응하는 최소한의 물질적인 생활의 유지에 필요한 급부를 요구할 수 있는 구체적인 권리가 상황에 따라서는 직접 도출될 수 있다고 할 수는 있어도, 동 기본권이 직접 그 이상의 급부를 내용으로 하는 구체적인 권리를 발생케 한다고는 볼 수 없다고 할 것이다.

4. 초등학교 무상교육을 받을 권리는 구체적 권리에 해당하나 중학교의 무상교육을 받을 권리는 추상적 권리이다(헌재 1991.02.11. 90헌가27) : **합헌**

의무교육의 무상원칙을 규정한 헌법 제31조 제3항은 초등교육에 관하여는 직접적인 효력규정으로서 개인이 국가에 대하여 입학금·수업료 등을 면제받을 수 있는 헌법상의 권리라고 볼 수 있으나, 무상의 중등교육을 받을 권리는 법률에서 중등교육을 의무교육으로서 시행하도록 규정하기 전에는 헌법상 권리로서 보장되는 것은 아니다. 따라서 초등학교 무상교육을 받을 권리가 구체적 권리라면 중학교 무상교육을 받을 권리는 추상적 권리이다.

5. 사회보장수급권은 추상적 권리이다(헌재 2005.07.21. 2004헌바2) : **합헌**

헌법상의 사회보장권은 그에 관한 수급요건, 수급자의 범위, 수급액 등 구체적인 사항이 법률에 규정됨으로써 비로소 구체적인 법적 권리로 형성된다고 보아야 한다. 산재피해 근로자에게 인정되는 산재보험수급권도 그와 같은 입법재량권의 행사에 의하여 제정된 「산재보험법」에 의하여 비로소 구체화되는 '법률상의 권리'이며, 개인에게 국가에 대한 사회보장·사회복지 또는 재해예방 등과 관련된 적극적 급부청구권은 인정하고 있지 않다.

6. 환경권은 추상적 권리이다(대판 1997.07.22. 96다56153)

환경권은 명문의 법률규정이나 관계 법령의 규정 취지 및 조리에 비추어 권리의 주체, 대상, 내용, 행사 방법 등이 구체적으로 정립될 수 있어야만 인정되는 것이므로, 사법상의 권리로서의 환경권을 인정하는 명문의 규정이 없는데도 환경권에 기하여 직접 방해배제청구권을 인정할 수 없다.

4. 기본권의 양면성

(1) 의의

사회국가적 요청에 맞추어서 기본권의 구체적인 내용과 효력의 범위를 확대할 필요성이 제기되면서 기본권이 가지는 권리로서의 주관적 성격과 공동체의 가치질서로서의 객관적 질서로서의 성격을 동시에 가지게 되었다. 이는 통합주의론적 헌법관에서 강조되는 이론이라 할 수 있다.

(2) 인정여부

① 긍정설

　㉠ 주관적 공권과 객관적 질서는 상호보완적이다.

　㉡ 주관적 공권으로서의 기본권은 국가권력을 구속하고, 객관적 질서로서의 기본권은 국가에 대한 기본권 보호의무를 부과한다.

② 부정설

　㉠ 현행헌법에 명문의 규정이 없다.

　㉡ 기본권을 명문화한 헌법규범이 국가권력을 구속한 결과 객관적 질서를 구성하는 것이지 기본권 자체가 객관적 질서는 아니다.

③ 판례(긍정)

> **판례**
>
> **기본권의 양면성**(헌재 1995.06.29. 93헌마45) **: 각하**
> 국민의 기본권은 국가권력에 의하여 침해되어서는 아니된다는 의미에서 소극적 방어권으로서의 의미를 가지고 있을 뿐만 아니라, 헌법 제10조에서 국가는 개인이 가지는 불가침의 기본적 인권을 확인하고 이를 보장할 의무를 진다고 선언함으로써, 국가는 적극적으로 국민의 기본권을 보호할 의무를 부담하고 있다는 의미에서 기본권은 국가권력에 대한 객관적 규범 내지 가치질서로서의 의미를 함께 가지며, 객관적 가치질서로서의 기본권은 입법·행정·사법의 모든 국가기능의 방향을 제시하는 지침으로서 작용하므로 국가기관에게 기본권의 객관적 내용을 실현할 의무를 부여한다.

(3) 기본권의 양면성 의미

① 공동체 질서형성을 위한 기본원칙으로서의 기본권이다.

② 기본권의 대사인적 효력 : 기본권의 객관적 질서성이 인정되어 대사인적 효력이 인정됨으로써 기본권 충돌이론이 확립되었다.

③ 국가의 기본권 보호의무 : 타인의 기본권 침해행위로부터 개인을 보호할 적극적 보호의무가 있다.

④ 기본권 포기불가 : 기본권은 객관적 질서로서의 성격도 갖기 때문에 임의로 포기할 수 없다.

⑤ 내재적 한계이론 : 기본권은 타인의 권리와 공동체의 기본질서를 침해하지 않는 범위 내에서 행사해야 한다.

5. 소극적 권리성과 적극적 권리성

	소극적 권리로서 기본권	적극적 권리로서 기본권
실현 방법	부작위를 통해 실현됨	작위를 통해 실현됨
기본권	자유권	청구권, 사회적 기본권
침해 유형	기본권의 제한 작위입법	기본권의 구체화·형성입법
구제 방법	작위입법으로 기본권이 침해된 경우 헌법소원을 할 수 있음	헌법상 구체화·형성입법의무가 있음에도 불구하고 부작위입법으로 인하여 기본권이 침해된 경우 헌법소원을 청구할 수 있음

제3절 기본권의 주체

1. 자연인

(1) 기본권 보유능력

① 헌법상 보장된 기본권을 향유할 수 있는 능력으로, 「민법」상 능력규정과 별개의 개념이다.

② 태아·수형자를 포함한 모든 국민이 기본권의 보유능력이 있다. 다만, 헌법재판소는 배아가 생명권의 주체라고 일반적으로 인정하고 있지는 않으나, 원시생명체로서 보호할 가치가 있는 경우에는 '국가에게 보호의무가 있다고 본다(헌재 2010.05.27. 2005헌마346).'라고 하여 초기배아는 제외하고 있다.

(2) 기본권 행사능력

① 기본권의 주체가 독립적으로 자신의 책임 하에 기본권을 유효하게 행사할 수 있는 능력이다.

② 정신적·육체적 능력에 따라 결정되므로 기본권 행사능력은 모든 기본권이 동일한 것은 아니다.

③ 기본권 보유능력을 가진 자라 하더라도 행사능력을 반드시 가지는 것은 아니다.

(3) 기본권 행사능력의 입법규제

① 기본권 행사능력 제한(후설)

　㉠ 헌법 제67조 제1항 대통령의 피선거권의 연령을 40세로 규정하여 헌법이 직접 제한이 가능하다.

　㉡ 헌법이 명문으로 제한하지 않더라도 법률(「공직선거법」 제15조 선거권 행사자로 18세)로 기본권 행사능력 제한이 가능하다.

② 기본권 행사능력 제한의 한계 : 과잉금지원칙, 본질적 내용침해금지원칙 등을 준수해야 할 한계를 가지고 있다.

③ 부모의 미성년자의 기본권 행사능력 제한

　　㉠ 헌법 제36조 제1항·제10조 등에서 부모의 자녀교육권이 도출된다(헌재). 다만, 자녀의 인격발현권 등과 조화를 이루는 범위 내에서 행사하여야 한다.

　　㉡ 「민법」의 친권자의 거소 지정권이지만, 거주·이전의 자유 제한이지 침해는 아니다.

　　㉢ 실정법적 규정이 없어도 제한이 가능하다.

2. 외국인의 기본권 주체성

(1) 기본권 주체로서의 외국인

① 국내에 거주하는 외국국적자 뿐 아니라 무국적자도 포함된다.

② 성질상 인간으로서 누릴 수 있는 기본권은 당연히 기본권 주체성을 인정하지만, 국민으로서의 기본권 주체성은 부정함이 일반적이다.

📂 외국인의 기본권 주체성 인정여부에 관한 종전 학설

부정설	긍정설
① 법적 공동체의 일원이 아님(법실증주의) ② 공감대적 가치질서 형성과 국가공동체의 구성에 참가하지 않음(시멘트) ③ 헌법 제2장에서 '모든 국민……가진다'고 규정함	① 자유권은 천부적인 권리임(슈미트) ② 기본권의 성질에 따라 인간의 권리에 해당하는 기본권의 주체가 될 수 있음(헤세)

(2) 적극적으로 인정되는 기본권

인간의 존엄과 가치, 신체의 자유, 신체의 자유보장을 위한 실체적·절차적 보장, 종교의 자유, 예술·학문의 자유, 사생활의 자유, 소비자의 권리, 재산권, 언론·출판·집회·결사의 자유, 환경권, 보건권, 노동3권, 근로의 자유에 있어서 일할 환경에 관한 권리(정당한 보수, 근로 기준조건, 깨끗하고 안전한 환경)는 외국인에게도 인정된다.

(3) 인정되지 않는 기본권

입국의 자유, 피선거권, 공무담임권, 사회권적 기본권의 성질로서 인간다운 생활을 할 권리, 사회권적 기본권의 성질로서 직업의 자유, 근로의 자유에 있어서 일자리에 관한 권리, 망명권(정치적 비호권)은 인간으로서의 권리에 해당하지 않고 헌법에서 명시적으로 정하고 있지 아니하므로 외국인에게는 인정되지 않는다고 할 것이다(대판 1984.05.22. 84도39).

판례

1. 재외동포의 출입국과 법적 지위에 관한 법률 제2조 제2호 위헌확인(헌재 2001.11.29. 99헌마94)**: 기각**

우리 재판소는, 「헌법재판소법」 제68조 제1항 소정의 헌법소원은 기본권을 침해받은 자만이 청구할 수 있고, 여기서 기본권을 침해받은 자만이 헌법소원을 청구할 수 있다는 것은 곧 기본권의 주체라야만 헌법소원을 청구할 수 있고 기본권의 주체가 아닌 자는 헌법소원을 청구할 수 없다고 한 다음, 국민 또는 국민과 유사한 지위에 있는 외국인은 기본권의 주체가 될 수 있다 판시하여 원칙적으로 외국인의 기본권 주체성을 인정하였다. 청구인들이 침해되었다고 주장하는 인간의 존엄과 가치, 행복추구권은 대체로 인간의 권리로서 외국인도 주체가 될 수 있다고 보아야 하고, 평등권도 인간의 권리로서 참정권 등에 대한 성질상의 제한 및 상호주의에 따른 제한이 있을 수 있을 뿐이다. 이 사건에서 청구인들이 주장하는 바는 대한민국 국민과의 관계가 아닌, 외국국적의 동포들 사이에 「재외동포법」의 수혜대상에서 차별하는 것이 평등권 침해라는 것으로서 성질상 위와 같은 제한을 받는 것이 아니고 상호주의가 문제되는 것도 아니므로 청구인들에게 기본권 주체성을 인정함에 아무런 문제가 없다.

2. 외국인인 청구인의 직업의 자유 및 평등권에 관한 기본권 주체성이 부인된 사례(헌재 2014.08.28. 2013헌마359)**: 각하**

[1] 직업의 자유는 국가자격제도정책과 국가의 경제상황에 따라 법률에 의하여 제한할 수 있고 인류보편적인 성격을 지니고 있지 아니하므로 국민의 권리에 해당한다. 이와 같이 헌법에서 인정하는 직업의 자유는 원칙적으로 대한민국 국민에게 인정되는 기본권이지, 외국인에게 인정되는 기본권은 아니다. 국가 정책에 따라 정부의 허가를 받은 외국인은 정부가 허가한 범위 내에서 소득활동을 할 수 있는 것이므로, 외국인이 국내에서 누리는 직업의 자유는 법률 이전에 헌법에 의해서 부여된 기본권이라고 할 수는 없고, 법률에 따른 정부의 허가에 의해 비로소 발생하는 권리이다.

[2] 헌법재판소의 결정례 중에는 외국인이 대한민국 법률에 따른 허가를 받아 국내에서 일정한 직업을 수행함으로써 근로관계가 형성된 경우, 그 직업은 그 외국인의 생활의 기본적 수요를 충족시키는 방편이 되고 또한 개성신장의 바탕이 된다는 점에서 외국인은 그 근로관계를 계속 유지함에 있어서 국가의 방해를 받지 않고 자유로운 선택과 결정을 할 자유가 있고 그러한 범위에서 제한적으로 직업의 자유에 대한 기본권주체성을 인정할 수 있다고 하였다(헌재 2011.09.29. 2007헌마1083 등 참조). 하지만 이는 이미 근로관계가 형성되어 있는 예외적인 경우에 제한적으로 인정한 것에 불과하다. 그러한 근로관계가 형성되기 전단계인 특정한 직업을 선택할 수 있는 권리는 국가정책에 따라 법률로써 외국인에게 제한적으로 허용되는 것이지 헌법상 기본권에서 유래되는 것은 아니다.

3. 근로의 권리는 자유권적 기본권의 성격도 갖고 있어 건강한 작업환경, 일에 대한 정당한 보수, 합리적인 근로조건의 보장 등을 요구할 수 있는 권리 등을 포함한다고 할 것이므로 외국인 근로자라고 하여 이 부분까지 기본권 주체성을 부인할 수는 없다(헌재 2007.08.30. 2004헌마670)**: 위헌**

근로의 권리가 "일할 자리에 관한 권리"만이 아니라 "일할 환경에 관한 권리"도 함께 내포하고 있는바, 후자는 인간의 존엄성에 대한 침해를 방어하기 위한 자유권적 기본권의 성격도 갖고 있어 건강한 작업환경, 일에 대한 정당한 보수, 합리적인 근로조건의 보장 등을 요구할 수 있는 권리 등을 포함한다고 할 것이므로 외국인 근로자라고 하여 이 부분까지 기본권 주체성을 부인할 수는 없다. 즉 근로의 권리의 구체적인 내용에 따라, 국가에 대하여 고용증진을 위한 사회적·경제적 정책을 요구할 수 있는 권리는 사회권적 기본권으로서 국민에 대하여만 인정해야 하지만, 자본주의 경제질서 하에서 근로자가 기본적 생활수단을 확보하고 인간의 존엄성을 보장받기 위하여 최소한의 근로조건을 요구할 수 있는 권리는 자유권적 기본권의 성격도 아울러 가지므로 이러한 경우 외국인 근로자에게도 그 기본권 주체성을 인정함이 타당하다.

4. 국가인권위원회의 공정한 조사를 받을 권리는 기본권이 아니다. 다만 불법체류외국인에 대해 영장 절차 없이 긴급보호서를 발부하여 보호조치한 것은 적법절차원칙 위반이 아니다(헌재 2012.08.23. 2008헌마430)**: 기각**

[1] 「헌법재판소법」 제68조 제1항 소정의 헌법소원은 기본권의 주체이어야만 청구할 수 있는데, 단순히 '국민의 권리'가 아니라 '인간의 권리'로 볼 수 있는 기본권에 대해서는 외국인도 기본권의 주체가 될 수 있다. 나아가 청구인들이 불법체류 중인 외국인들이라 하더라도, 불법체류라는 것은 관련 법령에 의하여 체류자격이 인정되지 않는다는 것일 뿐이므로, '인간의 권리'로서 외국인에게도 주체성이 인정되는 일정한 기본권에 관하여 불법체류 여부에 따라 그 인정 여부가 달라지는 것은 아니다. 청구인들이 침해받았다고 주장하고 있는 신체의 자유, 주거의 자유, 변호인의 조력을 받을 권리, 재판청구권 등은 성질상 인간의 권리에 해당한다고 볼 수 있으므로, 위 기본권들에 관하여는 청구인들의 기본권 주체성이 인정된다. 그러나 '국가인권위원회의 공정한 조사를 받을 권리'는 헌법상 인정되는 기본권이라고 하기 어렵고, 이 사건 보호 및 강제퇴거가 청구인들의 노동3권을 직접 제한하거나 침해한 바 없음이 명백하므로, 위 기본권들에 대하여는 본안판단에 나아가지 아니한다.

[2] 외국인등록을 하지 아니한 채 오랜 기간 불법적으로 체류하면서 스스로 출국할 의사가 없는 청구인들을 사무소장 등의 보호명령서가 아닌 출입국관리공무원의 긴급보호서를 발부하여 보호한 것이 이에 필요한 긴급성의 요건을 갖추지 못하였다고 볼 수 없다. 결국 이 사건 보호가 적법절차의 원칙을 위반하여 청구인들의 기본권을 침해하였다고 볼 수 없다.

3. 법인의 기본권 주체성

⑴ 성질상 법인이 누릴 수 있는 기본권은 당연히 법인에게도 적용(평등권, 직업선택의 자유, 거주이전의 자유, 재산권, 재판청구권)된다. 다만, 인간의 존엄과 가치, 생명권, 인신의 자유, 신앙 및 양심의 자유, 환경권, 선거권은 인간으로서의 권리이므로 법인은 누릴 수 없다.

⑵ 법인 아닌 사단·재단도 대표자의 정함이 있고 독립된 사회조직체로서 활동할 때에는 기본권을 인정한다. 다만, 한국영화인협회 감독위원회는 영화인협회와 독립된 별개의 단체가 아니므로 기본권의 주체성이 부정(헌재 1991.06.13. 90헌마56)되고, 또한 인천전문대학 기성회 이사회(헌재 2010.07.29. 2009헌마149), 종중(헌재 2010.06.24. 2007헌마256), 등록이 취소 된 후 실체가 없는 녹색사민당(헌재 2006.02.23. 2004헌마208)의 기본권의 주체성이 부정되었다.

⑶ 헌법재판소는 사단법인인 신문·편집인협회, 노동조합, 정당(지구당)(헌재 1991.03.11. 91헌마21), 등록이 취소된 후 실질을 유지하고 있다고 볼 수 있는 사회당(헌재 2006.03.30. 2004헌마246)의 기본권 주체성을 인정한 바 있다.

판례

1. 사죄광고를 강제하는 경우 법인의 인격권이 침해된다(헌재 1991.04.01. 89헌마160)**: 한정위헌**

법원이 사죄광고를 명하면 자연인이든 법인이든 보호받아야 할 인격권이 무시되고 또한 헌법에서 보장된 인간의 존엄과 가치 및 그것을 바탕으로 하는 인격권에도 큰 위해가 된다고 볼 것이다.

2. 「공직선거법」에 따른 사과문 게재 명령 사건(헌재 2015.07.30. 2013헌가8)**: 위헌**

선거기사심의위원회가 불공정한 선거기사를 게재하였다고 판단한 언론사에 대하여 사과문 게재 명령을 하도록 한 「공직선거법」 제8조의3 제3항 중 '사과문 게재' 부분과, 언론사가 사과문 게재 명령을 지체 없이 이행하지 않을 경우 그 발행인 등을 형사처벌하는 구 「공직선거법」 제256조 제2항 제3호 나목 중 '제8조의3 제3항에 의한 사과문 게재' 부분, 및 현행 「공직선거법」 제256조 제2항 제2호 중 '제8조의3 제3항에 따른 사과문 게재' 부분이 추구하는 목적, 즉 선거기사를 보도하는 언론사의 공적인 책임의식을 높임으로써 민주적이고 공정한 여론 형성 등에 이바지한다는 공익이 중요하다는 점에는 이론의 여지가 없다. 그러나 이는 객관성이나 공정성을 저버린 기사를 보도했음을 스스로 인정하지 않는 언론사로 하여금 자신의 잘못을 인정하고 용서까지 구하는 의사표시를 하도록 강제하고, 형사처벌을 통하여 그 실효성을 담보함으로써, 언론에 대한 신뢰가 무엇보다 중요한 언론사에 대하여 그 사회적 신용이나 명예를 저하시키고 인격의 자유로운 발현을 저해하고 있다. 언론사에 대한 이와 같은 인격권 침해의 정도는 이 사건 법률조항들이 달성하려는 공익에 비해 결코 작다고 할 수 없다. 결국 이 사건 법률조항들은 과잉금지원칙에 위배되어 언론사의 인격권을 침해하므로 헌법에 위반된다.

3. 「공정거래법」 위반사실 공표(헌재 2002.01.31. 2001헌바43)**: 위헌**

[1] 이 사건 법률조항은 인격 형성과는 관계없는 것이므로 양심의 자유의 침해문제가 발생하지 아니한다.

[2] 확정판결 전에 법위반 사실을 공정거래위원회가 부과하도록 하는 이 사건 법률은 법 위반사실의 공표 후 만약 법원이 법위반이 아니라는 무죄판결을 선고하는 경우 법 위반 사실의 공표를 통하여 실현하려는 공익은 전무한 것이 되므로 법익균형성 원칙에 위반되어 일반적 행동의 자유권과 명예권 침해이다.

4. 각급선거관리위원회 위원·직원의 선거범죄 조사에 있어서 피조사자에게 자료제출의무를 부과한 「공직선거법」 제272조의2 제3항 중 '제1항의 규정에 의한 자료의 제출을 요구받은 자'에 관한 부분 및 허위자료를 제출하는 경우 형사처벌하는 구 「공직선거법」 제256조 제5항 제12호 중 '제272조의2 제3항의 규정에 위반하여 허위의 자료를 제출한 자'에 관한 부분이 헌법에 위반되지 않는다(헌재 2019.09.26. 2016헌바381)**: 합헌**

5. 대한예수교장로회신학연구원은 헌법소원심판상의 당사자능력을 갖추었다(헌재 2000.03.30. 99헌바14)**: 합헌**

청구인의 당사자능력은 당해사건 이전에 있었던 폐쇄명령처분취소소송의 상고심에서 청구인은 장로회총회의 단순한 내부기구가 아니라 그와는 별개의 비법인 재단에 해당된다고 하여 이를 인정한 바 있고, 이 사건 위헌제청신청사건에서도 이를 따르고 있으므로 헌법소원에 있어서도 달리 볼 만한 사정이 없어 헌법소원심판상의 당사자능력을 갖추었다고 볼 것이다.

4. 공법인의 기본권 주체성

(1) 원칙

공법인은 기본권의 수범자 또는 객체이므로 기본권의 주체가 될 수 없다. 따라서 국가나 지방자치단체에 대해서는 예외 없이 기본권 주체성을 모두 부정하였다.

> **판례** ✦
>
> 1. **공법인의 행위는 일반적으로 헌법소원의 대상이 될 수 있으나, 그 중 대외적 구속력을 갖지 않는 단순한 내부적 행위나 사법적(私法的)인 성질을 지니는 것은 헌법소원의 대상이 되는 공권력의 행사에 해당하지 않는다**(헌재 2006.11.30. 2005헌마855).
>
> 「방송법」은 "한국방송공사 직원은 정관이 정하는 바에 따라 사장이 임면한다."고 규정하는 외에는(제52조) 직원의 채용관계에 관하여 달리 특별한 규정을 두고 있지 않으므로, 한국방송공사의 이 사건 공고 내지 직원 채용은 피청구인의 정관과 내부 인사규정 및 그 시행세칙에 근거하여 이루어질 수밖에 없다. 그렇다면 한국방송공사의 직원 채용관계는 특별한 공법적 규제 없이 한국방송공사의 자율에 맡겨진 셈이 되므로 이는 사법적인 관계에 해당한다고 봄이 상당하다. 또한 직원 채용관계가 사법적인 것이라면, 그러한 채용에 필수적으로 따르는 사전절차로서 채용시험의 응시자격을 정한 이 사건 공고 또한 사법적인 성격을 지닌다고 할 것이다. 이 사건 공고는 헌법소원으로 다툴 수 있는 공권력의 행사에 해당하지 않는다.
>
> 2. **지방자치단체인 청구인은 기본권의 주체가 될 수 없고 따라서 청구인의 재산권 침해 여부는 더 나아가 살펴볼 필요가 없다**(헌재 2006.02.23. 2004헌바50).

(2) 예외

국가가 일정한 기본권의 실현에 이바지하기 위해 설치한 공법인은 그 범위 안에서 공법인성과 사법인성을 인정할 수 있으므로 사법인성에 근거하여 제한적으로 기본권 주체성을 인정한다.

(3) 공법상 영조물법인인 서울대학교와 공법인인 국립대학인 세무대학, 상공회의소, 축협, 학교안전공제회(헌재 2015.07.30. 2014헌가7)의 기본권 주체성을 인정한다.

> **판례** ✦
>
> 1. **「세무대학설치폐지법률」 위헌확인**(헌재 2001.02.23. 99헌마613): **기각**
>
> 국립대학인 세무대학은 공법인으로서 사립대학과 마찬가지로 대학의 자율권이라는 기본권의 보호를 받으므로, 세무대학은 국가의 간섭 없이 인사학사시설, 재정 등 대학과 관련된 사항들을 자주적으로 결정하고 운영할 자유를 갖는다.
>
> 2. **방송문화진흥회가 최다출자자인 방송사업자의 직업수행의 자유 주체성을 인정한다**(헌재 2013.09.26. 2012헌마271).
>
> 청구인은 공법상 재단법인인 방송문화진흥회가 최다출자자인 방송사업자로서 「방송법」 등 관련 규정에 의하여 공법상의 의무를 부담하고 있지만, 그 설립목적이 언론의 자유의 핵심 영역인 방송 사업이므로 이러한 업무수행과 관련해서는 기본권 주체가 될 수 있고, 그 운영을 광고수익에 전적으로 의존하고 있는 만큼 이를 위해 사경제 주체로서 활동하는 경우에도 기본권 주체가 될 수 있다. 이 사건 심판청구는 청구인이 그 운영을 위한 영업활동의 일환으로 방송광고를 판매하는 지위에서 그 제한과 관련하여 이루어진 것이므로 그 기본권 주체성이 인정된다.

3. **학교안전공제회(이하 '공제회')는 공법인적 성격과 사법인적 성격을 겸유하고 있다**(헌재 2015.07.30. 2014헌가7) : **위헌**

[1] 학교안전공제회(이하 '공제회')는 공법인적 성격과 사법인적 성격을 겸유하고 있는데, 공제회가 조직법상 국가로부터 독립한 고유 업무를 수행하는 등의 경우에는 기본권 주체가 될 수 있다.

[2] 그런데 공제회와 공제중앙회는 서로 독립된 법인으로서 각자의 회계를 가지는 점, 그 설치주체가 각각 교육감과 교육부장관으로 구별되며, 교육부장관이 상급기관으로서 관리·감독 기능을 수행한다고 볼 수 없는 점, 공제중앙회가 공제회에 대하여 지휘·감독 등의 권한을 행사한다는 사정이 보이지 아니하는 점, 공제회가 공제중앙회 결정에 기속된다는 규정도 존재하지 아니하는 점 등에 비추어 볼 때 공제중앙회는 공제회의 상급기관이라거나 지휘·감독기관으로 볼 수도 없다. 따라서 공제중앙회 소속 재심위원회의 재결은 행정의 자기구속이라거나 내부의 구제절차라고 보기 어렵고, 제3자적 입장에서 공제회와 재심사청구인 사이의 사법적 분쟁을 해결하기 위한 간이분쟁 해결절차에 불과한바, 공제회는 재결에 있어서 재심사청구인과 마찬가지로 공제급여의 존부 및 범위에 관한 법률상 분쟁의 일방당사자의 지위에 있다고 할 것이다. 그렇다면 공제회 역시 공제급여의 존부 및 범위에 관하여 법관에 의하여 재판받을 기회를 보장받음으로써 재결의 효력에서 벗어날 수 있어야 한다. 재심사청구인이 학교안전사고로 피해를 입은 자로서 그 권리를 두텁게 보호받아야 할 지위에 있다고 하더라도, 이것이 곧 분쟁의 상대방인 공제회의 법원에 대한 접근을 제한하는 이유는 될 수 없다. 그럼에도 불구하고 합의간주조항이 공제회가 분쟁의 일방당사자로서 응당 가져야 할 법관에 의한 재판을 받을 기회를 박탈하는 것은 헌법상 용인될 수 없다. 따라서 합의간주조항은 합리적인 이유 없이 분쟁의 일방당사자인 공제회의 재판청구권을 침해하고 있으므로 헌법에 위반된다.

5. 국가기관의 기본권 주체성

(1) 원칙

국회노동상임위원회(헌재 1994.12.29. 93헌마120), 벌금 미납자의 신병에 관한 업무에 있어서 경찰공무원(헌재 2009.03.24. 2009헌마118), 교육위원회의 위원(헌재 1995.09.28. 92헌마23·86), 서울시의회(헌재 1998.03.26. 96헌마345), 학교안전공제중앙회(헌재 2015.07.30. 2014헌가7)의 기본권 주체성을 부정했다.

(2) 예외

국민의 봉사자로서의 대통령, 지방자치단체장의 기본권 주체성을 부정했으나 사인의 지위에서는 기본권 주체성을 긍정한다.

판례

1. **대통령도 국민의 한사람으로서 제한적으로나마 기본권의 주체가 될 수 있다**(헌재 2008.01.17. 2007헌마700) **: 기각**

   법률이나 공권력 작용이 공적 과제를 수행하는 주체의 권한 내지 직무영역을 제약하는 성격이 강한 경우에는 그 기본권 주체성이 부정될 것이지만, 그것이 일반 국민으로서 국가에 대하여 가지는 헌법상의 기본권을 제약하는 성격이 강한 경우에는 기본권 주체성을 인정할 수 있다. 그러므로 대통령도 국민의 한사람으로서 제한적으로나마 기본권의 주체가 될 수 있는바, 대통령은 소속 정당을 위하여 정당활동을 할 수 있는 사인으로서의 지위와 국민 모두에 대한 봉사자로서 공익실현의 의무가 있는 헌법기관으로서의 지위를 동시에 갖는데 최소한 전자의 지위와 관련하여는 기본권 주체성을 갖는다고 할 수 있다.

2. **지방자치단체의 장이라도 언론의 자유는 일반국민으로서 누릴 수 있으며, 다만 지방자치단체장의 지위에서는 기본권의 주체가 될 수 없다**(헌재 1999.05.29. 98헌마214).

제4절 기본권의 효력

1. 기본권의 대국가적 효력(주관적 공권성)

(1) 기본권은 국가의 권력작용으로부터 국민의 자유와 권리를 보장하는 방어권으로서 기능을 한다. 이러한 기본권은 직접적으로 모든 국가권력을 구속하는 직접적 효력을 가지고 있는데 이를 기본권의 대국가적 효력 또는 수직적 효력이라 한다.

(2) 헌법에 의하여 구성된 국가기관은 헌법에 기속이 되므로 어떤 경우에도 사인처럼 임의대로 할 수 있는 권리는 없다는 점에 비추어 비권력작용(관리작용), 행정사법 뿐만 아니라 순수한 국고작용에도 기본권은 직접적 효력을 미친다 할 것이다.

(3) 권리구제에 있어서 순수한 사경제 주체로서의 활동은 공권력행사가 아니므로 헌법소원으로 다툴 수는 없다는 것이 헌법재판소의 견해이다.

2. 기본권의 대사인적 효력(객관적 가치질서성)

(1) 개념

① 오늘날 국가기능의 확대 내지 민간화 추세에 따라 국가기관은 아니면서 그 기능의 일부를 대신하거나 공익적 업무를 수행하는 공공기관 내지 공법인이 늘어나고 있다. 이런 연유로 국민의 기본권은 주로 국가에 의해 침해될 수 있다는 전통적 이론도 새로운 관점에서 재조명해 볼 필요성이 대두되었다. 미국, 독일 등에서는 이미 산업사회의 발달과 더불어 사적 집단이나 세력에 의한 기본권 침해가 증대될 수 있다는 측면을 중시하여 이른바 '국가행위이론(state action doctrine)'이나 '기본권의 대사인적 효력 이론' 등을 들어서 헌법상 기본권이 사인 상호간의 법률관계에도 적용될 수 있는 방안을 모색하고 있는 추세이다.

② 기본권은 국가를 직접 기속하는 권리이기도 하지만, 실정헌법에 규정되어 하나의 일정한 가치질서를 형성하는데, 이러한 가치질서에는 원칙적으로 국가나 국민이나 모두 포섭된다. 따라서 국가만 기본권을 침해할 수 없는 것이 아니라 국민도 사적 영역에서 보호되는 개인의 기본권은 침해할 수 없다. 이와 같이 기본권은 국가뿐만 아니라 제3자인 사인으로부터도 개인의 기본권이 침해받지 않게 하는 기능을 가진다. 이를 수평적 효력이라고 한다.

⑵ **이론적 배경(긍정적 관련성이 있는 것)**

① 기본권의 객관적 질서, 양면성이론
② 국가의 기본권 보호의무 수용
③ 헌법의 최고규범성
④ 법질서 통일성 유지

⑶ **기본권의 대사인적 효력 적용방식**

① 헌법의 규정에 의한 사인간 직접 적용하는 방식(헌법 제21조 제4항)
② 입법에 의한 사인간의 기본권 효력을 적용하는 방식
③ 헌법해석에 의한 사인간의 기본권 효력을 적용하는 방식

⑷ **독일의 대사인적 효력에 관한 해결이론**

	직접효력설	간접효력설
이론적 근거	• 헌법은 공·사법을 포괄하는 최고규범임 • 기본권은 주관적 사권도 부여함	• 기본권의 양면성에 의해 모든 생활에 파급효과를 미침 • 사인간의 사적법률관계는 사법이 적용됨
기본권의 성격	• 주관적 공권(대국가적 효력) • 주관적 사권(대사인적 효력)	• 주관적 공권(대국가적 효력) • 객관적 질서(대사인적 효력)
적용방식	• 사인에 대해 직접 적용함	• 사법의 일반원칙을 매개로 간접 적용함
강조점	• 법질서의 통일성	• 사적자치와 사회적 기본권의 조화
문제점	• 공·사법 이원체계 파괴 • 사적자치의 완전 배제	• 법관에게 지나친 재량권 부여 • 직접 적용되는 기본권도 있음
법원	• 독인연방노동법원	• 독일연방헌법재판소

⑸ **미국헌법상의 기본권의 대사인적 효력에 관한 국가행위의제론**

① 기본권의 자연권성을 전제로 사인의 행위를 국가행위로 간주하기 위한 매개고리를 찾아 사인간에 직접 적용한다.
② 기본권은 원칙적으로 국가권력에 대해서만 효력을 가진다는 입장을 유지하면서 대사인적 효력을 인정한다.
③ 문제점: 현대사회에서 사적 행위는 거의 모두 국가와 관련이 있으므로 기본권이 직접 적용되어 사적자치 침해 우려가 있다.

(6) 현행헌법과 대사인적 효력

① 인정근거: 기본권의 이중성

② 기본권의 효력확장이론: 기본권의 적용범위를 사적 영역까지 확대시킬 필요성이 있다.

③ 학설: 간접효력설(다만, 사인 간에 직접 적용되는 기본권과 사인 간에 적용될 수 없는 기본권 인정)

④ 사인 간에 직접 적용되는 기본권: 노동3권, 언론·출판의 자유 등

⑤ 사인 간에 적용될 수 없는 기본권: 신체의 자유를 보장하기 위한 헌법적 권리로서 불리한 진술거부권, 변호인의 도움을 받을 권리, 무죄추정권, 공정한 재판을 받을 권리 등

제5절 기본권의 갈등

1. 의의

기본권간의 마찰과 모순으로부터 야기되는 제반문제(기본권의 경합과 충돌)를 말한다.

2. 특징

기본권 해석에 관한 문제, 기본권 효력에 관한 문제, 기본권 제한에 관한 문제가 전제 또는 함께 발생한다.

3. 기본권의 경합

(1) 의의

① 단일한 공권력 행사에 의한 기본권 주체의 여러 다른 기본권이 동시에 제한됨으로써 국가에 대하여 동시에 여러 다른 기본권의 적용을 주장하는 경우를 의미한다.

② 부진정(유사, 사이비) 경합의 예로써 예술적 수단을 이용한 광고 또는 선전행위에 대한 침해에 대해 영업의 자유와 예술의 자유를 동시에 주장하는 경우에 상업목적의 광고는 예술의 자유로서 보호받을 수 없으므로 영업의 자유만 인정된다.

(2) 기본권 경합의 해결

① 문제의 사안과 관련이 있는 모든 기본권의 효력이 동일한 경우에는 관련 기본권 전부 적용하는 것이 원칙적인 해결 방법이다. 다만 그렇지 못한 경우의 해결방법으로 다음과 같다.

　㉠ 일반적 기본권과 특별기본권이 경합하는 경우: 특별기본권의 침해여부를 심사한다.

　㉡ 규범영역이 서로 다른 기본권이 경합하는 경우: 실질적·직접적 관련 기본권이 우선 적용된다.

　㉢ 제한정도가 다른 기본권들이 경합하는 경우: 제한가능성과 제한정도가 가장 작은 기본권 우선 적용된다(최강효력설).

② 헌법재판소는 경합관계에 있는 기본권 전부 적용원칙 → 특별기본권 우선의 원칙 → 직접관련기본권 우선의 원칙 → 최강효력설 등을 적용의 순서로 해결한다.

판례

1. **음란 또는 저속한 간행물을 출판한 출판사의 등록취소는 언론·출판의 자유를 중심으로 해서 이 사건 법률조항이 그 헌법적 한계를 지키고 있는지를 판단하기로 한다**(헌재 1998.04.30. 95헌가16) : **저속은 위헌, 음란은 합헌**

   이 사건 법률조항은 언론·출판의 자유·직업선택의 자유 및 재산권을 경합적으로 제약하고 있다. 이처럼 하나의 규제로 인해 여러 기본권이 동시에 제약을 받는 기본권 경합의 경우에는 …사안과 가장 밀접한 관계에 있고 또 침해의 정도가 큰 주된 기본권을 중심으로 해서 그 제한의 한계를 따져보아야 할 것이다. 이 사건에서는 …언론·출판의 자유를 중심으로 해서 이사건 법률조항이 그 헌법적 한계를 지키고 있는지를 판단하기로 한다.

2. **헌법재판소는 최근 음란한 표현도 언론·출판의 자유에 의한 보호영역에 포함된다고 견해를 변경하였다**(헌재 2009.05.28. 2006헌바109).

   음란표현은 헌법 제21조가 규정하는 언론·출판의 자유의 보호영역 내에 있다고 볼 것인바, 종전에 이와 견해를 달리하여 음란표현은 헌법 제21조가 규정하는 언론·출판의 자유의 보호영역에 해당하지 아니한다는 취지로 판시한 우리 재판소의 의견을 변경한다.

3. **양심의 자유는 종교적 신념에 기초한 양심뿐만 아니라 비종교적인 양심도 포함하는 포괄적인 기본권이므로, 이하에서는 양심의 자유를 중심으로 살펴보기로 한다**(헌재 2004.08.26. 2002헌가1) : **합헌**

   이 사건 법률조항은 형사처벌이라는 제재를 통하여 양심적 병역거부자에게 양심에 반하는 행동을 강요하고 있으므로, 국가에 의하여 양심에 반하는 행동을 강요당하지 아니할 자유, 양심에 반하는 법적 의무를 이행하지 아니할 자유, 즉 부작위에 의한 양심실현의 자유를 제한하는 규정이다. 한편, 헌법 제20조 제1항은 종교의 자유를 따로 보장하고 있으므로 양심적 병역거부가 종교의 교리나 종교적 신념에 따라 이루어진 것이라면, 이 사건 법률조항에 의하여 양심적 병역거부자의 종교의 자유도 함께 제한된다. 그러나 양심의 자유는 종교적 신념에 기초한 양심뿐만 아니라 비종교적인 양심도 포함하는 포괄적인 기본권이므로, 이하에서는 양심의 자유를 중심으로 살펴보기로 한다.

4. 기본권의 충돌

(1) 의의

기본권간의 충돌이란 서로 다른 둘 이상의 기본권의 주체들 사이에 있어서 서로 충돌하는 각자의 기본권을 주장·행사하기 위하여 국가에 대하여 각기 자기의 기본권을 주장하는 경우에 그 기본권들 사이에 발생하는 상황을 말한다.

(2) 이론적 배경

대사인적 효력의 문제이므로 기본권의 양면성 이론 및 객관적 질서론에 근거한다.

(3) 부진정한(유사) 충돌

① 기본권 행사로 다른 권리자의 기본권이 아니라 그 밖의 헌법적 법익과 대립하는 것이다.
② 기본권 주체의 기본권 남용 또는 기본권의 한계일탈의 행위가 다른 기본권 주체의 기본권 보호영역과 충돌하는 경우에 발생한다.

③ 유사충돌의 예

㉠ 연극배우가 예술의 자유를 주장하면서 타인의 생명을 빼앗는 경우

㉡ 예술가가 타인의 종이를 절취하여 그림을 그린 후 예술의 자유를 주장하는 경우

㉢ 타인의 물건을 훔친 도둑이 자신의 절도행위를 행복추구권 행사라고 주장하는 경우

(4) 기본권 충돌의 해결

① 법익형량이론

㉠ 복수의 기본권이 충돌하는 경우 그 효력의 우열을 결정하기 위해 기본권들의 법익을 비교하여 법익이 더 큰 기본권을 우선시하는 원칙이다.

㉡ 기준

ⓐ 기본권간의 우열이 있는 경우: 상위기본권 우선의 원칙 ⇨ 인간의 존엄성 우선의 원칙, 생명권 우선의 원칙

ⓑ 동위 기본권 상충시: 인격권 우선의 원칙, 자유권 우선의 원칙

판례

상하의 위계질서가 있는 기본권이 충돌하는 경우에는 상위기본권의 우선의 원칙에 따라 하위기본권이 제한될 수 있으므로, 결국 흡연권은 혐연권을 침해하지 않는 한에서 인정되어야 한다(헌재 2004.08.26. 2003헌마457): **기각**

혐연권은 흡연권과 마찬가지로 헌법 제17조, 헌법 제10조에서 그 헌법적 근거를 찾을 수 있다. 나아가 흡연이 흡연자는 물론 간접흡연에 노출되는 비흡연자들의 건강과 생명도 위협한다는 면에서 혐연권은 헌법이 보장하는 건강권과 생명권에 기하여서도 인정된다. 그러나 흡연자와 비흡연자가 함께 생활하는 공간에서의 흡연행위는 필연적으로 흡연자의 기본권과 비흡연자의 기본권이 충돌하는 상황이 초래된다. 그런데 흡연권은 위와 같이 사생활의 자유를 실질적 핵으로 하는 것이고 혐연권은 사생활의 자유뿐만 아니라 생명권에까지 연결되는 것이므로 혐연권이 흡연권보다 상위의 기본권이라 할 수 있다. 이처럼 상하의 위계질서가 있는 기본권이 충돌하는 경우에는 상위기본권의 우선의 원칙에 따라 하위기본권이 제한될 수 있으므로, 결국 흡연권은 혐연권을 침해하지 않는 한에서 인정되어야 한다.

② 규범조화적 해석방법

㉠ 상충하는 기본권 모두가 최대한으로 그 기능과 효력을 나타낼 수 있는 조화의 방법을 모색하는 해결원칙이다.

㉡ 방법

ⓐ 과잉금지의 원칙 또는 공평한 제한의 원칙: 상충하는 기본권 모두에 일정한 제약을 가하여 기본권 모두의 효력을 양립시키되 기본권에 대한 제약은 최소한에 그쳐야 한다는 원칙이다.

ⓑ 대안식 해결방법: 대안을 도출하여 상충하는 기본권 모두를 만족시키는 방법이다.

ⓒ 최후수단의 억제성: 불리한 기본권이라고 하더라도 그 기본권을 버리는 것보다는 가능한 보호해야 한다는 원칙이다.

판례

1. 언론의 자유와 인격권이 서로 충돌할 때 헌법의 통일성을 유지하기 위하여 기본권 모두가 최대한으로 그 기능과 효력을 발휘할 수 있도록 조화로운 방법이 모색되어야 할 것이다(헌재 1999.09.16. 89헌마165) : **합헌**

   언론의 자유와 인격권이 서로 충돌할 때 헌법의 통일성을 유지하기 위하여 기본권 모두가 최대한으로 그 기능과 효력을 발휘할 수 있도록 조화로운 방법이 모색되어야 할 것이므로, 정정보도청구가 … 현행의 정정보도청구권은 언론의 자유를 일부 제약하는 성질을 가지면서도 반론의 범위를 필요최소한으로 제한함으로써 양쪽의 법익사이의 균형을 도모하고 있다할 것이다.

2. 전교조 명수만을 공개함으로써 두 기본권이 충돌하는 경우에는 헌법의 통일성을 유지하기 위하여 상충하는 기본권 모두 최대한으로 그 기능과 효력을 발휘할 수 있도록 조화로운 방법이 모색되어야 한다(헌재 2011.12.29. 2010헌마293) : **기각**

   이 사건 헌법소원심판청구는 교원의 교원단체 및 노동조합 가입에 관한 정보의 공개를 요구하는 학부모들의 알 권리와 그 정보의 비공개를 요청하는 정보주체인 교원의 개인정보 자기결정권이 충돌하는 경우로서, 이와 같이 두 기본권이 충돌하는 경우에는 헌법의 통일성을 유지하기 위하여 상충하는 기본권 모두 최대한으로 그 기능과 효력을 발휘할 수 있도록 조화로운 방법이 모색되어야 한다.

③ 기타

   ㉠ 기본권의 서열이론(기본권등급론) : 헌법이 보장하는 기본권들 사이에는 그 가치의 중요도에서 서열이 존재한다고 보고, 서로 충돌하는 기본권들을 이들 서열에 비추어 보아 보다 높은 서열의 기본권을 우선하여 보호하는 방법으로 해결해야 한다고 한다. 이에 대해서는 헌법상의 기본권들을 모두 서열화하는 것은 성질상 불가능하다는 비판이 있다.

   ㉡ 입법형성의 자유이론(입법자역할론) : 기본권의 충돌을 해결하는 방법을 헌법이 명시적으로 정하고 있지 않은 경우에는 헌법재판소나 법원이 헌법해석을 통하여 이를 해결하면 안되고, 입법자인 의회가 법형성의 자유에 의거하여 입법으로 해결해야 한다고 한다. 이에 대해서는 기본권의 충돌문제는 성질상 헌법해석의 문제이므로 입법자에게 전속된 것으로 보는 것은 잘못이며, 다양하고 구체적인 양상을 보이는 충돌현상을 모두 입법으로 정형화하여 해결하는 것은 거의 불가능하다는 비판이 있다.

5. 국가목표규정과 기본권규정 간의 충돌

국가목표규정과 기본권규정이 충돌하는 경우에는 국가목표규정이 정하고 있는 헌법적 수준의 가치와 기본권으로 보장되고 있는 헌법의 수준의 가치가 서로 충돌하는 것은 충돌하는 가치 간에 형량이 가능하면 형량하고, 이것이 불가능하면 규범조화적 해석을 통하여 해결하여야 한다(**예** 환경보호의무를 정하고 있는 국가목표규정과 재산권 간의 충돌). 그런데 국가목표규정과 기본권규정이 충돌하는 경우는 국가목표규정을 구체화하는 경우에도 발생하고, 기본권을 행사하는 경우에도 발생한다. 전자의 경우에는 국회가 입법을 통하여 국가목표규정을 구체화하는 경우에 생기므로 이를 구체화하는 작업에서 행해지는 법률적 수준의 조치가 헌법적 수준의 기본권과 서로 형해화해서는 안 된다. 이때에는 기본권이 우위에 있다.

6. 기본권 제한과의 관계

기본권 충돌의 문제는 그 해결이 국회의 입법이나 법원의 재판 또는 헌법재판을 통하여 이루어지는 이상, 충돌하는 각 기본권의 주체는 자기 기본권의 원래 내용대로 기본권을 행사하지 못하고 법률이나 재판에 의해 일정한 제한을 받게 되는 결과에 도달한다. 따라서 기본권 주체의 입장에서 보면, 기본권간의 충돌 문제는 내용이 법률에 의해 형성되는 경우에는 법익형량의 문제가 되고, 내용이 이미 헌법상 정해져 있는 경우(**예** 자유권적 기본권)에는 기본권의 제한문제로 본다.

제6절 | 기본권의 제한

1. 기본권의 보호영역과 제한

(1) 기본권의 내용

① 헌법이 보장하는 기본권은 개별적 기본권마다 유효한 내용을 가지고 있다 : 기본권의 내용이란 기본권의 주체가 보유하고 행사할 수 있는 헌법상 권리의 유효한 실질적 범위를 말한다. 이러한 기본권의 내용은 헌법이 인정하는 제한을 받지 않는 한 원래의 범위대로 보장된다.

② 헌법해석에 의해 결정하는 기본권 내용의 보장 범위 : 다른 기본권 및 체계적 관계 속에서 고찰을 통하여 인간에게는 공동체 이전의 존재로서 삶을 영위할 수 있는 부분과 공동체 내에서 삶을 영위하는 부분이 동시에 존재하므로 기본권의 내용은 이를 모두 보장한다.

(2) 기본권의 보호영역

① 기본권의 보호영역은 기본권이 구체적인 상황에서 실제로 보장되는 범위를 지칭한다. 구체적인 상황에서 어떤 기본권이 특별한 이유로 제한을 받지 않고 원래의 내용대로 보장되면 그 원래의 내용이 해당 기본권의 보호영역이 되고, 제한을 받는 경우에는 원래의 내용에서 제한을 받는 범위를 제외한 나머지 영역이 해당 기본권의 보호영역이 된다.

② 기본권은 원칙적으로 제한을 받지 않기 때문에 통상의 경우에 기본권의 원래의 내용과 기본권의 보호영역은 일치한다. 그러나 기본권의 제한이 있는 경우에는 기본권의 원래의 내용과 기본권의 제한받은 보호영역이 일치하지 않는다.

③ 기본권의 보호영역에 해당하지 않는 경우 헌법재판소는 당해 사안에서는 제한되지 않는다라고 하여 더 이상 심사를 하지 않고 침해하지 않는다라는 결정을 한다. 다만, 관련된 기본권은 제한한다고 판단 후 침해여부를 검토한다.

참고

헌법재판소 판례상 기본권 보호영역

1. 좌석안전띠를 매지 않을 자유는 행복추구권의 일반적 행동의 자유에서 보호되지 양심의 자유와 사생활의 비밀과 자유에서 보호되지 않는다.
2. 거주·이전의 자유에서 입·출국의 자유와 국적이탈의 자유는 보호되나 무국적자가 될 자유는 보호되지 않는다.
3. 음주측정요구와 그 거부는 양심의 자유의 보호영역에 포괄되지 아니한다.
4. 자신의 태도나 입장을 외부에 설명하거나 해명하는 행위는 양심의 자유의 보호영역에 포괄되지 아니한다.

판례

1. 서울광장 차폐사건(헌재 2011.06.30. 2009헌마406) : **인용**

이 사건에서 서울광장이 청구인들의 생활형성의 중심지인 거주지나 체류지에 해당한다고 할 수 없고, 서울광장에 출입하고 통행하는 행위가 그 장소를 중심으로 생활을 형성해 나가는 행위에 속한다고 볼 수도 없으므로 청구인들의 거주 · 이전의 자유가 제한되었다고 할 수 없다.

2. 도로 위 좌석안전띠 강제사건(헌재 2003.10.30. 2002헌마518) : **기각**

제재를 받지 않기 위하여 어쩔 수 없이 좌석안전띠를 매었다 하여 청구인이 내면적으로 구축한 인간 양심이 왜곡 · 굴절되고 청구인의 인격적인 존재가치가 허물어진다고 할 수는 없어 양심의 자유의 보호영역에 속하지 아니하므로, 운전 중 운전자가 좌석안전띠를 착용할 의무는 청구인의 양심의 자유를 침해하는 것이라 할 수 없다.

(3) 기본권의 제한

① 기본권의 제한이란 기본권의 원래의 내용이나 효력의 범위를 헌법이 인정하는 바에 따라 합법적으로 축소하는 것을 말한다.

② 기본권의 보장은 원칙적으로 제한이 없는 기본권을 보장하는 개념이므로 예외적으로 기본권을 제한하는 경우에는 반드시 그 제한을 정당화시키는 목적이 필요하다.

③ 따라서 기본권의 제한은 기본권 보장을 위한 기본권 보호영역을 전제로 제한의 효과가 의도적이든 비의도적이든, 직 · 간접적이든, 법적 · 사실적이든지를 불문하고 공권력의 원인행위에 의해 기본권이 제한되는 것을 말한다.

④ 이러한 제한의 유형으로서 헌법적으로 허용되는 제한(제한)과 헌법상 허용되지 않는 제한(침해)이 있다.

(4) 기본권의 내재적 한계

① 기본권에 대한 불가피한 제한을 정당화하는 이론으로 기본권의 보호영역을 확정함을 전제로 과거의 기본권 제한이 불가한 시대와 달리 제한에 필요성이 인정되면서 발생한 그 제한의 한계를 말한다.

② 외부로부터 기본권을 제약할지 여부의 근본적인 문제가 아니라 기본권을 제약할 경우 그 정도로서 자체 내에서의 제한의 한계를 말한다.

③ 따라서 현대에서는 상대적 기본권의 성격을 인정하면서 기본권의 내재적 한계는 제한의 필요성의 한계로 작용한다.

④ 이러한 내재적 한계에 관하여 명문의 규정을 둔 경우 별도의 이론적 논의는 필요하지 않다.

판례

1. 계약자유의 원칙과 그 제한의 한계(헌재 2008.04.24. 2005헌바92)

우리 헌법은 "대한민국의 경제질서는 개인과 기업의 경제상의 자유와 창의를 존중함을 기본으로 한다"라고 규정하고(제119조 제1항), 사유재산권의 행사를 보장하며(제23조), 직업선택의 자유와 일반적 행동자유권을 보장함으로써(제15조, 제10조) 시장경제주의와 사적 자치의 원칙을 천명하고 있다. 그러나 국가는 균형있는 국민경제의 성장 및 안정과 적정한 소득의 분배를 유지하고, 시장의 지배와 경제력의 남용을 방지하며, 경제주체간의 조화를 통한 경제의 민주화를 이루는 등 실질적 시장경제질서를 이루기 위하여 시장경제에 대한 규제와 조정을 할 수 있는바(제119조 제2항), 다만 국가의 이러한 개입은 위와 같은 목적에 부합하여야 하고 필요최소한의 범위 내로 제한되어야 하는 등 헌법상 원칙이 준수되어야 한다(제23조 제3항, 제37조 제2항). 계약의 사법상 효력을 제한 또는 변경하는 효력규정은 국민의 일반적 행동자유권으로부터 파생된 계약자유의 원칙을 제한하는 것이므로 위와 같은 내재적 한계를 준수하여야 한다. 그러므로 계약자유의 원칙을 제한하는 법률 또는 법규명령이 효력규정인지 여부는 법령의 목적이 실질적 시장경제질서를 유지하는 데 필요한 것인지 및 그 제한에 헌법상 원칙이 준수되었는지를 기준으로 판단되어야 할 것이다.

2. 배우자 있는 자의 성적자기결정권(기본권에 포함되기 전 결정례)도 국가적·사회적 공동생활의 테두리 안에서 타인의 권리, 공중도덕, 사회윤리, 공공복리 등을 존중해야 할 내재적 한계가 있다(헌재 1990.09.10. 89헌마82).

2. 제한의 유형

이러한 기본권의 제한 규정에는 당연히 그 제한의 한계가 포함되어 있다. 이런 한계는 명시적으로 정해져 있든 묵시적으로 정해져 있든 기본권의 보장과 제한이라는 개념에 따르는 개념본질적인 것이기 때문에 언제나 인정되는 것이다. 다만 그 제한의 형식을 어디에 중점을 두는 지가 중요할 뿐이지 어떠한 형식이든 한계에 구속을 받는다.

(1) 헌법에 의한 기본권 제한

① 의의: 헌법이 직접 기본권 제한을 명시적으로 규정하고 있다.
② 종류
  ㉠ 일반적 헌법유보
  ㉡ 개별적 헌법유보
③ 현행헌법상 개별적 헌법유보 조항의 의미: 헌법 제21조 제4항, 제8조 제4항, 제23조 제2항은 기본권의 내재적 제한을 재확인, 헌법 제29조 제2항은 군인, 군무원, 경찰공무원 등의 기본권을 창설적으로 제한한다.
④ 헌법유보의 기능과 한계
  ㉠ 입법권자가 기본권 제한에서 갖는 재량권 축소되어, 엄격한 합헌성 심사를 한다.
  ㉡ 입법권자에 의한 기본권 제한의 남용을 방지한다.

(2) 기본권의 법률유보에 의한 제한

① 의의: 헌법규정이 기본권의 내용과 한계를 개별적으로 확정하는 권한을 입법자에게 부여한 것을 말한다.
② 종류
  ㉠ 일반적 법률유보: 헌법규정의 일정한 기준에 따라 법률로써 모든 기본권을 제한하는 방식이다(헌법 제37조 제2항).
  ㉡ 개별적 법률유보: 헌법이 제한 가능한 기본권만 개별적으로 법률로써 제한하도록 한 방식이다(헌법 제12조의 법률과 적법한 절차).

(3) 국가긴급권에 의한 기본권 제한

법률적 효력으로서 긴급권	• 긴급명령 : 기본권 전반에 대한 제한 • 긴급재정 · 경제명령 : 경제적 기본권에 대한 제한
헌법에 의한 기본권 제한의 긴급권	• 비상계엄 : 헌법 제77조 제3항, 제110조 제4항과 계엄법 제9조가 직접 정함

3. 일반적 법률유보에 의한 기본권 제한

> 제37조 제2항 국민의 모든 자유와 권리는 국가안전보장 · 질서유지 또는 공공복리를 위하여 필요한 경우에 한하여 법률로써 제한할 수 있으며, 제한하는 경우에도 자유와 권리의 본질적인 내용을 침해할 수 없다.

(1) 의의

법률에 의해 기본권을 제한하는 경우에 입법자가 반드시 지켜야 하는 기본원리이다.

(2) 기본권 제한의 대상

① 일반적 법률유보에 의해 기본권 전반을 대상으로 한다.

② 양심형성의 자유와 신앙의 자유와 같은 절대적 기본권은 어떠한 경우에도 제한할 수 없다.

(3) 형식상 한계

① 법률은 원칙적으로 국회가 제정한 형식적인 법률(법률유보)을 말한다. 따라서 관습법으로는 기본권을 제한할 수 없다.

② 원칙적으로 일반 · 추상성을 가지는 법률이어야 한다. 다만 예외적으로 합리적 사유 있는 처분적 법률에 의한 기본권 제한은 허용한다.

③ 기본권을 제한하는 법률은 명확해야 한다. 모든 법규범의 문언을 순수하게 기술적 개념만으로 구성하는 것은 입법기술적으로 불가능하고 또 바람직하지도 않기 때문에 어느 정도 가치개념을 포함한 일반적, 규범적 개념을 사용하지 않을 수 없다. 따라서 명확성의 원칙이란 기본적으로 최대한이 아닌 최소한의 명확성을 요구하는 것이다. 그러므로 법문언이 해석을 통해서, 즉 법관의 보충적인 가치판단을 통해서 그 의미내용을 확인해낼 수 있고, 그러한 보충적 해석이 해석자의 개인적인 취향에 따라 좌우될 가능성이 없다면 명확성의 원칙에 반한다고 할 수 없다 할 것이다(헌재 1998.04.30. 95헌가16).

④ 긴급명령 · 긴급재정경제명령 : 법률의 효력을 가지므로 기본권의 제한이 가능하다.

⑤ 조약과 국제법규 : 법률의 효력을 갖는 조약과 일반적으로 승인된 국제법규일 것을 요한다.

판례✦

1. 2002학년도 대전광역시 공립중등학교 교사임용후보자 선정경쟁시험 시행요강(헌재 2004.03.25. 2001
헌마882) : **인용(위헌확인)**

공립중등학교 교사임용시험에 있어서 사범대 가산점과 복수·부전공 가산점은 …… 법률에서 적어도
그 적용대상이나 배점 등 기본적인 사항을 직접 명시적으로 규정하고 있어야 했다. 그런데 피청구인
이 위 가산점 항목을 공고하게 된 법률적 근거라고 주장하는 「교육공무원법」 제11조 제2항에서는 단
지 "……공개 전형의 실시에 관하여 필요한 사항은 대통령령으로 정한다."라고만 할 뿐, 이 사건 가산
점 항목은 결국 아무런 법률적 근거가 없다고 보아야 하고, 따라서 헌법 제37조 제2항에 반하여 청구
인의 공무담임권을 침해한다고 할 것이다.

**2. 중등교사 임용시험에서 동일 지역 사범대학을 졸업한 교원경력이 없는 자에게 가산점을 부여하고
있는 「교육공무원법」**(헌재 2007.12.27. 2005헌가11) : **합헌**

이 사건 법률조항은 기본적으로 우수한 인재를 그 지역의 사범대학으로 유치하여 지역 사범대의 질적
수준을 유지·향상시킴으로써 지역교육의 균등한 발전과 지역실정에 맞는 교육정책의 실현을 기하
고, 이를 통해 국민의 교육받을 권리를 보장하는 것을 궁극적인 목적으로 하고 있는 점, 교육시설과
교육인적자원의 수도권 및 대도시 집중이 매우 심하고 지방사범대학의 존립이 위협받고 있음은 물론
지방의 교육사정이 열악해지고 있는 우리의 현실에서 지방 혹은 발전이 더딘 지역의 교육기반을 강화
할 필요성은 더욱 크다고 할 것이고, 열악한 예산 사정과 교육환경의 급격한 변화라는 현실적인 사정
을 고려할 때 지역교육의 질적 수준의 향상을 위하여는 우수 고교졸업생을 지역에 유치하고 그 지역
사범대 출신자의 우수역량을 다시 지역으로 환원하는 것도 합리적인 방법인 점, 이 사건 지역가산점
은 자신의 선택에 따라 이익이 될 수도 불이익이 될 수도 있으므로, 이 사건 법률조항으로 인하여
타 지역 사범대 출신 응시자들이 받는 피해는 입법 기타 공권력행사로 인하여 자신의 의사와 관계없
이 받아야 하는 기본권의 침해와는 달리 보아야 할 여지가 있고, 이 사건 법률조항은 한시적으로만
적용되는 점을 고려해 보면 이 사건 법률조항이 비례의 원칙에 반하여 제청신청인의 공무담임권이나
평등권을 침해한다고 보기 어려우므로 헌법에 위반되지 아니한다.

⑷ **목적상 한계**

① 국가안전보장(외부적 요인에 의한 소극적 목적)

ㄱ 외부로부터 국가의 독립, 영토의 보전, 헌법에 의해 설치된 국가기관의 유지가 목적이다.

ㄴ 국가안전보장을 위해 기본권을 제한하는 법률 : 「형법」, 「국가보안법」, 「군사기밀보호법」

② 질서유지(내부적 요인에 의한 소극적 목적)

ㄱ 공공의 안녕질서로 내부에 있어서의 국가의 존립과 안전을 위한다.

ㄴ 질서유지를 위해 기본권을 제한하는 법률 : 「형법」, 「경찰법」 등

③ 공공복리(내부적 요인에 의한 적극적 목적) : 국가구성원 전체를 위한 행복과 이익으로 개인을 포함
한 국민의 전체적인 복리를 뜻한다.

판례✦

기본권 제한의 목적상 한계(헌재 1997.07.16. 95헌가6) : **헌법불합치**

충효정신을 기반으로 한 농경중심의 가부장적, 신분적 계급사회 유지는 혼인에 관한 국민의 자유와 권리
를 제한할 사회질서나 공공복리에 해당될 수 없다.

(5) 방법상 한계

① 과잉금지의 원칙(비례원칙)

㉠ 정당한 목적을 위하여 필요한 범위 내에서만 기본권을 제한할 수 있다는 원칙을 말한다.

㉡ 헌법 제37조 제2항의 의미 : 입법부에게는 기본권 제한 입법의 한계원칙이며 헌법재판소에게는 기본권 제한 입법의 위헌성심사기준이다.

㉢ 부분원칙

ⓐ 목적의 정당성 : 기본권 제한의 입법목적이 헌법상 그 정당성이 인정되어야 한다는 원칙이다.

ⓑ 방법의 적정성(적합성) : 기본권 제한 입법목적을 달성하기 위한 필요하고도 최대의 효과를 달성할 수 있는 수단을 선택해야 한다는 원칙이다.

ⓒ 피해의 최소성(필요성)

– 최소한의 피해를 가져오는 방법을 통해 기본권을 제한함으로써 목적을 달성해야 한다는 원칙을 말한다.

– 피해의 최소성 원칙이 충족된 수단이라면 수단의 적정성은 당연히 인정된다. 다만 수단의 적정성이 인정된다하여 피해의 최소성 원칙을 준수했다고 할 수는 없다.

판례

1. 축산업협동조합은 그 목적이나 설립, 관리면에서 자주적인 단체로서 공법인이라고 하기 보다는 사법인에 해당한다(헌재 1996.04.25. 92헌바47) **: 위헌**

헌법재판소는 반드시 가장 합리적이며 효율적인 수단을 선택하여야 하는 것은 아니라고 할지라도 적어도 현저하게 불합리하고 불공정한 수단의 선택은 피해야 할 것이다.

2. 기부금품 모집행위의 허가여부를 행정청의 자유로운 재량행위로 둔 경우(헌재 1998.05.28. 96헌가5) **: 위헌**

침해의 최소성 관점에서 우선 기본권을 적게 제한하는 기본권행사의 방법에 관한 규제로써 공익을 실현할 수 있는 가를 시도하고 이러한 방법으로는 공익의 달성이 어렵다고 판단되는 경우에 비로소 그 다음단계인 기본권행사여부에 관한 규제를 선택해야 한다.

3. 헌법재판소는 1998. 5. 28. 96헌가5 사건에서, 기부금품의 모집을 원칙적으로 금지한 「기부금품모집금지법」 제3조가 일반적 행동자유권을 침해한다고 판시하였다. 한편, 2010. 2. 25. 2008헌바83 사건에서는, 기부금품의 모집에 허가를 받도록 하고 이를 위반한 자를 형사처벌하는 「기부금품모집규제법」 제4조 제1항, 제2항 및 제15조 제1항 제1호가 기부금품을 모집할 일반적 행동의 자유를 침해하지 아니한다고 판단하였다(헌재 2016.11.24. 2014헌바66 등).

4. 형사사건으로 기소되면 필요적으로 직위해제처분 (헌재 1998.05.28. 96헌가12) **: 위헌**

입법자가 임의적 규정으로도 법의 목적을 실현할 수 있는 경우에 구체적 사안의 개별성과 특수성을 고려할 수 있는 가능성을 일체 배제하는 필요적 규정을 둔다면, 이는 비례의 원칙의 요소인 침해 최소성 원칙에 위배된다.

5. 과잉금지의 원칙은 국가가 국민의 기본권을 제한하는 내용의 입법활동을 함에 있어서 지켜야 할 기본원칙으로서 지방의회의 조례입법에 의한 기본권 제한의 경우에도 준수되어야 할 것이다(헌재 1995.04.20. 92헌마264 등).

6. 업무상 배임죄를 이득액에 따라서 단계적으로 가중처벌하는 구「특정경제범죄 가중처벌 등에 관한 법률」조항 및 업무상 배임행위를 처벌하는「형법」조항은 죄형법정주의의 명확성원칙 및 책임과 형벌 사이 비례원칙, 그리고 평등원칙과 과잉금지의 원칙에 위배되지 않는다(헌재 2015.02.26. 2014헌바99).

7. 비급여대상인 의료기기와 관련하여 리베이트를 수수한 의료인에 대하여 요양급여 대상인 의료기기의 경우와 마찬가지로 징역형으로 처벌할 수 있도록 한 것에는 합리적 이유가 있으므로 평등에 원칙에 위반되지 않으며, 직업수행의 자유를 침해한다고 할 수 없다(헌재 2015.11.26. 2014헌바299).

8. 사기죄를 범한 사람에 대하여 이득액이 5억 원 이상 50억 원 미만인 때에 가중처벌하는 것은 명확성 원칙 및 책임과 형벌 사이의 비례원칙에 반하지 않는다(헌재 2016.03.31. 2016헌바25).

9. 개업공인중개사로 하여금 법령에 따른 중개보수 한도를 초과하여 금품을 받을 수 없도록 규정한 중개보수 한도조항은 과잉금지원칙, 포괄위임금지원칙 등에 위반되어 직업수행의 자유 및 평등권을 침해하지 아니하고, 중개보수 한도조항 위반 시 형사처벌을 규정한 형사처벌조항은 책임과 형벌간의 비례원칙에 위반된다거나 형벌체계상의 정당성과 균형성을 상실하고 있다고 할 수 없다(헌재 2016.05.26. 2015헌마248).

10. 보관관리인이 화주에게 비용을 징수할 경우 그 금액에 대해서 동물검역기관의 장의 승인을 받도록 규정하고, 보관관리인이 승인받지 않은 비용을 징수하는 경우 필요적으로 보관관리인 지정을 취소하도록 한 것은 직업선택의 자유를 침해한다고 볼 수 없다(헌재 2017.04.27. 2014헌바405).

11. 비매품인 샘플 화장품의 판매를 금지하고 그 위반자에 대하여 형사처벌을 규정한「화장품법」조항은 직업수행의 자유를 침해하거나 책임과 형벌간 비례원칙에 위반되지 아니한다(헌재 2017.05.25. 2016헌바408).

12. 운행 중인 자동차의 운전자를 폭행하거나 협박하여 사람을 상해에 이르게 한 경우를 3년 이상의 유기징역에 처하도록 한「특정범죄 가중처벌 등에 관한 법률」제5조의10 제2항 중 '상해'에 관한 부분이 헌법에 위반되지 아니한다(헌재 2020.11.26. 2020헌바281).

13. 예비군대원 본인의 부재시 예비군훈련 소집통지서를 수령한 같은 세대 내의 가족 중 성년자가 정당한 사유없이 소집통지서를 본인에게 전달하지 아니한 경우 형사처벌을 하는「예비군법」제15조 제10항 전문 중 '제6조의2 제2항에 따라 소집통지서를 전달할 의무가 있는 사람 가운데 예비군대원 본인과 같은 세대 내의 가족 중 성년자가 정당한 사유없이 전달하지 아니하였을 때'에 관한 부분이 책임과 형벌 간의 비례원칙에 위반된다(헌재 2022.05.26. 2019헌가12).

14. 주거침입강제추행죄 및 주거침입준강제추행죄에 대하여 무기징역 또는 7년 이상의 징역에 처하도록 한 「성폭력범죄의 처벌 등에 관한 특례법」 제3조 제1항 중 '「형법」 제319조 제1항(주거침입)의 죄를 범한 사람이 같은 법 제298조(강제추행), 제299조(준강제추행) 가운데 제298조의 예에 의하는 부분의 죄를 범한 경우에는 무기징역 또는 7년 이상의 징역에 처한다.'는 부분은 헌법에 위반된다(헌재 2023.02.23. 2021헌가9).

> **비교판례** 「형법」 제319조 제1항[주거침입]의 죄를 범한 사람이 같은 법 제299조 [준강제추행]의 죄를 범한 경우 무기징역 또는 5년 이상의 징역에 처하도록 규정한 「성폭력범죄의 처벌 등에 관한 특례법」 제3조 제1항 중 관련 부분이 책임과 형벌 간의 비례원칙과 평등원칙에 위반되지 않는다(헌재 2020.09.24. 2018헌바171).

15. 반송신고 없이 물품을 반송(미신고 반송)하거나 반송신고한 물품과 다른 물품을 반송(허위신고 반송)한 경우도 마찬가지인데, 헌법재판소는 2008년 허위신고 반송행위를 처벌하는 구 「관세법」 조항에 대하여 합헌결정(헌재 2008.11.27. 2007헌바11)을 하였고, 이후 「관세법」상 '반송'을 정의하는 조항이 「관세법」에 신설되었다. 이에 「관세법」상 반송의 정의조항이 죄형법정주의의 명확성원칙에 위반되지 아니하고, 「관세법」상 반송신고의무 부과조항이 환승 여행객의 일반적 행동자유권을 침해하지 아니하며, 미신고 반송행위에 대한 「관세법」상 처벌조항 및 「특정범죄가중법」상 가중처벌조항이 책임과 형벌 간의 비례원칙 및 평등원칙에 위배되지 아니한다(헌재 2023.06.29. 2020헌바177).

ⓒ 법익균형성(상당성 : 협의의 비례원칙)
  ⓐ 입법자가 기본권 제한을 통해 실현하려는 공익과 제한되는 기본권의 법익간에 균형이 이루어져야 한다는 원칙이다.
  ⓑ 공익이 사익보다 커야 한다.
  ⓒ 제한되는 기본권의 가치가 큰 경우에는 기본권 제한을 통해 실현하려는 공익이 커야만 그 제한입법은 정당화된다.
ⓜ 적용범위 : 모든 국가작용에 적용된다.

> **판례**
>
> **기본권 제한 입법상의 과잉금지 원칙**(헌재 1995.04.20. 92헌바29) : **합헌**
> 국가가 국민의 기본권을 제한하는 내용의 입법활동을 함에 있어서는 국민의 기본권을 제한하려는 입법의 목적이 헌법 및 법률의 체제상 그 정당성이 인정되어야 하고(목적의 정당성), 그 목적의 달성을 위하여 그 방법이 효과적이고 적절하여야 하며(수단의 적합성), 입법권자가 선택한 기본권 제한의 조치가 입법목적달성을 위하여 설사 적절하다 할지라도 보다 완화된 형태나 방법을 모색함으로써 기본권의 제한은 필요한 최소한도에 그치도록 하여야 하며(피해의 최소성), 그 입법에 의하여 보호하려는 공익과 침해되는 사익을 비교형량할 때 보호되는 공익이 더 커야 한다(법익의 균형성)는 헌법상의 원칙이다. 위와 같은 요건이 충족될 때 국가의 입법작용에 비로소 정당성이 인정되고 그에 따라 국민의 수인의무가 생겨나는 것으로서, 이러한 요구는 오늘날 법치국가의 원리에서 당연히 추출되는 확고한 원칙으로서 자리하고 있다.

② 심사기준(이중기준원칙)

  ㉠ 심사기준

    ⓐ 엄격한 심사기준 : 정치적 기본권을 규제할 절박한 이익과 이를 달성하기 위한 필수적 수단임을 입법자가 입증하여야 한다.

    ⓑ 합리성 심사기준 : 헌법상 허용되는 일정한 목적과 합리적 관련성이 있어야 한다.

  ㉡ 헌법재판소는 기본권의 제한에 관한 심사기준과 관련하여 종전의 영역별 제한에서 개인적 관련성 또는 사회적 관련성을 검토하는 심사기준으로 변경·적용을 하고 있다.

> **판례**
>
> **1. 국제멸종위기동물은 사회적 연관성과 사회적 기능이 매우 크다 할 것이므로 이를 제한하는 경우 입법재량의 범위를 폭넓게 인정**(헌재 2013.10.24. 2012헌바431) **: 합헌**
>
> 일반적인 물건에 대한 재산권 행사에 비하여 동물에 대한 재산권 행사는 사회적 연관성과 사회적 기능이 매우 크다 할 것이므로 이를 제한하는 경우 입법재량의 범위를 폭넓게 인정함이 타당하다. 그러므로 이 사건 법률조항이 과잉금지원칙을 위반하여 재산권을 침해하는지 여부를 살펴보되 심사기준을 완화하여 적용함이 상당하다. 따라서 이러한 제한은 멸종위기종의 보호와 자연환경의 보전이라는 공익을 위하여 국제적멸종위기종의 사적 이용을 규제한 것으로서 과잉금지원칙에 반하지 않으므로, 청구인의 직업수행의 자유를 침해하지 않는다.
>
> **2. 재산권 행사의 대상이 되는 객체의 사회적 연관성과 사회적 기능이 클수록 입법자에 의한 광범위한 제한이 허용될 수 있다**(헌재 1989.12.22. 88헌가13 ; 1998.12.24. 89헌마214 등 ; 1999.04.29. 94헌바37 등)
>
> 재산권의 사회기속은 공공복리를 위하여 재산권의 본질을 침해하지 아니하는 범위 내에서 무보상으로 제한을 받을 수 있음을 뜻한다. 재산권의 사회기속은 헌법 또는 법률에 의해 일정한 행위를 제한하거나 금지하는 형태로 구체화될 수 있으나, 그 정도는 재산의 종류, 성질, 형태, 조건 등에 따라 달라질 수 있다. 재산권 행사의 대상이 되는 객체의 사회적 연관성과 사회적 기능이 클수록 입법자에 의한 광범위한 제한이 허용될 수 있다.

	사회적 관련성이 높은 영역	개인적 관련성이 높은 영역
위헌 심사기준	합리성 심사기준	엄격한 심사기준
합헌성 추정	○	×(위헌성 추정)
입법형성권의 범위 (합헌적 법률해석의 범위)	>	

⑹ **내용상 한계**

① 기본권의 본질적 내용 침해금지 연혁 : 3차(1960년) → 7차(1972년) → 8차(1980년)

② 법률에 의해 기본권을 제한하더라도 기본권의 본질적 내용을 법률로 침해해서는 안 된다는 원칙을 말한다.

③ 사형제도에 대하여 헌법재판소는 비례원칙을 적용하여 생명권의 본질인 생명의 유지를 박탈할 수 있다고 보았다(상대설에 가까운 결정). 다만 대다수 헌법재판소 결정에서는 핵심영역보장설에 가까운 결정을 내리고 있다.

	상대설	절대설	
본질적 내용	비례원칙에 따라 본질적 내용은 사안별로 결정됨	존엄성설	핵심영역보장설
		고정적	개별 기본권마다 다를 수 있음
비례원칙과 관련하여 본질적 내용침해 금지원칙 의의	비례원칙과 연동되므로 확인적 의미에 해당함(독자적 요소의 의미가 약함)	창설적 의미로서 별개의 심사기준(독자적 요소의 의미가 강함)	
헌법재판소 판례	사형제도 판례	대다수 판례	

판례

1. 토지거래허가제(헌재 1989.12.22. 88헌가13) **: 합헌**

토지재산권의 본질적인 내용이라는 것은 토지재산권의 핵이 되는 실질적 요소 내지 근본요소를 뜻하며, 재산권의 본질적 내용을 침해하는 경우라 하는 것은 그 침해로 사유재산권이 유명무실해지고 사유재산제도가 형해화되 헌법이 재산권을 보장하는 궁극적인 목적을 달성할 수 없게 되는 지경에 이르는 경우라고 할 것이다.

2. 기본권의 본질적 내용은 만약 이를 제한하는 경우에는 기본권 그 자체가 무의미해지는 경우에 그 본질적인 요소를 말하는 것으로서, 이는 개별 기본권마다 다를 수 있을 것이다(헌재 1995.04.20. 92헌바29) **: 합헌**

기본권을 국가안전보장, 질서유지와 공공복리를 위하여 필요한 경우에는 법률로써 제한할 수 있으나 그 본질적인 내용은 침해할 수 없다(헌법 제37조 제2항). 기본권의 본질적 내용은 만약 이를 제한하는 경우에는 기본권 그 자체가 무의미하여지는 경우에 그 본질적인 요소를 말하는 것으로서, 이는 개별 기본권마다 다를 수 있을 것이다.

3. 본질적 내용의 침해금지에 대한 절대설의 입장(헌재 1991.07.22. 89헌가106) **: 합헌**

헌법 제37조 제2항은 국민의 모든 자유와 권리는 국가안전보장·질서유지 또는 공공복리를 위해 필요한 경우에 한하여 법률로써 제한할 수 있으며, 제한하는 경우에도 자유와 권리의 본질적 내용을 침해할 수 없도록 규정하였다. 이는 헌법에서 부여한 기본권을 법률로 그 범위를 제한할 수는 있되, 제한하여야 할 현실적인 필요성이 아무리 큰 것이고 또 강조될 것이라 하더라도 기본권을 근본적으로 잃게 하는 본질적 내용을 침해하는 기본권 제한입법은 허용되지 아니함을 뜻한다.

4. 특별권력관계와 기본권 제한

(1) 특별권력관계

법규정이나 당사자의 동의 등 특별한 법적 원인에 의거하여 성립하고 공법상의 특별한 목적달성에 필요한 한도 내에서 한쪽이 다른 쪽을 포괄적으로 지배하고 다른 쪽이 이에 복종하는 것을 내용으로 하는 공법상의 특수 관계를 의미한다.

(2) 기본권 제한의 허용여부

① 특별권력관계가 강제적으로 성립된 경우 : 헌법에 그에 관한 근거가 있든지 헌법이 최소한 그것을 전제하고 있어야 기본권 제한이 가능하다.

② 특별권력관계가 합의로 성립된 경우 : 최소한 법률에 근거가 있어야 한다.

(3) 헌법에 의한 특별권력관계 관련 기본권 제한

① 공무원의 노동3권 제한(제33조 제2항)

② 군인·공무원·경찰공무원 : 배상청구권 제한(제29조 제2항), 군사재판을 받지 않을 권리 제한(제27조 제2항), 비상계엄 하 일정범죄에 대한 단심제(제110조 제4항)

③ 군인의 국무총리·국무위원임명 제한 : 제86조 제3항, 제87조 제4항

(4) 법률에 의한 특별권력관계 관련 기본권 제한

① 공무원 : 정당가입 및 정치활동 제한, 입후보 제한과 선거운동 제한, 영리적 활동 금지

② 군인 : 거주·이전의 자유 제한

(5) 사법적 통제

헌법재판소는 특별권력관계 내부에서도 사법심사를 인정한다.

> **판례**
>
> **국·공립학교의 학생에 대한 징계도 사법심사의 대상에 해당한다**(대판 1991.11.22. 91누2114)
> 학생에 대한 징계권의 발동이나 징계의 양정이 징계권자의 교육적 재량에 맡겨져 있다 할지라도 법원이 심리한 결과 그 징계처분에 위법사유가 있다고 판단되는 경우에는 이를 취소할 수 있다는 것이고, 징계처분이 교육적 재량행위라는 이유만으로는 사법심사의 대상에서 당연히 제외되는 것은 아니다.

제7절 │ 기본권의 보호(침해와 구제)

> 제10조 모든 국민은 인간으로서의 존엄과 가치를 가지며, 행복을 추구할 권리를 가진다. 국가는 개인이 가지는 불가침의 기본적 인권을 확인하고 이를 보장할 의무를 진다.

1. 기본권 보호의무

(1) 국가가 국민의 기본권을 보호하고 실현하여야 할 의무를 국가의 기본권 보호의무라고 한다.

(2) 국가의 기본권 보호의무는 국가와 국민과의 관계에서만 인정되는 것이 아니라 사인에 의한 기본권의 침해영역에서도 인정된다.

(3) 보호대상

사인에 의해 침해될 수 있는 기본권이다.

(4) 보호의무의 실현

입법자의 입법에 의해 실현된다.

(5) 의무이행에 대한 통제로서 과소보호금지 원칙은 폭넓은 입법형성의 자유 인정되나 헌법이 요구하는 최저한의 보호수준을 하회하여서는 아니 된다.

> **판례**
>
> **1. 입법부작위나 불완전한 입법에 의한 기본권의 침해는 입법자의 보호의무에 대한 명백한 위반이 있는 경우에만 인정될 수 있다**(헌재 1997.01.16. 90헌마110): **기각**
>
> 국민의 기본권에 대한 국가의 적극적 보호의무는 궁극적으로 입법자의 입법행위를 통하여 비로소 실현될 수 있는 것이기 때문에, 입법자의 입법행위를 매개로 하지 아니하고 단순히 기본권이 존재한다는 것만으로 헌법상 광범위한 방어적 기능을 갖게 되는 기본권의 소극적 방어권으로서의 측면과 근본적인 차이가 있다. … 국가가 국민의 기본권을 보호하기 위한 충분한 입법조치를 취하지 아니함으로써 기본권 보호의무를 다하지 못하였다는 이유로 입법부작위 내지 불완전한 입법이 헌법에 위반된다고 판단하기 위하여는 국가권력에 의해 국민의 기본권이 침해당하는 경우와는 다른 판단기준이 적용되어야 마땅하다. 헌법재판소는 권력분립의 관점에서 소위 과소보호금지 원칙을, 즉 국가가 국민의 법익보호를 위하여 적어도 적절하고 효율적인 최소한의 보호조치를 취했는가를 기준으로 심사하게 된다. 따라서 입법부작위나 불완전한 입법에 의한 기본권의 침해는 입법자의 보호의무에 대한 명백한 위반이 있는 경우에만 인정될 수 있다.
>
> **2. 최소한의 보호수준의 기준으로서 명백성통제**(헌재 2008.12.26. 2008헌마41 ; 2008.07.31. 2004바81)
>
> 국가가 아무런 보호조치를 취하지 않았든지 아니면 취한 조치가 법익을 보호하기에 전적으로 부적법하거나 매우 불충분한 것임이 명백한 경우에 한하여 국가의 보호의무의 위반을 확인하여야 한다.
>
> **3. 피해자가 중상해를 입은 경우에도 가해자가 종합보험에 가입된 경우 공소제기할 수 없도록 한 「교통사고처리특례법」 제4조는 재판절차진술권, 평등권을 침해한다**(헌재 2009.02.26. 2005헌마764): **위헌**
>
> 이 사건 법률조항을 두고 국가가 일정한 교통사고범죄에 대하여 형벌권을 행사하지 않음으로써 도로교통의 전반적인 위험으로부터 국민의 생명과 신체를 적절하고 유효하게 보호하는 아무런 조치를 취하지 않았다든지, 아니면 국가가 취한 현재의 제반 조치가 명백하게 부적합하거나 부족하여 그 보호의무를 명백히 위반한 것이라고 할 수 없다.
>
> **4. 미국산 쇠고기 및 쇠고기 제품의 수입위생조건을 완화하는 고시는 기본권보호 의무에 위반되지 않는다**(헌재 2008.12.26. 2008헌마419): **기각**
>
> 이 사건 고시가 개정 전 고시에 비하여 완화된 수입위생조건을 정한 측면이 있다 하더라도, 미국산 쇠고기의 수입과 관련한 위험상황 등과 관련하여 개정 전 고시 이후에 달라진 여러 요인들을 고려하고 지금까지의 관련 과학기술 지식과 OIE 국제기준 등에 근거하여 보호조치를 취한 것이라면, 이를 들어 피청구인이 자의적으로 재량권을 행사하였다거나 합리성을 상실하였다고 하기 어렵다 할 것이다.

5. 살아서 출생하지 못한 태아에 대해 손해배상청구권을 부정하는 「민법」 제3조는 생명권 보호의무에 위반되지 않는다(헌재 2008.07.31. 2004헌바81) : **합헌**

'살아서 출생한 태아'와는 달리 '살아서 출생하지 못한 태아'에 대해서는 손해배상청구권을 부정함으로써 후자에게 불리한 결과를 초래하고 있으나 이러한 결과는 사법(私法)관계에서 요구되는 법적안정성의 요청이라는 법치국가이념에 의한 것으로 헌법적으로 정당화된다 할 것이므로, 그와 같은 차별적 입법조치가 있다는 이유만으로 곧 국가가 기본권 보호를 위해 필요한 최소한의 입법적 조치를 다하지 않아 그로써 위헌적인 입법적 불비나 불완전한 입법상태가 초래된 것이라고 볼 수 없다. 그렇다면 이 사건 법률조항들이 권리능력의 존재 여부를 출생시를 기준으로 확정하고 태아에 대해서는 살아서 출생할 것을 조건으로 손해배상청구권을 인정한다 할지라도 이러한 입법적 태도가 입법형성권의 한계를 명백히 일탈한 것으로 보기는 어려우므로 이 사건 법률조항들이 국가의 생명권 보호의무를 위반한 것이라 볼 수 없다.

6. 담배의 제조 및 판매에 대하여 규정한 「담배사업법」이 국민의 생명·신체의 안전에 대한 국가의 보호의무에 관한 과소보호금지 원칙을 위반하였다고 볼 수는 없다(헌재 2015.04.30. 2012헌마38) : **기각, 각하**

간접흡연으로 인한 폐해는 타인의 흡연으로 인하여 발생한 담배연기를 흡입함으로써 발생하는 것이므로 담배의 제조 및 판매와 비흡연자의 관계는 간접적이고 사실적인 이해관계를 형성할 뿐, 직접적혹은 법적인 이해관계를 형성하지는 못한다.

7. 원자력발전소 건설허가 신청시 필요한 방사선환경영향평가서 및 그 초안을 작성하는데 있어 '중대사고'에 대한 평가를 제외하고 있는 것이 국가가 국민의 생명·신체의 안전을 보호하는 데 적절하고 효율적인 최소한의 조치조차 취하지 않은 것은 아니므로 헌법에 위반되지 않는다(헌재 2016.10.27. 2012헌마121).

8. 국민의 생명·신체의 안전 등 기본권을 보호할 의무를 어떠한 절차를 통하여 실현할 것인가에 대하여도 국가에게 폭 넓은 형성의 자유가 인정된다 할 것인바, 객관성과 공정성 담보에 특별한 문제가 없다면, 이해관계인의 의견을 수렴함에 있어 그 주체를 반드시 행정기관이나 독립된 제3의 기관으로 해야 하는 것이 헌법의 적법절차 원칙상 필수적으로 요구되는 것이라고는 할 수 없다(헌재 2016.10.27. 2015헌바358).

9. 환경기준참고조항이 사업자로 하여금 환경영향평가를 실시함에 있어 환경기준을 준수하도록 의무를 부과하지 않고 환경보전목표를 설정함에 있어 참고하여야 할 기준으로 삼도록 한 것은 산업단지 조성사업 등 환경영향평가 대상사업의 사업계획 등에 대한 승인 및 그 시행으로 인하여 초래될 수 있는 환경상 위해로부터 국민의 생명·신체의 안전을 보호하기 위하여 필요한 최소한의 보호조치를 취하지 아니한 것이라고 보기 어려우므로, 국가의 기본권 보호의무를 위반하였다고 할 수 없다(헌재 2016.12.29. 2015헌바280).

2. 입법에 의한 기본권침해와 구제

(1) 작위입법에 의한 경우

위헌법률심판, 법률 헌법소원(「헌법재판소법」 제68조 제2항)으로 구제받을 수 있다.

(2) 입법의무가 있음에도 전혀 입법을 하지 않은 진정입법부작위에 의한 경우

청원권, 헌법소원심판청구로 구제받을 수 있다.

(3) 입법의무가 있음에도 불충분한 입법을 한 부진정입법부작위에 의한 경우

청원권, 위헌법률심판, 법률 헌법소원(「헌법재판법」 제68조 제2항)으로 구제받을 수 있다.

> **판례 ✦**
>
> **부진정입법부작위에 대한 헌법소원 부정**(헌재 1999.01.28. 97헌마9)**: 각하**
> 헌법소원은 「헌법재판소법」 제68조 제1항에 규정한 바와 같이 공권력의 불행사에 대하여서도 청구할 수 있지만, 입법부작위에 대한 헌법소원은 원칙적으로 인정될 수 없고, 다만 헌법에서 기본권 보장을 위해 명시적인 입법위임을 하였음에도 입법자가 이를 이행하지 않거나, 헌법해석상 특정인에게 구체적인 기본권이 생겨 이를 보장하기 위한 국가의 행위의무 내지 보호의무가 발생하였음이 명백함에도 입법자가 아무런 입법조치를 취하지 않고 있는 경우에만 예외적으로 인정될 수 있다. 기본권 보장을 위한 법규정이 불완전하여 보충을 요하는 경우에는 그 불완전한 법규 자체를 대상으로 하여 그것이 헌법위반이라는 적극적인 헌법소원을 청구함은 별론으로 하고, 입법부작위를 헌법소원의 대상으로 삼을 수는 없다.

3. 집행기관에 의한 기본권침해와 구제

(1) 기본권 침해 유형

① 법령위헌에 의한 기본권 침해와 적용위헌에 의한 기본권 침해

    ㉠ 법령위헌에 의한 기본권 침해는 헌법에 위반하는 내용의 법령을 집행함으로써 기본권이 침해되는 경우이다

    ㉡ 적용위헌에 의한 기본권 침해는 법령의 해석·적용을 잘못함으로써 기본권이 침해되는 경우이다.

② 적극적 행정행위에 의한 기본권 침해와 행정부작위에 의한 기본권 침해

    ㉠ 적극적 행정행위에 의한 기본권 침해는 적극적으로 헌법 또는 법령에 위반되는 행위를 함으로써 기본권을 침해하는 경우이다.

    ㉡ 행정부작위에 의한 기본권 침해는 소극적으로 헌법이나 법률을 집행하지 않음으로써 기본권을 침해하는 경우이다.

(2) 구제

① 행정행위를 절차적으로 규제하여 적법성·타당성을 미리 확보함으로써 행정행위로 인한 권익침해를 미연에 방지하는 것을 사전적 권리구제라고 하며, 오늘날 집행기관의 기본권의 침해에 대한 구제로서는 가장 중요한 제도로 평가된다.

② 헌법상의 적법절차를 이행하여 민주적인 행정운영과 국민의 행정참여를 도모함으로써 국민의 권익을 보호하고 행정의 신뢰성을 확보함을 목적으로 「행정절차법」을 제정하여 사전적인 구제제도로서의 행정절차를 구체화하고 있다.

구제기관	행정기관	법원	입법부	헌법재판소
구제방법	청원(제26조), 행정심판(제107조 제3항), 형사보상제도(제28조), 국가배상청구(제29조)	처분 등에 대한 행정소송(제101조), 명령·규칙심사제도(제107조 제2항)	법률개정에 의한 구제, 탄핵소추의결	헌법소원심판(제111조 제1항 제5호, 「헌법재판소법」 제68조 제1항), 탄핵심판

(3) 「부패방지 및 국민권익위원회의 설치와 운영에 관한 법률」

① 고충민원을 접수·상담하고 이를 신속하게 조사·처리하며 행정기관의 민원처리상황을 감시하여 국민의 권익을 옹호하기 위한 기관으로 국무총리소속 하에 국민권익위원회를 두고 있다.

② 관계행정기관의 장에게 시정조치를 권고할 수 있을 뿐이며 직접 처분을 하거나 행정기관의 처분을 취소할 권한은 없다.

(4) 「국가인권위원회법」

① 국가인권위원회의 성격·구성·운영

㉠ 국가인권위원회의 성격: 독립위원회(동법 제3조)로서 법률상 국가기관에 해당한다. 따라서 헌법재판소 권한쟁의 청구기관이 될 수 없다.

㉡ 국가인권위원회의 구성: 11인의 인권위원(국회에서 4인 선출, 대통령이 4인 지명, 대법원장이 3인 지명), 위원 중 특정의 성으로 6/10을 초과하여 구성할 수 없다.

㉢ 위원장과 위원의 임기는 3년으로 하고, 한 번만 연임할 수 있다.

㉣ 위원장은 위원 중에서 대통령이 임명한다. 이 경우 위원장은 국회의 인사청문을 거쳐야 한다. 다만, 위원은 인사청문을 거치지 않는다.

㉤ 위원회 의사는 공개한다. 필요한 경우에 공개하지 아니할 수 있다.

㉥ 위원은 위원회나 제12조에 따른 상임위원회 또는 소위원회에서 직무상 행한 발언과 의결에 관하여 고의 또는 과실이 없으면 민사상 또는 형사상의 책임을 지지 아니한다(동법 제8조의2 위원의 면책규정 신설).

판례

국가인권위원회의 인권위원의 퇴직 후 공직제한(헌재 2004.01.29. 2002헌마788): **위헌**
국가인권위원회의 인권위원은 퇴직 후 2년간 교육공무원이 아닌 공무원으로 임명되거나 「공직선거 및 선거부정방지법」에 의한 선거에 출마할 수 없도록 규정한 「국가인권위원회법」 제11조가 인권위원의 참정권등 기본권을 제한함에 있어서 준수하여야 할 과잉금지의 원칙에 위배된다.

② 「국가인권위원회법」의 적용범위

㉠ 인권의 개념: 국가인권위원회가 그 침해를 조사하여 구제조치를 취하는 인권에는 헌법 및 법률에서 보장하는 자유와 권리뿐만 아니라 대한민국이 가입·비준한 국제인권조약 및 국제관습법에서 인정하는 자유와 권리도 포함한다.

㉡ 적용범위: 대한민국 국민뿐만 아니라 대한민국의 영역 안에 있는 외국인에게도 적용(「국가인권위원회법」 제4조)된다.

③ 인권침해행위에 대한 국가인권위원회의 조사

   ⊙ 진정(비공개 조사)이 있거나 진정이 없는 경우에도 직권으로(공개 조사) 조사가능하다.

   ○ 조사대상

      ⓐ 사인에 의한 평등권침해의 경우에 조사대상이 된다.

      ⓑ 국가기관 등에 의한 헌법 제10조 ~ 제22조에 보장된 기본권을 침해당한 경우에 한해 조사대상이 된다(재산권은 제외).

      ⓒ 성희롱도 조사대상에 포함된다.

   © 조사대상 제외 : 국회의 입법, 법원의 재판, 헌법재판소의 재판

판례

법원의 재판을 국가인권위원회에 진정할 수 있는 대상에서 제외(헌재 2004.08.26. 2002헌마302) **: 기각**
국가인권위원회는 제대로 운영되고 있는 기존의 국가기관들과 경합하는 것이 아니라 보충하는 방법으로 설립되고 운영되는 것이 바람직하며, 법원의 재판을 포함하여 모든 인권침해에 관한 진정을 빠짐없이 국가인권위원회의 조사대상으로 삼아야만 국가인권기구의 본질에 부합하는 것은 아니다. 입법례를 살피더라도 국가인권기구가 각 나라의 실정에 따라 진정대상을 제한하는 것이 보편적이다.

   ② 진정인 : 인권을 침해당한 당사자뿐만 아니라 그 사실을 알고 있는 사람이나 단체도 진정가능하다(자기관련성을 요구 ×).

   ⑩ 수사기관의 수사 : 진정사실에 관하여 수사 중에 있거나 수사가 완결된 경우에는 조사하지 못한다. 또한 진정에 대한 조사가 시작된 후에 수사가 개시된 경우에도 더 이상 조사도 불가능하다.

   ⑪ 조사의 한계 : 위원회의 조사는 개인의 사생활을 침해하거나 계속 중인 재판 또는 수사 중인 사건의 소추에 부당하게 관여할 목적으로 하여서는 아니 된다.

   ⊗ 조사의 방법 : 원칙적으로 서면조사, 예외적으로 출석조사한다.

   ◎ 질문하거나 상당한 이유가 있는 경우 서류와 그 밖의 물건을 검사할 수 있다.

④ 인권침해행위에 대한 국가인권위원회의 구제

   ⊙ 합의의 권고와 조정 : 당사자에게 합의를 권고할 수 있다. 합의권고와 상관없이 조정절차를 시작할 수 있다. 다만, 합의가 이루어지지 않은 경우에만 조정절차를 시작할 수 있는 것이 아니다.

   ○ 구제조치의 권고 : 피진정인, 그 소속기관·단체 또는 감독기관에 구제조치의 이행을 권고. 법령·제도·정책·관행의 시정 또는 개선을 권고할 수 있다.

   © 검찰총장에 고발 : 진정의 내용이 범죄행위에 해당하고 이에 대하여 형사처벌이 필요하다고 인정될 때에는 검찰총장에게 그 내용을 고발할 수 있다.

   ② 법률구조요청 : 피해자의 명시한 의사에 반하지 않는 한 피해자를 위하여 대한법률구조공단 또는 그 밖의 기관에 법률구조를 요청할 수 있다.

⑤ 국가인권위원회 진정사건에 대한 각하나 기각결정에 대한 구제 : 국가인권위원회의 진정에 대한 기각이나 각하에 대하여 기존 헌법재판소 판례는 공권력행사에 해당하지만, 처분으로 보지 않았기에 헌법소원의 대상성을 인정하였으나, 최근 헌법재판소는 이 경우 행정처분으로 봄으로 보충성원칙을 적용하여 행정쟁송절차대상이라고 판시하였다.

판례

진정사건 각하 또는 기각결정은 항고소송의 대상이 되는 행정처분에 해당한다(헌재 2015.03.26, 2013헌마 214) : **각하**

각하 또는 기각결정을 받지 아니하였다면 국가인권위원회의 권고조치 등을 통해 침해된 권리에 대해 구제받을 가능성이 있었을 것이라는 이익은 단순한 간접적인 이익이 아니라 「국가인권위원회법」이 정한 절차 및 그에 따른 효과를 향유할 수 있는 법률상 이익이다. 그러므로 국가인권위원회가 한 진정에 대한 각하 또는 기각결정은 항고소송의 대상이 되는 행정처분이므로, 헌법소원심판을 청구하기 전에 먼저 행정심판이나 행정소송을 통해 다투어야 하므로, 그러한 사전구제절차 없이 청구된 헌법소원심판은 보충성 요건을 충족하지 못하여 부적법하다.

4. 사법기관에 의한 기본권의 침해와 구제

(1) 침해대상 기본권

① 공정하고 신속한 재판을 받을 권리 침해
② 잘못된 법률의 해석에 의한 기본권 침해
③ 대법원 규칙의 기본권 침해

(2) 구제

구제기관	법원	대통령	헌법재판소
구제방법	상고, 재심, 비상상고(제101조 제2항)	사면제도(제79조)	위헌결정 된 법률을 적용한 재판의 헌법소원(헌재 1997.12. 24. 96헌마172 · 173)

판례

1. **재판소원의 예외적 허용**(헌재 1997.12.24. 96헌마172 · 173)

   [1] 「헌법재판소법」 제68조 제1항이 원칙적으로 헌법에 위반되지 아니한다고 하더라도, 법원이 헌법재판소가 위헌으로 결정하여 그 효력을 전부 또는 일부 상실하거나 위헌으로 확인된 법률을 적용함으로써 국민의 기본권을 침해한 경우에도 법원의 재판에 대한 헌법소원이 허용되지 않는 것으로 해석한다면, 위 법률조항은 그러한 한도 내에서 헌법에 위반된다.

   [2] 헌법재판소가 위헌으로 결정하여 그 효력을 상실한 법률을 적용하여 한 법원의 재판은 헌법재판소 결정의 기속력에 반하는 것일 뿐 아니라, 법률에 대한 위헌심사권을 헌법재판소에 부여한 헌법의 결단(헌법 제107조 및 제111조)에 정면으로 위배된다.

   [3] 헌법은 어떠한 경우이든 헌법재판소의 기속력 있는 위헌결정에 반하여 국민의 기본권을 침해하는 법원의 재판에 대하여는 헌법재판소가 다시 최종적으로 심사함으로써 자신의 손상된 헌법재판권을 회복하고 헌법의 최고규범성을 관철할 것을 요청하고 있다.

2. 법원행정처장은 법무사를 보충할 필요가 있다고 인정되는 경우에는 대법원장의 승인을 얻어 법무사시험을 실시할 수 있다고 규정한 「법무사법」 시행규칙(대법원규칙) 제3조는 직업선택의 자유 침해이다(헌재 1990.10.15. 89헌마178)

법원행정처장이 법무사를 보충할 필요가 없다고 인정하면 법무사시험을 실시하지 아니해도 된다는 것으로서 상위법인 「법무사법」 제4조 제1항에 의하여 청구인을 비롯한 모든 국민에게 부여된 법무사 자격 취득의 기회를 하위법인 시행규칙으로 박탈하는 것이 되며, 이는 결국 대법원이 규칙제정권을 행사함에 있어 위임입법권의 한계를 일탈하여 청구인이나 기타 법무사자격을 취득하고자 하는 모든 국민의 헌법 제11조 제1항의 평등권과 헌법 제15조의 직업선택의 자유를 침해한 것이다.

5. 기본권 보호의 최후수단 — 저항권

사전적 보호수단	사후적 보호수단
• 헌법개정의 한계와 개정실정법적 한계 • 입법자에 의한 기본권 제한의 한계원칙(과잉금지, 본질적 내용침해금지원칙, 처분적 법률 금지) • 대통령의 법률안 거부권 행사 • 사전영장주의	• 재판청구권, 형사보상청구권, 국가배상청구권, 체포·구속적부심사 • 행정심판제도 • 위헌법률심사제, 헌법소원심판제도

CHAPTER 02 기본권 각론

제1절 포괄적 기본권

1. 인간의 존엄성

> 제10조 모든 국민은 인간으로서의 존엄과 가치를 가지며, 행복을 추구할 권리를 가진다. 국가는 개인이 가지는 불가침의 기본적 인권을 확인하고 이를 보장할 의무를 진다.

(1) 의의 및 연혁

① 인간의 존엄과 가치는 이성적 존재로서 인간은 인격의 주체가 될 수 있는 존귀한 가치가 있다. 이때의 인간은 사회적 관계를 맺으면서 자기운명을 스스로 결정하는 자주적 인간이다. 따라서 개인주의적 인간관이 아니라 시회관련적 인간관을 기본가치로 본다.

판례

우리 헌법질서가 예정하는 인간상은 "자신이 스스로 선택한 인생관·사회관을 바탕으로 사회공동체 안에서 각자의 생활을 자신의 책임 아래 스스로 결정하고 형성하는 성숙한 민주시민"(헌재 1998.05.28. 96헌가5 ; 헌재 2000.04.27. 98헌가16 등)인바, 이는 사회와 고립된 주관적 개인이나 공동체의 단순한 구성분자가 아니라, 공동체에 관련되고 공동체에 구속되어 있기는 하지만 그로 인하여 자신의 고유가치를 훼손당하지 아니하고 개인과 공동체의 상호연관 속에서 균형을 잡고 있는 인격체라 할 것이다(헌재 2003.10.30. 2002헌마518).

② 헌법상 최고원리로 이를 해치는 수단을 사용하여서는 아니 된다.
③ 1962년 제5차 개정헌법 이후 헌법에 수용되었다.

(2) 법적 성격

① **주관적 권리성** : 인간의 존엄성 조항은 헌법의 최고원리이자 모든 기본권의 이념적 기초로서 주관적 권리성을 부정하는 견해도 있으나 헌법재판소 판례는 인간의 존엄과 가치를 구체적 권리로 인정하여 인격권을 도출하고 모든 기본권의 종국적 목적이자 기본이념으로 본다.
② **보충성** : 개별적 기본권은 고유한 내용을 가지고 있으므로 보충적으로 적용된다.

판례

1. 구치소 내 과밀수용행위는 인간으로서의 존엄과 가치를 침해하여 헌법에 위반된다(헌재 2016.12.29.
2013헌마142).

헌법 제10조에서 규정한 인간의 존엄과 가치는 헌법이념의 핵심으로, 국가는 헌법에 규정된 개별적
기본권을 비롯하여 헌법에 열거되지 아니한 자유와 권리까지도 이를 보장하여야 하며, 이를 통하여
개별 국민이 가지는 인간으로서의 존엄과 가치를 존중하고 확보하여야 한다는 헌법의 기본원리를 선
언한 것이다. 따라서 자유와 권리의 보장은 1차적으로 헌법상 개별적 기본권규정을 매개로 이루어지
지만, 기본권 제한에 있어서 인간의 존엄과 가치를 침해하거나 기본권 형성에 있어서 최소한의 필요
한 보장조차 규정하지 않음으로써 결과적으로 인간으로서의 존엄과 가치를 훼손한다면 헌법 제10조
에서 규정한 인간의 존엄과 가치에 위반된다.

2. 단체가 규약에 따라 구성원을 피보험자로 하는 생명보험계약을 체결하는 경우 피보험자의 서면동의
를 받지 않도록 한 상법 제735조의3은 인간의 존엄과 가치침해가 아니다(헌재 1999.09.16. 98헌가6).

3. 유치장내 화장실을 관찰한 행위는 인격권을 침해한 것으로 위헌임을 확인한다(헌재 2001.07.19. 2000헌
마546).

4. 신체과잉수색행위는 인격권 및 신체의 자유를 침해한 것이다(헌재 2002.07.18. 2000헌마327).

　비교판례　 마약류사범에 대한 정밀 신체검사는 인격권 침해 아니다(헌재 2006.06.29. 2004헌마826).

5. 수용자를 교정시설에 수용할 때마다 전자영상 검사기를 이용하여 수용자의 항문 부위에 대한 신체검
사는 필요한 최소한도를 벗어나 과잉금지원칙에 위배되어 청구인의 인격권 내지 신체의 자유를 침해
한다고 볼 수 없다(헌재 2011.05.26. 2010헌마775).

6. 교도소 내에서 1년 이상 상시적으로 계구를 사용한 행위는 인격권 침해에 해당한다(헌재 2003.12.18.
2001헌마163).

　비교판례　 교도소 이송함에 있어 4시간 정도에 걸쳐 포승과 수갑 2개를 채운 행위는 신체의 자유
침해가 아니다(헌재 2012.07.26. 2011헌마426).

7. 신상공개는 처벌에 해당하지 않는다. 따라서 이중처벌금지원칙에 반하지 않는다(헌재 2003.06.26. 002
헌가14).

(3) 내용

① 일반적 행동자유권

㉠ 국민이 행복을 추구하기 위하여 적극적으로 자유롭게 행동할 수 있는 것과 소극적으로 행동하지 않을 자유를 포함한다.

판례

1. 일반적 행동의 자유에는 적극적으로 어떤 행동을 하거나 소극적으로 아무런 행동도 하지 않을 자유가 포함된다(헌재 1991.06.03. 89헌마204).

2. 운전면허를 받은 사람이 자동차 등을 이용하여 살인 또는 강간 등 행정안전부령이 정하는 범죄행위를 한 때 필요적으로 운전면허를 취소하도록 하는 구「도로교통법」제93조 제1항 제11호는, 입법목적이 정당하고 이를 달성하기 위한 적정한 수단이기는 하나, 구체적 사안의 개별성과 특수성을 고려할 수 있는 여지를 일체 배제하고 침해의 최소성 원칙 및 법익의 균형성 원칙에도 위배되어 직업의 자유 및 일반적 행동의 자유를 침해하여 헌법에 위반된다(헌재 2015.05.28, 2013헌가6).

3. '형의 집행 및 수용자의 처우에 관한 법률'(이하「형집행법」이라 함) 제105조 제2항에 근거하여 피청구인이 정한 것으로서 경주교도소의 수용자로 하여금 취침시간 21 : 00를 준수하도록 정하도록 한 행위는 일반적 행동자유권을 침해하지 않는다(헌재 2016.06.30, 2015헌마36).

4. 협의이혼의사확인신청을 할 때 부부 쌍방으로 하여금 직접 법원에 출석하여 신청서를 제출하도록 한 규칙조항은 과잉금지원칙에 반하여 일반적 행동자유권을 침해하지 않는다(헌재 2016.06.30, 2015헌마894).

5. 신상정보 등록대상자로 하여금 신상정보가 변경된 때마다 그 사유와 변경내용을 수시로 제출하도록 하고 변경정보 제출의무 위반 시 형사처벌하는 것은 일반적 행동의 자유를 침해하지 않는다(헌재 2016.07.28, 2016헌마109).

6. 비어업인이 잠수용 스쿠버장비를 사용하여 수산자원을 포획·채취하는 것을 금지하는 수산자원관리법 시행규칙 조항은 일반적 행동의 자유를 침해하지 않는다(헌재 2016.10.27, 2013헌마450).

7. 이동통신사업자가 제공하는 전기통신역무를 타인의 통신용으로 제공하는 것을 원칙적으로 금지하고, 위반 시 형사처벌하는「전기통신사업법」제30조 본문 중 '누구든지 전기통신사업자 가운데 이동통신사업자가 제공하는 전기통신역무를 타인의 통신용으로 제공하여서는 아니 된다.' 부분 및 제97조 제7호 중 '전기통신사업자 가운데 이동통신사업자가 제공하는 전기통신역무를 타인의 통신용으로 제공한 자'에 관한 부분이 이동통신서비스 이용자의 일반적 행동자유권을 침해하지 않는다(헌재 2022.06.30. 2019헌가14).

8. 연면적 1천 제곱미터 이상의 사무용건축물, 공장 및 복합용도의 건축물로서 금연구역으로 지정된 공간은 다수인이 왕래할 가능성이 높고, 이러한 경우 간접흡연으로부터의 보호를 관철할 필요성이 더욱 크다는 점 등을 고려하여 헌법에 위반되지 아니한다(헌재 2024.04.25. 2022헌바163).

ⓛ 잠을 자거나 자지 않을 자유, 음식을 먹거나 먹지 않을 자유, 생리적 작용에 의한 각종의 행동, 경제적 활동의 자유, 공무원의 부업행위(강연, 주식투자, 사업투자 등), 공로에서의 기부금의 모집, 계약의 자유 등이 포함된다. 이러한 일반적 행동 가운데 신체활동의 자유에 해당하는 것은 헌법 제12조에 의해 보장된다.

② 개성의 자유로운 발현권 : 헌법재판소는 종래 일부판례에서 헌법 제10조 전문의 행복추구권 규정으로부터 일반적 행동자유권과 그와는 구별되는 개성의 자유로운 발현권이 도출되는 것으로 보고 있다(헌재 1990.01.15. 89헌가103).

③ 자기결정권

　㉠ 국가의 간섭 없이 사적인 사안을 자신의 책임 하에 결정할 수 있는 권리로써 개인이 자유의지에 의하여 자유롭게 자기의 운명을 결정할 수 있는 권리를 자기결정권이라고 한다.

　㉡ 헌법상 근거

　　ⓐ 인격권과 관련되는 자기결정권 : 헌법 제10조의 인간의 존엄과 가치와 행복추구권

　　ⓑ 인격권과 무관한 자기결정권 : 헌법 제10조의 행복추구권

판례

인수자가 없는 시체를 생전의 본인의 의사와는 무관하게 해부용 시체로 제공될 수 있도록 규정한 「시체 해부 및 보존에 관한 법률」이 청구인의 시체처분에 대한 자기결정권을 침해한다(헌재 2015.11.26. 2012헌마940). : 위헌

본인이 해부용 시체로 제공되는 것에 대해 반대하는 의사표시를 명시적으로 표시할 수 있는 절차도 마련하지 않고 본인의 의사와는 무관하게 해부용 시체로 제공될 수 있도록 규정하고 있다는 점에서 침해의 최소성 원칙을 충족했다고 보기 어렵고, 실제로 해부용 시체로 제공된 사례가 거의 없는 상황에서 이 사건 법률조항이 추구하는 공익이 사후 자신의 시체가 자신의 의사와는 무관하게 해부용 시체로 제공됨으로써 침해되는 사익보다 크다고 할 수 없으므로 이 사건 법률조항은 청구인의 시체 처분에 대한 자기결정권을 침해한다.

④ 일반적 인격권 : 인격권, 초상권, 성명권, 명예권, 음성권, 자신의 혈통을 알 권리도 인간의 존엄과 가치에서 도출되는 기본권이라고 할 것이다. 사생활의 비밀도 일반적 인격권의 내용에 포함되지만, 헌법은 제17조에서 이를 따로 명시하여 정하고 있으므로 헌법 제10조에서 도출되는 일반적 인격권에는 포함되지 않는다.

판례

1. '방송사업자가 「방송법」상 심의규정을 위반한 경우' 방송통신위원회가 시청자에 대한 사과를 명할 수 있도록 한 부분은 법인의 인격권 침해이다(헌재 2012.08.23. 2009헌가27) : 위헌

법인도 법인의 목적과 사회적 기능에 비추어 볼 때 그 성질에 반하지 않는 범위 내에서 인격권의 한 내용인 사회적 신용이나 명예 등의 주체가 될 수 있고 법인이 이러한 사회적 신용이나 명예 유지 내지 법인격의 자유로운 발현을 위하여 의사결정이나 행동을 어떻게 할 것인지를 자율적으로 결정하는 것도 법인의 인격권의 한 내용을 이룬다고 할 것이다. 그렇다면 이 사건 심판대상조항은 방송사업자의 의사에 반한 사과행위를 강제함으로써 방송사업자의 인격권을 제한한다. 심의규정을 위반한 방송사업자에게 '주의 또는 경고'만으로도 반성을 촉구하고 언론사로서의 공적 책무에 대한 인식을 제고시킬 수 있고, 위 조치만으로도 심의규정에 위반하여 '주의 또는 경고'의 제재조치를 받은 사실을 공표

하게 되어 이를 다른 방송사업자나 일반 국민에게 알리게 됨으로써 여론의 왜곡 형성 등을 방지하는 한편, 해당 방송사업자에게는 해당 프로그램의 신뢰도 하락에 따른 시청률 하락 등의 불이익을 줄 수 있다. 또한, '시청자에 대한 사과'에 대하여는 '명령'이 아닌 '권고'의 형태를 취할 수도 있다. 이와 같이 기본권을 보다 덜 제한하는 다른 수단에 의하더라도 이 사건 심판대상조항이 추구하는 목적을 달성할 수 있으므로 이 사건 심판대상조항은 침해의 최소성원칙에 위배된다.

2. 언론사 기자들의 취재 요청에 응하여 피의자가 경찰서 내에서 양손에 수갑을 찬 채 조사받는 모습을 촬영할 수 있도록 허용한 행위는 피의자의 인격권을 침해한다고 보았다(헌재 2014.03.27. 2012헌마652).

(4) 제한

① 인간의 존엄과 가치 그 자체는 헌법 개정의 한계에 해당한다.

② 인간의 존엄과 가치에서 도출되는 기본권(성적자기결정권, 인격권)은 제한이 가능한 상대적 기본권이다.

> **판례**
>
> **1. 일본군 위안부 피해자에 대한 배상문제를 해결하기 위한 중재에 회부하지 아니한 부작위는 인간의 존엄과 가치 침해이다**(헌재 2011.08.30 2006헌마788): **인용(위헌확인)**
>
> 일본국에 의하여 광범위하게 자행된 반인도적 범죄행위에 대하여 일본군위안부 피해자들이 일본에 대하여 가지는 배상청구권은 헌법상 보장되는 재산권일 뿐만 아니라, 그 배상청구권의 실현은 무자비하고 지속적으로 침해된 인간으로서의 존엄과 가치 및 신체의 자유를 사후적으로 회복한다는 의미를 가지는 것이므로, 그 실현을 가로막는 것은 헌법상 재산권 문제에 국한되지 않고 근원적인 인간으로서의 존엄과 가치의 침해와 직접 관련이 있다. 따라서 침해되는 기본권이 매우 중대하다.
>
> **2. 조선총독부 중추원 참의로 활동한 행위를 친일반민족행위로 규정한 일제강점 하에 반민족행위 진상규명에 관한 특별법은 법익 균형성의 원칙에도 반하지 않는다**(헌재 2010.10.28. 2007헌가23): **합헌**
>
> 사자(死者)와의 관계를 통하여 스스로의 인격상을 형성하고 명예를 지켜온 그들의 후손의 인격권, 즉 유족의 명예 또는 유족의 사자(死者)에 대한 경애추모의 정을 제한하는 것이다. 그러나 친일반민족행위의 진상을 규명하여 정의로운 사회가 실현될 수 있도록 공동체의 윤리를 정립하고자 하는 공익의 중대성은 막대한 반면, 이 사건 법률조항으로 인해 제한되는 조사대상자 등의 인격권은 친일반민족행위에 관한 조사보고서와 사료가 공개됨으로 인한 것에 불과하므로, 법익 균형성의 원칙에도 반하지 않는다.

2. 행복추구권

(1) 의의

소극적으로는 고통과 불쾌감이 없는 상태를 추구할 권리, 적극적으로는 안락하고 만족스러운 삶을 추구하는 권리이다(헌재 1997.07.16. 95헌가6).

(2) **법적 성격 및 본질**

① **주관적 권리성(자연권성)** : 헌법 제10조 제1문에서는 행복추구를 보장하면서 행복을 추구할 권리라고 정하고 있는데, 행복을 추구할 권리는 다른 개별적 기본권이 구체적이고 특정한 사항에 대한 권리라는 것과 달리 추상적이고 포괄적인 형태로 표현되어 있어 견해가 대립하나 긍정하는 견해가 다수설이고 헌법재판소도 행복추구권으로부터 일반적 행동의 자유를 도출하여 행복추구권을 구체적 권리로 본다.

② **포괄적 기본권성** : 자유권의 총칙규정으로 보는 설, 사회적 기본권의 총칙규정으로 보는 견해, 포괄적 기본권으로 보는 견해(다수설)가 있다.

③ 행복추구권도 인간의 삶에서 최고의 원리로서 행복추구의 원리에 해당하기 때문에 원리적인 규정이다. 인간의 존엄과 가치에서 도출되는 개별적 기본권과 행복추구권에서 도출되는 개별적 기본권이 동일할 수 있다.

④ 헌법재판소는 인간의 존엄과 가치로부터 일반적 인격권을 도출하고 일반적 인격권과 행복추구권으로부터 자기운명결정권, 성적자기결정권, 자기 생활영역의 자율형성권, 혼인의 자유를 도출한 바 있다.

> **판례** ✦
>
> **헌법상 기본권으로 보지 않는 경우 또는 논의가 있는 권리**
>
> **1. 평화적 생존권은 헌법상 보장된 기본권이라고 할 수 없다**(헌재 2009.05.28. 2007헌마369) : **각하**
> 청구인들이 평화적 생존권이란 이름으로 주장하고 있는 평화란 헌법의 이념 내지 목적으로서 추상적인 개념에 지나지 아니하고, 평화적 생존권은 이를 헌법에 열거되지 아니한 기본권으로서 특별히 새롭게 인정할 필요성이 있다거나 그 권리내용이 비교적 명확하여 구체적 권리로서의 실질에 부합한다고 보기 어려워 헌법상 보장된 기본권이라고 할 수 없다.
>
> **2.** 교사의 수업권은 전술과 같이 교사의 지위에서 생겨나는 직권인데, 그것이 헌법상 보장되는 기본권이라고 할 수 있느냐에 대하여서는 이를 부정적으로 보는 견해가 많으며, 설사 헌법상 보장되고 있는 학문의 자유 또는 교육을 받을 권리의 규정에서 교사의 수업권이 파생되는 것으로 해석하여 기본권에 준하는 것으로 간주하더라도 수업권을 내세워 수학권을 침해할 수는 없으며 국민의 수학권의 보장을 위하여 교사의 수업권은 일정범위 내에서 제약을 받을 수밖에 없는 것이다(헌재 1992.11.12. 89헌마88).
>
> **3.** 국회 내 정당간의 의석분포를 결정할 권리 내지 국회구성권이 헌법소원으로 다툴 수 있는 국민의 기본권이 아니다(헌재 1998.10.29. 96헌마186).
>
> **4.** 국민의 개별적 기본권이 아니라 할지라도 기본권 보장의 실질화를 위하여서는 영토조항만을 근거로 하여 독자적으로는 헌법소원을 청구할 수 없다 할지라도, 모든 국가권능의 정당성의 근원인 국민의 기본권 침해에 대한 권리구제를 위하여 그 전제조건으로서 영토에 관한 권리를, 이를테면 영토권이라 구성하여, 이를 헌법소원의 대상인 기본권의 하나로 간주하는 것은 가능한 것으로 판단된다(헌재 2001. 03.21. 99헌마139 등).

5. 육아휴직신청권은 헌법 제36조 제1항 등으로부터 개인에게 직접 주어지는 헌법적 차원의 권리라고 볼 수는 없고, 입법자가 입법의 목적, 수혜자의 상황, 국가예산, 전체적인 사회보장수준, 국민정서 등 여러 요소를 고려하여 제정하는 입법에 적용요건, 적용대상, 기간 등 구체적인 사항이 규정될 때 비로소 형성되는 법률상의 권리이다(헌재 2008.10.30. 2005헌마156). 다만 양육권은 공권력으로부터 자녀의 양육을 방해받지 않을 권리라는 점에서는 자유권적 기본권으로서의 성격을, 자녀의 양육에 관하여 국가의 지원을 요구할 수 있는 권리라는 점에서는 사회권적 기본권으로서의 성격을 아울러 가진다.

6. '논리적이고 정제된 법률의 적용을 받을 권리'는 헌법상 보장되는 기본권이라 할 수 없다(헌재 2011.08.30. 2008헌마477).

7. 주민소환권의 권리내용 또는 보호영역이 비교적 명확하여 권리내용을 규범 상대방에게 요구하거나 재판에 의하여 그 실현을 보장받을 수 있는 구체적 권리로서의 실질을 가지고 있다고 할 수도 없으므로, 헌법 제37조 제1항에서 말하는 '헌법에서 열거되지 아니한 기본권'으로 볼 수도 없다(헌재 2009.05.28. 2007헌마369).

8. **행복추구권의 성격**(헌재 1995.07.21. 93헌가14)
헌법 제10조의 행복추구권은 국민이 행복을 추구하기 위하여 급부를 국가에게 적극적으로 요구할 수 있는 것이 아니라 국민이 행복을 추구하기 위한 활동을 국가권력의 간섭 없이 자유롭게 할 수 있다는 포괄적 의미의 자유권으로서의 성격을 가진다.

참고

헌법재판소가 행복추구권에서 파생된 것으로 본 것
1. 일반적 행동자유권: 계약의 자유, 미결수용자의 접견교통권
2. 개성의 자유로운 발현권
3. 자기결정권: 성적 자기결정권, 소비자의 물품 및 용역의 구입·사용에 있어서 거래 상대방, 구입 장소 등을 자유롭게 선택할 권리
4. 하기 싫은 일을 강요당하지 아니할 권리
5. 기부금품모집행위
6. 가치 있는 행동 뿐만 아니라 가치 없는 생활방식, 위험한 생활방식으로 살아갈 권리 포함

(3) **적용**
보충적(개별적 기본권의 공동화 방지와 행복추구권으로의 도피방지)으로 적용한다.

판례

일반적 행동자유권은 헌법상 개별적 기본권이 적용되는 경우에 행복추구권 침해 여부를 독자적으로 판단할 필요가 없다(헌재 2000.12.14. 99헌마112).

(4) **효력**
대국가적 효력, 대사인적 효력이 있다.

⑸ 제한

국가안전보장, 질서유지, 공공복리를 위하여 제한 가능한 상대적 기본권이다(헌재 1996.02.29. 94헌마21).

행복추구권 침해인 것	행복추구권 침해가 아닌 것
1. 군검찰의 무혐의 피의자에 대한 기소유예처분 2. 18세미만자의 당구장 출입금지 3. 「공정거래법」 위반사실의 공표 4. 자도소주구입 5. 동성동본혼인 금지 6. 미풍양속의 합리적 범위를 벗어난 경조사에서 주류·음식물접대 금지 7. 전국기능경기대회 입상자의 국내기능경기대회 재도전을 전면적, 일률적으로 금지(헌재 2015.10. 21, 2013헌마757)	1. 음주측정 의무부과 2. 무작위 음주운전단속 3. 공중시설에서 흡연 금지 4. 국산영화 의무상영제 5. 교통사고로 구호조치와 신고를 하지 아니한 경우 필요적 운전면허 취소

판례✦

1. 형법 제241조(간통죄) 위헌소원(헌재 2015.02.26, 2009헌바17) **: 위헌**

간통 및 상간행위에 대하여 2년 이하의 징역에 처하도록 규정한 「형법」 제241조는 심판대상조항은 선량한 성풍속 및 일부일처제에 기초한 혼인제도를 보호하고 부부간 정조의무를 지키게 하기 위한 것으로서, 헌법상 보장되는 성적 자기결정권 및 사생활의 비밀과 자유를 제한한다. 더 나아가 심판대상조항은 과잉금지원칙에 위배하여 국민의 성적 자기결정권 및 사생활의 비밀과 자유를 침해하는 것으로서 헌법에 위반된다.

2. 4층 이상의 모든 건물을 화재보험에 강제 가입하도록 한 화재로 인한 재해보상과 보험가입에 관한 법률 제5조 제1항(헌재 1991.06.03. 89헌마204) **: 한정위헌**

[1] 계약자유의 원칙도 여기의 일반적 행동자유권으로부터 파생되는 것이라 할 것이며, 이는 헌법 제119조 제1항의 개인의 경제상의 자유의 일종이기도 하다.

[2] 이 사건 법률조항은 건물의 화재로 인한 일반피해자의 구제를 그 목적으로 한다. 이 사건 법률조항에 따르면 4층 이상의 건물로서만 규정하고 있을 뿐 입주가구수나 인원 등의 표준을 세워 그 규모를 한정하고 있지 않는 바, 화재가 발생하여도 대량재해의 염려가 없는 소규모의 하잘 것 없는 4층 건물이라도 보험가입이 강제된다. 따라서 필요이상으로 계약의 자유를 제한하는 법률이므로 과잉금지원칙에 위반된다.

3. 미결수용자에게 구치소 밖에서 재판·수사과정에서 사복을 입게 하지 아니한 행위(헌재 1999.05.29. 97헌마137, 98헌마5) **: 인용(위헌확인)**

[1] 구치소 안에서 사복을 입지 못하도록 한 것은 금지된 물품의 반입 금지, 사회적 신분이나 빈부의 차이로 인한 수용자간의 위화감 발생 방지를 위하여 적절한 것이며 구치소 안에서 재소자용 의류를 입더라도 일반인의 눈에 띄지 않고 수사 또는 재판에서 변해·방어권 행사하는데 지장을 주는 것이 아니므로 인격권 침해로 볼 수 없다.

[2] 미결수용자가 수사 또는 재판을 받기 위해서 구치소 밖으로 나올 때 사복을 입지 못하도록 한 것은 심리적 위축으로 방어의 권리 행사에 큰 지장을 주며 미결수용자의 도주방지는 계구의 사용이나 계호인력을 늘리는 수단에 의할 것이므로 수사 또는 재판과정에서 사복을 입지 못하게 한 것은 정당화될 수 없다. 따라서 무죄추정원칙위반, 인격권, 행복추구권, 공정한 재판을 받을 권리 침해이다.

판례 ✦

행복추구권이 침해된다고 본 판례

1. 친생부인의 소 제척기간을 출생을 안 날로부터 1년 이내로 한 것은 그 기간 내에 부가 친자관계가 존재하지 아니함을 알기 어려우므로 부의 인격권, 행복추구권, 혼인과 가족생활에 관한 기본권을 침해하였다(헌재 1997.03.27. 95헌가14).

   비교판례 친생부인의 소의 제척기간을 '친생부인의 사유가 있음을 안 날부터 2년 내'로 제한한 민법 조항은 헌법에 위반되지 않는다(헌재 2015.03.26. 2012헌바357).

   비교판례 부모사망시 사망을 안 날로부터 1년 이내 검사를 상대로 인지청구의 소를 제기할 수 있도록 한 「민법」 제864조는 행복추구권 침해 아니다(헌재 2001.05.31. 98헌바9).

2. 미결수용자의 면회횟수를 주2회로 제한한 「군행형법」 시행령 제43조는 행복추구권 침해이다(헌재 2003.11.27. 2002헌마193).

   비교판례 재판에 출정할 때 운동화 착용을 금지하는 것은 행복추구권 침해가 아니다(헌재 2011.02.24. 2009헌마209).

3. 담배소비세가 면제된 담배를 공급받은 자가 이를 당해 용도에 사용하지 않은 경우 면세담배를 공급한 제조자에게 담배소비세에 대한 가산세 납부의무를 부담시키는 「지방세법」 제233조는 행복추구권 침해이다(헌재 2004.06.24. 2002헌가27).

4. 종업원 등이 그 업무와 관련하여 위반행위를 한 경우에, 영업주도 자동적으로 처벌하도록 한 「청소년보호법」은 위헌이다(헌재 2009.07.30. 2008헌가10).

5. 종업원의 범죄행위에 대한 영업주를 자동처벌하는 「도로교통법」은 헌법에 반한다(헌재 2010.07.29. 2009헌가14).

6. 태아성별고지·감지 금지자체가 위헌이 아니라 임신 전기간에 걸친 금지가 부모의 행복추구권 침해이고, 의사의 직업의 자유침해이다(헌재 2008.07.31. 2005헌바90).

7. 「형법」 제304조 중 "혼인을 빙자하여 음행의 상습없는 부녀를 기망하여 간음한 자" 부분이 헌법 제37조 제2항의 과잉금지원칙을 위반하여 남성의 성적자기결정권 및 사생활의 비밀과 자유 침해이다(헌재 2009.11.26. 2008헌바58·2009헌바191).

8. 경찰청장이 경찰버스들로 서울특별시 서울광장을 둘러싸 통행을 제지한 행위는 거주·이전의 자유제한이라고 할 수 없고, 일반적 행동의 자유침해이다(헌재 2011.06.30. 2009헌마406).

9. '다른 사람의 자동차 등을 훔친 경우'를 필요적 운전면허 취소사유로 규정하며 자동차 절취행위에 이르게 된 경위, 행위의 태양, 당해 범죄의 경중이나 그 위법성의 정도, 운전자의 형사처벌 여부 등 제반 사정을 고려할 여지를 전혀 두지 아니한 「도로교통법」 조항은 운전면허 소지자의 직업의 자유 및 일반적 행동의 자유를 침해한다(헌재 2017.05.25. 2016헌가6).

판례

행복추구권이 침해되지 아니한다고 본 판례

1. 전투경찰에게 시위진압을 명하는 것은 행복추구권 침해가 아니다(헌재 1995.12.28. 91헌마80).

2. 소유권 이전등기의무부과는 행복추구권 침해가 아니다(헌재 1998.05.28. 96헌바83).

3. 음주측정 거부자에 대한 면허를 취소하도록 한 「도로교통법」 제78조는 행복추구권 침해가 아니다 (헌재 2004.12.16. 2003헌바87).

4. 자동차운전자에게 좌석안전띠를 매도록 하고 위반시 범칙금을 납부하도록 통고할 수 있도록 한 「도로교통법」 제48조의2 제1항과 동법 제118조는 행복추구권 침해가 아니다(헌재 2003.10.30. 2002헌마518).

5. 긴급자동차를 제외한 이륜자동차와 원동기장치자전거에 대하여 고속도로 또는 자동차전용도로의 통행을 금지하는 것은 직업수행의 자유를 직접 제한하는 것이 아니다. 행복추구권을 제한하나, 행복추구권 침해는 아니다(헌재 2008.07.31. 2007헌바90).

   통지판례 긴급자동차를 제외한 이륜자동차 운전자의 자동차전용도로 통행을 금지하는 것은 일반적 행동의 자유를 침해한다거나 평등원칙에 위반되지 않는다(헌재 2015.09.24. 2014헌바291).

6. 퇴직한 날로부터 14일 이내 사용자가 퇴직금 등을 지급하도록 한 「근로기준법」 제36조는 행복추구권 침해가 아니다(헌재 2005.09.29. 2002헌바11).

7. 대마 흡연을 금지한 「마약류관리에 관한 법률」 제61조는 행복추구권 침해가 아니다(헌재 2005.11.24. 2005헌바46).

8. 국가양로시설에 입소한 국가유공자에 대한 부가연금의 지급을 정지한 「국가유공자예우법」 제20조는 행복추구권 침해가 아니다(헌재 2000.06.01. 98헌마216).

9. 먹는 샘물 판매가액의 100분의 20의 범위 안에서 수질개선부담금을 부과·징수할 수 있도록 한 구 「먹는물관리법」 제28조 제1항은 행복추구권 침해가 아니다(헌재 1998.12.24. 98헌가1).

10. 민간투자사업에 유료도로를 포함시키고 유료도로의 사용료징수를 할 수 있도록 한 「민간투자법」 제3조, 제25조는 행복추구권 침해가 아니다(헌재 2005.12.22. 2004헌바64).

11. 공무원의 직무에 속하는 사항의 알선에 관하여 금품이나 이익을 수수·요구·약속한 자를 처벌하는 「특정범죄가중처벌에 관한 법률」 제3조는 행복추구권 침해가 아니다(헌재 2005.11.24. 2003헌바108).

12. 허가요건을 법에 규정한 기부금품 모집허가제는 기부금품을 모집할 일반적 행동의 자유를 침해하지 않는다(헌재 2010.02.25. 2008헌바83).

    비교판례 기부금품을 모집할 때 허가요건을 규정하지 아니한 기부금품모집허가제는 행복추구권 침해이다(헌재 1998.05.28. 96헌가5).

13. 공문서와 공교육의 교과용 도서에 표준어를 사용함으로써 기본권이 제한되는 것은 행복추구권 침해가 아니다(헌재 2009.05.28. 2006헌마618).

14. 피청구인 대전교도소장이 7회에 걸쳐 수형자인 청구인에게 화상접견시간을 각 10분 내외로 부여한 행위는 행복추구권 침해가 아니다(헌재 2009.09.24. 2007헌마738).

15. 문화재청장이나 시·도지사가 지정한 문화재, 도난물품 또는 유실물(遺失物)인 사실이 공고된 문화재 및 출처를 알 수 있는 중요한 부분이나 기록을 인위적으로 훼손한 문화재의 선의취득을 배제하는 「문화재보호법」 제99조는 행복추구권 침해가 아니다(헌재 2009.07.30. 2007헌마870).

    비교판례 은닉, 보유·보관된 당해 문화재의 필요적 몰수를 규정한 구 법 해당 조항이 책임과 형벌 간 비례원칙에 위배된다(헌재 2007.07.26. 2003헌마377).

16. 학교교과교습학원 및 교습소의 교습시간을 05:00부터 22:00까지(고등학생의 경우 05:00부터 23:00까지) 규정하고 있는 '부산광역시 학원의 설립·운영 및 과외교습에 관한 조례' 제9조는 행복추구권 침해가 아니다(헌재 2009.10.29. 2008헌마454).

17. 자연공원 내 출입이 금지되는 지역에 출입한 자에 대한 과태료를 부과하는 「자연공원법」은 탐방객의 일반적 행동의 자유 침해가 아니다(헌재 2012.02.23. 2010헌바99).

18. 형의 집행을 유예하면서 사회봉사를 명할 수 있도록 한 「형법」은 일반행동의 자유 침해가 아니다(헌재 2012.03.29. 2010헌바100).

   통지판례 특히 사회봉사명령은 범죄인의 재범방지와 사회복귀를 주된 이념으로 한다는 점에서 보안처분의 성질을 가지지만 한편으로 자유형의 집행유예에 부가하여 근로를 부과하는 자유형 집행의 대체수단으로서 형사제재적 성격을 가지고 있음을 부정할 수 없고, 여가시간을 박탈하여 의무적 노동을 부과함으로써 일반적 행동의 자유에 상당한 제약을 가하고 있다(헌재 2012.03.29. 2010헌바100).

19. 교도소 인원점검을 하면서 차례로 번호를 외치도록 한 행위는 인격권과 일반행동의 자유 침해가 아니다(헌재 2012.07.26. 2011헌마332).

20. 수중형 체험활동 운영자에게 연안체험활동 안전관리 계획서를 작성하여 신고하도록 하는 부분, 수중형 체험활동 참가자에게 발생한 생명·신체의 손해를 배상하기 위하여 보험에 가입하도록 하는 부분은 직업수행의 자유와 계약의 자유를 침해하지 않는다(헌재 2016.07.28. 2015헌마923).

21. 「형집행법」 제88조가 민사재판의 당사자로 출석하는 수형자에 대하여, 사복착용을 허용하는 「형집행법」 제82조를 준용하지 아니한 것이 공정한 재판을 받을 권리, 인격권, 행복추구권을 침해하지 아니한다(헌재 2015.12.23. 2013헌마712).

   [1] 민사재판에서 법관이 당사자의 복장에 따라 불리한 심증을 갖거나 불공정한 재판진행을 하게 되는 것은 아니므로, 심판대상조항이 민사재판의 당사자로 출석하는 수형자에 대하여 사복착용을 불허하는 것으로 공정한 재판을 받을 권리가 침해되는 것은 아니다.

   [2] 수형자가 민사법정에 출석하기까지 교도관이 반드시 동행하여야 하므로 수용자의 신분이 드러나게 되어 있어 재소자용 의류를 입었다는 이유로 인격권과 행복추구권이 제한되는 정도는 제한적이고, 형사법정 이외의 법정 출입 방식은 미결수용자와 교도관 전용 통로 및 시설이 존재하는 형사재판과 다르며, 계호의 방식과 정도도 확연히 다르다. 따라서 심판대상조항이 민사재판에 출석하는 수형자에 대하여 사복착용을 허용하지 아니한 것은 청구인의 인격권과 행복추구권을 침해하지 아니한다.

3. 평등권

제11조 제1항 모든 국민은 법 앞에 평등하다. 누구든지 성별·종교 또는 사회적 신분에 의하여 정치적·경제적·사회적·문화적 생활의 모든 영역에 있어서 차별을 받지 아니한다.
   제2항 사회적 특수계급의 제도는 인정되지 아니하며, 어떠한 형태로도 이를 창설할 수 없다.
   제3항 훈장등의 영전은 이를 받은 자에게만 효력이 있고, 어떠한 특권도 이에 따르지 아니한다.

판례

헌법재판소의 판례도 헌법 제11조 제1항으로부터 평등원칙뿐만 아니라 평등권이 보장됨을 인정하여 이의 침해에 대하여 헌법소원심판으로 다툴 수 있다고 본다(헌재 2005.03.31. 2003헌마87).

(1) **의의**

국민의 기본권 보장에 관한 우리 헌법의 최고원리로서 국가가 입법을 하거나 법을 해석 및 집행함에 있어 따라야 할 기준인 동시에 국가에 대하여 합리적 이유없이 불평등한 대우를 하지 말 것과 평등한 대우를 요구할 수 있는 모든 국민의 권리로서 국민의 기본권 중의 기본권인 것이다(헌재 1989.01.25. 88헌가7).

(2) **법적 성격**

① 주관적 공권(자연권), 객관적 법질서(양면적 권리성)

② 기능적·수단적 권리성 : 기본권 전반에 공통으로 적용되고, 모든 기본권 실현의 방법적 기초이다.

③ 헌법상의 평등권은 헌법상 보장되는 권리로서 국가에 의하여 부당한 차별대우를 받지 아니할 것(소극적인 면)과 국가에 대하여 평등한 대우를 요구할 수 있는(적극적인 면) 주관적 권리이다. 따라서 이런 평등권을 침해당한 경우에는 구체적인 기본권의 침해에 해당되어 법원이나 헌법재판소의 재판을 통하여 다툴 수 있다.

(3) **효력**

대국가적 효력, 대사인적 효력이 있다.

(4) **내용**

① 특정한 보호영역을 가지지 않는다(다른 기본권과의 차이점).

② 법 앞의 평등

  ㉠ 모든 법규범으로서 성문법(헌법, 법률, 명령, 규칙, 조례 등)은 물론이고 불문법도 포함하여, 국내법뿐만 아니라 국제법도 포함한다.

  ㉡ 법 앞에 평등이라 함은 법의 적용과 집행이 평등하여야 한다는 법적용의 평등(형식적 평등), 즉 법 앞의 평등뿐 아니라 법의 내용도 인간을 평등하게 대우하는 것이어야 한다는 법제정의 평등(실질적 평등), 즉 '법의 평등'을 의미한다. 따라서 법내용 평등설에 따라서 입법자도 구속된다.

> **판례** ✦
>
> **법 앞에 평등**(헌재 1992.04.28. 90헌마23)
> 법 앞에의 평등은 법적용상 평등만을 의미하는 것이 아니라 법내용상의 평등을 의미하고 있기 때문에 입법내용이 정의와 형평에 반하거나 자의적으로 이루어진 경우에는 평등권 등의 기본권을 본질적으로 침해한 입법권의 행사로 위헌성을 면하기 어렵다.

③ 차별금지사유

  ㉠ 예시적 : 열거규정이 아니고 예시규정으로서 성별·종교·사회적 신분이 아닌 다른 근거에 의한 차별도 그것이 자의적이거나 불합리한 경우에는 금지된다고 한다.

> 제11조 제1항 모든 국민은 법 앞에 평등하다. 누구든지 성별·종교 또는 사회적 신분에 의하여 정치적·경제적·사회적·문화적 생활의 모든 영역에 있어서 차별을 받지 아니한다.

ⓛ 성별

침해인 것	침해가 아닌 것
• 동일근로에 대한 남녀임금차별 • 혼인퇴직제 • 교육, 승진, 배치에 있어 남녀차별	• 강간죄의 주체를 남자로 한정한 것 • 남자에게만 병역의무를 부과한 것 • 초등학교에서 양성채용평등제도

ⓒ 종교

ⓔ 사회적 신분

ⓐ 후천적으로 장기간 접하는 지위(후천적 신분설)

ⓑ 전과자 ○, 운전자 ×

④ 차별금지영역(헌법 제11조 제1항 제2문 후단): '누구든지 정치적·경제적·사회적·문화적 생활의 모든 영역에 있어서 차별을 받지 아니한다'라고 하여 차별금지가 인간 생활의 모든 영역에서 인정됨을 정하고 있다. 따라서 헌법상의 평등보호는 모든 생활영역에서 보장되며 어떠한 경우에도 생활영역에 따라 차별되지 않는다.

판례

1. 공립중등학교의 교사임용시험에서 지역사범대학의 출신자에게 합리적인 비율의 가산점을 주는 것은 헌법 제11조에서 정하고 있는 차별금지의 사유나 차별금지영역에는 해당하지 않는다(헌재 2007.12.27. 2005헌가11).

2. 초등교원 임용시험의 지역가산점 제도에 대해서도 합헌으로 보았다(헌재 2014.04.24. 2010헌마747).

3. 수석교사 임기 중에 교장 등의 자격을 취득할 수 없도록 한 것과 직급보조비의 지급대상에서 수석교사를 제외하고 있는 것은 평등권을 침해하지 아니하므로 헌법에 위반되지 않는다(헌재 2015.06.25. 2012헌마494).

4. 영화업자가 영화근로자와 계약을 체결할 때 근로시간을 구체적으로 밝히도록 하고, 위반 시 처벌하는 「영화 및 비디오물의 진흥에 관한 법률」 제3조의4 중 '근로시간'에 관한 부분, 제96조의2 중 '근로시간'에 관한 부분이 영화업자의 평등권을 침해하지 않는다(헌재 2022.11.24. 2018헌바514).

5. 국립묘지 안장 대상자의 배우자 가운데 안장 대상자 사후에 재혼한 자를 합장 대상에서 제외하는 내용의 「국립묘지의 설치 및 운영에 관한 법률」 제5조 제3항 본문 제1호 단서 중 '안장 대상자가 사망한 후에 다른 사람과 혼인한 배우자는 제외한다.' 부분은 평등원칙에 위배되지 않는다(헌재 2022.11.24. 2020헌바463).

6. '가구 내 고용활동(가사사용인)'에 대해서는 「근로자퇴직급여 보장법」을 적용하지 않도록 규정한 「근로자퇴직급여 보장법」 제3조 단서 중 '가구 내 고용활동' 부분이 합리적 이유가 있는 차별로서 평등원칙에 위배되지 아니한다(헌재 2022.10.27. 2019헌바454).

⑤ 사회적 특수계급제도의 부인(헌법 제11조 제2항): 특수계급이란 귀족제도, 노예제도, 조선 시대의 반상제도와 같은 과거의 봉건적 신분제도뿐만 아니라 신분계급을 형성하는 모든 형태의 계급을 말한다. 이러한 제도는 인정되지 않으며 어떠한 형태로도 이를 창설하지 못한다. 그러나 영전에 따르는 연금 등의 보훈제도나 전직대통령에 대한 예우는 사회적 특수계급제도에 해당되지 아니한다.

⑥ 영전일대의 원칙(헌법 제11조 제3항) : 헌법은 영전일대의 원칙을 채택하고, 영전의 세습을 부정하고 있다.

⑸ 헌법상 평등권에 대한 구체적 보장 조항

헌법은 평등보호의 구체적인 내용의 하나로 특수계급의 부인(헌법 제11조 제2항)과 영전일대의 원칙(헌법 제11조 제3항)을 헌법에서 직접 명시하여 정하고 있다. 헌법은 제11조 이외에도 공적 영역에서 교육기회의 평등(헌법 제31조 제1항), 선거권의 평등(헌법 제41조 제1항, 제67조 제1항)을 정하고, 사적 영역에서 노동관계에서의 여성차별의 금지(헌법 제32조 제4항), 혼인·가족생활에서의 남녀평등(헌법 제36조 제1항)과 같이 구체적인 사항에 대하여 평등보호를 직접 정하고 있다.

⑹ 평등원칙

① 합리적 차별 : 합리적 근거가 있는 차별은 허용한다(상대적 평등설).
② 헌법이 정하고 있는 일반적 평등원칙은 모든 개별적 기본권을 보장함에 있어 횡적으로 공통된 기반을 이루는 기본권을 보장하기 위한 방법적인 기초로서 기능을 한다. 이는 구체적 기본권으로 적용되는 것이 아니라 일반조항으로서 작용하는 것을 말하며, 개별적 평등원칙을 정하지 않은 경우에 적용되는 보충적인 성격을 가진다.

> **판례**
>
> **헌재판례**(헌재 1996.11.28. 96헌가13)
> 헌법 제11조 제1항은 …평등원칙은 일체의 차별적 대우를 부정하는 절대적 평등을 의미하는 것이 아니라, 입법과 법의 적용에 있어서 합리적인 근거가 없는 차별을 하여서는 아니된다는 상대적 평등을 뜻하므로 합리적 근거가 있는 차별 또는 불평등은 평등의 원칙에 반하는 것이 아니라 할 것이다.

⑺ 심사기준(이중기준원칙)

① 자의금지원칙
  ㉠ 본질적으로 같은 것을 자의적으로 다르게, 다른 것을 자의적으로 같게 취급하는 것을 금지하는 원칙이다.
  ㉡ 광범위한 입법형성의 자유가 인정되는 영역에서 적용된다.
  ㉢ 심사요건 : 차별의 존재여부, 차별의 합리적 이유가 있는지 없는지(자의적인지 여부) 확인해야 한다.
  ㉣ 차별취급이 명백해야만 자의금지원칙 위반이다.
② 비례의 원칙
  ㉠ 자의금지라는 기준만으로는 입법자의 자의를 효과적으로 통제할 수 없다는 문제가 제기되면서 비례원칙을 함께 판단의 기준으로 삼아야 한다는 필요성이 제기되었고, 평등의 판단에는 자의금지원칙에서 비례원칙에 이르기까지 규율대상과 차별기준에 따라 다양한 모습으로 입법자를 구속하게 된다고 본다.
  ㉡ 입법자의 형성의 자유가 좁은 영역에서 적용된다.
  ㉢ 심사요건 : 차별의 발생, 차별의 합리적 이유가 있는지 없는지(자의적인지 여부)와 공익과 차별취급의 정도를 함께 검토하여야 한다.

ⓔ 자의심사의 경우에는 차별을 정당화하는 합리적인 이유가 있는지의 여부만 심사하기 때문에 그에 해당하는 비교대상간의 사실상의 차이나 입법목적(차별목적)의 발견·확인에 그치는 반면에, 비례심사의 경우(엄격심사)에는 단순히 합리적인 이유의 유·무 문제가 아니라 차별을 정당화하는 이유와 차별간의 상관관계에 대한 심사, 즉 비교대상간의 사실상의 차이의 성질과 비중 또는 입법목적(차별목적)의 비중과 차별의 정도에 적정한 균형관계가 이루어져 있는가를 심사하는 태도를 유지하고 있다.

ⓜ 엄격심사로써 비례원칙이 적용되는 요건
    ⓐ 헌법에서 특별히 평등을 요구하고 있는 경우 즉 헌법이 차별의 근거로 삼아서는 아니 되는 기준 또는 차별금지영역을 제시하고 있는 경우
    ⓑ 차별적 취급으로 관련 기본권에 대한 중대한 제한을 초래하는 경우

ⓗ 비례심사의 경우(엄격심사)에서 분리된 완화된 비례심사를 하여야 할 경우 즉 구체적인 비례심사의 과정에서는 헌법 제32조 제6항이 근로의 기회에 있어서 국가유공자 등을 우대(적극적 처우)할 것을 명령하고 있는 점을 고려하여 보다 완화된 기준을 적용하여야 할 것이다.

판례

1. 제대군인가산점사건(헌재 1999.12.23. 98헌마363) : **위헌**
헌법이 스스로 차별의 근거로 삼아서는 아니되는 기준을 제시하거나 특히 금지하고 있는 영역을 제시하고 있다면 그러한 기준을 근거로 한 차별이나 그러한 영역에서의 차별에 대하여 엄격하게 심사하는 것이 정당화된다. 다음으로 차별적 취급으로 인하여 관련기본권에 중대한 제한을 초래하게 된다면 입법형성권은 축소되어 보다 엄격한 심사척도가 적용되어야 할 것이다. 그런데 가산점제도는 엄격한 심사척도를 적용하여야 하는 위 두 경우에 모두 해당한다. 헌법 제32조 제4항은 "여자의 근로는 특별한 보호를 받으며, 고용·임금 및 근로조건에 있어서 부당한 차별을 받지 아니한다"고 규정하여 "근로" 내지 "고용"의 영역에 있어서 특별히 남녀평등을 요구하고 있는데, 가산점제도는 바로 이 영역에서 남성과 여성을 달리 취급하는 제도이기 때문이고, 또한 가산점제도는 헌법 제25조에 의하여 보장된 공무담임권이라는 기본권의 행사에 중대한 제약을 초래하는 것이기 때문이다.

2. 국가유공자 가족의 가산점 제도(헌재 2006.02.23. 2004헌마675·981·1022병합) : **헌법불합치**
종전결정은 국가유공자와 그 가족에 대한 가산점제도는 모두 헌법 제32조 제6항에 근거를 두고 있으므로 평등권침해여부에 관하여 보다 완화된 기준을 적용한 비례심사를 하였으나, 국가유공자 본인의 경우는 별론으로 하고, 그 가족의 경우에는 위에서 본 바와 같이 헌법 제32조 제6항이 가산점제도의 근거라고 볼 수 없으므로 그러한 완화된 심사는 부적절한 것이다.

(8) **헌법에 의한 차별의 정당화**
정당의 특권, 국가유공자 등 우선취업권, 국회의원의 불체포, 면책특권, 대통령의 재임 기간 중 형사상 소추금지

(9) **헌법에 의한 권리제한**
대통령의 피선거권 연령제한, 공무원의 노동3권 제한, 군인·군무원의 군사재판, 군인 등의 배상청구권 금지 등

판례

평등원칙에 위반되지 않는다고 본 판례

1. 노동자들의 단결권, 단체교섭권, 단체행동권의 행사에 있어 제3자의 개입을 금지한 것(헌재 1990.01. 15. 89헌가103)
2. 한약업사의 허가 및 영업행위에 대하여 지역적 제한을 가한 것(헌재 1991.09.16. 89헌마231)
3. 사실상 노무에 종사하는 공무원에 대해서만 근로 3권을 보장하고 그 이외의 공무원들에 대하여는 근로 3권의 행사를 제한한 것(헌재 1992.04.28. 90헌바27)
4. 보증인 등을 정리계획인가에 따른 면책 등의 효력이 미치는 범위에서 제외한 것(헌재 1992.06.26. 91헌 가8)
5. 초・중등학교 교원에 대해서는 교육위원직 겸직을 금지하면서 대학교원에게는 겸직을 허용한 것(헌재 1993.07.29. 91헌마69)
6. 국가에게 제소시나 상소시에 인지첩부를 하지 않게 한 것(헌재 1994.02.24. 91헌가3)
7. 제1심 소장, 항소장 및 상고장에 붙여야 할 인지액에 차등을 두어 단계적으로 인지액을 인상하도록 규정한 것(헌재 1994.02.24. 93헌마10)
8. 국가유공자인 공상공무원에 국・공립학교 교원만을 포함시키고 사립학교교원을 포함시키지 아니한 것(헌재 2001.02.22. 2000헌마25)
9. 「형법」제35조가 누범을 가중처벌하는 것(헌재 1995.02.23. 93헌바43)

   통지판례 반복적인 절도죄의 누범을 가중처벌 하는 것은 죄형법정주의의 명확성원칙에 위반되지 않는다(헌재 2016.09.29. 2016헌바44).
10. 거주지에 따라 자녀를 학교에 입학시켜야 하는 것(헌재 1995.02.23. 91헌마204)
11. 뇌물죄의 가중처벌에 대한 법정형의 하한이 살인죄보다 무거운 것(헌재 1995.04.20. 93헌바40)
12. 구「군법무관 임용법」부칙 제3항 소정의 5년 복무기간을 본인의 귀책사유 여부를 불문하고 군법무관이 변호사의 자격을 취득하기 위해 요구하는 것(헌재 1995.06.29. 90헌바43)
13. 총포 등의 군용물절취행위를 총포 등이 아닌 군용물의 절취행위나 군용물이 아닌 일반 물건의 절취행위에 비하여 특히 중한 형벌을 규정하고 있는 것(헌재 1995.10.26. 92헌바45)
14. 회사정리제도의 목적상 신고기간 내에 신고하여 정리절차에 참가한 정리채권자와 신고하지 아니함으로써 정리절차에 참가하지 아니한 정리채권자의 권리내용에 차등을 두는 것(헌재 1996.01.25. 93헌바5)
15. 법인이 대도시 내에서 하는 부동산등기에 대하여 자연인이나 대도시 외의 법인이 하는 부동산등기에 비하여 상대적으로 높은 세율의 등록세를 부과하는 것(헌재 1996.03.28. 94헌바42)
16. 다른 전문직 종사자들과 달리 법무사에 대하여만 사무원의 수를 제한하는 규정을 둔 것(헌재 1996. 04.25. 95헌마331)
17. 소송물가액에 대하여 일정한 비율의 인지첩부를 요구하는 것(헌재 1996.10.04. 95헌가1)
18. 특수한 범죄구성요건에 해당되는 자에 한하여 예비만으로도 특별히 기수에 준하여 처벌하도록 규정하고 있는 「관세법」제182조 제2항(헌재 1996.11.28. 96헌가13)
19. 재개발조합의 임원을 공무원으로 의제하는 구「도시재개발법」제69조의 규정(헌재 1997.04.24. 96헌가3, 96헌바70(병합))

   통지판례 주택재개발 정비사업조합의 임원을 「형법」상 뇌물죄의 적용에 있어 공무원으로 의제하도록 한 구「도시 및 주거환경정비법」조항은 지나치게 무겁게 처벌하는 것이라고 볼 수 없다(헌재 2015.02.26. 2013헌바200).
20. 주택조합 중 지역조합과 직장조합의 조합원자격을 무주택자로 한정하는 것(헌재 1997.05.29. 94헌바5)

21. 독립유공자 본인에 대한 부가연금지급에 있어 그 공헌과 희생의 정도에 따라 차등을 두는 것(헌재 1997.06.26. 94헌마52)

22. 법인이 아닌 개인이 1가구당 1대를 초과하여 비영업용 승용차를 취득할 경우에 취득세와 등록세를 중과하도록 한 것(헌재 1998.05.28. 95헌바18)

23. 승객을 승객이 아닌 자와 차별하고 과실 있는 운행자와 과실 없는 운행자에게 다 같이 승객에 대한 무과실책임을 지게 한 것(헌재 1998.05.28. 96헌가4)

24. 「조세범처벌법」 제9조 제1항에 규정된 죄를 범한 자로서 연간 포탈세액이 2억원 이상 5억원 미만인 자 또는 5억원 이상인 자에 대하여 특히 가중 처벌하는 것(헌재 1998.05.28. 97헌바68)

25. 운수종사자가 운송수입금 전액을 사업자에게 납부하는 방법으로 하는 운송수입금의 관리제도를 일반택시운송사업영역에 한하여 그 적용을 강제한 것(헌재 1998.10.29. 97헌마345)

26. 주류·청량음료 제조업자 등 지하수를 사용하는 다른 경우와 달리 먹는 샘물 제조업자에 대해서만 수질개선부담금을 부과한 것(헌재 1998.12.24. 98헌가1)

27. 무한책임사원에 대하여 경영의 지배 여부 혹은 출자액의 다소와 상관없이 일률적으로 제2차 납세의 무를 부과한 것(헌재 1999.03.25. 98헌바2)

28. 관재담당공무원에 대하여 국유재산의 취득을 제한한 것(헌재 1999.04.29. 96헌바55)

29. 「공무원연금법」상 18세 이상으로서 폐질상태에 있지 않은 자는 유족의 범위에서 배제, 유족급여를 받을 수 없게 한 것(헌재 1999.04.29. 97헌마333)

30. 「특정경제범죄 가중처벌 등에 관한 법률」 제9조 제1항이 금융기관과 사인간의 소비임치계약에 대하여 사인간의 소비임치 내지 소비대차계약과 달리 형사상의 제재를 가한 것(헌재 1999.07.22. 98헌가3)

31. 군복무기간을 「공무원연금법」상 공무원의 재직기간에 산입함에 있어서, 장교 등의 경우에는 전투에 종사한 기간을 3배로 계산하여 합산하는데 반하여 병의 경우에는 이를 3배로 계산하지 않고 복무기간만 산입하도록 한 것(헌재 1999.09.16. 97헌바28)

32. 관광사업자 중 카지노사업자에 대하여만 납부금을 부과하고 있는 것(헌재 1999.10.21. 97헌바84)

33. 「상법」 제732조의2에 의할 경우 중대한 과실로 인한 보험사고를 일으킬 가능성이 없는 보험계약자에 대하여도 높은 보험료를 부담하게 하는 것(헌재 1999.12.23. 98헌가12 등)

34. 「정치자금법」은 후원회의 투명한 운영을 위한 상세한 규정을 두고 있어 지방의회의원의 염결성을 확보할 수 있고, 국회의원과 소요되는 정치자금의 차이도 후원 한도를 제한하는 등의 방법으로 규제할 수 있으므로, 후원회 지정 자체를 금지하는 것은 오히려 지방의회의원의 정치자금 모금을 음성화시킬 우려가 있다. 현재 지방의회의원에게 지급되는 의정활동비 등은 의정활동에 전념하기에 충분하지 않고, 지방의회는 유능한 신인정치인의 유입 통로가 되므로, 지방의회의원에게 후원회를 지정할 수 없도록 하는 것은 경제력을 갖추지 못한 사람의 정치입문을 저해할 수도 있다. 따라서 심판대상조항이 국회의원과 달리 지방의회의원을 후원회지정권자에서 제외하고 있는 것은 불합리한 차별로서 청구인들의 평등권을 침해한다(헌재 2022.11.24. 2019헌마528 등).

35. 직장·지역의료보험통합시 통합되는 보험자와 통합하는 보험자간의 적립금의 차이(헌재 2000.08.31. 98헌바27)

36. 의료업을 영위하는 법인 중 「민법」상 비영리법인만을 지방세의 면제 대상에서 제외하는 것(헌재 2001.01.18. 98헌바75·89, 99헌바89(병합))

37. 공무원시험에 있어 국가유공자와 그 유가족에 대한 가산점제도(헌재 2001.02.22. 2000헌마25)

38. 농·축협 임·직원의 수재 및 이들에 대한 증재행위에 대하여 일반사인의 경우와는 달리 처벌하는 것(헌재 2001.03.21. 99헌바72 등)

39. 사인이 감청설비를 제조·수입·판매 등을 하기 위해서는 정보통신부장관의 인가를 받도록 규정한 것(헌재 2001.03.21. 2000헌바25)

40. 지급거절될 것을 예견하고 수표를 발행한 사람이 그 수표의 지급제시기일에 수표금이 지급되지 아니하게 한 경우 수표의 발행인을 처벌하도록 규정한 것(헌재 2001.04.26. 99헌가13)

41. 일반 공상공무원의 경우 군인·경찰상이공무원과 달리 연금 및 사망일시금을 지급하지 않은 것(헌재 2001.06.28. 99헌바32)

42. 재직기간 통산제도를 신설하면서 1983년 이전에 퇴직일시금을 수령하고 퇴역한 군인들에 대해서는 신설된 재직기간 통산조항을 소급적용하지 못하도록 하는 부칙규정을 둔 것(헌재 2002.02.28. 2000헌바69)

43. 「형법」 제259조 제2항이 직계존속에 대한 형을 가중하도록 한 것(헌재 2002.03.28. 2000헌바53)

44. 수형자의 가석방 결정시 준법서약서를 제출하도록 한 것(헌재 2002.04.25. 98헌마425)

45. 일부 선거구에서 시와 군이 하나의 선거구에 속하도록 한 것(헌재 2002.08.29. 2002헌마4)

46. 요양기관 강제지정제(헌재 2002.10.31. 99헌바76)

47. 법관의 정년을 직위에 따라 순차적으로 낮게 차등하게 설정한 것(헌재 2002.10.31. 2001헌마557)

48. 의무사관후보생의 병적에서 제외된 사람의 징집면제연령을 31세에서 36세로 상향조정함에 따라 이해관계자들의 실질적인 법률관계가 달라진 것(헌재 2002.11.28. 2002헌바45)

49. 정부관리기업체 간부직원은 공무원이 아님에도 직무와 관련한 수재행위에 관하여 공무원으로 의제하여 「형법」상 공무원에 해당하는 뇌물죄로 처벌하는 것(헌재 2002.11.28. 2000헌바75)

50. 공무원의 명예퇴직수당에 대한 퇴직소득공제율은 100분의 75로 되어 있으면서 공무원 아닌 자의 명예퇴직수당에 대해서는 100분의 50의 퇴직소득공제율을 규정한 것(헌재 2002.12.18. 2001헌바55)

51. 대통령령이 정하는 최대주주 또는 최대출자자 및 그와 특수관계에 있는 주주 또는 출자자의 주식 및 출자지분에 대하여는 통상의 방법으로 평가한 주식 등의 가액에 그 100분의 10을 가산하여 평가하도록 한 것(헌재 2003.01.30. 2002헌바65)

52. 병으로 의무복무를 마친 후 자원하여 장교로 임관하여 복무한자가 예비역 병이 아니라 예비역 장교로 취급되어 예비군훈련기간이 길어진 것(헌재 2003.03.27. 2002헌바35)

53. 국가유공자의 상이등급에 따라서 기본연금지급에 차등을 두는 것(헌재 2003.05.15. 2002헌마90)

54. 국외 대학에 취학한 국가유공자의 자녀를 수혜의 범위에서 배제하고 있는 것(헌재 2003.05.15. 2001헌마565)

55. 휴직자도 직장가입자의 자격을 유지함을 전제로 기존의 보험료 부담을 그대로 지우고 있는 것(헌재 2003.06.26. 2001헌마699)

56. 산업재해보상보험의 적용제외사업을 정함으로 인해 현 단계에서 일정 범위의 사업이 「산업재해보상보험법」의 적용을 받지 못한 것(헌재 2003.07.24. 2002헌바51)

57. 참전명예수당을 신설하면서 국가 재정부담을 고려하여 70세 이상 참전유공자에게만 지급하도록 한 것(헌재 2003.07.24. 2002헌마522 등)

58. 형사책임이 면제되는 소년의 연령을 14세로 한 것(헌재 2003.09.25. 2002헌마533)

59. 국가공무원 7급 시험에서 기능사 자격증에는 가산점을 주지 않고 기사 등급 이상의 자격증에는 가산점을 주도록 한 것(헌재 2003.09.25. 2003헌마30)

60. 직장가입자와 지역가입자의 보험료 부과기준을 달리 하고 있는 것(헌재 2003.10.30. 2000헌마801)

61. 임용결격공무원 또는 당연퇴직공무원을 특별채용할 경우 종전의 사실상 근무기간을 경력으로 인정하지 아니하도록 한 것(헌재 2004.04.29. 2003헌바64)

62. 특별채용된 모든 당연퇴직공무원에 대하여 일률적으로 경력 및 호봉을 불산입하도록 한 규정이 '선고유예'를 받은 경우를 달리 취급하지 않음으로써 당연퇴직사유의 경중을 고려하지 않은 것(헌재 2004.06.24. 2003헌바111)

63. 대통령선거소송의 경우에는 다른 비재산권에 관한 소송보다 많은 인지액을 첨부하도록 한 것(헌재 2004.08.26. 2003헌바20)

64. 통상 31세가 되면 입영의무 등이 감면되나 해외체제를 이유로 병역연기를 한 사람에게는 36세가 되어야 이에 해당되도록 한 것(헌재 2004.11.25. 2004헌바15)

65. 수용자에게 의료급여를 정지한 것(헌재 2005.02.24. 2003헌마31 등)

66. 행정기관의 장이나 일반 공무원과 달리 지방자치단체의 장에게만 권한대행사유를 둔 것(헌재 2005.05.26. 2002헌마699 등)

67. 기존의 의료유사업자 이외의 자에게는 침구시술 등의 행위를 금한다고 한 것(헌재 2005.05.26. 2003헌바86)

68. 독거수용 중인 청구인이 TV시청을 제한받게 되어 혼거실 수용자 등 다른 수용자들과 차별적인 처우가 이루어진 것(헌재 2005.05.26. 2004헌마571)

69. 공상 군인의 아들에게는 병역혜택을 부여하면서 공상 공무원의 아들에게는 병역혜택을 부여하지 아니하는 것(헌재 2005.09.29. 2004헌마804)

70. 경찰공무원과 비교하여 소방공무원이 순직군경으로 예우받을 수 있는 사유를 좁게 제한하는 것(헌재 2005.09.29. 2004헌바53)

71. 정당에 국고보조금을 배분함에 있어 교섭단체의 구성여부에 따라 차등을 두는 것(헌재 2006.07.27. 2004헌마655)

72. 사립학교 교·직원 가운데 교원에 대해서만 명예퇴직수당의 지급 근거를 두고 사무직원에 대하여는 이에 대한 법적근거를 두지 않고 학교의 정관 또는 규칙으로 정하도록 구별한 것(헌재 2007.04.26. 2003헌마533)

73. 교육의 지역적 불균형을 해소하고 지역교육의 균등한 비전과 지역실정에 맞는 교육정책을 수행하기 위하여 교사를 충원함에 있어 사범대학의 졸업자가 자기가 졸업한 사범대학이 있는 지역의 교원임용시험에 응시하는 경우에 가산점을 주어 우수한 인력을 확보할 수 있게 하되 그 가산점의 정도가 다른 지역의 사범대학을 졸업한 응시자의 교원임용을 어렵게 할 정도로 과도하지 않는 경우(헌재 2007.12.27. 2005헌가11)

74. 상속인들 중 누구라도 제사주재자가 되는 자에게 제사용 재산을 승계할 수 있도록 정하는 것(헌재 2008.02.28. 2005헌바7)

75. 「특정범죄 가중처벌 등에 관한 법률」에서 미성년자를 약취유인한 자에 대해 유사범죄보다 법정형을 높게 규정한 것(헌재 2009.02.26. 2008헌바9)

76. 「공직선거법」상 중증장애인의 선거운동을 위하여 선거운동원 추가 등을 배려하지 않고 일률적으로 선거운동을 제한한 것(헌재 2009.02.26. 2006헌마626. 5인의 반대의견 있음)

77. 전공별로 그리고 출신대학별로 로스쿨의 입학정원을 3분의 1의 비율을 기준으로 제한하는 것(헌재 2009.02.26. 2007헌마1262)

78. 집행유예에 비하여 선고유예의 실효사유를 넓게 규정한 「형법」제61조 제1항(헌재 2009.03.26. 2007헌가19)

79. 군인연금 중 퇴역연금에 관해 전액 압류를 금지하고 있는 것(헌재 2009.07.30. 2007헌바139)

80. 「형법」제73조 제1항이 "형기에 산입된 판결선고 전 구금의 일수는 가석방에 있어서 집행을 경과한 기간에 산입한다"라고만 규정하고, 사형판결 확정 후 무기징역형으로 감형된 자의 사형집행 대기기간을 무기수의 가석방에 있어서 집행을 경과한 기간에 산입한다는 규정을 두지 않는 것(헌재 2009.10.29. 2008헌마230)

81. 금고 이상의 형의 집행유예를 선고받고 그 기간이 경과한 후 2년을 경과하지 아니한 자는 변호사가 될 수 없다고 규정한 것(헌재 2009.10.29. 2008헌마432)

82. 변호사의 자격을 가진 자에게 변리사 자격을 주는 것과 특허청 경력공무원에게 변리사시험의 일부를 면제해 주는 것(헌재 2010.02.25. 2007헌마956)

83. 선거운동기간 전의 선거운동을 금지하면서 다만 후보자와 후보자가 되고자 하는 자가 자신이 개설한 인터넷 홈페이지를 이용하여 선거운동을 하는 것은 예외로 인정하는 것(헌재 2010.06.24. 2008헌바169)

84. 「군형법」이 동성 간의 성적 행위(계간)만을 금지하고 이를 위반한 경우 형사처벌하는 것(헌재 2011.03.31. 2008헌가21)

   통지판례 계간에 이르지 아니한 그 밖의 추행을 형사처벌하도록 한 구 「군형법」 제92조의5 중 '그 밖의 추행'에 관한 부분은, 죄형법정주의의 명확성원칙과 평등원칙에 위반되지 않으며 과잉금지원칙에 반하여 군인의 성적자기결정권, 사생활의 비밀과 자유, 신체의 자유를 침해하지 않는다(헌재 2016.07.28. 2012헌바258).

85. 비례대표시·도의회의원후보자에게 사전선거운동, 선거벽보 빛 선거공보 작성, 공개 대담·연설을 허용하지 않는 것(헌재 2011.03.31. 2010헌마314)

86. 지역구국회의원선거에서 구·시·군선거방송토론위원회가 개최하는 대담·토론회의 초청자격을 일정한 자격의 후보자로 제한하는 것(헌재 2011.05.26. 2010헌마451)

87. 종합전문요양기관은 다른 의료기관과 달리 산재보험 의료기관으로 당연지정되도록 한 것(헌재 2011.06.30. 2008헌마595)

88. 수사경력자료의 보존 및 보존기관을 정하면서도 범죄경력자료의 삭제에 대해 규정하지 않은 것(헌재 2012.07.26. 2010헌마446)

89. 소년심판절차에서 검사의 상소권을 인정하지 않은 것(헌재 2012.07.26. 2011헌마232)

90. 지역가입자의 보험료를 산정할 때 직장가입자와는 다른 기준을 적용하도록 한 것(헌재 2013.07.25. 2010헌바51)

91. 원칙적으로 3년 이상 혼인 중인 부부만 친양자 입양을 할 수 있도록 하고 독신자는 친양자 입양을 할 수 없도록 한 것(헌재 2013.09.26. 2011헌가42)

92. 초·중등학교 교원의 정당가입은 금지하면서 대학교원은 허용하는 것(헌재 2014.03.27. 2011헌바42)

93. 변호사시험 합격자의 6개월 실무수습 기간 중 단독 법률사무소 개설과 수임을 금지한 것(헌재 2014.09.25. 2013헌마424)

94. 「국민연금과 직역연금의 연계에 관한 법률」의 공포일 전에 공무원연금 등 직역연금에서 국민연금으로 이동한 경우를 소급적인 연계신청의 허용대상에 포함시키지 않은 「국민연금과 직역연금의 연계에 관한 법률」 부칙 조항은 평등권과 인간다운 생활을 할 권리를 침해하지 않는다(헌재 2015.02.26. 2013헌바419).

95. 업무상과실치상죄를 범하고도 피해자를 구호하지 아니한 채 도주한 전기자전거 운전자를 처벌하는 「특정범죄 가중처벌 등에 관한 법률」 제5조의3 제1항 제2호 중 '원동기장치자전거' 가운데 「도로교통법」 제2조 제19호 나목의 정격출력 0.59킬로와트 미만의 원동기를 단 차' 부분이, 일반자전거의 도주행위를 「도로교통법」상 사고 후 미조치죄가 5년 이하의 징역 또는 1천 500만 원 이하의 벌금형으로 처벌하는 것과 비교하여 전기자전거의 도주행위를 1년 이상의 징역 또는 500만 원 이상 3천만 원 이하의 벌금형으로 처벌하는 것은 합리적인 이유가 있는 것으로 평등원칙에 위배되지 않는다(헌재 2016.02.25. 2013헌바113).

96. 상속재산도 등기부취득시효의 대상으로 삼고, 점유취득시효에 관하여 규정한 「민법」 제245조 제1항에 비하여 취득시효기간을 짧게 규정한 것에는 합리적인 이유가 있으므로, 평등원칙에 위배된다고 할 수도 없다(헌재 2016.02.25. 2015헌바257).

97. 아동·청소년 성매수죄로 유죄가 확정된 자는 신상정보 등록대상자가 되도록 규정한 것은 개인정보자기결정권 및 평등권을 침해하지 않는다(헌재 2016.02.25, 2013헌마830).

98. 성매매를 형사처벌하여 성매매 당사자(성판매자와 성구매자)의 성적 자기결정권, 사생활의 비밀과 자유 및 성판매자의 직업선택의 자유를 제한하고 있으나 과잉금지원칙에 위반되지 않으며, 불특정인에 대한 성매매만을 금지대상으로 규정하고 있는 것이 평등권을 침해한다고 볼 수도 없다(헌재 2016.03.31, 2013헌가2).

99. 퇴직한 공무원·군인 또는 사립학교교직원이 공무원으로 임용된 경우에는 본인이 원하는 바에 따라 종전의 해당 「연금법」에 따른 재직기간 또는 복무기간을 「공무원연금법」상 재직기간에 합산할 수 있도록 한 조항은 명확성 원칙에 위반되지 않으며, 위 조항이 재직 중인 공무원에게만 재직기간 합산신청을 할 수 있도록 하였다 하더라도 재산권으로서 공무원연금 수급권이나 평등권을 침해한 것은 아니다(헌재 2016.03.31, 2015헌바18).

100. 금융회사 등 임직원의 직무에 관한 알선수재를 형사처벌함으로써 이를 금지하는 조항은, 죄형법정주의의 명확성 원칙에 위배되지 않고, 과잉금지원칙에 위배되어 일반적 행동자유권 또는 직업수행의 자유를 침해하지 않으며, 평등원칙에도 위배되지 않는다(헌재 2016.03.31, 2015헌바197).

101. 고용 허가를 받아 국내에 입국한 외국인근로자의 출국만기보험금을 출국 후 14일 이내에 지급하도록 한 것은 근로의 권리와 평등권을 침해하지 않는다(헌재 2016.03.31, 2014헌마367).

102. 부정청탁금지조항과 금품수수금지조항 및 신고조항과 제재조항은 전체 민간부문을 대상으로 하지 않고 그런데 이들 조항이 청구인들의 일반적 행동자유권 등을 침해하지 않는 이상, 민간부문 중 우선 이들만 '공직자 등'에 포함시킨 입법자의 결단이 자의적 차별이라 보기는 어렵다. 따라서 사립학교 관계자와 언론인 못지 않게 공공성이 큰 민간분야 종사자에 대해서 「청탁금지법」이 적용되지 않는 사립학교 관계자와 언론인만 '공직자 등'에 포함시켜 공직자와 같은 의무를 부담시키고 있다는 이유만으로 부정청탁금지조항과 금품수수금지조항 및 신고조항과 제재조항이 청구인들의 평등권을 침해한다고 볼 수 없다(헌재 2016.7.28, 2015헌마236).

103. 임차인의 파산관재인이 임대차계약을 해지한 경우 임대인의 손해배상청구를 제한하고 있는 「민법」 조항은 재산권을 침해하지 않으며, 평등원칙에 위배되지 않는다(헌재 2016.09.29, 2014헌바292).

104. 숙박업을 하고자 하는 자에게 신고의무를 부과하고 이를 이행하지 아니한 자를 형사처벌하도록 규정하고 있는 것은 명확성 원칙과 평등원칙에 위반되지 않으며, 직업선택의 자유를 침해하지 않는다(헌재 2016.09.29, 2015헌바121).

105. 반의사불벌죄에서 처벌희망의사표시 철회의 효력을 인정하여 공소기각판결사유로 삼는 대신 그 시한을 제1심 판결선고 전까지로 제한한 것은 평등원칙에 위배되지 않는다(헌재 2016.11.24, 2014헌바451).

106. 「국민건강보험법」상 직장가입자와 지역가입자의 보험료 산정기준 및 방식을 달리 정하여, 지역가입자에 대한 보험료 산정·부과시 소득 외에 재산 등의 요소를 추가적으로 고려하는 것은 헌법상 평등원칙에 위반된다고 할 수 없다(헌재 2016.12.29, 2015헌바199).

107. 흉기휴대 또는 2인 이상의 합동에 의한 특수강도죄를 범한 자가 강제추행의 죄를 범한 때에는 사형·무기 또는 10년 이상의 징역에 처하도록 한 것은, 비례원칙과 평등원칙에 위반되지 않는다(헌재 2016.12.29, 2016헌바258).

108. 「여객자동차 운수사업법」은 2009. 11. 28. 이후 면허를 받은 개인택시운송사업의 상속을 금지하고 있었으나, 2015. 6. 22. 개정·시행으로 관할 지방자치단체가 조례로 허용하는 경우에 한하여 그 상속이 가능하도록 하였다. 이러한 위임에 근거하여 고양시는 2015. 11. 10. 조례를 제정하여 2009. 11. 28. 이후 면허를 받은 개인택시운송사업의 상속을 허용하되 2015. 6. 22. 이후 최초로 개인택시 운송사업의 상속이 성립하는 경우부터 적용하도록 소급범위를 제한하고 있는 바 이는 평등권을 침해하지 않는다(헌재 2017.05.25, 2015헌마1110).

109. 가족 중 순직자가 있는 경우의 병역감경 대상에서 재해사망군인의 가족을 제외하고 있는 「병역법」 시행령 제130조 제4항 후단 중 순직자 부분은 청구인의 평등권을 침해하지 않는다(헌재 2019.07.25. 2017헌마323).

    「국가유공자 등 예우 및 지원에 관한 법률」(이하 「국가유공자법」이라 한다)상의 순직군인 등은 국가의 수호·안전보장 또는 국민의 생명·재산 보호와 직접적인 관련이 있는 직무수행이나 교육훈련 중에 순직한 자로서, 「보훈보상자법」상의 재해사망군인에 비하여 국가에 공헌한 정도가 더 크고 직접적이다. 따라서 순직군인 등에 대하여는 재해사망군인과 구별되는, 그에 합당한 예우와 보상을 할 필요가 있고, 이에 「국가유공자법」과 「보훈보상자법」에서는 그 구체적인 보상이나 지원에 대하여 달리 정하고 있다. 병역감경제도 역시 국가유공자를 대상으로 하여, 국가유공자에 대한 예우와 지원의 차원에서 이루어지는 것이므로, 심판대상조항에서 양자를 달리 취급하는 것이다. 특정인의 병역감경은 그의 병역부담을 다른 이에게 전가하는 결과를 가져오므로, 병역감경 대상자를 설정할 때에는 합리적인 기준에 따라 그 범위를 최소화할 필요가 있다. 따라서 심판대상조항은 청구인의 평등권을 침해하지 않는다.

110. 의료인으로 하여금 둘 이상의 의료기관 운영을 금지한 「의료법」 제33조 제8항 본문 중 '운영' 부분 및 이를 위반한 자를 처벌하는 구 「의료법」 제87조 제1항 제2호 중 제33조 제8항 본문 가운데 '운영' 부분이 헌법에 위반되지 않는다(헌재 2019.08.29. 2014헌바212).

111. 금융회사 등 임직원이 그 직무에 관하여 금품 등을 수수·요구·약속한 경우 형사처벌 하도록 정하고 있는 「특정경제범죄 가중처벌 등에 관한 법률」 제5조 제1항에 대하여 재판관 전원일치 의견으로 헌법에 위반되지 아니하고 수수액이 1억 원 이상인 경우 가중처벌 하도록 하는 구 「특정경제범죄 가중처벌 등에 관한 법률」 제5조 제4항 제1호에 대하여 재판관 4 : 5의 의견으로 헌법에 위반되지 아니한다(헌재 2020.03.26. 2017헌바129 등)

112. 환각물질을 섭취·흡입한 자에 대한 벌금형을 「마약류 관리에 관한 법률」상 제2조 제3호 가목 향정신성의약품 원료식물 흡연·섭취에 따른 벌금형과 같게 규정한 것이 형벌체계상 균형을 상실하여 평등원칙에 위반되지 않는다(헌재 2021.10.28. 2018헌바367).6. 2017헌바129). ⇨ 합헌

113. 현역병, 지원에 의하지 아니하고 임용된 부사관, 방위, 상근예비역, 보충역 등의 복무기간과는 달리 사관생도의 사관학교 교육기간을 연금 산정의 기초가 되는 군 복무기간으로 산입할 수 있도록 규정하지 아니한 구 「군인연금법」 제16조 제5항이 청구인들의 평등권을 침해하지 않는다(헌재 2022. 06.30. 2019헌마150).

판례

평등원칙에 위반된다고 본 판례

1. 국가를 상대로 하는 재산권의 청구에 관하여는 가집행의 선고를 할 수 없다고 한 것(헌재 1989.01.25. 88헌가7)

    통지판례 국가를 상대로 한 당사자소송에는 가집행선고를 할 수 없도록 규정하고 있는 「행정소송법」 제43조는 국가가 당사자소송의 피고인 경우 가집행의 선고를 제한하여, 국가가 아닌 공공단체 그 밖의 권리주체가 피고인 경우에 비하여 합리적인 이유 없이 차별하고 있으므로 평등원칙에 반한다(헌재 2022.02.24. 2020헌가12).

2. 금융기관의 연체대출금에 관한 경매절차에 있어서 합리적 근거없이 금융기관에게 우월한 지위를 부여하는 「금융기관의 연체대출금에 관한 특별조치법」 제5조의2(헌재 1989.05.24. 89헌가37)

3. 판사·검사·군법무관 또는 경찰공무원의 재직기간이 통산하여 15년에 달하지 아니한 자는 변호사의 개업신고 전 2년 이내의 근무지가 속하는 지방법원의 관할구역 안에서는 퇴직한 날로부터 3년간 개업할 수 없게 한 것(헌재 1989.11.20. 89헌가102)

4. 국·공립사범대학 등 출신자를 교육공무원인 국·공립학교 교사로 우선하여 채용하도록 규정한 것(헌재 1990.10.08. 89헌마89)

5. 시·도의회의원 후보자에게 700만 원의 기탁금을 요구하는 것(헌재 1991.03.11. 91헌마21)

6. 국유잡종재산에 대한 시효취득을 부인하는 「국유재산법」 제5조 제2항(헌재 1991.05.13. 89헌가97)

7. 과실로 사람을 치상하게 한 자가 구호행위를 하지 아니하고 도주하거나 고의로 유기함으로써 치사의 결과에 이르게 한 경우에 살인죄와 비교하여 그 법정형을 더 무겁게 한 것(헌재 1992.04.28. 90헌바24)

8. 법인의 경영을 사실상 지배하거나 당해 법인의 발행주식 총액의 100분의 51 이상의 주식에 관한 권리를 실질적으로 행사하는지 여부에 관계없이 과점주주 중 주식을 가장 많이 소유한 자와 서로 도와서 일상생활비를 공통으로 부담한다는 이유만으로 일률적으로 제2차 납세의무를 지우는 것(헌재 1998.05.28. 97헌가13).

9. 제대군인에 대한 가산점제도(헌재 1999.12.23. 98헌마363)

10. 정당행위에 해당하므로 '죄가 안됨' 처분을 하였어야 함에도 수사를 미진하여 일부 인정되는 폭행사실만으로 범죄혐의를 인정하여 각 기소유예처분한 것(헌재 2000.01.27. 99헌마481)

11. 상소제기기간 중의 시간의 소비에 대해 불이익을 주는 것(헌재 2000.07.20. 99헌가7)

12. 생전에 등록신청을 하지 않은 일부 사람에 대하여 그들이 고엽제후유증으로 사망한 것인지 여부를 판정받을 기회를 배제한 것(헌재 2001.06.28. 99헌마516)

13. 정부수립 이전 이주동포를 「재외동포법」의 적용대상에서 제외한 것(헌재 2001.11.29. 99헌마494)

14. 약사들로만 구성된 법인에게 약국을 개설할 수 없게 함으로써 약사에게는 법인을 구성하여 업무를 수행할 수 없도록 한 것(헌재 2002.09.19. 2000헌바84)

15. 전통사찰의 경내지 등에 대한 모든 유형의 소유권변동이 전통사찰을 훼손할 수 있음에도 불구하고, 다른 소유권변동원인과 달리 '공용수용'으로 인한 소유권변동에 대해서는 아무런 규제를 하지 아니한 것(헌재 2003.01.30. 2001헌바64)

16. 지방자치단체의 장으로 하여금 당해 지방자치단체의 관할구역과 같거나 겹치는 선거구역에서 실시되는 지역구 국회의원선거에 입후보하고자 하는 경우에 당해 선거의 선거일 전 180일까지 그 직을 사퇴하도록 하는 경우(헌재 2003.09.25. 2003헌마106)

17. 「특정범죄 가중처벌 등에 관한 법률」이 매수와 판매목적소지의 마약사범만을 가중하는 경우(헌재 2003.11.27. 2002헌바24)

18. 미결수용자 중 「군행형법」의 적용을 받는 자의 면회횟수를 「행형법」의 적용을 받는 자에 비하여 주 2회로 감축한 경우(헌재 2003.11.27. 2002헌마193)

19. 국·공립학교의 교사시험에서 국가유공자의 가족에게 10%의 가산점을 주는 경우(헌재 2006.02.23. 2004헌마675 등)

20. 교원징계 재심위원회의 재심결정에 대하여 재심청구를 한 교원만 행정소송을 제기할 수 있을 뿐, 학교법인은 이를 제기할 수 없도록 한 것(헌재 2006.02.23. 2005헌가7등. 종전 평등원칙에 위배되지 않는다고 한[헌재 1998.07.16. 95헌바19 등]의 판례에 변경)

21. 의사와 한의사의 면허를 모두 가진 복수면허의 의료인에 대하여 교차 또는 순차적으로 이루어지는 양방 및 한방 의료행위를 할 수 없게 하거나, 진찰과 같이 국민 건강에 대한 안정성에 문제가 없는 영역에 이르기까지 무차별적으로 양·한방 의료행위의 결합을 금지하는 등과 같이 복수의 면허를 가진 의료인들을 단수의 면허를 가진 의료인들과 동등하게 취급하는 것(헌재 2007.12.27. 2004헌마1021)

22. 고급오락장에 대한 취득세 중과세율을 규정한 구「지방세법」제112조 제2항 제4호를 고급오락장으로 사용할 목적이 없는 취득의 경우에도 적용하는 것(헌재 2009.09.24. 2007헌바87)

23. 파산절차에서 구「독점규제 및 공정거래에 관한 법률」에 의한 과징금 및 가산금 채권을 특별히 취급하여 다른 일반파산채권보다 국가가 먼저 변제받게 하는 것(헌재 2009.11.26. 2008헌가9)

24. 「민법」이 중혼의 취소청구권자를 규정하면서 직계비속을 제외한 것(헌재 2010.07.29. 2009헌가8)

25. 고엽제후유의증환자가 사망한 때에도 유족에게 교육지원과 취업지원을 한다는 내용으로 법률을 개정하면서 그 부칙에서 법률 시행일 이전에 사망한 고엽제후유의증환자의 유족을 제외한 것(헌재 2011.06.30. 2008헌마715)

26. 1983년 이후 출생한 A형 혈우병 환자에 한하여 유전자재조합제제에 대한 요양급여를 인정하는 보건복지가족부고시(헌재 2012.06.27. 2010헌마716)

27. 독립유공자의 손자녀 1명에게만 보상금을 지급하도록 하면서 독립유공자의 선순위 자녀의 자녀에 해당하는 손자녀가 2명 이상인 경우에는 나이가 많은 손자녀를 우선하도록 규정한 것(헌재 2013.10.24. 2012헌마190)

28. 6·25 전몰군경자녀에게 6·25 전몰군경자녀수당을 지급하면서 그 수급권자를 6·25 전몰군경자녀 중 1명에 한정하고, 그 1명도 나이가 많은 자를 우선하도록 정한 ① 구「국가유공자 등 예우 및 지원에 관한 법률」제16조의3 제1항 본문 중 '자녀 중 1명'에 한정하여 6·25 전몰군경자녀수당을 지급하도록 한 부분 및 '제13조 제2항 제1호에 따른 선순위인 사람' 부분 가운데 '나이가 많은' 자녀에게 6·25 전몰군경자녀수당을 지급하도록 한 부분, ②「국가유공자 등 예우 및 지원에 관한 법률」제16조의3 제1항 본문 중 '자녀 중 1명'에 한정하여 6·25 전몰군경자녀수당을 지급하도록 한 부분 및 '제13조 제2항 제3호에 따른 선순위인 사람' 부분 가운데 '나이가 많은' 자녀에게 6·25 전몰군경자녀수당을 지급하도록 한 부분은 헌법에 합치되지 아니한다(헌재 2021.03.25. 2018헌가6).

29. 지역구 국회의원 선거구획정에 있어서 선거구간 인구편차가 2 : 1 이상인 경우(헌재 2014.10.30. 2012헌마190).

30. 별도의 가중적 구성요건의 표지를 규정하지 않은 채「형법」조항들과 똑같은 구성요건을 규정하면서 법정형만 상향 조정한 심판대상조항은「형사특별법」으로서 갖추어야 할 형벌체계상의 정당성과 균형을 잃어 평등원칙에 위반된다(헌재 2015.09.24. 2014헌바154)(단, 명확성원칙 위반은 아님).

31. 어떤 유형의 범죄에 대하여 특별히 형을 가중할 필요가 있는 경우라 하더라도, 그 가중의 정도가 통상의 형사처벌과 비교하여 현저히 형벌체계상의 정당성과 균형을 잃은 것이 명백한 경우에는 인간의 존엄성과 가치를 보장하는 헌법의 기본원리에 위배될 뿐 아니라 법의 내용에 있어서도 평등원칙에 반하는 위헌적 법률이 되는바, 상습절도범과 상습장물취득범을 가중처벌한「특정범죄 가중처벌 등에 관한 법률」제5조의4 제1항, 4항 등 관련 조항은 별도의 가중적 구성요건표지를 규정하지 않은 채「형법」조항과 똑같은 구성요건을 규정하면서 법정형만 상향 조정하여「형사특별법」으로서 갖추어야 할 형벌체계상의 정당성과 균형을 잃어 인간의 존엄성과 가치를 보장하는 헌법의 기본원리에 위배될 뿐만 아니라 그 내용에 있어서도 평등의 원칙에 위반된다(헌재 2015.02.26. 2014헌가16).

32. 1991년 개정 「농어촌의료법」이 시행되기 이전에 공중보건의사로 복무한 사람도 병역의무의 이행으로써 보건의료업무에 종사한 것임에도, 군의관(재직기간 합산, 「사학연금법」 제32조) 또는 현역병 등(재직기간 산입, 심판대상조항)으로 복무한 사람들과 달리 그 복무기간을 사립학교 교직원의 재직기간에 산입하도록 규정하지 않은 것은 합리적 이유가 없는 차별로서 평등원칙에 위반되어 헌법에 합치되지 않는다(헌재 2016.02.25. 2015헌가15).

33. 사업주가 제공한 교통수단을 이용하는 등 사업주의 지배관리 아래 출퇴근하다가 발생한 사고만 업무상 재해로 인정하는 「산업재해보상보험법」 조항은, 합리적 이유 없이 비혜택근로자에게 경제적 불이익을 주어 자의적으로 차별하는 것이므로, 헌법상 평등원칙에 위배되어 헌법에 합치되지 않는다(헌재 2016.09.29. 2014헌바254).

34. 업무상 재해에 통상의 출퇴근 재해를 포함시키는 개정 법률조항을 이 법 시행 후 최초로 발생하는 재해부터 적용하도록 하는 「산업재해보상보험법」 부칙 제2조 중 '제37조의 개정규정'에 관한 부분이 헌법에 합치되지 않는다(헌재 2019.09.26. 2018헌바218).

35. 헌법재판소가 "공무상 질병 또는 부상으로 퇴직 이후에 폐질상태가 확정된 군인에 대하여 상이연금 지급에 관한 규정을 두지 아니한 것은 헌법에 합치되지 않는다"라는 취지의 헌법불합치결정을 한 후, 개정된 「군인연금법」 조항은 '군인이 퇴직 후에 공무상 질병 또는 부상으로 인하여 폐질 또는 장애 상태가 된 때'에도 상이연금을 지급하도록 하고 있으나, 신법 조항을 소급하여 적용한다는 경과규정을 두지 않아 퇴직 후 신법 조항 시행일 전에 장애 상태가 확정된 군인에 대하여 상이연금을 지급하지 않은 것은 평등원칙에 위반되어 헌법에 합치되지 않는다(헌재 2016.12.29. 2015헌바208).

36. 소년범 중 형의 집행이 종료되거나 면제된 자에 한하여 자격에 관한 법령의 적용에 있어 장래에 향하여 형의 선고를 받지 아니한 것으로 본다고 규정한 구 「소년법」 제67조 및 현행 「소년법」 제67조가 집행유예보다 중한 실형의 집행이 종료되거나 면제된 경우에는 자격에 제한을 두지 않고 있으면서 집행유예를 선고받은 경우에는 아무런 규정을 두지 아니하여 결과적으로 공무원 등으로 임용될 수 없도록 함으로써, 불합리한 차별을 야기하고 있다. 따라서 집행유예를 선고받은 소년범을 합리적 이유 없이 차별하여 평등원칙에 위반된다(헌재 2018.01.25. 2017헌가7).

37. 보훈보상대상자의 부모에 대한 유족보상금 지급 시 수급권자를 1인에 한정하고 나이가 많은 자를 우선하도록 규정한 「보훈보상대상자 지원에 관한 법률」 제11조 제1항 제2호 중 '부모 중 선순위자 1명에 한정하여 보상금을 지급하는 부분', 같은 법 제12조 제2항 제1호 중 '부모 중 나이가 많은 사람을 우선하는 부분'이 국가의 재정부담능력의 한계를 이유로 하여 부모 1명에 한정하여 보상금을 지급하도록 하면서 어떠한 예외도 두지 않은 것에는 합리적 이유가 있다고 보기 어렵다(헌재 2018.06.28. 2016헌가14).

38. 활동지원급여 신청자격을 제한하는 「장애인활동 지원에 관한 법률」 제5조 제2호 본문 중 「노인장기요양보험법」 제2조 제1호에 따른 노인 등' 가운데 '65세 미만의 자로서 치매·뇌혈관성질환 등 대통령령으로 정하는 노인성 질병을 가진 자'에 관한 부분이 65세 미만의 혼자서 일상생활과 사회생활을 하기 어려운 장애인 가운데 치매·뇌혈관성질환 등 「노인장기요양보험법」 시행령에서 규정한 노인성 질병을 가진 사람을 일률적으로 활동지원급여 신청자격자에서 제외하는 것은 불합리한 차별로서 평등원칙에 위배하여 헌법에 합치되지 아니한다(헌재 2020.12.23. 2017헌가22).

39. 외국거주 외국인유족의 퇴직공제금 수급 자격을 인정하지 아니하는 구 「건설근로자의 고용개선 등에 관한 법률」 제14조 제2항 중 구 「산업재해보상보험법」 제63조 제1항 가운데 '그 근로자가 사망할 당시 대한민국 국민이 아닌 자로서 외국에서 거주하고 있던 유족은 제외한다'를 준용하는 부분이 합리적 이유 없이 '외국거주 외국인유족'을 '대한민국 국민인 유족' 및 '국내거주 외국인유족'과 차별하는 것이므로 평등원칙에 위반된다(헌재 2023.03.23. 2020헌바471).

제2절 자유권적 기본권

제1항 인신의 자유권

1. 생명권

(1) 의의

생명에 대한 모든 형태의 국가적 침해를 방어하는 권리이다.

(2) 헌법적 근거

① 인간의 존엄성 규정(제10조), 신체의 자유(제12조), 헌법에 열거되지 아니한 권리(제37조 제1항) 등

② 헌법재판소는 생명권을 명문규정의 유무와 무관하게 당연히 인정되는 헌법상의 권리로 보고 있다(헌재 1996.11.28. 95헌바1).

(3) 내용

국가목적을 위한 생명침해를 받지 않을 권리와 제3자의 침해로부터 생명권보호를 청구할 권리이다.

(4) 사형제도 위헌여부

① 학설

	합헌설	위헌설
헌법 제110조 제4항 단서가 근거인지 여부	적극	소극
생명권의 법률유보 가부	적극	소극
본질적 내용에 대한 학설	상대설	절대설
과잉금지원칙과 본질적 내용침해금지원칙에 반하는지 여부	소극	적극

② 판례

㉠ 대법원

> **판례**
>
> 사형제도는 모름지기 피해야 할 일이겠지만 한편으로는 범죄로 인하여 침해되는 또 다른 귀중한 생명을 외면할 수 없고 사회공공의 안녕과 질서를 위하여 국가의 형사정책상 사형제도를 존치하는 것도 … 헌법에 위반되는 조문이라 할 수 없다(대판 1987.09.08. 87도1458).

㉡ 헌법재판소

> **판례**
>
> **사형제도는 아직까지 헌법에 반하지 않는다**(헌재 1996.11.28. 95헌바1) : **합헌**
> 한 생명의 가치만을 놓고 본다면 인간존엄성의 활력적인 기초를 의미하는 생명권은 절대적 기본권으로 보아야 함이 상당하고, 따라서 인간존엄성의 존중과 생명권의 보장이란 헌법정신에 비추어 볼 때 생명권에 대한 법률유보를 인정한다는 것은 이념적으로는 법리상 모순이라고 할 수도 있다. 그러나 현실적인 측면에서 볼 때 정당한 이유없이 타인의 생명을 부정하거나 그에 못지 아니한 중대한 공공이익을 침해한 경우에 국법은 그 중에서 타인의 생명이나 공공의 이익을 우선하여 보호할 것인가의 규준을 제시하지

않을 수 없게 되고, 이러한 경우에는 비록 생명이 이념적으로 절대적 가치를 지닌 것이라 하더라도 생명에 대한 법적 평가가 예외적으로 허용될 수 있다고 할 것이므로, 생명권 역시 헌법 제37조 제2항에 의한 일반적 법률유보의 대상이 될 수 밖에 없다 할 것이다. 생명권에 대한 제한은 곧 생명권의 완전한 박탈을 의미한다 할 것이므로, 사형이 비례의 원칙에 따라서 최소한 동등한 가치가 있는 다른 생명 또는 그에 못지 아니한 공공의 이익을 보호하기 위한 불가피성이 충족되는 예외적인 경우에만 적용되는 한, 그것이 비록 생명을 빼앗는 형벌이라 하더라도 헌법 제37조 제2항 단서에 위반되는 것으로 볼 수는 없다 할 것이다.

(5) 태아의 생명권

「모자보건법」상 24주 이내에 예외적 요건을 충족하는 경우 외에는 낙태를 허용하지 않고 만일 위법한 경우 형사처벌하도록 규정되어 있다.

> **판례**
>
> **임신한 여성의 자기낙태를 처벌하는 「형법」 조항은 임신한 여성의 자기결정권을 침해한다**(헌재 2019. 04.11. 2017헌바127) : **헌법불합치(잠정적용)**
>
> 임신한 여성의 자기낙태를 처벌하는 「형법」 제269조 제1항(이하 '자기낙태죄 조항'이라 한다)과, 의사가 임신한 여성의 촉탁 또는 승낙을 받아 낙태하게 한 경우를 처벌하는 같은 법 제270조 제1항 중 '의사'에 관한 부분(이하 '의사낙태죄 조항'이라 한다)이 각각 임신한 여성의 자기결정권을 침해한다.

(6) 안락사

> **판례**
>
> **1. 환자의 추정적 의사에 따른 연명치료중단도 가능하다**(대판 2009.05.21. 2009다17417)
>
> 환자의 사전의료지시가 없는 상태에서 회복불가능한 사망의 단계에 진입한 경우에는 환자에게 의식의 회복가능성이 없으므로 더 이상 환자 자신이 자기결정권을 행사하여 진료행위의 내용 변경이나 중단을 요구하는 의사를 표시할 것을 기대할 수 없다. 그러나 환자의 평소 가치관이나 신념 등에 비추어 연명치료를 중단하는 것이 객관적으로 환자의 최선의 이익에 부합한다고 인정되어 환자에게 자기결정권을 행사할 수 있는 기회가 주어지더라도 연명치료의 중단을 선택하였을 것이라고 볼 수 있는 경우에는, 그 연명치료 중단에 관한 환자의 의사를 추정할 수 있다고 인정하는 것이 합리적이고 사회상규에 부합된다. 이러한 환자의 의사 추정은 객관적으로 이루어져야 한다. 따라서 환자의 의사를 확인할 수 있는 객관적인 자료가 있는 경우에는 반드시 이를 참고하여야 하고, 환자가 평소 일상생활을 통하여 가족, 친구 등에 대하여 한 의사표현, 타인에 대한 치료를 보고 환자가 보인 반응, 환자의 종교, 평소의 생활 태도 등을 환자의 나이, 치료의 부작용, 환자가 고통을 겪을 가능성, 회복불가능한 사망의 단계에 이르기까지의 치료 과정, 질병의 정도, 현재의 환자 상태 등 객관적인 사정과 종합하여, 환자가 현재의 신체상태에서 의학적으로 충분한 정보를 제공받는 경우 연명치료 중단을 선택하였을 것이라고 인정되는 경우라야 그 의사를 추정할 수 있다.

2. 죽음에 임박한 환자에게 '연명치료 중단에 관한 자기결정권'이 헌법상 기본권인 자기결정권의 한 내용으로서 보장된다 할 것이다(헌재 2009.11.26. 2008헌마385)

'죽음에 임박한 환자'에 대한 연명치료는 의학적인 의미에서 치료의 목적을 상실한 신체침해 행위가 계속적으로 이루어지는 것이라 할 수 있고, 죽음의 과정이 시작되는 것을 막는 것이 아니라 자연적으로는 이미 시작된 죽음의 과정에서의 종기를 인위적으로 연장시키는 것으로 볼 수 있어, 비록 연명치료 중단에 관한 결정 및 그 실행이 환자의 생명단축을 초래한다 하더라도 이를 생명에 대한 임의적 처분으로서 자살이라고 평가할 수 없고, 오히려 인위적인 신체침해 행위에서 벗어나서 자신의 생명을 자연적인 상태에 맡기고자 하는 것으로서 인간의 존엄과 가치에 부합한다 할 것이다. 그렇다면 환자가 장차 죽음에 임박한 상태에 이를 경우에 대비하여 미리 의료인 등에게 연명치료 거부 또는 중단에 관한 의사를 밝히는 등의 방법으로 죽음에 임박한 상태에서 인간으로서의 존엄과 가치를 지키기 위하여 연명치료의 거부 또는 중단을 결정할 수 있다 할 것이고, 위 결정은 헌법상 기본권인 자기결정권의 한 내용으로서 보장된다 할 것이다.

2. 신체의 자유

제12조 제1항 모든 국민은 신체의 자유를 가진다. 누구든지 법률에 의하지 아니하고는 체포·구속·압수·수색 또는 심문을 받지 아니하며, 법률과 적법한 절차에 의하지 아니하고는 처벌·보안처분 또는 강제노역을 받지 아니한다.
제2항 모든 국민은 고문을 받지 아니하며, 형사상 자기에게 불리한 진술을 강요당하지 아니한다.
제3항 체포·구속·압수 또는 수색을 할 때에는 적법한 절차에 따라 검사의 신청에 의하여 법관이 발부한 영장을 제시하여야 한다. 다만, 현행범인인 경우와 장기 3년 이상의 형에 해당하는 죄를 범하고 도피 또는 증거인멸의 염려가 있을 때에는 사후에 영장을 청구할 수 있다.
제4항 누구든지 체포 또는 구속을 당한 때에는 즉시 변호인의 조력을 받을 권리를 가진다. 다만, 형사피고인이 스스로 변호인을 구할 수 없을 때에는 법률이 정하는 바에 의하여 국가가 변호인을 붙인다.
제5항 누구든지 체포 또는 구속의 이유와 변호인의 조력을 받을 권리가 있음을 고지받지 아니하고는 체포 또는 구속을 당하지 아니한다. 체포 또는 구속을 당한 자의 가족 등 법률이 정하는 자에게는 그 이유와 일시·장소가 지체없이 통지되어야 한다.
제6항 누구든지 체포 또는 구속을 당한 때에는 적부의 심사를 법원에 청구할 권리를 가진다.
제7항 피고인의 자백이 고문·폭행·협박·구속의 부당한 장기화 또는 기망 기타의 방법에 의하여 자의로 진술된 것이 아니라고 인정될 때 또는 정식재판에 있어서 피고인의 자백이 그에게 불리한 유일한 증거일 때에는 이를 유죄의 증거로 삼거나 이를 이유로 처벌할 수 없다.
제13조 제1항 모든 국민은 행위시의 법률에 의하여 범죄를 구성하지 아니하는 행위로 소추되지 아니하며, 동일한 범죄에 대하여 거듭 처벌받지 아니한다.
제3항 모든 국민은 자기의 행위가 아닌 친족의 행위로 인하여 불이익한 처우를 받지 아니한다.
제27조 제4항 형사피고인은 유죄의 판결이 확정될 때까지는 무죄로 추정된다.

(1) 의의

헌법 제12조 제1항의 신체의 자유에 신체의 완전함과 신체활동의 자유가 포함되어 있다고 보고, 신체의 완전함에는 정신의 온전함까지 포함되어 있다(헌재 1992.12.24. 92헌가8).

(2) 주체

신체의 자유는 성질상 자연인에게만 인정되고, 법인이나 단체나 결사에게는 인정되지 않는다. 자연인인 이상 남녀노소, 정신적 또는 신체적 장애의 여부에 관계없이 모든 국민에게 인정된다. 태아와 외국인도 이 권리의 주체가 된다.

(3) 실체적 보장

① 죄형법정주의 : 자유주의, 권력분립, 법치주의 및 국민주권원리에 입각하여 범죄와 형벌은 반드시 입법부가 제정한 법률로써 정해야 한다는 원칙으로써 헌법은 제12조 제1항과 제13조 제1항에서 이러한 죄형법정주의를 천명하고 있다(헌재 1991.07.08. 91헌가4 ; 1993.05.13. 92헌마80).

   ⊙ 성문법률주의와 관습형법금지의 원칙

      ⓐ 성문법률주의는 범죄와 형벌은 성문의 형식적 의미의 법률로 정하여야 한다는 것(헌재 1999.02.25. 97헌바3), 이로부터 관습법에 의하여 범죄를 인정하거나 처벌하는 것은 금지된다는 법리(관습형법의 금지)가 도출된다.

      ⓑ 범죄와 형벌에 관한 사항에 있어서도 위임입법의 근거와 한계에 관한 헌법 제75조와 제95조는 적용된다. 형벌법규의 위임을 하기 위해서는 특히 긴급한 필요가 있거나 미리 법률로써 자세히 정할 수 없는 부득이한 사정이 있는 경우에 한정되어야 하고, 이러한 경우에 범죄의 구성요건은 처벌대상행위가 어떠한 것이라고 예측할 수 있을 정도로 법률에서 구체적으로 규정하여야 한다(헌재 2007.07.26. 2006헌바12).

   ⊙ 형벌불소급의 원칙

      ⓐ 행위시(종료시를 포함)에 죄가 되지 아니하는 행위는 사후입법에 의해 처벌받지 아니한다는 원칙을 말한다.

      ⓑ 헌법재판소는 공소시효에 관한 것은 소급효금지에 해당하지 않으며 보호감호에 대하여는 형벌불소급원칙을 적용한다.

판례 ✦

1. 「5·18 민주화운동 등에 관한 특별법」(헌재 1996.02.16. 96헌바7) **: 합헌**

헌법 제12조 제1항과 제13조 제 1항의 근본 뜻은 실체적 「형사법」 영역에서의 어떠한 소급효력도 금지하고 있고, "범죄를 구성하지 않는 행위"라고 표현함으로써 절대적 소급효금지의 대상은 "범죄구성요건"과 관련되는 것임을 밝히고 있다. 헌법이 범죄구성요건만을 언급하고 있으나 범죄구성요건과 형벌은 불가분의 내적인 연관관계에 있기 때문에 …소급적인 범죄구성요건의 제정과 소급적인 형벌의 가중을 엄격히 금하고 있다. 우리 헌법이 규정한 형벌불소급의 원칙은 형사소추가 "언제부터 어떠한 조건하에서" 가능한가의 문제에 관한 것이고, "얼마동안" 가능한가의 문제에 관한 것은 아니다. 다시 말하면 헌법의 규정은 "행위의 가벌성"에 관한 것이기 때문에 소추가능성에만 연관될 뿐, 가벌성에는 영향을 미치지 않는 공소시효에 관한 규정은 원칙적으로 그 효력범위에 포함되지 않는다. 행위의 가벌성은 행위에 대한 소추가능성의 전제조건이지만 소추가능성은 가벌성의 조건이 아니므로 공소시효의 정지규정을 과거에 이미 행한 범죄에 대하여 적용하도록 하는 법률이라 하더라도 그 사유만으로 헌법 제12조 제1항 및 제13조 제1항에 규정한 죄형법정주의의 파생원칙인 형벌불소급의 원칙에 언제나 위배되는 것으로 단정할 수는 없다.

2. 판례의 변경에 따라 처벌되더라도 형벌불소급의 원칙에 위반되는 것은 아니다(헌재 2014.05.29. 2012헌바390).

3. 비형벌적 보안처분의 경우 소급입법금지원칙이 적용되지 않는다고 하였다(헌재 2014.08.28. 2011헌마28).

    © 명확성의 원칙
        ⓐ 죄형법정주의는 범죄와 형벌이 법률로 정하여져야 함을 의미하는 것으로 이러한 죄형법정주의에서 파생되는 명확성의 원칙은 누구나 법률이 처벌하고자 하는 행위가 무엇이며, 그에 대한 형벌이 어떠한 것인지를 예견할 수 있고, 그에 따라 자신의 행위를 결정할 수 있도록 구성요건이 명확할 것을 의미하는 것이다(헌재 2001.01.18. 99헌바112).
        ⓑ 형벌규정이 명확성원칙에 위반되는지 여부는 예측가능성 및 자의적 법집행 배제가 확보되는지 여부에 따라 판단하여야 한다(헌재 2009.02.26. 2008헌바9).

판례✦

명확성의 원칙 개념정리 판례
1. 명확성의 원칙은 모든 법률에 있어 동일한 정도로 요구되는 것은 아니고, 개개의 법률이나 법조항의 성격에 따라 요구되는 정도가 다르며 어떤 규정이 부담적 성격을 가지는 경우에는 수익적 성격을 가지는 경우에 비하여 명확성원칙이 더욱 엄격하게 요구된다고 할 것이다(헌재 1992.02.25. 89헌가104).
2. 명확성의 정도가 건전한 상식과 통상적인 법감정을 가진 사람이 그 적용대상과 금지된 행위를 충분히 알 수 있을 정도면 죄형법정주의의 명확성의 원칙에 위배되지 않는다(헌재 1996.08.29. 94헌바15).
3. 명확성원칙은 특히 처벌법규에 있어서 엄격히 요구되는데… 처벌법규의 구성요건이 다소 광범위하여 어떤 범위에서는 법관의 보충적인 해석을 필요로 하는 개념을 사용하였다고 하더라도 그 점만으로 헌법이 요구하는 처벌법규의 명확성에 반드시 배치되는 것이라고 볼 수 없다(헌재 2001.08.30. 99헌바92).
4. 형벌 구성요건의 실질적 내용을 법률에서 직접 규정하지 아니하고 금고의 정관에 위임한 것은 범죄와 형벌에 관하여는 입법부가 제정한 형식적 의미의 "법률"로써 정하여야 한다는 죄형법정주의 원칙에 위반된다. 금고 또는 연합회는 국가 또는 지방자치단체의 사업육성을 위한 필요한 지원 등을 받을 수 있고, 정치관여가 일체 허용되지 않는 등 공공성이 강하며, 정관은 법인 내부의 자치규범으로서 법규범에 준하는 성질을 인정받고 있지만, 그렇다고 하더라도 죄형법정주의가 지니고 있는 법치주의, 국민주권 및 권력분립의 의미를 고려할 때 무엇이 범죄이며 그에 대한 형벌이 어떠한 것인가는 입법부가 제정한 법률에 의하여야 하며, 이러한 원칙은 훼손되어서는 안되는 헌법상의 원칙이다(헌재 2001.01.18. 99헌바112).
5. 형벌에 대한 법정형의 종류와 범위가 입법재량에 속한다고 하더라도 이러한 입법재량은 위와 같은 한계를 넘어 기본권의 본질적 내용을 침해할 수는 없으므로, 법정형의 종류와 범위를 정할 때에는 헌법 제10조에 의한 내재적 한계 이외에도 헌법 제37조 제2항이 규정하고 있는 과잉입법금지의 정신에 따라 합리적 범위의 법정형을 설정하여 실질적 법치국가의 원리를 구현하도록 하고, 형벌이 죄질과 책임에 상응하도록 적절한 비례성을 지켜야 하며, 헌법 제11조의 실질적 평등의 원칙에 부합하여야 한다. 이러한 요구는 이 사건 법률조항을 포함한 특별형벌법과 같이 중벌(重罰)주의로 대처할 필요성이 인정되는 경우라 하더라도 달라지지 않는다(헌재 2006.04.27. 2006헌가).
6. 국내에 널리 인식된 다른 사람의 영업표지와 동일하거나 유사한 것을 사용하여 타인의 영업상의 시설 또는 활동과 혼동하게 하는 행위를 처벌하도록 규정한 구 「부정경쟁방지법」 및 「영업비밀보호에 관한 법률」 조항은 죄형법정주의의 명확성원칙에 위배되지 않는다(헌재 2015.02.26. 2013헌바73).

7. 위력으로써 여자 아동·청소년을 간음한 자를 여자 아동·청소년을 강간한 자에 준하여 처벌하도록 하고 있는 부분은 명확성원칙 및 과잉금지원칙, 평등원칙에 위배되지 않아 헌법에 위반되지 않는다 (헌재 2015.02.26, 2013헌바107).

8. 다단계판매업자에 대하여 등록의무를 부과하고, 그 의무를 불이행한 자를 처벌하는 구 「방문판매 등에 관한 법률」 제2조 제5호, 제13조 제1항, 제51조 제1항 제1호가 명확성원칙에 위배되지 않고 청구인의 직업선택의 자유를 침해하지 않으며, 평등원칙에도 위배되지 않는다(헌재 2015.07.30. 2013헌바275).

9. 입원환자에 대하여 의약분업의 예외를 인정하면서도 의사로 하여금 조제를 직접 담당하도록 하는 구 「약사법」과 「약사법」의 각 제23조 제4항 제4호 중 '자신이 직접' 부분이 헌법에 위반되지 아니한다(헌재 2015.07.30. 2013헌바422).

10. 흉기 기타 위험한 물건을 휴대하여 「형법」상 상해죄를 범한 사람을 가중처벌하는 구 「폭력행위 등 처벌에 관한 법률」 조항은, 죄형법정주의의 명확성원칙에 반하지 아니하고, 책임과 형벌의 비례원칙에 위배되지 아니하며, 형벌체계상의 균형을 잃은 자의적인 입법이라거나 평등원칙에 반한다고 볼 수 없다(헌재 2015.09.24, 2014헌가1).

11. '항거불능'의 상태는 「형법」 제299조의 문언상 '심신상실'에 준하여 해석되어야 하고, 강간죄 또는 강제추행죄에서 폭행·협박으로 인하여 야기된 대항능력의 결여 상태와도 상응하여야 하는 점, 대법원도 이러한 전제에서 심판대상조항의 의미에 관하여 일관된 해석을 제시하고 있는 점 등을 종합적으로 고려하면, 심판대상조항은 그 의미를 예측하기 곤란하다거나 법 집행기관의 자의적 해석이나 적용가능성이 있는 불명확한 개념이라고 보기 어려우므로 죄형법정주의의 명확성원칙에 위배되지 아니한다(헌재 2022.01.27. 2017헌바528).

12. 옥외집회시 질서유지선의 설정 범위인 "최소한의 범위"는 죄형법정주의의 명확성원칙에 위배된다고 볼 수 없다(헌재 2016.11.24, 2015헌바218).

13. '정신적인 장애가 있는 사람에 대하여 항거불능 상태를 이용하여' 준강간·준강제추행죄를 범한 사람을 처벌하는 구 「성폭력범죄의 처벌 등에 관한 특례법」 조항 중 '정신적인 장애가 있는 사람에 대하여 항거불능 상태를 이용하여' 부분은 명확성원칙에 위배되지 않는다(헌재 2016.11.24, 2015헌바297).

14. 누구든지 정보통신망을 이용하여 '공포심이나 불안감을 유발하는 문언을 반복적으로 상대방에게 도달하도록 하는 내용의 정보'를 유통할 수 없으며, 이를 위반하여 '공포심이나 불안감을 유발하는 문언을 반복적으로 상대방에게 도달하게 한 자'를 처벌하는 것은, 죄형법정주의의 명확성원칙에 위배되지 아니하고, 과잉금지원칙에 위반하여 표현의 자유를 침해하였다고 보기 어렵다(헌재 2016.12.29, 2014헌바434).

15. 「형법」상 상해죄를 범하여 벌금형을 선고받고 5년이 지나지 아니한 사람은 화약류관리보안책임자의 면허를 받을 수 없다고 정한 구 「총포·도검·화약류 등 단속법」 제29조 제1항 제4호 중 「총포·도검·화약류 등의 안전관리에 관한 법률」 제13조 제1항 제6호의2 나목 중 「형법」 제257조 제1항 가운데 화약류관리보안책임자의 면허에 관한 부분이 헌법에 위반되지 않는다(헌재 2019.08.29. 2016헌가16). ⇨ 합헌

16. 대한민국을 모욕할 목적으로 국기를 손상, 제거, 오욕한 행위를 처벌하는 「형법」 제105조 중 "국기" 부분이 헌법에 위반되지 않는다(헌재 2019.12.27. 2016헌바96).

17. 「특정범죄 가중처벌 등에 관한 법률」(2010. 3. 31. 법률 제10210호로 개정된 것) 제2조 제1항 제1호 중 「형법」 제132조의 '수수'에 관한 부분과 제2조 제2항 중 「형법」 제132조의 '수수'에 관한 부분은 모두 헌법에 위반되지 아니한다(헌재 2021.07.15. 2018헌바412).

18. 「형법」 제314조 제1항 중 '위력으로써 사람의 업무를 방해한 자' 부분(이하 '심판대상조항'이라 한다)이 죄형법정주의의 명확성원칙에 위배되지 않는다(헌재 2022.05.26, 2012헌바66).

19. 못된 장난 등으로 다른 사람, 단체 또는 공무수행 중인 자의 업무를 방해한 사람을 20만 원 이하의 벌금, 구류 또는 과료의 형으로 처벌하는 「경범죄 처벌법」 제3조 제2항 제3호는 죄형법정주의의 명확성원칙에 위반하여 청구인의 일반적 행동자유권을 침해하지 아니한다(헌재 2022.11.24, 2021헌마426).

판례

명확성의 원칙 위반인 것

1. 저속한 간행물을 출판한 출판사 등록취소(헌재 1998.04.30, 95헌가16)

2. 가정의례의 참뜻에 비추어 합리적인 범위를 벗어난 경조기간 중 주류 및 음식물접대행위를 처벌하는 것(헌재 1998.10.15, 98헌마168)

3. 미성년자에게 잔인성을 조장할 우려 있는 만화를 미성년자에게 반포, 판매, 대여하는 행위를 처벌하는 이 사건 「미성년자보호법」 조항이 명확성원칙에 위반된다(헌재 2002.02.28, 99헌가8).

4. 아동의 덕성을 심히 해할 우려가 있는 도서, 간행물, 광고물, 기타의 내용물의 제작 등 행위를 금지하고 이를 위반하는 자를 처벌하는 이 사건 「아동보호법」 조항이 명확성원칙에 위반된다(헌재 2002.02.28, 99헌가8).

5. 감사보고서에 기재하여야 할 사항을 기재하지 아니 한 자에 대한 처벌을 규정한 구 「주식회사의 외부감사에 관한 법률」(헌재 2004.01.29, 2002헌가20·21)

6. 전기통신업자가 제공한 역무를 이용한 타인의 통신매개금지한 것은 명확성원칙에 반한다(헌재 2002.09.19, 2002헌가11).

7. 공익을 해할 목적으로 전기통신설비에 의하여 공연히 허위의 통신을 한 자를 형사처벌하는 「전기통신기본법」은 명확성원칙 위반이다(헌재 2010.12.28, 2008헌바157).

8. '중요한 회의' 부분은 명확성원칙에 반한다(헌재 2011.10.25, 2010헌가29).

9. 음주운전 금지규정을 2회 이상 위반한 사람을 2년 이상 5년 이하의 징역이나 1천만 원 이상 2천만 원 이하의 벌금에 처하도록 한 구 「도로교통법」 제148조의2 제1항 중 '제44조 제1항을 2회 이상 위반한 사람'에 관한 부분(이하 '심판대상조항'이라 한다)이 죄형법정주의의 명확성원칙에 위반되지는 않지만, 심판대상조항이 책임과 형벌 간의 비례원칙에 위반된다(헌재 2021.11.25, 2019헌바446).

10. 음주운전 금지규정 위반 또는 음주측정거부 전력이 1회 이상 있는 사람이 다시 음주운전 금지규정 위반행위를 한 경우 2년 이상 5년 이하의 징역이나 1천만 원 이상 2천만 원 이하의 벌금에 처하도록 규정한 「도로교통법」 제148조의2 제1항 중 '제44조 제1항 또는 제2항을 1회 이상 위반한 사람으로서 다시 같은 조 제1항을 위반한 사람'에 관한 부분이 책임과 형벌 간의 비례원칙에 위반된다(헌재 2022.05.26, 2021헌가30).

11. 음주운전 금지규정 위반 전력이 1회 이상 있는 사람이 다시 음주측정거부를 한 경우 2년 이상 5년 이하의 징역이나 1천만 원 이상 2천만 원 이하의 벌금에 처하도록 규정한 구 「도로교통법」 제148조의2 제1항 및 「도로교통법」 제148조의2 제1항 중 각 '제44조 제1항을 1회 이상 위반한 사람으로서 다시 같은 조 제2항을 위반한 사람'에 관한 부분이 책임과 형벌 간의 비례원칙에 위반된다(헌재 2022.05.26, 2021헌가32).

판례 ✦

명확성의 원칙 위반이 아닌 것

1. 음란한 간행물을 출판한 출판사 등록취소(헌재 2009.05.28. 2006헌바109)

2. 청소년보호위원회가 청소년 유해매채물로 결정한 매체물을 청소년에게 판매, 배포한 자를 처벌하는 것(헌재 2003.06.26. 2002헌가14)

3. 정당방위조항 중 상당한 이유부분(헌재 2001.06.28. 99헌바31)

4. 청소년이용음란물을 제작, 수입, 수출하는 행위 처벌(헌재 2002.04.25. 2001헌가27)

   통지판례 아동·청소년이용음란물 가운데 "아동·청소년으로 인식될 수 있는 사람이나 표현물이 등장하여 그 밖의 성적 행위를 하는 내용을 표현하는 것" 부분, 즉 가상의 아동·청소년이용음란물 배포 등을 처벌하는 부분은 죄형법정주의의 명확성원칙에 위반되지 아니하고, 표현의 자유를 과도하게 제한하지 아니하므로 헌법에 위반되지 않는다(헌재 2015.06.25. 2013헌가17).

5. 감사보고에 허위기재를 한 때 처벌하도록 한 구 「주식회사 외부감사에 관한 법률」은 명확성원칙 위반이 아니다(헌재 2004.01.29. 2002헌가20·21).

6. 경찰에 관한 직무를 행하는 자 또는 이를 보조하는 자가 그 직무를 행하며 형사피의자 또는 기타 사람에 대하여 폭행을 가한 때의 법정형을 폭행죄나 공무집행방해죄의 법정형보다 무겁게 정하였다고 하여 형벌체계의 정당성과 균형을 잃어 평등원칙에 위반된 것이라고 볼 수 없다(헌재 2015.03.26. 2013헌바140).

7. 음주운전에 도로 외의 곳에서 운전하는 것도 포함하도록 한 「도로교통법」 조항은 명확성원칙에 위배되지 않으며, 일반적 행동의 자유를 침해하지 않고, 평등원칙에도 반하지 않는다(헌재 2016.02.25. 2015헌가11).

8. 비방할 목적으로 정보통신망을 이용하여 공공연하게 사실을 드러내어 다른 사람의 명예를 훼손한 자를 처벌하고 있는 구 「정보통신망 이용촉진 및 정보보호 등에 관한 법률」 조항은 명확성원칙에 위배되지 않고 표현의 자유를 침해하지 않는다(헌재 2016.02.25. 2013헌바105).

9. 군인의 대통령에 대한 모욕행위를 상관모욕죄로 처벌하는 「군형법」 제64조 제2항의 상관 중 "명령복종 관계에서 명령권을 가진 사람"에 관한 부분은 명확성원칙에 위배되지 않으며, 군인의 표현의 자유를 침해하지 않는다(헌재 2016.02.25. 2013헌바111).

10. 공무원은 직무의 내외를 불문하고 품위손상행위를 하여서는 아니 된다고 규정하고 직무의 내외를 불문하고 체면이나 위신을 손상하는 행위를 한 때를 공무원의 징계사유로 규정한 「국가공무원법」 조항은 명확성원칙 및 과잉금지원칙에 위반되지 않는다(헌재 2016.02.25. 2013헌바435).

11. 수용자의 처우 또는 교정시설의 운영에 관하여 명백하게 거짓 사실을 포함하고 있거나, 타인의 사생활의 비밀이나 자유를 침해하거나 교정시설의 안전과 질서를 해치고 수형자의 교정교화와 건전한 사회복귀를 저해할 우려가 있는 내용을 포함하는 집필문의 외부반출을 불허하고 영치처분 하는 것은, 작성된 집필문의 외부 반출도 원칙적으로 허용되고 예외적으로 금지되는 사유도 구체적이고 한정되어 있으므로 과잉금지원칙에 위반되어 통신의 자유를 침해하지 않으며, 심판대상 중 "우려가 있는 때"라는 표현은 명확성원칙에 위배되지 않는다(헌재 2016.05.26. 2013헌바98).

12. 국가 또는 지방자치단체 외의 자가 양로시설을 설치하고자 하는 경우 신고하도록 한 「노인복지법」 조항으로 인하여, 종교시설에서 운영하는 양로시설이라고 하더라도 일정 규모 이상이라면 설치시 신고하도록 규정한 것은 죄형법정주의의 명확성원칙에 반하지 아니하고, 과잉금지원칙에 위배되어 종교의 자유를 침해하지 아니한다(헌재 2016.06.30. 2015헌바46).

13. 500만 원 이상 5천만 원 이하 가액의 「마약류 관리에 관한 법률」(이하 「마약류관리법」이라 한다) 제2조 제3호 나목의 향정신성의약품(이하 '나목 향정신성의약품'이라 한다)을 소지한 경우 무기 또는 3년 이상의 징역에 처하도록 규정한 「특정범죄 가중처벌 등에 관한 법률」 제11조 제2항 제2호 중 「마약류관리법」 제60조 제1항 제2호 가운데 '제2조 제3호 나목의 향정신성의약품'의 '소지'에 관한 부분(이하 '심판대상조항'이라 한다)이 죄형법정주의의 명확성원칙에 위배되지 않는다(헌재 2021. 04.29. 2019헌바83).

14. '선량한 풍속 기타 사회질서에 위반한 사항을 내용으로 하는 법률행위'를 무효로 하는 「민법」 제103조가 명확성원칙에 위반되지 않아 헌법에 위반되지 않는다(헌재 2023.09.26. 2020헌바552).

15. 반국가단체나 그 구성원 등의 활동을 찬양·고무·선전·동조한 사람을 처벌하도록 정하고 있는 「국가보안법」 제7조 제1항 중 '찬양·고무·선전 또는 이에 동조한 자'에 관한 부분 및 이적행위를 할 목적으로 문서·도화 기타의 표현물을 제작·운반·반포한 사람을 처벌하도록 정하고 있는 「국가보안법」 제7조 제5항 중 '제1항 가운데 찬양·고무·선전 또는 이에 동조할 목적으로 제작·운반·반포한 자'에 관한 부분이 헌법에 위반되지 아니하고, 이적행위를 할 목적으로 문서·도화 기타의 표현물을 소지·취득한 사람을 처벌하도록 정하고 있는 「국가보안법」 제7조 제5항 중 '제1항 가운데 찬양·고무·선전 또는 이에 동조할 목적으로 소지·취득한 자'에 관한 부분이 헌법에 위반되지 아니한다(헌재 2023.09.26. 2017헌바42).

16. 「군형법」 제92조의6 중 '그 밖의 추행'에 관한 부분이 헌법에 위반되지 아니한다(헌재 2023.10.26. 2017헌가16).

참고

음주운전 관련 판례정리(가중처벌은 위헌)

1. 음주운전 금지규정 위반 전력자가 다시 음주운전 금지규정 위반행위(2회 이상 위반한 사람)를 한 경우(2019헌바446 등)
2. 음주운전 금지규정 위반 전력자가 다시 음주측정거부행위(1회 이상 위반한 사람이 다시)를 한 경우(2021헌가30 등, 2021헌가32 등)
3. 음주측정거부 전력자가 다시 음주운전행위(1회 이상 위반한 사람이 다시)를 한 경우(2022헌가18)
4. 음주측정거부 전력자가 다시 음주측정거부행위(2회 이상 위반한 사람)를 한 경우(2022헌가18)

② 절대적 부정기형의 금지: 자유형의 선고에 있어 선고형의 기간을 정하지 않고 형을 선고하는 것을 금지하는 절대적 부정기형의 선고는 금지되나 상대적 부정기형은 소년범의 교화나 갱생을 위해 허용할 수 있다.

판례

정신성적 장애인이 치료감호시설에 수용될 수 있는 기간의 상한을 15년으로 정하고 있는 것은, 신체의 자유를 침해하지 않으며, 약물·알코올 중독자와 달리 취급하더라도 합리적인 이유가 있는 것으로 평등권을 침해하지 않는다(헌재 2017.04.27. 2016헌바452).

⑩ 유추해석금지원칙: 범죄와 형벌에 대한 법규정이 없음에도 다른 법규정의 해석을 통하여 범죄와 형벌을 인정하는 것을 금지하는 원칙을 말한다.

판례

헌법소원사건이 심판에 회부된 경우 심판대상인 피의사실에 대한 공소시효가 정지되지 않는다(헌재 1993.09.27. 92헌마284)

공소시효제도의 실질은 국가형벌권의 소멸이라는 점에서 형의 시효와 마찬가지로 실체법적 성격을 갖고 있는 것이어서, 그 예외로서 시효가 정지되는 경우는 특별히 법률로서 명문의 규정을 둔 경우에 한하여야 하고 법률에 명문으로 규정되어 있지 아니한 경우 다른 제도인 「형사소송법」상의 재정신청에 관한 규정을 유추적용하여 공소시효의 정지를 인정하는 것은 피의자의 법적 지위의 안정을 법률상 근거 없이 침해하는 것이 되며, 나아가서는 헌법상의 적법절차주의, 죄형법정주의에 반하여 기소되고 처벌받는 결과도 생길 수 있을뿐더러, 이는 당재판소가 사실상 입법행위를 하는 결과가 되므로 헌법소원사건이 심판에 회부된 경우라고 하더라도 심판대상인 피의사실에 대한 공소시효는 정지되지 아니한다.

ⓗ **형법법규의 포괄적 위임금지원칙**: 긴급한 필요나 미리 법률로써 자세히 정할 수 없는 부득이한 사정이 있는 경우 법률에서 구성요건을 예측가능할 정도로 정해야 하고 형벌의 종류 및 상한과 폭을 규정하여 위임하여야 한다.

ⓢ **형법법규의 적정성원칙**: 형벌법규의 내용이 정당해야 한다는 적정성의 원칙은 헌법 제12조 제1항의 죄형법정주의의 규정과 헌법상의 법치주의 원리에 의해 인정된다.

판례

평시에 일어난 군대 내 상관살해를 그 동기와 행위태양을 묻지 아니하고 무조건 사형으로 처벌하는 것은 형벌체계상의 정당성을 잃은 것으로서 범죄의 중대성 정도에 비하여 심각하게 불균형적인 과중한 형벌이고, 적정한 형벌의 제정이 될 수 없다고 하였다(헌재 2007.11.29. 2006헌가13).

◎ **형벌책임주의**

ⓐ 어떤 행위의 주체가 어떤 행위에 대하여 법적인 책임을 지는 것은 정당한 사유가 없는 한 그 행위가 자신이 행한 것인 경우에 한하고 다른 행위주체가 한 행위에 대해서는 책임을 지지 않는 것이다.

ⓑ 헌법재판소는 양벌규정에 대하여 개인이든 법인의 경우이든 종업원의 위법행위에 대하여 영업주의 귀책사유의 존재여부를 묻지 않고 종업원이 위법행위를 한 모든 경우에 대하여 영업주에게 자동적으로 형사상의 책임을 지게 하는 것은 법치주의, 헌법 제10조, 죄형법정주의의 당연한 내용인 형벌에 대한 책임주의에 위반되기 때문에 위헌이라고 판시하였다(헌재 2013.06.27. 2013헌가10).

ⓒ 대법원은 양벌규정에 의하여 영업주를 처벌하는 것은 종업원의 위법행위로 인한 처벌에 종속하는 것이 아니라 종업원의 선임감독상의 과실에 의하여 처벌되는 것이라고 본다(대판 2006.02.24. 2005도7673).

판례

1. 법인의 종업원인 차량의 운전자가 적재량 재측정을 요구받았음에도 이에 응하지 아니한 경우 법인도 처벌하도록 규정한 것은, 다른 사람의 범죄에 대하여 그 책임 유무를 묻지 않고 형벌을 부과하는 것으로서, 헌법상 법치국가의 원리 및 죄형법정주의로부터 도출되는 책임주의원칙에 반하므로 헌법에 위반된다(헌재 2016.03.31. 2016헌가4).

2. 종업원 등의 범죄행위에 관하여 비난할 근거가 되는 법인의 의사결정 및 행위구조, 즉 종업원 등이 저지른 행위의 결과에 대한 법인의 독자적인 책임에 관하여 전혀 규정하지 않은 채, 단순히 법인이 고용한 종업원 등이 업무에 관하여 범죄행위를 하였다는 이유만으로 법인에 대하여 형사처벌을 과하고 있는바, 이는 다른 사람의 범죄에 대하여 법인의 독자적인 책임 유무를 묻지 않고 형벌을 부과하는 것으로서, 헌법상 법치국가의 원리 및 죄형법정주의로부터 도출되는 책임주의원칙에 반하여 헌법에 위반된다(헌재 2014.11.27. 2014헌가14).

3. '이 법에 정하지 아니한 방법으로 정치자금을 기부하거나 기부받은 자(정당·후원회·법인 그 밖에 단체에 있어서는 그 구성원으로서 당해 위반행위를 한 자를 말한다. 이하 같다)는 5년 이하의 징역 또는 1천만 원 이하의 벌금에 처한다.'라는 조문에서 "당해 위반행위를 한 자" 부분은 불명확한 표현이라 보기 어렵고, 책임주의원칙에 위배된다고 볼 수도 없다(헌재 2016.11.24. 2014헌바252).

② 이중처벌금지원칙

ㄱ 국내에서 실체 판결이 확정되어 기판력이 발생하면 그 후 동일한 사건에 대해 거듭 심판할 수 없다는 원칙이다. 따라서 국외에서의 판결확정으로 인한 경우 이중처벌금지원칙의 적용 대상이 아니다.

판례

외국에서 형의 전부 또는 일부의 집행을 받은 자에 대하여 형을 감경 또는 면제할 수 있도록 규정한 「형법」 제7조가 이중처벌금지원칙에 위배되지 아니하나, 과잉금지원칙에 위배되어 신체의 자유를 침해한다(헌재 2015.05.28. 2013헌바129) : **헌법불합치(잠정적용)**

[1] 형사판결은 국가주권의 일부분인 형벌권 행사에 기초한 것으로서, 외국의 형사판결은 원칙적으로 우리 법원을 기속하지 않으므로 동일한 범죄행위에 관하여 다수의 국가에서 재판 또는 처벌을 받는 것이 배제되지 않는다. 따라서 이중처벌금지원칙은 동일한 범죄에 대하여 대한민국 내에서 거듭 형벌권이 행사되어서는 안 된다는 뜻으로 새겨야 할 것이므로 이 사건 법률조항은 헌법 제13조 제1항의 이중처벌금지원칙에 위배되지 아니한다.

[2] 입법자는 외국에서 형의 집행을 받은 자에게 어떠한 요건 아래, 어느 정도의 혜택을 줄 것인지에 대하여 일정 부분 재량권을 가지고 있으나, 신체의 자유는 정신적 자유와 더불어 헌법이념의 핵심인 인간의 존엄과 가치를 구현하기 위한 가장 기본적인 자유로서 모든 기본권 보장의 전제조건이므로 최대한 보장되어야 하는바, 외국에서 실제로 형의 집행을 받았음에도 불구하고 우리 「형법」에 의한 처벌 시 이를 전혀 고려하지 않는다면 신체의 자유에 대한 과도한 제한이 될 수 있으므로 그와 같은 사정은 어느 범위에서든 반드시 반영되어야 하고, 이러한 점에서 입법형성권의 범위는 다소 축소될 수 있다. 입법자는 국가형벌권의 실현과 국민의 기본권 보장의 요구를 조화시키기 위하여 형을 필요적으로 감면하거나 외국에서 집행된 형의 전부 또는 일부를 필요적으로 산입하는 등의 방법을 선택하여 청구인의 신체의 자유를 덜 침해할 수 있음에도, 이 사건 법률조항과 같이 우리 「형법」에 의한

처벌 시 외국에서 받은 형의 집행을 전혀 반영하지 아니할 수도 있도록 한 것은 과잉금지원칙에 위배되어 신체의 자유를 침해한다.

ⓒ 적용범위 : 이중처벌과 반복적 형사절차를 금지한다.

ⓒ 처벌의 의미 : 헌법 제13조 제1항은 "모든 국민은 …… 동일한 범죄에 대하여 거듭 처벌받지 아니한다."고 하여 '이중처벌금지원칙'을 규정하고 있다. 이는 한 번 판결이 확정되면 동일한 사건에 대해서는 다시 심판할 수 없다는 '일사부재리원칙'이 국가형벌권의 기속원리로 헌법상 선언된 것으로서, 동일한 범죄행위에 대하여 국가가 형벌권을 거듭 행사할 수 없도록 함으로써 국민의 기본권 특히 신체의 자유를 보장하기 위한 것이다. 이러한 점에서 헌법 제13조 제1항에서 말하는 '처벌'은 원칙적으로 범죄에 대한 국가의 형벌권 실행으로서의 과벌을 의미하는 것이고, 국가가 행하는 일체의 제재나 불이익처분을 모두 그 '처벌'에 포함시킬 수는 없다(헌재 2011.06.30. 2009헌바55 ; 헌재 1994.06.30. 92헌바38 등 참조).

판례

1. 집행유예의 취소 시 부활되는 본형은 집행유예의 선고와 함께 선고되었던 것으로 판결이 확정된 동일한 사건에 대하여 다시 심판한 결과 부과되는 것이 아니므로 일사부재리의 원칙과 무관하고, 사회봉사명령 또는 수강명령은 그 성격, 목적, 이행방식 등에서 형벌과 본질적 차이가 있어 이중처벌금지원칙에서 말하는 '처벌'이라 보기 어려우므로, 이 사건 법률조항은 이중처벌금지원칙에 위반되지 아니한다(헌재 2013.06.27. 2012헌바345).

2. 법원이 카메라 등 이용촬영죄를 범한 성폭력범죄자에 대하여 선고유예를 제외한 유죄판결을 선고하는 경우에 성폭력 치료프로그램의 이수명령을 병과하는 것은, 과잉금지원칙에 위배하여 일반적 행동자유권을 침해한다고 볼 수 없고 이중처벌금지원칙에도 위반되지 않는다(헌재 2016.12.29. 2016헌바153).

ⓔ 이중처벌이 아닌 것 : 형벌과 징계, 형벌과 보호감호, 형벌과 보안처분, 형벌과 과징금부과, 외국의 확정판결을 받은 동일한 행위에 대한 우리나라에서의 판결(단, 반드시 양형에 반영하여 판결한다), 형벌과 신상공개

📂 일사부재리원칙과 이중위험금지원칙의 비교

	일사부재리원칙	이중위험금지원칙
성격	실체법상 원리(대륙법계, 우리나라)	절차상 원리(영미법계)
적용시기	판결확정 후	공판절차
적용범위	<	

참고

이중위험금지원칙

미연방헌법에 근거한 원칙으로 일정절차단계에 이르면 동일절차를 반복하여 다시 위험에 빠뜨릴 수 없다는 절차상 원리

> **판례**
>
> **헌법재판소와 대법원의 판례에 의하면, 이중처벌의 관계가 아닌 경우**
>
> 1. 보호감호처분과 형벌(헌재 2001.03.21. 99헌바7)
> 2. 보안처분과 형벌(헌재 1997.11.27. 92헌바28)
> 3. 누범가중처벌(헌재 2002.10.31. 2001헌바68)
> 4. 상습으로 절도죄를 범한 자를 가중처벌하는 「형법」 조항은, 죄형법정주의의 명확성원칙에 위반되지 않으며, 형벌에 관한 입법재량이나 형성의 자유를 현저히 일탈하여 책임과 형벌의 비례원칙에 위반된다고 할 수 없다(헌재 2016.10.27. 2016헌바31).
> 5. 행정형벌과 행정질서벌인 과태료의 부과(헌재 1994.06.30. 92헌바38)
> 6. 운행정지처분과 형사처벌(대판 1983.06.14. 82누439)
> 7. 동일한 범죄에 대한 외국의 확정판결과 형사처벌(대판 1983.10.25. 83도2366)
> 8. 동일한 사유로 인한 직위해제처분과 감봉처분(대판 1983.10.25. 83누184)
> 9. 형벌과 신상공개(헌재 2003.06.26. 2002헌가14)
> 10. 확정된 구제명령을 따르지 않은 사용자에게 형벌을 부과하고 있음에도, 구제명령을 이행하지 아니한 사용자에게는 이행강제금을 부과하는 「근로기준법」(헌재 2014.05.29. 2013헌바171).
> 11. 공무원의 징계 사유가 공금의 횡령인 경우 공금 횡령액의 5배 내의 징계부가금을 부과하도록 한 것은 이중처벌금지원칙·무죄추정원칙·과잉금지원칙에 위배되지 않는다(헌재 2015.02.26. 2012헌바435).

③ 연좌제 금지

　　㉠ 친족이나 타인의 행위로 인한 불이익한 처우를 금지한다는 원칙이다.

　　㉡ 불이익한 처우 : 국가기관에 의해 모든 불이익을 준다.

> **판례**
>
> 1. 「반국가행위자의 처벌에 관한 특별조치법」 제8조의 궐석재판에 의한 재산몰수(헌재 1996.01.25. 95헌가5) : **위헌**
>
>   [1] 위 법 제8조는 피고인의 소환불응에 대하여 전재산 몰수를 규정한바, 설사 반국가행위자의 고의적인 소환불응을 범죄행위라고 규정하는 취지라 해도 이러한 행위에 대해 전재산의 몰수라는 형벌은 행위의 가벌성에 비해 지나치게 무거워 적정하지 못하고 일반형사법체계와 조화를 이루지 못하고 있다. 결국 이는 행위책임의 법리를 넘어서 자의적이고 심정적인 처벌에의 길을 열어 둠으로써 형벌체계상 정당성과 균형을 벗어나 적법절차 및 과잉금지의 원칙에 어긋난다. 뿐만 아니라 특조법 제8조는 동법 제10조의 규정과 관련하여 친족이 재산까지도 검사가 적시하기만 하면 증거조사 없이 몰수형이 선고되게 되어 있으므로, 헌법 제13조 제3항에서 금지한 연좌형이 될 소지도 크다.
>
>   [2] 위 법 제7조 제5항·제6항·제7항 본문, 제8조가 위헌으로 실효될 경우 위 법 전체가 존재의미를 상실하여 시행될 수 없게 되므로 「헌법재판소법」 제45조 단서규정에 의해 위법 전체에 대하여 위헌결정을 한다.
>
> 2. 특정공무원 범죄의 범인에 대한 추징판결을 범인 외의 자가 그 정황을 알면서 취득한 불법재산 및 그로부터 유래한 재산에 대하여 그 범인 외의 자를 상대로 집행할 수 있도록 한 「공무원범죄에 관한 몰수 특례법」 제9조의2는 헌법에 위반되지 않는다(헌재 2020.02.27. 2015헌가4).

3. 선거사무장 등의 선거범죄로 인한 후보자의 당선무효책임(「공직선거법」제265)은 선거사무장 등 선 거운동에 관여한 자의 행위가 후보자의 의사 또는 영향력 하에서 후보자를 위하여 행위를 한 것이고, 이러한 선거운동은 성질상 후보자의 선거활동에 속하는 것이므로 이러한 자의 행위에 기초하여 후보 자에게 당선무효의 책임을 묻는 것은 선거제도와 선거원리에 합당하여 이를 연좌제라고 할 수 없다 (헌재 2005.12.22. 2005헌마19).

4. 「성폭력범죄의 처벌 등에 관한 특례법」 부칙 제7조 제1항 등에서의 신상정보 공개·고지명령은 성 범죄자의 신상정보를 대상으로 하는 것으로 연좌제금지원칙에 위배되는 것이라고 볼 수 없다(헌재 2016.12.29. 2015헌바196).

[1] 신상정보 공개·고지제도는 사회방위를 목적으로 하면서 행위자의 '재범의 위험성'도 고려하고 있으므로 그 실질에 있어서는 형벌이 아니라 보안처분으로서 어떠한 형벌적 효과나 신체의 자유 를 박탈하는 효과를 가져오지 아니하므로 소급처벌금지원칙이 적용되지 아니한다. 따라서 「성폭 력처벌법」 시행 당시 신상정보 공개·고지명령의 대상에 포함되지 않았던 사람들을 이후 소급하 여 신상정보 공개·고지명령의 대상이 되도록 하였더라도 소급처벌금지원칙에 위배되는 것은 아 니다.

[2] 비교적 중한 성인 대상 성폭력범죄자들 중에서 2008. 4. 16.부터 2011. 4. 15. 사이에 유죄판결이 확정된 사람을 신상정보 공개·고지명령 대상자로 한정한 것은 과잉금지원칙에 위배되어 인격권 및 개인정보자기결정권을 침해하지 아니한다.

[3] 아동·청소년대상 성폭력범죄와는 다르게 성인 대상 성폭력범죄에 대하여는 2008. 4. 16.부터 2011. 4. 15.까지 사이에 성폭력범죄를 저지르고 형이 확정된 자에 대하여 신상정보 공개·고지명 령 대상에 포함함으로써, 성인 대상 성폭력범죄자를 아동·청소년 대상 성폭력범죄자들과 달리 취급하고 있는 것이 자의적이라거나 합리성이 없다고 보기 어려우므로 평등원칙을 위반한다고 볼 수 없다.

[4] 동일한 범죄행위에 대하여 형벌이 부과된 이후 다시 신상정보 공개·고지명령이 선고 및 집행된 다고 하여 이중처벌금지의 원칙에 위반된다고 할 수 없다.

(4) 절차적 보장

① 적법절차원리

㉠ 적법절차(due process of law)의 원리는 원래 1215년의 영국 Magna Carta에서 유래하였다.

㉡ 모든 국가작용은 정당한 법을 근거로 정당한 절차에 따라 행사되어야 한다는 헌법원리로서 법치주의 원리의 내용을 이루는 일반적 헌법원리로서의 성질을 지니고 있다. 따라서 이는 인 신의 자유의 보호에만 적용되는 것이 아니고 모든 공권력의 행사에 적용되는 헌법원리이다.

판례

1. **헌법 제12조 제1항의 적법절차원칙은 형사소송절차에 국한되지 않고 모든 국가작용 전반에 대하여 적용된다**(헌재 2016.03.31, 2013헌바190).

   전투경찰순경의 인신구금을 내용으로 하는 영창처분에 있어서도 적법절차원칙이 준수되어야 하는데, 전투경찰순경에 대한 징계처분으로 영창을 규정하고 있는 조항이 헌법에서 요구하는 수준의 절차적 보장 기준을 충족하지 못했다고 볼 수 없으므로 적법절차원칙에 위배되지 아니하며 신체의 자유를 침해하지 않는다.

2. 병에 대한 징계처분으로 일정기간 부대나 함정 내의 영창, 그 밖의 구금장소에 감금하는 영창처분이 가능하도록 규정한 구 「군인사법」 제57조 제2항 중 '영창'에 관한 부분이 헌법에 위반된다(헌재 2020. 09.24 2017헌바157).

3. 「전기통신사업법」 제83조 제3항 중 '검사 또는 수사관서의 장(군 수사기관의 장을 포함한다), 정보수사기관의 장의 수사, 형의 집행 또는 국가안전보장에 대한 위해 방지를 위한 정보수집을 위한 통신자료 제공요청'에 관한 부분에 대하여는 사후통지절차를 마련하지 않은 것이 적법절차원칙에 위배된다는 이유로 2023. 12. 31.을 시한으로 입법자가 개정할 때까지 계속 적용을 명하는 헌법불합치 결정을 한다(헌재 2022.07.21. 2016헌마388).

4. 강제퇴거명령을 받은 사람을 보호할 수 있도록 하면서 보호기간의 상한을 마련하지 아니한 「출입국관리법」 제63조 제1항이 과잉금지원칙 및 적법절차원칙에 위배되어 피보호자의 신체의 자유를 침해하는 것으로, 헌법에 합치되지 아니한다(헌재 2023.03.23. 2020헌가1).

5. 토지등소유자의 100분의 30 이상이 정비예정구역의 해제를 요청하는 경우 특별시장, 광역시장, 특별자치시장, 특별자치도지사, 시장 또는 군수(이하 '해제권자'라 한다)로 하여금 지방도시계획위원회의 심의를 거쳐 정비예정구역의 지정을 해제할 수 있도록 한 구 「도시 및 주거환경정비법」 제4조의3 제4항 제3호 중 '정비예정구역'에 관한 부분(이하 '심판대상조항'이라 한다)이 적법절차원칙에 위반되지 않는다(헌재 2023.06.29. 2020헌바63).

ⓒ 적(실체적 적법성) : 헌법에 부합하는 합리성과 정당성을 구비해야 한다.

ⓔ 법 : 형사절차상 형식적 의미의 규범(법률, 법규명령, 법규성 있는 행정규칙, 조례를 포함)을 기준으로 하지만, 민사절차상 형식적 의미의 규범 외에 관습법, 조리 내지는 일반원칙도 기준으로 할 수 있다.

ⓜ 대상 : 기본권의 불이익을 야기하는 모든 국가작용에 적용한다(예시설).

ⓗ 적용범위 : 형사절차, 행정절차, 입법절차에 적용한다. 다만, 국가기관간의 탄핵절차에서는 기본권으로서의 적법절차원칙이 그대로 적용되지는 않는다.

판례

탄핵심판 절차에서 기본권으로써 적법절차원칙을 직접 적용할 수 없다(헌재 2004.05.14. 2004헌나1)

적법절차원칙이란, 국가공권력이 국민에 대하여 불이익한 결정을 하기에 앞서 국민은 자신의 견해를 진술할 기회를 가짐으로써 절차의 진행과 그 결과에 영향을 미칠 수 있어야 한다는 법원리를 말한다. 국민은 국가공권력의 단순한 대상이 아니라 절차의 주체로서, 자신의 권리와 관계되는 결정에 앞서서 자신의 견해를 진술할 수 있어야만 객관적이고 공정한 절차가 보장될 수 있고 당사자간의 절차적 지위의 대등성이 실현될 수 있다는 것이다. ⋯국회의 탄핵소추절차는 국회와 대통령이라는 헌법기관 사이의 문제이고, 국회의 탄핵소추의결에 의하여 사인으로서의 대통령의 기본권이 침해되는 것이 아니라, 국가기관으로서의 대통령의 권한행사가 정지되는 것이다. 따라서 국가기관이 국민과의 관계에서 공권력을 행사함에 있어서 준수해야 할 법원칙으로서 형성된 적법절차의 원칙을 국가기관에 대하여 헌법을 수호하고자 하는 탄핵소추절차에는 직접 적용할 수 없다고 할 것이고, 그 외 달리 탄핵소추절차와 관련하여 피소추인에게 의견진술의 기회를 부여할 것을 요청하는 명문의 규정도 없으므로, 국회의 탄핵소추절차가 적법절차원칙에 위배되었다는 주장은 이유 없다.

⊗ 침해의 구제: 헌법소원심판, 국가배상청구, 권한쟁의심판

◎ 법치국가원리와의 관계: 헌법 제12조 제1항의 적법절차는 법치국가의 본질적 내용으로 확인적 조항이다(헌재 1989.09.29. 89헌가86).

판례

1. 적법절차와 과잉금지원칙의 관계(헌재 1992.12.24. 92헌가8)

현행헌법이 명문화하고 있는 적법절차의 원칙은 단순히 입법권의 유보제한이라는 한정적인 의미에 그치는 것이 아니라 모든 국가작용을 지배하는 독자적인 헌법의 기본원리로서 해석되어야 할 원칙이라는 점에서 입법권의 유보적 한계를 선언하는 과잉입법금지의 원칙과는 구별된다고 할 것이다. 따라서 적법절차의 원칙은 헌법조항에 규정된 형사절차상의 제한된 범위내에서만 적용되는 것이 아니라 국가작용으로서 기본권 제한과 관련되든 관련되지 않든 모든 입법작용 및 행정작용에도 광범위하게 적용된다고 해석하여야 할 것이고 ⋯ 법 제331조 단서의 규정은 이러한 적법절차의 원칙에 입각한 해석원리에 따라 그 적정성과 위헌여부를 판단하여야 할 것이고 그 다음에는 헌법 제37조 제2항에서 도출되는 비례의 원칙 내지 과잉입법금지의 원칙이 지켜지고 있는지 여부에 관한 문제로 돌아가 함께 판단하여야 된다고 할 것이다.

2. 공판단계에서의 영장발부에 관한 헌법적 근거는 헌법 제12조 제1항이다(헌재 1997.03.27. 96헌바28).

🗁 적법절차원칙 관련 판례

위헌이라 본 판례	합헌이라 본 판례
• 필요적 보호감호(헌재 1989.07.14. 88헌가5 등) • 보석허가결정에 대해 검사가 즉시항고할 수 있도록 함(「형사소송법」 제97조 제3항) • 형사사건으로 기소된 변호사에 대해 법무부장관이 일방적으로 업무정지를 할 수 있도록 함(「변호사법」 제15조) • 중형사건에 대해 궐석재판을 허용한 반국가행위자의 처벌(헌재 1998.07.16. 97헌바22) • 검사로부터 사형, 무기 또는 10년이상의 징역이나 금고형에 해당한다는 진술이 있는 사건의 경우 구속영장의 효력을 잃지 않음(헌재 1992.12.24. 92헌가8) • 금치처분을 받은 사람에 대하여 실외운동을 원칙적으로 금지하고 다만 소장의 재량에 의하여 이를 예외적으로 허용하는 것은, 목적의 정당성 및 수단의 적합성은 인정되나, 침해의 최소성 원칙에 위배되고 법익의 균형성 요건도 갖추지 못하였으므로 신체의 자유를 침해함(헌재 2016.05. 26. 2014헌마45)	• 주민투표절차를 거치지 아니하고 지방자치단체 폐치·분합을 입법한 것(헌재 1994.12.29 94헌마201) • 음주운전 혐의자의 음주측정에 응할 의무(헌재 1997.03.27. 96헌가11) • 경찰공무원의 증인적격인정 • 등급미분류한 게임물 수거 폐기 • 형과 보호감호가 병과 된 경우 형의 우선집행 • 공정거래위원회가 과징금을 부과하는 규정(헌재 2003.07.24. 2001헌가25)

② 적법절차원칙의 특별보장으로서 영장주의

　㉠ 영장주의는 영미법에서 발달한 제도이다.

　㉡ 수사기관이 형사절차에 따라 체포·구속·압수·수색 등의 강제처분을 함에 있어 검사의 청구에 의하여 법관이 발부한 영장을 사전에 제시하여야 한다는 사전영장주의를 원칙으로 한다.

　㉢ 체포·구속의 필요성 유무의 공정한 판단, 수사기관에 의한 체포·구속의 남용방지를 목적으로 한다.

　㉣ 사후 영장주의(사전영장주의의 예외)로서 「형사소송법」상 긴급체포, 현행범과 준현행범 체포의 경우에 48시간 내 영장청구를 요하고 있다. 또한 비상계엄 하에서도 사후 영장주의를 인정하는 한 영장제도 자체를 정지할 수는 없다고 할 것이다(헌법위원회 1953.10.08. 4286헌위2).

　㉤ 통신의 자유에서 문제가 되는 「통신비밀보호법」이 정하고 있는 감청에 있어서는 영장이 아닌 법관의 허가를 얻도록 하고 있다. 이러한 허가는 성질상 영장의 발부와 동일하다고 할 것이다. 그렇지만 감청은 헌법 제12조 제3항에서 정하는 체포·구속·압수·수색 가운데 어느 것에도 해당하지 않으므로 감청에서는 헌법 제12조 제3항이 적용되지 않는다.

　㉥ 헌법에서 정하고 있는 영장은 사전영장이든 사후영장이든 범죄의 내용, 구금할 장소, 압수·수색의 목적물과 범위가 특정되지 않은 일반영장은 금지된다. 따라서 압수의 목적물과 수색의 대상과 범위가 애매모호하거나 포괄적인 일반영장(general warrant)은 헌법상 허용되지 않는다.

ⓐ 별건체포나 별건구속은 수사기관이 원래 의도한 사건(본건)의 수사를 위하여 다른 사건(별건)을 이유로 피의자를 체포 또는 구속하는 것을 말한다. 별건체포나 별건구속은 본건에 대한 영장주의를 형해화시켜 헌법 제12조 제3항에 위반되고, 헌법 제12조 제5항의 체포 또는 구속의 이유고지를 받을 권리를 침해하며, 헌법 제12조 제3항의 적법절차에 위반된다고 할 것이다.

ⓞ 헌법재판소는 행정상 즉시강제에서 급박한 필요가 있고 공익이 우선하고 과잉금지원칙에 위반되지 않는 경우에는 영장 없이도 불법게임물을 수거·폐기할 수 있다고 판시하였다(헌재 2002.10.31. 2000헌가12). 따라서 원칙적으로 행정상 즉시강제에는 영장주의가 적용되지 않는다고 본다.

ⓩ 대법원은 행정상 즉시강제에 영장주의가 적용되지 않음이 원칙이나 다만 예외적으로 범죄수사 등과 관련이 된 경우에는 영장주의를 적용하고 있다(대판 1997.06.13. 96다56115).

ⓒ 국회에서의 증언·감정 등에 관한 법률은 국정감사나 국정조사를 위한 위원회는 증인이 정당한 이유없이 출석하지 아니하는 때에는 그 의결로 해당 증인에 대하여 지정한 장소까지 동행할 것을 명령할 수 있게 하고, 이에는 영장주의를 적용하지 않고 있다(동법 제6조)(헌재 2008.01.10. 2007헌마1468). 판례는 특별검사의 경우(헌재 2008.01.10. 2007헌마1468)와 지방의회(대판 1995.06.30. 93추83)에서 영장 없는 동행명령장은 기본권을 침해하지만 법원의 동행명령장은 침해하지 않는다고 본다.

판례

법원의 보석허가결정에 대한 검사의 즉시항고를 인정하는 「형사소송법」 제97조 제3항(헌재 1993.12.23. 93헌가2) **: 위헌**

체포·구속 그리고 압수·수색까지도 헌법과 법률에 의하여 양심에 따라 재판하고 또 사법권독립의 원칙에 의하여 신분의 독립이 보장된 법관의 결정에 의하여만 할 수 있고, 자유의 박탈·허용 또는 그 계속이나 그 해제 여부의 결정은 오직 이러한 법관만이 결정할 수 있다는 원리인데, 구속 여부에 관한 전권을 갖는 법관으로 구성된 이러한 법원이 이러한 영장주의에 의하여 구속을 유지하여야 할 필요성 유무를 스스로 판단하여 결정한 보석허가결정의 효력이 검사나 그 밖의 다른 국가기관의 이견이나 불복이 있다 하여 좌우되거나 제한받거나 침해된다면 이러한 영장주의와 적법절차의 원칙에 위배될 것인 바, 이는 피고인에 대한 보석허가결정이 부당하다는 검사의 불복을 피고인에 대한 구속집행을 계속할 필요가 없다는 법원의 판단보다 우선시킨 것이기 때문이다.

비교판례 법원의 보석허가결정에 대한 검사의 보통항고는 인정한다(대판 1997.04.18. 97모26).

판례

1. 음주측정은 헌법 제12조 제3항의 체포·구속·압수·수색의 어느 것에도 해당하지 않기 때문에 헌법 제12조 제3항의 영장주의가 적용되지 않는다. 그런데 이는 신체활동의 자유를 제한하는 것이므로 헌법 제37조 제2항은 적용된다(헌재 2004.01.29. 2002헌마293).

2. 재체포·재구속시 실질적 요건을 특별히 가중하지 아니한 「형사소송법」은 영장주의에 반하지 않는다(헌재 2003.12.18. 2002헌마593).

3. 「국가보안법」위반죄 등 일부 범죄혐의자를 법관의 영장 없이 구속, 압수, 수색할 수 있도록 규정하고 있던 구 「인신구속 등에 관한 임시 특례법」제2조 제1항은 영장주의에 위배된다(헌재 2012.12.27. 2011헌가5).

4. 신원확인을 위한 지문채취는 강제처분이 아니므로 영장주의가 적용되지 않는다. 따라서 영장주의에 위반되지 아니한다(헌재 2004.09.23. 2002헌가17·18).

5. 「정신보건법」이 정한 정신질환자에 대한 보호입원 제도는 입원의 필요성에 대한 판단에 있어 객관성과 공정성을 담보할 만한 장치를 두고 있지 않고, 보호입원 대상자의 의사 확인이나 부당한 강제입원에 대한 불복제도도 충분히 갖추고 있지 아니하여, 보호입원 대상자의 신체의 자유를 과도하게 제한하고 있어, 침해의 최소성에 반 하고, 법익의 균형성 요건도 충족하지 못한다. 따라서 심판대상조항은 과잉금지원칙을 위반하여 신체의 자유를 침해한다(헌재 2016.09.29. 2014헌가9).

6. 적법절차원칙은 공권력에 의한 국민의 생명·자유·재산의 침해는 반드시 합리적이고 정당한 법률에 의거해서 정당한 절차를 밟은 경우에만 유효하다는 원리로서, 이는 형사절차상의 제한된 범위 내에서만 적용되는 것이 아니라 국가작용으로서 기본권 제한과 관련되든 아니든 모든 입법작용 및 행정작용에도 광범위하게 적용된다고 해석하여야 한다. 반민족규명위원회가 구법조항에 따라 친일반민족행위로 결정한 경우를 개정규정의 친일반민족행위로 결정한 것으로 보는 것은 적법절차원칙에 위반되지 않는다(헌재 2018.04.26. 2016헌바453).

7. 체포영장을 집행하는 경우 체포영장이 발부된 피의자가 타인의 주거 등에 소재할 개연성은 인정되나, 수색에 앞서 영장을 발부받기 어려운 긴급한 사정이 인정되지 않는 경우에도 영장 없이 피의자 수색을 할 수 있도록 한 「형사소송법」조항은 명확성원칙에는 위반되지 않으나 영장주의에 위반되어 헌법에 합치되지 않는다(헌재 2018.04.26. 2015헌바370).

(5) 형사절차상 피내사자·피의자·피고인의 권리

① 무죄추정원칙(헌법 제27조 제4항)

㉠ 공소제기 이전의 피의자는 물론 공소가 제기된 피고인(헌재 1997.05.29. 96헌가17)까지도 유죄의 판결이 확정될 때까지는 죄 없는 자에 준하여 취급하여야 하고 불이익을 입혀서는 안된다는 원칙을 말한다. 따라서 불구속수사·불구속재판이 원칙이다.

㉡ 5공화국 8차개헌 이후 헌법에 도입이 된 무죄추정원칙은 무죄의 판결이든 유죄의 판결이든 재판이 확정될 때까지 형사피의자나 형사피고인은 무죄로 추정된다는 것을 의미한다. 무죄판결(형소법 제325조)이 확정되면 그 이전까지 무죄로 추정되던 효력은 종료되고 확정적으로 무죄의 효력이 발생한다. 대국가적 관계에서만 인정된다 봄이 일반적인 견해이다.

㉢ 헌법재판소는 무죄추정의 원칙은 증거법에 국한된 원칙이 아니라 수사절차에서 공판절차에 이르기까지 형사절차의 전 과정을 지배하는 지도원리로서 인신의 구속자체를 제한하는 원리로 작용한다고 본다(헌재 2009.06.25. 2007헌바25). 형사절차상의 처분뿐만 아니라 기타 기본권 제한과 같은 불이익처분에도 적용된다(헌재 1990.11.19. 90헌가48).

㉣ 행정소송에 관한 판결이 확정되기 전에 과징금부과 등 행정청의 제재처분에 대하여 공정력과 집행력을 인정하는 것은 무죄추정의 원칙에 위배되지 않는다(헌재 2003.07.24. 2001헌가25).

㉤ 헌법상의 무죄추정의 원칙은 유죄판결의 확정으로 종료하므로 유죄판결이 확정된 이후에 이에 대하여 제기하는 재심의 청구절차에는 적용되지 않는다.

판례

무죄추정의 원칙에 위배된다고 본 판례

1. 공소가 제기된 변호사에 대하여 확정판결이 있을 때까지 법무부장관이 변호사업무정지를 명할 수 있도록 규정한 「변호사법」의 규정(헌재 1990.11.19. 90헌가48)

2. 형사사건으로 공소가 제기되면 확정판결이 있기 전이라도 해당 사립학교교원에 대하여 일률적으로 직위해제하도록 정하고 있는 「사립학교법」의 규정(헌재 1994.07.29. 93헌가3 등)

3. 몰수할 것으로 인정되는 물품을 압수한 경우에 있어서 범인이 당해 관서에 출두하지 아니하거나 또는 범인이 도주하여 그 물품을 압수한 날로부터 4월을 경과한 때에는 당해 물품은 별도의 재판이나 처분 없이 국고에 귀속한다고 규정하고 있는 「관세법」의 규정(헌재 1997.05.29. 96헌가17)

4. 「국가보안법」 제7조와 제10조의 죄(단순 찬양, 고무, 불고지의 반복시)에 대하여 수사기관에 의한 피의자의 구속시간을 「형사소송법」상의 30일 보다 많은 50일로 정하고 있는 「국가보안법」의 규정(헌재 1992.04.14. 90헌마82)

5. 형사사건으로 기소되기만 하면 사건의 경중에 무관하게 일률적으로 당해 공무원에 대하여 직위해제 하도록 한 「국가공무원법」의 규정(헌재 2003.07.24. 2001헌가25).

6. 미결수용자에게 수용시설 안에서 재소자용 의류를 입게 하는 것은 구금 목적의 달성, 시설의 규율과 안전유지를 위한 필요 최소한의 제한으로서 정당성·합리성을 갖춘 재량의 범위 내의 조치이지만, 수사 또는 재판을 받을 때에는 재소자용 의류를 입게 하는 것은 무죄추정의 원칙에 반하고 인격권 및 행복추구권, 공정한 재판을 받을 권리를 침해한 것이라고 판시하였다(헌재 1999.05.27. 97헌마137).

7. 판결 선고 전 구금일수의 통산을 규정한 「형법」이 미결구금일수의 일부만을 형기에 통산하는 것으로 정하는 것은 무죄추정의 원칙과 적법절차의 원칙에 반하는 것이어서 헌법에 위반된다고 결정하였다(헌재 2009.06.25. 2007헌바25).

8. 금고 이상의 형을 선고받고 그 형이 확정되지 아니한 경우 구속여부를 불문으로 지방자치단체의 장의 직무를 정지하고 부단체장이 권한대행을 하도록 한 구 「지방자치법」 제111조 제1항 제3호에 대하여 무죄추정의 원칙에 반하여 공무담임권을 제한한다고 보아 헌법불합치 결정을 내렸다(헌재 2010.09.02. 2010헌마418). 그러나 공소제기의 기초를 이루는 공무원의 비위사실을 기초로 하여 징계처분을 하는 것은 무죄추정의 원칙에 위배되지 않는다(대판 1984.09.11. 84누110).

② 변호인의 조력을 받을 권리

　㉠ 인권보장과 무기평등원칙

　㉡ 주체 : 피내사자·피의자·피고인. 다만, 수형자는 원칙 ×(헌법 제27조 제1항 상의 재판청구권에 기한 변호인의 조력 ○), 예외적으로 재심을 청구하여 재판이 진행되는 경우에 한하여 인정될 수 있다.

판례

1. 체포 또는 구속을 당한 자연인은 누구든지 변호인의 조력을 받을 권리를 가진다. 나아가 임의동행된 피의자나 피내사자에게도 인정되고, 체포 또는 구속을 당하지 아니한 불구속 피의자나 피고인에게도 인정된다(대판 1996.06.03. 96모18 ; 헌재 2004.09.23. 2000헌마138).

2. 수형자의 경우에도 모든 기본권의 제한이 정당화될 수 없으며 국가가 개인의 불가침의 기본적인 인권을 확인하고 보장할 의무(헌법 제10조)로부터 자유로워질 수는 없다. 따라서 수형자의 지위에서 제한이 예정되어 있는 자유와 권리는 형의 집행과 도망의 방지라는 구금의 목적과 관련된 신체의 자유 및 거주이전의 자유 등 몇몇 기본권에 한정되어야 하며 그 역시 필요한 범위를 벗어날 수 없다. 특히 수용시설 내의 질서 및 안전 유지를 위하여 행해지는 규율과 징계를 통한 기본권의 제한은 수형자에게 구금과는 별도로 부가적으로 가해지는 고통으로서 다른 방법으로는 그 목적을 달성할 수 없는 경우에만 예외적으로 허용되어야 할 것이다(헌재 2003.12.18. 2001헌마163).

3. 형사절차가 종료되어 교정시설에 수용중인 수형자는 무죄추정을 받고 있는 피의자·피고인에게 인정되는 변호인의 조력을 받을 권리(헌법 제12조 제4항)의 주체가 될 수는 없으므로, 수형자가 변호사와 접견하여 법률적인 도움을 받을 권리는 변호인의 조력을 받을 권리로서가 아니라 헌법 제27조의 재판청구권의 실질적 내용으로서 보장되는 것이다(헌재 2004.12.16. 2002헌마478).

4. 수형자가 갖는 이러한 접견권은 타인과 교류하는 인간으로서의 기본적인 생활관계가 인신의 구속으로 완전히 단절되어 정신적으로 황폐하게 되는 것을 방지하기 위하여 보장되어야 하는 인간으로서의 기본적인 권리이고, 이는 비록 헌법에 열거되지는 아니하였지만 헌법 제10조의 행복추구권에 포함되는 기본권의 하나로서의 일반적 행동자유권으로부터 나온다고 할 것이다(헌재 2009.09.24. 2007헌마738).

5. 국선대리인 변호사와 수형자(청구인)가 접견할 때 피청구인이 그 접견내용을 녹음·녹화를 하였다고 하더라도 그 사실만으로 곧바로 청구인의 재판청구권이 침해되었다고 단정할 수 없는 것이고, 재판청구권이 침해되었다고 하기 위하여는 이 사건 녹취행위로 인하여 청구인이 제기한 헌법소원 사건의 재판청구권의 재판 준비나 방어권행사에 어느 정도 불이익이 초래된 사실을 인정할 수 있어야만 할 것이다(헌재 2011.05.26. 2009헌마341).

   동지판례 교도소장은 법이 정하는 사유가 있으면 교도관으로 하여금 미결수용자의 가족과 접견내용을 녹음 또는 녹화할 수 있게 한 것은 사생활의 비밀과 자유를 침해하지 않으며, 영장주의와 평등원칙에 위배되지 않는다(헌재 2016.11.24. 2014헌바401).

6. 구치소 내의 변호인접견실에 CCTV를 설치하여 미결수용자와 변호인 간의 접견을 관찰한 행위는 법률유보원칙에 위반되지 않으며 변호인의 조력을 받을 권리를 침해하지 않는다(헌재 2016.04.28. 2015헌마243).

7. 접촉차단시설이 설치되지 않은 장소에서의 수용자 접견 대상을 소송사건의 대리인인 변호사로 한정한 구 '형의 집행 및 수용자의 처우에 관한 법률 시행령' 제58조 제4항 제2호가 변호사인 청구인의 직업수행의 자유를 침해하지 않는다(헌재 2022.02.24. 2018헌마1010).

ⓒ 기본권의 범위와 제한

　　ⓐ 법률로 제한 불가한 절대적 기본권으로서 변호인 선임권, 접견교통권으로서 변호인과의 자유로운 접견 그 자체인 미결수용자와 변호인의 대화내용(헌재 1992.01.28. 91헌마111)은 헌법 제37조 제2항의 본질적 내용에 해당하여 국가안전보장, 질서유지, 공공복리를 위하여 법률 또는 재판으로도 제한할 수 없다.

　　ⓑ 상대적 기본권(접견권)으로서 접견 장소, 방법, 시간은 법률로써 제한이 가능하다(헌재 2009. 10.29. 2007헌마992).

　　ⓒ 변호인의 권리 : 변호사 자신(변호인이 될 자)의 구속된 피의자·피고인과의 접견교통권 (접견권)은 종전에 헌법재판소는 법률상 권리로 보았으나 최근 판례를 변경하여 헌법상 변호인의 조력을 받을 권리로서 기본권에 해당한다고 보았다.

　　ⓓ 수사기관의 보관 자료에 대한 열람·복사 신청이 거부된 사건에서 피구속자를 조력할 변호인의 변호권은 변호인의 조력을 받을 권리에 있어 본질적인 기본권에 해당한다.

　　ⓔ 헌법 제12조 제4항 본문에 규정된 구속은 사법절차에서 이루어진 구속뿐 아니라, 행정절차에서 이루어진 구속까지 포함하는 개념이다. 따라서 헌법 제12조 제4항 본문에 규정된 변호인의 조력을 받을 권리는 행정절차에서 구속을 당한 사람에게도 즉시 보장된다. 따라서 인천공항출입국·외국인청장이 인천국제공항 송환대기실에 수용된 난민에 대한 변호인 접견신청을 거부한 행위는 변호인의 조력을 받을 권리를 침해하였다(헌재 2018.05.31. 2014헌마346).

　　ⓕ 변호인의 조력을 받을 권리는 변호인을 선임하고, 변호인으로부터 조력을 받는 권리를 말한다. 여기서 말하는 조력은 충분한 조력을 의미한다(헌재 1992.01.28. 91헌마111 ; 1997.11.27. 94헌마60).

　　ⓖ 「형사소송법」 제33조 제1항의 구속된 피고인의 국선변호인의 도움을 받을 권리(경제적 사유는 신청한자, 미·70·농·심신장애·3년 이상의 징역, 금고는 법원의 직권)

판례

변호인의 조력을 받을 권리 관련 판례

1. 헌법재판소는 피구속자를 조력할 변호인의 권리 중 그것이 보장되지 않으면 피구속자가 변호인으로부터 조력을 받는다는 것이 유명무실하게 되는 핵심적인 부분(변호인의 변호권)은 헌법상의 기본권으로서 보호된다고 판시하였다(헌재 1997.11.27. 94헌마60).

2. 헌법재판소는 형사피의자의 국선변호인에 대해서는 헌법이 아무런 입법위임을 하고 있지 않기 때문에 국가가 형사피의자를 위한 국선변호인제도를 입법해야 할 의무는 없다고 판시하였다(헌재 2008. 07.01. 2008헌마428).

3. 법원이 범죄의 성질, 증인의 연령, 심신의 상태, 피고인과의 관계, 그 밖의 사정으로 인하여 피고인 등과 대면하여 진술하는 경우 심리적인 부담으로 정신의 평온을 현저하게 잃을 우려가 있다고 인정되는 자를 증인으로 신문하는 경우 상당하다고 인정하는 때에는 검사와 피고인 또는 변호인의 의견을 들어 차폐시설을 설치하고 신문할 수 있도록 한 것은 공정한 재판을 받을 권리 및 변호인의 조력을 받을 권리를 침해한다고 할 수 없다(헌재 2016.12.29. 2015헌바221).

4. 검찰수사관인 피청구인이 피의자신문에 참여한 변호인인 청구인에게 피의자 후방에 앉으라고 요구한 행위는 권력적 사실행위로서 헌법소원의 대상이 되는 공권력의 행사에 해당하고 변호인이 피의자신문에 자유롭게 참여할 수 있는 권리는 피의자가 가지는 변호인의 조력을 받을 권리를 실현하는 수단이므로 헌법상 기본권인 변호인의 변호권으로서 보호되어야므로 본 사건은 변호인인 청구인의 변호권을 침해한다(헌재 2017.11.30. 2016헌마503).

5. 법원의 수사서류 열람·등사 허용 결정에도 불구하고 해당 수사서류의 등사를 거부한 검사의 행위는 피고인인 청구인들의 신속하고 공정한 재판을 받을 권리 및 변호인의 조력을 받을 권리를 침해한다 (헌재 2017.12.28. 2015헌마632).

6. 법원이 검사의 열람·등사 거부처분에 정당한 사유가 없다고 판단하고 그러한 거부처분이 피고인의 헌법상 기본권을 침해한다는 취지에서 수사서류의 열람·등사를 허용하도록 명한 이상, 법치국가와 권력분립의 원칙상 검사로서는 당연히 법원의 그러한 결정에 지체 없이 따라야 하며, 이는 별건으로 공소제기되어 확정된 관련 형사사건 기록에 관한 경우에도 마찬가지이다. 그렇다면 피청구인의 이 사건 거부행위는 청구인의 신속·공정한 재판을 받을 권리 및 변호인의 조력을 받을 권리를 침해한다 (헌재 2022.06.30. 2019헌마356).

7. 변호사와 미결수용자간의 서신검열은 헌법에 반한다(헌재 1995.07.21. 92헌마144): 인용(위헌 확인)

헌법 제12조 제4항 본문은 "누구든지 체포 또는 구속을 당한 때에는 즉시 변호인의 조력을 받을 권리를 가진다."라고 규정하여 변호인의 조력을 받을 권리를 보장하고 있으므로, 미결수용자의 서신 중 변호인과의 서신은 다른 서신에 비하여 특별한 보호를 받아야 할 것이다. 그리하여 헌법재판소는 "변호인과의 자유로운 접견은 신체구속을 당한 사람에게 보장된 변호인의 조력을 받을 권리의 가장 중요한 내용이어서 국가안전보장·질서유지·공공복리 등 어떠한 명분으로도 제한될 수 있는 성질의 것이 아니다."라고 판시한 바 있고 …변호인의 조력을 받을 권리의 기본적인 취지는 접견의 경우뿐만 아니라 변호인 또는 변호인이 되려는 자와 피의자 또는 피고인 사이의 서신의 경우에도 적용되어 그 비밀이 보장되어야 할 것이다.

8. 피의자의 변호인과의 접견교통권(헌재 1992.01.18. 91헌마111)

변호인의 조력은 변호인의 충분한 조력을 의미하고 변호인의 조력을 받을 권리의 필수적 내용은 신체구속을 당한 사람과 변호인과의 접견교통권일 것이다. …관계공무원은 구속된 자와 변호인의 대담내용을 들을 수 있거나 녹음이 가능한 거리에 있어서는 아니되며 계호나 그 밖의 구실아래 대화장면의 사진을 찍는 등 불안한 분위기를 조성하여 자유로운 접견에 지장을 주어서도 아니될 것이다.

9. 변호인에 대한 고소장과 피의자 신문조서에 대한 열람 및 등사를 거부한 경찰서장의 정보비공개결정(헌재 2003.03.27. 2000헌마474): 인용(위헌 확인)

헌법 제12조 제4항은 변호인의 조력을 받을 권리를 헌법상의 기본권으로 격상하여 이를 특별히 보호하고 있거니와 변호인의 조력을 받을 피구속자의 권리는 피구속자를 조력할 변호인의 권리가 보장되지 않으면 유명무실하게 된다. 그러므로 피구속자를 조력할 변호인의 권리 중 그것이 보장되지 않으면 피구속자가 변호인으로부터 조력을 받는다는 것이 유명무실하게 되는 핵심적인 부분은, "조력을 받을 피구속자의 기본권"과 표리의 관계에 있기 때문에 이러한 핵심부분에 관한 변호인의 조력할 권리 역시 헌법상의 기본권으로서 보호되어야 한다. …, 위 서류들의 열람은 피구속자를 충분히 조력하기 위하여 변호인인 청구인에게 그 열람이 반드시 보장되지 않으면 안되는 핵심적 권리로서 … 이 규정은 구속적부심사단계에서 변호인이 고소장과 피의자신문조서를 열람하여 피구속자의 방어권을 조력하는 것까지를 일체 금지하는 것은 아니다. 결국 변호인에게 고소장과 피의자 신문조서에 대한 열람 및 등사를 거부한 경찰서장의 정보비공개결정은 변호인의 피구속자를 조력할 권리 및 알권리를 침해하여 헌법에 위반된다.

10. '변호인이 되려는 자'의 접견교통권 역시 헌법상 기본권으로서 보장되어야 하고, 그러한 전제에서 '변호인이 되려는 자'의 접견교통권 침해를 이유로 한 헌법소원심판청구는 적법하다(헌재 2019.02. 28. 2015헌마1204).

체포되어 구속영장이 청구된 피의자를 신문하는 과정에서 변호사인 청구인이 위 피의자 가족의 의뢰를 받아 접견신청을 하였음에도 검사가 이를 허용하기 위한 조치를 취하지 않은 것은, 변호인이 되려는 청구인의 접견교통권을 침해한 것이고, 위 접견교통권은 헌법상 보장된 기본권에 해당하여 그 침해를 이유로 헌법소원심판을 청구할 수 있다.

③ 자백의 증거능력과 증명력 제한

    ㉠ 임의성이 없는 자백은 증거능력이 없어 유죄의 증거로 할 수 없다. 잠을 재우지 않고 밤샘수사를 하여 얻어진 자백의 증거능력도 부정된다(대판 1997.06.27. 95도1964). 경찰의 수사단계에서 고문에 의한 자백을 하고 그 임의성이 없는 상태가 검사의 피의자신문의 단계에까지 계속되었다고 인정하는 경우에는 검사의 자백강요가 없었다고 하더라도 검찰에서의 자백의 임의성이 부정된다(대판 1992.11.24. 92도2409).

    ㉡ 정식재판의 경우에 자백의 증거능력이 인정되더라도 이것이 유일한 증거인 경우에는 증명력이 없어 유죄의 증거로 삼거나 이를 이유로 처벌할 수 없다고 정하고 있다. 이는 자유심증주의에 대한 예외로서 자백의 진실성을 담보하고 기본권의 침해를 방지하기 위하여 인정되는 것이다. 따라서 이러한 경우에 유죄판결을 하기 위해서는 보강증거가 필요하다.

판례

영상물에 수록된 '19세 미만 성폭력범죄 피해자'(이하 '미성년 피해자'라 한다)의 진술에 관하여 조사 과정에 동석하였던 신뢰관계인 내지 진술조력인의 법정진술에 의하여 그 성립의 진정함이 인정된 경우에도 증거능력을 인정할 수 있도록 정한 「성폭력범죄의 처벌 등에 관한 특례법」 제30조 제6항 중 '제1항에 따라 촬영한 영상물에 수록된 피해자의 진술은 공판준비기일 또는 공판기일에 조사 과정에 동석하였던 신뢰관계에 있는 사람 또는 진술조력인의 진술에 의하여 그 성립의 진정함이 인정된 경우에 증거로 할 수 있다' 부분 가운데 19세 미만 성폭력범죄 피해자에 관한 부분이 우리 사회에서 미성년 피해자의 2차 피해를 방지하는 것이 중요한 공익에 해당함에는 의문의 여지가 없다. 그러나 심판대상조항으로 인한 피고인의 방어권 제한의 중대성과 미성년 피해자의 2차 피해를 방지할 수 있는 여러 조화적인 대안들이 존재함을 고려할 때, 심판대상조항이 달성하려는 공익이 제한되는 피고인의 사익보다 우월하다고 쉽게 단정하기는 어렵다. 따라서 심판대상조항은 과잉금지원칙을 위반하여 공정한 재판을 받을 권리를 침해한다(헌재 2021.12.23. 2018헌바524).

④ 고문을 받지 아니할 권리 : 고문에 의한 자백은 증거능력이 없다.

⑤ 진술거부권

    ㉠ 영·미법상의 자기부죄거부특권에서 도출된다.

    ㉡ 유죄판결의 기초가 될 사실과 양형에 있어서 불리하게 될 사실의 진술을 강요당하지 아니할 권리

    ㉢ 피고인, 피의자의 권리로 법인의 경우 그 대표자에게 인정되는 권리에 해당한다.

    ㉣ 형사상 자신의 범죄와 관련한 불이익에 국한하므로 행정상, 민사상 불이익에는 적용되지 아니 한다.

ⓜ 진술거부권으로 인하여 피고인은 범죄사실에 대하여 진술을 거부하고 침묵할 수 있을 뿐 아니라 거짓진술을 할 수 있다. 이와 관련하여 대법원은 이러한 행위가 방어권 행사의 범위를 넘어 객관적이고 명백한 증거가 있음에도 진실의 발견을 적극적으로 숨기거나 법원을 오도하려는 시도에 기인한 경우에는 가중적 양형의 조건으로 참작될 수 있다고 판시하였다(대판 2001.03.09. 2001도192).

ⓑ 강요의 방법에는 구별이 없으며 모든 종류의 방법에 의한 강요가 이에 해당한다. 고문이나 위협은 물론이고 법률의 형태로 진술을 강요하는 것도 포함한다(헌재 1997.03.27. 96헌가11).

판례

교통사고시 신고의무(헌재 1990.08.27. 89헌가118) : **한정합헌**

진술거부권은 형사절차에서만 보장되는 것은 아니고 행정절차이거나 국회에서의 질문 등 어디에서나 그 진술이 자기에게 형사상 불리한 경우에는 어디에서나 보장되는 것으로 현재 형사피의자나 피고인으로서 수사 및 공판절차에 계속중인 자 뿐만 아니라 교통사고를 일으킨 차량의 운전자 등과 같이 장차 형사피의자나 피고인이 될 가능성이 있는 자에게도 자기부죄 거절의 권리가 보장되는 것으로 폭행에 의한 강요는 물론 법률로서도 진술을 강제할 수 없다고 하겠다. … 「도로교통법」 제20조 제2항의 신고의무규정을 형사책임과 관련되는 사항에까지 확대적용하게 되면 헌법 제12조 제2항의 규정에 위반되는 소지가 없지 않다고 하겠다. … 동 규정을 이러한 「도로교통법」의 취지와 목적에 한정하여 해석하고 적용하는 한 동 조항은 필요하고 합리적인 것으로 헌법에 합치하는 것이라고 하지 않을 수 없다(행정상 민사상 불이익에는 적용 ×).

판례

1. 진술거부권을 헌법상의 기본권으로 보장하는 것은, 피고인 또는 피의자의 권리를 실체적 진실발견이나 사회정의의 실현이라는 국가이익보다 우선적으로 보호함으로써 인간의 존엄과 가치를 보장하고, 비인간적인 자백의 강요와 고문을 근절하고자 하며, 피고인 또는 피의자와 검사 사이에 무기대등을 도모하여 공정한 재판의 이념을 실현하고자 하는데 있다(헌재 1997.03.27. 96헌가11 ; 2001.11.29. 2001헌바41).

2. 진술거부권의 주체는 통상 수사단계의 피의자 또는 공판절차 중에 있는 피고인이지만, 형사상 불리한 진술로 피의자 또는 피고인이 될 가능성이 있는 자도 이에 해당한다(헌재 1990.08.27. 89헌가118 ; 1997.03.27. 96헌가11).

3. 진술이라 함은 통상 생각이나 지식, 경험적 사실을 언어를 통하여 표출하는 것을 말한다. 이러한 언어행위에는 발음, 문자의 기재, 신체적 동작, 표정 등이 포함된다. 「도로교통법」에 규정된 음주측정은 호흡측정기에 입을 대고 호흡을 불어 넣음으로써 신체의 물리적·사실적 상태를 그대로 드러내는 행위에 불과하기 때문에 이러한 진술에 해당하지 않는다(헌재 1997.03.27. 96헌가11).

4. 진술의 거부는 형사상 자기에게 불리한 진술인 이상 형사절차에 한정하지 않고 행정절차나 국회에서의 조사절차 등에서도 인정된다(헌재 1990.08.27. 89헌가118 ; 1997.03.27. 96헌가11).

⑥ 체포·구속적부심사

　㉠ 의의

　　ⓐ 체포·구속적부심사제란 체포 또는 구속된 피의자가 체포·구속의 적부여부심사를 청구하여 심사결과 적법한 것이 아닌 경우 법관이 직권으로 피의자를 석방하는 제도를 말한다.

　　ⓑ 체포·구속이유 등 고지 및 통지제도: 피고인의 적절한 방어수단을 보장한다.

　㉡ 연혁: 제헌-7차-8차

　㉢ 청구인: 영장에 의한, 긴급체포 또는 구속된 피의자 또는 그 변호인, 법정대리인, 배우자, 직계친족, 형제자매나 가족, 동거인 또는 고용주는 관할법원에 체포 또는 구속의 적부심사를 청구할 수 있다고 규정하고 있다(『형사소송법』 제214조의2 제1항). 다만 피고인은 원칙적으로 불가하나 전격기소시 예외적으로 가능하다.

　㉣ 청구사유: 모든 범죄에 대하여 청구가 가능하다.

　㉤ 불복: 법원의 적부심사에 대한 기각이나 인용결정에 대해 검사나 피의자는 항고할 수 없다(『형사소송법』 제214조의2).

판례

1. 헌법 제12조 제6항의 체포·구속적부심사청구권의 경우 헌법적 차원에서 독자적인 지위를 가지고 있기 때문에 입법자가 전반적인 법체계를 통하여 관련자에게 그 구체적인 절차적 권리를 제대로 행사할 수 있는 기회를 최소한 1회 이상 제공하여야 할 의무가 있다고 보아야 한다. 따라서 전격기소의 경우 기소이전 단계에서 이미 행사된 적부심사청구권의 당부에 대하여 법원으로부터 실질적인 심사를 받을 수 있는 청구인의 절차적 기회를 완전히 박탈하여야 하는 합리적인 근거도 없기 때문에, 입법자는 그 한도 내에서 적부심사청구권의 본질적 내용을 제대로 구현하지 아니하였다고 보아야 한다(헌재 2004.03.25. 2002헌바104).

2. 체포에 대하여는 헌법과 『형사소송법』이 정한 체포적부심사라는 구제절차가 존재함에도 불구하고, 체포적부심사절차를 거치지 않고 제기된 헌법소원심판청구는 법률이 정한 구제절차를 거치지 않고 제기된 것으로서 보충성의 원칙에 반하여 부적법하다(헌재 2011.06.30. 2009헌바199).

제2항 사생활의 자유권

1. 사생활의 비밀과 자유

> 제17조 모든 국민은 사생활의 비밀과 자유를 침해받지 아니한다.

참고

프라이버시는 사생활의 비밀과 자유뿐만 아니라 통신의 비밀, 인격권, 초상권, 성명권, 명예권, 주거의 자유 등도 포함하는 광범위한 것이므로 통신의 자유와 주거의 자유를 '사생활의 비밀과 자유'와 분리하여 따로 정하고 있는 우리 헌법의 개별적 기본권규정의 구조로 볼 때, 헌법 제17조의 사생활의 비밀과 자유에 대한 권리를 프라이버시권과 동일시할 수 없다. 프라이버시권의 구체적인 내용이 무엇인가 하는 문제는 그 나라 헌법이 프라이버시에 해당하는 내용을 포괄적으로 정하고 있는지, 개별화하여 정하고 있는지에 따라 정해진다. 인격권, 초상권, 성명권, 명예권을 헌법 제10조 제1문에서 도출하는 경우에는 헌법 제17조 의 내용에서 제외된다.

(1) 의의

① 사생활의 비밀은 외부의 자가 자신의 사적인 생활영역을 들여다보거나 공개하는 것에 대한 방어 및 보호를 의미한다.

② 사생활의 자유는 개개인이 자신만의 삶을 구상하고 이를 자유로이 형성해 나감에 있어 누구로부터도 간섭이나 방해를 받지 않을 자유를 의미한다.

③ 사생활의 비밀과 자유의 보호대상으로는 개인의 내밀한 내용의 비밀을 유지할 권리, 개인이 자신의 사생활의 불가침을 보장받을 수 있는 권리, 개인의 내심영역이나 성적 영역과 같은 내밀한 영역에 대한 보호를 받을 수 있는 권리, 인격적인 감정세계에 대하여 존중을 받을 권리와 정신적인 내면생활이 침해받지 아니할 권리 등이 있다. 다시 말하면 사생활의 비밀, 사생활의 자유, 자기정보관리통제권을 내포하고 있는 자유를 말한다.

(2) 주체 및 법적성격

① 자연인은 사생활 자유의 주체가 된다. 다만 법인은 사생활 자유에 관한 주체는 될 수 없다고 보는 것이 일반적인 견해이다.

② 사생활의 비밀과 자유는 기본적으로 개인의 사적 영역에 대한 국가의 간섭이나 침해를 금지함으로써 개인이 사생활을 자유롭게 형성해 나가는 것을 보장해준다는 점에서 자유권적 성격을 가질 뿐만 아니라, 오늘날과 같이 고도로 정보화된 현대 사회에서는 사생활의 비밀과 자유를 위해 자기의 정보에 대한 자율적인 통제가 필수적이라는 점에서 청구권적 성격도 가지며, 사생활의 자유를 통해 인간의 존엄성과 가치를 발현하는 인격권을 보장할 수 있게 된다는 점에서 인격권적 성격도 가지는 복합적 성격의 권리라고 할 수 있다.

③ 헌법 제17조의 사생활의 비밀과 자유의 불가침을 목적조항으로 하고 헌법 제16조의 주거의 불가침, 헌법 제14조 거주이전의 자유, 헌법 제18조의 통신의 불가침 등을 실현수단으로 하므로 사생활의 비밀과 자유는 주거의 자유보다 포괄적인 권리이다.

④ 1980년 제8차 개정헌법에 도입되었으며 현재 이에 근거한 「개인정보보호법」이 운영되고 있다.

판례

1. 헌법 제17조는 개인의 사생활 활동이 타인으로부터 침해되거나 사생활이 함부로 공개되지 아니할 소극적인 권리는 물론, 자신에 대한 정보를 자율적으로 통제할 수 있는 적극적인 권리까지도 보장하려는 데에 그 취지가 있다고 판시한 바 있다(대판 1998.07.24. 96다42789).

2. 통신의 비밀과 자유, 사생활의 비밀과 자유는 성질상 일신전속적인 것이어서 승계되거나 상속될 수 없다(헌재 2016.02.25. 2011헌마165).

3. 출생신고시 자녀의 이름에 사용할 수 있는 한자를 '통상 사용되는 한자'로 제한하고 있는 것은 자녀의 이름을 지을 권리를 침해하지 않는다(헌재 2016.07.28. 2015헌마964).

(3) 내용

① **사생활비밀의 불가침(자유권적 기본권성)**: 사사의 비공개와 인격적 징표의 영리적 이용에 의한 침해를 금지한다.

② **사생활자유의 불가침(자유권적 기본권성)**

 ㉠ 사생활의 설계·그 내용에 대해서 외부로부터 간섭받지 않을 권리

 ㉡ 사생활 평온의 불가침, 사생활 형성과 유지의 불가침

판례

1. 자신의 인격권이나 명예권을 보호하기 위하여 대외적으로 해명하는 행위는 표현의 자유에 속하는 영역이라고 할 수 있을 뿐 이미 사생활의 자유에 의해 보호되는 범주를 벗어난 행위라고 볼 것이다(헌재 2001.08.30. 99헌바92)

2. 인터넷 언론사의 공개된 게시판·대화방에서 정당·후보자에 대한 지지·반대의 글을 게시하는 행위가 양심의 자유나 사생활 비밀의 자유에 의하여 보호되는 영역이 아니다(헌재 2010.02.25. 2008헌마324)

3. 인터넷 언론사에 대해 선거일 전 90일부터 선거일까지 후보자 명의의 칼럼 등을 게재하는 보도를 제한하는 '인터넷선거보도 심의기준 등에 관한 규정은 헌법에 반한다(헌재 2019.11.28. 2016헌마90). 위헌 인터넷 언론사에 대해 선거일 전 90일부터 선거일까지 후보자 명의의 칼럼 등을 게재하는 것을 제한하는 구 '인터넷선거보도 심의기준 등에 관한 규정' 제8조 제2항 본문과 그 현행 규정 제8조 제2항이 헌법에 위반된다.

4. 도로에서 운전시 안전띠 착용여부 운전할 때 운전자가 좌석안전띠를 착용하는 문제는 더 이상 사생활 영역의 문제가 아니어서 사생활의 비밀과 자유에 의하여 보호되는 범주를 벗어난 행위라고 볼 것이므로, 이 사건 심판대상조항들은 청구인의 사생활의 비밀과 자유를 침해하는 것이라 할 수 없다(헌재 2003.10.30. 2002헌마518)

5. 사생활의 자유는 사회공동체의 일반적인 생활규범의 범위 내에서 개인의 사적영역을 자유롭게 형성해 나가고 그 설계 및 내용에 대해서 외부로부터의 간섭을 받지 아니할 권리를 말한다(헌재 2002.03.28. 2000헌바53).

③ 자기정보의 관리통제권(청구권적 기본권성)

  ㉠ 자신에 관한 정보를 보호받기 위하여 자신에 관한 정보를 자율적으로 결정·관리할 수 있는 권리

  ㉡ 「개인정보보호법」 제정·시행

  ㉢ 법적성격 : 인격권의 일종으로 능동적·적극적 권리

  ㉣ 내용 : 자기정보열람청구권, 자기정보정정청구권, 자기정보사용중지·삭제청구권

  ㉤ 개인정보자기결정권은 이들을 이념적 기초로 하는 독자적 기본권으로서 헌법에 명시되지 아니한 기본권이라고 보아야 할 것이다(헌재 2005.05.26. 99헌마513).

판례✦

개인정보자기결정권의 침해가 아닌 경우

1. 개인정보를 교육정보시스템에 보유하는 행위는 개인정보자기결정권 침해가 아니다(헌재 2005.07.21. 2003헌마282).

2. 「국민기초생활보장법」상의 수급자의 금융기관 통장사본 등 자료제출 요구는 자기결정권침해가 아니다(헌재 2005.11.24. 2005헌마112).

3. 법원의 제출명령이 있을 때 그 사용목적에 필요한 최소한의 범위 안에서 거래정보 등을 제공할 수 있음을 규정하고 있는 「금융실명거래 및 비밀보장에 관한 법률」 제4조 제1항 단서 중 제1호는 개인정보자기결정권 침해가 아니다(헌재 2010.09.30. 2008헌바132).

   비교판례 누구든지 금융회사 등에 종사하는 자에게 거래정보 등의 제공을 요구하는 것을 금지하고, 위반시 형사처벌하는 「금융실명법」 조항은 입법목적을 달성하기 위하여 필요한 범위를 넘어선 것으로 최소침해성의 원칙에 위반된다(헌재 2022.02.24. 2020헌가5).

4. 엄중격리대상자의 수용거실에 CCTV를 설치하여 24시간 감시하는 행위는 사생활비밀 침해가 아니다(헌재 2008.05.29. 2005헌마137).

5. 「특정범죄가중처벌법」, 특수도주죄로 징역 25년형을 선고받은 수형자에 대한 동행계호행위는 교도소내 안전과 질서유지를 위한 것으로 신체의 자유 등 침해가 아니다(헌재 2010.10.28. 2009헌마438).

6. 실명인증자료의 보관 및 제출의무는 개인정보 자기결정권 제한이 아니다(헌재 2010.02.25. 2008헌마324).

7. 경찰 경사계급까지의 재산등록의무부과는 사생활비밀 침해가 아니다(헌재 2010.10.28. 2009헌마544).

8. 교도소장이 수용자가 없는 상태에서 실시한 거실 및 작업장 검사행위는 수용자의 사생활 비밀 침해가 아니다(헌재 2011.10.25. 2009헌마691).

9. 정보통신망을 통해 일반에게 공개된 정보로 사생활 침해, 명예훼손 등 타인의 권리가 침해된 경우 그 침해를 받은 자가 삭제요청을 하면 정보통신서비스 제공자는 권리의 침해 여부를 판단하기 어렵거나 이해당사자 간에 다툼이 예상되는 경우에는 30일 이내에서 해당 정보에 대한 접근을 임시적으로 차단하는 조치를 하여야 한다고 규정한 「정보통신망 이용촉진 및 정보보호 등에 관한 법률」 제44조의2 제2항 중 '임시조치'에 관한 부분 및 제4항이 청구인들의 표현의 자유를 침해하지 아니한다(헌재 2020.11.26. 2016헌마275).

10. 채무불이행자 명부에 대해 누구든지 열람·복사신청할 수 있도록 한 「민사집행법」은 개인정보자기결정권 침해가 아니다(헌재 2010.05.27. 2008헌마663).

11. 변호사수임건수·수임액 지방변호사회 보고하도록 한 「변호사법」은 사생활 비밀과 자유 침해 아니다(헌재 2009.10.29. 2007헌마667).

12. 수사경력자료의 보존 및 보존기간을 정하면서 범죄경력자료의 삭제에 대해 규정하지 않은 「형의 실효 등에 관한 법률」 제8조의2는 청구인의 개인정보자기결정권 침해가 아니다(헌재 2012.07.26, 2010 헌마446).

13. 구치소장이 청구인과 배우자의 접견을 녹음한 행위와 구치소장이 검사의 요청에 따라 청구인과 배우자의 접견녹음파일을 제공한 행위는 헌법에 반하지 않는다(헌재 2012.12.27, 2010헌마153).

14. 특정 범죄자에 대한 위치추적 전자장치 부착은 사생활 비밀 침해가 아니다(헌재 2012.12.27, 2011헌바89).

15. 주민등록증 발급신청서에 열 손가락 지문을 날인하도록 한 규정은 법률유보원칙에 위배되지 않고, 개인정보자기결정권을 침해하지 않는다(헌재 2015.05.28, 2011헌마731).

   통지판례 정보통신서비스 제공자가 이용자의 주민등록번호를 수집·이용하는 것을 원칙적으로 금지한 후, 정보통신서비스 제공자가 본인확인기관으로 지정받은 경우 예외적으로 이를 허용하는 「정보통신망 이용촉진 및 정보보호 등에 관한 법률」 제23조의2 제1항 제1호는 개인정보자기결정권을 침해하지 않는다(헌재 2015.06.25, 2014헌마463).

   비교판례 주민등록번호 변경이 필요한 경우가 있음에도 그 변경에 관하여 규정하지 아니한 채 일률적으로 주민등록번호를 부여하는 제도는 과잉금지원칙을 위반하여 개인정보자기결정권을 침해하여 헌법에 합치되지 아니하고, 위 조항은 2017. 12. 31.을 시한으로 입법자가 개정할 때까지 계속 적용된다(헌재 2015.12.23, 2013헌바68).

16. 아동·청소년대상 성범죄자의 신상정보를 등록하게 하고, 그 중 사진의 경우에는 1년마다 새로 촬영하여 제출하게 하고 이를 보존하는 것은 심판대상조항은 과잉금지원칙에 위반하여 청구인의 일반적 행동의 자유를 침해한다고 볼 수 없다(헌재 2015.07.30, 2014헌바257).

17. 신상정보 진위와 변경 여부 확인을 위한 대면확인의무를 규정한 대면확인조항은, 재범 방지를 위해 등록대상자들이 관할경찰관서의 장과 정기적으로 직접 대면하게 하고, 재범 발생시 효율적이고 정확한 수사를 위하여 신상정보의 진위 및 변경 여부를 정기적으로 확인하는 것으로, 과잉금지원칙을 위반하여 일반적 행동자유권 및 개인정보자기결정권을 침해하지 않는다(헌재 2016.03.31, 2014헌마457).

18. 가상의 아동·청소년이용음란물 배포행위로 유죄판결이 확정된 자는 신상정보 등록대상자가 된다고 규정한 것은 개인정보자기결정권을 과도하게 제한하지 아니하므로 헌법에 위반되지 않는다(헌재 2016.03.31, 2014헌마785).

19. 학교폭력 관련 조치사항을 학교생활기록의 '행동특성 및 종합의견'에 입력하도록 규정한 것과 이렇게 입력된 조치사항을 졸업과 동시에 삭제하도록 규정한 것은 법률유보원칙이나 과잉금지원칙에 반하여 개인정보자기결정권을 침해하지 않는다(헌재 2016.04.28, 2012헌마630).

20. 범죄혐의로 수사를 받은 피의자가 검사로부터 기소유예의 불기소처분을 받은 경우 혐의 대상 범죄의 법정형에 따라 일정기간 피의자의 지문정보와 함께 인적사항, 죄명, 입건관서, 입건일자, 처분결과 등 개인정보를 보존하도록 규정한 것은 과잉금지원칙을 위반하여 개인정보자기결정권을 침해하지 않는다(헌재 2016.06.30, 2015헌마828).

21. 주거침입준강제추행죄로 유죄판결이 확정된 자를 신상정보 등록대상자로 정한 것은 개인정보자기결정권을 침해하지 않는다(헌재 2017.05.25, 2016헌마786).

22. 변호사의 개인신상정보를 기반으로 한 변호사들의 인맥지수공개서비스가 변호사들의 개인정보에 관한 인격권을 침해하는 위법한 것이지만, 변호사 정보제공 웹사이트 운영자가 대법원 홈페이지에서 제공하는 '나의 사건검색' 서비스를 통해 수집한 사건정보를 이용하여 변호사들의 '승소율이나 전문성 지수 등'을 제공하는 서비스를 한 사안에서, 위 행위는 변호사들의 개인정보에 관한 인격권을 침해하는 위법한 행위로 평가할 수 없다(대판 2011.09.02, 2008다42430).

23. 공공기관 등으로 하여금 정보통신망 상에 게시판을 설치·운영하려면 게시판 이용자의 본인 확인을 위한 방법 및 절차의 마련 등 대통령령으로 정하는 필요한 조치를 하도록 규정한 「정보통신망 이용촉진 및 정보보호 등에 관한 법률」 제44조의5 제1항 제1호에 대한 심판청구를 기각한다(헌재 2022.12.22. 2019헌마654).

24. 혼인무효판결에 따라 정정된 가족관계등록부(이하 '등록부'라 한다)가 그대로 보존되는 것에 대해 과잉금지원칙을 위반하여 청구인의 개인정보자기결정권을 침해하지 않는다(헌재 2024.01.25. 2020헌마65).

판례

개인정보자기결정권의 침해인 경우

1. 4급 이상의 공무원에 대해 병역면제처분의 사유인 질병명을 관보와 인터넷에 공개한 것은 사생활의 비밀 침해이다(헌재 2007.05.31. 2005헌마1139).

2. 성폭력범죄의 처벌 등에 관한 특례법 위반(카메라 등 이용촬영, 카메라 등 이용촬영미수)죄로 유죄가 확정된 자는 신상정보 등록대상자가 되도록 규정한 「성폭력범죄의 처벌 등에 관한 특례법」 제42조 제1항 중 관련 부분은 헌법에 위반되지 않고, 같은 법률 제45조 제1항은 모든 등록대상자에게 20년 동안 신상정보를 등록하게 하고, 위 기간 동안 변경정보를 제출하고 1년마다 사진 촬영을 위해 관할 경찰관서를 출석해야 할 의무를 부여하며 위 의무들을 위반할 경우 형사처벌하는 것은 비교적 경미한 등록대상 성범죄를 저지르고 재범의 위험성도 인정되지 않는 자들에 대해서는 달성되는 공익과 침해 되는 사익 사이의 불균형이 발생할 수 있다. 따라서 이 사건 관리조항은 법익의 균형성이 인정되지 않는다. 따라서 이 사건 관리조항은 청구인들의 개인정보자기결정권을 침해하므로 헌법에 합치되지 않는다(헌재 2015.07.30. 2014헌마340).

3. 개인정보가 수록된 「가족관계등록법」상 각종 증명서를 본인의 동의 없이도 형제자매가 발급받을 수 있도록 하는 것은 과잉금지원칙을 위반하여 개인정보자기결정권을 침해한다(헌재 2016.06.30. 2015헌마924).

4. 통신매체이용음란죄로 유죄판결이 확정된 자는 신상정보 등록대상자가 된다고 규정한 조항은 목적의 정당성 및 수단의 적합성은 인정되나, 통신매체이용음란죄로 유죄의 확정판결을 받은 자에 대하여 개별 행위 유형에 따른 죄질 및 재범의 위험성을 고려하지 않고 모두 신상정보 등록대상자가 되도록 하여 개인정보자기결정권을 침해하여 헌법에 위반된다(헌재 2016.03.31. 2015헌마688).

5. 상병명 등을 포함하지 아니한 요양급여일자, 요양기관명에 국한된 정보라고 하더라도, 요양기관이 산부인과, 비뇨기과, 정신건강의학과 등과 같은 전문의의 병원인 경우에는 요양기관명만으로도 질병의 종류를 예측할 수 있는 점, 약 2~3년 동안의 장기간의 정보는 정보주체의 건강에 관한 포괄적이고 통합적인 정보를 구성할 수 있는 점 등에 비추어 볼 때, 「개인정보 보호법」 제23조가 규정한 '건강에 관한 정보'로서 민감정보에 해당한다(헌재 2018.08.30. 2014헌마368).

6. 「가족관계의 등록 등에 관한 법률」(2017. 10. 31. 법률 제14963호로 개정된 것) 제14조 제1항 본문 중 '직계혈족이 제15조에 규정된 증명서 가운데 가족관계증명서 및 기본증명서의 교부를 청구'하는 부분에 대하여 위헌선언을 하되, 2021. 12. 31.을 시한으로 개정될 때까지 계속 적용한다(헌재 2020.08.28. 2018헌마927).

7. 소년에 대한 수사경력자료의 삭제와 보존기간에 대하여 규정하면서 법원에서 불처분결정된 소년부송치 사건에 대하여 규정하지 않은 구 「형의 실효 등에 관한 법률」 제8조의2 제1항 및 제3항(이하 '구법 조항'이라 한다), 「형의 실효 등에 관한 법률」 제8조의2 제1항 및 제3항(이하 '현행법 조항'이라 하고, 구법 조항과 통칭하여 '심판대상조항'이라 한다)이 과잉금지원칙에 반하여 개인정보자기결정권을 침해한다(헌재 2021.06.24. 2018헌가2).

8. 보안관찰처분대상자가 교도소 등에서 출소한 후 기존에 「보안관찰법」 제6조 제1항에 따라 신고한 거주예정지 등 정보에 변동이 생길 때마다 7일 이내에 이를 신고하도록 정한 「보안관찰법」 제6조 제2항 전문(이하 '변동신고조항'이라 한다)이 포괄위임금지원칙에 위배되지 않는다. 다만 변동신고조항 및 이를 위반할 경우 처벌하도록 정한 「보안관찰법」 제27조 제2항 중 제6조 제2항 전문에 관한 부분(이하 변동신고조항과 합하여 '변동신고조항 및 위반 시 처벌조항'이라 한다)이 과잉금지원칙을 위반하여 청구인의 사생활의 비밀과 자유 및 개인정보자기결정권을 침해한다(헌재 2021.06.24. 2017헌바479).

⑷ 효력

대국가적 효력, 대사인적 효력이 있다.

⑸ 제한과 그 한계

헌법 제37조 제2항

⑹ 언론의 자유와 충돌시 해결 이론

① 권리포기 이론 : 자살과 같은 경우 사생활의 비밀과 자유를 포기한 것으로 간주한다.
② 공익의 이론 : 국민에게 알리는 것이 공공의 이익이 될 경우 사생활의 비밀과 자유에 우선한다.
③ 공적인물 이론 : 공적 인물은 일반인에 비해 사생활 공개시 수인해야 할 범위가 넓다.

> **판례**
>
> **1. 공적인물**(대판 1998.07.24. 96다42789)
> 공적인물에 대하여는 사생활의 비밀과 자유가 일정한 범위 내에서 제한되어 그 사생활의 공개가 면책되는 경우도 있을 수 있으나 이는 공적인물은 통상인에 비하여 일반국민의 알권리와는 무관하게 국가기관이 평소의 동향을 감시할 목적으로 개인의 정보를 비밀리에 수집한 경우에는 그 대상자가 공적인물이라는 이유만으로 면책될 수 없다고 하여 공적인물에 대한 사생활의 비밀의 공개가 국민의 알권리와 공공의 이익을 위해서는 허용될 수 있음을 인정하였다.
>
> **2. 청소년 성범죄자 신상공개제도**(헌재 2003.06.26. 2002헌가14) **: 합헌**
> 공개된 형사재판에서 밝혀진 범죄인들의 신상과 전과를 일반인이 알게 된다고 하여 그들의 인격권 내지 사생활의 비밀을 침해하는 것이라고 단정하기는 어렵다. 또한, 신상과 범죄사실이 공개되는 범죄인들은 이미 국가의 형벌권 행사로 인하여 해당 기본권의 제한 여지를 일반인보다는 더 넓게 받고 있다. 청소년 성매수 범죄자들이 자신의 신상과 범죄사실이 공개됨으로써 수치심을 느끼고 명예가 훼손된다고 하더라도 그 보장 정도에 있어서 일반인과는 차이를 둘 수밖에 없어, 그들의 인격권과 사생활의 비밀의 자유도 그것이 본질적인 부분이 아닌 한 넓게 제한될 여지가 있다.
>
> **3. 사생활의 자유와 표현의 자유의 충돌은 조화롭게 해결해야 한다**(대판 1988.10.11. 85다카29).
> 현대 민주국가에서 두 기본권이 차지하는 비중이나 중요성 등을 고려할 때, 사생활의 자유와 표현의 자유 사이에는 적절한 조화가 필요한데, 구체적인 사정을 바탕으로 표현의 자유와 사생활의 자유를 둘러싼 제반 이익을 합리적으로 형량하여 해결을 도모하는 것이 바람직하다.

⑺ 국가에 의한 사생활의 비밀과 자유 제한(법적 근거 要)

판례 ✦

1. 변동신고조항 및 위반시 처벌조항은 사생활의 비밀과 자유 및 개인정보보호자기결정권을 침해한다 (헌재 2021.06.24. 2017헌바479).

변동신고조항은 출소 후 기존에 신고한 거주예정지 등 정보에 변동이 생기기만 하면 신고의무를 부과하는바, 의무기간의 상한이 정해져 있지 아니하여, 대상자로서는 보안관찰처분을 받은 자가 아님에도 무기한의 신고의무를 부담한다. 대상자는 보안관찰처분을 할 권한이 있는 행정청이 어느 시점에 처분을 할지 모르는 불안정한 상태에 항상 놓여 있게 되는바, 이는 행정청이 대상자의 재범 위험성에 대하여 판단을 하지 아니함에 따른 부담을 오히려 대상자에게 전가한다는 문제도 있다. 그렇다면 변동신고조항 및 위반 시 처벌조항은 대상자에게 보안관찰처분의 개시 여부를 결정하기 위함이라는 공익을 위하여 지나치게 장기간 형사처벌의 부담이 있는 신고의무를 지도록 하므로, 이는 과잉금지원칙을 위반하여 청구인의 사생활의 비밀과 자유 및 개인정보자기결정권을 침해한다.

2. 「보안관찰법」상 보안관찰처분의 요건과 절차를 규정한 근거조항은 적법절차의 원칙, 법관에 의한 정당한 재판을 받을 권리를 보장하고 있는 헌법 제27조 제1항 및 이중처벌금지원칙에 위반되지 않는다(헌재 2015.11.26. 2014헌바475).

또한 보안관찰처분은 보안관찰처분대상자의 내심의 작용을 문제 삼는 것이 아니라, 보안관찰처분대상자가 보안관찰해당범죄를 다시 저지를 위험성이 내심의 영역을 벗어나 외부에 표출되는 경우에 재범의 방지를 위하여 내려지는 특별예방적 목적의 처분이므로, 보안관찰처분 근거규정에 의한 보안관찰처분이 양심의 자유를 침해한다고 할 수 없다.

「개인정보보호법」 제2조(정의) 이 법에서 사용하는 용어의 뜻은 다음과 같다
　1. "개인정보"란 살아 있는 개인에 관한 정보로서 성명, 주민등록번호 및 영상 등을 통하여 개인을 알아볼 수 있는 정보(해당 정보만으로는 특정 개인을 알아볼 수 없더라도 다른 정보와 쉽게 결합하여 알아볼 수 있는 것을 포함한다)를 말한다.
제3조(개인정보 보호 원칙) 제1항 개인정보처리자는 개인정보의 처리 목적을 명확하게 하여야 하고 그 목적에 필요한 범위에서 최소한의 개인정보만을 적법하고 정당하게 수집하여야 한다.
제7조(개인정보보호위원회) 제1항 개인정보 보호에 관한 사항을 심의·의결하기 위하여 국무총리 소속으로 개인정보 보호위원회를 둔다. 보호위원회는 그 권한에 속하는 업무를 독립하여 수행한다.
제16조(개인정보의 수집 제한) 제1항 개인정보처리자는 제15조 제1항 각 호의 어느 하나에 해당하여 개인정보를 수집하는 경우에는 그 목적에 필요한 최소한의 개인정보를 수집하여야 한다. 이 경우 최소한의 개인정보 수집이라는 입증책임은 개인정보처리자가 부담한다.
제25조(영상정보처리기기의 설치·운영 제한) 제5항 영상정보처리기기운영자는 영상정보처리기기의 설치 목적과 다른 목적으로 영상정보처리기기를 임의로 조작하거나 다른 곳을 비춰서는 아니 되며, 녹음기능은 사용할 수 없다.
제39조(손해배상책임) 제1항 정보주체는 개인정보처리자가 이 법을 위반한 행위로 손해를 입으면 개인정보처리자에게 손해배상을 청구할 수 있다. 이 경우 그 개인정보처리자는 고의 또는 과실이 없음을 입증하지 아니하면 책임을 면할 수 없다.

제3항 개인정보처리자의 고의 또는 중대한 과실로 인하여 개인정보가 분실·도난·유출·위조·변조 또는 훼손된 경우로서 정보주체에게 손해가 발생한 때에는 법원은 그 손해액의 5배를 넘지 아니하는 범위에서 손해배상액을 정할 수 있다. 다만, 개인정보처리자가 고의 또는 중대한 과실이 없음을 증명한 경우에는 그러하지 아니하다.

제39조의2(법정손해배상의 청구) 제1항 제39조 제1항에도 불구하고 정보주체는 개인정보처리자의 고의 또는 과실로 인하여 개인정보가 분실·도난·유출·위조·변조 또는 훼손된 경우에는 300만 원 이하의 범위에서 상당한 금액을 손해액으로 하여 배상을 청구할 수 있다. 이 경우 해당 개인정보처리자는 고의 또는 과실이 없음을 입증하지 아니하면 책임을 면할 수 없다.

제57조(「민사소송법」의 적용 등) 제1항 단체소송에 관하여 이 법에 특별한 규정이 없는 경우에는 「민사소송법」을 적용한다.

제2항 제55조에 따른 단체소송의 허가결정이 있는 경우에는 「민사집행법」 제4편에 따른 보전처분을 할 수 있다.

2. 주거의 자유

제16조 모든 국민은 주거의 자유를 침해받지 아니한다. 주거에 대한 압수나 수색을 할 때에는 검사의 신청에 의하여 법관이 발부한 영장을 제시하여야 한다.

⑴ 의의

사생활의 공간인 자신의 주거를 국가권력이나 제3자로부터 침해당하지 아니할 권리로 사생활의 비밀·자유를 지키기 위한 불가결의 기초가 되는 자유를 말한다.

⑵ 주체

외국인은 주체가 될 수 있으나 법인은 사생활의 비밀을 가질 수 없으므로 주거의 자유의 주체가 될 수 없다.

⑶ 내용

① 주거의 불가침

　㉠ 주거: 사람이 거주하기 위하여 점유(불법, 적법 불문, 일시적 점유를 포함)하고 있는 일체의 건조물 및 시설(대학강의실, 주거이동차량, 호텔, 선박 등)을 말한다.

　㉡ 불가침

　　ⓐ 거주자의 동의 없이 타인의 주거에 들어가면 주거침입죄가 성립한다. 다만 주거를 침입하지 아니하고 밖에서 그 주거내 대화를 동의 없이 도청을 하는 경우 주거 침입은 성립하지 아니하나 통신의 자유의 침해가 된다.

　　ⓑ 일시적 점유하는 공간도 주거에 해당한다.

　　ⓒ 주거침입죄의 구성요건적 행위인 침입은 주거침입죄의 보호법익과의 관계에서 해석하여야 한다. 따라서 침입이란 '거주자가 주거에서 누리는 사실상의 평온상태를 해치는 행위태양으로 주거에 들어가는 것'을 의미하고, 침입에 해당하는지 여부는 출입 당시 객관적·외형적으로 드러난 행위태양을 기준으로 판단한다.

판례

대법원 판례

1. 주거침입죄의 구성요건적 행위인 침입은 주거침입죄의 보호법익과의 관계에서 해석하여야 한다. 따라서 침입이란 '거주자가 주거에서 누리는 사실상의 평온상태를 해치는 행위태양으로 주거에 들어가는 것'을 의미하고, 침입에 해당하는지 여부는 출입 당시 객관적·외형적으로 드러난 행위태양을 기준으로 판단함이 원칙이다. 사실상의 평온상태를 해치는 행위태양으로 주거에 들어가는 것이라면 대체로 거주자의 의사에 반하는 것이겠지만, 단순히 주거에 들어가는 행위 자체가 거주자의 의사에 반한다는 거주자의 주관적 사정만으로 바로 침입에 해당한다고 볼 수는 없다. 따라서 외부인이 공동거주자 중 주거 내에 현재하는 거주자로부터 현실적인 승낙을 받아 통상적인 출입방법에 따라 주거에 들어간 경우라면, 특별한 사정이 없는 한 사실상의 평온상태를 해치는 행위태양으로 주거에 들어간 것이라고 볼 수 없으므로 주거침입죄에서 규정하고 있는 침입행위에 해당하지 않는다(대판 2021.09.09. 2020도12630(전합)).

2. 주거침입죄의 구성요건적 행위인 '침입'의 의미 및 침입에 해당하는지 판단하는 기준 / 행위자가 거주자의 승낙을 받아 주거에 들어갔으나 범죄 등을 목적으로 한 출입이거나 거주자가 행위자의 실제 출입 목적을 알았더라면 출입을 승낙하지 않았을 것이라는 사정이 인정되는 경우, 행위자의 출입행위가 주거침입죄에서 규정하는 침입행위에 해당하기 위한 요건 / 일반인의 출입이 허용된 음식점에 영업주의 승낙을 받아 통상적인 출입방법으로 들어간 경우, 주거침입죄에서 규정하는 침입행위에 해당하지 않는다. 또한 이때 행위자가 범죄 등을 목적으로 음식점에 출입하였거나 영업주가 행위자의 실제 출입 목적을 알았더라면 출입을 승낙하지 않았을 것이라는 사정이 인정되더라도 주거침입죄에 해당하지 않는다(대판 2022.03.24. 2017도18272(전합)).

3. 청구인이 공동거주자의 지위에 있고 사실상 평온을 해치는 방법으로 공동주거에 들어간 사실이 인정되지 않음에도 불구하고, 주거침입 피의사실이 인정됨을 전제로 기소유예처분을 한 것은 자의적인 검찰권 행사로서 청구인의 평등권과 행복추구권을 침해한다(헌재 2023.09.26. 2021헌마1602).

② **영장주의**: 주거에 대한 압수·수색시 법관이 발부한 영장이 있어야 한다. 따라서 주거에 대한 압수·수색 영장의 헌법적 근거는 제12조 제3항이 아니라 제16조가 근거가 된다.

⑷ **효력**

대국가적 효력, 대사인적 효력이 있다.

⑸ **제한**

헌법 제37조 제2항의 제한이 가능한 상대적 기본권에 해당한다.

3. 거주 · 이전의 자유

> 제14조 모든 국민은 거주·이전의 자유를 가진다.

(1) 의의 및 연혁

① 국가권력의 간섭을 받지 않고, 주소와 거주지를 정하거나 그곳으로부터 자유롭게 이전할 수 있는 자유를 말한다.

② 5차 3공화국 헌법에서 주거의 자유에서 분리 규정되었다.

(2) 내용

① 국내에서의 거주·이전의 자유 : 북한에 자유롭게 이주할 자유는 인정되지 않으나, 북한 주민이 남한으로 이전할 자유 인정된다.

② 해외여행 및 거주·이전의 자유, 국외이주의 자유

  ㉠ 모든 국민은 입국의 자유 보장, 입국의 자유는 제한할 수 없으나 출국의 자유는 제한 가능하다.

  ㉡ 국민을 강제출국시킬 수는 없다.

  ㉢ 외국인은 입국의 자유가 허용되지 않고, 출국의 자유는 원칙적으로 보장되나 제한 가능하다.

③ 국적이탈의 자유가 있고, 무국적자가 될 자유가 없다.

(3) 제한

헌법 제37조 제2항의 제한이 가능한 상대적 기본권에 해당한다.

판례

1. 거주·이전의 자유는 거주지나 체류지라고 볼 만한 정도로 생활과 밀접한 연관을 갖는 장소를 선택하고 변경하는 행위를 보호하는 기본권으로서, 생활의 근거지에 이르지 못하는 일시적인 이동을 위한 장소의 선택과 변경까지 그 보호영역에 포함되는 것은 아니다. 따라서 서울광장 출입은 거주이전의 자유에서 보호되지 않는다. 따라서 경찰청장의 서울광장 출입제지는 거주·이전의 자유 제한이 아니다(헌재 2011.06.30, 2009헌마406).

2. 27세 이후 병역의무자의 국외여행허가제는 헌법에 위반되지 않는다(헌재 2009.07.30. 2007헌바120).

3. 지방자치단체장 입후보 선거에서 거주요건은 거주·이전의 자유 침해가 아니다(헌재 1996.06.26. 96헌마200).

4. 해외여행 및 해외이주의 자유는 필연적으로 외국에서 체류 또는 거주하기 위해서 대한민국을 떠날 수 있는 "출국의 자유"와 외국체류 또는 거주를 중단하고 다시 대한민국으로 돌아올 수 있는 '입국의 자유'를 포함한다(헌재 2004.10.28. 2003헌가18).

5. 해직공무원의 보상금산출기간 산정에 있어 이민을 제한사유로 한 것은 거주·이전의 자유 침해가 아니다(헌재 1993.12.23. 89헌마189).

6. 대도시내 법인의 등록세율을 중과하는 것은 거주·이전의 자유 침해가 아니다(헌재 1998.02.27. 97헌바79).

7. 거주지를 기준으로 한 중·고등학교 배정 : 거주지를 기준으로 중·고등학교의 입학을 제한한 교육법 시행령 제71조 등의 규정으로 학부모가 원하면 자유로이 거주지를 이전할 수 있으므로 거주·이전의 자유를 제한한다고 할 수 없다(헌재 1995.02.23. 91헌마204).

8. 해외체재자의 병역의무 면제시기는 거주·이전의 자유 침해가 아니다(헌재 2004.11.25. 2004헌바15).

9. 민간투자사업에 유료도로를 포함시키고 유료도로의 사용료징수를 할 수 있도록 한 「민간투자법」 제3조, 제25조는 거주·이전의 자유 침해가 아니다(헌재 2005.12.22. 2004헌바64).

10. 아프가니스탄 등 전쟁 또는 테러위험이 있는 해외 위난지역에서 여권사용을 제한하거나 방문 또는 체류를 금지한 외교통상부 고시가 청구인들의 거주·이전의 자유를 침해하지 아니 한다(헌재 2008.06.26. 2007헌마1366).

11. 영내에 기거하는 군인은 그가 속한 세대의 거주지에서 등록하여야 한다고 규정하고 있는 「주민등록법」 제6조 제2항은 거주·이전의 자유, 선거권, 일반행동의 자유를 제한하지 않는다(헌재 2011.06.30. 2009헌마59).

4. 통신의 자유

제18조 모든 국민은 통신의 비밀을 침해받지 아니한다.

(1) 의의
통신은 직접 대면하지 않고 행하여지는 의사교환으로 개인의 의사를 전달하는 수단을 이용함에 있어 본인의 의사에 반하여 그 내용과 통신형태, 발신자·수신자 등이 공개되지 않을 자유를 말한다.

(2) 법적성격
대내적으로 의사과정을 보호하고, 통신시설의 하자 없는 관리를 요구하는 적극적 권리이다.

(3) 내용
① 통신수단에 의해 전달되는 내용을 대상으로 한다. 따라서 광고·출판물 등은 표현의 자유에 해당한다.
② 열람·누설·정보의 불법사용을 금지한다.
③ 통신기기 선택의 자유권도 포함한다. 다만 감청기기 수입시 국가의 승인을 받도록 하는 것은 반하지 않는다.

판례

공개되지 아니한 타인간의 대화를 녹음 또는 청취하여 지득한 대화의 내용을 공개하거나 누설한 자를 처벌하는 「통신비밀보호법」 제16조 제1항 제2호는 표현의 자유에 대한 침해는 아니다(헌재 2011.08.30. 2009헌바42).

불법 취득한 타인간의 대화내용을 공개한 자를 처벌함에 있어 「형법」 제20조(정당행위)의 일반적 위법성조각사유에 관한 규정을 적정하게 해석 적용함으로써 공개자의 표현의 자유도 적절히 보장될 수 있는 이상, 이 사건 법률조항에 「형법」상의 명예훼손죄와 같은 위법성조각사유에 관한 특별규정을 두지 아니하였다는 점만으로 기본권 제한의 비례성을 상실하였다고는 볼 수 없다.

(4) 효력

사인 간에 간접적용도 가능하다.

(5) 제한과 그 한계

① 영장주의: 별도의 규정은 없으나 통신의 비밀보호를 위해 영장주의를 적용한다.

② 제한 법령: 「국가보안법」, 「형사소송법」, 「형의 집행 및 수용자의 처우에 관한 법」, 「채무자 회생 및 파산에 관한 법률」

③ 무선국개설허가제(「전파법」 제19조)

④ 현행범에 대하여 수사기관의 직권 또는 피해자의 요청에 의하여 영장없이 역탐지 가능하다.

⑤ 업무상 행위중 범죄통화를 청취한 경우 경찰에 통보하는 것은 통신의 비밀침해가 아니다.

⑥ 부모의 미성년자 통신제한은 침해하지 않는다.

(6) 「통신비밀보호법」

① 통신 및 대화의 비밀: 누구든지 이 법과 「형사소송법」, 「군사법원법」의 규정에 의하지 아니하고는 우편물의 검열·전기통신의 감청 또는 통신사실확인자료의 제공을 하거나 공개되지 아니한 타인간의 대화를 녹음 또는 청취하지 못한다(본법 제3조).

② 불법검열에 의한 우편물의 내용과 불법감청에 의한 전기통신내용의 증거사용 금지(법 제4조): 재판절차, 징계절차 모두 사용 금지된다.

③ 승인권자: 범죄수사를 위한 통신제한은 관할법원판사, 국가안보를 위한 통신제한은 외국인은 대통령 승인을 받아야 한다. 다만 내국인은 고등법원수석판사 승인을 사전에 받아야 한다.

④ 통신제한조치

   ⊙ 범죄수사를 위한 통신 제한(2개월, 2개월 내 연장가능, 통신제한조치의 총 연장기간은 1년을 초과할 수 없다.)

   ⓒ 국가안보를 위한 통신제한조치(4개월, 4개월 내 연장가능, 통신제한조치는 전시·사변 또는 이에 준하는 국가비상사태에 있어서 적과 교전상태에 있는 때에는 작전이 종료될 때까지 대통령의 승인을 얻지 아니하고 기간을 연장할 수 있다.)

   ⓒ 긴급통신제한조치(36시간 이내 승인 ○, 신청 ×)

⑤ 통신사실 확인: 통신사실확인자료(제2조 제11호), 통신사실확인자료요청절차(제13조, 제13조의4)

⑤ 감청설비탐지업의 등록(제10조의3): 영리목적으로 감청설비탐지업을 하고자 하는 자가 등록할 수 있고, 감청설비탐지업은 법인에 한한다.

판례

1. 비록 제3자가 전화통화 당사자 일방의 동의를 받고 그 통화내용을 녹음했다하더라도 그 상대방의 동의가 없었다면 「통신비밀보호법」 제3조 제1항에 위반된다(대판 2002.10.08. 2002도123).

2. 감청영장에 의하지 않고 타인간의 대화나 전화 통화 내용을 녹음한 녹음테이프는 증거능력이 없다 (대판 2001.10.09. 2001도3106).

3. 총연장기간 또는 총연장횟수의 제한이 없을 경우 수사와 전혀 관계없는 개인의 내밀한 사생활의 비밀이 침해당할 우려도 심히 크기 때문에 기본권 제한의 법익균형성 요건도 갖추지 못하였다. 따라서 이 사건 법률조항은 헌법에 위반된다 할 것이다(헌재 2010.12.28. 2009헌가30).

4. 미결수용자와 일반인 간의 서신을 검열한 교도소장의 검열행위는 통신의 비밀 침해가 아니나 미결수용자와 변호인과의 서신검열은 통신의 비밀 침해이다. 다만 교도소 내의 서신발송과 교부를 지연한 교도소장의 행위는 통신의 자유 침해가 아니다(헌재 1995.07.21. 92헌마144).

5. 수형자와 변호사 간의 서신을 검열한 행위는 통신의 비밀 침해가 아니다(헌재 1998.08.27. 96헌마398).

6. 수형자가 국가기관에게 서신을 발송할 경우 교도소장의 허가를 받도록 한 수형자규율 및 징계에 관한 규칙 제3조는 통신의 비밀 침해가 아니다(헌재 2001.11.29. 99헌마713).

7. 감청설비, 제조의 정통부장관 인가제는 통신의 비밀 침해가 아니다(헌재 2001.03.21. 2000헌바25).

8. 훈련소 신병교육 중 공중전화 사용금지는 통신의 자유 침해가 아니다(헌재 2010.10.28. 2007헌마890).

9. 교도관이 수용자의 면전에서 서신에 금지물품이 들어 있는지를 확인하고 수용자로 하여금 서신을 봉함하게 하는 방법, 봉함된 상태로 제출된 서신을 X-ray 검색기 등으로 확인한 후 의심이 있는 경우에만 개봉하여 확인하는 방법, 서신에 대한 검열이 허용되는 경우에만 무봉함 상태로 제출하도록 하는 방법 등으로도 얼마든지 달성할 수 있음에도 수용자가 밖으로 내보내는 모든 서신을 봉함하지 않은 상태로 교정시설에 제출하도록 규정하고 있는 '형의 집행 및 수용자의 처우에 관한 법률 시행령' 제65조 제1항은 통신비밀의 자유를 침해한다(헌재 2012.02.23. 2009헌마333).

10. ① 수사기관이 수사의 필요성 있는 경우 전기통신사업자에게 위치정보 추적자료를 제공요청할 수 있도록 한 「통신비밀보호법」 제13조 제1항 중 '검사 또는 사법경찰관은 수사를 위하여 필요한 경우 「전기통신사업법」에 의한 전기통신사업자에게 제2조 제11호 바목, 사목의 통신사실 확인자료의 열람이나 제출을 요청할 수 있다' 부분, ② 수사 종료 후 위치정보 추적자료를 제공받은 사실 등을 통지하도록 한 「통신비밀보호법」 제13조의3 제1항 중 제2조 제11호 바목, 사목의 통신사실 확인자료에 관한 부분이 헌법에 합치되지 아니한다[재판관 6 : 3의 의견](헌재 2018.06.28. 2012헌마191). ⇨ 헌법불합치, 2020. 3. 31.까지 잠정적용

11. 수사의 필요성이 있는 경우 기지국수사를 허용한 「통신비밀보호법」 제13조 제1항 중 '검사 또는 사법경찰관은 수사를 위하여 필요한 경우 「전기통신사업법」에 의한 전기통신사업자에게 제2조 제11호 가목 내지 라목의 통신사실 확인자료의 열람이나 제출을 요청할 수 있다'부분이 헌법에 합치되지 아니한다[재판관 6 : 3의 의견](헌재 2018.06.28. 2012헌마538). ⇨ 헌법불합치, 2020. 3. 31.까지 잠정적용

12. 「통신비밀보호법」 제5조 제2항 중 인터넷회선 감청에 관한 부분이 집행 단계 이후 객관적 통제 수단이 제대로 마련되어 있지 않아 청구인의 통신 및 사생활의 비밀과 자유를 침해한다는 이유로 헌법불합치 결정을 선고하였다. 다만 2020. 3. 31.까지는 잠정 적용을 명하였다(헌재 2018.08.30. 2016헌마263).

13. 금지물품을 서신에 동봉하여 반입하는 것을 방지하기 위하여 교정시설의 장이 외부로부터 수용자에게 발송된 서신을 개봉하는 행위 및 문서 전달 업무에 정확성을 기하고 수용자의 출정·이송 등 일정을 미리 파악하기 위하여 교정시설의 장이 법원 등 관계기관이 보내온 문서를 열람하는 행위는 서신이나 문서 내용의 검열은 원칙적으로 금지되는 점 등을 고려할 때 수용자인 청구인의 통신의 자유를 침해하지 않는다(헌재 2021.09.30. 2019헌마919).

제3항 정신적 자유권

1. 양심의 자유

제19조 모든 국민은 양심의 자유를 가진다.

(1) 의의

① 양심

㉠ 자유롭게 양심을 형성하고 그에 따라 행동할 권리를 포함한다.

㉡ 헌법이 보호하려는 양심은 어떤 일의 옳고 그름을 판담함에 있어서 그렇게 행동하지 아니하고는 자신의 인격적인 존재가치가 허물어지고 말 것이라는 강력하고 진지한 마음의 소리를 말한다(헌재 1997.03.27. 96헌가11).

㉢ 헌법 제19조의 양심은 특히 소수자의 윤리적 결정을 보호하는 것이므로 객관성·합리성 불필요하다.

판례

양심과 양심의 자유의 의미(헌재 2004.08.26. 2002헌가1 ; 헌재 2004.10.28. 2004헌바61 등 ; 헌재 2011.08.30. 2008헌가22 등)

헌법상 보호되는 양심은 어떤 일의 옳고 그름을 판단함에 있어서 그렇게 행동하지 아니하고는 자신의 인격적인 존재가치가 허물어지고 말 것이라는 강력하고 진지한 마음의 소리로서 절박하고 구체적인 양심을 말한다. 즉, '양심상의 결정'이란 선과 악의 기준에 따른 모든 진지한 윤리적 결정으로서 구체적인 상황에서 개인이 이러한 결정을 자신을 구속하고 무조건적으로 따라야 하는 것으로 받아들이기 때문에 양심상의 심각한 갈등이 없이는 그에 반하여 행동할 수 없는 것을 말한다. 이때 '양심'은 민주적 다수의 사고나 가치관과 일치하는 것이 아니라, 개인적 현상으로서 지극히 주관적인 것이다. 양심은 그 대상이나 내용 또는 동기에 의하여 판단될 수 없으며, 특히 양심상의 결정이 이성적·합리적인가, 타당한가 또는 법질서나 사회규범·도덕률과 일치하는가 하는 관점은 양심의 존재를 판단하는 기준이 될 수 없다.

② **사상과의 관계**

　　㉠ **윤리적 양심설** : 양심은 옳고 바른 것을 추구하는 윤리적, 도덕적 마음가짐으로서 인간의 윤리적 · 도덕적 내심영역의 문제이므로 단순한 사상 등과 다르다.

　　㉡ **사회적 양심설** : 양심의 자유는 사상의 내면화이므로 사상을 포함한다.

　　㉢ 학설은 헌법재판소가 사죄광고에 대한 판단에서는 사회적 양심설을 취한 반면, 음주측정의무에 대한 판단에서는 윤리적 양심설을 취한 것으로 평가한다.

　　㉣ 단순한 사실적 지식은 윤리적 판단이 아니므로 양심에 포함되지 않는다. 따라서 진술거부권은 양심의 자유에서 보호되지 않는다.

판례

1. 제재를 받지 않기 위하여 어쩔 수 없이 좌석안전띠를 매었다 하여 청구인이 내면적으로 구축한 인간양심이 왜곡 · 굴절되고 청구인의 인격적 존재가치가 허물어진다고 할 수는 없어, 운전 중 운전자가 좌석안전띠를 착용할 의무는 청구인의 양심의 자유를 침해하는 것이라 할 수 없다(헌재 2003.10.30. 2002헌마518).

2. 음주측정요구와 그 거부는 양심의 자유의 보호영역에 포괄되지 아니하므로 이 사건 법률조항을 두고 헌법 제19조에서 보장하는 양심의 자유를 침해하는 것이라고 할 수 없다(헌재 1997.03.27. 96헌가11).

3. 투표용지에 '전부 거부' 표시방법을 마련하지 않은 「공직선거법」은 양심의 자유 문제가 아니다(헌재 2007.08.30. 2005헌마975).

4. 「공정거래법」 위반사실에 대하여 공정거래위원회로 하여금 법위반사실의 공표를 명령할 수 있도록 한 「공정거래에 관한 법률」 제27조는 양심의 자유침해가 아니다(헌재 2002.01.31. 2001헌바43).

(2) 주체

자연인(외국인 포함)은 양심의 주체가 되나 법인은 양심의 주체가 될 수 없다.

(3) 내용

① **양심형성의 자유** : 외부의 간섭이나 압력 없이 자신의 판단대로 양심을 형성할 자유로서 법률로써도 제한이 불가한 절대적 기본권에 해당한다.

② **양심실현의 자유**

　　㉠ **양심표명의 자유**

　　　ⓐ 형성된 양심을 외부로 표명하고 양심에 따라 삶을 형성할 자유로 양심을 표명하거나 표명하도록 강요받지 아니할 자유이다.

　　　ⓑ 침묵의 자유, 양심추지금지

　　㉡ **부작위에 의한 양심실현의 자유** : 형성된 양심에 반하는 행동을 강제당하지 아니할 자유이다.

　　㉢ **적극적 양심활동의 자유**

　　　ⓐ 긍정설과 부정설(양심실현의 자유는 표현의 자유 또는 행동의 자유에 속함)

　　　ⓑ 양심실현의 자유는 양심의 자유에서 보호된다(헌재 1998.07.16. 96헌바35).

판례

양심형성의 자유와 양심적 결정의 자유는 내심에 머무르는 한 절대적 자유라고 할 수 있지만, 양심실현의 자유는 타인의 기본권이나 다른 헌법적 질서와 저촉되는 경우 헌법 제37조 제2항에 따라 국가안전보장·질서유지 또는 공공복리를 위하여 법률에 의하여 제한될 수 있는 상대적 자유라고 할 수 있다. 그리고 양심실현은 적극적인 작위의 방법으로 실현될 수 있지만 소극적으로 부작위에 의해서도 실현이 가능하다(헌재 1998.07.16. 96헌바35).

(4) 제한과 한계

양심형성의 자유(절대적 자유)는 법률로 제한이 불가하고, 양심실현의 자유(상대적 자유)는 법률로 제한이 가능하다.

판례

1. 양심의 자유의 보호영역(헌재 2002.04.25. 98헌마425, 99헌마170·498)

여기서 헌법이 보호하고자 하는 양심은 어떤 일의 옳고 그름을 판단함에 있어서 그렇게 행동하지 않고는 자신의 인격적 존재가치가 파멸되고 말 것이라는 강력하고 진지한 마음의 소리로서의 절박하고 구체적인 양심을 말한다. 따라서 막연하고 추상적인 개념으로서의 양심이 아니다. 이른바 개인적 자유의 시초라고 일컬어지는 이러한 양심의 자유는 인간으로서의 존엄성 유지와 개인의 자유로운 인격발현을 위해 개인의 윤리적 정체성을 보장하는 기능을 담당한다. 그러나 내심의 결정에 근거한 인간의 모든 행위가 헌법상 양심의 자유라는 보호영역에 당연히 포괄되는 것은 아니다. 따라서 양심의 자유가 침해되었는지의 여부를 판단하기 위하여는 먼저 양심의 자유의 헌법적 보호범위를 명확히 하여야 하는바, 이를 위해서는 양심에 따른 어느 행위가 실정법의 요구와 서로 충돌할 때 과연 어떤 요건 하에 어느 정도 보호하여야 하는가의 측면에서 고찰되어야 할 것이다. 이렇게 볼 때 헌법상 그 침해로부터 보호되는 양심은 첫째 문제된 당해 실정법의 내용이 양심의 영역과 관련되는 사항을 규율하는 것이어야 하고, 둘째 이에 위반하는 경우 이행강제, 처벌 또는 법적 불이익의 부과 등 법적 강제가 따라야 하며, 셋째 그 위반이 양심상의 명령에 따른 것이어야 한다.

2. 준법서약서제도(헌재 2002.04.25. 98헌마425) : 기각

가석방심사 등에 관한 규칙 제14조에 의하여 준법서약서의 제출이 반드시 법적으로 강제되어 있는 것이 아니다. 당해 수형자는 가석방심사위원회의 판단에 따라 준법서약서의 제출을 요구받았다고 하더라도 자신의 의사에 의하여 준법서약서의 제출을 거부할 수 있다. 또한 가석방은 행형기관의 교정정책 혹은 형사정책적 판단에 따라 수형자에게 주는 은혜적 조치일 뿐이고 수형자에게 주어지는 권리가 아니어서, 준법서약서의 제출을 거부하는 당해 수형자는 결국 위 규칙조항에 의하여 가석방의 혜택을 받을 수 없게 될 것이지만, 단지 그것 뿐이며 더 이상 법적 지위가 불안해지거나 법적 상태가 악화되지 아니한다. 이와 같이 위 규칙조항은 내용상 당해 수형자에게 하등의 법적 의무를 부과하는 것이 아니며 이행강제나 처벌 또는 법적 불이익의 부과 등 방법에 의하여 준법서약을 강제하고 있는 것이 아니므로 당해 수형자의 양심의 자유를 침해하는 것이 아니다.

3. 법적 의무를 부과하는 것이 아닌 간접적이고 사실적인 강제수단이 존재하는 경우에도 양심의 자유에 포함된다(헌재 2008.10.30. 2006헌마1401)

연말정산 간소화를 위하여 의료기관에게 환자들의 의료비 내역에 관한 정보를 국세청에 제출하는 의무를 부과하고 있는 「소득세법」 제165조 제1항은 의무불이행에 대하여 간접적이고 사실적인 강제수단이 존재하므로 법적 강제수단의 존부와 관계없이 의사인 청구인들의 양심의 자유를 제한한다. 따라서 양심의 자유 침해가 아니다.

4. 양심의 자유 중 양심형성의 자유는 내심에 머무르는 한, 절대적으로 보호되는 기본권이라 할 수 있는 반면, 양심적 결정을 외부로 표현하고 실현할 수 있는 권리인 양심실현의 자유는 법질서에 위배되거나 타인의 권리를 침해할 수 있기 때문에 법률에 의하여 제한될 수 있다(헌재 2004.08.26. 2002헌가1).

이처럼 개인의 양심은 사회 다수의 정의관·도덕관과 일치하지 않을 수 있으며, 오히려 헌법상 양심의 자유가 문제되는 상황은 개인의 양심이 국가의 법질서나 사회의 도덕률에 부합하지 않는 경우이므로, 헌법에 의해 보호받는 양심은 법질서와 도덕에 부합하는 사고를 가진 다수가 아니라 이른바 '소수자'의 양심이 되기 마련이다. 특정한 내적인 확신 또는 신념이 양심으로 형성된 이상 그 내용 여하를 떠나 양심의 자유에 의해 보호되는 양심이 될 수 있으므로, 헌법상 양심의 자유에 의해 보호받는 '양심'으로 인정할 것인지의 판단은 그것이 깊고, 확고하며, 진실 된 것인지 여부에 따르게 된다. 그리하여 양심적 병역거부를 주장하는 사람은 자신의 '양심'을 외부로 표명하여 증명할 최소한의 의무를 진다. 물론 그렇게 형성된 양심에 대한 사회적·도덕적 판단이나 평가는 당연히 가능하며, '양심'이기 때문에 무조건 그 자체로 정당하다거나 도덕적이라는 의미는 아니다. 양심의 자유 중 양심형성의 자유는 내심에 머무르는 한, 절대적으로 보호되는 기본권이라 할 수 있는 반면, 양심적 결정을 외부로 표현하고 실현할 수 있는 권리인 양심실현의 자유는 법질서에 위배되거나 타인의 권리를 침해할 수 있기 때문에 법률에 의하여 제한될 수 있다.

5. 양심적 병역거부의 경우 심사기준(헌재 2011.08.30. 2008헌가22 등)

이 사건 법률조항은 헌법상 기본의무인 국방의 의무를 구체적으로 형성하는 것이면서 또한 동시에 양심적 병역거부자들의 양심의 자유를 제한하는 것이기도 하다. 이 사건 법률조항으로 인해서 국가의 존립과 안전을 위한 불가결한 헌법적 가치를 담고 있는 국방의 의무와 개인의 인격과 존엄의 기초가 되는 양심의 자유가 상충하게 된다. 이처럼 헌법적 가치가 서로 충돌하는 경우, 입법자는 두 가치를 양립시킬 수 있는 조화점을 최대한 모색해야 하고, 그것이 불가능해 부득이 어느 하나의 헌법적 가치를 후퇴시킬 수밖에 없는 경우에도 그 목적에 비례하는 범위 내에 그쳐야 한다. 헌법 제37조 제2항의 비례원칙은, 단순히 기본권 제한의 일반원칙에 그치지 않고, 모든 국가작용은 정당한 목적을 달성하기 위하여 필요한 범위 내에서만 행사되어야 한다는 국가작용의 한계를 선언한 것이므로, 비록 이 사건 법률조항이 헌법 제39조에 규정된 국방의 의무를 형성하는 입법이라 할지라도 그에 대한 심사는 헌법상 비례원칙에 의하여야 한다.

판례

1. 시말서가 단순히 사건의 경위를 보고하는 데 그치지 않고 더 나아가 근로관계에서 발생한 사고 등에 관하여 자신의 잘못을 반성하고 사죄한다는 내용이 포함된 사죄문 또는 반성문을 의미하는 것이라면, 이는 헌법이 보장하는 내심의 윤리적 판단에 대한 강제로서 양심의 자유를 침해하는 것이다(대판 2010.01.14. 2009두6605).

2. 형사처벌을 받은 양심적 예비군 훈련거부자에 대해 예비군 훈련을 정당한 사유없이 받지 아니한 경우 다시 처벌하는 「향토예비군설치법」 제158조는 양심의 자유 침해가 아니다(헌재 2011.08.30. 2007헌가12).

3. 「국가보안법」 제3조 내지 제9조의 죄를 범한 자라는 정을 알면서 수사기관 등에 고지하지 아니한 자는 처벌한다는 「국가보안법」 제10조의 불고지죄는 양심의 자유 침해 아니다(헌재 1998.07.16. 96헌바35).

4. 이적행위를 목적으로 문서·도화 기타의 표현물을 제작·소지·반포·취득한 자를 처벌하는 「국가보안법」상 이적표현물 조항은, 죄형법정주의의 명확성원칙 및 형벌과 책임 간의 비례원칙에 위배되지 않으며, 표현의 자유 및 양심의 자유를 침해하지 않는다(헌재 2015.04.30, 2012헌바95).

5. 자신의 종교관·가치관·세계관 등에 따라 일체의 전쟁과 그에 따른 인간의 살상에 반대하는 진지한 내적 확신을 형성하였다면, 그들이 집총 등 군사훈련을 수반하는 병역의무의 이행을 거부하는 결정은 양심에 반하여 행동할 수 없다는 강력하고 진지한 윤리적 결정이며, 병역의무를 이행해야 하는 상황은 개인의 윤리적 정체성에 대한 중대한 위기상황에 해당한다. 이와 같이 병역종류조항에 대체복무제가 마련되지 아니한 상황에서, 양심상의 결정에 따라 입영을 거부하거나 소집에 불응하는 이 사건 청구인 등이 현재의 대법원 판례에 따라 처벌조항에 의하여 형벌을 부과받음으로써 양심에 반하는 행동을 강요받고 있으므로, 이 사건 법률조항은 '양심에 반하는 행동을 강요당하지 아니할 자유', 즉, '부작위에 의한 양심실현의 자유'를 제한하고 있다(헌재 2011.08.30. 2008헌가22 등).

6. 헌법 제20조 제1항은 양심의 자유와 별개로 종교의 자유를 따로 보장하고 있고, 이 사건 청구인 등의 대부분은 여호와의 증인 또는 카톨릭 신도로서 자신들의 종교적 신앙에 따라 병역의무를 거부하고 있으므로, 이 사건 법률조항에 의하여 이들의 종교의 자유도 함께 제한된다. 그러나 종교적 신앙에 의한 행위라도 개인의 주관적·윤리적 판단을 동반하는 것인 한 양심의 자유에 포함시켜 고찰할 수 있고, 앞서 보았듯이 양심적 병역거부의 바탕이 되는 양심상의 결정은 종교적 동기뿐만 아니라 윤리적·철학적 또는 이와 유사한 동기로부터도 형성될 수 있는 것이므로, 이 사건에서는 양심의 자유를 중심으로 기본권 침해 여부를 판단하기로 한다(헌재 2011.08.30. 2008헌가22 등).

7. 병역의 종류에 양심적 병역거부자에 대한 대체복무제를 규정하지 아니한 「병역법」 제5조 제1항(이하 '병역종류조항')은 헌법에 합치되지 아니하며[재판관 6(헌법불합치) : 3(각하)의 의견], 2019. 12. 31.을 시한으로 입법자가 개정할 때까지 계속 적용된다는 결정을 선고하고, 양심적 병역거부자의 처벌 근거가 된 「병역법」 제88조 제1항 본문 제1호 및 제2호(이하 모두 합하여 '처벌조항')가 헌법에 위반되지 아니한다[재판관 4(합헌) : 4(일부위헌) : 1(각하)의 의견](헌재 2018.06.28. 2011헌바379). ⇨ 헌법불합치, 합헌

8. 가해학생에 대한 조치로 피해학생에 대한 서면사과를 규정한 구 「학교폭력예방 및 대책에 관한 법률」(이하 구 「학교폭력예방법」이라 한다) 제17조 제1항 제1호가 가해학생의 양심의 자유와 인격권을 침해하지 않는다(헌재 2023.02.23. 2019헌바93).

9. ① 대체복무요원의 복무기간을 '36개월'로 한 「대체역의 편입 및 복무 등에 관한 법률」 제18조 제1항, ② 대체복무요원으로 하여금 '합숙'하여 복무하도록 한 같은 법 제21조 제2항, ③ 대체복무기관을 '교정시설'로 한정한 같은 법 시행령 제18조는 과잉금지원칙을 위반하여 양심의 자유를 침해한다고 볼 수 없다(헌재 2024.05.30. 2021헌마117 등).

판례

헌법재판소는 1991. 5. 31. 개정 이전의 구 「국가보안법」 제7조 제1항, 제3항, 제5항에 대하여 '국가의 존립·안전을 위태롭게 하거나 자유민주적 기본질서에 위해를 줄 명백한 위험이 있을 경우에만 적용되는 것으로 축소해석하는 한 헌법에 위반되지 아니한다'는 한정합헌 결정을 한 바 있다(89헌가113 결정, 90헌가11 결정, 89헌가8 결정, 92헌바6 결정). 이에 따라 1991. 5. 31. 개정된 「국가보안법」 제7조 제1항에서는 "국가의 존립·안전이나 자유민주적 기본질서를 위태롭게 한다는 정을 알면서"라는 주관적 구성요건이 추가되었다. 헌법재판소는 위 주관적 구성요건이 추가됨으로써 법문의 다의성과 적용범위의 광범성이 대부분 제거되었다는 이유로, 개정된 「국가보안법」 제7조 제1항과 이를 전제로 한 같은 조 제3항, 제5항이 헌법에 위반되지 않는다는 결정을 선고하였다(95헌가2 결정, 92헌바6 등 결정, 98헌바66 결정, 99헌바27등 결정, 2003헌바85 등 결정). 이 사건에서 헌법재판소는 개정된 「국가보안법」 제7조 제1항, 제3항, 제5항 중 제청신청인들 및 청구인들과 관련되는 부분에 대하여 합헌 결정을 선고함으로써 위 95헌가2 결정 등 선례의 결론을 유지하였다. 그러나 종전의 선례들이 주로 죄형법정주의의 명확성원칙 위반 여부를 중심으로 하여 다른 기본권들의 침해 여부를 함께 판단한 데 반하여, 이 사건에서 헌법재판소는 표현의 자유 및 양심의 자유의 침해 여부에 대하여 본격적으로 과잉금지원칙 위반여부를 심사하였다.

2. 종교의 자유

제20조 제1항 모든 국민은 종교의 자유를 가진다.
제2항 국교는 인정되지 아니하며, 종교와 정치는 분리된다.

(1) 의의
자신이 믿는 종교를 자신이 원하는 방법으로 신봉할 수 있는 자유를 말한다.

(2) 법적 성격
주관적 공권이고 객관적 가치질서이다

(3) 주체
외국인을 포함한 자연인은 종교의 자유 주체가 된다. 다만 법인은 신앙의 자유 주체가 될 수 없으나 종교결사의 경우 선교의 자유, 예배의 자유 등 신앙실행의 자유가 인정된다.

(4) 내용
① 신앙의 자유
  ㉠ 종교를 믿고 안 믿을 자유, 종교를 선택·변경·포기할 자유, 신앙 또는 불신앙으로 불이익을 받지 않을 자유
  ㉡ 절대적 자유: 법률로도 제한이 불가하다.

판례

경향성과 해고의 정당한 이유(헌재 2005.03.31. 2003헌바12)

정당한 이유의 유무는 개별적 사안에 따라 구체적으로 결정될 일이지만 그 일반적 내용은 해당 근로자와 사용자 사이의 근로관계를 계속 유지할 수 없을 정도의 이유, 즉 해당근로자와의 근로관계의 유지를 사용자에게 더 이상 기대할 수 없을 정도의 것이 되어야 하는 것이다. 여기에는 업무에 대한 적성에 흠이 있거나 직무능력이 부족한 경우, 계약상의 노무급부를 곤란하게 하는 질병, 사업상의 기밀누설의 가능성, 무단결근이나 지각·조퇴, 근로제공의 거부, 업무능력을 갖추었음에도 불구하고 불완전급부 내지 열등한 급부의 제공, 범법행위의 초래, 특정 신조나 사상과 밀접히 연관된 소위 경향사업(傾向事業)에 있어서 근로자가 이러한 경향성을 상실한 경우 등이 일반적으로 이러한 정당한 이유에 해당하는 것으로 인정되고 있다.

② 종교적 행사의 자유

　　㉠ 예배, 의식, 종교선전의 자유

　　㉡ 외부적 행위이므로 헌법 제37조 제2항에 따라 제한이 가능하다.

판례

제42회 사법시험 제1차 시험 시행일을 일요일로 한 공고(헌재 2001.09.27. 2000헌마159)

종교의 자유의 구체적 내용은 신앙의 자유, 종교적 행위의 자유, 종교적 집회·결사의 자유의 3요소를 내용으로 한다. 사법시험 1차 시험 시행일을 일요일로 정하여 한 공고와 관련한 문제되는 종교의 자유는 위 3요소 중 종교적 행위의 자유와 관련이 된다. 1차 사법시험일을 일요일로 정한 것은 학교시설의 임차, 시험관리공무원 동원, 평일시험시 직장인 결근 문제 등을 고려하면 종교의 자유의 침해가 아니다.

③ 국교부인과 정교분리

　　㉠ 객관적 제도로서의 성격을 지닌다.

　　㉡ **국교부인** : 특정종교를 국교로 지정할 수 없다.

　　㉢ **정교분리** : 종교의 정치간섭금지와 국가의 종교간섭금지

　　㉣ 국가에 의한 특정종교의 우대 및 차별이 금지되어 있다.

판례

1. 학교정화구역 내 납골시설금지는 종교의 자유 침해가 아니다(헌재 2009.07.30. 2008헌가2).

2. 종교의 자유에는 선교의 자유가 포함되나, 선택한 임의의 장소에서 자유롭게 선교할 자유까지 인정되지 않는다(헌재 2008.06.26. 2007헌마1366).

3. 종립학교가 특정 종교의 교리를 전파하는 종파적인 종교행사와 종교과목 수업을 실시하면서 참가 거부가 사실상 불가능한 분위기를 조성하는 등 신앙을 갖지 않거나 학교와 다른 신앙을 가진 학생들의 기본권을 고려하지 않은 것은 학생의 종교에 관한 인격권 침해이다(헌재 2010.04.22. 2008다38288).

4. 피청구인인 대구구치소장이 2009. 6. 1.부터 2009. 10. 8.까지 대구구치소 내에서 실시하는 종교의식 또는 행사에 미결수용자인 청구인의 참석을 금지한 행위는 종교의 자유 침해이다(헌재 2011.12.29. 2009헌마527).

비교판례 미결수용자를 대상으로 한 개신교 종교행사를 4주에 1회, 일요일이 아닌 요일에 실시한 행위는 종교의 자유를 침해하지 않는다(헌재 2015.04.30. 2013헌마190).

5. 종교시설의 건축행위에만 기반시설부담금을 면제한다면 국가가 종교를 지원하여 종교를 승인하거나 우대하는 것으로 비칠 소지가 있어 헌법 제20조 제2항의 국교금지·정교분리에 위배될 수도 있다고 할 것이므로, 종교시설의 건축행위에 대하여 기반시설부담금 부과를 제외하거나 감경하지 아니하였더라도 종교의 자유를 침해하는 것이 아니다(헌재 2010.02.25. 2007헌바131 등).

6. 오늘날 종교적인 의식 또는 행사가 하나의 사회공동체의 문화적인 현상으로 자리잡고 있으므로, 어떤 의식, 행사, 유형물 등이 비록 종교적인 의식, 행사 또는 상징에서 유래되었다고 하더라도 그것이 이미 우리 사회공동체 구성원들 사이에서 관습화된 문화요소로 인식되고 받아들여질 정도에 이르렀다면, 이는 정교분리원칙이 적용되는 종교의 영역이 아니라 헌법적 보호가치를 지닌 문화의 의미를 갖게 된다. 그러므로 이와 같이 이미 문화적 가치로 성숙한 종교적인 의식, 행사, 유형물에 대한 국가 등의 지원은 일정 범위 내에서 전통문화의 계승·발전이라는 문화국가 원리에 부합하며 정교분리원칙에 위배되지 않는다(대판 2009.05.28. 2008두16933).

7. 대학교에서 종교학점 이수를 졸업요건으로 하는 대학교학칙은 종교의 자유와 학문의 자유 침해가 아니다(대판 1998.11.10. 96다37268).

8. 성직자가 죄지은 자를 능동적으로 고발하지 않은 것은 종교적 계율에 따라 그 정당성이 용인되나 그에 그치지 아니하고 적극적으로 은닉·도피케 하는 행위는 정당성을 인정할 수 없다(대판 1983. 03.08. 82도3248).

9. 종교단체의 권징결의는 교인으로서 비위가 있는 자에게 종교적인 방법으로 징계·제재하는 종교단체의 내부적 규제에 지나지 않으므로 이는 사법 심사의 대상이 아니다(대판 1981.09.22. 81도276).

10. 피청구인 육군훈련소장이 2019. 6. 2. 청구인들에 대하여 육군훈련소 내 종교 시설에서 개최되는 개신교, 불교, 천주교, 원불교 종교행사 중 하나에 참석하도록 한 행위가 청구인들의 종교의 자유를 침해하여 위헌임을 확인한다(헌재 2022.11.24. 2019헌마941).

3. 학문의 자유

제22조 제1항 모든 국민은 학문과 예술의 자유를 가진다.
　제2항 저작자·발명가·과학기술자와 예술가의 권리는 법률로써 보호한다.

(1) 의의

진리를 탐구하는 자유로서 발표, 강학의 자유를 포함한다.

(2) 주체

누구든지(초·중·고등학교 교원 포함) 학문의 자유를 누릴 수 있다. 따라서 대학, 연구단체 등 법인도 학문의 주체가 될 수 있다. 다만 학문의 자유에서 도출되는 교수(강학)의 자유는 대학교 이상의 교육기관의 교수만이 주체가 되고 초·중·고등학교 교원은 주체가 될 수 없다.

(3) 내용

① **연구의 자유** : 연구과제, 방법, 조사, 실험을 위한 장소 등을 연구자가 임의로 선택·시행할 수 있는 자유이다.

② **연구결과 발표의 자유** : 연구결과를 대학 강의실을 제외한 장소에서 발표할 수 있는 자유이다.

③ **교수의 자유** : 대학이나 고등교육기관의 교육자가 연구결과를 자유로이 교수하거나 강의하는 자유, 초·중·고의 교사에게는 교수의 자유가 인정되지 않는다.

④ **학문활동을 위한 집회결사의 자유** : 학술 단체는 신고를 하지 않아도 되고, 집회에 있어 관할 경찰관서의 장에게 신고를 필요로 하지 않는다.

(4) 대학의 자율성

① **의의** : 대학의 운영에 관해 외부의 간섭 없이 대학이 자율적으로 결정할 수 있는 자유를 말한다.

② **근거 및 성격**

㉠ 헌법 제31조 제4항의 대학의 자율성은 헌법 제22조를 확인하는 의미를 갖는다고 보는 것이 다수의 견해이다.

㉡ 대학의 자율성은 교육제도로서 제도적 보장이자 기본권으로 보는 것이 다수설이고, 헌법재판소 판례는 대학에 부여된 헌법상의 기본권으로 보고 있다.

③ **주체**

㉠ 구성원주체설과 교수주체설(다수설)

㉡ 학생도 대학원 이상 재학 중 학문 활동과 연구에서는 그 주체성을 인정한다.

㉢ 헌법재판소는 교수, 교수회, 대학 단체는 단독 혹은 중복으로 대학자치의 주체가 된다고 보면서, 서울대학교와 세무대학교의 대학의 자율성의 주체성을 인정한다.

④ **내용**

㉠ 학문연구와 교수의 자유를 실행하기 위해 대학이 국가의 간섭 없이 인사·학사·시설·재정 등을 자주적으로 결정할 수 있는 자치권이다.

㉡ 대학자체의 영속적 존립은 포함하지 않는다.

㉢ 경찰관은 집회 또는 시위의 주최자에게 알리고 그 집회 또는 시위의 장소에 정복을 입고 출입할 수 있다(「집회 및 시위에 관한 법률」 제19조).

판례 ✦

세무대학교 폐지법률의 대학자율권 침해여부(헌재 2001.02.22. 99헌마613)

국립대학인 세무대학은 공법인으로서 사립대학과 마찬가지로 대학의 자율권이라는 기본권의 보호를 받으므로, 세무대학은 국가의 간섭 없이 인사·학사·시설·재정 등 대학과 관련된 사항들을 자주적으로 결정하고 운영할 자유를 갖는다. 그러나 대학의 자율성은 그 보호영역이 원칙적으로 당해 대학 자체의 계속적 존립에까지 미치는 것은 아니다. 즉, 이러한 자율성은 법률의 목적에 의해서 세무대학이 수행해야 할 과제의 범위 내에서만 인정되는 것으로서, 세무대학의 설립과 폐교가 국가의 합리적인 고도의 정책적 결단 그 자체에 의존하고 있는 이상 세무대학의 계속적 존립과 과제수행을 자율성의 한 내용으로 요구할 수는 없다고 할 것이다. 따라서 이 사건 폐지법에 의해서 세무대학을 폐교한다고 해서 세무대학의 자율성이 침해되는 것은 아니다.

판례

1. 대학 자율의 주체를 기본적으로 대학으로 본다고 하더라도, 학문의 자유를 침해하는 대학의 장에 대한 관계에서는 교수나 교수회가 주체가 될 수 있고, 국가에 의한 침해에 있어서는 대학 자체 외에도 대학 전구성원이 자율성을 갖는 경우도 있을 것이므로 문제되는 경우에 따라서 대학, 교수, 교수회 모두가 단독, 혹은 중첩적으로 주체가 될 수 있다. 따라서 교수나 교수회도 헌법상 기본권으로서 국립 대학의 장 후보자 선정에 참여할 권리가 있다(헌재 2006.04.27. 2005헌마1047·1048).

   비교판례 총장선임권은 「사립학교법」 제53조 제1항의 규정에 의하여 학교법인에게 부여되어 있는 것이고 달리 법률 또는 당해 법인 정관의 규정에 의하여 교수들에게 총장선임권 또는 그 참여권을 인정하지 않고 있는 이상, 헌법상의 학문의 자유나 대학의 자율성 내지 대학의 자치만을 근거로 교수 들이 사립대학의 총장선임에 실질적으로 관여할 수 있는 지위에 있다거나 학교법인의 총장선임행위 를 다툴 확인의 이익을 가진다고 볼 수 없다(대판 1996.05.31. 95다26971).

2. 교사의 수업권이 기본권이라 할 수 있느냐에 대해서 이를 부정하는 견해가 많고 수업권을 기본권에 준하는 것으로 간주하더라도 수업권을 내세워 수학권을 침해할 수 없다(헌재 1992.11.12. 89헌마88).

3. 헌법 제31조 제4항은 "교육의 자주성·전문성·정치적 중립성 및 대학의 자율성은 법률이 정하는 바에 의하여 보장된다."라고 규정하여 교육의 자주성·대학의 자율성을 보장하고 있다. 이는 대학에 대한 공권력 등 외부세력의 간섭을 배제하고 대학 구성원 자신이 대학을 자주적으로 운영할 수 있도록 함으로써, 대학인으로 하여금 연구와 교육을 자유롭게 하여 진리탐구와 지도적 인격의 도야라는 대학 의 기능을 충분히 발휘할 수 있도록 하기 위한 것이며, 교육의 자주성이나 대학의 자율성은 헌법 제22조 제1항이 보장하고 있는 학문의 자유의 확실한 보장수단으로 꼭 필요한 것으로서 대학에게 부여된 헌법상 기본권이다. 여기서 대학의 자율은 대학시설의 관리·운영만이 아니라 전반적인 것이라야 하므로, 연구와 교육의 내용, 그 방법과 대상, 교과과정의 편성, 학생의 선발과 전형뿐만 아니라 교원의 임면에 관한 사항도 자율의 범위에 속한다(헌재 1998.07.16. 96헌바33 등).

4. 피청구인 대통령의 지시로 피청구인 대통령 비서실장, 정무수석비서관, 교육문화수석비서관, 문화체육관광부장관이 야당 소속 후보를 지지하였거나 정부에 비판적 활동을 한 문화예술인이나 단체를 정부의 문화예술 지원사업에서 배제할 목적으로 한 블랙리스트의 작성등과 지원사업 배제의 지시 행위가 위헌임을 확인한다(헌재 2020.12.23. 2017헌마416).

4. 예술의 자유

(1) 의의

예술가의 인상, 견문체험을 일정한 형태언어를 매개로 하여 직접적인 표상으로 나타내는 자유로운 창조적 형성의 자유를 말한다.

(2) 주체

① 예술가뿐만 아니라 일반국민에게도 보장되는 자유이며, 외국인도 주체가 된다.
② 법인이나 단체가 예술창작을 전달하는 매개체인 예술의 자유가 주체가 될 수 있다. 따라서 예술 품을 보급하는 출판사나 음반제작사도 예술의 자유의 주체가 된다.

(3) 내용

① **예술창작의 자유**

⊙ 예술창작·활동을 할 자유로서 소재, 형태, 과정에 대한 임의로운 결정권을 포함한 모든 예술창작활동의 자유를 말한다.

ⓒ 예술은 자기 목적적이므로 상업광고물, 단순히 기능적인 요리, 수작업에 따른 물건은 포함하지 않는다.

② **예술표현의 자유** : 창작한 예술품을 일반대중에게 전시·공연·보급할 수 있는 자유이다.

③ **예술적 집회·결사의 자유** : 예술활동을 위해 집회를 개최하고 결사를 조직할 수 있는 권리이다.

(4) 한계와 제한

① 민주적 기본질서 타인의 권리와 명예, 재산권, 사회윤리를 침해하지 않는다.

② 예술적 표현에 대하여 과잉금지원칙에 따라 제한이 가능하며, 다만 국가에 의한 예술작품에 대한 수준심사는 예술의 본질적 내용의 침해에 해당한다.

> **판례** ✦
>
> 디자인보호제도는 창작한 디자인을 비밀로 유지하지 않고 공개한 자에게 그 공개의 대가로 일정 기간 동안 독점권을 부여하는 제도인바, 이미 사회 일반에 공개되어 공중이 자유롭게 이용할 수 있는 디자인에 대하여 특정인에게 독점권을 부여한다면 '디자인의 보호와 이용을 도모함으로써 디자인의 창작을 장려하여 산업발전에 이바지한다'는 「디자인보호법」의 본래 목적(제1조 참조)에 반하게 되므로, 「디자인보호법」은 디자인등록의 요건으로 신규성, 창작비용이성을 요구하는 것이다. 한편, 「디자인보호법」은 진정한 창작자에게 출원기회를 보장하기 위하여 신규성 상실의 예외를 인정하고 있으나, 디자인등록 출원을 한 후 법률에 따라 출원공개한 출원인은 그러한 보호를 할 필요가 없고 신규성 상실의 예외를 인정하지 않는다고 하더라도 가혹한 결과를 초래한다고 볼 수도 없으므로, 헌법재판소는 심판대상조항이 헌법에 위반되지 않는다(헌재 2023.07.20. 2020헌바497).

5. 언론 · 출판의 자유

> 제21조 제1항 모든 국민은 언론·출판의 자유와 집회·결사의 자유를 가진다.
> 　제2항 언론·출판에 대한 허가나 검열과 집회·결사에 대한 허가는 인정되지 아니한다.
> 　제3항 통신·방송의 시설기준과 신문의 기능을 보장하기 위하여 필요한 사항은 법률로 정한다.
> 　제4항 언론·출판은 타인의 명예나 권리 또는 공중도덕이나 사회윤리를 침해하여서는 아니된다. 언론·출판이 타인의 명예나 권리를 침해한 때에는 피해자는 이에 대한 피해의 배상을 청구할 수 있다.

(1) 의의

자기의 사상 또는 의견을 언어·문자 등으로 불특정 다수인에게 발표할 자유, 민주주의 실현의 전제조건

(2) 주체

외국인과 법인도 주체가 될 수 있다.

(3) 내용

① 의사표현의 자유

⊙ 자신의 의사를 표현하고 자신의 의사표현을 통해서 여론형성에 참여할 수 있는 권리를 말한다.

ⓛ 사실전달이라도 전달자의 주관적 의사가 포함되어 있으면 보호대상이 된다.

ⓒ 의사표현 및 전달의 형식에 대한 제한은 본 기본권이 아닌 통신의 자유에 해당한다.

판례

1. 상징적 표현(헌재 1998.02.27. 96헌바2), 음반, 비디오물(헌재 1993.05.13. 91헌바17)뿐 아니라 옥외광고물(헌재 1998.02.27. 96헌바2), 상업적 광고표현(헌재 2000.03.30. 97헌마108)도 포함된다.

2. 헌법 제21조에서 보장하고 있는 표현의 자유에는 자신의 신원을 누구에게도 밝히지 아니한 채 익명 또는 가명으로 자신의 사상이나 견해를 표명하고 전파할 자유도 포함된다(헌재 2010.02.25. 2008헌마324).

3. 집필은 문자를 통한 모든 의사표현의 기본 전제가 된다는 점에서 당연히 표현의 자유의 보호영역에 속해 있다고 보아야 한다(헌재 2005.02.24. 2003헌마289).

4. '허위사실의 표현'도 헌법 제21조가 규정하는 언론·출판의 자유의 보호영역에는 해당하되, 다만 헌법 제37조 제2항에 따라 국가 안전보장·질서유지 또는 공공복리를 위하여 제한할 수 있는 것이라고 해석하여야 할 것이다(헌재 2010.12.28. 2008헌바157).

5. 대한민국 또는 헌법상 국가기관에 대하여 모욕, 비방, 사실 왜곡, 허위사실 유포 또는 기타 방법으로 대한민국의 안전, 이익 또는 위신을 해거나 해할 우려가 있는 표현이나 행위에 대하여 형사처벌하도록 규정한 구 「형법」제104조의2(국가모독죄 조항)는, 국가의 안전, 이익, 위신 보전이 위 조항의 진정한 입법목적인지 의문이고, 형사처벌을 통한 일률적 표현행위 규제에 수단의 적합성을 인정할 수 없는 점, 의미내용이 불명확할 뿐만 아니라, 적용범위가 지나치게 광범위하고, 기본권 침해 정도가 큰 형사처벌을 통해 표현의 자유를 지나치게 제한하는 점 등에 비추어 볼 때, 과잉금지원칙에 위반하여 표현의 자유를 침해한다(헌재 2015.10.21. 2013헌가20).

6. 통신매체를 이용하여 성적 수치심이나 혐오감을 일으키는 말, 음향, 글, 그림, 영상 또는 물건을 상대 방에게 도달하게 한 사람은 2년 이하의 징역 또는 500만 원 이하의 벌금에 처하도록 한 것은 명확성의 원칙이나 형벌의 체계균형성 내지 평등원칙에 위반되지 않으며, 표현의 자유를 침해하지 않는다(헌재 2016.03.31. 2014헌바397).

7. 금치의 징벌처분을 받은 미결수용자에 대하여 금치기간 중 집필을 금지하는 집필제한 조항은 금치처분을 받은 미결수용자에게 집필제한이라는 불이익을 가함으로써 규율 준수를 강제하고 수용시설의 안전과 질서를 유지하기 위한 것으로 목적의 정당성 및 방법의 적절성이 인정된다. 교정시설의 장이 수용자의 권리구제 등을 위해 특히 필요하다고 인정하는 때에는 집필을 허용할 수 있도록 예외가 규정되어 있으며, 「형집행법」제85조에서 미결수용자의 징벌집행 중 소송서류의 작성 등 수사 및 재판 과정에서의 권리행사를 보장하도록 규정하고 있는 점 등에 비추어 볼 때 위 조항이 청구인의 표현의 자유를 과도하게 제한한다고 보기 어렵다(헌재 2016.04.28. 2012헌마549).

8. 공연히 사실을 적시하여 사람의 명예를 훼손한 경우 2년 이하의 징역·금고 또는 500만 원 이하의 벌금에 처하도록 규정한 「형법」 제307조 제1항이 청구인들의 표현의 자유를 침해하지 아니하고 헌법에 위반되지 않는다(헌재 2021.02.25. 2017헌마1113).

9. 북한 지역으로 전단 등 살포를 하여 국민의 생명·신체에 위해를 끼치거나 심각한 위험을 발생시키는 것을 금지하고, 이를 위반한 경우 처벌하는 「남북관계 발전에 관한 법률」 제24조 제1항 제3호 및 제25조 중 제24조 제1항 제3호에 관한 부분이 표현의 자유를 침해하여 헌법에 위반된다(헌재 2023.09.26. 2020헌마1724).

10. 장교는 군무와 관련된 고충사항을 집단으로 진정 또는 서명하는 행위를 하여서는 아니 된다고 규정한 「군인의 지위 및 복무에 관한 기본법」 제31조 제1항 제5호 중 '장교'에 관한 부분은 과잉금지원칙에 위반하여 청구인의 표현의 자유를 침해하지 아니하므로 심판청구를 기각한다(헌재 2024.04.25. 2021헌마1258).

② 알 권리
   ㉠ 의의 : 정보원으로부터 정보를 수집하고, 수집된 정보를 취사·선택할 수 있는 자유, 수령의 자유와 정보공개를 청구할 권리를 말한다.
   ㉡ 주체 : 국민인 자연인, 외국인, 법인, 권리능력 없는 사단·재단도 알 권리의 주체가 될 수 있다. 이해당사자만이 아니라 모든 국민은 정보공개청구권을 가진다.
   ㉢ 내용
      ⓐ 수집의 자유 : 수집한 정보를 선택할 수 있는 권리이다.

판례

군내불온서적소지를 금지하는 군인복무규율은 공개청구권과 관련된 것이 아니라 일반적으로 접근할 수 있는 정보원으로부터 자유로운 정보수집을 제한하고 있으므로 별도의 입법을 필요로 하지 않고 보장되는 자유권적 성격의 알권리를 제한한다(헌재 2010.10.28. 2008헌마638).

      ⓑ 수령의 자유 : 정보에 대한 접근에 대해 국가의 간섭을 받지 않을 권리, 수집한 정보를 선택할 수 있는 권리

판례

권리의 보호영역 미결수용자에게 자비로 신문을 구독할 수 있도록 한 것은 일반적으로 접근할 수 있는 정보에 대한 능동적 접근에 관한 개인의 행동으로서 이는 알 권리의 행사이다(헌재 1998.10.29. 98헌마4).

ⓒ 정보공개청구권 : 헌법 제21조에서 도출되는 구체적 기본권으로서 알 권리에 근거하여 국가기관에 대해 국가의 정보를 공개할 것을 요구할 수 있는 권리를 의미한다. 다만 구체화 법률로서 「공공기관의 정보공개에 관한 법률」을 시행하고 있다.

판례

1. 알 권리는 적어도 직접의 이해관계가 있는 자에 대하여는 특단의 사정이 없는 한 의무적으로 공개하여야 한다고 할 것이며, 일반 행정문서의 경우와 같이 형사확정소송기록도 일정한 조건하에 공개가 가능하다고 할 것이다(헌재 1991.05.13. 90헌마133).

2. 변호사시험 성적 공개를 금지한 「변호사시험법」 제18조 제1항 본문은 목적의 정당성은 반하지 않으나, 수단의 적절성, 침해의 최소성, 법익의 균형성에 위반하므로 알 권리(정보공개청구권)를 침해하여 헌법에 위반된다(헌재 2015.06.25. 2011헌마769).

3. **변호사시험 성적 공개 청구기간을 개정 「변호사시험법」 시행일로부터 6개월로 제한하는 「변호사시험법」 부칙 제2조 중 '이 법 시행일부터 6개월 내에' 부분은 청구인의 정보공개청구권을 침해하여 헌법에 위반된다**(헌재 2019.07.25. 2017헌마1329).
   변호사시험 합격자는 성적 공개 청구기간 내에 열람한 성적 정보를 인쇄하는 등의 방법을 통해 개별적으로 자신의 성적 정보를 보관할 수 있으나, 성적 공개 청구기간이 지나치게 짧아 정보에 대한 접근을 과도하게 제한하는 이상, 이러한 점을 들어 기본권 제한이 충분히 완화되어 있다고 보기도 어렵다. 이상을 종합하면, 특례조항은 과잉금지원칙에 위배되어 청구인의 정보공개청구권을 침해한다.

ⓔ 제한 : 헌법 제21조 제4항, 제37조 제2항

ⓜ 국가기밀과 알 권리의 충돌 : 국가기밀의 요건으로서, 비공지성, 실질비성을 갖추어야 하나, 형식적 요건을 갖춘 경우나, 관리자의 의사여부는 요건이라고 보지 않는다. 따라서 국가기밀의 요건을 엄격하게 요구한다면 사인의 알 권리와 갈등관계에서 규범조화적 해석방법을 통한 해결이 가능하다고 본다.

판례

1. 군사기밀은 국민의 알 권리와 충돌하는 면이 매우 크므로 알 권리의 대상영역을 가능한 최대한 넓혀 줄 수 있도록 필요한 최소한도에 한정되어야 할 것이다(헌재 1992.02.25. 89헌가104).

2. 공지된 사실은 국가기밀이 아니며 비공지된 사실로서 그것이 누설될 경우 국가안전의 명백한 위험을 초래할 실질적 가치가 있는 실질비성을 갖춘 것이어야 국가기밀이 될 수 있다(헌재 1997.01.16. 92헌바6).

ⓗ 「공공기관의 정보공개에 관한 법률」
   ⓐ 대상 : 작성주체와 무관하게 공공기관이 보유·보관하는 행정정보를 대상으로 한다.
   ⓑ 정보공개의무 원칙과 예외적 비공개(법 제3조, 제9조 제1항)
   ⓒ 청구권자 : 법률상 이해관계와 관계없이 모든 국민이 가능하다.
   ⓓ 공개신청 : 신청을 전제로 함이 원칙이다. 다만 신청이 없어도 중앙행정각부, 대통령령으로 정한 기관(국가정보원)은 전자적 형태로 보관하는 공개대상 정보는 수시공개 의무가 있다.

ⓔ 불복절차 : 임의적 전치절차로서 이의신청(동법 제18조), 행정심판(동법 제19조), 행정소송(동법 제20조)

판례

임야조사서와 토지조사부의 열람·복사신청에 대한 이천군수의 부작위는 알 권리를 침해한 것이다(헌재 1989.09.04. 88헌마22)

알 권리도 헌법유보와 일반적 법률유보에 의하여 제한될 수 있음은 물론이며, 알 권리를 제한하는 경우 제한에서 오는 이익과 알 권리침해라는 해악을 비교형량해서 그 제한의 한계를 설정하여야 할 것이며, 그 제한은 알 권리의 본질적 내용을 침해하지 않는 범위 내에서 최소한도에 그쳐야 할 것이다. 토지조사부 등의 서류가 비밀 또는 대외비로 분류되어 있지 않으며 그 공개로 타인의 사생활의 비밀이 침해된다거나 하는 사정을 발견할 수 없고 이를 금지해야 할 법령상의 근거도 물론 찾아볼 수 없으므로, 본건 문서 자체에는 공개제한요인이 없음도 알 수 있다. 이러한 관점에서 볼 때 청구인의 자기에게 정당한 이해관계가 있는 정부보유정보의 개시요구에 대하여 행정청이 아무런 검토 없이 불응하였다면 이는 청구인이 갖는 헌법 제21조에 규정된 언론·출판의 자유 또는 표현의 자유의 한 내용인 알 권리를 침해한 것이라 할 수 있다.

판례

1. '알 권리'의 법적 성질을 위와 같이 이해한다고 하더라도 헌법 규정만으로 이를 실현할 수 있는가 아니면 구체적인 법률의 제정이 있어야 하는가에 관하여 견해가 나뉠 수 있으나, 본건 서류에 대한 열람·복사 민원의 처리는 법률의 제정이 없더라도 불가능한 것이 아니라 할 것이다(헌재 1989.09.04. 88헌마22).

2. 저속한 간행물 출판사 등록 취소는 성인의 알 권리 침해이다(헌재 1998.04.30. 95헌가16).

3. 행정심판위원회에서 위원이 발언한 내용 기타 공개할 경우 위원회의 심리·의결의 공정성을 해할 우려가 있는 사항으로서 대통령령이 정하는 사항은 이를 공개하지 아니한다고 규정하고 있는 행정심판법 제26조의2는 알 권리 침해 아니다(헌재 2004.08.26. 2003헌바81·89[병합]).

4. 공공기관이 보유·관리하는 시험에 관한 정보로서 공개될 경우 업무의 공정한 수행이나 연구·개발에 현저한 지장을 초래한다고 인정할 만한 상당한 이유가 있는 경우에는 이를 공개하지 아니할 수 있도록 정하고 있는 「공공기관의 정보공개에 관한 법률」 제9조 제1항 제5호는 알 권리 침해 아니다(헌재 2009.09.24. 2007헌바107).

5. 공시대상정보로서 교원의 교원단체 및 노동조합 가입현황(인원 수)만을 규정할 뿐 개별 교원의 명단은 규정하고 있지 아니한 구 '교육관련기관의 정보공개에 관한 특례법 시행령'은 알 권리 침해가 아니다(헌재 2011.12.29. 2010헌마293).

6. 출구조사를 제외한 선거일 선거 마감시간까지 여론조사의 경위와 결과의 발표를 금지한 것은 알 권리를 침해하지 아니한다(헌재 1998.05.28. 97헌마362 등)

7. 피고인에 대한 재판서를 송달하지 아니한 것은 알 권리를 침해하지 아니한다(헌재 2012.04.17. 2012헌마221)

8. 방송토론 위원회가 방송토론 참석대상자를 일정한 지지율을 근거하여 제한한 것은 알 권리를 침해하지 아니한다(헌재 1998.08.27. 97헌마372 등)

9. 국회예산결산 특별위원회의 계수조정소위원회에 시민단체의 방청을 불허한 것은 알 권리를 침해하지 아니한다(헌재 2000.06.29. 98헌마443 등)

③ 언론기관의 자유

　　㉠ 언론기관의 허가제 금지(헌법 제21조 제2항)

　　㉡ 언론기관설비의 등록제는 허용된다(「신문 등의 진흥에 관한 법률」 제9조).

　　㉢ 발행인 또는 편집인의 결격사유(동법 제13조): 미성년자, 외국인 등은 제외한다.

　　㉣ 대기업 일반일간신문 소유제한(동법 제18조): 기업집단에 속하는 회사(이하 "대기업"이라 한다)와 그 계열회사(대통령령으로 정하는 특수한 관계에 있는 자를 포함한다)는 일반일간신문을 경영하는 법인이 발행한 주식 또는 지분의 2분의 1을 초과하여 취득 또는 소유할 수 없다.

　　㉤ 신문 및 인터넷신문의 편집의 자유와 독립은 보장된다(동법 제4조 제1항).

판례

「신문법」 사건(헌재 2006.06.29. 2005헌마165·314·555·807·2006헌가3병합)

[1] 1개 일간신문사의 시장점유율 30%, 3개 일간신문사의 시장점유율 60% 이상인 자를 시장지배적사업자로 추정하는 「신문법」 제17조가 신문사업자를 일반사업자에 비하여 더 쉽게 시장지배적 사업자로 추정되도록 하고 있는 점 등이 모두 불합리하다. 따라서 「신문법」 제17조는 신문사업자인 청구인들의 평등권과 신문의 자유를 침해하여 헌법에 위반된다.

[2] 독자의 선호도가 높아서 발행부수가 많다는 점을 이유로 신문사업자를 차별하는 것, 그것도 시장점유율 등을 고려하여 신문발전기금 지원의 범위와 정도에 있어 합리적 차등을 두는 것이 아니라 기금지원의 대상에서 아예 배제하는 것은 합리적이 아니다. 따라서 「신문법」 제34조 제2항 제2호는 합리적인 이유 없이 발행부수가 많은 신문사업자를 차별하는 것이므로 평등원칙에 위배된다.

[3] 정정보도청구는 보도된 사실이 진실이 아님을 그 소송절차에서 확정하고 그에 따라 언론사의 이름으로 정정보도문을 게재하여야 하기 때문에 사실인정 문제가 반론보도청구나 추후보도청구의 경우에 비하여 결정적 중요성을 갖는다.

[4] 정정보도청구권이 비록 허위의 보도로 인한 피해를 구제하기 위한 제도이긴 하지만 언론사의 고의·과실을 불문하므로 그러한 제도로 인한 언론의 위축효과는 최소화되지 않으면 안 된다. 「언론중재법」 제26조 제6항 본문 전단은 정정보도청구의 소를 「민사집행법」상의 가처분절차에 의하여 재판하도록 규정하고 있다. 그 결과 정정보도청구의 소에서는 그 청구원인을 구성하는 사실의 인정을 '증명' 대신 '소명'으로 할 수 있게 되었다.

[5] 진실에 부합하지 않을 개연성이 있다는 소명만으로 정정보도 책임을 지게 되므로 언론사로서는 사후의 분쟁에 대비하여 진실임을 확신할 수 있는 증거를 수집·확보하지 못하는 한, 사실주장에 관한 보도를 주저하게 될 것이다. 이러한 언론의 위축효과는 중요한 사회적 관심사에 대한 신속한 보도를 자제하는 결과를 초래하고 그로 인한 피해는 민주주의의 기초인 자유언론의 공적 기능이 저하된다는 것이다. 이와 같이 피해자의 보호만을 우선하여 언론의 자유를 합리적인 이유 없이 지나치게 제한하는 것은 위헌이다.

판례

1. 음반등록 시설을 자기소유인 것으로 해석하는 한 위헌에 해당한다(헌재 1993.05.13. 91헌바17).
2. 반론보도청구권의 근거를 사생활비밀의 자유와 인격권에서 찾고 있다(헌재 1991.09.16. 89헌마165).
3. 인터넷신문의 취재 및 편집 인력 5명 이상을 상시 고용하고, 이를 확인할 수 있는 서류를 제출할 것을 규정한 고용조항은 인터넷신문사업자인 청구인들의 언론의 자유를 침해한다(헌재 2016.10.27. 2015헌마1206).

④ Access권: 언론매체에 접근하여 자신의 의사를 표현하기 위해 언론매체를 이용할 수 있는 권리, 자기와 관계가 있는 보도에 대한 반론 내지 해명의 기회를 요구할 수 있는 반론권(해명권)을 말한다. 다만, Access권은 언론기관의 보도의 자유와 충돌할 경우 인격적 가치의 침해에 대한 반론권이 우선적으로 보호되며, Access권은 언론기관의 보도의 자유를 제한하는 결과를 초래하므로 기본권충돌 해결이론에 따른 조화로운 해결이 요구된다.

	청구인	보도내용 진실여부	고의·과실 요건	위법성 요건	소송절차
정정보도 청구권	사실적 주장에 관한 언론보도 등이 진실하지 아니함으로 인하여 피해를 입은 자	진실하지 않은 보도	×	×	본안 절차
반론보도 청구권	사실적 주장에 관한 언론보도로 인하여 피해를 입은 자	진실여부 불문	×	×	가처분 절차
추후보도 청구권	언론 등에 의하여 범죄혐의가 있거나 형사상의 조치를 받았다고 보도 또는 공표된 자는 그에 대한 형사절차가 무죄판결 또는 이와 동등한 형태로 종결되었을 때에는 그 사실을 안 날부터 3개월 이내에 언론사 등에 이 사실에 관한 추후보도의 게재를 청구할 수 있다.				가처분 절차

	Access권	알 권리
기본권 영역	사인간에 발생	사인과 국가간에 발생
언론사의 권리인지 여부	보도의 객체가 주장하는 권리이므로 언론사의 권리는 아니다.	언론사의 권리이기도 하다.
관련 법률	「언론중재 및 피해구제 등에 관한 법률」	「공공기관의 정보공개에 관한 법률」

(4) **피해 구제**

피해를 받은 사인 등은 헌법에서 직접 손해배상을 하도록 규정을 마련하고 있다(헌법 제21조 제4항).

⑸ **사전검열 금지원칙**

① 허용되는 허가제: 옥외광고물의 안전성에 대한 허가제와 방송국개설의 허가제는 주파수의 제한으로 인해 불가피하므로 헌법상 금지되는 허가제에 해당하지 아니한다.

② 금지되는 허가제(사전검열: 3차개정(신설) − 7차개정(폐지) − 9차개정(부활))

  ㉠ 의의: 행정권이 주체가 되어 사상이나 의견 등이 발표되기 이전에 예방적 조치로서 그 내용을 심사·선별하여 발표를 사전에 억제하는 것을 말한다.

  ㉡ 개념적 요소

   ⓐ 행정권이 검열의 주체: 형식적으로는 민간단체이나 실질적으로는 인적·물적으로 행정권의 지배하에 있으면 검열기관인 행정기관에 해당한다. 따라서 공연윤리위원회, 한국공연예술진흥협의회, 등급보류, 추천제, 한국광고자율심의기구, 의료광고심의위원회(헌재 2015. 12.23. 2015헌바75)는 사전검열 기관에 해당한다.

   ⓑ 허가를 받기 위한 표현물의 제출의무와 사전적 통제: 납본제도는 출간 이후의 통제제도이므로 검열에 해당하지 않는다.

   ⓒ 내용에 대한 심사: 모든 종류의 사전검열을 금지하는 것은 아니다. 따라서 종합유선방송사업, 옥외광고물 사건에서는 형식성 심사나 안전성에 관한 사전검열은 허용된다.

   ⓓ 표현의 금지와 심사절차를 관철할 강제수단: 등급분류보류제는 등급이 나오기 전에는 영화상영이 금지되므로 검열에 해당한다.

> **판례** ✦
>
> 법원의 방영금지가처분은 비록 제작 또는 방영되기 이전, 즉 사전에 그 내용을 심사하여 금지하는 것이기는 하나, 이는 행정권에 의한 사전심사나 금지처분이 아니라 사법부가 사법절차에 의하여 심리, 결정하는 것이므로, 헌법에서 금지하는 사전검열에 해당하지 아니한다(헌재 2001.08.30. 2000헌바36).

  ㉢ 과잉금지원칙과의 관계: 검열에 해당하면 과잉금지원칙위반여부를 판단할 필요없이 위헌, 검열에 해당하지 않는 경우 과잉금지원칙 위반여부를 별도로 판단해야 한다.

> **판례** ✦
>
> **공연윤리위원회의 사전심의**(헌재 1996.10.04. 93헌가13)
>
> 위 법이 규정하고 있는 영화에 대한 심의제의 내용은 심의기관인 공연윤리위원회가 영화의 상영에 앞서 그 내용을 심사하여 심의기준에 적합하지 아니한 영화에 대하여는 상영을 금지할 수 있고, 심의를 받지 아니하고 영화를 상영할 경우에는 형사처벌까지 가능하도록 한 것이 그 핵심이므로 이는 명백히 사전검열제도를 채택하고 있다고 볼 수 밖에 없다. 검열은 행정기관이 아닌 독립적인 위원회에서 행한다고 하더라도 행정권이 주체가 되어 검열절차를 형성하고 검열기관의 구성에 지속적인 영향을 미칠 수 있는 경우라면 실질적으로 검열기관은 행정기관이라고 보아야 하며, 공연윤리위원회가 민간인으로 구성된 자율적인 기관이라고 할지라도 법에서 영화에 대한 사전허가제도를 채택하고, 「공연법」에 의하여 공연윤리위원회을 설치토록 하여 행정권이 공연윤리위원회의 구성에 지속적인 영향을 미칠 수 있게 하였으므로 공연윤리위원회는 검열기관으로 볼 수밖에 없다.

판례

1. **건강기능식품 기능성광고 사전심의는 그 검열이 행정권(식약청)에 의하여 행하여진다 볼 수 있고, 헌법이 금지하는 사전검열에 해당하므로 헌법에 위반된다**(헌재 2018.06.28. 2016헌가8) : **위헌**

   이 사건 건강기능식품 기능성광고 사전심의는 그 검열이 행정권(식약청)에 의하여 행하여진다 볼 수 있고, 헌법이 금지하는 사전검열에 해당하므로 헌법에 위반된다. 종래 이와 견해를 달리하여 건강기능식품 기능성광고의 사전심의절차를 규정한 구 「건강기능식품법」 관련조항이 헌법상 사전검열금지원칙에 위반되지 않는다고 판단한 우리 재판소 결정(헌재 2010.07.29. 2006헌바75)은, 이 결정 취지와 저촉되는 범위 안에서 변경한다.

2. **사전심의를 받지 않은 건강기능식품의 기능성 광고를 금지하고 이를 어길 경우 형사처벌하도록 한 구 「건강기능식품에 관한 법률」 제18조 제1항 제6호 중 '제16조 제1항에 따라 심의를 받지 아니한 광고' 부분 및 구 「건강기능식품에 관한 법률」 제44조 제4호 중 제18조 제1항 제6호 가운데 '제16조 제1항에 따라 심의를 받지 아니한 광고를 한 자'에 관한 부분은 모두 헌법에 위반된다**(헌재 2019.05.30. 2019헌가4).

   헌법재판소는 헌재 2018. 6. 28. 2016헌가8 등 사건에서 "사전심의를 받은 내용과 다른 내용의" 건강기능식품 기능성광고를 금지하고 이를 위반한 경우 처벌하는 「건강기능식품법」 조항에 대해서 위헌 결정을 내린 바 있다. 이 사건 심판대상조항은 "사전심의를 받지 아니한" 건강기능식품 기능성 광고를 금지하고 이를 위반한 경우 처벌하는 「건강기능식품법」 조항으로, 위 선례의 심판대상과 실질적인 내용이 동일하다. 이 사건에서 헌법재판소는, 상업광고도 표현의 자유 보호대상이고, 표현의 자유 보호대상이면 예외 없이 사전검열금지원칙이 적용되며, 행정권의 개입가능성이 있다면 헌법상 금지되는 사전검열에 해당한다고 판단한 헌재 2018. 6. 28. 2016헌가8 등 결정의 논리를 다시 한 번 확인하였다.

3. **의료기기와 관련하여 심의를 받지 아니하거나 심의받은 내용과 다른 내용의 광고를 하는 것을 금지하고, 이를 위반한 경우 행정제재와 형벌을 부과하도록 한 「의료기기법」 제24조 제2항 제6호 및 구 「의료기기법」 제36조 제1항 제14호 중 '제24조 제2항 제6호를 위반하여 의료기기를 광고한 경우' 부분, 구 「의료기기법」 제52조 제1항 제1호 중 '제24조 제2항 제6호를 위반한 자' 부분이 모두 헌법에 위반된다**(헌재 2020.08.28. 2017헌가35).

   「의료기기법」은 의료기기 광고의 심의기준·방법 및 절차를 식약처장이 정하도록 하고 있으므로, 식약처장은 심의기준 등의 개정을 통해 언제든지 심의기준 등을 변경함으로써 심의기관인 한국의료기기산업협회의 심의 내용 및 절차에 영향을 줄 수 있다. 실제로 식약처장은 의료기기 광고의 심의기준을 정하면서 심의의 기준이 되는 사항들을 구체적으로 열거하고 있는 점, 심의기관의 장은 매 심의결과를 식약처장에게 문서로 보고하여야 하는 점, 식약처장은 심의결과가 위 심의기준에 맞지 않다고 판단하는 경우 심의기관에 재심의를 요청할 수 있고 심의기관은 특별한 사정이 없는 한 재심의를 하여야 하는 점 등에 비추어 볼 때, 한국의료기기산업협회의 의료기기 광고 사전심의업무 처리에 있어 행정기관으로부터의 독립성 및 자율성이 보장되어 있다고 보기 어렵다. 따라서 이 사건 의료기기 광고 사전심의는 행정권이 주체가 된 사전심사로서 헌법이 금지하는 사전검열에 해당하고, 이러한 사전심의제도를 구성하는 심판대상조항은 헌법에 위반된다.

4. 식품에 관하여 의약품으로 오인·혼동할 우려가 있는 내용의 광고를 금지하고, 그 위반 시 형사처벌하는 구「식품위생법」제13조 제1항 제1호 중 '의약품으로 오인·혼동할 우려가 있는 내용의 광고' 부분, 구「식품위생법」제94조 제1항 제2호의2 중 제13조 제1항 제1호 가운데 '의약품으로 오인·혼동할 우려가 있는 내용의 광고'에 관한 부분이 헌법에 위반되지 아니한다(헌재 2019.07.25. 2017헌바513).

5. 청구인들은 심판대상조항이 헌법 제21조 제2항이 규정하는 집회에 대한 허가제 금지 원칙에 위반된다고 주장한다. 그러나 심판대상조항은 잔디마당에서 집회 또는 시위를 하려고 하는 경우 시장이 그 사용허가를 할 수 없도록 전면적·일률적으로 불허하고, '허가제'의 핵심 요소라 할 수 있는 '예외적 허용'의 가능성을 열어 두고 있지 않다. 그렇다면 심판대상조항은 집회에 대한 허가제를 규정하였다고 보기 어려우므로, 헌법 제21조 제2항 위반 주장에 대해서는 나아가 살펴보지 않기로 한다(헌재 2023.09.26. 2019헌마1417).

⑹ **사생활의 자유와 충돌하는 경우 규범조화적 해석을 위한 제한원칙**

① 이중기준의 원칙
② 막연하므로 무효원칙: 언론·출판의 자유를 규제하는 법령은 명확해야 한다.
③ 과잉금지의 원칙: 위법한 표현행위를 규제하기에 충분한 보다 완화된 제한조치가 있음에도 과중한 제재를 과하는 입법은 과잉금지원칙에 위반된다.
④ 법익형량이론
⑤ 명백·현존위험의 원칙(통설·판례): 표현의 자유로 중대한 해악이 발생할 것이 명백하고, 그 표현과 개연성이 있고 그 표현과 해악의 발생 사이에 밀접한 인과관계가 존재하며, 해악발생이 절박한 경우 표현의 자유를 제한할 수 있다는 원칙을 말한다.
⑥ 보다 덜 제한적인 대체조치원칙

판례

음란 또는 저속한 간행물을 출판한 출판사 등록취소(헌재 1998.04.30. 95헌가16)
언론·출판의 영역에서 국가는 단순히 어떤 표현이 가치없거나 유해하다는 주장만으로 그 표현에 대한 규제를 정당화시킬 수는 없다. 그 표현의 해악을 시정하는 1차적 기능은 시민사회 내부에 존재하는 사상의 경쟁메커니즘에 맡겨져 있기 때문이다. 그러나 대립되는 다양한 의견과 사상의 경쟁메커니즘에 의하더라도 그 표현의 해악이 처음부터 해소될 수 없는 성질의 것이거나 또는 다른 사상이나 표현을 기다려 해소되기에는 너무나 심대한 해악을 지닌 표현은 언론·출판의 자유에 의한 보장을 받을 수 없고 국가에 의한 내용규제가 광범위하게 허용된다. … 이 사건 법률조항의 "음란" 개념은 적어도 수범자와 법집행자에게 적정한 지침을 제시하고 있다고 볼 수 있고 또 법적용자의 개인적 취향에 따라 그 의미가 달라질 수 있는 가능성도 희박하다고 하지 않을 수 없다. 따라서 이 사건 법률조항의 "음란" 개념은 그것이 애매모호하여 명확성의 원칙에 반한다고 할 수 없다. …"저속"의 개념은 그 적용범위가 매우 광범위할 뿐만 아니라 법관의 보충적인 해석에 의한다 하더라도 그 의미내용을 확정하기 어려울 정도로 매우 추상적이다. … 출판하고자 하는 자는 어느 정도로 자신의 표현내용을 조절해야 되는지를 도저히 알 수 없도록 되어 있어 명확성의 원칙 및 과도한 광범성의 원칙에 반한다.

언론의 자유 침해	언론의 자유 제한
• 영화상영등급분류보류제 • 음주전후 숙취해소 등의 용어를 광고에 사용하지 못하게 한 것 • 한국공연예술진흥협의회의 음반 및 비디오 사전 심의 • 정기간행물등록에 있어 해당시설을 발행할 자의 자기소유인 것으로 해석하는 것: 한정위헌 • 저속한 간행물을 출판한 출판사 등록 취소 • 공연윤리위원회의 사전심의 • 비디오물 복제전 공륜의 심의를 받도록 한 경우 • 사용자단체에게는 정치자금의 기부를 허용하면서 노동단체가 정치자금을 기부할 수 없도록 규정한 「정치자금법」 제12조 • 금지되는 불온통신의 요건으로서 '공공의 안녕질서와 미풍양속을 해하는'이라는 애매하고 불명확한 개념을 쓴 것	• 방송사업의 허가제(헌법이 금지하는 허가가 아님) • 옥외광고물 설치에 대한 허가제(헌법이 금지하는 허가가 아님) • 식품·식품첨가물의 표시에 있어서 의약품과 혼동할 우려가 있는 표시나 광고를 금지한 「식품위생법」 • 정정보도청구권 • 청소년을 이용한 음란물 제작 수입·수출금지 • 정기간행물 납본제도 • 정기간행물 등록제 • 음란한 간행물을 출판한 출판사 등록 취소 • 교과서 검인정제도(헌재 1992.11.12. 89헌마88) • 교통수단을 이용한 광고는 교통수단 소유자에 관한 광고에 한정

6. 집회 · 결사의 자유

> 제21조 제1항 모든 국민은 언론·출판의 자유와 집회·결사의 자유를 가진다.
> 제2항 언론·출판에 대한 허가나 검열과 집회·결사에 대한 허가는 인정되지 아니한다.

(1) 의의

타인과의 접촉을 통해 의사를 형성하고 집단적인 의사표현을 하여 공동의 이익을 추구할 수 있는 권리이다.

(2) 집회 및 시위의 자유

① 공동의 목적을 가진 다수의 사람이 일시적인 모임을 가질 수 있는 자유이다.
② 인적요건: 집회의 주최자는 필수적 요소가 아니고, 최소 3인 이상일 것을 요한다고 봄이 일반적이다. 다만 판례는 2인 이상이어도 집회의 자유의 대상이 된다고 본다.

판례

「집회시위법」 제2조 제1호는 옥외집회에 대하여 '천장이 없거나 사방이 폐쇄되지 아니한 장소에서 여는 집회'라고 규정하고 있을 뿐, 집회 그 자체에 대해서는 아무런 정의를 하고 있지 않다. 집회에 대한 대법원의 해석에 의하면, 불특정 다수 즉 2인 이상이 일정한 옥외장소에 대외적으로 의견을 표명할 목적으로 모이기만 하면 바로 「집회시위법」상 집회가 되어 신고의무가 부과되게 된다. 이러한 해석은 집회의 개념을 지나치게 확장하여 헌법상 보장된 집회의 자유를 위축시킬 소지가 있고 자의적인 해석이 가능하게 된다. 집회에 대하여 정의하지 아니하고 미신고 옥외집회를 처벌하는 것은 형사상 처벌대상이 되는 행위를 명확하게 규정하지 않은 것으로 죄형법정주의 명확성원칙에 위반된다(헌재 2014.01.28. 2011헌바174 등).

③ 목적 : 의사표현을 하기 위한 모임이다(광의설).

④ 내용 : 집회개최의 자유, 집회사회의 자유, 집회참가의 자유, 집회를 개최하지 아니할 자유, 집회에 참가하지 아니할 자유(소극적 자유 포함)

⑤ 시위란 공동목적을 가진 다수인이 도로·광장 등 공중이 자유로이 통행할 수 있는 장소를 진행하거나 위력 또는 기세를 보여 불특정 다수인의 의견에 영향을 주거나 제압을 가하는 행위를 말한다. 시위도 집회의 자유에 포함된다는 것이 다수설과 판례이다.

⑥ 제한 : 허가제 금지, 폭력적 시위·집회의 절대적 금지, 집회신고를 하지 않은 우발적 집회는 형사제재를 받을 수 있다는 것이 헌재의 견해이다.

판례✦

1. 공공장소가 아닌 공중이 자유로이 통행할 수 없는 대학구내에서도 옥외집회나 시위에 해당하여 「집시법」의 규제대상이 된다(헌재 1992.01.28. 89헌가8).

2. 집회시위의 규제에는 집회에 있어서의 의사표현 자체를 제한하는 경우와 그러한 의사표현에 수반하는 행동자체를 제한하는 두 가지가 있을 수 있다. 전자의 경우에는 제한되는 기본권의 핵심은 집회에 있어서의 표현의 자유라고 볼 것이다(헌재 1992.01.28. 89헌가8).

3. 집단적인 폭행·협박·손괴·방화 등으로 공공의 안녕질서에 직접적인 위협을 가할 것이 명백한 집회 또는 시위의 주최를 금지는 죄형법정주의의 명확성원칙에 위배되지 않는다(헌재 2010.04.29. 2008헌바118).

4. 미신고 시위에 대한 해산명령에 불응하는 자를 처벌하도록 규정한 것은 집회의 자유를 침해하지 않는다(헌재 2016.09.29. 2014헌바492).

5. 신고범위를 뚜렷이 벗어난 집회·시위에 대한 해산명령에 불응하는 자를 처벌하도록 규정한 한 것은 과잉금지원칙을 위반하여 집회의 자유를 침해한다고 볼 수 없다(헌재 2016.09.29. 2015헌바309).

6. 「경찰관 직무집행법」이나 대통령령 등 법령의 구체적 위임 없이 혼합살수방법을 규정하고 있는 이 사건 지침은 법률유보원칙에 위배되고, 이 사건 지침만을 근거로 서울종로경찰서장이 2015. 5. 1. 22 : 13경부터 23 : 20경까지 사이에 최루액을 물에 혼합한 용액을 살수차를 이용하여 청구인들에게 살수한 행위는 신체의 자유와 집회의 자유를 침해한 공권력 행사로 헌법에 위반된다(헌재 2018.05.31. 2015헌마476). ⇨ 인용(위헌 확인)

7. 피청구인들이 2015. 11. 14. 19 : 00경 종로구청입구 사거리에서 살수차를 이용하여 물줄기가 일직선 형태로 청구인 백○○에게 도달되도록 살수한 행위는 청구인 백○○의 생명권 및 집회의 자유를 침해한 것으로서 헌법에 위반됨을 확인하는 결정을 선고하였다(헌재 2020.04.23. 2015헌마1149). ⇨ 위헌

8. 사회복무요원의 정치적 행위를 금지하는 이 사건 법률조항 중 '그 밖의 정치단체' 및 '정치적 목적을 지닌 행위'라는 불명확한 개념을 사용하여, 수범자에 대한 위축효과와 법 집행 공무원의 자의적인 판단의 위험을 야기한다. 위 부분이 명확성원칙에 반하여 청구인의 정치적 표현의 자유 및 결사의 자유를 침해한다(헌재 2021.11.25. 2019헌마534).

(3) 「집회 및 시위에 관한 법률」

① 옥내와 옥외집회 시위 주최 금지

제5조(집회 및 시위의 금지) 제1항 누구든지 다음 각 호의 어느 하나에 해당하는 집회나 시위를 주최하여서는 아니 된다.
1. 헌법재판소의 결정에 따라 해산된 정당의 목적을 달성하기 위한 집회 또는 시위
2. 집단적인 폭행, 협박, 손괴, 방화 등으로 공공의 안녕 질서에 직접적인 위협을 끼칠 것이 명백한 집회 또는 시위

제2항 누구든지 제1항에 따라 금지된 집회 또는 시위를 할 것을 선전하거나 선동하여서는 아니 된다.

② 옥외집회 및 시위 신고제

제6조(옥외집회 및 시위의 신고 등) 제1항 옥외집회나 시위를 주최하려는 자는 그에 관한 다음 각 호의 사항 모두를 적은 신고서를 옥외집회나 시위를 시작하기 720시간 전부터 48시간 전에 관할 경찰서장에게 제출하여야 한다. 다만, 옥외집회 또는 시위 장소가 두 곳 이상의 경찰서의 관할에 속하는 경우에는 관할 지방경찰청장에게 제출하여야 하고, 두 곳 이상의 지방경찰청 관할에 속하는 경우에는 주최지를 관할하는 지방경찰청장에게 제출하여야 한다.

제8조(집회 및 시위의 금지 또는 제한 통고) 제1항 제6조 제1항에 따른 신고서를 접수한 관할경찰관서장은 신고된 옥외집회 또는 시위가 다음 각 호의 어느 하나에 해당하는 때에는 신고서를 접수한 때부터 48시간 이내에 집회 또는 시위를 금지할 것을 주최자에게 통고할 수 있다. 다만, 집회 또는 시위가 집단적인 폭행, 협박, 손괴, 방화 등으로 공공의 안녕 질서에 직접적인 위험을 초래한 경우에는 남은 기간의 해당 집회 또는 시위에 대하여 신고서를 접수한 때부터 48시간이 지난 경우에도 금지 통고를 할 수 있다.

㉠ 학문·예술·체육·종교·의식 등의 옥외집회는 신고제가 적용되지 않고, 옥내집회도 적용되지 않는다.

㉡ 신고(동법 제6조 제1항): 720시간 ~ 48시간 전 관할 경찰서장에게 신고하여야 한다.

㉢ 신고서의 보완: 관할경찰관서장은 제6조 제1항에 따른 신고서의 기재사항에 미비한 점을 발견하면 접수증을 교부한 때부터 12시간 이내에 주최자에게 24시간을 기한으로 그 기재사항을 보완할 것을 통고할 수 있다.

㉣ 집회 및 시위 금지 통고: 신고서를 접수한 관할경찰관서장은 신고된 옥외집회 또는 시위가 폭력적 집회이거나 보완사항을 보완하지 않는 경우 신고서를 접수한 때부터 48시간 이내에 집회 또는 시위를 금지할 것을 주최자에게 통고할 수 있다.

㉤ 금지통고에 대한 이의신청: 집회 또는 시위의 주최자는 제8조에 따른 금지 통고를 받은 날부터 10일 이내에 해당 경찰관서의 바로 위의 상급경찰관서의 장에게 이의를 신청할 수 있다. 이의 신청을 받은 경찰관서의 장은 접수한 때부터 24시간 이내에 재결을 하여야 한다. 이 경우 접수한 때부터 24시간 이내에 재결서를 발송하지 아니하면 관할경찰관서장의 금지통고는 소급하여 그 효력을 잃는다.

판례

1. 옥외집회의 사전신고의무를 부과하는 법률조항이 열거하고 있는 신고사항이나 신고시간 등이 지나치게 과다하거나 신고불가능하다고 볼 수 없으므로, 최소침해성의 원칙에 반한다고 보기 어렵다(헌재 2009.05.28. 2007헌바22).

2. 삼성생명과 ○○합섬 HK지회의 옥외집회신고서를 모두 반려한 경찰서장의 행위는 집회의 자유를 침해한다(헌재 2008.05.29. 2007헌마712).

3. 신고내용과 동일성을 유지하고 있다면 신고범위를 일탈했더라도 신고하지 아니한 옥외집회라고 할 수 없다(대판 2008.07.10. 2006도9471).

4. 신고사항은 여러 옥외집회·시위가 경합하지 않도록 하기 위해 필요한 사항이고, 질서유지 등 필요한 조치를 할 수 있도록 하는 중요한 정보이다. 옥외집회·시위에 대한 사전신고 이후 기재사항의 보완, 금지통고 및 이의절차 등이 원활하게 진행되기 위하여 늦어도 집회가 개최되기 48시간 전까지 사전신고를 하도록 규정한 것이 지나치다고 볼 수 없다(헌재 2014.01.28. 2011헌바174 등).

③ 야간옥외집회 및 시위금지(동법 제10조)

판례

1. 「집시법」제10조는 허가제로 볼 수 없으므로 헌법 제21조 제2항에 위반되지 않는다. 다만, 광범위한 시간대의 제한으로서 과잉금지원칙에 위반된다(헌재 2009.09.24. 2008헌가25) ⇨ 헌법불합치

2. 「집회 및 시위에 관한 법률」제10조 등 위헌제청 사건에서 시위를 해가 뜨기 전이나 해가 진 후에는 시위를 하여서는 아니 된다고 규정한 조문과 이에 위반하여 시위에 참가한 자를 처벌하는 부분은 각 '해가 진 후부터 같은 날 24시까지의 시위'에 적용하는 한 헌법에 위반된다(헌재 2014.03.27. 2010헌가2) ⇨ 한정위헌

3. 조합장선거를 전국적으로 동시에 실시하도록 함으로써, 조합장선거를 효율적으로 관리·지도하고, 부정·혼탁 선거를 방지하기 위한 것으로, 이와 같은 「농업협동조합법」부칙 제11조 제1항 등은 과잉금지원칙에 위배되지 아니하므로 청구인들의 결사의 자유 및 직업의 자유를 침해하지 아니한다(헌재 2012.12.27. 2011헌마562).

④ 옥외집회 및 시위의 금지장소(동법 제11조)

> 제11조(옥외집회와 시위의 금지 장소) 누구든지 다음 각 호의 어느 하나에 해당하는 청사 또는 저택의 경계 지점으로부터 100 미터 이내의 장소에서는 옥외집회 또는 시위를 하여서는 아니 된다.
> 1. 국회의사당. 다만, 다음 각 목의 어느 하나에 해당하는 경우로서 국회의 기능이나 안녕을 침해할 우려가 없다고 인정되는 때에는 그러하지 아니하다.
>   가. 국회의 활동을 방해할 우려가 없는 경우
>   나. 대규모 집회 또는 시위로 확산될 우려가 없는 경우
> 2. 각급 법원, 헌법재판소. 다만, 다음 각 목의 어느 하나에 해당하는 경우로서 각급 법원, 헌법재판소의 기능이나 안녕을 침해할 우려가 없다고 인정되는 때에는 그러하지 아니하다.
>   가. 법관이나 재판관의 직무상 독립이나 구체적 사건의 재판에 영향을 미칠 우려가 없는 경우
>   나. 대규모 집회 또는 시위로 확산될 우려가 없는 경우
> 3. 대통령 관저(官邸), 국회의장 공관, 대법원장 공관, 헌법재판소장 공관
> 4. 국무총리 공관. 다만, 다음 각 목의 어느 하나에 해당하는 경우로서 국무총리 공관의 기능이나 안녕을 침해할 우려가 없다고 인정되는 때에는 그러하지 아니하다.
>   가. 국무총리를 대상으로 하지 아니하는 경우
>   나. 대규모 집회 또는 시위로 확산될 우려가 없는 경우
> 5. 국내 주재 외국의 외교기관이나 외교사절의 숙소. 다만, 다음 각 목의 어느 하나에 해당하는 경우로서 외교기관 또는 외교사절 숙소의 기능이나 안녕을 침해할 우려가 없다고 인정되는 때에는 그러하지 아니하다.
>   가. 해당 외교기관 또는 외교사절의 숙소를 대상으로 하지 아니하는 경우
>   나. 대규모 집회 또는 시위로 확산될 우려가 없는 경우
>   다. 외교기관의 업무가 없는 휴일에 개최하는 경우

㉠ 대통령 관저를 포함한 국회의사당, 각급법원, 헌법재판소, 국회의장공관, 대법원장공관, 헌법재판소장공관, 국무총리공관(행진의 경우 예외)의 경계지점으로부터 1백미터 이내의 장소는 최근 헌법재판소 결정례에 따라 예외 없이 전면적 금지 규정을 헌법불합치 결정을 하였다.

㉡ 국내주재 외국의 외교기관이나 외교사절의 숙소

㉢ 예외적 허용

   ⓐ 당해 외교기관이나 외교사절의 숙소를 대상으로 하지 아니하는 경우

   ⓑ 대규모 집회 또는 시위로 확산될 우려가 없는 경우

   ⓒ 외교기관의 업무가 없는 휴일에 개최되는 경우로 외교기관이나 외교사절숙소의 기능이나 안녕을 침해할 우려가 없다고 인정되는 때

판례

1. 외국의 외교기관이나 외교사절의 숙소로부터 100m 이내 옥외집회 전면금지는 위헌이다(헌재 2003.10. 30. 2000헌바67).

2. 재판에 영향을 미칠 염려가 있거나 미치게 하기 위한 집회 또는 시위와 헌법의 민주적 기본질서에 위배되는 집회 또는 시위를 금지하고 위반시 처벌하도록 한 것은 불명확한 용어를 사용하였을 뿐 아니라 기본권 제한의 한계를 설정할 수 있는 구체적 기준을 설정하지 아니함으로써 과잉금지원칙에 위배하여 집회의 자유를 침해한다(헌재 2016.09.29. 2014헌가3).

3. 누구든지 각급 법원의 경계지점으로부터 100미터 이내의 장소에서 옥외집회 또는 시위를 할 경우 형사처벌한다고 규정한 「집회 및 시위에 관한 법률」(2007. 5. 11. 법률 제8424호로 전부개정된 것) 제11조 제1호 중 "각급 법원" 부분 및 제23조 제1호 중 제11조 제1호 가운데 "각급 법원"에 관한 부분이 모두 헌법에 합치하지 아니한다는 결정을 선고하였다(헌재 2018.07.26. 2018헌바137).

4. 누구든지 국무총리 공관의 경계지점으로부터 100미터 이내의 장소에서 행진을 제외한 옥외집회·시위를 할 경우 형사처벌하도록 규정한 「집회 및 시위에 관한 법률」 제11조 제3호 및 제23조 중 제11조 제3호에 관한 부분은 집회의 자유를 침해한다(헌재 2018.06.28. 2015헌가28).

5. 국회의사당의 경계지점으로부터 100미터 이내의 장소에서 옥외집회 또는 시위를 일률적·전면적으로 금지하고 형사처벌 하는 것은, 목적의 정당성 및 수단의 적합성은 인정되나 침해의 최소성과 법익의 균형성 원칙에 위배되므로 과잉금지원칙을 위반하여 집회의 자유를 침해한다(헌재 2018.05.31. 2013헌바322).

6. 대통령 관저 인근에서 집회를 금지하고 이를 위반하여 집회를 주최한 자를 처벌하는 ① 구 「집회 및 시위에 관한 법률」 제11조 제2호 중 '대통령 관저' 부분 및 제23조 제1호 중 제11조 제2호 가운데 '대통령 관저'에 관한 부분은 헌법에 합치되지 아니하고, 위 법률조항의 적용을 중지하며, ② 「집회 및 시위에 관한 법률」 제11조 제3호 중 '대통령 관저' 부분 및 제23조 제1호 중 제11조 제3호 가운데 '대통령 관저'에 관한 부분은 헌법에 합치되지 아니하고, 위 법률조항은 2024. 5. 31.을 시한으로 개정될 때까지 계속 적용된다(헌재 2022.12.22. 2018헌바48).

7. 국회의장 공관 인근에서 집회를 금지하고 이를 위반하여 집회를 주최한 자를 처벌하는 ① 구 「집회 및 시위에 관한 법률」 제11조 제2호 중 '국회의장 공관'에 관한 부분 및 제23조 제3호 중 제11조 제2호 가운데 '국회의장 공관'에 관한 부분은 헌법에 합치되지 아니하고, 위 법률조항의 적용을 중지하며, ② 「집회 및 시위에 관한 법률」 제11조 제3호 중 '국회의장 공관'에 관한 부분 및 제23조 제3호 중 제11조 제3호 가운데 '국회의장 공관'에 관한 부분은 헌법에 합치되지 아니한다(헌재 2023.03.23. 2021헌가1).

⑤ 학문·예술·체육·종교·의식·친목·오락·관혼상제·국경행사에 관한 집회에는 신고제, 야간옥외집회금지, 교통소통을 위한 제한조항을 적용하지 않는다(동법 제15조).
⑥ 교통소통을 위한 제한(동법 제12조)
⑦ 경찰관은 집회 또는 시위의 주최자에게 통보하고 그 집회 또는 시위의 장소에 정복을 착용하고 출입할 수 있다. 다만, 옥내집회장소에의 출입은 직무집행에 있어서 긴급성이 있는 경우에 한한다(동법 제19조).

⑷ 결사의 자유

① 다수의 자연인(2인 이상) 또는 법인이 공동의 목적을 위해 계속적인 단체를 조직할 수 있는 자유를 말한다.
② 개념적 요소: 내적 연관성과 외적 결합성, 계속성, 자발성, 조직적 의사에의 복종

③ 내용 : 단체결사의 자유, 단체존속의 자유, 단체활동의 자유, 결사에의 가입·잔류의 자유, 기존의 단체로부터 탈퇴할 자유, 결사에 가입하지 않을 자유(소극적 자유)를 포함하는 자유를 말한다. 따라서 적극적 자유만 인정하는 공익법인의 경우는 헌법 제21조가 아니라 제10조 일반적 행동의 자유에서 보호되는 결사체를 말한다.

④ 제한 : 사전 허가제 금지 일반결사로써 사회단체는 신고제를 폐지하여 신고없이 자유로이 활동 가능하다.

참고

법률에 의해 설립이 강제되는 사단법인(공익법인)

대한변호사회, 대한의사회, 대한상공회의소, 대한교육연합회교원 공제조합, 국민건강보험공단 등, 헌법재판소는 상공회의소의 법적 성질을 공법인성과 사법인성을 동시에 갖는다고 본다(헌재 2006.05.25, 2004헌가1).

판례

1. 정치적 목적이 아닌 영리적 목적을 위한 영리적 단체(약사법인)도 결사의 자유에서 보호된다(헌재 2002.09.19. 2000헌바84).

2. 조합장 선출행위는 결사 내 업무집행 및 의사결정기관의 구성에 관한 자율적인 활동이라 할 수 있으므로, 농협 조합장의 임기와 조합장선거의 시기에 관한 사항은 결사의 자유의 보호범위에 속한다(헌재 2012.12.27. 2011헌마562).

3. 노동조합을 설립할 때 행정관청에 설립신고서를 제출하게 하고 그 요건을 충족하지 못하는 경우 설립신고서를 반려하도록 하고 있는 「노동조합 및 노동관계조정법」은 결사의 자유에 대한 허가제에 해당하지 않는다(헌재 2012.03.29. 2011헌바53).

4. 축협으로 하여금 동일업종의 한 지역내 2개 이상의 조합설립을 금지한 구 축협법 제99조 제2항은 결사의 자유를 침해한다(헌재 1996.04.25. 92헌바47).

5. 「주택건설촉진법」의 주택조합(지역조합 및 직장조합)은 무주택자의 주거생활의 안정을 도모하고 모든 국민의 주거수준의 향상을 기한다는 공공목적을 위하여 법률이 구성원의 자격을 제한적으로 정하여 놓은 특수조합으로서 헌법상의 결사의 자유가 뜻하는 헌법상 보호법익의 대상이 되는 단체가 아니므로 이 사건 법률조항이 유주택자의 결사의 자유를 침해하는 것이라고는 볼 수 없다(헌재 1997.05.29. 94헌바5).

6. 축협중앙회를 해산하고 농협으로 합병하는 「농업협동조합법」은 결사의 자유에 대한 침해가 아니다(헌재 2000.06.01. 99헌마553).

7. 농지개량조합을 해산하는 「농지기반공사 및 농지관리기금법」, 결사의 자유에 대한 제한이 아니다(헌재 2000.11.30. 99헌마190).

8. 광역시내 군에 상공회의소를 설치할 수 없도록 한 것은 결사의 자유에 대한 침해가 아니다(헌재 2006. 05.25. 2004헌가1).

9. 변리사협회 의무적 가입하도록 한 것은 결사의 자유에 대한 침해가 아니다(헌재 2008.07.31. 2006헌마 666).

제3절 경제적 기본권

1. 재산권

> 제23조 제1항 모든 국민의 재산권은 보장된다. 그 내용과 한계는 법률로 정한다.
> 제2항 재산권의 행사는 공공복리에 적합하도록 하여야 한다.
> 제3항 공공필요에 의한 재산권의 수용·사용 또는 제한 및 그에 대한 보상은 법률로써 하되, 정당한 보상을 지급하여야 한다.

(1) 의의 및 연혁

① 헌법 제23조가 보장하는 재산권은 경제적으로 가치가 있는 모든 권리를 의미한다. 따라서 헌법상의 재산권은 「민법」상의 소유권보다 넓은 개념으로, 경제적 가치 있는 모든 공법상의 권리와 사법상의 권리를 뜻한다(헌재 1999.04.29. 94헌바37 등).

② 바이마르 헌법의 재산권 보장의 규정방식은 일본국헌법과 한국헌법에 상당한 영향을 미쳐 거의 유사한 구조로 규정되기에 이르렀다. 헌법 제23조의 구조는 보상의 기준에서 변화가 있었을 뿐 기본적인 구조에서는 1948년 제헌헌법 이래 현재까지 그대로 이어져 오고 있다.

(2) 법적 성격

> **판례**
>
> **사유재산제도의 성격과 기본권으로서 재산권의 성격을 함께 같는다**(헌재 1993.07.29. 92헌바20).
> 헌법재판소는 헌법 제23조의 재산권 보장은 개인이 현재 누리고 있는 재산권을 개인의 기본권으로 보장한다는 의미와 개인이 재산권을 향유할 수 있는 법제도로서의 사유재산제도를 보장한다는 이중적 의미를 가지고 있다고 본다.

(3) 재산권의 형성 입법(제23조 제1항)

① 형성 입법권한 : 재산권의 내용과 한계를 정할 입법자의 권한은, 장래에 발생할 사실관계에 적용될 새로운 권리를 형성하고 그 내용을 규정할 권한뿐만 아니라, 더 나아가 과거의 법에 의하여 취득한 구체적인 법적 지위에 대하여 까지도 그 내용을 새로이 형성할 수 있는 권한을 포함하고 있다(헌재 1999.04.29. 94헌바37).

② 재산권 인정 요건

  ㉠ 사적유용성

  ㉡ 수급자의 상당한 기여

  ㉢ 수급자의 생존확보에 기여

  ㉣ 구체적 이익이 아닌 단순한 기대이익이나 재화의 획득에 관한 기회 등은 재산권 보장의 대상
    이 아니다. 따라서 한약조제권, 우선매수권, 행정계획장기 미실시로 인한 실효제도는 재산권
    이 아니다.

판례

1. 헌법조항들에 의하여 보호되는 재산권은 사적유용성 및 그에 대한 원칙적 처분권을 내포하는 재산가
   치있는 구체적 권리이므로 구체적인 권리가 아닌 단순한 이익이나 재화의 획득에 관한 기회 등은 재
   산권 보장의 대상이 아니라 할 것이다(헌법재판소 1996. 8. 29. 선고, 95헌바36 결정 참조). 그런데 약
   사면허는 약국의 개설과 관련하여 약품의 판매, 조제 등으로 경제적 활동을 할 수 있다는 점에서 경제
   적 가치와 무관하다고 볼 수는 없으나, 약사는 단순히 의약품의 판매뿐만 아니라 의약품의 분석, 관리
   등의 업무를 다루며, 약사면허 그 자체는 양도·양수할 수 없고 상속의 대상도 되지 아니한다. 또한
   약사의 한약조제권이란 그것이 타인에 의하여 침해되었을 때 방해를 배제하거나 원상회복 내지 손해
   배상을 청구할 수 있는 이른바 권리(청구권)가 아니라, 법률에 의하여 약사의 지위에서 인정되는 하나
   의 권능에 불과하다. 더욱이 의약품을 판매하여 얻게 되는 이익이란 장래의 불확실한 기대이익에 불
   과한 것이다(헌재 1997.11.27. 97헌바10)

2. 「국가보위에 관한 특별조치법」 제3조 제1항에 의하여 인정되는 우선매수권은 이미 환매권이 소멸된
   토지를 대상으로 하고 있으므로, 헌법 제23조에 의하여 직접 보장되는 재산권의 성질을 가진 것이
   아니라, 환매권이 이미 소멸된 토지의 피수용자 또는 그 상속인에게 당해 토지를 우선 매수할 수 있는
   기회를 부여함으로써 종전의 법률관계를 정리하겠다는 입법정책 아래 인정되는 수혜적인 성질을 가
   진 권리라고 할 것이다(헌재 1998.12.24. 97헌마87 등).

3. 의료급여수급권은 공공부조의 일종으로서 순수하게 사회정책적 목적에서 주어지는 권리이므로 개인
   의 노력과 금전적 기여를 통하여 취득되는 재산권의 보호대상에 포함된다고 보기 어려워, 이 사건
   시행령조항 및 시행규칙조항이 청구인들의 재산권을 침해한다고 할 수 없다(헌재 2009.09.24. 2007헌마
   1092).

4. 분할연금제도는 재산권적인 성격과 사회보장적 성격을 함께 가진다. 개정된 「국민연금법」은 제64조
   의2를 신설하여 「민법」상 재산분할청구제도에 따라 연금의 분할에 관하여 별도로 결정된 경우에는
   그에 따르도록 하였으나, 재산분할청구권을 행사할지 여부는 임의적인 것에 불과함에도 위 조항이
   신설되었다 하여 심판대상조항을 그대로 둔다면 이는 사실상 노령연금 수급권자로 하여금 먼저 재산
   분할청구권을 행사하도록 강제하게 되고, 「국민연금법」 제64조의2의 적용조차 받지 못하는 노령연금
   수급권자는 배우자가 가출·별거 등으로 연금 형성에 실질적인 기여를 하지 못하였다는 구체적 사정
   을 연금분할에 반영시킬 수 없으므로 재산권이 침해된다(헌재 2016.12.29, 2015헌바182).

③ 재산권의 보장과 내용

　　㉠ 사유재산제도의 보장 : 우리 헌법은 이에 대하여 명시적으로 정하고 있지 않지만, 헌법이 정하고 있는 재산권의 보장에 사유재산의 처분과 함께 사인에게 재산을 상속하는 것도 포함된다. 헌법재판소도 이를 인정하고 있다(헌재 1989.12.22. 88헌가13).

판례 ✦

헌법 제23조 제1항의 의미 (헌재 1993.07.29. 92헌바20)

헌법 제23조의 재산권규정은 개인이 누리고 있는 재산권을 개인의 기본권으로서 보장한다는 의미와 개인이 재산권을 향유할 수 있는 법 제도로서의 사유재산제도를 보장한다는 이중적 의미를 가지고 있으며 다른 기본권 규정과 달리 그 내용과 한계가 법률에 의해 구체적으로 형성되는 기본권 형성적 법률유보의 형태를 띠고 있으므로 헌법상 재산권보장은 재산권 형성적 법률유보에 의해 실현되고 구체화된다.

　　㉡ 사유재산권의 보장

　　　　ⓐ 사유재산권의 보장은 재산을 보유, 사용, 수익, 처분할 수 있는 권능을 개인에게 보장한다는 의미이다. 또한 소급입법에 의한 재산권박탈 금지. 친일재산국고귀속은 진정소급입법에 해당하나 헌법 제13조 제2항에 반하지 않는다(헌재 2011.03.31. 2008헌바141).

　　　　ⓑ 헌법재판소는 「민법」상의 손해배상청구권을 재산권에 해당한다고 판시하였다(헌재 2007.08.30. 2004헌가25). 사유재산권을 결정함에 있어서는 재산에 관한 권리의 종류는 묻지 아니한다. 「민법」상의 각종 물권(헌재 2007.05.31. 2005헌바60) 및 각종 채권, 상속권(유언할 자유 포함), 그 이외에 각종 특별법상의 광업권, 어업권, 수렵권 등뿐만 아니라 공법상의 보상청구권(헌재 2004.02.26. 2001헌마718), 각종 연금수급권, 손실보상청구권, 형사보상청구권, 「공무원연금법」상 퇴직급여 등 급여수급권(헌재 2002.07.18. 2000헌바57 ; 2007.03.29 2005헌바33) 등은 사유재산권으로 보장된다. 헌법 제22조는 지식재산권에 대하여 특별히 보호하고 있다.

판례 ✦

① 피상속인의 형제자매의 유류분을 규정한 「민법」 제1112조 제4호를 단순위헌으로 결정하고[위헌], ② 유류분상실사유를 별도로 규정하지 아니한 「민법」 제1112조 제1호부터 제3호 및 기여분에 관한 민법 제1008조의2를 준용하는 규정을 두지 아니한 「민법」 제1118조는 모두 헌법에 합치되지 아니하고 2025. 12. 31.을 시한으로 입법자가 개정할 때까지 계속 적용된다[헌법불합치](헌재 2024.04.25. 2020헌가4).

[1] 피상속인의 형제자매의 유류분을 규정한 「민법」 제1112조 제4호는 피상속인 및 유류분반환청구의 상대방인 수증자 및 수유자의 재산권을 침해하므로 헌법에 위반된다. 따라서 「민법」 제1112조 제4호는 위헌선언을 통하여 재산권에 대한 침해를 제거함으로써 합헌성이 회복될 수 있다. ⇨ 단순위헌 결정

[2] 「민법」 제1112조 제1호부터 제3호는 유류분의 핵심적 사항을 규정하고 있고, 「민법」 제1118조는 기본적인 사항을 규정하고 있다. 따라서 위 조항들에 대하여 위헌결정을 선고하여 효력을 상실시키면, 법적 혼란이나 공백이 발생할 우려가 있을 뿐 아니라, 심판대상조항에 따른 유류분제도 자체가 헌법에 위반된다는 것이 아니라 이를 구성하는 유류분 조항들 중 일부의 내용이 헌법에 위반된다는 이 사건 결정의 취지에도 반하게 된다. ⇨ (계속적용) 헌법불합치 결정

[3] 기여분에 관한 「민법」 제1008조의2를 유류분에 준용하는 규정을 두지 아니한 「민법」 제1118조)에 대하여 위헌(헌법불합치)을 선언하고 입법개선을 촉구하였다.

---

(4) 재산권행사의 사회적 기속성(헌법 제23조 제2항)

① 재산권 행사에 대한 제한의 한계

㉠ 재산권의 절대적 보장에서 야기되는 사회적 폐단을 최소화함과 아울러 사유재산제도의 유지·존속을 위한 사유재산제도의 최소한의 자기희생으로서 공동체의 생활에 필연적으로 따르는 재산권의 한계이다. 따라서 이러한 한계는 재산권에 대한 제약으로 작용하고, 그 제약에는 공용침해와 달리 보상이 따르지 않는다. 이를 재산권의 사회기속(＝ 사회적 제약, 사회적 구속성)이라고 한다.

㉡ 헌법재판소는 재산에 대한 과세가 당해 재산을 보유, 사용, 수익, 처분을 불가능하게 만들고 사실상 수용에 이르게 되는 경우에는 헌법적으로 정당화된다고 볼 수 없다고 본다(헌재 1997. 12.24. 96헌가19 ; 2002.12.18. 2002헌바27 ; 2001.12.20. 2001헌바25 ; 2001.06.28. 99헌마54). 상속세의 경우에 헌법에서 보장하고 있는 상속제도를 형해화하는 수준에 이르면 이는 위헌이다.

㉢ 특별부담금은 조세의 납부의무자인 국민들 중 일부가 추가적으로 부담하는 공과금이다. 과세와는 달리 전국민을 대상으로 하고 있지는 않으나 특정 분야의 국민에 대한 재산권에 대한 부담이라는 점에서는 과세와 유사성을 가지므로, 재산권의 보장과 관련하여 기본권 제한의 한계를 준수하는 범위 내에서 부과되어야 헌법적 정당성을 가질 수 있다.

㉣ 재산권의 사회기속은 공공복리를 위하여 재산권의 본질을 침해하지 아니하는 범위 내에서 무보상으로 제한을 받을 수 있음을 뜻한다. 재산권의 사회기속은 헌법 또는 법률에 의해 일정한 행위를 제한하거나 금지하는 형태로 구체화될 수 있으나, 그 정도는 재산의 종류, 성질, 형태, 조건 등에 따라 달라질 수 있다. 재산권 행사의 대상이 되는 객체의 사회적 연관성과 사회적 기능이 클수록 입법자에 의한 광범위한 제한이 허용될 수 있다(헌재 1989.12.22. 88헌가13 ; 1998. 12.24. 89헌마214 등 ; 1999.04.29. 94헌바37 등).

㉤ 재산권의 사회기속에 대한 헌법적 근거에 관해서는 헌법 제23조 제1항이라는 견해와 제2항이라는 견해(헌재 1998.12.24. 89헌마214 등)가 나뉜다. 헌법 제23조 제2항을 두지 않는 경우에는 헌법 제23조 제1항이 그 근거가 되지만 제2항과 같은 규정이 있는 경우에는 제2항을 그 근거로 보아도 무방하다.

② 재산권 제한의 형식은 법률의 형식 : 형식적 의미의 법률, 긴급재정·경제명령, 긴급명령, 개별·구체적 위임명령, 법률의 위임이 있는 조례로써 재산권을 제한할 수 있다.

③ 효력 : 헌법 제23조 제1항이 정하는 재산권은 대국가적으로 직접 효력을 가진다. 따라서 국가는 국민의 재산권을 침해할 수 없다. 사인 간에 있어서는 국가가 민사법을 정하여 재산권에 대하여 규율한다. 이러한 경우에 민사법이 헌법상의 재산권 보장의 내용을 침해할 수 없는 것은 헌법상 재산권의 효력에 따른 것이 아니라 「민법」에 대한 헌법의 효력 때문이다.

(5) 공용침해(헌법 제23조 제3항)

① **목적**: 공공필요의 개념을 공익성과 필요성으로 보면서, 필요성을 사인의 재산권침해를 정당화할 정도의 공익의 우월성으로 보았다(헌재 2014.10.30. 2011헌바129).

② **형식**: 형식적 법률, 긴급명령, 긴급재정·경제명령

③ **유형**: 공용수용(공용사용, 공용제한)은 국가, 공공단체 또는 사업주체가 개인의 재산을 강제로 박탈하는 공용징수를 말한다. 헌법재판소는 헌법 제23조 제3항의 공용수용에는 수용의 주체가 민간기업이 되는 경우도 포함된다고 판시하였다(헌재 2009.09.24. 2007헌바114; 헌재 2011.11.24. 2010헌가95 등).

④ **조건**: 헌법 제23조 제3항은 수용·사용·제한의 경우에 법률로써 정당한 보상을 할 것을 정하여 보상과 공용침해를 불가분조항으로 정하고 있다. 또한 정당한 보상으로서 완전보상을 의미한다. 따라서 객관적 가치보상으로서 표준지(기준지)지가보상과 더 나아가 국가정책적 배려에 따른 간접손실보상을 포함한 생활보상을 넓게 인정한다.

> **참고**
>
> **공용수용, 사용, 제한의 입법을 하면서 정당한 보상을 정하는 입법이 동시에 행해지지 않는 경우**
>
> 1. 문제해결을 위한 명문의 규정이 마련되어 있지 않으므로 견해가 대립한다. 위헌무효설, 헌법 제23조 제3항을 직접적용하자는 직접적용설, 유추적용할 공법이 없는 경우 헌법 제11조 등 평등권을 적용함으로써 제23조 제3항을 간접적용하자는 간접적용설, 입법방침설로 나누어진다.
> 2. 헌법재판소는 통일된 견해는 없으나, 위헌무효설과 유사한 견해를 보이지만, 대법원은 유사한 공법의 유추적용을 통하여 해결하고 있다.

⑤ 헌법에 제23조 제3항에 재산권 제한의 특별한 근거 규정을 마련하고 있다고 하더라도 재산권을 제한하는 것이 헌법적 한계를 갖는 것은 물론이다. 따라서 재산권의 제한에서는 헌법 제37조 제2항의 과잉금지원칙도 준수되어야 한다(헌재 1989.12.22. 88헌가13; 1999.07.22. 97헌바76 등).

> **판례**
>
> **'공공필요'의 요건 중 공익성은 추상적인 공익 일반 또는 국가의 이익 이상의 중대한 공익을 요구하므로 기본권 일반의 제한사유인 '공공복리'보다 좁게 보는 것이 타당하다**(헌재 2014.10.30. 2011헌바172) **: 헌법불합치**
>
> 헌법 제23조 제3항에서 규정하고 있는 '공공필요'의 의미는 "국민의 재산권을 그 의사에 반하여 강제적으로라도 취득해야 할 공익적 필요성"으로 해석한다. 오늘날 공익사업의 범위가 확대되는 경향에 대응하여 '공공필요'의 요건 중 공익성은 추상적인 공익 일반 또는 국가의 이익 이상의 중대한 공익을 요구하므로 기본권 일반의 제한사유인 '공공복리'보다 좁게 보는 것이 타당하다.

(6) 공용침해와 사회기속의 구별

① **특별희생**: 재산권의 사회기속은 보상을 수반하지 않는 재산권에 대한 제약인 반면에 헌법 제23조 제3항의 공용침해는 보상이 요구된다는 점에서 개념과 효력에서의 차이가 있다. 그러나 구체적으로 기준에 관한 명문규정이 마련되지 않아 견해 대립이 있다.

② 특별희생 판단기준
　㉠ 형식적 기준설 : 형식적 기준설은 평등의 관점에서 판단한다. 희생을 받은 사람이 특정인 또는 특정 범위 내의 사람인가 일반인 또는 다수의 사람인가를 기준으로 하여, 전자의 경우를 특별한 희생(= 불평등 희생)이 있는 경우라고 본다.
　㉡ 실질적 기준설

학설	내용
수인가능성설	희생의 강도가 수인할 수 있는 정도인지의 여부를 기준으로 하여 수인할 수 없는 희생을 특별한 희생이라 보는 학설
사적 효용설	사유재산제도의 본질을 사적 효용성으로 보고 사적 효용이 제거되는 본질적인 것의 침해를 특별한 희생이라 보는 학설
보호가치설	침해의 대상이 보호가치가 있는가에 따라 보호가치가 있는 부분의 희생을 특별한 희생이라 보는 학설
상황구속성설	당해 재산권이 처한 특수한 상황을 고려하여 특별한 희생인지 여부를 판단하는 학설
목적위반설 (= 기능설)	공용침해가 사유재산제도나 재산권 등의 본래의 기능이나 목적을 위반한 것인가를 기준으로 하여 이러한 위반이 있는 희생을 특별한 희생이라 보는 학설

　㉢ 절충설(통설·판례) : 절충설은 형식적 기준설과 실질적 기준설이 각기 일면의 타당성을 가지고 있으나 개별 학설만으로는 불충분하다. 따라서 양설을 서로 보완하여 특별한 희생의 존재 여부를 구체적으로 판단한다.
③ 재산권에 대한 사회적 기속(제한)이 수인한도를 도과한 피해가 발생한 경우 : 명문의 규정이 없으므로 독일의 학설상 견해와 판례를 살펴본다.
　㉠ 이론

	경계이론	분리이론
내용형성·사회적 규정과 공용침해규정 간의 관계	본질적 차이 ×, 양적 차이는 있음	본질적 차이가 있는 형식에 따른 분리
과잉금지원칙 등에 위반되어 위헌인 내용규정에 대한 해결	헌법 제23조 제3항의 공용침해	헌법 제23조 제3항의 공용침해 ×, 헌법 제23조 제1항과 제2항의 비례원칙에 반하는 재산권 내용한계규정(헌재 헌법불합치결정 : 국회보상입법 후 요건 구비하여 보상청구)

　㉡ 판례 : 헌법재판소는 도시계획법 제4조 사건에서 토지사용권을 제한하는 개발제한구역의 지정이 있었음에도 20년간 기존 목적대로 사용을 하지 못하고 아무런 보상규정이 없는 것은 비례원칙에 위반되었다 하여 위헌결정하였으며, 이후 조절(정)적 보상입법을 통하여 해결할 것을 판시한 바, 이 때의 보상은 헌법 제23조 제1항 및 제2항에 근거하고 있다는 결정을 한 것이다(헌재 1998.12.24. 89헌마214 등).

ⓒ 보상 : 조절적(조정적) 보상이 헌법 제23조 제1항에 근거하고 있고 조절적(조정적) 보상에 해당하는 적합한 방법은 입법형성의 자유에 의하여 정하여지는 것이므로 당사자는 조절적(조정적) 보상을 정하는 법률이 없는 경우에 바로 법원에 조절적(조정적) 보상을 청구할 수는 없고, 국회의 입법을 기다려 해당 사안에 정해진 조절적(조정적) 보상방법에 따라 청구하여야 할 것이다.

판례

도시개발제한구역(헌재 1998.12.24. 97헌바78)

토지재산권의 강한 사회성 내지는 공공성으로 말미암아 이에 대하여는 다른 재산권에 비하여 보다 강한 제한과 의무가 부과될 수 있다. … 구역지정으로 말미암아 예외적으로 토지를 종래의 목적으로도 사용할 수 없거나 또는 법률상으로 허용된 토지이용의 방법이 없기 때문에 실질적으로 토지의 사용·수익권이 폐지된 경우에는 다르다. 이러한 경우에는 재산권의 사회적 기속성으로도 정당화될 수 없는 가혹한 부담을 토지소유자에게 부과하는 것이므로 입법자가 그 부담을 완화하는 보상규정을 두어야만 비로소 헌법상으로 허용될 수 있기 때문이다. …입법자가 도시계획법 제21조를 통하여 국민의 재산권을 비례의 원칙에 부합하게 합헌적으로 제한하기 위해서는, 수인의 한계를 넘어 가혹한 부담이 발생하는 예외적인 경우에는 이를 완화하는 보상규정을 두어야 한다. 이러한 보상규정은 입법자가 헌법 제23조 제1항 및 제2항에 의하여 재산권의 내용을 구체적으로 형성하고 공공의 이익을 위하여 재산권을 제한하는 과정에서 이를 합헌적으로 규율하기 위하여 두어야 하는 규정이다. 재산권의 침해와 공익간의 비례성을 다시 회복하기 위한 방법은 헌법상 반드시 금전보상만을 해야 하는 것은 아니다. 입법자는 지정의 해제 또는 토지매수청구권 제도와 같이 금전보상에 갈음하거나 기타 손실을 완화할 수 있는 제도를 보완하는 등 여러 가지 다른 방법을 사용할 수 있다.

판례

1. 약사의 한약조제권은 재산권의 범위에 속하지 아니한다 할 것이므로 위 한약조제권이 재산권임을 전제로 소급입법에 의한 재산권 침해라는 주장은 이유 없다(헌재 1997.11.27. 97헌바10).

2. 재산권에 관계되는 시혜적인 입법이 적용될 경우 얻을 수 있는 재산상 이익의 기대는 헌법이 보호하는 재산권의 영역에 포함되지 않는다(헌재 2002.12.18. 2001헌바55).

3. 직장의료보험조합의 적립금은 조합원 개인에 귀속되어 사적 이익을 위하여 사용될 수 있는 재산적 가치가 아니라, 의료보험이라는 공적 기능을 보장하고 원활하게 하고자 조성되는 기금이므로 의료보험조합의 적립금은 재산권의 보호대상이라 보기 어렵다(헌재 2000.06.29. 99헌마289).

4. 교원의 정년단축으로 기존 교원이 입는 경제적 불이익은 계속 재직하면서 재화를 획득할 수 있는 기회를 박탈당한다는 것인데 이러한 경제적 기회는 재산권보장의 대상이 아니다(헌재 2001.12.14. 99헌마112).

5. 자신의 토지를 장래에 건축이나 개발목적으로 사용할 수 있으리라는 기대 가능성이나 신뢰 및 이에 따른 지가상승의 기회는 원칙적으로 재산권의 보호범위에 속하지 않는다(헌재 1998.12.24. 97헌바78).

6. 이윤추구의 측면에서 자신에게 유리한 경제적·법적 상황이 지속되리라는 일반적 기대나 희망은 재산권의 보호대상이 아니다(헌재 2002.08.29. 2001헌마159).

7. 폐업으로 인한 재산적 손실은 헌법 제23조 제1항의 재산권의 범위에 속하지 아니한다(헌재 2008.11.27. 2005헌마161).

8. 사업계획승인권은 헌법상 보호되는 재산권에 해당되지 않는다(헌재 2010.04.29. 2007헌바40).

9. 잠수기어업허가를 받지 못하여 상실된 이익 등 청구인 주장의 재산권은 헌법 제23조에서 규정하는 재산권의 보호범위에 포함된다고 볼 수 없다(헌재 2008.06.26. 2005헌마173).

10. 장기미집행 도시계획시설결정의 실효제도는 도시계획시설부지로 하여금 도시계획시설결정으로 인한 사회적 제약으로부터 벗어나게 하는 것으로서 결과적으로 개인의 재산권이 보다 보호되는 측면이 있는 것은 사실이나, 법률에 기한 권리일 뿐 헌법상 재산권으로부터 당연히 도출되는 권리는 아니다(헌재 2005.09.29. 2002헌바84).

11. 임대의무기간이 경과한 건설임대주택을 분양전환할 경우 분양전환승인을 받도록 한 구「임대주택법」에 의해 발생한 임대사업자의 손실은 재산권으로 보호되지 않는다(헌재 2010.07.29. 2008헌마581·582).

12. 「공직선거법」에 위반되는 선거운동을 위하여 지출한 비용 관련 선거경비의 부담면제청구권은 법률상 보전대상 요건을 충족하지 못하여 재산권에 해당하지 않는다(헌재 2012.02.23. 2010헌바485).

13. 면허없이 공유수면 매립한 토지를 국유화하는 것은 강제수용에 해당하지 않는다(헌재 2000.06.01. 98헌바34).

14. 학교위생정화구역내 여관시설금지로 여관용도로 건물을 사용할 수 없더라도 헌법 제23조 3항 소정의 수용·사용·제한이 발생한다고 할 수 없다(헌재 2004.10.28. 2002헌바41).

15. 공익사업의 시행으로 지가가 상승하여 발생하는 개발이익은 사업시행자의 투자에 의한 것으로서 피수용자인 토지소유자의 노력이나 자본에 의하여 발생하는 것이 아니어서 피수용 토지가 수용 당시 갖는 객관적 가치에 포함된다고 볼 수 없다(헌재 2010.03.25. 2008헌바102).

16. 과세대상인 자본이득의 범위를 실현된 소득에 국한할 것인가 혹은 미실현이득을 포함시킬 것인가의 여부는, 과세목적·과세소득의 특성·과세기술상의 문제 등을 고려하여 판단할 입법정책의 문제일 뿐, 헌법상의 조세개념에 저촉되거나 그와 양립할 수 없는 모순이 있는 것으로는 볼 수 없다(헌재 1994.07.29. 92헌바49).

17. 퇴직 후 범죄를 범한 경우 퇴직급여제한을 통하여 실현할 수 있는 공익이 아니므로 법익균형성을 잃는 것으로 과잉금지원칙에 위반된다(헌재 2002.07.18. 2000헌바57). ⇨ 한정위헌

18. 공무원의 신분이나 직무상 의무와 관련이 없는 범죄의 경우에도 퇴직급여 등을 제한하는 것은 재산권 침해에 해당한다(헌재 2007.03.29. 2005헌바33). ⇨ 헌법불합치

19. 헌법재판소의 위 헌법불합치결정에 따라 개선입법이 이루어질 것이 미리 예정되어 있기는 하였으나 그 결정이 내려진 2007. 3. 29.부터 잠정적용시한인 2008. 12. 31.까지 상당한 시간적 여유가 있었는데도 국회에서 개선입법이 이루어지지 아니하였다. 그에 따라 청구인들이 2009. 1. 1.부터 2009. 12. 31.까지 퇴직연금을 전부 지급받았는데 이는 전적으로 또는 상당 부분 국회가 개선입법을 하지 않은 것에 기인한 것이다. 그럼에도 이미 받은 퇴직연금 등을 환수하는 것은 국가기관의 잘못으로 인한 법집행의 책임을 퇴직공무원들에게 전가시키는 것이며, 퇴직급여를 소급적으로 환수당하지 않을 것에 대한 청구인들의 신뢰이익이 적다고 할 수도 없다. 따라서 이 사건 부칙조항은 헌법 제13조 제2항에서 금지하는 소급입법에 해당하며 예외적으로 소급입법이 허용되는 경우에도 해당하지 아니하므로, 소급입법금지원칙에 위반하여 청구인들의 재산권을 침해한다(헌재 2013.08.29. 2010헌바354 등). ⇨ 위헌

20. 헌법재판소는 2005헌바33 결정에서 구「공무원연금법」제64조 제1항 제1호가 공무원의 '신분이나 직무상 의무'와 관련이 없는 범죄의 경우도 퇴직급여의 감액사유로 삼는 것이 퇴직공무원들의 기본권을 침해한다고 판시하였는데, 공무원의 직무와 관련이 없는 범죄라 할지라도 고의범의 경우에는 공무원의 법령준수의무, 청렴의무, 품위유지의무 등을 위반한 것으로 볼 수 있으므로 이를 퇴직급여의 감액사유에서 제외하지 아니하더라도 위 결정의 취지에 반한다고 볼 수 없다(헌재 2016.06.30. 2014헌바365).

21. 퇴직공무원이 재취업한 경우 퇴직급여의 2분의 1 이상의 지급을 정지하는 것은 재산권 침해이나 2분의 1의 범위 내에서 지급을 정지하는 것은 재산권 침해가 아니다(헌재 1994.06.30. 92헌가9).

22. 퇴직연금 수급자가 일정한 근로소득이나 사업소득이 있는 경우 소득 정도에 따라 퇴직연금 중 일부를 지급 정지하도록 규정한 「공무원연금법」은 헌법상 신뢰보호의 원칙에 위반된다고 할 수 없다(헌재 2008.02.28. 2005헌마872 · 918 등).

23. 명예퇴직 공무원이 재직 중의 사유로 금고 이상의 형을 받은 때 명예퇴직수당을 필요적으로 환수하는 것은 재산권 침해가 아니다(헌재 2010.11.25. 2010헌바93).

24. 퇴직금 채권을 전액 우선으로써 저당권자는 그 권리를 행사할 기회를 박탈당하므로 이 사건 법률조항은 저당권의 본질적인 내용을 침해한다(헌재 1997.08.21. 94헌바19).

25. 국세를 전세권, 질권 또는 저당권에 의하여 담보된 채권보다 1년 우선시키는 「국세기본법」 제35조 제1항은 재산권 침해이다(헌재 1990.09.03. 89헌가95).

26. 신고일 기준으로, 납세의무성립일 기준으로, 납세고지서의 발송일 기준으로 조세채권을 담보물권보다 우선하는 것은 재산권 침해 아니다(헌재 1995.07.21. 93헌바46).

27. 상속인이 상속개시 있음을 안날로부터 3월 내 한정승인이나 상속포기를 하지 아니한 경우 단순 승인을 한 것으로 본다고 규정한 「민법」 제1026조 제2호는 재산권 침해이다(헌재 1998.08.27. 96헌가22).

28. 과세표준확정 신고를 하지 아니하거나 신고해야 할 소득금액에 미달하게 신고한 때에는 100분의 20에 상당하는 금액을 가산하도록 한 「소득세법」 제81조는 재산권 침해 아니다(헌재 2005.02.24. 2004헌바26).

29. 신고를 하지 않은 상속 · 증여에 대해 재산의 가액을 상속당시 또는 증여당시가 아닌 조세 부과 당시를 기준으로 하여 과세를 한 구 「상속세법」 제9조는 재산권 침해이다(헌재 1992.12.24. 90헌바21).

30. 타소장치허가를 받은 자라도 신고를 하지 아니하고 물품을 수입할 경우 그 물품의 필요적 몰수 · 추징을 규정한 구 「관세법」 제198조 제2항은 과잉금지원칙에 위반된다(헌재 2004.03.25. 2001헌바89).

31. 밀수입의 대상 물품을 필요적으로 몰수 · 추징하도록 규정한 「관세법」 제282조 제2항, 제3항은 과잉금지원칙에 위반되지 않는다(헌재 2010.07.29. 2008헌가145).

32. 배우자 · 직계존비속간의 부담부증여에서 채무액을 공제하지 아니하고 증여액 전액에 대해 증여세를 부과하는 구 「상속세법」 제29조의4 제2항은 재산권 침해이다(헌재 1992.02.25. 90헌가69).

33. 자신의 경과실에 의한 범죄행위에 기인한 보험사고의 경우에까지 보험급여를 제한하는 것은, 경과실에 의한 범죄가 우발적인 것이어서 보험사고의 우연성 요건에 반하지 않는다는 점에 비추어, 이것은 보험의 본질에 어긋나는 과도한 제한이 되어 헌법상 보장된 재산권을 침해한다(헌재 2003.12.18. 2002헌바1).

34. 1가구의 구성원 전부가 소유할 수 있는 택지의 총면적의 한계를 서울특별시와 직할시 660제곱미터로 하는 「택지소유상한에 관한 법률」은 재산권, 평등권, 신뢰보호 위반이다(헌재 1999.04.29. 94헌바37).

35. 「부동산실명법」 위반자에 대해 부동산 가액의 100분의 30을 과징금으로 부과하는 「부동산실명법」은 재산권 침해이다(헌재 2001.05.31. 99헌가18).

36. 기존 명의신탁자가 유예기간 내에 실명등기를 하지 아니한 경우 과징금을 부과하도록 한 구 「부동산 실권리자명의 등기에 관한 법률」은 이중처벌금지 원칙에 반하지도 않고 재산권을 침해하는 것도 아니다(헌재 2011.06.30. 2009헌바55).

37. 고급오락장으로 사용할 목적이 없는 부동산 취득의 경우에도 중과세를 하는 「지방세법」은 재산권 침해이다(헌재 2009.09.24. 2007헌바87).

38. 국가양로시설에 입소한 국가유공자에 대한 부가연금을 지급정지하도록 한 예우법 제20조는 재산권 침해 아니다(헌재 2000.06.01. 98헌마216).

39. 환매권의 발생기간을 제한한 공익사업을 위한 토지 등의 취득 및 보상에 관한 법률 제91조 제1항 중 '토지의 협의취득일 또는 수용의 개시일부터 10년 이내에' 부분이 헌법에 합치되지 아니한다(헌재 2020.11.26. 2019헌바131).

40. 성매매에 건물을 제공하는 행위금지는 재산권 침해 아니다(헌재 2006.06.29. 2005헌마1167).

41. 전기간선시설 설치비용을 설치의무자인 한국전력에 부과하는 「택지개발촉진법」 제36조는 재산권 침해 아니다(헌재 2005.02.24. 2001헌바71).

42. 건설공사를 위하여 문화재발굴허가를 받아 매장문화재를 발굴하는 경우 그 발굴비용을 사업시행자로 하여금 부담하도록 한 구 「문화재보호법」 제44조 제4항 제2문은 재산권 침해가 아니다(헌재 2010.10.28. 2008헌바74).

43. 거주자가 대통령령이 정하는 바에 의하여 기획재정부장관에게 신고를 하지 아니하고 취득한 해외부동산을 필요적으로 몰수·추징하도록 규정한 구 「외국환거래법」 제30조는 과잉금지원칙에 위배되지 않는다(헌재 2012.05.31. 2010헌가97).

44. 1세대 3주택 이상에 해당하는 주택에 대하여 양도소득세 중과세를 규정하고 있는 구 「소득세법」은 재산권 침해가 아니다(헌재 2011.11.24. 2009헌바146). 다만, 헌법 제36조 혼인가족생활평등에는 위반된다.

45. 국회의원이 보유한 직무관련성 있는 주식의 매각 또는 백지신탁을 명하고 있는 구 「공직자윤리법」 제14조의4 제1항 본문 제1호 및 제2호 가목 본문 중 제10조 제1항 제1호는 재산권 침해가 아니다(헌재 2012.08.23. 2010헌가65).

46. 전통사찰의 소유로서 전법(傳法)에 제공되는 경내지의 건조물과 토지에 관하여는 저당권이나 그 밖의 물권의 실행을 위한 경우 또는 파산한 경우 외에는 전통사찰의 등록 후에 발생한 사법(私法)상의 금전 채권으로 압류하지 못하도록 규정한 「전통사찰의 보존 및 지원에 관한 법률」 제14조는 채권자의 재산권 및 평등권 침해가 아니다(헌재 2012.06.27. 2011헌바34).

47. 국토해양부장관, 시·도지사가 도시관리계획으로 '역사문화미관지구'를 지정하고 그 경우 해당 지구 내 토지소유자들에게 지정목적에 맞는 건축제한 등 재산권제한을 부과하면서도 아무런 보상조치를 규정하지 않고 있는 구 「국토의 계획 및 이용에 관한 법률」 제37조 제1항 제2호는 재산권 침해가 아니다(헌재 2012.07.26. 2009헌바328).

48. 장애인 고용의무를 부과하고 장애인 의무고용률을 지키지 아니한 경우 고용부담금을 부과하는 것은 직업의 자유와 재산권 침해가 아니다(헌재 2012.03.29. 2010헌바432).

49. 행정청이 아닌 사업주체가 새로이 설치한 공공시설이 그 시설을 관리할 관리청에 무상으로 귀속되도록 하는 것은 재산권을 침해하지 않으며, 평등원칙에 위배되지 않는다(헌재 2015.02.26. 2014헌바177).

50. 안전성조사 결과 제품에 위해성이 확인된 경우 해당 제품의 사업자에 대하여 수거 등을 명령하도록 한 것은 명확성원칙에 위반되지 않으며, 직업의 자유 및 재산권을 침해하지 않는다(헌재 2016.03.31. 2015헌바227).

51. 입찰담합·공급제한행위를 한 사업자에게 매출액의 10% 이내에서 과징금을 부과할 수 있도록 규정한 과징금부과조항은, 재산권을 침해하지 않으며, 법률유보원칙 및 포괄위임금지원칙과 적법절차원칙에 위배되지 않는다(헌재 2016.04.28. 2014헌바60).

52. 토지의 가격이 취득일 당시에 비하여 현저히 상승한 경우 환매금액에 대한 협의가 성립하지 아니한 때에는 사업시행자로 하여금 환매금액의 증액을 청구할 수 있도록 한 것은 재산권을 침해하지 않는다(헌재 2016.09.29. 2014헌바400).

53. 근로자훈련비용을 부정수급한 사업주에 대하여 부정수급액 상당의 추가징수 및 지원·융자의 제한을 병과하여 명할 수 있도록 규정한 것은 재산권을 침해하지 않으며, 자기책임원리에 위반되지 않는다(헌재 2016.12.29. 2015헌바198).

54. 물이용부담금은 특정 부류의 집단에만 강제적·일률적으로 부과되어 조세와는 구별되는 것으로 재정조달목적 부담금에 해당하는바, 부담금의 헌법적 정당화 요건 등 기본권 제한입법의 한계를 준수하여야 한다(헌재 2005.03.31. 2003헌가20 ; 헌재 2019.12.27. 2017헌가21 참조). 하천수의 사용과 수질이 상·하류 간 밀접하게 영향을 주고받고, 하천마다 주변 자연환경, 지리적·사회적 환경이 다르므로 수자원을 관리할 때에는 하천별 특성들이 고려되어야 한다는 특별한 정책적 필요에 따라 한강수계법은 '한강'이라는 특정한 수계를 중심으로 수자원을 관리하기 위한 목적으로 제정되었다. 그러므로 한강수질개선과 같은 공적과제는 국가의 일반적 과제라기보다는 관련된 특정 집단으로부터 그 재원이 조달될 수 있는 특수한 공적 과제에 해당된다(헌재 2020.08.28. 2018헌바425).

55. 분묘기지권에 관한 관습법 중 "타인 소유의 토지에 소유자의 승낙 없이 분묘를 설치한 경우에는 20년간 평온·공연하게 그 분묘의 기지를 점유하면 지상권과 유사한 관습상의 물권인 분묘기지권을 시효로 취득하고, 이를 등기 없이 제3자에게 대항할 수 있다."는 부분 및 "분묘기지권의 존속기간에 관하여 당사자 사이에 약정이 있는 등 특별한 사정이 없는 경우에는 권리자가 분묘의 수호와 봉사를 계속하는 한 그 분묘가 존속하고 있는 동안은 분묘기지권은 존속한다."는 부분(이하 통칭하여 '이 사건 관습법'이라 한다)이 헌법에 위반되지 아니한다(헌재 2020.10.29. 2017헌바208).

56. 선불식 할부거래업자로 하여금 소비자피해보상보험계약 등을 통해 소비자로부터 미리 수령한 선수금을 그 합계액의 100분의 50을 초과하지 아니하는 범위에서 보전하도록 하고, 선불식 할부거래업자가 보전하여야 할 금액을 보전하지 아니하고 영업을 할 경우 시정조치를 명할 수 있도록 규정한 할부거래에 관한 법률 제27조 제1항, 할부거래에 관한 법률 제27조 제2항, 제39조 제1항 제2호 중 제34조 제9호에 관한 부분이 헌법에 위반되지 않는다(헌재 2020.12.23. 2018헌바382).

57. 선출직 공무원으로서 받게 되는 보수가 기존의 연금에 미치지 못하는 경우에도 연금 전액의 지급을 정지하도록 정한 구 「공무원연금법」 중 '지방의회의원'에 관한 부분이 재취업소득액에 대한 고려 없이 퇴직연금 전액의 지급을 정지할 경우 재취업 유인을 제공하지 못하여 정책목적 달성에 실패할 가능성이 크다. 연금과 보수 중 일부를 감액하는 방식으로 선출직에 취임하여 보수를 받는 것이 생활보장에 더 유리하도록 하는 등 기본권을 덜 제한하면서 입법목적을 달성할 수 있는 다양한 방법이 있음에도 일률적으로 전액을 지급 정지하도록 하는 것은 과잉금지원칙에 위배되어 재산권을 침해한다(헌재 2022.01.27. 2019헌바161).

58. 전기통신금융사기의 피해자가 피해구제 신청을 하는 경우 피해자의 자금이 송금·이체된 계좌 및 해당 계좌로부터 자금의 이전에 이용된 계좌를 지급정지하는 「전기통신금융사기 피해방지 및 피해금 환급에 관한 특별법」 제4조 제1항 제1호가 청구인의 재산권을 침해하지 않는다(헌재 2022.06.30. 2019헌마579).

59. 「군인연금법」상 퇴역연금 수급자가 지방의회의원에 취임한 경우, 퇴역연금 전부의 지급을 정지하도록 규정한 구 「군인연금법」(2019. 12. 10. 법률 제16760호로 전부개정되고, 2023. 7. 11. 법률 제19521호로 개정되기 전의 것) 제27조 제1항 제2호 중 '지방의회의원'에 관한 부분은 과잉금지원칙에 위반되어 지방의회의원으로 취임한 퇴역연금 수급자의 재산권을 침해하므로 헌법에 합치하지 아니한다(헌재 2024.04.25. 2022헌가33).

60. 의료급여기관이 「의료법」 제33조 제2항을 위반(이하 이러한 의료기관을 편의상 '사무장병원'이라 한다)하였다는 사실을 수사기관의 수사 결과로 확인한 경우 시장·군수·구청장으로 하여금 의료급여비용의 지급을 보류할 수 있도록 규정한 「의료급여법」(2015. 12. 29. 법률 제13657호로 개정된 것)

제11조의5 제1항 중 '「의료법」 제33조 제2항'에 관한 부분이 헌법에 합치되지 아니하고, 위 법률조항은 2025. 6. 30.을 시한으로 개정될 때까지 계속 적용된다(헌재 2024.06.27. 2021헌가19).

2. 직업선택의 자유

제15조 모든 국민은 직업선택의 자유를 가진다.

(1) 의의 및 연혁

① 자유롭게 자신이 종사할 직업을 선택하고 그 직업에 종사(수행)하며 이를 변경할 수 있는 권리 포함하는 공·사법상 권리를 대상으로 하는 자유를 말한다.

② 우리 헌법사에서는 1962년 헌법부터 '모든 국민은 직업선택의 자유를 가진다'라고 정하여 직업의 자유를 명문화하였다.

(2) 주체

① 직업의 자유의 주체는 국민이다. 미성년자도 직업의 자유를 가지며, 직업의 자유를 수행할 수 있다. 그러나 미성년자를 위험한 노동으로부터 보호해야 하는 범위 내에서는 직업수행의 자유는 제한된다. 자연인뿐만 아니라 법인에게도 인정된다(헌재 1996.03.28. 94헌바42 ; 1996.04.25. 92헌바47 ; 2002.09.19. 2000헌바84). 다만 공법인은 원칙적으로 주체가 될 수 없다.

② 외국인은 원칙적으로 직업의 자유의 주체가 될 수 없다. 다만 이미 근로관계가 형성되어 있는 예외적인 경우에 제한적으로 선택과 이직의 자유는 기본권으로 인정한다. 그러한 근로관계가 형성되기 전단계인 특정한 직업을 선택할 수 있는 권리는 국가정책에 따라 법률로써 외국인에게 제한적으로 허용되는 것이지 헌법상 기본권에서 유래되는 것은 아니다.

> **판례**
>
> 1. 직업의 자유는 원칙적으로 대한민국 국민에게 인정되는 기본권이지, 외국인에게 인정되는 기본권은 아니다. 국가 정책에 따라 정부의 허가를 받은 외국인은 정부가 허가한 범위 내에서 소득활동을 할 수 있는 것이므로, 외국인이 국내에서 누리는 직업의 자유는 법률 이전에 헌법에 의해서 부여된 기본권이라고 할 수는 없고, 법률에 따른 정부의 허가에 의해 비로소 발생하는 권리이다(헌재 2014.08.28. 2013헌마359).
>
> 2. 법인의 임원이 학원의 설립·운영 및 과외교습에 관한 법률을 위반하여 벌금형을 선고받은 경우, 사회통념상 벌금형을 선고받은 피고인에 대한 사회적 비난가능성이 그리 높다고 보기 어려운데, 이 사건 등록실효조항은 일률적으로 법인의 등록이 효력을 잃게 하고 있어 지나친 제재라 하지 않을 수 없고, 법인이 3개월 내에 해당 임원을 개임하면 등록의 실효를 면할 수 있다고는 하나, 법인으로서는 대표자인 임원이건 그렇지 아니한 임원이건 모든 임원 개개인의 학원법위반범죄와 형사처벌 여부를 항시 감독하여야만 등록의 실효를 면할 수 있어, 학원을 설립하고 운영하는 법인에게 지나치게 과중한 부담을 지우는 것이므로 법인의 등록이 효력을 잃도록 규정한 것은 법인의 직업수행의 자유를 침해한다(헌재 2015.05.28. 2012헌마653).

3. 업무상 재해로 휴업하여 당해 연도 출근의무가 없는 근로자에게도 유급휴가를 주도록 되어 있는 구 「근로기준법」 제60조 제1항, 제4항이 사용자의 직업수행의 자유를 침해하지 않는다는 결정을 선고하 였다(헌재 2020.09.24. 2017헌바433).

(3) 직업의 개념적 요소

① 생활수단성: 생활수단이라면 부업도 직업이다.

② 계속성: 주체의 의도를 기준, 연속적일 필요는 없다.

③ 공공무해성: 포함설(多)과 비포함설이 대립하나, 헌법재판소는 공공무해성을 직업의 개념적 요 소로 강요하지는 않고, 직업을 지속적인 소득활동으로 보고 있다(헌재 1998.03.26. 97헌마194).

직업의 자유에 의한 보호대상이 되는 직업은 생활의 기본적 수요를 충족시키기 위한 계속적 소득활동을 의미하며 그러한 내용의 활동인 한 그 종류나 성질은 묻지 아니한다(헌재 2003.09.25. 2002헌마519).

참고

판례상 직업의 자유에서 보호되지 않는 것

일시·무상으로 가르치는 행위, 농지개량조합의 조합원, 직업의 자유에 해당하는 직업에 합당한 보수를 받을 권리, 직장존속청구권

(4) 내용

① 직업결정의 자유, 직업수행의 자유, 직업이탈의 자유, 경쟁의 자유, 겸직의 자유, 무직업의 자유 로서 직업이나 직종선택의 자유에 근거하여 법률이 특별히 제한하지 아니하는 한 여러개의 직업 이나 직종을 가질 수 있다(헌재 1997.04.24. 95헌마90).

② 헌법 제15조의 직업에는 공직(=공무)은 포함되지 않는다. 공직도 개념상으로는 직업의 하나에 해당하지만, 공직의 특성상 헌법은 제25조에서 공무담임권을 따로 정하고 있다. 따라서 공직에 취임할 수 있는 기회의 보장과 공직에 취임한 자가 공직을 수행하는 자유와 권리는 헌법 제25조 에 의하여 보장되는 것이며, 헌법 제15조에 의하여 보장되는 것이 아니다.

③ 이러한 직업·직종선택의 자유에는 어떠한 직업이나 직종을 선정하는 행위, 직업이나 직종을 변 경하는 행위(헌재 1993.05.13. 92헌마80 ; 1996.04.25. 92헌바47), 직업을 포기하거나 아무런 직업이나 직 종도 가지지 아니할 자유(소극적 직업의 자유)도 포함된다. 소극적 직업의 자유도 인정되기 때문 에 국가는 국민에게 직업을 가질 것을 강제할 수 없고, 특정 직업에 종사하게 강제할 수 없다. 법인의 설립행위도 직업선택의 한 방법이 될 수 있다(헌재 1996.04.25. 92헌바47).

(5) 효력

대국가적 효력과 대사인적 효력이 있다.

⑥ **제한과 그 한계**

① 근거 : 직업의 자유도 다른 기본권과 마찬가지로 헌법 제37조 제2항에 근거하여 제한하는 것이 가능하다(헌재 1996.03.28. 94헌바42 ; 1996.12.26. 96헌바18).

② 단계이론

㉠ 의의

ⓐ 직업의 자유를 제한함에 있어서는 '직업수행의 자유의 제한(제1단계) → 주관적 사유에 의한 직업선택의 자유의 제한(제2단계) → 객관적 사유에 의한 직업선택의 자유의 제한 (제3단계)'으로의 단계적인 접근이 요구된다. 직업의 자유의 제한에 있어서 적용되는 이러한 접근법을 '단계이론'이라고 부르기도 하는데, 과잉금지원칙을 적용하는 한 유형이다.

ⓑ 독일의 단계이론이 현재 우리헌법재판소 결정례에 따르면 그 적용에 있어서 수정되어 적용되고 있다. 따라서 구체적으로 영역을 일도양단식의 암기보다는 헌법재판소 결정례의 결론과 취지를 구별하며 암기하는 것이 바람직한 접근방법이라 할 수 있다.

> **판례**
>
> 1. 한국방송광고공사 또는 한국방송광고공사로부터 출자를 받은 방송광고 판매대행사에게만 지상파방송사업자에게 방송광고를 판매할 수 있도록 규정하고 있다. 그런데 방송이라는 매체를 통해 광고를 판매할 수 있는 곳이 지상파방송 이외에도 존재하지만, 지상파 방송광고가 전체 방송광고 시장의 대부분을 차지하고 있는 우리나라 광고시장의 현실을 감안할 때, 지상파방송사업자에 대한 방송광고 판매대행을 한국방송광고공사나 이로부터 출자를 받은 방송광고 판매대행사만 하도록 하는 것은 청구인과 같은 민영 방송광고 판매대행사의 직업수행의 자유를 유명무실하게 할 우려가 있다. 이와 같이 직업수행의 자유에 대한 제한이지만 그 실질이 직업수행의 자유를 형해화시키는 경우에는 그것이 직업선택이 아닌 직업수행의 자유에 대한 제한이라고 하더라도 엄격한 심사기준이 적용된다 할 것이다(헌재 2008.11.27. 2006헌마352).
>
> 2. 세무사제도의 목적은 세무행정의 원활한 수행과 납세의무의 적정한 이행을 도모하는 것으로서(세무사법 제1조), 세무사제도는 자격제도의 하나이고 입법자에게는 그 자격요건을 정함에 있어서 광범위한 입법형성권이 인정되므로, 이 사건 법률조항이 세무사자격시험에 관해 규율하면서 합리적인 근거 없이 현저히 자의적으로 규정하고 있다고 인정되는 경우에만 헌법에 위반된다고 할 수 있다(헌재 2007.05.31. 2006헌마646).
>
> 3. 아동학대관련범죄로 처벌을 받은 어린이집 원장 또는 보육교사에 대하여 행정청이 재량으로 자격을 취소할 수 있도록 한 「영유아보육법」 제48조 제1항 제3호 중 「아동복지법」 제17조 제5호를 위반하여 「아동복지법」 제71조 제1항 제2호에 따라 처벌받은 경우'에 관한 부분이 헌법에 위반되지 않는다(헌재 2023.05.25. 2021헌바234).

ⓒ 내용

ⓐ 제1단계(직업행사의 자유의 제한) : 명백성 심사

판례✦

보존음료수의 국내판매를 완전히 금지하는 것이 직업의 자유에 대한 중대한 제한에 해당한다(대판 1994.03.08. 92누1728)

[1] 형식적으로는 직업활동의 자유를 제한하는 것처럼 보이더라도 실질에 있어서는 직업선택의 자유를 제한하는 것과 다를 바가 없을 정도로 직업활동의 자유를 크게 제한할 경우에는 그 제한의 합리성을 쉽게 긍정하여서는 안되고, 개인의 자유보다 우월한 매우 중요한 공공의 이익을 보호하기 위하여 그와 같은 제한이 필요하다고 인정되는 경우에만 그 제한을 합헌적인 것으로 보아야 한다.

[2] 보존음료수의 국내판매를 금지함으로써 잠재적인 판매시장의 거의 대부분을 폐쇄한다는 것은 실질적으로 보존음료수제조업의 허가를 전면적으로 허용하면서 그 허가의 요건을 한정하는 것(이는 직업선택의 자유를 제한하는 경우에 해당한다)에 못지 않는 큰 제한으로서, 직업선택의 자유를 제한하는 것과 다를 바 없는 영업의 자유에 대한 중대한 제한이고, 영업의 자유를 제한하는 내용에 있어서도 국내판매를 완전히 금지하여 어느 경우에도 예외를 인정하지 않고 있으므로, 그 제한의 정도가 절대적인 것이어서 직업의 자유를 심하게 제한하고 있다고 하지 않을 수 없다.

	관련 판례
영업 장소의 제한	1. 대학 및 이와 유사한 교육기관의 정화구역 안에 당구장영업을 금지하는 것은 위헌이다(헌재 1997.03.27. 94헌마196 등). 반면 중·고등학교 정화구역 안에서의 금지는 합헌이다. 2. 학교정화구역 안에서 극장시설 및 영업을 금하는 「학교보건법」의 규정은 헌법에 위반된다(헌재 2004.05.27. 2003헌가 등). 다만 초·중·고등학교 정화구역 안에서는 헌법불합치이다. 3. 「주세법」에서 탁주의 공급구역을 제한하는 것은 합헌이다(헌재 1999.07.22. 98헌가5). 일도일소주는 위헌이다. 4. 의료기관의 시설 안 또는 구내의 약국개설을 금지하는 「약사법」의 규정은 합헌이다(헌재 2003.10.30. 2000헌마563). 입원환자를 위한 구내 약국 개설은 합헌이다. 5. 경력 15년 미만의 변호사의 개업지에 대하여 제한하는 것은 위헌이다(헌재 1989.11.20. 89헌가102). 6. 한약업사의 영업지제한은 합헌이다(헌재 1991.09.16. 89헌마231).
영업 시간의 제한	1. 무도장영업행위를 오전 9시부터 오후 5시까지 할 수 있도록 제한하는 것은 합헌이다(헌재 2000.07.20. 99헌마455). 2. 심야 시간대에 청소년의 인터넷게임 이용을 제한하는 것은 청소년의 일반적 행동자유권, 부모의 자녀교육권 및 인터넷게임 제공자의 직업수행의 자유를 침해하는 것은 아니다(헌재 2014.04.24. 2011헌마659). 3. 학교교과교습학원 및 교습소의 심야교습을 제한하고 있는 서울특별시 조례조항, 경기도 조례조항, 대구광역시 조례조항, 인천광역시 조례조항은 학생의 인격의 자유로운 발현권, 학부모의 자녀교육권 및 학원운영자의 직업수행의 자유를 침해하였다고 할 수 없고, 청구인들의 평등권을 침해하지 않는다(헌재 2016.05.26. 2014헌마374).

PART · 02

영업 시간의 제한	4. 주 52시간 상한제를 정한 「근로기준법」(2018. 3. 20. 법률 제15513호로 개정된 것) 제53조 제1항이 계약의 자유와 직업의 자유를 침해하지 않는다(헌재 2024.02. 28. 2019헌마500).
영업 방법의 제한	1. 노래연습장에 18세 미만의 자가 출입하는 것을 금지하는 것은 합헌이다(헌재 1996.02.29. 94헌마13). 2. 법무사의 사무실에서 일하는 사무원의 수를 제한하는 것은 합헌이다(헌재 1996. 04.25. 95헌마331). 터키탕 안에서 이성의 입욕보조자를 두지 못하게 하는 공중위생법시행규칙의 규정은 합헌이다(헌재 1995.04.20. 92헌마264 등). 3. 식품의 효능에 관하여 의약품과 혼동할 우려가 있는 표시나 광고를 금지하는 「식품위생법」의 규정은 합헌이다(헌재 2000.03.30. 97헌마108). 4. 약국의 셔틀버스운행을 금지한 「여객자동차운수사업법」의 규정은 합헌이다(헌재 2002.11.28. 2001헌마596). 5. 교통수단을 이용하여 타인의 광고를 할 수 없도록 정한 옥외광고물 등 관리법 시행령의 규정은 합헌이다(헌재 2002.12.18. 2000헌마764). 6. 사납금제를 금지하고 월급제로 가기 위하여 택시운송사업자의 운송수입금 전액 수납의무와 운수종사자의 운송수입금 전액 납부의무를 정한 것은 합헌이다(헌재 1998.12.18. 2000헌마764). 7. 약사들이 법인을 구성하여 약국을 개설하는 것을 금지하는 「약사법」의 규정은 헌법에 위반된다(헌재 2002.09.19. 2000헌바84). 8. 식품이나 식품의 용기·포장에 "음주전후" 또는 "숙취해소"라는 표시를 금지하는 것은 위헌이다(헌재 2000.03.30. 99헌마143). 9. 법률로 한국방송광고공사와 이로부터 출자를 받은 회사가 아니면 지상파방송사업자에 대해 방송광고 판매대행을 할 수 없도록 한 것은 직업수행의 자유를 침해한다(헌재 2008.11.27. 2006헌마352). 10. 학원설립·운영자가 「학원의 설립·운영 및 과외교습에 관한 법률」을 위반하여 벌금형을 선고받은 경우 일률적으로 등록의 효력을 잃도록 한 것은 직업수행의 자유를 침해한다(헌재 2014.01.28. 2011헌바252). 11. 「외국인근로자의 고용 등에 관한 법률」에서 사용자가 외국인근로자를 고용함에 있어 직업안정기관의 허가를 받도록 정하고 있는 고용허가제는 합헌이다(헌재 2009.09.24. 2006헌마1264). 12. 의지·보조기 제조업자로 하여금 의지·보조기 기사를 1명 이상 두도록 하고, 이를 위반한 경우 형사처벌하고 있는 「장애인복지법」 조항은 명확성원칙에 위배되지 않으며, 직업수행의 자유를 침해하지 않는다(헌재 2016.02.25. 2013헌바260). 13. '의료행위'는 불명확한 개념이 아니므로 비의료인에게 의료에 관한 광고를 금지하고 위반시 이를 처벌하는 것은 죄형법정주의의 명확성원칙에 위배되지 않으며, 국민의 생명권, 건강권을 보호하기 위한 필요최소한도 내의 제한을 가하고 있는 것이므로 비의료인의 표현의 자유, 직업수행의 자유나 인간으로서의 존엄과 가치를 침해하는 것도 아니다(헌재 2016.09.29. 2015헌바325). 14. 소송사건의 대리인인 변호사가 수형자를 접견하고자 하는 경우 소송계속 사실을 소명할 수 있는 자료를 제출하도록 규정하고 있는 「형의 집행 및 수용자의 처우에 관한 법률」(이하 「형집행법」이라 한다) 시행규칙' 제29조의2 제1항 제2호 중 '수형자 접견'에 관한 부분(이하 '심판대상조항'이라 한다)이 소 제기 전

영업 방법의 제한	단계에서 충실한 소송준비를 하기 어렵게 하여 변호사의 직무수행에 큰 장애를 초래하고, 변호사의 도움이 가장 필요한 시기에 접견에 대한 제한의 정도가 위와 같이 크다는 점에서 과잉금지원칙에 위배되어 변호사인 청구인의 직업수행의 자유를 침해한다(헌재 2021.10.28. 2018헌마60). 15. 대가수수 광고금지규정이 아니더라도 「변호사법」이나 다른 규정들에 의하여 입법목적을 달성할 수 있고, 공정한 수임질서를 해치거나 소비자에게 피해를 줄 수 있는 내용의 광고를 특정하여 제한하는 등 완화된 수단에 의해서도 입법목적을 같은 정도로 달성할 수 있다. 나아가, 위 규정으로 입법목적이 달성될 수 있을지 불분명한 반면, 변호사들이 광고업자에게 유상으로 광고를 의뢰하는 것이 사실상 금지되어 청구인들의 표현의 자유, 직업의 자유에 중대한 제한을 받게 되므로, 위 규정은 침해의 최소성 및 법익의 균형성도 갖추지 못하였다. 따라서 대가수수 광고금지규정은 과잉금지원칙에 위반되어 청구인들의 표현의 자유와 직업의 자유를 침해한다(헌재 2022.05.26. 2021헌마619). 16. 문화체육관광부장관이 정부광고 업무를 한국언론진흥재단에 위탁하도록 한 위 법률 시행령 제6조 제1항이 정부기관 또는 공공법인(이하 '정부기관 등'이라 한다)으로부터 정부광고 대행 업무를 직접 수주하지 못하고 수탁기관인 한국언론진흥재단을 통해서만 수주할 수 있도록 한다하여 광고대행업에 종사하는 청구인들의 직업수행의 자유를 침해하지 아니한다(헌재 2023.06.29. 2019헌마227).
영업 내용의 제한	1. 법률로 변호사에게 전년도에 처리한 수임사건의 건수 및 수임액을 소속 지방변호사회에 보고하도록 규정하는 것은 변호사들의 사건 수임 관련 정보를 투명하게 하기 위하여 변호사가 스스로 구성원이 된 조직으로 하여금 납세와 관련된 변호사의 자기 통제를 할 수 있도록 하여 탈세의 우려를 줄이고 이를 통해 조세행정 전반에 대한 국민적 신뢰를 공고히 하는 것이어서 영업의 자유나 사생활의 비밀을 침해하는 것이 아니다(헌재 2009.10.29. 2007헌마667). 2. 법무사의 보수를 대한법무사협회회칙에 정하도록 하고 법무사가 회칙 소정의 보수를 초과하여 보수를 받거나 보수 이외에는 명목여하를 불문하고 금품을 받는 것을 금지하는 「법무사법」의 규정은 합헌이다(헌재 2003.06.26. 2002헌바3). 3. 의료기관의 조제실에서 조제업무에 종사하는 약사로 하여금 「의료법」에 따라 처방전이 교부된 환자를 위한 의약품의 조제를 금지하는 「약사법」의 규정은 합헌이다(헌재 2003.10.30. 2000헌마563). 4. 감정평가업자의 업무범위 등을 제한하고 감정평가법인의 설립을 위한 최소한의 인원을 규정한 것은 합헌이다(헌재 1996.08.29. 94헌마113). 5. 약사의 기존 한약조제권을 제한하는 것은 합헌이다(헌재 1997.11.27. 97헌바10). 6. 보석감정사 등에게 밀수품의 감정을 금지하는 「관세법」의 규정은 합헌이다(헌재 1998.03.26. 97헌마194). 7. 일반행정사에게 고소·고발장의 작성사무를 할 수 없도록 한 「법무사법」의 규정은 합헌이다(헌재 2000.07.20. 98헌마52). 8. 주점의 업주에게 19세 미만의 청소년에게 술을 파는 것을 금지하는 것은 합헌이다(헌재 2001.01.18. 99헌마555). 9. 당구장을 경영하는 영업주로 하여금 당구장출입문에 18세 미만의 자의 출입금지를 반드시 표시하도록 하는 것은 위헌이다(헌재 1993.05.13. 92헌마80).

10. 법률로 의료인으로 하여금 태아의 성별을 고지하는 것을 금지하는 것은 의료인의 직업수행의 자유를 침해하는 것이어서 위헌이다(헌재 2008.07.31. 2004헌마1010등).

11. 의료인이 임신 32주 이전에 태아의 성별을 임부 등에게 알리는 것을 금지한 「의료법」 제20조 제2항에 대하여 헌법에 위반된다(헌재 2024.02.28. 2022헌마356).

12. 현금영수증 의무발행 사업자로서 현금영수증가맹점으로 가입한 사업자가 거래 건당 30만 원 이상의 고액 현금거래에 대하여 현금영수증을 발급하지 않은 경우에 현금영수증 미발급액의 50%라는 과태료를 부과하는 것은 직업수행의 자유를 침해하지 않으며, 평등원칙에도 위반되지 않는다(헌재 2017.05.25. 2017헌바57).

13. 현금영수증 의무발행업종 사업자로 하여금 건당 10만 원 이상의 현금거래시 현금영수증을 의무발급 하도록 하고, 위반 시 현금영수증 미발급 거래대금의 100분의 50에 상당하는 과태료를 부과하도록 한 「법인세법」 제117조의2 제4항 본문, 구 「조세범 처벌법」 제15조 제1항 본문 중 「법인세법」 제117조의2 제4항 본문에 관한 부분이 모두 헌법에 위반되지 않는다(헌재 2019.08.29. 2018헌바265) ⇨ 합헌

14. 수입 쌀과 국산 쌀, 생산연도가 서로 다른 쌀을 혼합하여 유통하거나 판매하는 것을 금지하는 것은 직업수행의 자유를 침해하지 않는다(헌재 2017.05.25. 2015헌마869).

ⓑ 제2단계(주관적 사유에 의한 직종결정의 자유제한): 직업선택의 자유에 있어 일정한 시험을 합격하거나 일정한 자격을 취득한 경우에만 해당 직업을 가질 수 있게 하는 것은 주관적 제한사유에 해당하는데, 이러한 경우 입법부 또는 입법부로부터 위임을 받은 행정부가 해당 제도를 마련함에 있어서는 광범한 입법형성의 자유를 가진다(헌재 2001.05.31. 99헌바94 ; 2001.09.27. 2000헌마152 ; 2001.09.27. 2000헌마208 등 ; 2007.04.26. 2003헌마947 등 ; 2007.05.31. 2003헌마422).

판례

주관적 사유에 의한 직종결정의 자유제한으로서 합헌인 판례

1. 일정한 요건을 갖춘 자에 대해서만 변호사의 자격을 부여하는 것(헌재 1995.06.29. 90헌바43).

2. 변호사의 자격 없이 타인의 권리를 양수하거나 양수를 가장하여 소송·조정 또는 화해 기타의 방법으로 그 권리를 실행함을 업으로 한 자를 형사처벌하는 「변호사법」의 규정(헌재 2004.01.29. 2002헌바36)

3. 변호사 아닌 자의 법률사무취급을 포괄적으로 금지하는 「변호사법」의 규정(헌재 2000.04.07. 98헌바95 등)

4. 법무사가 아닌 자가 등기신청의 대행 등 법무행위를 업으로 하는 것을 금지하고 이를 위반하는 경우에 형사처벌하는 「법무사법」의 규정(헌재 2003.09.25. 2001헌마156)

5. 형의 집행유예를 받고 그 기간이 종료한 후 1년이 경과되지 아니한 자에 대하여 세무사자격시험에 응시할 수 없게 정한 「세무사법」의 규정(헌재 2002.08.29. 2002헌마160)

6. 건설업자가 금고 이상의 실형을 선고받고 그 집행이 종료되거나 그 집행이 면제된 날부터 3년이 경과되지 아니한 자 또는 그 형의 집행유예선고를 받고 그 유예기간 중에 있는 자(법인의 경우 임원이 여기에 해당되는 경우 포함)에 해당하는 경우에 건설업 등록을 필요적으로 말소하도록 정한 구 「건설산업기본법」의 규정(헌재 2010.04.29. 2008헌가8)

통지판례 건설업자가 부정한 방법으로 건설업의 등록을 한 경우 건설업 등록을 필요적으로 말소하도록 규정한 「건설산업기본법」은 직업의 자유를 침해하지 아니한다(헌재 2004.07.15. 2003헌바35 등).

비교판례 건설업과 관련 없는 죄로 임원이 형을 선고받은 경우까지도 법인이 건설업을 영위할 수 없도록 하는 것은 입법목적달성을 위한 적합한 수단에 해당하지 아니하고, 이러한 경우까지도 가장 강력한 수단인 필요적 등록말소라는 제재를 가하는 것은 최소침해성 원칙에도 위배된다. 심판대상조항으로 인하여 건설업자인 법인은 등록이 말소되는 중대한 피해를 입게 되는 반면 심판대상조항이 공익 달성에 기여하는 바는 크지 않아 심판대상조항은 법익균형성 원칙에도 위배된다(헌재 2014. 04.24. 2013헌바25).

7. 외국의 치과 또는 의과대학을 졸업한 후 우리 국민이 국내 의사면허시험에 응시하기 위해서는 기존의 응시요건에 추가하여 새로 예비시험을 치도록 한 「의료법」의 규정(헌재 2003.04.24. 2002헌마611)

8. 제1종 운전면허의 취득요건으로 양쪽 눈의 시력이 각각 0.5 이상일 것을 요구하는 「도로교통법」시행령의 규정(헌재 2003.06.26. 2002헌마677)

9. 대학졸업 이상의 학력을 가진 자만이 학원강사가 될 수 있도록 하는 「학원의 설립·운영 및 과외교습에 관한 법률」의 규정은 직업의 자유를 침해하지 않는다(헌재 2003.09.25. 2002헌마519)

10. 뜸 시술을 할 수 있는 구사의 자격은 보유하고 있지 않지만 침사의 자격을 가지고 수 십년 간 침술과 뜸 시술행위를 해온 자의 경우에 법질서 전체의 정신이나 사회윤리 또는 사회통념에 비추어 용인될 수 있는 특별한 사정이 인정된다고 보아 이 경우 뜸 시술행위를 해온 것은 「형법」상의 정당행위에 해당한다(헌재 2011.11.24. 2008헌마627).

11. 변호사가 공소제기되어 재판결과 등록취소의 가능성이 큰 경우 업무정지명령을 내릴 수 있도록 규정한 「변호사법」 규정은 무죄추정의 원칙에 위반되지 않고 직업수행의 자유를 침해하는 것도 아니다(헌재 2014.04.24. 2012헌바45).

12. 학사학위를 취득한 자에 한하여 법학전문대학원의 입학자격을 부여하고 있는 법학전문대학원법 제22조는 직업선택의 자유를 침해하지 않는다(헌재 2016.03.31. 2014헌마1046).

13. 유료직업소개사업은 노동부장관의 허가를 받아야만 할 수 있도록 제한하는 것은 그 목적의 정당성, 방법의 적절성, 피해의 최소성, 법익의 균형성 등에 비추어 볼 때 합리적인 제한이라고 할 것이고 그것이 직업선택자유의 본질적 내용을 침해하는 것으로 볼 수 없다(헌재 1996.10.31. 93헌바14)

14. 근로자공급사업은 성질상 사인이 영리를 목적으로 운영할 경우 근로자의 안전 및 보건상의 위험, 근로조건의 저하, 공중도덕상 유해한 직종에의 유입, 미성년자에 대한 착취, 근로자에 대한 중간착취, 강제근로, 인권침해, 약취·유인, 인신매매 등의 부작용이 초래될 가능성이 매우 크므로 노동부장관의 허가를 받은 자만이 근로자공급사업을 할 수 있도록 제한하는 것은 그 목적의 정당성, 방법의 적절성, 피해의 최소성, 법익의 균형성 등에 비추어 볼 때 합리적인 제한이라고 할 것이고, 과잉금지의 원칙에 위배되어 직업선택의 본질적인 내용을 침해하는 것으로 볼 수는 없다(헌재 1998.11.26. 97헌바31).

15. 직업을 선택하는 영역에 있어 직업의 소개나 근로자의 공급 등이 가지는 공공성 때문이다. 법령에 의한 인·허가 없이 장래의 경제적 손실을 금전이나 유가증권으로 보전해줄 것을 약정하고 회비 등의 명목으로 금전을 수입하는 행위를 금지하고 이에 위반하는 경우에 형사처벌하는 「유사수신행위의 규제에 관한 법률」의 규정은 헌법에 반하지 아니한다(헌재 2003.02.27. 2002헌바4).

16. 국가기술자격증을 다른 자로부터 빌려 건설업의 등록기준을 충족시킨 경우 그 건설업 등록을 필요적으로 말소하도록 한 「건설산업기본법」 제83조 단서 중 제6호 부분이 건설업자의 직업의 자유를 침해하지 않는다(헌재 2016.12.29. 2015헌바429).

17. 금고 이상의 실형을 선고받고 그 집행이 끝나거나 집행이 면제된 날로부터 3년이 지나지 아니한 사람은 행정사가 될 수 없도록 규정한 「행정사법」 조항은 직업선택의 자유 및 평등권을 침해하지 않는다(헌재 2015.03.26. 2013헌마131).

> **통지판례** 금고 이상의 실형을 선고받고 그 집행이 종료되거나 그 집행이 면제된 날부터 3년이 지나지 아니한 자는 감정평가사가 될 수 없도록 한 것(헌재 2009.07.30. 2007헌마1037).

> **통지판례** 금고 이상의 형의 집행유예를 선고받고 그 기간이 경과한 후 2년을 경과하지 아니한 자는 변호사가 될 수 없다고 규정한 것(헌재 2009.10.29. 2008헌마432).

18. 보육교사 2급 자격을 취득하기 위해 이수해야 하는 보육 관련 교과목 중 일부를 대면 교과목으로 지정하면서 대면 교과목은 8시간 이상 출석 수업과 1회 이상 출석 시험을 실시한다고 규정한 것은 직업의 자유를 침해하지 않는다(헌재 2016.11.24. 2016헌마299).

19. 안경사 면허를 가진 자연인에게만 안경업소의 개설 등을 할 수 있도록 한 구 「의료기사 등에 관한 법률」 제12조 제1항 및 「의료기사 등에 관한 법률」 제12조 제1항과, 그 위반 시 처벌하도록 정한 구 「의료기사 등에 관한 법률」 제30조 제1항 제6호 등(이하 위 조항들을 모두 합하여 '심판대상조항'이라 한다)이 과잉금지원칙에 반하여 자연인 안경사와 법인의 직업의 자유를 침해하지 않는다(헌재 2021.06.24. 2017헌가31).

20. 사업주로부터 위임을 받아 고용보험 및 산업재해보상보험에 관한 보험사무를 대행할 수 있는 기관의 자격을 일정한 기준을 충족하는 단체 또는 법인, 공인노무사 또는 세무사로 한정한 「고용보험 및 산업재해보상보험의 보험료징수 등에 관한 법률」 제33조 제1항 전문 및 같은 법 시행령 제44조가 과잉금지원칙에 위배되어 공인회계사인 청구인들의 직업수행의 자유를 침해하지 아니한다(헌재 2024.02.28. 2020헌마139).

판례 ✦

주관적 사유에 의한 직종결정의 자유제한으로서 위헌인 판례

1. 업무범위를 위반한 건축사의 필요적 등록 취소(헌재 1995.02.23. 93헌가1)
2. 치과전문의 자격시험의 미실시(헌재 1998.07.16. 96헌마246)
3. 여객운송사업자가 지입제의 경영을 한 경우에 필요적으로 사업면허가 취소되도록 한 것(헌재 2000.06.01. 99헌가11)
4. 「행정사법」에서 정하는 행정사 자격시험의 실시여부를 대통령령으로 시·도지사의 재량사항으로 정하는 것(헌재 2010.04.29. 2007헌마910)
5. 세무사 자격 보유 변호사로 하여금 세무사로서 세무사의 업무를 할 수 없도록 규정한 것과 세무조정 업무를 할 수 없도록 한 규정은, 2003. 12. 31.부터 2017. 12. 31.까지 사이에 변호사의 자격을 취득한 자 중 2003. 12. 31. 당시 사법시험에 합격하였거나 사법연수생이었던 자를 제외한 자의 경우 세무사의 자격이 인정됨에도 불구하고 '세무사로서는' 그 직무에 해당하는 세무대리, 특히 세무조정업무를 일체 할 수 없도록 규정한 것으로 위 변호사들의 직업선택의 자유를 침해한다(헌재 2018.04.26. 2015헌가19). ⇨ 헌법불합치
6. 변호사시험은 법학전문대학원의 석사학위를 취득한 달의 말일부터 5년 내에만 응시할 수 있고 질병 등으로 인한 예외가 인정되지 않는데, 이 사건 코로나19 확진환자의 응시를 금지함으로 인해 코로나19 확진환자 등은 적어도 1년간 변호사시험에 응시조차 할 수 없게 되므로 그에 따라 입게 되는 불이익은 매우 중대하다. 그러므로 이 사건 응시제한은 과잉금지원칙을 위반하여 청구인들의 직업선택의 자유를 침해한다(헌재 2023.02.23. 2020헌마1736).

ⓒ 제3단계(객관적 사유에 의한 직종결정의 자유제한) : 직업의 자유를 제한하는 제3단계는 기본권 주체의 주관적인 능력이나 자격 또는 노력에 상관없는 객관적인 조건을 설정하여 이를 충족하는 자에게만 일정한 직업을 인정하고 그러하지 못하는 자에게는 해당 직업을 가질 수 없게 하는 것이다.

판례 ✦

객관적 사유에 의한 직종결정의 자유제한으로서 위헌인 판례

1. 경비업자에게 경비업 이외에 다른 영업을 금지하는 것은 과잉금지원칙에 위반된다(헌재 2002.04.25. 2001헌마614).

   통지판례 시설경비업을 허가받은 경비업자로 하여금 허가받은 경비업무 외의 업무에 경비원을 종사하게 하는 것을 금지하고, 이를 위반한 경비업자에 대한 허가를 취소하도록 정하고 있는 「경비업법」 제7조 제5항 중 '시설경비업무'에 관한 부분과 「경비업법」 제19조 제1항 제2호 중 '시설경비업무'에 관한 부분이 헌법에 합치되지 아니한다(헌재 2023.03.23. 2020헌가19).

2. 이미 군법무관으로 임명되어 변호사자격을 취득한 사람이 공무상의 질병·부상으로 인하여 10년간 군법무관으로 근무하지 못하고 전역한 경우에 변호사의 자격을 박탈하는 것도 과잉금지원칙에 위반된다고 하였다(헌재 1995.06.29. 90헌바43).

3. 국공립사범대학 출신자를 교육공무원에 우선 임용하는 것은 사립사범대학 졸업자 및 교직과정이수자들의 교육공무원에의 취업기회를 사실상 봉쇄하는 것으로 직업선택의 자유를 침해한다고 판시하였고(헌재 1990.10.08. 89헌마89)

4. 「법무사법」 시행규칙에서 법원행정처장으로 하여금 법무사를 보충할 필요가 없다고 인정하는 때에는 법무사시험을 실시하지 않을 수 있도록 정한 것은 「법무사법」에 의해 부여된 법무사 자격취득의 기회를 박탈하는 것이어서 직업선택의 자유를 침해한다고 판시하였다(헌재 1990.10.15. 89헌마178).

5. 검찰총장의 직에서 퇴임한 후 2년 이내에 모든 공직에의 임명과 국·공립대학의 총·학장, 교수 등에도 임명될 수 없게 하는 것은 직업선택의 자유를 침해하는 것이라고 판시하였다(헌재 1997.07.16. 97헌마26).

6. 아동·청소년대상 성범죄로 형 또는 치료감호를 선고받아 확정된 자에 대하여 형 또는 치료감호의 집행이 종료·면제·유예된 때부터 10년 동안 일률적으로 아동·청소년 관련기관 등을 개설하거나 위 기관 등에 취업할 수 없도록 한 것은, 입법목적이나 수단의 적합성은 인정되나 직업선택의 자유를 과도하게 제한하고 있어 법익의 균형성 원칙에 위반되어 직업선택의 자유를 침해한다(헌재 2016.04.28. 2015헌마98).

7. 성인대상 성범죄(이하 "성범죄"라 한다)로 형을 선고받아 확정된 자로 하여금 그 형의 집행을 종료한 날부터 10년 동안 의료기관을 개설하거나 위 기관에 취업할 수 없도록 한 조항은, 10년 동안 일률적으로 의료기관에 대한 취업을 금지하여 과도한 제한으로서 직업선택의 자유를 침해한다(헌재 2016.03.31. 2013헌마585). ⇨ 아동·청소년 관련 학원이나 교습소, 장애인복지시설, 아동복지시설을 개설하거나 위 기관에 취업할 수 없도록 한 것도 동지판례로서 일률적으로 규정한 것은 위헌결정을 받았다.

8. 성적목적공공장소침입죄로 형을 선고받아 확정된 사람은 그 형의 집행을 종료한 날부터 10년 동안 의료기관을 제외한 아동·청소년 관련기관 등을 운영하거나 위 기관에 취업할 수 없도록 한 것은, 입법목적이 정당하고 수단의 적합성도 인정된다. 그러나 상대적으로 경미한 범죄인 성적목적공공장소침입죄에 대하여 처벌에 그치지 않고 취업제한이라는 기본권의 제한을 가하기 위해서는 신중한 접근이 필요하나 과도하게 제한하여 직업선택의 자유를 침해한다(헌재 2016.10.27. 2014헌마709). ⇨ "성인대상 성범죄" 부분 : 명확성원칙 위반 ×

9. 아동학대관련범죄로 형을 선고받아 확정된 자로 하여금 그 형이 확정된 때부터 형의 집행이 종료되거나 집행을 받지 아니하기로 확정된 후 10년 동안 체육시설, 「초·중등교육법」 제2조 각 호의 학교를 운영하거나 이에 취업 또는 사실상 노무를 제공할 수 없도록 한 「아동복지법」 제29조의3 제1항 제17호, 구 「아동복지법」 제29조의3 제1항 제18호, 「아동복지법」 제29조의3 제1항 제18호 중 「초·중등교육법」 제2조 각 호의 학교' 가운데 '아동학대관련범죄로 형을 선고받아 확정된 사람' 부분이 아동학대관련범죄로 형을 선고받아 확정된 자에 대하여 10년 동안 일률적으로 체육시설 및 학교에 대한 취업을 금지하는 것은 헌법에 위반된다(헌재 2018.06.28. 2017헌마130). ⇨ 위헌

판례

객관적 사유에 의한 직종결정의 자유제한으로서 합헌인 판례

1. 헌법재판소는 시각장애인에 한해 안마사의 자격을 인정하도록 한 보건복지부령에 대해 합헌결정을 하였다가(헌재 2003.06.26. 2002헌가16) 그 후 법률유보원칙 및 과잉금지원칙에 위배된다는 이유로 위헌결정을 하였다(헌재 2006.05.25. 2003헌마715 등). 그러나 동일한 내용을 보건복지부령이 아닌 「의료법」에 정한 이후에 문제가 된 사안에서 근거를 마련하여 다시 합헌결정을 하였다(헌재 2021.12.23. 22019헌마656).
2. 운전학원으로 등록하지 않은 자가 대가를 받고 운전교육을 실시하는 것이나 대가를 받고 운전연습시설을 제공하는 것을 금지하는 「도로교통법」의 규정(헌재 2003.09.25. 2001헌마447 등)
3. 헌법재판소는 법학전문대학원 선발에 있어 전공별·출신대학 별로 로스쿨의 입학정원의 3분의 1의 비율을 기준으로 제한하는 것은 직업교육장 선택의 자유 내지 직업선택의 자유를 제한하지만 비례의 원칙에 위배되지 않는다고 판시하였고(헌재 2009.02.26. 2007헌마1262)
4. 「법학전문대학원 설치·운영에 관한 법률」이 인가주의와 총입학정원주의를 정하고 있는 것은 대학의 자율성과 국민의 직업선택 자유를 침해하지 아니한다고 판시하였다(헌재 2009.02.26. 2008헌마370).
5. 금융감독원의 4급 이상 직원에 대하여 퇴직일로부터 2년간 사기업체 등에의 취업을 제한하는 구 「공직자윤리법」 조항을 합헌으로 보았다(헌재 2014.06.26. 2012헌마331).
6. 문화재수리법위반으로 집행유예를 선고받은 문화재수리기술자에 대해서 그 자격을 필요적으로 취소하도록 한 것은 직업선택의 자유를 침해하지 않는다(헌재 2017.05.25. 2015헌바373).

③ **직업의 자유의 제한의 이중적 한계** : 단계이론과 본질적 내용침해금지원칙을 준수하여야 한다.

판례

민영 방송광고 판매대행사의 직업수행의 자유를 제한하고 있으나, 이러한 자유도 국가안전보장·질서유지 또는 공공복리를 위하여 필요한 경우에는 그 본질적 내용을 침해하지 않는 범위 내에서 헌법 제37조 제2항에 의한 제한이 가능하다(헌재 1998.02.27. 96헌바2 ; 헌재 2002.02.28. 99헌바117 ; 헌재 2008.07.31. 2004헌마1010).

3. 소비자의 권리

(1) 의의

소비자가 자신의 인간다운 생활을 영위하기 위하여 공정한 가격으로 양질의 상품 또는 용역을 적절한 유통구조를 통하여 적기에 구입하거나 사용할 수 있는 권리를 말한다.

(2) 내용

> 제124조 국가는 건전한 소비행위를 계도하고 생산품의 품질향상을 촉구하기 위한 소비자보호운동을 법률이 정하는 바에 의하여 보장한다.

① 헌법적 근거 : 명시적 규정은 없으나, 이념적 근거는 제10조의 인간의 존엄성 존중과 행복추구권이고 직접적 근거는 제124조의 소비자보호운동이다. 헌법재판소는 소비자의 자기결정권의 근거를 헌법 제10조의 행복추구권에서 도출한다(헌재 1996.12.26. 96헌가18).

② 내용 : 안전의 권리, 알권리, 자유로운 물품·용역선택권, 소비자의 의견을 반영할 권리, 피해보상청구권, 교육을 받을 권리, 단결과 단체활동의 권리

제4절 정치적 기본권

1. 정치적 자유권

(1) 의의

국가의 간섭과 방해를 받지 않고 정치적 의사를 형성하고 이를 표현할 수 있는 자유를 말한다. 정치적 자유권에는 참여권으로서 참정권과 청원권, 청구권적 기본권을 포함한다.

(2) 정치적 활동권

① 정당가입과 정당활동의 자유 등 정당제도에서 전설
② 선거운동의 자유 등 선거제도에서 전설

2. 참정권

> 제24조 모든 국민은 법률이 정하는 바에 의하여 선거권을 가진다.
> 제25조 모든 국민은 법률이 정하는 바에 의하여 공무담임권을 가진다.

(1) 의의

① 모든 국민이 선거를 통해 국가조직과 의사형성에 참여하거나 공무원으로 선임될 수 있는 국민의 권리를 말한다.
② 참정권이란 국민이 국가의사형성에 참여하는 권리를 말하며, 우리 헌법은 '법률이 정하는 바에 의하여'의 표현을 사용함으로써 자유권과는 달리 입법자에 의한 구체적 형성을 필요로 한다는 것을 명시적으로 밝히고 있다.

(2) **종류**

① 현행헌법상 국민투표권, 선거권, 공무담임권이 있다.

② 참정권과 구분해야 하는 것이 개인에게 공동체의 정치적 의사형성, 특히 '국민의사형성과정'에 참여할 기회를 보장하는 기본권인 '민주적 참여권'이다. 표현의 자유, 언론의 자유, 집회의 자유, 결사의 자유 등 일련의 정치적 자유권은 방어권적 성격뿐만 아니라 국민의 정치적의사형성에 참여한다는 점에서 민주적 참여권의 성격을 함께 가진다. 이러한 의미에서 정치적 자유권은 '민주주의를 구성하는 요소'로서 간주된다. 그러나 정치적 자유권의 행사가 여론형성을 통하여 결과적으로 국가의사형성에 영향을 미칠 수 있는 가능성을 제공한다 하더라도 국가의사형성에 참여하는 가능성인 '원래 의미의 참정권'은 아니다. 정당설립의 자유 및 청원권도 민주적 참여권에는 속하지만 참정권은 아니다.

(3) **성격**

실정법상의 권리, 일신전속적 권리

(4) **내용**

① 국민투표권

> 제72조 대통령은 필요하다고 인정할 때에는 외교·국방·통일 기타 국가안위에 관한 중요정책을 국민투표에 붙일 수 있다.
>
> 제130조 제2항 헌법개정안은 국회가 의결한 후 30일 이내에 국민투표에 붙여 국회의원선거권자 과반수의 투표와 투표자 과반수의 찬성을 얻어야 한다.

㉠ 헌법 제72조의 국민투표로 헌법을 확정할 수 없다.

㉡ 대통령 신임투표 또는 정책과 연계한 신임투표를 헌법 제72조 국민투표의 대상으로 하는 것은 현행 헌법상 허용되지 않는다.

㉢ 헌법 제72조의 국민투표로 법률 제·개정이 불가하다.

	제72조 국민투표	제130조 국민투표
성격	plebiscite	referendum
대상	중요정책	헌법개정
필수성여부	임의적	필수적
부의여부에 대한 대통령재량	자유재량	의무
정족수	헌법상 규정없음	국회의원선거권자 과반수투표와 투표자 과반수찬성

판례 ✦

신임을 묻는 국민투표는 허용되지 않는다(헌재 2004.05.14. 2004헌나1)

[1] 헌법은 명시적으로 규정된 국민투표 외에 다른 형태의 재신임 국민투표를 허용하지 않는다. 이는 주권자인 국민이 원하거나 또는 국민의 이름으로 실시하더라도 마찬가지이다. 국민은 선거와 국민투표를 통하여 국가권력을 직접 행사하게 되며, 국민투표는 국민에 의한 국가권력의 행사방법의 하나로서 명시적인 헌법적 근거를 필요로 한다. 따라서 국민투표의 가능성은 국민주권주의나 민주주의원칙과 같은 일반적인 헌법원칙에 근거하여 인정될 수 없으며, 헌법에 명문으로 규정되지 않는 한 허용되지 않는다.

[2] 대통령의 부의권을 부여하는 헌법 제72조는 가능하면 대통령에 의한 국민투표의 정치적 남용을 방지할 수 있도록 엄격하고 축소적으로 해석되어야 한다. 헌법 제72조의 국민투표의 대상인 '중요정책'에는 대통령에 대한 '국민의 신임'이 포함되지 않는다. 국민투표는 직접민주주의를 실현하기 위한 수단으로서 '사안에 대한 결정' 즉, 특정한 국가정책이나 법안을 그 대상으로 한다. 따라서 국민투표의 본질상 '대표자에 대한 신임'은 국민투표의 대상이 될 수 없으며, 우리 헌법에서 대표자의 선출과 그에 대한 신임은 단지 선거의 형태로써 이루어져야 한다. 대통령이 이미 지난 선거를 통하여 획득한 자신에 대한 신임을 국민투표의 형식으로 재확인하고자 하는 것은, 헌법 제72조의 국민투표제를 헌법이 허용하지 않는 방법으로 위헌적으로 사용하는 것이다.

② 「국민투표법」
  ㉠ 투표권자
    ⓐ 19세 이상의 국민
    ⓑ 투표권이 없는 자 : 선거권이 없는 자(「공직선거법」 제18조)
    ⓒ 재외국민에게 국민투표권을 제한하는 것은 헌법에 합치되지 않는다고 보았다(헌재 2014.07. 24. 2009헌마256).
  ㉡ 국민투표무효의 소송
    ⓐ 피고 : 중앙선거관리위원회 위원장
    ⓑ 원고 : 투표권자 10만인 이상의 찬성
    ⓒ 제소법원 : 20일 내 대법원에 제소하여야 한다.
    ⓓ 법위반과 국민투표의 결과에 영향을 미쳤다고 인정하는 때에 한하여 전부 또는 일부의 무효가 된다.
③ 국민발안권
  ㉠ 제2차 ~ 제6차 헌법때까지 50만인의 찬성을 조건으로 존재하였다.
  ㉡ 현행 : 국민발안제는 시행하지 않고 있다.
④ 국민소환권
  ㉠ 국민소환제는 우리 헌정사상 채택된 바 없다.
  ㉡ 지방자치단체에서 「주민소환법」상 주민소환제는 실시하고 있다.

3. 공무담임권

> 제25조 모든 국민은 법률이 정하는 바에 의하여 공무담임권을 가진다.

(1) 의의

공무담임권은 국민주권의 실현 방법으로 국가의 공적인 업무를 수행함에 있어 참여하고 이를 수행하는 권리이다. 이러한 공무담임권은 헌법이 인정하는 임명직과 선거직의 공직에 취임할 수 있는 권리를 뜻한다.

(2) 주체

① 피선거권을 포함한 공무담임권은 국민주권원리의 성질상 대한민국의 국적을 가진 자연인인 국민에게만 인정된다. 법인에게는 인정되지 않는다.

② 외국인에게는 헌법 제25조가 정하는 공무담임권이 인정되지 않는다.

(3) 법적 성격 및 내용

① 우리 헌법상 이러한 피선거권은 헌법 제25조가 정하는 공무담임권에 포함된다(헌재 2006.02.23. 2005헌마403). 물론 헌법에서 선거직과 선거제도를 정하고 있는 경우에는 헌법 제25조와 같은 명시적인 규정이 없어도 해당 규정에 의해 보장되는 헌법상의 권리이다.

② 헌법 제25조가 정하고 있는 공무담임권의 보장은 모든 국민에게 공무를 담당할 기회를 보장하는 것이며, 현실적으로 공직에 취임시켜 줄 것을 요구하는 권리를 보장하는 것은 아니다.

③ 헌법 제25조는 공무담임권을 헌법상의 주관적 권리로서 보장하기 때문에 방어권으로서의 면이 인정될 뿐만 아니라, 공직의 사퇴와 같이 기본권의 주체가 권리를 처분하는 면도 인정된다. 그러나 주관적 권리라고 하더라도 개인적인 이해관계에 따라 공직을 자유로이 이용하거나 처분할 수 있는 권능은 인정되지 않는다.

(4) 내용

① 모든 국민으로 하여금 이러한 공무담임의 평등한 기회를 헌법상의 권리로 보장하는 것이고, 누구나 현실적으로 실제 공무를 담당하게 하는 것을 보장하는 것은 아니다(헌재 2006.02.23. 2005헌마403). 따라서 누구도 국가에 대하여 특정 공무를 담당하게 해달라고 주장할 수는 없다.

② 임명권자에 의하여 임명되거나 선거에서 당선된 자에게 제한의 사유가 없이 그 직을 유지할 수 없게 하는 것(공무원 신분의 박탈, 직무의 부당한 정지)은 공무담임권을 침해하는 것이다(헌재 2007.06.28. 2007헌가3).

③ 공무담임권에는 해당 공직의 업무를 수행하는 권리가 포함된다.

(5) 제한

① 헌법에서 명시적으로 정하고 있는 경우 이외에는 헌법 제37조 제2항에 의하여 제한할 수 있다.

② 공무의 성격상 일정한 자격을 갖춘 자에게만 취임이 인정되는 경우가 있고, 임기를 두는 경우와 같이 기간의 제한을 받는 경우도 있다.

③ 선거직에서는 후보자의 난립에 따른 폐해를 방지하여 선거의 기능을 유지하고 정상화하기 위하여 입후보하려는 자에 대하여 일정한 금액의 기탁금 납입을 강제할 수 있다.

1. 금고 이상의 집행유예를 받은 공무원의 당연퇴직(헌재 2003.12.18. 2003헌마409) : 합헌

법원이 범죄의 모든 정황을 고려하여 금고 이상의 형의 집행유예 판결을 하였다면 그 범죄행위가 직무와 직접적 관련이 없거나 과실에 의한 것이라 하더라도 공무원의 품위를 손상하는 것으로 당해 공무원에 대한 사회적 비난가능성이 결코 적지 아니함을 의미한다고 할 것인데, 이러한 사정은 당해 공무원이 저지른 범죄행위가 직무와 직접적 관련이 없거나 과실에 의한 것이거나 마찬가지라 할 것이다. 이와 같이 금고 이상의 형에 대한 집행유예 판결에 내포된 사회적 비난가능성과 공무원에게는 직무의 성질상 고도의 윤리성이 요구된다는 점을 함께 고려할 때 금고 이상의 형의 집행유예 판결을 받은 공무원으로 하여금 계속 그 직무를 수행하게 하는 것은 공직에 대한 국민의 신뢰를 손상시키고 나아가 원활한 공무수행에 어려움을 초래하여 공공의 이익을 해할 우려 또한 적지 아니하다. 그렇다면 공무원에게 가해지는 신분상 불이익과 보호하려는 공익을 비교할 때 금고 이상의 형의 집행유예 판결을 받은 것을 공무원의 당연퇴직사유로 규정한 법률조항이 입법자의 재량을 일탈하여 공무담임권, 평등권 등을 침해하는 위헌의 법률조항이라고 볼 수는 없다.

2. 금고 이상의 선고유예를 받은 공무원의 당연퇴직(헌재 2002.08.29. 2001헌마788. 2002헌마173) : 위헌

공무담임권의 보호영역에는 공직취임의 기회의 자의적인 배제 뿐 아니라, 공무원 신분의 부당한 박탈까지 포함되는 것이라고 할 것이다. … 그 직무수행에 대한 국민의 신뢰, 공무원직에 대한 신용 등을 유지하고, 그 직무의 정상적인 운영을 확보하며, 공무원범죄를 사전에 예방하고, 공직사회의 질서를 유지하고자 함에 그 목적이 있는 것이다. 이러한 입법목적은 입법자가 추구할 수 있는 헌법상 정당한 공익이라고 할 것이다. 공무원이 금고 이상의 형의 선고유예를 받은 경우에는 공무원직에서 당연히 퇴직하는 것으로 규정하고 있는 이 사건 법률조항은 금고 이상의 선고유예의 판결을 받은 모든 범죄를 포괄하여 규정하고 있을 뿐 아니라, 심지어 오늘날 누구에게나 위험이 상존하는 교통사고 관련 범죄 등 과실범의 경우마저 당연퇴직의 사유에서 제외하지 않고 있으므로 최소침해성의 원칙에 반한다.

3. 수뢰죄를 범하여 금고 이상의 형의 선고유예를 받은 국가공무원은 당연퇴직(헌재 2013.07.25. 2012헌바409) : 합헌

[1] 심판대상조항은 공무원 직무수행에 대한 국민의 신뢰 및 직무의 정상적 운영의 확보, 공무원범죄의 예방, 공직사회의 질서 유지를 위한 것으로서 목적이 정당하고, 「형법」 제129조 제1항의 수뢰죄를 범하여 금고 이상 형의 선고유예를 받은 국가공무원을 공직에서 배제하는 것은 적절한 수단에 해당한다. 수뢰죄는 수수액의 다과에 관계없이 공무원 직무의 불가매수성과 염결성을 치명적으로 손상시키고, 직무의 공정성을 해치며 국민의 불신을 초래하므로 일반 「형법」상 범죄와 달리 엄격하게 취급할 필요가 있다. 수뢰죄를 범하더라도 자격정지형의 선고유예를 받은 경우 당연퇴직하지 않을 수 있으며, 당연퇴직의 사유가 직무 관련 범죄로 한정되므로 심판대상조항은 침해의 최소성원칙에 위반되지 않고, 이로써 달성되는 공익이 공무원 개인이 입는 불이익보다 훨씬 크므로 법익균형성원칙에도 반하지 아니한다. 따라서 심판대상조항은 과잉금지원칙에 반하여 청구인의 공무담임권을 침해하지 아니한다.

[2] 범죄행위로 인하여 형사처벌을 받은 공무원에 대하여 신분상 불이익처분을 하는 법률을 제정함에 있어 어느 방법을 선택할 것인가는 원칙적으로 입법자의 재량에 속한다. 일정한 사항이 법정 당연퇴직사유에 해당하는지 여부만이 문제되는 당연퇴직의 성질상 그 절차에서 당사자의 진술권이 반드시 보장되어야 하는 것은 아니고, 심판대상조항이 청구인의 공무담임권 등을 침해하지 아니하는 이상 적법절차원칙에 위반되지 아니한다.

판례

1. 법률이 정하는 바에 의하여 공무담임권을 가진다고 하는 것은 헌법에서 명시적으로 정하고 있지 아니하는 한 어떠한 직을 선거직으로 할 것인지 임명직으로 할 것인지, 그 직에 취임하는 자격요건을 어떻게 정할 것인지, 임기제로 할 것인지 종신제로 할 것인지, 계급제로 할 것인지의 여부, 해당 직의 수 등을 법률에 유보한다는 의미이다. 따라서 이 부분에서는 국회의 광범한 입법형성의 자유가 인정된다. 그러나 그 경우에도 헌법 제37조 제2항이 정하고 있는 기본권 제한의 한계를 넘는 것이어서는 안 된다(헌재 2002.08.29. 2001헌마788 등 ; 2006.02.23. 2005헌마403). 다만, 공무원시험의 응시에 연령제한을 두는 것은 입법재량영역이지만, 특정 직급에 대한 응시연령제한이 과도한 경우에는 공무담임권을 침해하는 것이 된다(헌재 2008.05.29. 2007헌마105).

2. 경찰대학의 학사운영에 관한 규정에서 입학 자격을 만 17세 이상 21세 미만으로 규정한 것(헌재 2009. 07.30. 2007헌마991)과 「군인사법」상 부사관으로 최초 임용되는 사람의 최고연령을 27세로 정한 것(헌재 2014.09.25. 2011헌마414)은 공무담임권을 침해하는 것이 아니라고 판시하였다. 법률로써 선거일 전 일정 기간 동안 관할구역 내에 거주하거나(헌재 1996.06.26. 96헌마200) 주민등록이 되어 있을 것(헌재 2004.12.16. 2004헌마376)을 피선거권 부여의 요건으로 정한 것에 대하여 합헌이라고 판시하였다.

3. 「선거법」 위반으로 형사처벌을 받은 자에 대한 피선거권 제한을 합헌으로 본다(헌재 1995.12.28. 95헌마196 ; 1997.12.24. 97헌마16 ; 2008.01.17. 2004헌마41).

4. 시·도지사선거에서 5천만 원의 기탁금을 부담시킨 것(헌재 1996.08.29. 95헌마108), 대통령선거에서 3억 원의 기탁금을 부담시킨 것(헌재 1995.05.25. 92헌마269 등), 비례대표국회의원선거에서의 기탁금 조항(기존 1500만 원 현재는 500만 원)및 기탁금반환 조항은 공무담임권을 침해한다(헌재 2016.12.29, 2015헌마1160).

5. 국회의원의 선거에서 기탁금을 2천만 원으로 하는 것(헌재 2001.07.19. 2000헌마91 등), 무소속후보자에게 정당공천자보다 2배의 기탁금을 부담하게 한 것(헌재 1989.09.08. 88헌가6), 대통령선거의 후보자등록 요건으로 5억 원의 기탁금을 납부하게 한 것(헌재 2008.11.27. 2007헌마1024)은 위헌이라고 판시하였으며, 유효투표 총수의 20/100에 미달하는 득표를 한 경우에 기탁금을 국고에 귀속시키는 것도 위헌이라고 판시하였다(헌재 2001.07.19. 2000헌마91 등).

6. 대구교육대학교 총장임용후보자선거 후보자가 제1차 투표에서 최종 환산득표율의 100분의 15 이상을 득표한 경우에만 기탁금의 반액을 반환하도록 하고 반환하지 않는 기탁금은 대학 발전기금에 귀속되도록 규정한 '대구교육대학교 총장임용후보자 선정규정' 제24조 제2항(이하 '이 사건 기탁금귀속조항'이라 한다)이 과잉금지원칙에 위배되어 청구인의 재산권을 침해한다(헌재 2021.12.23. 2019헌마825).

   비교판례 유효투표수의 100분의 15 이상을 득표한 경우에는 기탁금 전액을, 100분의 10 이상 100분의 15 미만을 득표한 경우에는 기탁금 반액을 반환하고, 반환되지 않은 기탁금은 경북대학교발전기금에 귀속하도록 정한 '경북대학교 총장임용후보자 선정 규정' 제20조 제2항 및 제3항이 청구인의 재산권을 침해하지 않는다(헌재 2022.05.26. 2020헌마1219).

7. 기초자치단체 의원선거에 입후보하는 때 200만 원의 기탁금납입을 정한 「지방의회선거법」의 규정에 대해서는 합헌이라고 판시하였다(헌재 1995.05.25. 91헌마44).

8. 지방자치단체장이 공소제기되어 구금되어 있는 상태에서 부단체장이 권한대행을 하도록 「지방자치법」에서 정하는 것은 지방자치단체장의 공무담임권을 침해하는 것이 아니다(헌재 2011.04.28. 2010헌마474).

9. 대통령선거 예비후보자등록을 신청하는 사람에게 대통령선거 기탁금의 100분의 20인 6,000만 원을 기탁금으로 납부하도록 정한 「공직선거법」 제60조의2 제2항 후문 중 '대통령선거'에 관한 부분이 청구인의 공무담임권을 침해하지 않으므로 헌법에 위반되지 않는다(헌재 2015.07.30. 2012헌마402).

10. 10년 미만의 법조경력을 가진 사람의 판사임용을 위한 최소 법조경력요건을 2013년부터 2017년까지는 3년, 2018년부터 2021년까지는 5년, 2022년부터 2025년까지는 7년으로 정하여 단계적으로 법조일원화가 진행되도록 하는 「법원조직법」 부칙 제2조는 공무담임권을 침해하지 않는다(헌재 2016.05.26. 2014헌마427).

11. 금고 이상의 형의 선고유예를 받고 그 기간 중에 있는 자를 임용결격사유로 삼고, 위 사유에 해당하는 자가 임용되더라도 이를 당연무효로 하는 구 「국가공무원법」 조항은 공무담임권을 침해하지 않는다(헌재 2016.07.28. 2014헌바437).

12. 국가공무원이 피성년후견인이 된 경우 당연퇴직되도록 한 구 「국가공무원법」 제69조 제1호 중 제33조 제1호 가운데 '피성년후견인'에 관한 부분, 구 「국가공무원법」 제69조 제1항 중 제33조 제1호 가운데 '피성년후견인'에 관한 부분 및 「국가공무원법」 제69조 제1항 중 제33조 제1호에 관한 부분은 과잉금지원칙에 반하여 공무담임권을 침해한다(헌재 2022.12.22. 2020헌가8).

제5절 청원권 · 청구권적 기본권

1. 청원권

> 제26조 제1항 모든 국민은 법률이 정하는 바에 의하여 국가기관에 문서로 청원할 권리를 가진다.
> 제2항 국가는 청원에 대하여 심사할 의무를 진다.

(1) 의의

① '청원'이라는 용어는 라틴어 Petitio에서 유래하는 것으로 요구, 제청, 요청, 건의, 간청, 요망 등을 뜻하고, 이 말에는 누구에 대하여 어떠한 무엇을 요청한다는 개념이 내재되어 있다. 따라서 구체적으로 무엇인가를 요구하지 않는 단순한 의견 표명(= 의사표시)에 불과한 것은 청원에 포함되지 않는다.

② 공권력과의 관계에서 일어나는 여러 가지 이해관계, 의견, 희망 등에 관하여 적법한 청원을 한 국민에게 국가기관이 청원을 수리·심사하여 청원자에게 적어도 그 결과를 통지할 것을 요구할 수 있는 권리를 말한다(헌재 1994.02.24. 93헌마213).

(2) 기능 및 법적성격

① 정치적 권리구제수단으로, 직접민주주의적 기능을 한다.

② 우리나라에서는 1948년 제헌헌법에서 청원권을 기본권으로 인정한 이래 현재까지 계속 헌법에 보장하고 있다.

③ 자유권설, 참정권설, 청구권설이 있다. 헌법재판소는 헌법 제26조의 규정과 이를 구체화하고 있는 「청원법」의 규정을 보아 청원권은 청구권으로서의 성질도 가진다고 본다(헌재 1997.07.16. 93헌마 239 ; 2004.05.27. 2003헌마851).

(3) 주체

국민, 법인, 외국인, 공무원·군인·수형자 등은 직무와 관련된 청원이나 집단적 청원은 불가하다.

(4) 내용

① 청원불수리사항(「청원법」 제5조)

  ㉠ 감사·수사·재판 등 다른 법령에 의한 조사·불복 또는 구제절차가 진행 중인 때

  ㉡ 허위의 사실로 타인으로 하여금 형사처분 또는 징계처분을 받게하거나 국가기관 등을 중상 모략하는 사항인 때

  ㉢ 사인간의 권리관계 또는 개인의 사생활에 관한 사항인 때

  ㉣ 청원인의 성명·주소 등이 불분명하거나 청원내용이 불명확한 때

② 청원할 수 없는 사항

  ㉠ 이중청원(법 제8조) : 동일인이 동일내용의 청원서를 동일 기관에 2건 이상 제출한 때에는 나중에 접수된 청원서는 반려가 가능하다.

  ㉡ 청원으로 모해는 금지 대상이다.

(5) 방법과 절차

① 문서(특정할 것)

② 청원사항을 관장하는 기관에 청원서 제출 ⇨ 청원의 심사 : 통지

③ 국회에 대한 청원 : 의원의 소개를 얻어 청원서 제출 ⇨ 정부이송과 처리보고

④ 국회나 지방의회에 청원하는 경우에는 국회의원이나 지방의회의원의 소개를 얻어 청원서를 제출해야 한다(「국회법」 제123조 제1항, 「지방자치법」 제73조 제1항). 헌법재판소는 이와 같은 「지방자치법」의 의원소개제도를 합헌이라고 판시하였다(헌재 1999.11.25. 97헌마54).

판례

국회에 청원을 할 때 의원의 소개를 얻어 청원서를 제출하도록 한 「국회법」 제123조 제1항이 국회에 청원을 하려는 자의 청원권을 침해하지 아니한다(헌재 2006.06.29. 2005헌마604).

청원권의 구체적 내용은 입법활동에 의하여 형성되며, 입법형성에는 폭넓은 재량권이 있으므로 입법자는 청원의 내용과 절차는 물론 청원의 심사·처리를 공정하고 효율적으로 행할 수 있게 하는 합리적인 수단을 선택할 수 있는 바, 의회에 대한 청원에 국회의원의 소개를 얻도록 한 것은 청원 심사의 효율성을 확보하기 위한 적절한 수단이다. 또한 청원은 일반의안과 같이 처리되므로 청원서 제출단계부터 의원의 관여가 필요하고, 의원의 소개가 없는 민원의 경우에는 진정으로 접수하여 처리하고 있으며, 청원의 소

개의원은 1인으로 족한 점 등을 감안할 때 이 사건 법률조항이 국회에 청원을 하려는 자의 청원권을 침해한다고 볼 수 없다.

⑹ **효력**

청원권과 무죄추정권은 대국가적 효력에서만 인정된다 봄이 일반적 견해이다.

⑺ **제한과 한계**

① 수리·심사·통지의무가 있다. 다만 청원서를 접수한 기관은 청원서에 미비한 사항이 있다고 판단할 때에는 그 청원인에게 보완하여야 할 사항 및 기간을 명시하여 이를 보완할 것을 요구할 수 있도록 함(「청원법」 제7조 제2항 신설).

② 차별대우를 금지한다.

③ 「청원법」은 수리한 청원에 대한 성실·공정·신속한 심사의무와 청원의 결과에 대해 통지해주어야 할 결과통지의무를 부과한다(동법 제9조 제3항, 제4항).

④ 청원이 처리기간 이내에 처리되지 아니하는 경우 청원인은 이의신청을 할 수 있도록 한다(동법 제9조의2 신설).

⑤ 교도소의 수용자가 청원하는 경우 교도소장의 허가를 받게 하는 것은 합헌이다(헌재 2001.11.29. 99헌마713).

> **판례**
>
> **청원사항의 처리결과에 심판서나 재결서에 준하여 이유를 명시할 것까지를 요구하는 것은 청원권의 보호범위에 포함되지 아니한다**(헌재 1997.07.16. 93헌마239)
>
> 헌법상 보장된 청원권은 공권력과의 관계에서 일어나는 여러 가지 이해관계, 의견, 희망 등에 관하여 적법한 청원을 한 모든 당사자에게 국가기관이 청원을 수리할 뿐만 아니라 이를 심사하여 청원자에게 그 처리결과를 통지할 것을 요구할 수 있는 권리를 말하나, 청원사항의 처리결과에 심판서나 재결서에 준하여 이유를 명시할 것까지를 요구하는 것은 청원권의 보호범위에 포함되지 아니하므로 청원 소관관서는 「청원법」이 정하는 절차와 범위내에서 청원사항을 성실·공정·신속히 심사하고 청원인에게 그 청원을 어떻게 처리하였거나 처리하려고 하는지를 알 수 있는 정도로 결과통지함으로써 충분하고, 비록 그 처리내용이 청원인이 기대하는 바에 미치지 않는다고 하더라도 헌법소원의 대상이 되는 공권력의 행사 내지 불행사라고는 볼 수 없다.

2. 재판청구권

제27조 제1항 모든 국민은 헌법과 법률이 정한 법관에 의하여 법률에 의한 재판을 받을 권리를 가진다.

제2항 군인 또는 군무원이 아닌 국민은 대한민국의 영역 안에서는 중대한 군사상 기밀·초병·초소·유독음식물공급·포로·군용물에 관한 죄중 법률이 정한 경우와 비상계엄이 선포된 경우를 제외하고는 군사법원의 재판을 받지 아니한다.

제3항 모든 국민은 신속한 재판을 받을 권리를 가진다. 형사피고인은 상당한 이유가 없는 한 지체 없이 공개재판을 받을 권리를 가진다.

> **제4항** 형사피고인은 유죄의 판결이 확정될 때까지는 무죄로 추정된다.
> **제5항** 형사피해자는 법률이 정하는 바에 의하여 당해 사건의 재판절차에서 진술할 수 있다.

(1) 의의

① 독립된 법원에서 신분이 보장된 법관에 의한 적법한 절차에 따른 공정한 재판을 받을 권리를 말한다.

② 헌법이 보장하는 재판을 받을 권리란 헌법과 법률이 정한 법관에 의하여 객관적인 법률에 따라 공정하고 신속한 공개재판을 받을 권리를 말한다. 여기서의 법률이란 절차법과 실체법을 모두 포함하여 언제나 합헌적인 법률을 말한다. 즉 절차법이 정한 절차에 따라 실체법이 정한 내용대로 합헌적인 재판을 받을 권리를 말한다.

판례

재판청구권은 절차적 기본권의 하나로서 원칙적으로 제도적 보장의 성격이 강하기 때문에 자유권적 기본권 등 다른 기본권의 경우와 비교하여 볼 때 상대적으로 광범위한 입법형성권이 인정된다고 본다(헌재 2012.05.31. 2010헌바128).

(2) 주체

① 국민, 외국인, 법인

② 재판청구권은 국민의 모든 권리, 즉 법률상의 권리와 헌법상의 기본권의 효력이 법원의 재판절차에서 실제로 관철되는 것을 보장함으로써 법치국가의 실현에 기여한다. 기본권이나 권리는 헌법이나 법률에 규정되어 있는 것으로 충분한 것이 아니라 재판제도와 재판절차를 통하여 실제로 보장되고 현실에서 실현되어야 비로소 그 의미를 가진다.

(3) 내용

① 헌법과 법률이 정한 법관에 의한 재판을 받을 권리

㉠ 「법원조직법」이 규정한 자격과 절차에 따라 적법하게 임명되고 헌법 제105조, 제106조에 규정한 임기·정년·신분이 보장되고 헌법 제103조에 따라 직무상 독립이 보장되고 제척·기피·회피의 사유로 그 재판에 관여하는 것이 금지되지 아니한 법관에 의한 재판을 받을 권리에 해당한다.

㉡ 헌법과 법률에 자격이 있는 법관이 아닌 자에 의한 재판으로서 배심재판이나 참심재판은 현행 헌법상 제27조 제1항에 반하여 위헌에 해당한다.

㉢ 법률상 권리로서 국민참여재판을 받을 권리는 모든 범죄를 대상으로 하지 않으며(「국민의 형사재판참여에 관한 법률」 제5조), 피고인이 원하지 아니하는 한 불가능하다(동법 제8조). 또한 변론종결 후 재판장은 배심원에게 공소사실의 요지와 적용법조, 증거능력 등에 대하여 설명하도록 하고, 배심원단은 판사의 관여 없이 독자적으로 유무죄에 관하여 평의하고 전원일치로 평결하도록 하되, 의견이 일치하지 아니하는 경우에는 판사의 의견을 들은 후에 다수결로 평결하도록 한다. 다만 배심원의 평결과 양형에 관한 의견은 법원을 기속하지 아니하되, 평결결과와 양형에 관한 의견을 집계한 서면은 소송기록에 편철한다(동법 제46조).

ⓔ 특별법원은 헌법과 법률이 정한 법관이 아닌 자로 구성되는 법원 또는 대법원이 최종심이 아닌 법원을 말한다. 헌법 제110조 제1항은 특별법원으로서 군사법원을 설치할 근거를 마련해 놓고 있다. 따라서 특별법원으로서 군사법원만은 헌법상 허용될 수 있다.

ⓜ 특수법원으로서 가정, 행정, 회생, 특허법원을 두고 있다. 이는 법관에 의한 법원의 재판으로서 사무의 특성상 분류에 해당하므로 헌법 제27조 제1항에 합치한다.

ⓗ 행정형벌로서 경미한 20만 원 이하의 벌금에 해당하는 경우 이에 갈음하여 해당 위반관련 세무서장, 국세청장, 경찰서장 등에 의한 과금행위를 함으로써 불필요한 전과자 양산과 피해를 최소로 하는 통고처분을 인정한다. 또한 당사자가 불복시 정식재판절차가 보장되므로 재판청구권을 침해한 것은 아니다.

판례 ✦

1. 법관이 아닌 반민규명위원회의 친일반민족행위자결정은 재판청구권 침해가 아니다(헌재 2009.09.24. 2006헌마1298).

2. 법관이 아닌 청소년보호위원회의 청소년성범죄 신상공개결정은 재판청구권 침해가 아니다(헌재 2003. 06.26. 2002헌가14).

3. 법관이 아닌 사회보호위원회의 치료감호종료여부결정은 재판청구권 침해가 아니다(헌재 2005.02.03. 2003헌바1).

4. '논리적이고 정제된 법률의 적용을 받을 권리'는 헌법상 보장되는 기본권이라 할 수 없다(헌재 2011. 08.30. 2008헌마477).

5. 피고인이 치료감호를 청구할 권리는 재판청구권에서 보호되지 않는다(헌재 2010.04.29. 2008헌마622).

6. 검사가 치료감호를 청구할 수 있고, 법원은 검사에게 치료감호청구를 요구할 수 있다고 규정한 「치료감호 등에 관한 법률」(2008. 6. 13. 법률 제9111호로 개정된 것) 제4조 제1항 및 제4조 제7항은 모두 헌법에 위반되지 아니한다(헌재 2021.01.28. 2019헌가24).

7. 국민참여재판을 받을 권리는 재판청구권에서 보호되지 않는다(헌재 2009.11.26. 2008헌바12).

8. 「사회보호법」 부칙 제2조가 「사회보호법」을 폐지하면서 그 전에 이미 판결이 확정된 보호감호를 종전의 「사회보호법」에 따라 집행하도록 한 것은 이중처벌금지원칙이나 과잉금지원칙, 평등원칙에 위배되지 아니하고, 보호감호의 관리와 집행에 관한 사항을 치료감호심의위원회가 결정하도록 한 것은 법관의 재판을 받을 권리를 침해하거나 적법절차원칙에 위배되지 아니하여, 청구인의 신체의 자유 등 기본권을 침해하지 아니한다(헌재 2015.09.24. 2014헌바222).

9. 19세 미만의 미성년자에 대하여 성폭력범죄를 저지른 자 중 재범의 위험성이 있는 자에 대한 전자장치 부착기간의 하한을 2배 가중하는 것은, 과잉금지원칙을 위반하여 피부착자의 사생활의 비밀과 자유, 개인정보자기결정권, 신체의 자유, 인격권을 침해한다고 볼 수 없으며, 법관에 의한 재판을 받을 권리를 침해한다고 볼 수도 없다(헌재 2016.05.26. 2014헌바164).

10. 소송구조에 대한 재판을 소송기록을 보관하고 있는 법원이 하도록 한 「민사소송법」 제128조 제3항은 공정한 재판을 받을 권리와 평등권을 침해하지 않는다(헌재 2016.07.28. 2015헌마105).

11. 군사법원법에 의한 군사재판을 국민참여재판 대상사건의 범위에서 제외하고 있는 「국민의 형사재판 참여에 관한 법률」 제5조 제1항(이하 '심판대상조항'이라 한다)이 평등원칙에 위배되지 않는다(헌재 2021.06.24. 2020헌바499).

12. 상속개시 후 인지에 의하여 공동상속인이 된 자가 다른 공동상속인에 대해 그 상속분에 상당한 가액의 지급에 관한 청구권(상속분가액지급청구권)을 행사하는 경우에도 상속회복청구권에 관한 10년의 제척기간을 적용하도록 한 「민법」 조항이 청구인의 재산권과 재판청구권을 침해하여 헌법에 위반된다(헌재 2024.06.27. 2021헌마1588).

② 법률에 의한 재판을 받을 권리
  ㉠ 민사재판(형식적 의미의 법률 + 관습법, 조리), 형사재판(형식적 의미의 법률), 행정재판, 헌법재판을 받을 권리
  ㉡ 대법원의 재판을 받을 권리는 법률상 보장된다고 봄이 판례의 견해이다.
  ㉢ 재심청구권은 입법형성권의 행사에 의하여 비로소 창설되는 법률상의 권리일 뿐, 청구인의 주장과 같이 헌법 제27조 제1항에 의하여 직접 발생되는 기본적은 아니다(헌재 2000.06.29. 99헌바66).

판례

헌법상 재판을 받을 권리란 적어도 한번의 사실심과 법률심을 받을 권리를 말한다(헌재 1995.09.28. 92헌가11 등).
법관에 의한 재판을 받을 권리를 보장한다고 함은 결국 법관이 사실을 확정하고 법률을 해석·적용하는 재판을 받을 권리를 보장한다는 뜻이고, 그와 같은 법관에 의한 사실확정과 법률의 해석적용의 기회에 접근하기 어렵도록 제약이나 장벽을 쌓아서는 아니된다고 할 것이며, 만일 그러한 보장이 제대로 이루어지지 아니한다면 헌법상 보장된 재판을 받을 권리의 본질적 내용을 침해하는 것으로서 우리 헌법상 허용되지 아니한다.

판례

1. 변호사징계를 다투는 쟁송에 있어서는 법무부변호사징계위원회에서 사실심이 모두 끝나고 그 다음에는 행정법원 및 고등법원의 재판을 거침이 없이 곧바로 법률심인 대법원의 재판을 받게 되는 점에 중요한 특징이 있다. … 이 사건 법률조항은 법관에 의한 사실확정 및 법률적용의 기회를 박탈한 것으로써 헌법상 국민에게 보장된 법관에 의한 재판을 받을 권리의 본질적 내용을 침해하는 위헌규정이라 아니할 수 없다(헌재 2000.06.29. 99헌가9).

2. 법관에 대한 징계처분 취소청구소송을 대법원의 단심재판에 의하도록 한 구 「법관징계법」 제27조는 재판청구권 침해가 아니다(헌재 2012.02.23. 2009헌바34).

3. 헌법재판소는, 공평·공정한 재판을 보장하는 핵심수단인 법원의 사실확정권을 어떤 형태로든 제한 하는 법령은 헌법위반이 된다고 선언하여 왔다. 즉, 구 특허법 제186조 제1항은 대법원이 특허사건의 최종심 및 법률심으로서 단지 법률적 측면의 심사만을 할 수 있도록 하고 법관에 의한 사실확정의 기회를 박탈한 것이므로 위헌규정이다(헌재 1995.09.28. 92헌가11).

4. 디엔에이감식시료채취영장 발부 과정에서 채취대상자가 자신의 의견을 진술하거나 영장발부에 대하 여 불복하는 등의 절차를 두지 아니한 '디엔에이신원확인정보의 이용 및 보호에 관한 법률' 제8조는 과잉금지원칙을 위반하여 청구인들의 재판청구권을 침해한다는 이유로 헌법불합치 결정을 선고하고, 2019. 12. 31.까지 잠정 적용을 명하였다(헌재 2018.08.30. 2016헌마344).

③ 군사재판을 받지 않을 권리

> 제27조 제2항 군인 또는 군무원이 아닌 국민은 대한민국의 영역 안에서는 중대한 군사상 기밀·초병·초소·유독음식물공급·포로·군용물에 관한 죄중 법률이 정한 경우와 비상계엄이 선포된 경우를 제외하고는 군사법원의 재판을 받지 아니한다.
> 제110조 제4항 비상계엄의 군사재판은 군인·군무원의 범죄나 군사에 관한 간첩죄의 경우와 초병·초소·유독음식물공급·포로에 관한 죄중 법률이 정한 경우에 한하여 단심으로 할 수 있다. 다만, 사형을 선고한 경우에는 그러하지 아니하다.

판례

헌법 제27조 제2항에 규정된 군용물에는 군사시설이 포함되지 않는다(헌재 2013.11.28. 2012헌가10)
'군사시설' 중 '전투용에 공하는 시설'을 손괴한 일반 국민이 항상 군사법원에서 재판받도록 하는 이 사건 법률조항은, 비상계엄이 선포된 경우를 제외하고는 '군사시설'에 관한 죄를 범한 군인 또는 군무원이 아닌 일반 국민은 군사법원의 재판을 받지 아니하도록 규정한 헌법 제27조 제2항에 위반되고, 국민이 헌법과 법률이 정한 법관에 의한 재판을 받을 권리를 침해한다.

④ 신속한 공개재판을 받을 권리

> 제109조 재판의 심리와 판결은 공개한다. 다만, 심리는 국가의 안전보장 또는 안녕질서를 방해하거나 선량한 풍속을 해할 염려가 있을 때에는 법원의 결정으로 공개하지 아니할 수 있다.

판례

1. 헌법 제109조에서 정한 공개금지의 사유가 없음에도 심리의 공개를 금지하기로 결정하거나 그 사유 가 있더라도 공개금지 결정의 선고가 없이 심리에 관한 공개를 금지한 경우는 공개재판을 받을 권리 를 침해한 것이어서 그 절차에서 이루어진 증인의 증언은 증거능력이 없다. 이런 경우에는 변호인의 반대신문권이 보장되었더라도 증거능력이 없다(대판 2005.10.28. 2005도5854 ; 2013.07.26. 2013도2511).

2. 신속한 재판이라고 함은 재판의 기간을 가지고 그 신속여부를 판단하지만, 일반적으로 말하자면 적정 한 재판을 하는데 필요한 기간을 넘어 부당하게 지연됨이 없는 재판을 의미한다. 헌법재판소는 사법 행위는 권리보호 또는 분쟁해결에 적합한 수단이어야 하므로 헌법 제27조 제3항에 의하여 보장되는

신속한 재판을 받을 권리의 신속의 개념에는 분쟁 해결의 시간적 단축뿐만 아니라 효율적인 절차의 운영이라는 요소도 포함된다고 본다(헌재 2007.03.29. 2004헌바93 ; 2007.10.25. 2006헌바39).

3. 신속한 재판을 받을 권리가 기본권임을 인정하면서도(헌재 1995.11.30. 92헌마44 ; 1997.11.27. 94헌마60) 법률에 의한 구체적 형성 없이는 신속한 재판을 위한 어떤 직접적이고 구체적인 청구권이 발생하지 아니한다고 판시하고 있다(헌재 1999.09.16. 98헌마75).

4. 항소기록을 검사를 통해 항소법원에 우회적으로 송부하도록 한 구 형소법 제361조에 기하여 검사가 기록을 보관할 수 있는 기간은 「형사소송법」상 12일이지만, 피고인이 구속된 경우에는 현재 항소심의 구속기간이 최장 4개월로 제한되어 있는 결과 위 12일의 기간은 구속된 피고인의 신속한 재판을 받을 권리에 대한 제한정도가 심각하다고 아니할 수 없다. 아울러 위 조항 송부기간을 훈시규정으로 해석함이 법학계의 지배적 견해이고, 대법원의 판례의 법원의 실무도 그에 따르고 있는 실정 하에서는, 검사가 기록송부과정에서 기록을 보관할 수 있는 기간에 사실상 아무런 제한이 없어 피고인의 신속한 재판을 받을 권리에 대한 제한정도가 적지 않으므로 신속한 재판을 받을 권리 침해이다(헌재 1995.11. 30. 92헌마44).

⑤ 공정한 재판을 받을 권리

  ㉠ 공정한 재판 받을 권리는 명문의 규정은 없으나 신속하고 공개재판을 받을 권리에 당연히 포함된 권리에 해당한다. 따라서 입법자의 광범위의 형성의무의 이행으로 구체화해야 한다.

  ㉡ 독립된 법관에 의하여 인간의 존엄과 기본적 인권을 존중하며 정의와 공평을 이념으로 하는 재판이 행해져야 한다.

  ㉢ 우리 헌법은 명문으로 '공정한 재판'이라는 문구를 두고 있지는 않으나, 학자들 사이에는 우리 헌법 제27조 제1항 또는 제3항이 "공정한 재판을 받을 권리"를 보장하고 있다고 하는 점에 이견이 없으며, 헌법재판소도 "헌법 제12조 제1항·제4항, 헌법 제27조 제1항·제3항·제4항을 종합하면, 우리 헌법이 '공정한 재판'을 받을 권리를 보장하고 있음이 명백하다"라고 판시하는 등, '공정한 재판'을 받을 권리가 국민의 기본권임을 분명히 하고 있다(헌재 2001.08. 30. 99헌마496).

⑥ 형사피해자의 재판절차진술권

  ㉠ 의의 : 형사피해자의 재판절차진술권이란 실체적 진실발견과 피고인의 유·무죄, 양형판단에 참고하기 위해 범죄로 인한 피해자가 당해 사건의 재판절차에 출석하여 자신이 입은 피해의 내용과 사건에 관하여 의견을 진술할 수 있는 권리를 말한다.

판례

헌법이 보장하는 고소하지 아니한 형사피해자의 재판절차진술권을 어떠한 내용으로 구체화할 것인가에 관하여는 입법자에게 입법형성의 자유가 부여되고 있으며, 다만 그것이 재량의 범위를 넘어 명백히 불합리한 경우에 비로소 위헌의 문제가 생길 수 있다(헌재 2003.09.25. 2002헌마533).

ⓛ 피해자의 범위 : 헌법 제27조 제5항 형사피해자(생명, 신체, 재산상 범죄 대상) > 헌법 제30조 범죄피해자(생명, 신체대상)

ⓒ 연혁 : 검사의 불기소처분에 의하여 피해자가 재판정에서 진술할 기회가 박탈되는 것을 방지하여 형사사법의 절차적 적정성을 확보하면서, 동시에 그동안 단순히 심리의 대상에 그쳤던 형사피해자의 정당한 권리를 보장하기 위해 헌법 제30조의 범죄피해자구조청구권과 함께 1987년 9차 6공화국 헌법에 새롭게 규정되었다.

ⓔ 검사의 자의적 불기소처분 관련 판례

    ⓐ 검사의 자의적 불기소처분으로서 고소하지 아니한 형사피해자의 재판절차진술권, 평등권을 침해하는 것이라고 판시하여 검사의 불기소처분에 의하여 침해되는 주요한 기본권으로 이 권리를 들고 있다(헌재 2007.02.22. 2006헌마639 ; 2007.04.26. 2005헌마1120). 여기서 말하는 고소하지 아니한 형사피해자는 형사실체법상의 보호법익을 기준으로 한 피해자 개념에 한정되지 아니하고, 당해 범죄행위로 말미암아 법률상 불이익을 받게 된 자를 포함하는 넓은 의미이다(헌재 1992.02.25. 90헌마91 ; 1993.03.11. 92헌마48). 따라서 범죄피해자는 그가 고소를 제기한 바 없었어도 검사의 불기소처분에 대하여 헌법소원심판을 청구할 자격이 있는 한편, 그는 고소인이 아니므로 불기소처분에 대하여 「검찰청법」에 정한 항고, 재항고의 제기에 의한 구제를 받을 방법이 없고, "고소권자로서 고소한 자"에 해당하지 않아 「형사소송법」 제260조 제1항 소정의 재정신청 절차를 취할 수도 없으므로 곧바로 헌법소원심판을 청구할 수 있다(헌재 2008.11.27. 2008헌마399 등).

    ⓑ 고소한 형사피해자는 「형사소송법」 제260조 상의 재정신청 절차를 거치게 됨으로써(법원의 재판을 헌법소원 대상에서 제외되므로) 더 이상 헌법소원 대상성을 인정하지 않는다.

    ⓒ 검사의 불기소처분에 대한 「검찰청법」 소정의 항고 및 재항고는 그 피의사건의 고소인 또는 고발인만이 할 수 있을 뿐, 기소유예처분을 받은 피의자가 범죄혐의를 부인하면서 무고함을 주장하는 경우에는 「검찰청법」이나 다른 법률에 이에 대한 권리구제절차가 마련되어 있지 아니하므로, 검사의 기소유예처분의 취소를 구하는 헌법소원심판을 청구하는 경우에는 보충성원칙의 예외에 해당한다(헌재 2010.06.24. 2008헌마716).

> 「형사소송법」 제260조(재정신청) 제1항 고소권자로서 고소를 한 자(「형법」 제123조부터 제126조까지의 죄에 대하여는 고발을 한 자를 포함한다. 이하 이 조에서 같다)는 검사로부터 공소를 제기하지 아니한다는 통지를 받은 때에는 그 검사 소속의 지방검찰청 소재지를 관할하는 고등법원(이하 "관할 고등법원"이라 한다)에 그 당부에 관한 재정을 신청할 수 있다. 다만, 「형법」 제126조의 죄에 대하여는 피공표자의 명시한 의사에 반하여 재정을 신청할 수 없다.
> 제2항 제1항에 따른 재정신청을 하려면 「검찰청법」 제10조에 따른 항고를 거쳐야 한다. 다만, 다음 각 호의 어느 하나에 해당하는 경우에는 그러하지 아니하다.
> 1. 항고 이후 재기수사가 이루어진 다음에 다시 공소를 제기하지 아니한다는 통지를 받은 경우
> 2. 항고 신청 후 항고에 대한 처분이 행하여지지 아니하고 3개월이 경과한 경우
> 3. 검사가 공소시효 만료일 30일 전까지 공소를 제기하지 아니하는 경우

제3항 제1항에 따른 재정신청을 하려는 자는 항고기각 결정을 통지받은 날 또는 제2항 각 호의 사유가 발생한 날부터 10일 이내에 지방검찰청검사장 또는 지청장에게 재정신청서를 제출하여야 한다. 다만, 제2항제3호의 경우에는 공소시효 만료일 전날까지 재정신청서를 제출할 수 있다.

제4항 재정신청서에는 재정신청의 대상이 되는 사건의 범죄사실 및 증거 등 재정신청을 이유있게 하는 사유를 기재하여야 한다.

판례

1. **직계혈족, 배우자, 동거친족, 동거가족 또는 그 배우자간의 권리행사방해죄는 그 형을 면제하도록 한 「형법」(2005. 3. 31. 법률 제7427호로 개정된 것) 제328조 제1항은 헌법에 합치되지 아니한다** (헌재 2024.06.27. 2020헌마468 등).

이 사건은 재산범죄의 가해자와 피해자 사이에 일정한 친족관계가 있는 경우 일률적으로 형을 면제하도록 규정한 「형법」 제328조 제1항("친족상도례")에 관한 것이다. 로마법 전통에 따라 친족상도례의 규정을 두고 있는 대륙법계 국가들의 입법례를 살펴보더라도, 일률적으로 광범위한 친족의 재산범죄에 대해 필요적으로 형을 면제하거나 고소 유무에 관계없이 형사소추할 수 없도록 한 경우는 많지 않으며, 그 경우에도 대상 친족 및 재산범죄의 범위 등이 우리 「형법」이 규정한 것보다 훨씬 좁다. 위와 같은 점을 종합하면, 심판대상조항은 형사피해자가 법관에게 적절한 형벌권을 행사하여 줄 것을 청구할 수 없도록 하는바, 이는 입법재량을 명백히 일탈하여 현저히 불합리하거나 불공정한 것으로서 형사피해자의 재판절차진술권을 침해한다.

2. **재정신청에 대한 기각결정에 대한 불복불허규정은 그 규정 중 '불복'에 법 제415조의 '재항고'가 포함되는 것으로 해석하는 한 합리적인 입법재량의 범위를 벗어나 청구인들의 재판청구권을 침해하는 것으로서 헌법에 위반된다**(헌재 2009.06.25. 2008헌마259).

형사피해자로 하여금 자신이 피해자인 범죄에 대한 형사재판절차에 접근할 가능성을 제한하는 것은 동시에 그의 재판청구권을 제한하는 것이 될 수 있으며, 재정신청제도는 검사의 불기소처분이 자의적인 경우 형사피해자의 재판절차진술권을 보장하기 위해 마련된 별개의 사법절차로서, 이 역시 불기소처분의 당부를 심사하는 법원의 '재판절차'이고 형사피해자는 재정신청이라는 재판청구를 할 수 있는 것이므로, 재정신청을 비롯하여 그 심리의 공개 및 재정결정에 대한 불복 등에 대한 제한은 재판청구권의 행사에 대한 제한이 될 수 있다.

법원이 검사의 불기소처분의 위법·부당 여부를 심사하는 재정신청절차에서 불기소처분이 위헌·위법인지 여부가 문제된 사건은 반드시 대법원까지 상소할 수 있는 제도적 장치가 마련되어야만 한다. 그렇지 않고 재정신청 기각결정에 대한 일체의 재항고를 허용하지 않는다면 대법원에 명령·규칙 또는 처분의 위헌·위법 심사권한을 부여하여 법령해석의 통일성을 기하고자 하는 위 헌법규정의 취지에 반할 뿐 아니라, 「헌법재판소법」에 의하여 법원의 재판이 헌법소원의 대상에서 제외되어 있는 상황에서 재정신청인의 재판청구권을 지나치게 제약하는 것이 된다.

ⓓ 고발인의 경우는 자기관련성이 없어 헌법소원이 불가하다.

판례✦

범죄의 피해자 아닌 고발인이 검사의 불기소처분에 대하여 헌법소원심판을 청구한 경우 자기관련성을 부정(헌재 1995.07.21. 94헌마13)

[1] 범행(犯行)에 대하여 간접적인 사실상의 이해관계가 있을 뿐 그 범행으로 인하여 직접적으로 자기의 권리나 법익을 침해받지 아니한 자는 고소권이 없으므로 그가 한 고소는 고발로서의 효력이 있을 뿐이다.

[2] 검사의 불기소처분에 대하여 고발인이 자기의 기본권이 침해되었음을 이유로 헌법소원심판청구를 하는 것은 자기관련성이 없어 부적법하다.

(4) 제한

① 헌법과 법률에 의한 제한

　㉠ 민간인의 군사관련 범죄에 대한 군사법원관할(헌법 제27조 제2항)

　㉡ 군인, 군무원의 군사법원관할(헌법 제27조 제2항, 제110조 제4항)

　㉢ 비상계엄 하 군사관련 범죄는 단심제로서의 군사재판을 한다(다만, 사형은 그러하지 아니하다)(헌법 제110조 제4항).

　㉣ 국회의원의 자격심사와 징계는 국회가 하고 사법심사 대상에서 제외된다(헌법 제64조 제2항, 제4항).

　㉤ 대통령의 형사상 소추제한(헌법 제84조)

② 상고의 제한

　㉠ 특정한 법률에서 권리 또는 이익의 침해를 당한 자가 이에 불복하여 구제받을 수 있는 절차를 규정함으로써 국민들의 재판받을 권리를 구체화하면서 제소기간을 정하고 있는 경우 국민들이 이러한 제소기간을 도과하여 재판을 청구하는 때에는 그 제소가 부적법한 소로서 각하되므로 결국 제소기간을 정한 법률규정은 국민의 재판청구권 행사의 일정한 제한에 해당한다.

　㉡ 헌법 제27조 제1항에서 정하고 있는 재판이라 함은 구체적 사건에 관하여 사실의 확정과 그에 대한 법률의 해석적용을 그 본질적인 내용으로 하는 일련의 과정이라고 한다. 대법원의 상고심 재판을 받을 권리를 제한하는 것은 일응 입법에 의한 헌법상의 재판청구권에 대한 제한에 해당한다. 헌법재판소는 이러한 제도는 헌법에 위반되지 않는다고 판시하였다(헌재 1997.10.30. 97헌바37 등).

판례✦

대법원의 재판을 받을 권리(헌재 1992.06.26. 90헌바25)

헌법 제27조 제1항의 헌법과 법률이 정한 법관에 의하여 재판을 받을 권리란 헌법과 법률이 정한 절차에 의하여 임명되고, 물적독립과 인적독립이 보장된 법관에 의한 재판을 받을 권리를 의미하는 것이지, 대법원을 구성하는 법관에 의한 재판을 권리이거나 사건의 경중을 가리자 않고 모든 사건에 대하여 대법원을 구성하는 법관에 의한 균등한 재판을 받을 권리라고는 보여지지 않는다.

판례

기타 재판을 받을 권리에 대한 판례

1. 형사재판에 있어서 증거의 증명력에 대한 평가를 법관의 자유로운 판단에 맡기는 자유심증주의의 원칙(「형소법」 제308)은 법정증거주의의 불합리성을 극복하고 실체적 진실을 발견하기에 적합한 제도이므로 형사피고인의 공정한 재판을 받을 권리를 침해한 것이 아니라고 판시하였다(헌재 2009.11. 26. 2008헌바25).

2. 「반국가행위자의 처벌에 관한 특별조치법」상 궐석재판제도는 재판청구권 침해이다(헌재 1996.01.25. 95헌가5).

3. 청구인에 대한 특정범죄 가중처벌 등에 관한 법률위반 피고사건에서 검찰측 증인으로 채택된 청구 외 갑을 피청구인이 별지 소환목록(1) 기재와 같이 전후 145회에 걸쳐 소환한 것은 청구인의 공정한 재판을 받을 권리를 침해한 것으로서 위헌임을 확인한다(헌재 2001.08.30. 99헌마496).

4. 참칭상속인에 의하여 상속개시일로부터 10년이 경과한 후 상속권 침해행위가 발생한 경우 참칭상속인은 침해와 동시에 상속재산을 취득하고 진정상속인은 권리를 잃고 구제받을 수 없게 되어 상속인의 재산권과 재판청구권 침해이다(헌재 2001.07.19. 99헌바9).

5. 약식절차에서 피고인이 정식재판을 청구한 경우 약식명령보다 더 중한 형을 선고할 수 없도록 한 「형사소송법」 제457조의2는 재판청구권 침해가 아니다(헌재 2005.03.31. 2004헌가27 · 2005헌바8).

6. 교원징계재심위원회의 결정에 대하여 학교교원은 행정소송을 제기할 수 있도록 하면서 학교법인은 행정소송을 제기할 수 없도록 한 「교원지위법」 제10조는 재판청구권과 평등권 침해이다(헌재 2006. 02.23. 2005헌가7).

7. 사법보좌관이 소송비용액 확정결정절차를 처리하도록 한 「법원조직법」은 재판청구권 침해가 아니다(헌재 2009.02.26. 2007헌바8).

8. 증인신문시 피고인의 퇴정을 명할 수 있도록 한 특정범죄신고자 등 보호법 제11조 제2항 등 위헌소원은 재판청구권 침해가 아니다(헌재 2010.11.25. 2009헌바57).

9. 「형사소송법」상 즉시항고 제기기간을 민사재판의 즉시항고 제기기간보다 단기인 3일로 정하고 있는 것은 심판대상조항은 즉시항고 제기기간을 지나치게 짧게 정함으로써 실질적으로 즉시항고 제기를 어렵게 하고, 즉시항고 제도를 단지 형식적이고 이론적인 권리로서만 기능하게 하므로, 입법재량의 한계를 일탈하여 재판청구권을 침해한다(헌재 2011.05.26. 2010헌마499).

   통지판례 「인신보호법」상 '피수용자인 구제청구자'의 즉시항고 제기기간을 '3일'로 정한 부분은 재판청구권을 침해한다(헌재 2015.09.24. 2013헌가21).

10. 사법경찰관인 피청구인이 위험발생의 염려가 없음에도 불구하고 사건종결 전에 압수물을 폐기한 행위는 적법절차원칙에 반하고, 공정한 재판을 받을 권리 침해이다(헌재 2012.12.27. 2011헌마351).

11. 교도소장이 수형자의 출정비용납부거부 또는 영치금과의 상계동의를 거부했다는 이유로 수형자의 행정소송 변론기일에 수형자의 출정을 제한한 행위는 재판청구권 침해이다(헌재 2012.03.29. 2010헌마475).

12. 지방공무원의 면직처분에 불복하는 경우에는 행정소송 제기 전에 반드시 소청심사위원회의 심사를 거치도록 한 조항 및 그 소청심사 청구기간을 면직처분사유 설명서 교부일부터 30일 이내로 정한 조항은 재판청구권을 침해하거나 평등원칙에 위반되지 않는다(헌재 2015.03.26. 2013헌바186).

13. 수형자와 소송대리인인 변호사와의 접견시간을 일반 접견과 동일하게 회당 30분 이내로, 횟수는 다른 일반 접견과 합하여 월 4회로 제한하는 것은 수형자의 재판청구권을 침해하여 헌법에 합치되지 않는다(헌재 2015.11.26. 2012헌마858).

14. 피고인이 약식명령의 고지를 받은 날로부터 7일 이내에 정식재판의 청구를 할 수 있도록 한 것은 불복기회를 박탈할 만큼의 단기라고 할 수 없다는 점에서 헌법에 위반되지 않는다(헌재 2016.04.28, 2015헌바184).

15. 보상금증감청구소송의 제소기간을 재결서를 받은 날부터 60일로 제한하는 것은 보상금증감청구소송을 제기하려는 토지소유자의 재판청구권을 침해한다고 볼 수 없다(헌재 2016.07.28, 2014헌바206).

16. 판결에 영향을 미칠 중요한 사항에 관하여 판단을 누락한 때를 확정된 종국판결에 대하여 재심의 소를 제기할 수 있는 사유로 규정한 것은 명확성원칙에 위배되지 않으며, '판단이유의 누락'이 아니라 '판단누락'을 재심사유로 규정하였다 하여도 재판의 적정성을 현저히 희생하였다고 보기 어려우므로 재판청구권을 침해하지 않는다(헌재 2016.12.29, 2016헌바43).

17. 학교법인의 물적 기반이 되는 기본재산의 매도에 있어 관할청의 허가를 받도록 한 것은 과잉금지원칙에 위반하여 재산권과 신속한 재판을 받을 권리를 침해하지 아니한다(헌재 2016.12.29, 2016헌바144).

18. 「주세법」에 따른 의제주류판매업면허의 취소처분에 관하여 필요적 행정심판전치주의를 채택한 것은 일반적인 국세에 관한 처분에 관하여 필요적 행정심판전치주의를 채택한 것과 같은 정당성, 합리성이 인정되므로 재판청구권을 침해하지 않으며 평등원칙에도 위배되지 않는다(헌재 2016.12.29, 2015헌바229).

3. 형사보상청구권

> 제28조 형사피의자 또는 형사피고인으로서 구금되었던 자가 법률이 정하는 불기소처분을 받거나 무죄판결을 받은 때에는 법률이 정하는 바에 의하여 국가에 정당한 보상을 청구할 수 있다.

(1) 의의

형사피의자 또는 피고인으로 구금되었던 자가 불기소처분을 받거나 확정판결에 의하여 무죄를 선고받은 경우 물질적, 정신적 손실을 국가에 청구할 수 있는 권리를 말한다.

(2) 법적 성격

「형사소송법」상 비용보상청구권과 달리 헌법상 보상청구권으로서 형사작용의 위법성, 공무원의 고의·과실 등과 무관한 무과실 결과책임으로서의 손실보상으로 구체적 효력을 규정하고 있다.

(3) 주체

① 형사피의자(현행헌법에서 확대적용): 불기소처분을 받은 형사피의자로 구금되었던 자
② 형사피고인(제헌헌법)
  ㉠ 구금된 자가 무죄판결 확정

판례

원판결의 근거가 된 가중처벌규정에 대하여 헌법재판소의 위헌결정이 있었음을 이유로 개시된 재심절차에서, 공소장 변경을 통해 위헌결정된 가중처벌규정보다 법정형이 가벼운 처벌규정으로 적용법조가 변경되어 피고인이 무죄재판을 받지는 않았으나 원판결보다 가벼운 형으로 유죄판결이 확정된 경우, 재심판결에서 선고된 형을 초과하여 집행된 구금에 대하여 보상요건을 전혀 규정하지 아니한 「형사보상 및 명예회복에 관한 법률」 제26조 제1항이 평등원칙을 위반하여 청구인들의 평등권을 침해하므로 위헌선언

을 하되, 2023. 12. 31.을 시한으로 입법자가 개정할 때까지 계속 적용을 명하는 헌법불합치결정을 하였다 (헌재 2022.02.24. 2018헌마998).

     ⓒ 면소·공소기각의 재판을 받은 자로서 구금되었던 자는 무죄재판을 받을 만한 현저한 사유가 있는 경우(실질적 무죄판결) 가능하다.

③ 상속인
     ㉠ 보상을 청구할 수 있는 자가 청구를 하지 아니하고 사망한 경우
     ⓒ 사망한 자에 대한 재심 또는 비상상고절차에서 무죄재판이 있는 경우

(4) 보상내용

① 구금에 대한 보상이다.
② 사형집행보상
③ 변호사비용·소송비용은 제외한다.
④ 보상청구는 대리인이 할 수도 있다.
⑤ 무죄판결을 받은 자의 청구가 있는 경우 무죄재판서를 법무부 인터넷 홈페이지에 1년간 게재해야 한다.

(5) 보상에 대한 전부 또는 일부의 삭감

① 피의자
     ㉠ 본인이 수사 또는 재판을 그르칠 목적으로 허위자백 또는 다른 유죄의 증거를 만듦으로써 구금된 것으로 인정되는 경우
     ⓒ 구금기간 중에 다른 사실에 대하여 수사가 행하여지고 그 사실에 관하여 범죄가 성립한 경우
     ⓒ 보상을 하는 것이 선량한 풍속 기타 사회질서에 반한다고 인정할 특별한 사유가 있는 경우

② 피고인
     ㉠ 형사미성년자 및 심신상실자로 무죄재판을 받은 경우
     ⓒ 본인이 수사 또는 재판을 그르칠 목적으로 허위자백 또는 다른 유죄의 증거를 만듦으로써 기소, 미결구금 또는 유죄재판을 받게 된 것으로 인정된 경우
     ⓒ 1개의 재판으로써 경합범의 일부에 대하여 무죄재판을 받고 다른 부분에 대하여 유죄재판을 받았을 경우

(6) 형사보상의 청구 및 절차

① 피의자는 불기소처분을 한 검사가 소속한 지방검찰청의 심의회에 불기소처분의 고지 또는 통지를 받은 날로부터 3년 이내에 보상을 청구한다. 심의회의 기각결정은 물론 보상결정에 대해서도 행정심판 또는 행정소송을 제기할 수 있다.
② 무죄판결을 받은 피고인은 무죄재판이 확정된 사실을 안 날로부터 3년, 확정된 때로부터 5년 이내에 법원에 보상을 청구해야 한다. 형사보상여부는 합의부에서 재판한다. 법원의 기각결정뿐 아니라 보상결정에 대해서도 즉시 항고할 수 있다.

(7) 형사절차에서 불가피한 신체상 구금에 보상이므로, 양도·압류는 금지한다.

(8) 다른 법률에 의한 손해배상청구가 가능하다.

> **판례**
>
> 1. 형사보상의 청구는 무죄재판이 확정된 때로부터 1년 이내에 하도록 규정하고 있는 「형사보상법」 제7조는 재판청구권 침해이다(헌재 2010.07.29. 2008헌가4). ⇨ 헌법불합치
>
> 2. 형사보상의 청구에 대하여 한 보상의 결정에 대하여는 불복을 신청할 수 없도록 하여 형사보상의 결정을 단심재판으로 규정한 「형사보상법」 제19조 제1항은 형사보상청구권과 재판청구권 침해이다(헌재 2010.10.28. 2008헌마514). ⇨ 위헌
>
> 3. 행정절차상의 보호처분을 받아 수용되거나 법률상 근거 없이 송환대기실에 수용되었던 외국인에 대하여 보상을 지급하는 법률을 제정하지 아니한 입법부작위는 입법의무가 없으므로 부적법 각하한다(헌재 2024.01.25. 2020헌바475).

> **판례**
>
> **「형사소송법」 제194조의3 제2항 위헌소원**(헌재 2015.04.30. 2014헌바408) **: 합헌**
>
> [1] 「형사소송법」상 인정되는 무죄판결의 확정에 따른 비용보상청구권은 법률로 형성된 권리이다.
>
> [2] 비용보상청구권의 행사기간을 판결확정일로부터 6개월이라고 규정한 구 「형사소송법」 조항은 재판청구권 및 재산권을 침해하지 않으며, 평등원칙에 위배되지 않는다.
>
> > **비교판례** 군사법원 피고인의 비용보상청구권의 제척기간을 '무죄판결이 확정된 날부터 6개월'로 정한 구 군사법원법 제227조의12 제2항에 대하여 헌법에 위반된다(헌재 2023.08.31. 2020헌바252).

> **「형사소송법」**
>
> 제194조의3(비용보상의 절차 등) 제1항 제194조의2 제1항에 따른 비용의 보상은 피고인이었던 자의 청구에 따라 무죄판결을 선고한 법원의 합의부에서 결정으로 한다.
>
> 제2항 제1항에 따른 청구는 무죄판결이 확정된 사실을 안 날부터 3년, 무죄판결이 확정된 때부터 5년 이내에 하여야 한다.
>
> 제3항 제1항의 결정에 대하여는 즉시항고를 할 수 있다.

4. 국가배상청구권

> 헌법 제29조 제1항 공무원의 직무상 불법행위로 손해를 받은 국민은 법률이 정하는 바에 의하여 국가 또는 공공단체에 정당한 배상을 청구할 수 있다. 이 경우 공무원 자신의 책임은 면제되지 아니한다.
>
> 제2항 군인·군무원·경찰공무원 기타 법률이 정하는 자가 전투·훈련 등 직무집행과 관련하여 받은 손해에 대하여는 법률이 정하는 보상 외에 국가 또는 공공단체에 공무원의 직무상 불법행위로 인한 배상은 청구할 수 없다.

> 「국가배상법」 제2조 제1항 국가나 지방자치단체는 공무원 또는 공무를 위탁받은 사인이 직무를 집행하면서 고의 또는 과실로 법령을 위반하여 타인에게 손해를 입히거나, 「자동차손해배상 보장법」에 따라 손해배상의 책임이 있을 때에는 이 법에 따라 그 손해를 배상하여야 한다. 다만, 군인·군무원·경찰공무원 또는 향토예비군대원이 전투·훈련 등 직무 집행과 관련하여 전사(戰死)·순직(순직)하거나 공상(公傷)을 입은 경우에 본인이나 그 유족이 다른 법령에 따라 재해보상금·유족연금·상이연금 등의 보상을 지급받을 수 있을 때에는 이 법 및 「민법」에 따른 손해배상을 청구할 수 없다.
>
> 제5조 제1항 도로·하천 기타 공공의 영조물의 설치 또는 관리에 하자가 있기 때문에 타인에게 손해를 발생하게 하였을 때에는 국가 또는 지방자치단체는 그 손해를 배상하여야 한다. 이 경우에는 제2조 제1항 단서, 제3조 및 제3조의2의 규정을 준용한다.
>
> 제6조 제1항 제2조·제3조 및 제5조에 따라 국가 또는 지방자치단체가 손해를 배상할 책임이 있는 경우에 공무원의 선임·감독 또는 영조물의 설치·관리를 맡은 자와 공무원의 봉급·급여 기타의 비용 또는 영조물의 설치·관리의 비용을 부담하는 자가 동일하지 아니하면 그 비용을 부담하는 자도 손해를 배상하여야 한다.

(1) 의의 및 연혁

① 공무원의 직무상 불법행위로 손해를 받은 국민이 국가 또는 공공단체에 그 손해를 배상해 주도록 청구할 수 있는 권리이다.

② 프랑스의 참사원이 1873년 Blanco(블랑꼬라는 소년이 연초 운반차에 치여 부상을 입게 된 사건) 판결에서 국가배상책임을 공법적 책임으로 최초로 확인하였다.

③ 헌법 제29조, 「국가배상법」 제2조, 「국가배상법」 제5조(헌법적 명시적 근거는 없으나 합헌)

(2) 법적 성격

① 청구권의 성질

　㉠ 재산권적 성질과 청구권적 성질

　㉡ 헌법상 주관적 공권(공권설)

② 「국가배상법」의 성질

　㉠ 사법설 : 「민법」의 특별법적 성격

　㉡ 공법설 : 공권인 국가배상권의 실현에 관한 국가권력의 의무를 규정한 법으로 공법

　㉢ 대법원 : 「국가배상법」을 사법의 특별법으로 보아 민사소송절차에 따라 다루고 있다.

(3) 주체

① 청구권의 주체 : 국민, 법인. 다만, 군인, 군무원, 경찰공무원등은 배상청구권의 주체가 되나 직무 집행과 관련하여 받은 손해에 대해서는 법률이 정하는 보상을 받는 경우 이중배상이 금지되어 있다.

② 외국인은 상호주의 하에 국가배상청구권이 인정된다.

③ 배상책임의 주체 : 헌법상 국가 또는 공공단체가 주체이다. 다만 「국가배상법」은 국가나 지방자치단체가 주체이다.

(4) 성립요건

① 공무원: 권한분장에 구애받지 않으며 널리 공무를 위탁받아 실질적으로 공무에 종사하고 있는 일체의 자를 말한다. 다만 ㉠ 의용소방대원, ㉡ 시영버스운전사, ㉢ 한국토지공사는 공무원으로 간주되지 아니한다.

> **판례**
>
> **공무수탁사인**(헌재 2001.01.05. 98다39060)
> 「국가배상법」 제2조 소정의 공무원이라 함은 「국가공무원법」이나 「지방공무원법」에 의하여 공무원으로서의 신분을 가진 자에 국한하지 않고, 널리 공무를 위탁받아 실질적으로 공무에 종사하고 있는 일체의 자를 가리키는 것으로서, 공무의 위탁이 일시적으로 한정적인 사항에 관한 활동을 위한 것이어도 달리 볼 것은 아니다.

② 직무상 행위

   ㉠ 범위: 권력행위와 관리행위를 포함하지만 공무원의 사법상 행위는 헌법 제29조 제1항의 직무상 행위에 포함되지 아니한다(광의설).
   ㉡ 판단기준: 직무집행의 외형을 갖춘 것은 모두 포함한다(외형설). 따라서 상대방이 직무집행 중이 아니라는 사실을 알고 있는 것과 무관하게 주관적 요건은 고려하지 않는다.

> **판례**
>
> **헌법재판소의 청구기간 계산 잘못에 대한 국가배상책임 인정**(대판 2003.07.11. 99다24218)
> 위의 잘못은 전적으로 재판관의 판단재량에 맡겨져 있는 헌법의 해석이나 법령·사실 등의 인식과 평가의 영역에 속한 것이 아니고 헌법소원심판 제기일의 확인이라는 비재량적 절차상의 과오라는 점, 통상의 주의만으로도 착오를 일으킬 여지가 없음에도 원고의 헌법소원제기일자를 엉뚱한 날짜로 인정한 점, 헌법재판소의 결정에 대하여는 불복의 방법이 없는 점 등에 비추어 보면, 위와 같은 잘못은 법이 헌법재판소 재판관의 직무수행상 준수할 것을 요구하고 있는 기준을 현저하게 위반한 경우에 해당하여 국가배상책임을 인정하는 것이 상당하다고 하지 않을 수 없다.
>
> **직무행위 기준**(대판 1966.03.22. 66다117)
> 공무원이 그 직무를 당하여 일어난 것인지 여부를 판단하는 기준은 행위의 외관을 객관적으로 관찰하여 공무원의 행위로 보여질 때는 공무원의 직무상 행위로 볼 것이며, 이러한 행위가 공무집행행위가 아니라는 사정을 피해자가 알았다 하더라도 이에 대한 국가배상책임은 부정할 수 없다.

③ 불법행위

   ㉠ 고의·과실로 법령을 위반한 행위이다.
   ㉡ 해당 공무원의 불법행위를 평균적 당해 사무를 담당하는 공무원을 기준으로 평가한다.

판례

학설·판례가 귀일되지 못한 경우 과실 부정(대판 1997.07.11. 97다7608)

법령에 대한 해석이 그 문언 자체만으로는 명백하지 아니하여 여러 견해가 있을 수 있는데다가 이에 대한 선례나 학설, 판례 등도 귀일된 바 없어 의의가 없을 수 없는 경우에 관계 공무원이 그 나름대로 신중을 다하여 합리적인 근거를 찾아 그 중 어느 한 견해를 따라 내린 해석이 후에 대법원이 내린 입장과 같지 않아 결과적으로 잘못된 해석에 돌아가고, 이에 따른 처리 역시 결과적으로 위법하게 되어 그 법령의 집행이라는 결과를 가져오게 되었다고 하더라, 그와 같은 처리방법이상의 것을 성실한 평균적 공무원에게 기대하기는 어려운 일이고, 따라서 이러한 경우에까지 「국가배상법」 공무원의 과실을 인정할 수는 없다.

판례

1. 청구인들이 일본국에 대하여 가지는 일본군 위안부로서의 배상청구권이 '대한민국과 일본국 간의 재산 및 청구권에 관한 문제의 해결과 경제협력에 관한 협정' 제2조 제1항에 의하여 소멸되었는지 여부에 관한 한·일 양국 간 해석상 분쟁을 위 협정 제3조가 정한 절차에 따라 해결하지 아니하고 있는 피청구인의 부작위는 헌법에 반한다(헌재 2011.08.30. 2006헌마788).

2. 청구인들이 일본국에 대하여 가지는 원폭피해자로서의 배상청구권이 '대한민국과 일본국 간의 재산 및 청구권에 관한 문제의 해결과 경제협력에 관한 협정' 제2조 제1항에 의하여 소멸되었는지 여부에 관한 한·일 양국 간 해석상 분쟁을 위 협정 제3조가 정한 절차에 따라 해결하지 아니하고 있는 피청구인의 부작위는 재산권침해이다(헌재 2011.08.30. 2008헌마648).

④ 손해와 배상청구권의 양도·압류금지

　㉠ 생명, 신체상 손해배상(정신적 위자료 포함)은 양도, 압류가 금지되며, 재산상 손해배상은 양도, 압류가 가능하다.

　㉡ 「국가배상법」 제3조상의 배상기준을 한정액으로 보는 견해와 기준액으로 보는 견해가 있다. 한정규정으로 볼 경우 「민법」상 배상보다 피해자에게 불리할 수 있으므로 단순한 기준으로 보는 기준액설이 다수설과 판례의 견해이다(대판 1980.12.09. 80다1828).

⑤ **국가배상책임의 본질과 국가배상책임자**

① 자기책임설(헌법상 국가만 배상책임자로 선택 청구 불가)

　㉠ 국가가 공무원을 자신의 기관으로 사용한데 대한 자기책임

　㉡ 국가 또는 공공단체가 위법으로 행사할 수 있는 권한을 부여하고 있는 것으로 그 결과에 대해 국가 또는 공공단체가 부담해야 할 위험책임

② 대위책임설(헌법상 국가와 해당공무원 선택청구 가능)

　㉠ 피해자 보호를 위하여 공무원의 책임을 국가가 대신하여 지는 사용자 책임

　㉡ 국가무책임사상에 근거하고 있다.

③ 절충설(중간설·판례) : 공무원의 불법행위가 경과실일 때는 자기책임이나 고의나 중과실일 때는 대위책임이다.

판례

배상책임자(대판 1996.02.15. 95다38677)

공무원의 위법행위가 고의·중과실에 기인한 경우에는 그 행위가 그의 직무와 관련된 것이라 하더라도 공무원 개인에게 불법행위로 인한 손해배상을 부담시키되 다만 이 경우에도 피해자인 국민을 두텁게 보호하기 위하여 국가 등이 공무원 개인과 중첩적으로 배상책임을 부담하되 국가가 배상책임을 지는 경우에는 공무원 개인에게 구상할 수 있다.

(6) 제한(이중배상금지)

군인·군무원의 보상 외 배상이 금지되어 있다.

판례

군인과 민간인의 공동불법행위에 있어 국가에 대한 구상권(헌재 1994.12.29. 93헌바21) **: 한정위헌**

이 사건 심판대상 부분이 일반국민의 국가에 대한 구상권의 행사를 허용하지 아니한다고 해석한다면, 이는 국가가 공동불법행위자인 군인의 사용자로서 그 군인의 불법행위로 인한 손해배상책임을 합리적인 이유 없이 일반국민에게 전가시키거나 전가시키는 결과가 되어, 입법목적을 달성하기 위한 정당한 입법 수단의 한계를 벗어나는 것이 된다고 할 것이다. 상과 같은 이유로 이 사건 심판대상 부분에 의하여 이 사건의 쟁점이 되고 있는 사안에서 일반국민이 공동불법행위자인 군인의 부담부분에 관하여 국가에 대하여 구상권을 행사할 수 없다고 해석한다면, 이는 이 사건 심판대상 부분의 헌법상 근거규정인 헌법 제29조가 구상권의 행사를 배제하지 아니하는데도 이를 배제하는 것으로 해석하는 것으로서 합리적인 이유 없이 일반국민을 국가에 대하여 지나치게 차별하는 경우에 해당하므로 헌법 제11조, 제29조에 위반된다.

판례

1. 「국가배상법」 제2조 제1항 단서 중의 '경찰공무원'은 '「경찰공무원법」상의 경찰공무원'만을 의미한다고 단정하기 어렵고, 널리 경찰업무에 내재된 고도의 위험성을 고려하여 '경찰조직의 구성원을 이루는 공무원'을 특별취급하려는 취지로 파악함이 상당하고, 따라서 전투경찰순경은 헌법 제29조 제2항 및 「국가배상법」 제2조 제1항 단서 중의 '경찰공무원'에 해당한다고 보아야 할 것이다(헌재 1996.06.13. 94헌마118).

2. 공익근무요원은 소집되어 군에 복무하지 않는 한 군인이라고 할 수 없으므로 「국가배상법」 손해배상청구가 제한되는 군인·군무원, 경찰공무원 또는 향토예비군대원에 해당된다고 볼 수 없다(대판 97. 03.28. 97다4036).

3. 현역병으로 입영하여 경비교도로 전입된 자는 군인의 신분을 상실하였으므로 「국가배상법」 제2조 제1항의 단서의 군인 등에 해당하지 아니한다(대판 1998.02.10. 97다45914).

4. 배상심의회의 배상결정은 신청인이 동의한 때에는 「민사소송법」 규정에 의한 재판상 화해가 성립된 것으로 본다는 「국가배상법」 제16조는 재판청구권 침해이다(헌재 1995.05.25. 91헌가7).

5. 보상금 등의 지급결정에 동의한 때에는 특수임무수행 등으로 인하여 입은 피해에 대하여 재판상 화해가 성립된 것으로 보는 「특수임무수행자 보상에 관한 법률」 제17조의2는 재판청구권 침해가 아니다 (헌재 2011.02.24. 2010헌바199).

6. 앞서 살펴본 바와 같이 민주화보상법상 보상금 등에는 정신적 손해에 대한 배상이 포함되어 있지 않음을 알 수 있다. 이처럼 정신적 손해에 대해 적절한 배상이 이루어지지 않은 상태에서 적극적·소극적 손해 내지 손실에 상응하는 배·보상이 이루어졌다는 사정만으로 정신적 손해에 관한 국가배상청구마저 금지하는 것은, 해당 손해 내지 손실에 관한 적절한 배·보상이 이루어졌음을 전제로 하여 국가배상청구권 행사를 제한하려 한 민주화보상법의 입법목적에도 부합하지 않으며, 국가의 기본권 보호의무를 규정한 헌법 제10조 제2문의 취지에도 반하는 것으로서, 지나치게 가혹한 제재에 해당한다. 따라서 심판대상조항 중 정신적 손해에 관한 부분은 관련자와 유족의 국가배상청구권을 침해한다 (헌재 2018.08.30. 2014헌바180).

7. 5·18 민주화운동과 관련하여 재판상 화해 간주 사유를 규정하고 있는 구 「광주민주화운동 관련자 보상 등에 관한 법률」 제16조 제2항 가운데 '광주민주화운동과 관련하여 입은 피해' 중 '정신적 손해'에 관한 부분 및 구 「5·18 민주화운동 관련자 보상 등에 관한 법률」 제16조 제2항 가운데 '5·18 민주화운동과 관련하여 입은 피해' 중 '정신적 손해'에 관한 부분이 과잉금지원칙에 위반되어 관련자와 그 유족의 국가배상청구권을 침해한다(헌재 2021.05.27. 2019헌가17).

8. 군 복무 중 사망한 사람의 유족이 국가배상을 받은 경우, 국가보훈처장 등이 사망보상금에서 정신적 손해배상금까지 공제할 수 있는지 문제 된 사안에서, 구 「군인연금법」(2019. 12. 10. 법률 제16760호로 전부 개정되기 전의 것)이 정하고 있는 급여 중 사망보상금은 일실손해의 보전을 위한 것으로 불법행위로 인한 소극적 손해배상과 같은 종류의 급여이므로, 군 복무 중 사망한 사람의 유족이 국가배상을 받은 경우 국가보훈처장 등은 사망보상금에서 소극적 손해배상금 상당액을 공제할 수 있을 뿐, 이를 넘어 정신적 손해배상금까지 공제할 수 없다(대판 2021.12.16. 2019두45944).

5. 범죄피해자구조청구권

> 제30조 타인의 범죄행위로 인하여 생명·신체에 대한 피해를 받은 국민은 법률이 정하는 바에 의하여 국가로부터 구조를 받을 수 있다.

(1) 의의

본인에게 귀책사유가 없는 타인의 범죄행위로 생명을 잃거나 신체상 피해를 입은 국민이나 그 유족이 범죄자로부터 충분한 피해배상을 받지 못한 경우, 국가에 대하여 일정한 보상을 요구할 수 있는 권리이다.

(2) 법적 성격

① 국가책임적 성질과 사회보장적 성질
② 구체적 권리

(3) 요건

① 타인의 범죄행위로 인한 생명·신체에 대한 피해(「범죄피해자보호법」 제2조)

② 대한민국 영역내 또는 대한민국 영역 밖에 있는 우리나라 국적의 선박 또는 항공기에서 발생한 범죄

③ 생명·신체(재산×)를 해하는 범죄피해를 입은 경우에 한한다.

④ 「형법」 제9조(형사미성년자), 제10조 제1항(심신상실자), 제22조 제1항(긴급피난)의 규정에 의하여 처벌되지 아니한 행위를 포함하지만, 정당행위와 정당방위로 처벌되지 아니하는 행위와 과실에 의한 범죄행위 불포함하고 있다.

⑤ 정당한 배상을 받지 못한 경우

⑥ 생계유지곤란 요건은 삭제

⑦ 구조금지급신청은 해당 구조대상 범죄피해의 발생을 안 날부터 3년이 지나거나 해당 구조대상 범죄피해가 발생한 날부터 10년이 지나면 할 수 없다(「범죄피해자보호법」 제25조).

⑧ 친족 간 범죄의 경우 구조금의 실질적인 수혜자가 가해자로 귀착될 우려가 없다고 인정되는 경우에는 구조금이 지급될 수 있도록 한다(제19조 제7항).

(4) 구조청구권의 성질

① 다른 법령에 의한 급여나 손해배상을 받은 때에는 구조금을 지급하지 아니한다(동법 제21조).

② 2년의 소멸시효(동법 제31조)

③ 구조금수령권의 양도·압류·담보제공 금지(동법 제32조)

> **판례**
>
> 범죄피해자구조청구권의 대상이 되는 범죄피해의 범위에 관하여 해외에서 발생한 범죄피해는 포함하고 있지 아니한 것은 평등원칙에 위반되지 않는다(헌재 2011.12.29. 2009헌마354).

제6절 │ 사회적 기본권

1. 사회적 기본권의 의의

(1) 법적 성격

① 객관설

ㄱ 프로그램규정설: 국가의 정책적 목표 또는 입법방침을 밝힌 것이다.

ㄴ 국가목표규정설: 국가활동에 원칙과 지침을 제시하고 입법·행정·사법작용에 대해 구속력을 가진다.

ㄷ 입법위임규정설: 입법자에게 특정한 내용의 입법활동을 하도록 의무를 부과하는 규정이다.

② 주관설(법적 권리설)

　㉠ 추상적 권리설 : 법적 권리로서 성격은 인정하지만, 이러한 법적 권리는 추상적이므로 이에 따라 국가는 그러한 조치를 취할 법적 의무가 있다고 한다. 다만 기본권은 그 자체로는 구체화가 불가하고 개별 법률에 의해 구체적으로 형성되고 그와 일체가 됨으로써 구체적 권리로 전화된다고 한다. 결국 입법이 없거나 미흡한 경우에는 입법방침설과 차이가 없다.

　㉡ 구체적 권리설 : 기본권에 관한 헌법규정 자체에서 구체적 내용을 가진 권리가 인정된다고 본다. 그러나 이 견해 내에서도 직접 국가에 대해 일정 급부를 청구하거나 소구할 수 있는 것은 아니라는 입장이 지배적이다.

> **판례**
>
> **인간다운 생활을 할 권리로부터 최소한의 물질적인 생활유지에 필요한 급부를 청구할 권리는 구체적 권리로서 도출된다**(헌재 1998.02.27. 97헌가10).
>
> 인간다운 생활을 할 권리로부터 인간의 존엄에 상응하는 최소한의 물질적인 생활의 유지에 필요한 급부를 요구할 수 있는 구체적인 권리가 상황에 따라서는 직접 도출될 수 있다고 할 수는 있어도, 동 기본권이 직접 그 이상의 급부를 내용으로 하는 구체적인 권리를 발생케 한다고는 볼 수 없다고 할 것이다. 이러한 구체적 권리는 국가가 재정형편 등 여러가지 상황들을 종합적으로 감안하여 법률을 통하여 구체화할 때에 비로소 인정되는 법률적 차원의 권리라고 할 것이다. 그러므로 전공상자 등에게 인간다운 생활에 필요한 최소한의 물질적 수요를 충족시켜 주고 헌법상의 사회보장, 사회복지의 이념과 국가유공자에 대한 우선적 보호이념에 명백히 어긋나지 않은 한 입법자는 광범위한 입법재량권을 행사할 수 있다고 할 것이다.

⑵ **자유권적 기본권과의 관계**

사회적 기본권은 실질적 평등을 자유권적 기본권은 자유를 주로 하여 대립하나 인간의 존엄성 존중과 자유로운 인격의 발현을 위해 사회적 기본권은 자유권적 기본권을 실효적인 것으로 만드는 수단으로 상호보완적이다. 따라서 입법권자는 헌법상의 사회적 기본권을 입법할 의무가 있고, 이에 따른 입법이 행해지지 않을 때는 입법부작위의 위헌을 확인할 수도 있고, 사회적 기본권을 충분히 실현하지 못한 불충분한 입법(부진정 입법부작위)에 대해서도 사법심사가 가능하다.

2. 인간다운 생활을 할 권리

> 제34조 제1항 모든 국민은 인간다운 생활을 할 권리를 가진다.
> 　제2항 국가는 사회보장·사회복지의 증진에 노력할 의무를 진다.
> 　제3항 국가는 여자의 복지와 권익의 향상을 위하여 노력하여야 한다.
> 　제4항 국가는 노인과 청소년의 복지향상을 위한 정책을 실시할 의무를 진다.
> 　제5항 신체장애자 및 질병·노령 기타의 사유로 생활능력이 없는 국민은 법률이 정하는 바에 의하여 국가의 보호를 받는다.
> 　제6항 국가는 재해를 예방하고 그 위험으로부터 국민을 보호하기 위하여 노력하여야 한다.

(1) 의의 및 연혁

① 인간의 존엄성에 상응하는 급부를 국가에 청구할 수 있는 권리를 말한다.

② 인간다운 생활을 할 권리를 헌법에서 최초로 규정한 것은 바이마르 헌법이고, 우리나라는 제5차 개정 헌법에서 명문화했다.

③ 헌법 제34조가 국가기관을 구속한다는 의미는 다르다. 행정부, 입법부에게는 이를 보장하기 위해 최대한 노력해야 한다는 행위규범이나 헌법재판소에게는 입법부, 행정부가 최소한의 조치를 취할 의무를 이행하였는지 여부를 심사하여야 하는 통제규범이다.

(2) 주체

헌법 제34조 제1항의 인간다운 생활권의 주체는 국민이다. 이 때의 국민 중에는 자연인만이 포함되고 법인은 포함되지 않는다.

(3) 내용

① 인간다운 생활을 할 권리 : 개인의 능력으로 물질적 욕구를 충족시킬 수 없는 자는 국가에게 필요한 급부를 청구할 권리를 가진다.

> **판례**
>
> 1. 헌법 제34조 제1항이 정하고 있는 인간다운 생활을 할 권리는 법률에 의하여 구체화할 때 비로소 인정되는 법률상의 권리라고 보며(헌재 1995.07.21. 93헌가14 ; 1998.02.27. 97헌가10 등 ; 2000.06.01. 98헌마216 ; 2003.05.15. 2002헌마90 ; 2003.05.15. 2002헌마90 ; 2004.10.28. 2002헌마328), 헌법상의 사회보장권도 그에 관한 수급요건, 수급자의 범위, 수급액 등 구체적인 사항이 법률에 규정됨으로써 비로소 구체적인 법적 권리로 형성되는 권리라고 본다(헌재 1995.07.21. 93헌가14 ; 2003.07.24. 2002헌바51).
>
> 2. 자동차사고 피해지원사업의 재원 회수가능성을 고려하여 잠재적으로나마 상환능력이 장래에는 있을 것으로 예상되는 유자녀에게는 상환의무 있는 형태인 대출로 생활자금을 지급하고, 중증후유장애인과 피부양가족에게는 상환의무가 없는 재활보조금·생계보조금을 지급함으로써 유자녀만을 달리 취급하는 것은 합리적인 이유가 있는 차별이다(헌재 2024.04.25. 2021헌마473).

② 사회보장수급권

ⓒ 질병, 신체장애, 노령 등의 사회적 위험으로 인한 보호를 필요로 하는 개인이 인간다운 생활을 영위하기 위하여 국가에 일정한 내용의 적극적 급부를 요구할 수 있는 권리이다.

ⓒ 학설은 구체적 권리로 보나, 헌재는 '헌법상의 사회보장권은 그에 관한 수급요건, 수급자의 범위, 수급액 등 구체적인 사항이 법률에 규정됨으로써 이로써 구체적인 법적 권리로 형성된다고 보아야 할 것이다.'라고 보아 추상적 권리로 보고 있다.

ⓒ 내용 : 공공부조, 사회보험, 사회보상, 사회복지

ⓐ **사회적 약자의 생활보호청구권(사회복지)** : 신체장애자, 질병, 노령 등의 사유로 생활능력이 없는 국민(사회적 약자)이 생활보호를 청구할 수 있는 권리

ⓑ **사회보상청구권(사회보상)** : 국가유공자와 그 유족이 의료와 생활보장을 위해 급부를 청구하는 권리(헌법 제32조 제6항), 공용침해에 대한 보상을 청구할 권리(헌법 제23조 제3항) 등 개별헌법적 규정이 마련된 경우 행사가능한 권리

ⓒ 「국민기초생활보장법」(공공부조)
- 급여기준(제4조) : 사회보험에 대한 보충적인 제도로서 건강하고 문화적인 최저생활을 유지할 수 있는 권리이다.
- 급여종류(제7조) : 생계급여, 주거급여, 의료급여, 교육급여 등이 있다. 생계급여와 나머지 급여를 함께 행할 수 있고, 급여는 수급자의 소득인정액을 포함하여 최저생계비 이상이어야 한다.
- 양도·압류금지(제35조·제36조)

판례

「국민기초생활보장법」상 급여의 보충성(헌재 2004.10.28. 2002헌마328)

이 법에 의한 급여는 수급자가 자신의 생활의 유지·향상을 위하여 그 소득·재산·근로능력 등을 활용하여 최대한 노력하는 것을 전제로 이를 보충·발전시키는 것을 기본원칙으로 하며, 부양의무자의 부양과 다른 법령에 의한 보호는 이 법에 의한 급여에 우선하여 행하여지는 것으로 한다고 함으로써(제3조), 이 법에 의한 급여가 어디까지나 보충적인 것임을 명시하고 있다.

ⓓ 「국민건강보험법」, 「국민연금법」(사회보험) : 강제가입과 강제징수절차를 통하여 국민 일반에 주어지는 의료나 연금의 혜택을 위한 제도로서 국가가 운영하는 비영리 사업에 해당한다. 이에 개별법상 요건을 구비한 경우 수급권으로서 권리를 행사할 수 있다.

판례

1. 국민건강보험을 의무적으로 가입하도록 한 「국민건강보험법」 제48조는 인간다운 생활을 할 권리 침해가 아니다(헌재 2001.08.30. 2000헌마668)

사회보험은 사회국가 원리를 실현하기 위한 중요한 수단이라는 점에서, 사회연대의 원칙은 국민들에게 최소한의 인간다운 생활을 보장해야 할 국가의 의무를 부과하는 사회국가 원리에서 나온다. 보험료의 형성에 있어서 사회연대의 원칙은 보험료와 보험급여 사이의 개별적 등가성의 원칙에 수정을 가하는 원리일 뿐만 아니라, 사회보험체계 내에서의 소득의 재분배를 정당화하는 근거이며, 보험의 급여수혜자가 아닌 제3자인 사용자의 보험료 납부의무(소위 '이질부담')를 정당화하는 근거이기도 하다. 또한 사회연대의 원칙은 사회보험에의 강제가입의무를 정당화하며, 재정구조가 취약한 보험자와 재정구조가 건전한 보험자 사이의 재정조정을 가능하게 한다.

2. 의료급여수급자에 대해 건강보험가입자와 비교해 선택병의원 및 비급여 항목을 달리 정한 것은 평등권 침해가 아니다(헌재 2009.11.26. 2007헌마734)

의료급여수급자와 건강보험가입자는 사회보장의 한 형태인 의료보장의 대상인 점에서만 공통점이 있다고 할 수 있을 뿐 그 선정방법, 법적지위, 재원조달방식, 자기기여 여부 등에서는 명확이 구분된다. 따라서 의료급여수급자와 건강보험가입자는 본질적으로 동일한 비교집단이라 보기 어렵고 의료급여수급자를 대상으로 선택병의원제 및 비급여 항목 등을 달리 규정하고 있는 것을 두고, 본질적으로 동일한 것을 다르게 취급하고 있다고 볼 수는 없으므로 이 사건 개정법령의 규정이 청구인들의 평등권을 침해한다고 볼 수 없다.

(4) 효력

1차적으로 입법기관을 구속, 나머지 국가기관은 입법에 따라 인간다운 생활을 할 권리의 상대방이 된다.

(5) 한계

자유의 증대를 위한 것이어야 한다. ⇨ 자유의 대가로서의 의미를 가지면 사회국가실현의 방법적 한계 일탈이다.

(6) 제한

국가의 재정능력, 헌법 제37조 제2항

> **판례**
>
> **1994년 생계보호기준이 생계보호수준인 최저생계비에 미치지 못한 경우, 인간다운 생활을 할 권리침해라고 말할 수 없다**(헌재 1997.05.29. 94헌마33)
>
> 모든 국민은 인간다운 생활을 할 권리를 가지며 국가는 생활능력 없는 국민을 보호할 의무가 있다는 헌법의 규정은 입법부와 행정부에 대하여는 국민소득, 국가의 재정능력과 정책 등을 고려하여 가능한 범위안에서 최대한으로 모든 국민이 물질적인 최저생활을 넘어서 인간의 존엄성에 맞는 건강하고 문화적인 생활을 누릴 수 있도록 하여야 한다는 행위의 지침 즉 행위규범으로서 작용하지만, 헌법재판에 있어서는 다른 국가기관 즉 입법부나 행정부가 국민으로 하여금 인간다운 생활을 영위하도록 하기 위하여 객관적으로 필요한 최소한의 조치를 취할 의무를 다하였는지의 여부를 기준으로 국가기관의 행위의 합헌성을 심사하여야 한다는 통제규범으로 작용하는 것이다. 국가가 생계보호에 관한 입법을 전혀 하지 아니하였다든가 그 내용이 현저히 불합리하여 헌법상 용인될 수 있는 재량의 범위를 명백히 일탈한 경우에 한하여 헌법에 위반된다고 할 수 있다. 국가가 행하는 생계보호의 수준이 그 재량의 범위를 명백히 일탈하였는지의 여부, 즉 인간다운 생활을 보장하기 위한 객관적 내용의 최소한을 보장하고 있는지의 여부는 「생활보호법」에 의한 생계보호급여만을 가지고 판단하여서는 아니 되고 그 외의 법령에 의거하여 국가가 생계보호를 위하여 지급하는 각종 급여나 각종 부담의 감면 등을 총괄한 수준을 가지고 판단한다. 생계보호의 수준이 일반 최저생계비에 못미친다고 하더라도 그 사실만으로 곧 그것이 헌법에 위반된다거나 청구인들의 행복추구권이나 인간다운 생활을 할 권리를 침해한 것이라고는 볼 수 없다.

> **판례**
>
> 1. 등록신청을 한 날이 속하는 달로부터 국가유공자의 보상금수급권을 인정하는 「국가유공자예우법」 제9조는 침해가 아니다(헌재 1995.07.21. 93헌마14).
>
> 2. 가구별 인원수만을 기준으로 최저생계비를 결정한 것은 장애인가구 구성원의 인간의 존엄과 가치 및 행복추구권, 인간다운 생활을 할 권리를 침해했다고 할 수 없다(헌재 2004.10.28. 2002헌마328).
>
> 3. 「공무원연금법」상 2 이상의 수급권이 발생한 때 하나의 연금만 지급할 수 있도록 한 「국민연금법」 제52조는 인간다운 생활을 할 권리 침해가 아니다(헌재 2000.06.01. 97헌마190).

4. 국가 등이 공개채용시 2% 이상의 장애인을 고용하도록 규정한 「장애인 고용촉진 등에 관한 법률」 제34조 제2항의 경우는 인간다운 생활을 할 권리 침해가 아니다(헌재 1999.12.23. 98헌바33).

5. 장애인 고용의무제는 사업주의 계약의 자유 침해가 아니다(헌재 2003.07.24. 2001헌바96).

6. 국가유공자의 유족연금의 수급자가 되는 자녀의 범위를 미성년자나 생활능력 없는 장애가 있는 성년자에 한정한 위 법 제12조 제2항 제1문은 인간다운 생활을 할 권리 침해가 아니다(헌재 2003.11.27. 2003헌바39).

7. 휴직자 의료보험 직장가입자격 유지는 헌법 위반이 아니다(헌재 2003.06.26. 2001헌마699).

8. 구치소, 치료감호시설에 수용된 자를 「국민기초생활보장법」의 급여지급 대상에서 제외시킨 것은 인간다운 생활을 할 권리 침해는 아니다(헌재 2012.02.23. 2011헌마123).

9. 기초생활보장제도의 보장단위인 개별가구에서 교도소·구치소에 수용 중인 자를 제외토록 규정한 「국민기초생활 보장법」 시행령은 인간다운 생활을 할 권리 침해가 아니다(헌재 2011.03.31. 2009헌마617, 2010헌마341).

10. 2000. 7. 1. 당시 이미 요양이 종결된 산업재해 근로자들에 대해서는 2008. 7. 1. 이후의 간병급여만을 인정하는 구 「산업재해보상보험법」 부칙 제3조는 인간다운 생활을 할 권리 침해가 아니다(헌재 2011. 11.24. 2009헌바356, 2010헌바369, 2011헌바1·59·60·61).

11. 「산업재해보상보험법」 소정의 유족의 범위에 '직계혈족의 배우자'를 포함시키고 있지 않은 「산업재해보상보험법」 제5조 제3호는 인간다운 생활을 할 권리 침해가 아니다(헌재 2012.03.29. 2011헌바133).

12. 외국인 지역가입자에 대하여 보험료 체납시 다음 달부터 곧바로 보험급여를 제한하는 「국민건강보험법」 제109조 제10항(보험급여제한 조항)은 헌법에 합치되지 아니하여 2025. 6. 30.을 시한으로 입법자가 개정할 때까지 계속 적용한다(헌재 2023.09.26. 2019헌마165).

3. 교육을 받을 권리

제31조 제1항 모든 국민은 능력에 따라 균등하게 교육을 받을 권리를 가진다.
　제2항 모든 국민은 그 보호하는 자녀에게 적어도 초등교육과 법률이 정하는 교육을 받게 할 의무를 진다.
　제3항 의무교육은 무상으로 한다.
　제4항 교육의 자주성·전문성·정치적 중립성 및 대학의 자율성은 법률이 정하는 바에 의하여 보장된다.
　제5항 국가는 평생교육을 진흥하여야 한다.
　제6항 학교교육 및 평생교육을 포함한 교육제도와 그 운영, 교육재정 및 교원의 지위에 관한 기본적인 사항은 법률로 정한다.

(1) 의의

① 수학권, 교육기회제공청구권까지 포함하는 포괄적 권리이다.

② 헌법 제31조는 수학권을 보장하는 근거에 해당한다. 따라서 동 조항에서는 교사의 수업권을 직접 보호하지 않는다.

(2) 내용

① 능력에 따라 균등하게 교육을 받을 권리(제32조 제1항)

　㉠ 학생의 육체적·정신적 수학능력을 의미한다.

　㉡ 부모의 교육기회제공청구권, 학교선택권이 도출된다.

　㉢ 교사의 수업권은 자연법적으로 학부모에게 속하는 자녀에 의한 교육권을 신탁받은 것이고 실정법상으로 공교육의 책임이 있는 국가의 위임에 의한 것이다. 따라서 교사의 수업권도 헌법상 보호되느냐에 대해서는 다툼이 있으나, 법적으로 보호되는 권리이다.

② 의무교육을 받을 권리(제32조 제2항, 제3항)

　㉠ 권리주체: 미취학의 아동

　㉡ 의무주체: 친권자 또는 후견인, 보호자

　㉢ 초등학교의 무상교육을 받을 권리는 헌법상 직접적 권리이나 중등학교의 무상교육을 받을 권리는 법률에서 정함으로써 비로소 헌법상 인정되는 권리이다.

　㉣ 취학필수비무상설(다수설): 국가가 모든 비용을 부담해야 하는 것은 아니다. 지방자치단체에게 일부 부담시킬 수 있다.

판례

1. 학교용지확보를 위하여 주택 등을 분양받은 자에게 학교용지부담금을 부과·징수할 수 있도록 한 「학교용지확보에 관한 특례법」 제5조는 헌법 제31조 3항에 반한다(헌재 2005.03.31. 2003헌가20).

2. 학교용지부담금의 부과대상을 수분양자가 아닌 개발사업자로 정하고 있는 특례법 제2조 제2호, 제5조 제1항 본문은 의무교육의 무상원칙에 위배되지 아니한다(헌재 2008.09.25. 2007헌가9).

3. 의무교육 대상인 중학생의 학부모에게 급식관련비용 일부를 부담하도록 하는 구 「학교급식법」 제8조 제1항 후단 및 제2항 전단 중 「초·중등교육법」 제2조의 중학교에 관한 부분이 의무교육의 무상원칙을 위반하였다고 할 수 없다(헌재 2012.04.24. 2010헌바164).

4. 학교운영지원비를 학교회계 세입항목에 포함시키도록 하는 구 「초·중등교육법」 제30조의2 제2항 제2호 중 중학교 학생으로부터 징수하는 것은 의무교육의 무상성 원칙에 반한다(헌재 2012.08.23. 2010헌바220).

　　(통지판례) 구 「사립학교법」 제29조 제2항 중 '교비회계의 세입·세출에 관한 사항은 대통령령으로 정하되' 부분과, 교비회계의 전용을 금지하는 구 「사립학교법」 제29조 제6항 본문 및 교비회계 전용 금지 규정을 위반하는 경우 처벌하는 구 「사립학교법」 제73조의2가 헌법에 위반되지 아니한다(헌재 2023.08.31. 2021헌바180).

5. 서울시 시세총액의 100분의 10에 해당하는 금액을 교육비 회계로 전출하도록 한 것은 지방자치단체의 재정권 침해가 아니다(헌재 2005.12.22. 2004헌라3).

6. 중학교 의무교육의 실시 여부와 연한은 본질적 사항이므로 국회가 반드시 법률로 정해야 할 사항이나 중학교 의무교육의 실시 시기와 범위는 비본질적 사항이므로 반드시 법률로 정해야 하는 것은 아니다(헌재 1991.02.11. 90헌가27).

7. 학부모가 자녀를 교육시킬 학교를 선택할 권리인 학교선택권도 자녀에 대한 부모교육권에 포함된다(헌재 1995.02.23. 91헌마204).

8. 부모의 교육권에는 학부모가 자신의 자녀를 위해서 가지는 자녀에 대한 정보청구권, 면접권도 포함된다(헌재 1999.03.25. 97헌마130).

9. 학부모의 집단적 참여권은 국가로부터의 교육권 침해에 대항하여 방어할 수 있는 권리뿐만 아니라 교육에 관련된 사안에 대한 국가의 결정과정에 참여할 수 있는 권리까지 포함한다고 보아야 하기 때문에 헌법 제31조 제1항, 제2항에 의거한 학부모의 교육권으로부터 직접 도출된다(헌재 1999.03.25. 97헌마130).

10. 거주지별로 중·고등학교를 강제 배정하는 것은 과열된 입시경쟁으로 말미암아 발생하는 부작용을 방지한다는 차원에서 정당한 목적이고, 부모의 학교선택권을 침해하는 것은 아니다(헌재 1995.02.23. 91헌마204).

11. 국·공립학교와 달리 사립학교의 경우 운영위원회 설치를 임의적 사항으로 규정하고 있는 「지방교육자치에 관한 법률」 제44조는 학부모의 교육참여권 침해가 아니다(헌재 1999.03.25. 97헌마130).

12. 사립학교에 학교운영위원회를 의무적으로 설치하도록 한 「초·중등교육법」은 헌법 제31조 제4항의 교육의 자주성을 침해한다고 보기 어렵다(헌재 2001.11.29. 2000헌마278).

13. 학교교육의 범주내에서는 국가의 교육권한이 헌법적으로 독자적인 지위를 부여받음으로써 부모의 교육권과 함께 자녀의 교육을 담당하지만, 학교 밖의 교육영역에서는 원칙적으로 부모의 교육권이 우위를 차지한다(헌재 2000.04.27. 98헌가16).

14. 초중등교육과정에서 한자를 국어과목의 일환으로 가르치지 않고, 한자 내지 한문을 필수과목으로 하지 않았다고 하여 학생들의 자유로운 인격발현권 및 부모의 자녀교육권을 침해한다고 볼 수 없다(헌재 2016.11.24, 2012헌마854).

③ 교육의 자주성, 전문성, 정치적 중립성 및 대학의 자율성

> **판례**
>
> **사립학교운영자의 운영의 자유는 헌법상 기본권에 해당한다**(헌재 2001.01.18, 99헌바63)
>
> 설립자가 사립학교를 자유롭게 운영할 자유는 비록 헌법에 독일기본법 제7조 제4항과 같은 명문규정은 없으나 헌법 제10조에서 보장되는 행복추구권의 한 내용을 이루는 일반적인 행동의 자유권과 모든 국민의 능력에 따라 균등하게 교육을 받을 권리를 규정하고 있는 헌법 제31조 제1항 그리고 교육의 자주성·전문성·정치적 중립성 및 대학의 자율성을 규정하고 있는 헌법 제31조 제3항에 의하여 인정되는 기본권의 하나라 하겠다.

④ 교원의 법적 지위와 권리의무

> **판례**
>
> **임용기간 만료된 교원에 대한 불복절차가 전혀 마련되지 않는 경우 교원법정주의에 위반된다**(헌재 2003.12.18, 2002헌바14·32): **위헌**
>
> 임기가 만료된 교원이 재임용을 받을 권리 내지 기대권을 가진다고는 할 수 없지만 적어도 학교법인으로부터 재임용 여부에 관하여 합리적인 기준과 정당한 평가에 의한 심사를 받을 권리를 가진다고 보아야 한다. … 임기만료 교원에 대한 재임용거부는 이 사건 교원지위법조항 소정의 징계처분 기타 그 의사에 반하는 불리한 처분에 버금가는 효과를 가진다고 보아야 하므로 이에 대하여는 마땅히 교육인적자원부 교원징계재심위원회의 재심사유, 나아가 법원에 의한 사법심사의 대상이 되어야 한다. 그럼에도 불구하고 이 사건 교원지위법조항은 이에 대하여 아무런 규정을 하고 있지 아니하므로, 입법자가 법률로 정하여야 할 교원지위의 기본적 사항에는 교원의 신분이 부당하게 박탈되지 않도록 하는 최소한의 보호의무에 관한 사항이 포함되어야 한다는 헌법 제31조 제6항 소정의 교원지위법정주의에 위반된다고 할 것이다.

> **판례**
>
> 1. 초등학교 취학연령을 6세로 한 「교육법」 제96조 제1항은 균등하게 교육을 받을 권리 침해가 아니다 (헌재 1994.02.24, 93헌마192).
>
> 2. 헌법 제31조의 균등하게 교육을 받을 권리는 교육의 모든 영역, 특히 학교교육 밖에서의 사적인 교육 영역에까지 균등한 교육이 이루어지도록 개인이 별도로 교육을 시키거나 받는 행위를 국가가 금지하거나 제한할 수 있는 근거를 부여하는 수권규범이 아니다(헌재 2000.04.27, 98헌가16, 98헌마429).
>
> 3. 국가 또는 지방자치단체에게 2003년도 사립유치원의 교사 인건비, 운영비 및 영양사 인건비를 예산으로 지원하여야 할 헌법상 작위의무가 도출된다고 볼 수 없다(헌재 2006.10.26, 2004헌마13).
>
> 4. 모집정원에 지원자가 미달한 경우라도 수학능력이 없는 자에 대해 불합격처분을 한 것은 위헌이 아니다(대판 1983.06.28, 83누193).
>
> 5. 기간임용제 자체는 합헌이나 재임용거부사유와 재임용에 탈락하게 되는 교원이 자신의 입장을 진술할 수 있는 기회, 구제절차 등을 법률에서 규정하지 않고 학교 정관에 위임한 구 「사립학교법」 제53조의2 제3항은 헌법 제31조 제6항의 교원지위 법정주의에 위반된다(헌재 2003.02.27, 2000헌바26).

6. 임용권자가 임용기간이 만료된 교수에 대하여 재임용을 거부하는 취지로 한 임용기간만료의 통지는 위와 같은 대학 교원의 법률관계에 영향을 주는 것으로서 행정소송의 대상이 되는 처분에 해당한다 (대판 2004.04.22. 2000두7735).

7. 학교법인이 의무를 부담하고자 할 때 관할청의 허가를 받도록 한 「사립학교법」 제28조 제1항은 학교법인의 자율권 침해가 아니다(헌재 2001.01.18. 99헌바63).

8. 자퇴한 후 6월이내 검정고시응시를 제한한 검정고시규칙 제10조는 교육을 받을 권리침해가 아니다 (헌재 2008.04.24. 2007헌마1456).

9. 고졸검정고시 또는 '고등학교 입학자격 검정고시'에 합격했던 자는 해당 검정고시에 다시 응시할 수 없도록 응시자격을 제한한 전라남도 교육청 공고는 교육을 받을 권리 침해이다(헌재 2012.05.31. 2010 헌마139).

10. 만 16세 미만의 자에게 고등학교 학력인정의 평생교육시설에의 입학을 허용하지 않는 것은 교육을 받을 권리 침해가 아니다(헌재 2011.06.30. 2010헌마503).

4. 근로의 권리

제32조 제1항 모든 국민은 근로의 권리를 가진다. 국가는 사회적·경제적 방법으로 근로자의 고용의 증진과 적정임금의 보장에 노력하여야 하며, 법률이 정하는 바에 의하여 최저임금제를 시행하여야 한다.
제2항 모든 국민은 근로의 의무를 진다. 국가는 근로의 의무의 내용과 조건을 민주주의원칙에 따라 법률로 정한다.
제3항 근로조건의 기준은 인간의 존엄성을 보장하도록 법률로 정한다.
제4항 여자의 근로는 특별한 보호를 받으며, 고용·임금 및 근로조건에 있어서 부당한 차별을 받지 아니한다.
제5항 연소자의 근로는 특별한 보호를 받는다.
제6항 국가유공자·상이군경 및 전몰군경의 유가족은 법률이 정하는 바에 의하여 우선적으로 근로의 기회를 부여받는다.

(1) 의의 및 법적 성격

① 근로자가 자신의 의사·능력에 따라 근로관계를 형성하고 국가에 대하여 근로의 기회를 요구할 수 있는 권리이다.
② 근로의 권리는 자유권적 성격과 사회권적 성격을 가지고 있는데 그 본질은 사회적 기본권이다.

(2) 주체

자연인인 국민이 주체가 되므로 단체는 근로의 권리의 주체가 될 수 없다. 근로제공기회의 청구는 실업자가 1차적 주체이나 취업근로자도 가능하다. 다만 최근 헌법재판소는 외국인에 한하여 자연적 권리로서 일할 환경에 관한 정당한 보수, 근로 조건, 깨끗하고 안전한 환경에서의 권리는 주체가 되나, 일자리에 관한 권리는 주체가 될 수 없다고 판시한 바 있다.

> **판례**
>
> **외국인산업연수생 「근로기준법」 적용배제는 평등권 침해이다**(헌재 2007.08.30. 2004헌마670)
> 산업연수생이 연수라는 명목하에 사업주의 지시·감독을 받으면서 사실상 노무를 제공하고 수당 명목의 금품을 수령하는 등 실질적인 근로관계에 있는 경우에도, 「근로기준법」이 보장한 근로기준 중 주요사항을 외국인 산업연수생에 대하여만 적용되지 않도록 하는 것은 자의적인 차별이라 아니할 수 없다.

(3) 내용

① 근로기회제공청구권: 취업의 기회를 얻지 못한 자가 국가에 대하여 근로 기회의 제공을 요구할 수 있는 권리로서 헌재는 이를 부정한다.

② 국가의 고용증진의무: 「고용정책기본법」, 「직업안정법」, 「국민평생직업능력개발법」

③ 해고의 자유 제한

> **판례**
>
> 1. 월급근로자로서 6개월이 되지 못한 자를 해고예고제도의 적용예외 사유로 규정하고 있는 「근로기준법」 조항은 근무기간이 6개월 미만인 월급근로자의 근로의 권리를 침해하고 평등원칙에도 위배되어 위헌이다(헌재 2015.12.23. 2014헌바3).
>
> 2. 근속기간 3월 미만의 일용근로자에 대하여 해고예고의 적용을 제외한 것은 근로의 권리를 침해하지 않는다(헌재 2017.05.25. 2016헌마640).

④ 임금의 보장
   ㉠ 적정임금(5공)과 최저임금제(6공) 실시하고 있다. 다만 근로의 권리는 급부청구권이 아니므로 생계비지급청구권을 포함하지 않는다.
   ㉡ 무노동·무임금을 원칙

⑤ 근로조건기준의 법정주의

⑥ 국가유공자 등 근로기회 우선보장
   ㉠ 국가유공자의 공무원시험 가산점의 근거가 된다.
   ㉡ 국가유공자 가족의 공무원시험 가산점의 근거가 될 수 없다.

> **판례**
>
> 1. 근로의 권리는 사회적 기본권으로서, 국가에 대하여 직접 일자리를 청구하거나 일자리에 갈음하는 생계비의 지급청구권을 의미하는 것이 아니라, 고용증진을 위한 사회적·경제적 정책을 요구할 수 있는 권리에 그친다(헌재 2002.11.28. 2001헌바50).

2. 헌법상 국가에 대한 직접적인 직장존속보장청구권을 인정할 근거는 없으므로 이 사건 법률 부칙 제3조가 직원들의 근로관계승계를 규정하지 아니하였다 하더라도 헌법에 위반된다고 할 수 없다(헌재 2002. 11.28. 헌재 2002.11.28. 2001헌바502001헌바50).

3. 최저임금보다 낮은 병의 봉급표는 근로의 권리 침해가 아니다(헌재 2012.10.25. 2011헌마307).

4. 계속근로기간 1년 이상인 근로자가 근로연도 중도에 퇴직한 경우 중도퇴직 전 1년 미만의 근로에 대하여 유급휴가를 보장하지 않는 「근로기준법」 제60조 제2항 중 '계속하여 근로한 기간이 1년 미만인 근로자' 부분은 근로의 권리, 평등권을 침해하지 않는다(헌재 2015.05.28. 2013헌마619).

5. 대법원은 임금이분설에 근거하여 쟁의행위로 인하여 사용자에게 근로를 제공하지 아니한 근로자는 근로를 제공한데 대하여 받는 교환적 부분은 받지 못하지만 근로자로서의 지위에서 받는 생활보장적 부분은 받는다고 판시했으나 95년 판례에서는 입장을 바꾸어 무노동 무임금설을 채택하였다(대판 1995.12.21. 94다26721).

6. 지도직 공무원 채용시험에 응시한 경우 국가유공자 가점을 주지 않도록 규정한 것은, 전문성을 기준으로 임용되고 그러한 전문성을 즉시 활용할 필요가 있는 지도직 공무원의 특수성을 반영한 것이므로, 평등권을 침해하지 않으며 입법재량의 한계를 일탈하여 국가유공자에 대한 근로기회 우선보장 의무를 규정한 헌법 제32조 제6항을 위반하였다고 볼 수도 없다(헌재 2016.10.27. 2014헌마254).

7. 택시운전근로자의 최저임금에 산입되는 임금의 범위에 사납금을 제외한 초과수입금, 즉 '생산고에 따른 임금'을 제외하도록 한 것은 택시운전근로자들이 받는 임금 중 고정급의 비율을 높이도록 함으로써, 택시 운송수입이 적은 경우에도 최저임금액 이상의 임금을 받을 수 있도록 보장하는 것으로서 일반택시운송사업자들의 계약의 자유 및 평등권을 침해하지 않으며, 헌법 제119조 제1항에 위반되지도 않는다(헌재 2016.12.29. 2015헌바327).

⑷ 효력

대국가적 효력, 사인간에도 직접적으로 적용된다.

판례

1. **국가보조연구기관 통폐합시 당연승계를 두지 아니한 부칙 제3조**(헌재 2002.11.28. 2001헌바50)
근로의 권리는 사회적 기본권으로서, 국가에 대하여 직접 일자리를 청구하거나 일자리에 갈음하는 생계비의 지급청구권을 의미하는 것이 아니라, 고용증진을 위한 사회적·경제적 정책을 요구할 수 있는 권리에 그친다. 근로의 권리를 직접적인 일자리 청구권으로 이해하는 것은 사회주의적 통제경제를 배제하고, 사기업 주체의 경제상의 자유를 보장하는 우리 헌법의 경제질서 내지 기본권규정들과 조화될 수 없다. 그 밖에 사회국가 원리, 경제에 관한 규제와 조정을 예정하고 있는 헌법 제119조 제2항, 헌법 제10조의 기본권보호의무로부터도 국가에 대한 직접적인 직장존속청구권을 도출할 수 없다.

2. 고용 허가를 받아 국내에 입국한 외국인근로자의 출국만기보험금을 출국 후 14일 이내에 지급하도록 한 '외국인근로자의 고용 등에 관한 법률 제13조 제3항 중 '피보험자 등이 출국한 때부터 14일 이내' 부분이 청구인들의 근로의 권리를 침해하지 않는다(헌재 2016.03.31. 2014헌마367).

헌법상 근로의 권리는 '일할 자리에 관한 권리'만이 아니라 '일할 환경에 관한 권리'도 의미하는데, '일할 환경에 관한 권리'는 인간의 존엄성에 대한 침해를 방어하기 위한 권리로서 외국인에게도 인정되며, 건강한 작업환경, 일에 대한 정당한 보수, 합리적인 근로조건의 보장 등을 요구할 수 있는 권리 등을 포함한다. 여기서의 근로조건은 임금과 그 지불방법, 취업시간과 휴식시간 등 근로계약에 의하여 근로자가 근로를 제공하고 임금을 수령하는 데 관한 조건들이고, 이 사건 출국만기보험금은 퇴직금의 성질을 가지고 있어서 그 지급시기에 관한 것은 근로조건의 문제이므로 외국인인 청구인들에게도 기본권 주체성이 인정된다.

5. 근로3권

제33조 제1항 근로자는 근로조건의 향상을 위하여 자주적인 단결권·단체교섭권 및 단체행동권을 가진다.

제2항 공무원인 근로자는 법률이 정하는 자에 한하여 단결권·단체교섭권 및 단체행동권을 가진다.

제3항 법률이 정하는 주요방위산업체에 종사하는 근로자의 단체행동권은 법률이 정하는 바에 의하여 이를 제한하거나 인정하지 아니할 수 있다.

(1) 의의

근로자들이 근로조건의 향상과 인간다운 생활을 확보하기 위한 단결권, 단체교섭권, 단체행동권 등을 총칭한다.

(2) 주체

① 근로자란 직업의 종류를 불문하고 임금·급료 기타 이에 준하는 수입에 의하여 생활하는 자, 따라서 외국인 근로자(불법체류자 포함)도 헌법 근로3권의 주체가 된다.

② 대가를 받아 생활하는 사람으로서 노동력을 제공하는 사람과 그 대가를 제공하는 사람이 일치하지 않는 경우에 현실적 또는 잠재적으로 노동력을 제공하는 사람일 것을 요건으로 한다.

③ 사용자는 근로3권의 주체가 될 수 없다. 다만, 사용자의 단결권은 결사의 자유에서 보호될 수 있다.

④ 노동조합은 근로의 권리주체는 아니나 근로3권의 주체가 될 수 있다.

(3) 단결권

① 의의 : 근로자가 근로조건의 향상을 위하여 자주적으로 단체를 조직할 수 있는 권리로서 단결권은 목적성과 자주성을 특징으로 하나 계속성은 단결권의 필수요소가 아니다. 따라서 근로자는 노동조합과 같은 계속적인 단체뿐 아니라 임시적인 단체인 쟁의단을 조직할 수도 있다.

② 내용 : 개인적 단결권과 집단적 단결권, 적극적 단결권은 헌법 제33조에 포함하지만, 소극적 단결권은 헌법 제21조 또는 제10조의 일반적 행동의 자유권에서 도출된다.

판례

1. 노동조합이 당해 사업장에 종사하는 근로자의 3분의 2 이상을 대표하고 있을 때 근로자가 그 노동조합의 조합원이 될 것을 고용조건으로 하는 단체협약의 체결을 인정하는 「노동조합 및 노동관계조정법」 제81조 제2호는 근로자의 단결권 침해가 아니다(헌재 2005.11.24. 2002헌바95).
   노동조합의 가입을 강제함으로써 근로자의 단결하지 아니할 자유가 제한됨으로 근로자의 단결하지 아니할 자유와 노동조합의 적극적 단결권 충돌이 발생한다. 근로자의 단결하지 아니할 자유는 헌법 제10조의 일반적 행동의 자유와 헌법 제21조의 결사의 자유에서 근거를 찾을 수 있고, 노동조합의 적극적 단결권은 헌법 제33조에서 보호된다. 근로3권은 특별법적 권리로써 우선적으로 보장되어야 하므로 근로자 개인의 자유권에 비하여 노동조합의 적극적 단결권을 우선시하더라도 근로자의 단결하지 아니할 자유 침해라고 할 수 없다.

2. **유니언 숍 협정**(대판 1998.03.24. 96누16070)
   구 「노동조합법」 제39조 제2호 단서 소정의, 이른바 유니언 숍 협정은 노동조합의 단결력 강화를 위한 강제의 한 수단으로서 근로자가 대표성을 갖춘 노동조합의 조합원이 될 것을 고용조건으로 하고 있는 것으로 단체협약에 유니언 숍 협정에 따라 근로자는 노동조합의 조합원이어야만 된다는 규정이 있는 경우에는 다른 명문의 규정이 없더라도 사용자는 노동조합에서 탈퇴한 근로자를 해고할 의무가 있다.

3. 「교원노조법」의 적용대상을 「초·중등교육법」 제19조 제1항의 교원이라고 규정함으로써 「고등교육법」에서 규율하는 대학 교원의 단결권을 일체 인정하지 않는 「교원의 노동조합 설립 및 운영 등에 관한 법률」 제2조 본문이 대학 교원들의 단결권을 침해한다는 이유로 헌법불합치 결정을 선고하였다. 다만 2020. 3. 31.까지는 잠정 적용을 명하였다(헌재 2018.08.30. 2015헌가38).

③ 효력: 대국가적 효력, 대사인적 효력(부당노동행위금지)이 있다.

판례

노동조합을 사업소세 비과세 대상에서 제외한 법률은 합헌이다(헌재 2009.02.26. 2007헌바27).
헌법상의 근로의 권리(제32조 제1항)는 근로자 개인을 보호하기 위한 것이므로 노동조합이 그 주체가 될 수 없고, 근로3권(제33조 제1항) 규정으로부터 입법자가 노동조합에 대해 사업소세 비과세 혜택을 부여하는 규정을 두어야 할 의무가 당연히 발생한다고 볼 수 없으므로 위 「지방세법」 조항이 노동조합의 근로의 권리 또는 근로3권을 침해한다고 할 수 없고, 위 「지방세법」 조항은 조세 우대조치를 선택함에 있어 입법자에게 주어진 합리적 재량의 범위 내의 것이라고 할 것이어서 평등원칙에 위반된다고 보기도 어렵다는 것이다.

판례

1. 5급 이상 공무원의 공무원노조 가입 금지는 단결권을 침해하지 않는다(헌재 2008.12.26. 2005헌마971).

2. 공무원 노동조합의 설립 최소단위를 '행정부'로 규정하여 노동부만의 노동조합 결성을 제한한 「공무원의 노동조합 설립 및 운영 등에 관한 법률」 제5조 제1항 중 '행정부' 부분이 청구인들의 단결권 및 평등권을 침해하지 않는다(헌재 2008.12.26. 2006헌마518).

3. 소방공무원 공무원노조 가입금지는 헌법에 반하지 아니 한다(헌재 2008.12.26 2006헌마462).

4. 노동조합 설립신고서가 요건을 갖추지 못한 경우 반려할 수 있도록 한 「노동관계법」은 단결권 침해가 아니다(헌재 2012.03.29. 2011헌바53).

5. 청원경찰의 복무에 관하여 「국가공무원법」 제66조 제1항을 준용함으로써 노동운동을 금지하는 「청원경찰법」 조항은 국가기관이나 지방자치단체 이외의 곳에서 근무하는 청원경찰들의 근로3권을 침해한다(헌재 2017.09.28. 2015헌마653).

6. 「국가공무원법」 제66조 제1항 본문 중 '그 밖에 공무 외의 일을 위한 집단행위' 부분은 법원이 헌법 및 「국가공무원법」을 고려하여 한정해석하고 있으며 통상적 법해석으로 의미가 보충될 수 있어 명확성원칙에 위반되지 않고, 공무원의 집단행위는 정치적 중립성을 훼손시킬 수 있으므로 이를 제한하는 것은 과잉금지원칙에 위반되지 않는다(헌재 2020.04.23. 2018헌마550). ⇨ 기각

7. 공항에서 특수경비업무를 담당하는 경비업체에 소속된 특수경비원의 '파업·태업 그 밖에 경비업무의 정상적인 운영을 저해하는 일체의 쟁의행위'를 금지하는 「경비업법」 제15조 제3항에 대한 심판청구를 기각한다(헌재 2023.03.23. 2019헌마937).

(4) 단체교섭권

① 의의: 근로자들이 노동단체를 통하여 근로조건의 향상을 위하여 사용자와 자주적으로 교섭할 수 있는 권리

② 주체: 근로자집단, 노동조합 등 단결체가 행사하는 권리

③ 내용

  ㉠ 근로조건 향상목적: 경영권, 인사권 등은 원칙적으로 단체교섭의 대상이 될 수 없다. 다만 근로조건 향상과 관련이 있는 경우라면 대상이 될 수 있다.

  ㉡ 근로자 단체이면 차별없이 부여: 유일단체교섭조항이나 단체협약체결능력을 제한하는 조항은 단체교섭권 침해

판례

노동조합대표에 대해 단체협약체결권을 인정하는 것은 단체교섭권 침해가 아니다(헌재 1998.02.27. 94헌바13)
단체교섭권에는 단체협약체결권이 포함되고, 노동조합 대표자에게 단체협약체결권을 부여한 것은 근로조건향상을 위한 근로자 대표와 사용자 간의 교섭을 확보하기 위한 것으로 근로3권의 정신에 부합되므로 노동자들의 근로3권을 침해한 것으로 볼 수 없다.

④ 효력

　㉠ 대국가적 효력 : 국가의 간섭배제와 단체협약의 내용이 존중될 수 있도록 국가가 적절한 조치를 요구할 수 있는 적극적 효과가 있다.

　㉡ 대사인적 효과 : 부당노동행위금지

판례

1. 제3자개입금지는 헌법이 인정하는 근로3권이나 그밖에 표현의 자유 또는 행동의 자유 등 기본권의 내재적 한계를 넘어선 행위를 규제하기 위한 입법일 뿐, 근로자가 단순한 상담이나 조력을 받는 것을 금지하고자 하는 것은 아니므로, 근로자 등의 위 기본권을 제한하는 것이라고는 볼 수 없다. 또한 노동관계 당사자가 아니면서 근로자의 단결이나 단체교섭에 개입한 제3자는 헌법 제33조 제1항에 의한 권리를 보장받을 수 있는 주체도 아니다(헌재 1993.03.11. 92헌바33) ⇨ 합헌

2. 사용자가 노동조합의 대표자 또는 노동조합으로부터 위임을 받은 자와의 단체협약체결 기타의 단체교섭을 정당한 이유없이 거부하거나 해태하는 행위를 할 수 없도록 한 「노동조합 및 노동관계조정법」 제81조는 헌법에 위반되지 않는다(헌재 2002.12.18. 2002헌바12).

3. 개별학교법인과 교원간의 단체교섭을 금지하고 시·도 또는 전국단위로 단체교섭을 하도록 한 「교원노조법」 제6조는 결사의 자유침해가 아니다(헌재 2006.12.28. 2004헌바67).

4. 하나의 사업 또는 사업장에 두개 이상의 노동조합이 있는 경우 단체교섭에 있어 그 창구를 단일화하도록 하고, 교섭대표가 된 노동조합에게만 단체교섭권을 부여하고 있는 「노동조합 및 노동관계조정법」 제29조 제2항, 제29조의2 제1항은 청구인들의 단체교섭권을 침해하지 않는다(헌재 2012.04.24. 2011헌마338).

5. 전임자가 사용자로부터 급여를 지급받는 것을 금지하는 「노동조합법」 제24조 제2항, 근로시간 면제제도를 규정한 같은 조 제4항, 같은 조 제2항과 제4항을 위반하는 급여 지급을 요구하고 이를 관철할 목적으로 쟁의행위를 하는 것을 금지하는 같은 조 제5항은 단체교섭권 등을 침해하지 않는다(헌재 2014.05.29. 2010헌마606).

6. 사용자가 노동조합의 운영비를 원조하는 행위를 부당노동행위로 금지하는 것은 노동조합의 단체교섭권을 침해한다(헌재 2018.05.31. 2012헌바90) ⇨ 헌법불합치

(5) 단체행동권

① 의의 : 근로자가 작업환경의 유지·개선을 관철시키기 위해 집단적으로 시위행동을 함으로써 업무의 정상적인 운영을 저해할 수 있는 권리이다.

② 주체 : 1차적으로 근로자 개개인

③ 유형 : 파업(Strike), 태업(Sabotage), 불매운동(Boycott), 감시행위(Picketting), 공동노무제공 등이 있다. 다만, 사용자 측의 쟁의수단을 포함하는지는 학설대립이 있으나 일반적으로 포함은 하지만 보충적으로 사용해야 하는 한계를 가지고 있다. 따라서 「노동조합 및 노동관계조정법」 제46조에서 사용자는 노동조합이 쟁의행위를 개시한 이후에만 직장폐쇄를 할 수 있다고 규정하고 있다.

④ 효력: 정당성을 가지는 경우 사용자에 대한 민·형사상 책임을 면제한다.

⑤ 한계

　㉠ 목적상 한계: 근로조건의 향상 목적 ⇨ 순수 정치파업은 불가하다.

　㉡ 수단상 한계: 폭력·파괴행위 금지

　㉢ 절차상 한계: 단체교섭을 통해 목적달성이 도저히 불가능한 경우

⑥ 효력: 사인 간에도 직접적용(다수설)

⑦ 제한

　㉠ 공무원의 근로3권 제한: 국민전체 봉사자 + 직무성질(헌재)

　㉡ 주요 방위산업체에 종사하는 근로자의 단체행동권을 제한한다.

　㉢ 교원의 「노동조합설립 및 운영에 관한 법률」

> **판례**
>
> 복수 노동조합이 구성된 경우 교섭대표노동조합을 통해 교섭하도록 하고 일정 기간 내에 자율적으로 교섭대표노동조합을 정하지 못할 경우 과반수 노동조합이 교섭대표노동조합이 되며, 교섭대표노동조합만이 쟁의행위를 주도할 수 있도록 규정한 「노동조합 및 노동관계조정법」(2010. 1. 1. 법률 제9930호로 개정된 것) 제29조 제2항, 구 「노동조합 및 노동관계조정법」(2010. 1. 1. 법률 제9930호로 개정되고, 2021. 1. 5. 법률 제17864호로 개정되기 전의 것) 제29조의2 제1항 본문, 제3항, 제29조의5 중 제37조 제2항에 관한 부분, 「노동조합 및 노동관계조정법」(2021. 1. 5. 법률 제17864호로 개정된 것) 제29조의2 제1항 본문, 제4항, 제29조의5 중 제37조 제2항에 관한 부분에 대하여 헌법에 위반되지 않는다(헌재 2024.06.27. 2020헌마237 등).
>
> 단체행동권은 근로조건에 관한 근로자들의 협상력을 사용자와 대등하게 만들어주기 위하여 쟁의행위 등 근로자들의 집단적인 실력행사를 보장하는 기본권이다. 교섭창구 단일화 제도 하에서 단체협약 체결의 당사자가 될 수 있는 교섭대표노동조합으로 하여금 쟁의행위를 주도하도록 하는 것은 교섭절차를 일원화하여 효율적이고 안정적인 교섭체계를 구축하고 근로조건을 통일하고자 하는 목적에 부합하는 적합한 수단이 된다. 「노동조합법」 제41조 제1항은 「노동조합법」 제29조의2에 따라 교섭대표노동조합이 결정된 경우에는 교섭대표노동조합이 쟁의행위를 하기 위하여 교섭창구 단일화 절차에 참여한 노동조합의 전체 조합원의 직접·비밀·무기명투표에 의한 조합원 과반수의 찬성으로 결정하지 아니하면 이를 행할 수 없도록 하였는바, 이와 같이 「노동조합법」이 교섭창구 단일화 절차와 관련된 노동조합의 투표 과정 참여를 통해 쟁의행위에 개입할 수 있는 장치를 마련함으로써 이 사건 제3조항이 교섭대표노동조합이 아닌 노동조합과 그 조합원들의 단체행동권을 제한하는 데에 침해의 최소성 요건을 갖추었다고 할 수 있고, 법익의 균형성 요건도 충족하였다. 따라서 제3조항은 과잉금지원칙을 위반하여 청구인들의 단체행동권을 침해하지 아니한다.

판례

1. 사실상 노무에 종사하는 공무원 이외의 공무원의 노동3권을 부정한 「국가공무원법」 제66조 제1항은 근로3권 침해가 아니다(헌재 1992.04.28. 90헌바27).

2. 단체행동이 인정되는 '사실상 노무에 종사하는 지방공무원'의 범위를 정하지 않은 조례입법부작위는 헌법의무 위반에 해당한다(헌재 2009.07.30. 2006헌마358).

3. 필수 공익사업에서 쟁의가 발생한 경우 노동위원회가 강제중재하면 15일간 쟁의행위를 할 수 없도록 한 「노동쟁의조정법」 제4조, 제30조, 제31조는 근로3권 침해가 아니다(헌재 1996.12.26. 90헌바19).

4. 사업장의 안전보호시설에 대하여 정상적인 유지·운영을 정지·폐지 또는 방해하는 행위는 쟁의행위로서 이를 행할 수 없다고 한 「노동조합 및 노동관계조정법」 제42조는 단체행동권 침해가 아니다(헌재 2005.06.30. 2002헌바83).

5. 공항·항만 등 국가중요시설의 경비업무를 담당하는 특수경비원에게 경비업무의 정상적인 운영을 저해하는 일체의 쟁의행위를 금지하는 「경비업법」 제15조 제3항이 특수경비원의 단체행동권을 박탈하여 헌법 제33조 제1항에 위배되지 아니한다(헌재 2009.10.29. 2007헌마1359).

5. 환경권

제35조 제1항 모든 국민은 건강하고 쾌적한 환경에서 생활할 권리를 가지며, 국가와 국민은 환경보전을 위하여 노력하여야 한다.
제2항 환경권의 내용과 행사에 관하여는 법률로 정한다.
제3항 국가는 주택개발정책 등을 통하여 모든 국민이 쾌적한 주거생활을 할 수 있도록 노력하여야 한다.

(1) 의의 및 연혁

① 쾌적한 환경에서 공해없는 생활을 누릴 수 있는 권리, 환경보존의무를 동반한다.

② 환경권이 1980년 8차 개정헌법에 처음 명시되었고 현행헌법 하에서 1990년 환경정책기본법을 위시하여 「대기환경보전법」, 「수질 및 생태계보전에 관한 법률」, 「소음·진동규제법」, 「유해물질관리법」, 「환경분쟁조정법」(환경법 복수법주의)을 정비하였다.

(2) 주체

① 미래세대가 환경권의 주체가 되는가에 대해 의견이 대립하고 있으나 주체가 된다는 것이 다수설이다.

② 외국인을 포함한 자연인은 주체가 되나, 법인이 환경권 주체가 되느냐에 대해 환경권의 성질상 부정하는 것이 다수설이다.

(3) 법적 성격 및 내용

① 대법원은 추상적 권리로 본다.

② 환경은 자연환경과 문화적·사회적 생활환경 모두를 포함하고, 공해는 육체적 건강을 해치는 유해물질의 배출, 폐기·방치뿐 아니라 정신적 건강을 해치는 소음, 진동, 악취, 색채 등을 포함한다.

③ 공해예방청구권, 공해배제청구권, 생활환경조성권을 포함한다. 여기서 생활환경은 자연환경보전뿐 아니라 인공환경(도로, 교통 등)과 쾌적한 주거환경을 조성하고 보전하는 것까지 포함한다.

④ 개연성이론이란 환경분쟁에 있어서 인과관계의 증명은 침해행위와 손해발생사이에서 인과관계가 존재한다는 상당한 정도의 개연성이 있음을 입증함으로써 족하고, 가해자가 이에 대한 반증을 한 경우에만 인과관계의 존재를 부인할 수 있다는 이론이다.

(4) 효력

대국가적 효력, 대사인적 효력이 있다.

판례 ✦

1. 환경권은 명문의 법률규정이나 관계 법령의 규정 취지 및 조리에 비추어 권리의 주체, 대상, 내용, 행사 방법 등이 구체적으로 정립될 수 있어야만 인정되는 것이므로, 사법상의 권리로서의 환경권을 인정하는 명문의 규정이 없는데도 환경권에 기하여 직접 방해배제청구권을 인정할 수 없다(대판 1997. 07.22. 96다56153).

2. 전국동시지방선거의 선거운동 과정에서 후보자들이 확성장치를 사용할 수 있도록 허용하면서도 그로 인한 소음의 규제기준을 정하지 아니한 「공직선거법」 제79조 제3항 제2호 중 '시·도지사 선거' 부분, 같은 항 제3호 및 「공직선거법」 제216조 제1항은 헌법에 합치되지 아니하고, 위 각 법률조항은 2021. 12. 31.을 시한으로 개정될 때까지 계속 적용된다(헌재 2019.12.27. 2018헌마730). ⇨ 헌법불합치

3. 오염물질인 폐수를 배출하는 등의 공해로 인한 손해배상을 청구하는 소송에 있어서는 기업이 배출한 원인물질이 물을 매체로 하여 간접적으로 손해를 끼치는 수가 많고 공해문제에 관하여는 현재의 과학수준으로도 해명할 수 없는 분야가 있기 때문에 가해행위와 손해의 발생 사이의 인과관계를 구성하는 하나 하나의 고리를 자연과학적으로 증명한다는 것은 극히 곤란하거나 불가능한 경우가 대부분이므로, 이러한 공해소송에 있어서 피해자에게 사실적인 인과관계의 존재에 관하여 과학적으로 엄밀한 증명을 요구한다는 것은 공해로 인한 사법적 구제를 사실상 거부하는 결과가 될 우려가 있는 반면에 가해기업은 기술적, 경제적으로 피해자보다 훨씬 원인조사가 용이한 경우가 많을 뿐만 아니라 그 원인을 은폐할 염려가 있고 가해기업이 어떠한 유해한 원인물질을 배출하고 그것이 피해물건에 도달하여 손해가 발생하였다면 가해자측에서 그것이 무해하다는 것을 입증하지 못하는 한 책임을 면할 수 없다고 보는 것이 사회형평의 관념에 적합하다고 할 것이다(대판 1997.06.27. 95다2692).

4. 환경영향평가 대상지역 밖에 거주하는 주민에게는 헌법상의 환경권 또는 「환경정책기본법」에 근거하여 공유수면매립면허처분과 농지개량사업 시행인가처분의 무효확인을 구할 원고적격이 없다(대판 2006.03.16. 2006두330).

6. 혼인의 자유와 모성을 보호받을 권리

> 제36조 제1항 혼인과 가족생활은 개인의 존엄과 양성의 평등을 기초로 성립되고 유지되어야 하며, 국가는 이를 보장한다.
> 제2항 국가는 모성의 보호를 위하여 노력하여야 한다.

(1) 모성을 보호받을 권리

① 의의: 모성에 대한 보호는 가족과 국가사회의 건전한 존속·발전을 위해 필수적 조건이다.

② 내용

    ㉠ 모성건강의 특별보호

    ㉡ 모성으로 인한 불이익 금지

    ㉢ 모성에 대한 적극적 보호

(2) 혼인제도

① 의의: 혼인에 있어 개인의 존엄과 양성의 본질적 평등의 바탕 위에서 모든 국민은 스스로 혼인을 할 것인가를 결정할 수 있고 그 시기는 물론 상대방을 자유로이 선택할 수 있으며 이러한 결정에 따라 혼인과 가족생활을 유지할 수 있고 국가는 이를 보장하여야 한다.

② 법적 성격: 원리, 제도, 주관적 공권, 자유권적 성격(헌재 2002.08.29. 2001헌바82)

③ 내용

    ㉠ 혼인할 자유

    ㉡ 혼인결정의 자유, 혼인관계 유지, 혼인할 상대방을 선택할 자유

    ㉢ 동성동본 혼인금지는 혼인의 자유 침해(헌재 1997.07.16. 95헌가6)

    ㉣ 혼인에서의 양성평등: 인간의 존엄성 존중과 민주주의 원리

판례 ✦

부계혈통주의(헌재 2000.08.31. 97헌가2)
국적취득에 있어서 부계혈통주의를 취한 구 「국적법」 제2조 제1항은 국적취득에 있어서 父와 자녀관계만 인정하고 母와 자녀관계는 인정하지 않는다면 이는 헌법 제36조 제1항의 가족생활에 있어서의 양성평등의 원칙에 위배된다.

판례

'혼인 중 여자와 남편 아닌 남자 사이에서 출생한 자녀에 대한 생부의 출생신고'를 허용하는 규정을 두지 아니한 「가족관계의 등록 등에 관한 법률」 제46조 제2항, 「가족관계의 등록 등에 관한 법률」 제57조 제1항, 제2항은 모두 헌법에 합치되지 아니하고, 위 법률조항들은 2025. 5. 31.을 시한으로 입법 자가 개정할 때까지 계속 적용된다(헌재 2023.03.23. 2021헌마975).

태어난 즉시 '출생등록될 권리'는 '출생 후 아동이 보호를 받을 수 있을 최대한 빠른 시점'에 아동의 출생과 관련된 기본적인 정보를 국가가 관리할 수 있도록 등록할 권리로서, 아동이 사람으로서 인격을 자유로이 발현하고, 부모와 가족 등의 보호 하에 건강한 성장과 발달을 할 수 있도록 최소한의 보호장치를 마련하도록 요구할 수 있는 권리이다. 이는 헌법 제10조의 인간의 존엄과 가치 및 행복추구권으로부터 도출되는 일반적 인격권을 실현하기 위한 기본적인 전제로서 헌법 제10조뿐만 아니라, 헌법 제34조 제1항의 인간다운 생활을 할 권리, 헌법 제36조 제1항의 가족생활의 보장, 헌법 제34조 제4항의 국가의 청소년 복지향상을 위한 정책실시의무 등에도 근거가 있다. 이와 같은 태어난 즉시 '출생등록될 권리'는 앞서 언급한 기본권 등의 어느 하나에 완전히 포섭되지 않으며, 이들을 이념적 기초로 하는 헌법에 명시되지 아니한 독자적 기본권으로서, 자유로운 인격실현을 보장하는 자유권적 성격과 아동의 건강한 성장과 발달을 보장하는 사회적 기본권의 성격을 함께 지닌다.

판례

1. 동성동본 혼인금지는 혼인의 자유 침해에 해당한다(헌재 1997.07.16. 95헌가6)

2. 부계혈통주의를 규정한 「국적법」은 양성평등원칙에 위반된다(헌재 2000.08.31. 97헌가2).

3. 혼인부부의 소득을 합산하면 더 높은 누진세율을 적용받기 때문에 혼인부부가 개인과세되는 독신자나 혼인하지 않은 부부보다 더 많은 조세를 부담하게 된다. 자산소득합세과세의 대상이 되는 혼인한 부부를 혼인하지 않은 부부나 독신자에 비하여 차별취급하는 것은 헌법상 제36조 제1항에 위반된다(헌재 2002.08.29. 2001헌바82).

4. 거주자와 특수관계에 있는 자가 공동으로 경영하는 사업소득이 있는 경우 지분 또는 손익분배비율이 큰 공동사업자의 소득으로 보는 「소득세법」이 특수관계자 간의 공동사업에 있어 배우자와 가족을 차별하여 헌법 제36조 제1항에 위반되지 않지만, 재산권은 침해에 해당한다(헌재 2006.04.27. 2004헌가19).

5. 세대별로 종합부동산 가액을 산정하여 종합부동산세를 부과하는 것은 헌법 36조에 위반된다(헌재 2008.11.13. 2006헌바112).

6. 부성주의 자체는 합헌이나 父가 사망하였거나 부모가 이혼하여 母가 단독으로 친권을 행사하고 양육할 것이 예상되는 경우 혼인외 子를 父가 인지하였으나 母가 단독으로 양육하고 있는 경우 등에 있어서 부성을 사용토록 강제하면서 母의 성의 사용을 허용하지 않은 것은 헌법 제36조 제1항에 위반된다(헌재 2005.12.22. 2003헌가56).

7. 친양자 입양을 청구하기 위해서는 친생부모의 친권상실, 사망 기타 동의할 수 없는 사유가 없는 한 친생부모의 동의를 반드시 요하도록 한 구 「민법」은 비례원칙에 반하지 않는다(헌재 2012.05.31. 2010헌바87).

8. 원칙적으로 3년 이상 혼인 중인 부부만이 친양자 입양을 할 수 있도록 규정하여 독신자는 친양자 입양을 할 수 없도록 한 구 「민법」 제908조의2 제1항 제1호가 독신자의 평등권을 침해하지 아니한다(헌재 2013.09.26. 2011헌가42).

9. 1세대 3주택 이상에 해당하는 양도소득세 중과세를 규정한 구 「소득세법」은 혼인으로 1세대를 이루는 자를 위하여 상당한 기간 내에 보유주택수를 줄일 수 있는 경과규정을 두고 있지 아니하므로 헌법 제36조 제1항이 정하고 있는 혼인에 따른 차별금지원칙에 위배되고, 혼인의 자유를 침해한다. 다만 재산권 침해는 아니다(헌재 2011.11.24. 2009헌바146).

10. 혼인 종료 후 300일 이내에 출생한 자녀를 예외없이 전남편의 친생자로 추정하는 것은, 입법재량의 한계를 일탈하여 모(母)가 가정생활과 신분관계에서 누려야 할 인격권, 혼인과 가족생활에 관한 기본권을 침해하여 헌법에 합치되지 않는다(헌재 2015.04.30. 2013헌마623).

11. 혼인한 등록의무자 모두 배우자가 아닌 본인의 직계존·비속의 재산을 등록하도록 「공직자윤리법」이 개정되었음에도 불구하고, 개정 전의 「공직자윤리법」 조항에 따라 이미 배우자의 직계존·비속의 재산을 등록한 혼인한 남성 등록의무자와 달리 혼인한 여성 등록의무자의 경우에만 종전과 동일하게 계속해서 배우자의 직계존·비속의 재산을 등록하도록 규정한 「공직자윤리법」 부칙 제2조가 평등원칙에 위배되는 것으로 헌법에 위반된다(헌재 2021.09.30. 2019헌가3).

12. 8촌 이내의 혈족 사이에서는 혼인할 수 없도록 하는 「민법」 제809조 제1항을 위반한 혼인을 무효로 하는 「민법」 제815조 제2호는 헌법에 합치되지 아니한다(헌재 2022.10.27. 2018헌바115).

7. 보건권

제36조 제3항 모든 국민은 보건에 관하여 국가의 보호를 받는다.

① 국민이 자신과 가족의 건강을 유지하는 데 필요한 국가적 급부와 배려를 요구할 수 있는 권리이다.
② 자연인인 국민이 주체이다.

CHAPTER 03 국민의 기본적 의무

제1절 헌법상 기본적 의무

1. 의의

헌법상 의무라 함은 헌법이 국민으로 하여금 국가 또는 공동체에 대하여 반대급부 없이 특정한 작위 또는 부작위의 행위를 하도록 강제하는 부담을 말한다. 이러한 의무는 공동체와 국가의 존속과 유지를 위하여 필수불가결하게 요구되는 사항이므로 헌법에서 규정한다. 헌법상의 의무는 국민이 헌법상의 기본권을 보유하기 때문에 그에 대응하여 권리와 의무 관계로 인정되는 것이 아니라, 공동체의 존속·유지를 위하여 헌법에 의하여 별도로 부과되는 것임을 유의할 필요가 있다.

2. 연혁

헌법은 납세의무(헌법 제38조), 국방의무(헌법 제39조), 교육을 받게 할 의무(헌법 제31조 제2항), 근로의 의무(헌법 제32조 제2항)를 의무라는 이름으로 정하고 있다. 납세의무, 국방의무, 근로의무는 1948년헌법에서부터 정한 것이고, 교육을 받게 할 의무는 1962년 헌법에서 규정되었다.

기본권 제한	헌법상의 의무
개인의 기본권의 보장을 추구	공동체의 존속과 유지라는 가치의 보장
제한의 한계를 정하여 국가권력으로부터 기본권을 보호하는 기능	공동체의 존속과 유지를 위하여 해당 영역에서 모든 기본권의 효력을 배제하고 의무를 실행하는 힘
개별적 기본권에 대하여 개별적인 사유를 근거	의무의 부과로 인하여 해당 영역에서 관련 기본권들의 주장이 모두 배제
국가행위에 대해서는 기본권으로 대항하여 그 침해여부를 다툴 수 있음	실행하는 국가행위에 대해서는 기본권으로 대항 불가

3. 주체

(1) 국민

헌법에서 특별히 정하고 있지 않는 한 헌법상의 의무는 그 나라의 국적을 보유한 국민만이 부담한다. 따라서 현행헌법에서 정하고 있는 헌법상 의무는 대한민국의 국적을 가지고 있는 자에게만 부과된다. 이런 의미에서 헌법상 의무는 국민의 의무일 뿐이고, 인간이면 국적을 불문하고 누구에게나 인정되는 인간의 의무가 아니다(성낙인). 국민인 이상 성질상 허용되는 경우에는 법인도 의무의 주체가 될 수 있다. 법인에게 납세의무를 부과하는 것은 가능하지만 국방의 의무를 부과할 수는 없다.

(2) 외국인

대한민국은 영토고권과 통치권에 근거하여 대한민국의 국민이 아닌 외국인이나 무국적자에게 일정한 법적인 의무를 부담지울 수는 있다. 이들에 대해서 환경보전의 의무나 일정한 세금이나 공과금을 납부하게 할 수 있는데, 이러한 것은 그 명칭에서 헌법상의 의무와 동일하다고 하더라도 헌법상의 의무가 아니라 입법정책상 법률이나 조례에 의하여 부과되는 것이다.

4. 법적 성격

(1) 의무는 헌법에 규정되어 있다는 것만으로 직접 국민에게 특정 행위를 강제할 수 있는 것이 아니라, 원칙적으로 법률에 의하여 구체화되어야 실행할 수 있다. 헌법과 법률의 준수의무는 성질상 헌법의 규정만으로 인정된다.

(2) 헌법은 공동체에서 살고 있는 국민에게 자유와 권리를 보장하면서 동시에 이를 가능하게 할 수 있도록 공동체의 존속과 유지를 위하여 일정한 의무를 부과한다. 이런 점에서 헌법이 추구하는 가치에서 공동체의 존속·유지의 보장이라는 가치와 구성원의 자유와 권리의 보장이라는 가치는 동등한 지위를 가진다. 따라서 국민의 기본권과 의무는 서로 동등한 지위와 효력을 가지고, 국민의 의무를 실행시키기 위한 국가의 행위는 헌법에 근거를 둔 일방적인 효력을 가지는 행위이므로 이에 대하여 국민은 기본권을 이유로 대항하지 못한다.

제 2 절 | 현행헌법상 의무

1. 납세의 의무

> 제38조 모든 국민은 법률이 정하는 바에 의하여 납세의 의무를 진다.

(1) 의의 및 내용

국가활동의 존속와 유지를 함에 있어 필수불가결하게 소요되는 국가재정을 확보하기 위하여 국민에게 반대급부 없이 강제적으로 금원을 거두는 것을 보장하기 위하여 헌법상의 의무로 정하고 있다.

(2) 적용범위

오늘날 조세는 국고의 충당이라는 본래의 기능 이외에 경기조절, 물가통제, 소득의 재분배, 행정적 제재 등 여러 가지의 수단으로 이용되는데, 이러한 경우에 국가가 과세라는 형식으로 행하는 행위에 대해서는 재산권이나 영업의 자유 등 기본권의 침해를 이유로 다툴 수 있다. 어떠한 과제를 수행하기 위해서 국가가 과세라는 방법을 동원한 것이 목적의 달성에 적합한 수단을 선택한 것인지, 그러한 수단이 최소침해를 가져오는 것이며, 수인할 수 있는 것인지의 여부를 놓고 기본권의 침해여부를 다툴 수 있다.

2. 국방의 의무

> 제39조 제1항 모든 국민은 법률이 정하는 바에 의하여 국방의 의무를 진다.
> 제2항 누구든지 병역의무의 이행으로 인하여 불이익한 처우를 받지 아니한다.

(1) 의의 및 내용

① 국가독립과 영토보전을 위해 국민 일반이 부담하는 국가 방위의무를 말한다. 다만 병역의무는 남성만이 수행하는 의무에 해당한다.

> **판례**
>
> **헌법 제39조에서 정하는 국방의무의 개념**(헌재 1995.12.28. 91헌마80 ; 2002.11.28. 2002헌마45)
>
> 헌법 제39조에서 정하는 국방의무는 외부 적대세력의 직·간접적인 침략행위로부터 국가의 독립을 유지하고 영토를 보전하기 위한 의무로서 ① 「병역법」에 의하여 군복무에 임하는 등의 직접적인 병력형성의무, ② 「병역법」, 「향토예비군설치법」, 「민방위기본법」, 「비상대비자원관리법」 등에 의한 간접적인 병력형성의무, ③ 병력형성 이후 군작전명령에 복종하고 협력하여야 할 의무도 포함하는 개념이다.

② 직접적 병력형성의무, 간접적 병력형성의무, 군작전에 복종의무가 있다.

③ 병역의무를 이행하였다는 이유로 불이익한 처분을 받아서는 안 되기 때문에 헌법은 이를 특히 명시하고 있다(병역의무이행으로 인한 불이익처분의 금지). 따라서 가산점제도는 이러한 헌법 제39조 제2항의 범위를 넘어 제대군인에게 일종의 적극적 보상조치를 취하는 제도라고 할 것이므로 이를 헌법 제39조 제2항에 근거한 제도라고 할 수 없다(헌재 1999.12.23. 98헌바33).

④ 국방의무는 납세의무와 달리 타인에 의한 대체이행이 불가능하다는 점에서 일신전속적인 성격을 가진다.

> **판례**
>
> **병역의무**(헌재 2010.11.25. 2006헌마328)
>
> 남성에게만 병역의무를 부과한 구 「병역법」 제3조 제1항 전문이 성별을 기준으로 병역의무자의 범위를 정한 것은 평등권을 침해하지 않는다.
>
> **병역의무이행으로 인한 불이익처분의 금지**(헌재 1999.02.25. 97헌바3)
>
> 병역의무의 이행으로 인한 불이익한 처우는 병역의무의 이행중에 받은 불이익을 의미하는 것이 아니라 병역의무의 이행으로 인하여 입게 된 불이익한 처우를 말한다.

판례

1. "불이익한 처우"라 함은 단순한 사실상, 경제상의 불이익을 모두 포함하는 것이 아니라 법적인 불이익을 의미하는 것으로 보아야 한다(헌재 1999.12.23. 98헌바33).

2. 현역 군인을 전투경찰로 전환하여 배치한 행위나 전투경찰로 하여금 시위진압을 하게 한 행위(헌재 1995.12.28. 91헌마80), 소집으로 입영한 예비역에게 「군형법」을 적용하는 것(헌재 1999.02.25. 97헌바3), 한 의사전문의제도를 도입하면서 일반군의관 복무를 수련과정으로 인정하지 아니하는 것(헌재 2001.03. 15. 2000헌마96 등)은 병역의무의 이행으로 인하여 불이익한 조치를 받은 것이 아니라고 판시하였다.

3. 공무원채용시험 등에 응시한 때에 제대군인에게 과목별 득점에 과목별 만점의 5% 또는 3%를 가산하는 가산점을 주는 법률적 조치에 대하여 다른 사람과의 관계에서 차별대우하여 특혜를 주는 것이어서 위헌이라고 판시하였다(헌재 1999.12.23. 98헌바33 ; 1999.12.23. 98헌마363).

(2) 적용범위

국방의무는 공동체의 존속과 유지를 위하여 군대가 필요한 영역에서만 인정되는 것이므로 그 이외의 영역에 대해서는 이를 강제할 수 없다. 재해예방이나 복구, 경찰업무, 행정업무를 수행하게 하기 위하여 국방의무를 부과할 수는 없다.

3. 교육을 받게 할 의무

제31조 제2항 모든 국민은 그 보호하는 자녀에게 적어도 초등교육과 법률이 정하는 교육을 받게 할 의무를 진다.

(1) 의의 및 내용

친권자 또는 후견인이나 보호자로 하여금 그 보호하에 있는 어린이들에게 초등교육과 법률이 정하는 교육을 받게 할 의무를 부과하고 있다. 이 경우 친권자나 보호자는 당연히 대한민국 국적을 가진 자에 한한다. 이는 헌법 제31조 제1항에서 정하고 있는 능력에 따라 균등하게 교육을 받을 권리를 실효성있게 하기 위하여 스스로 교육의 기회에 다가가지 못하는 이들에게 최소한의 교육을 받을 수 있도록 하기 위한 것이다.

(2) 적용범위

취학 연령의 아동으로 하여금 인간으로서의 존엄과 가치를 가지고 행복을 추구하면서 성장하고 살아갈 수 있도록 하는 데 필요한 기본적인 지식과 합리적인 사회화의 과정을 거치게 하고, 사회의 문맹률을 낮추어 문명사회를 유지하게 하고자 하는 데 목적이 있다. 따라서 교육을 받게 할 의무는 이러한 목적을 수행하는 수단으로만 부과되며, 그 이외에는 적용되지 않는다.

4. 근로의 의무

> 제32조 제2항 모든 국민은 근로의 의무를 진다. 국가는 근로의 의무의 내용과 조건을 민주주의원칙
> 에 따라 법률로 정한다.

(1) 의의 및 내용

자유민주주의국가에서 국민은 자기의 노동에 대하여 자기결정권을 가지기 때문에 국가는 국가긴급
사태와 같은 예외적인 상황에서만 특정한 목적을 위하여 국민에게 노동을 강제할 수 있으며, 그 이
외에는 강제노동을 하게 할 수 없다. 이는 노동능력이 있음에도 노동을 하지 않는 자에 대해서는
국가가 노동능력이 없는 자에게 배려하는 최저한의 생활보호를 제공하지 않는다는 의미밖에 없는
선언적인 의미만을 가진다.

(2) 주체 및 법적성질

① 주체: 자연인인 국민이 주체이다.
② 법적 성질: 근로능력이 있으면서 근로하지 아니한 자에 대해 윤리적, 도덕적 비난이 가해져야
   한다(윤리적 의무설).

(3) 제한

국가비상시에 국민에게 일정한 근로를 하게 하는 것은 헌법 제32조 제1항에서 정하고 있는 근로의
자유의 제한에 해당하는 것이므로 이는 헌법 제37조 제2항을 근거로 하여 법률로 정할 수 있다.

5. 헌법에 명시되지 않은 의무

(1) 법준수의무

현행헌법에는 헌법과 법률을 준수할 의무를 명시하고 있지 않으나 이는 법치주의에 내재된 당연한
것이므로 헌법상의 의무로 인정된다. 입법례에 따라서는 이를 명시하고 있는 경우도 있다.

(2) 타인의 권리존중의무

헌법이 기본권을 보장하는 것은 공동체내에 살고 있는 모든 개인의 자유와 권리를 보장하는 것이기
때문에 특정 개인의 자유와 권리의 보장이 다른 사람의 자유와 권리를 침해하는 것은 허용되지 않
는다. 따라서 타인의 권리를 존중하는 의무는 자신의 자유와 권리를 향유함에 있어 타인의 자유나
권리가 침해됨이 없어야 한다는 것을 의미하는 것이지, 더 나아가 타인의 자유와 권리를 적극적으
로 존중하여야 하는 것을 의미하는 것은 아니다.

(3) 제한

국민의 의무라고 하더라도 국가가 이를 강제하는 행위에는 법치주의 핵심적 내용인 평등원칙과 과
잉금지원칙이 적용된다. 의무를 수행함에 있어서 불합리한 차별대우가 있어서는 안 되며, 그 수행방
법에서도 선택 가능한 수단이 복수로 존재하는 경우에는 부담을 가장 적게 주는 수단으로 이를 실
행시켜야 하며, 국민이 수인할 수 없는 내용을 의무로 강제해서는 안 된다. 따라서 국민에게 공동체
의 존속과 유지를 위하여 무제한적이고 무조건적인 작위를 강제하는 것은 허용되지 않는다.

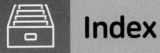

Index

정인영

주요 약력

현) 박문각 공무원 헌법 강사
전) 에듀윌 공무원학원 행정법·헌법 전임
　　메가 공무원학원 행정법·헌법 전임
　　공단기 공무원학원 행정법·헌법 전임
　　윈플스 공무원학원 행정법·헌법 전임
　　윌비스 공무원학원 행정법·헌법 전임
　　베리타스 공무원학원 행정법·헌법 전임

주요 저서

쎄르파 행정법 총론 Ⅰ·Ⅱ
쎄르파 행정법 총론 기출 및 예상문제
쎄르파 행정법 총론 오엑스
쎄르파 행정법 각론
쎄르파 행정법 각론 기출 및 예상문제
쎄르파 헌법
쎄르파 헌법 기출 및 예상문제
쎄르파 헌법 오엑스
쎄르파 헌법 조문집

정인영 쎄르파 헌법

초판 인쇄 2024. 8. 20. | **초판 발행** 2024. 8. 26. | **편저자** 정인영
발행인 박 용 | **발행처** (주)박문각출판 | **등록** 2015년 4월 29일 제2019-000137호
주소 06654 서울시 서초구 효령로 283 서경 B/D 4층 | **팩스** (02)584-2927
전화 교재 문의 (02)6466-7202

저자와의
협의하에
인지생략

정가 25,000원
ISBN 979-11-7262-182-7